Vera und Hellmut Hell

Türkei

I Istanbul und die vordere Türkei

Kunst- und Reiseführer mit Landeskunde

Mit 24 Fotos, 97 Karten, Plänen und 3 mehrfarbigen Übersichtskarten

Vierte, völlig überarbeitete und erweiterte Auflage

Verlag W. Kohlhammer
Stuttgart Berlin Köln Mainz

CIP-Kurztitelaufnahme der Deutschen Bibliothek

Hell, Vera:

Türkei : Kunst- u. Reiseführer mit Landeskunde / Vera u. Hellmut Hell. –
Stuttgart ; Berlin ; Köln ; Mainz : Kohlhammer
(Kohlhammer-Kunst- und Reiseführer)
Bd. 1, 3. Aufl. verf. von Vera Hell
NE: Hell, Hellmut:
1. Istanbul und die vordere Türkei. – 4., völlig
überarb. u. erw. Aufl. – 1987.
ISBN 3–17–008810–6

Bildnachweis:
S. 33, 34, 170, 204, 238, 340, 373, 374: Werner Dieterich, Stuttgart
S. 67, 203: Hellmut Hell, Reutlingen
S. 169, 237, 271, 272, 305, 306, 407, 408: Gerhard P. Müller, Dortmund
S. 135, 339: Paul Schäfer, Hamburg

4. Auflage 1987

Stuttgart Berlin Köln Mainz
Verlagsort: Stuttgart
Umschlagmotiv: Die Blaue Moschee,
von der Hagia Sophia aus gesehen /
Hellmut Hell, Reutlingen
Umschlag: hace
Vorsatzkarten: Anton Zell
Gesamtherstellung:
W. Kohlhammer Druckerei GmbH + Co. Stuttgart
Printed in Germany

Inhalt

Vorwort zur vierten Auflage 9

Landeskunde 11

Geographischer Überblick . . . 11

Landschaft 11 – Klima und Flora 17 – Bevölkerung, Siedlung, Verkehr 18 – Wirtschaft 20 – Arbeitslose 22 – Gastarbeiter 22

Geschichte der Türkei 22

Die Frühzeit 22 – Das Reich der Hethiter 23 – Das althethitische Reich 23 – Das neuhethitische Großreich 24 – Die Herrschaft der Perser 25 – Alexander der Große 26 – Die römische Provinz Asia 26 – Das byzantinische Kaiserreich 27 – Seldschuken und Osmanen 27 – Europäische Einflüsse im 19. Jh. 29 – Die Republik Türkei 29

Geschichtszahlen 30

Die politischen Landschaften im antiken Kleinasien 35

Bithynien 36 – Galatien 37 – Ionien 37 – Kappadokien 38 – Karien 38 – Kilikien 38 – Lydien 39 – Lykien 39 – Mysien 40 – Pamphylien 40 – Phrygien 40 – Pisidien 41 – Pontos 41 – Thrakien 41

Die Kunst der Seldschukenzeit . 42

Die Kunst der Osmanenzeit . . 45

Istanbul und Umgebung . . 49

Istanbul 49

Geschichte Istanbuls 49

Die Gründung von Byzanz 51 – Byzanz im Römischen Weltreich (Konstantinopel) 52 – Der Bilderstreit 53 – Der Gipfel der byzantinischen Macht 54 – Die Kreuzfahrer in Byzanz 54 – Der Untergang von Byzanz 55 – Die Errichtung der türkischen Herrschaft 55 – Istanbul Hauptstadt des Osmanischen Reiches 56 – Die Neuzeit 56

Kaiser, Sultane, Präsidenten (Regierungszeiten) 57

Wer baute die erhaltenen Baudenkmale? 61

Informationen zu Istanbul . . . 62

Deutsche Einrichtungen 62 – Türkische Einrichtungen 63 – Hotels 63 – Restaurants 63 – Türkische Küche 64 – Fischrestaurants 64 – Cafés 64 – Oper und Konzert 65 – Festspiele 65 – Çiçek-Passage 65 – Märkte 65 – Ton und Licht 65 – Seebäder bei Istanbul 66 – Thermalbad 66 – Bäder 66

Vorschlag für eine sechstägige Besichtigung 66

Museen 69

Übersicht 69 – Museen alphabetisch 72

Moscheen 112

Kultraum und Kult 112 – Der Baumeister Sinan 114 – Der Berichterstatter Evliya Çelebi 114 – Moscheen alphabetisch 115

Die alte Hauptstraße in Stambul 133
Kirchen 139
Burgen 159
Paläste 160

Türkische Paläste 165

Obelisken 167
Säulen 171
Türme 174
Mauern 175

Vom Marmarameer zum Goldenen Horn 177

Aquädukte und Zisternen . . . 179
Bäder 182
Brunnen 183
Basare 184
Hane 186
Brücken 188
Plätze 189

Beyoğlu 195

Gang durch Beyoğlu 197

Umgebung von Istanbul 201

Das Goldene Horn 201

Eyüp 202 – Die Süßen Wasser Europas 205

Der Bosporus 206

Üsküdar 213

Die Prinzeninseln und Yalova . 215

Die Vordere Türkei 219

Edirne 219
Izmit 224
Iznik 225
Bursa 230
Sögüt 240
Kütahya 241
Aizanoi in Phrygien 242

Troja 245, 246
Çanakkale 246
Alexandreia Troas 251
Assos 252

Ankara 255
Boğazkale 266
Alaca Hüyük 273
Gordion 274

Pergamon 276
Soma 290
Izmir 291
Larisa am Hermos 299
Phokaia 301
Yeni Foça 303
Manisa 303
Magnesia am Mäander 308
Birgi 311
Sardes 312
Ephesos 315
Laodikeia 331
Pamukkale 332
Nysa in Karien 335
Aphrodisias in Karien 336
Priene 342
Panionion 346

Milet 347
Didyma. 357
Herakleia am Latmos 361
Bodrum 364
Stratonikeia 370
Alabanda, Alinda, Gerga 372

Konya 378
Umgebung von Konya 386
Eflâtun Pınar 386

Antalya 387

Von Antalya nach Osten 394
Perge 394
Sillyon 398
Aspendos 399
Side 403
Manavgat 410
Alanya 411
Kilikien 415
Anamur 415
Silifke 416

Von Silifke nach Karaman . . . 418
Mut 418
Ermenek 418
Alahan 419
Al Oda 419
Karaman 420
Bin Bir Kilise 422
Maden Şehir 423

Die Küste zwischen Silifke und Mersin 423

Von Antalya nach Norden . . . 424
Hacılar 424
Burdur 425

Von Antalya nach Westen . . . 426
Termessos 426

Von Antalya nach Fethiye . . . 431
Lykien 431
Phaselis 432
Olympos 432
Finike 433
Myra 433
Kaş 436
Patara 437
Xanthos 438
Letoon 442
Fethiye 443
Kaunos 445
Marmaris 446
Knidos 447

Der Osten der Mittelmeerküste 450
Mersin 450
Umgebung von Mersin 451
Pompeiopolis 451
Tarsus 452
Adana 455
Umgebung von Adana 457
Karatepe 458
Anazarbus 459
Misis 459
Antakya 461
Daphne 462
Seleukia Pieria 463

Niğde 463
Kırsehir 465
Hacıbektaş 465
Kayseri 466
Umgebung von Kayseri 471
Kültepe 472
Karatay Hanı 473
Sultan Hanı 474
Develi 475
Erciyes Dağı 475

Das Tal von Göreme 476
Von Ürgüp nach Göreme . . . 481
Die unterirdischen Städte Kaymaklı und Derinkuyu 485
Das Tal von Peristrema 486

Reisehinweise

Türkische Fremdenverkehrsämter in Deutschland 489
Reisezeit 489
Anreise 489
Einreisebestimmungen 489
Zoll 490
Geldwechsel, Devisen 490
Foto, Film, Video 491
Kraftstoff 491
Türkischer Touring- und Automobilklub 491
Camping 491
Unfall 492
Zeit, Ortszeit 492
Zeitrechnung 492
Feiertage 492
Fremdenverkehrsämter in der Türkei 493
Hotels 493
Taxi und Dolmuş 494
Bus 494
Öffnungszeiten 494
Reiseandenken 494
Antiquitäten 495
Deutsche Botschaft, Konsulate 495
Türkische Küche 495
Türkische Sprache 496
Ein paar türkische Wörter . . . 497
Sperrgebiete 497

Fremdwörter und Fachausdrücke 498

Register 503

Istanbul 503
Vordere Türkei 505

Vorwort zur vierten Auflage

Dieser Führer beschreibt in erster Linie die reichen antiken und türkischen Sehenswürdigkeiten, deren Besuch auf Studienreisen – allein oder in Gruppen – bevorzugt zu empfehlen ist.

Für Erholungs- und Badereisen an die türkische Küste, die immer beliebter werden, wird auf die offiziellen Informationsquellen hingewiesen.

Die vierte Auflage berücksichtigt die Veränderungen, die durch die überaus starke Zunahme des Reiseverkehrs während der letzten Jahre ausgelöst worden sind. Es gibt allerdings so viele antike Ruinenstätten in der Türkei, daß nur die Beschreibung einer Auswahl für den interessierten Reisenden einen Sinn hat. Diese Auswahl wurde hier nach eigener Kenntnis der Autoren getroffen.

Die Reihenfolge der beschriebenen Orte folgt nicht einem alphabetischen oder Rundfahrt-Schema, sondern richtet sich nach den frequentiertesten touristischen Routen.

Die Einwohnerzahlen, soweit angegeben, beziehen sich auf die Volkszählung vom Herbst 1985; zu berücksichtigen ist ein jährlicher Zuwachs von durchschnittlich 28 Prozent.

Bei den Orten, die gleichzeitig verschiedene Namen tragen, werden die jeweils gebräuchlichen vorangestellt, nicht einheitlich die türkischen bzw. antiken (also »Troja« statt »Truva«, aber »Antalya« statt »Attaleia«). Entsprechendes gilt auch für die Schreibweise historischer Personennamen.

Landeskunde

Geographischer Überblick

Landschaft

Die heutige Türkei gliedert sich geographisch in die Halbinsel Anatolien, die anatolische Hochebene und Thrazien als den südöstlichen Zipfel der Balkanhalbinsel.

Im Gradnetz liegt sie zwischen dem 26. und 45. Grad östlicher Länge sowie dem 36. und 49. Grad nördlicher Breite und hat bei einer Nordsüderstreckung von ca. 500 km eine Ostwestausdehnung von durchschnittlich 1500 km. Die Gesamtfläche des Landes beträgt 767 119 km², wovon ca. 97% auf asiatischem Boden liegen; nur ein Gebiet so groß wie Hessen stellt diesseits von Bosporus und Dardanellen die Europäische Türkei dar. So ist das heutige Staatsgebiet der Türkischen Republik ein weitaus homogeneres geographisches Gebilde geworden, als es das frühere auf drei Erdteile ausgedehnte Osmanische Reich je gewesen ist. Diese Einheitlichkeit aber besteht in dreifacher Hinsicht: physisch-geographisch, anthropogeographisch und politisch-wirtschaftsgeographisch.

Die Grenzen des Landes sind größtenteils von der Natur vorgezeichnet. Im Norden werden sie von der Küste des Schwarzen Meeres gebildet. Den Westen und Süden umgibt das Mittelmeer mit der Ägäis, dem Marmara-Meer und den Meerengen der Dardanellen und des Bosporus. Die südöstliche Grenze folgt in einigem Abstand dem Abfall der kleinasiatischen Gebirge zu den Tafelländern und Flachgebieten des östlichen Syrien (Kurdistan), während im Osten durch die politische Grenze auch ein Teil des ehemaligen Armenien mit einbegriffen wird.

Geologisch ist Kleinasien ein Glied des großen jungen mediterranen Kettengebirgssystems. Hohe Randgebirge im Norden und Süden umschließen ausgedehnte innere Hochbecken, scharen sich im Osten im armenischen Hochland und setzen sich im Westen jenseits der Meereseinbrüche der Ägäis und des Marmara-Meeres auf dem europäischen Festland und in Inselbögen fort.

Wie Großasien ein ungeheures von Steppen und Wüsten erfülltes Hochland in seinem Inneren birgt, so zeigt auch Kleinasien zwischen den beiden Zangenbögen des Pontischen Randgebirges und des Taurus mit klimatisch bedingten weiten abflußlosen Räumen und zahlreichen Salzseen und Salzsümpfen einen sehr ähnlichen Charakter. Am Südrand des inneren Hochlandes überragen gewaltige vulkanische Stöcke die ausgedehnten Flachgebiete, wie etwa der Erciyas Dağı (3916 m), der Hasan Dağı u. a. An anderen Stellen treten Massenergüsse auf und überziehen große Gebiete mit Lavadecken und Tuffen. So ist die Tuffsteinlandschaft von Ürgüp und Göreme 90 km westlich von Kayseri eine wahre Wunderwelt geworden, ein Land der tausend Höhlen und Grotten, die durch fluviatile Erosion aus dem porösen Tuffsteinplateau herauspräpariert wurden.

Der weitaus größte Teil Inneranatoliens ist mehr oder minder dürre Steppe, bewohnt und genutzt von wiederum mehr oder weniger seßhaften Schaf- und Ziegenzüchtern. Nur am Fuße der stärker beregneten Bergmassive und in unmittelbarer Nähe von Flußläufen ist eine dichtere Besiedlung auf der Grundlage eines lohnenderen Ackerbaus möglich. War das Innere Kleinasiens in seiner Struktur mit den inneren Becken Großasiens vergleichbar, so setzt sich an der Westküste ein Stück Europa über die Ägäis hinweg fort.

Die Vermittlerrolle, die Kleinasien von jeher als Brücke zwischen Asien und Europa gespielt hat, findet hier in der Natur des Westrandes der Halbinsel ihre eigentliche Begründung. Hier liegt das Eingangstor nach Osten, hier vollzieht sich der Übergang zwischen zwei grundverschiedenen Welten. Ein Netz unterschiedlich gerichteter Becken- und Grabenbrüche hat den Gesamtraum zwischen den geschlossenen Dinarischen Ketten Westgriechenlands und etwa dem Meridian von Instanbul in ein Mosaik einzelner Gebirgsklötze und trennende Einbruchszonen zerlegt, deren tiefste vom Ägäischen Meer überflutet wurden. Wie das östliche Griechenland, so löst sich also das inneranatolische Hochland an seiner Westflanke in ein vielfältig zerstückeltes Berg- und Hügelland auf, in ein Gewirr von Bergzügen und Tälern, von Höhen und Tiefen mit eingesenkten Becken und fruchtbaren Niederungen, die zu allen Zeiten die Räume bedeutender Besiedlung waren. Weit geöffnete Golfe stellen sich als die Mündungen der vier Hauptbruchlinien dar, die von den großen Festlandsflüssen Büyük Menderes, Küçük Menderes, Gediz Çayı und Bakı Çayı (Mäandros, Kaystros, Hermos, Kaikos der Antike) durchströmt werden. Zahllose gute Naturhäfen ermöglichen einen leichten Zugang zum Inneren.

So ist denn, im Unterschied zum zentralen Hochland, die Westküste Kleinasiens in Kultur, Geschichte und Politik immer aufs engste mit Griechenland verbunden gewesen. Sie war mit ihren ausgezeichneten agrarischen Möglichkeiten bei mildem und relativ feuchtem Mittelmeerklima zu allen Zeiten die Gunstseite des Landes und trägt auch heute einen wesentlichen Anteil der Gesamtbevölkerung in großen städtischen Agglomerationen.

Weniger berührt von den Wechselfällen geschichtlicher Entwicklungen war,

abgesehen von der Südostecke, die gesamte mittelmeerische Südküste Kleinasiens. Eine solche Abgelegenheit ist wiederum das Ergebnis der geographischen Gestaltung; denn als ein mächtiger Wall dehnen sich unter verschiedenen Namen vom Euphrat her westwärts die bis über 3600 m aufragenden Taurus-Ketten aus. Nach Norden hin zu den Hochplateaus von Kappadokien und Lykaonien senken sie sich sanft ab, gegen das Mittelmeer aber ist der Abstieg steil und von tiefen Talschluchten zerschnitten. Mit dem Demikasyk erreicht das Gebirge eine Höhe von fast 4000 m und ist auf vielen Gipfeln bis tief in den Sommer hinein schneebedeckt, während nur wenige Kilometer entfernt in mediterranen Regionen üppige subtropische Vegetation wuchert. Die Küste selbst verläuft in zwei großen Vorsprüngen, gebildet von den Massen des Taurus, der sich bogenförmig weit gegen das Meer vorschiebt, und in zwei tief eingreifenden Buchten, in welche die Gebirgsflüsse hinabströmen und fruchtbares Alluvialland vorbauen. Demgemäß teilten sich in der Antike viele Landeseinheiten in den Südrand Kleinasiens, der heute im wesentlichen den Wilajets Antalya, Içel (Mersin) und Adana zugehört: Im Westen vom alten Termessos an bis zum Golf von Antalya das mächtige unwegsame Gebirgsland Lykiens, fast ganz aus Kalkmassiven aufgebaut. Zwischen den allgemein in Nordsüdrichtung verlaufenden und in Vorgebirgen, Klippen und Inseln in das Mittelmeer ausstreichenden Hauptketten weiten sich hier die Flußsysteme des Landes in ihren Mündungsgebieten zu breiteren Tallandschaften mit alluvialen Auen und zu größeren und kleineren fruchtbaren Küstendeltas. Aber wie offenbar schon in der Antike, so ist das Küstengebiet auch heute praktisch nur von der See her zugänglich und dünn besiedelt. Dennoch war in diesem Land in der Vergangenheit eine eigentümliche Kultur erwachsen, in der sich anschließend der hellenistische Einfluß derart geltend machte, daß zahlreiche Zeugnisse davon noch jetzt Kenntnis geben.
Während die Westflanke des Golfs von Antalya noch von den mächtigen Kreidekalkmassen des Küstengebirges Tachtaly Dağı (Solyma der Antike) gebildet wird, die sich ohne nennenswerte Küstenebene oder niedere Fußzone direkt aus dem Meer zu großen Höhen erheben, bildet der Taurus mit Änderung seiner Streichrichtung in der Nordwestecke des Golfs einen weitgeschwungenen Bogen um ein ausgedehntes Küstentiefland und erreicht nahe Alanya wieder die Küste. Diese vom halbkreisförmig umrahmenden Hochgebirge eingeschlossene Bucht von etwa 5700 km² Fläche, aufgebaut aus meist flachlagernden jungen Kalken, Mergeln, Sanden und Konglomeraten, ist die geographische Einheit des alten Landes Pamphylia. Die weiten fruchtbaren Ebenen der Mündungsdeltas der fünf Flüsse der Landschaft, von West nach Ost des Düden Çayı, Aksu Çayı, Acisu, Köprü Çayı und Manavgat Çayı boten früher wie heute Boden zu stärkerer Besiedlung und städtischer Entwicklung.

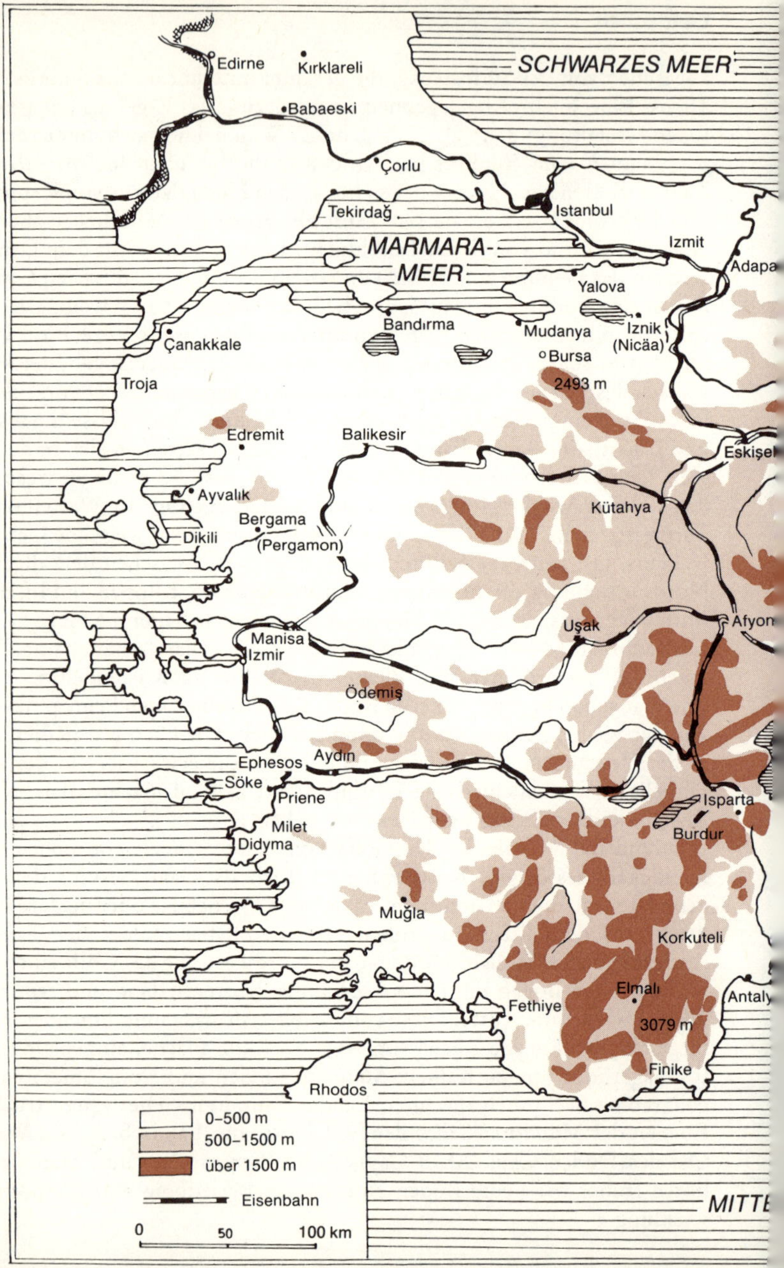

SCHWARZES MEER
Edirne
Kırklareli
Babaeski
Çorlu
Tekirdağ
Istanbul
Izmit
Adapa
MARMARA-
MEER
Yalova
Bandırma
Mudanya
Iznik
(Nicäa)
Çanakkale
Bursa
Troja
2493 m
Edremit
Balikesir
Eskişe
Ayvalık
Kütahya
Bergama
Dikili
(Pergamon)
Uşak
Afyon
Manisa
Izmir
Ödemiş
Ephesos
Aydın
Söke
Priene
Isparta
Milet
Didyma
Burdur
Muğla
Korkuteli
Elmalı
Antaly
Fethiye
3079 m
Finike
Rhodos
0–500 m
500–1500 m
über 1500 m
Eisenbahn
0
50
100 km
MITTE

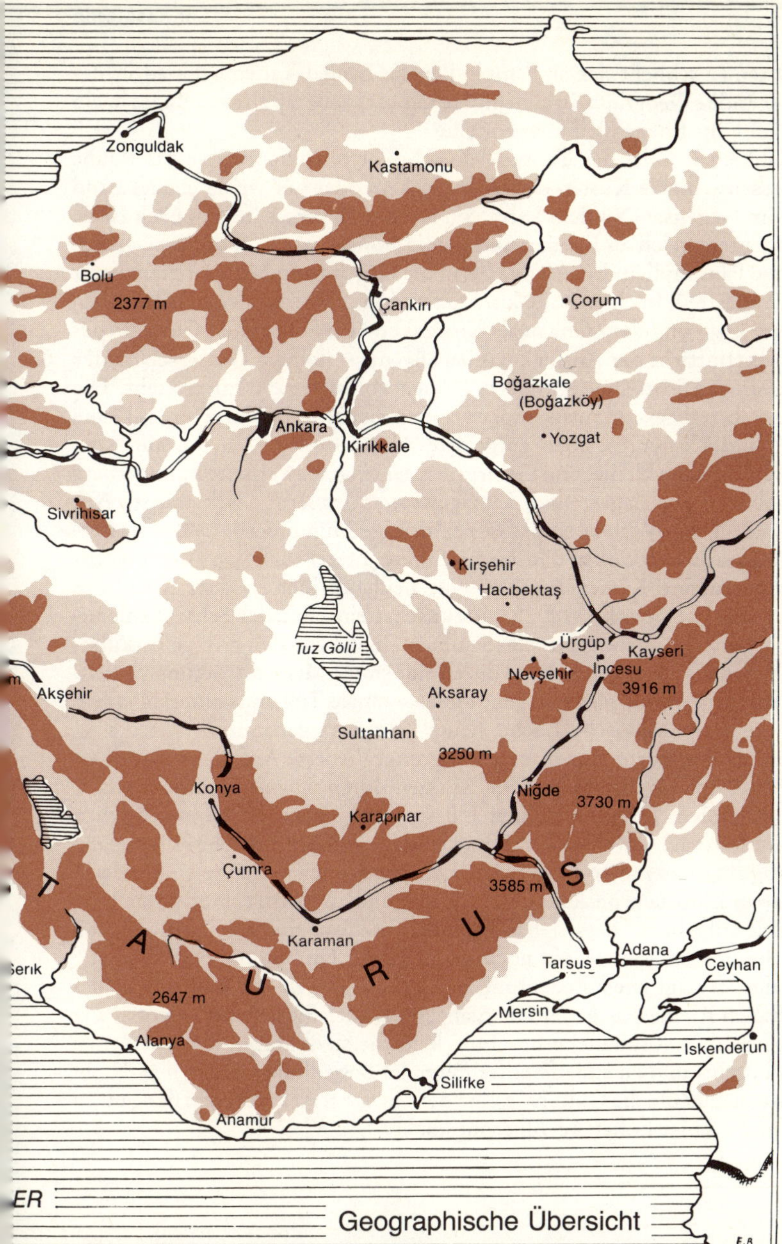
Zonguldak
Kastamonu
Bolu
2377 m
Çankırı
Çorum
Boğazkale
(Boğazköy)
Ankara
Kirikkale
Yozgat
Sivrihisar
Kirşehir
Hacıbektaş
Tuz Gölü
Ürgüp
Kayseri
Nevşehir
İncesu
3916 m
Akşehir
Aksaray
Sultanhanı
3250 m
Konya
Niğde
3730 m
Karapınar
Çumra
3585 m
T A U R U S
Karaman
Adana
Tarsus
Ceyhan
Serik
2647 m
Mersin
Alanya
Iskenderun
Silifke
Anamur
ER
Geographische Übersicht
E.B

Nach Osten zu schließt sich an Pamphylien das Land des alten Kilikien an, das schon der antike Geograph Strabo infolge seines orthographischen Baues in ein Rauhes und ein Ebenes Kilikien einteilte.
»Von Kilikien jenseits des Taurus«, so schreibt er treffend, »ist das Rauhe jenes, dessen schmale Küsten entweder gar kein oder nur wenig ebenes Land enthält, im Gegensatz zu dem Land von Soloi und Tarsus bis hin nach Issus, das größtenteils reich an Ebenen und gutem Boden ist.« Von der natürlichen Ostgrenze Pamphyliens bei Alanya bis in die Gegend von Mersin reicht dieser gebirgige Westteil. In einer ca. 20 km breiten Zone erstreckt sich hier zwischen dem Alara Çayı und dem Göksu als Küstenkette ein Stück alten Gebirges des Antitaurus (Imbaros der Antike), das bei allgemein alpinem Gebirgscharakter direkt über den Mittelmeergestaden Höhen von über 2500 m erreicht. Die Gestade selbst aber sind ausgebildet als eine vielfältig in Vorgebirge, kleine Buchten und Küsteninselchen aufgelöste Abrasionsküste, in die nur ganz sporadisch einzelne kleine, von Gebirgsflüssen eingeschwemmte kultivierbare Trichterebenen eingelagert sind. Einziges etwas größeres geschlossenes Anbaugebiet in ihrem Verlauf ist das trapezförmige Mündungsdelta des wasser- und sedimentreichen Göksu-Flusses bei Silifke. Erst östlich von Lamas wechselt der allgemeine Küstencharakter entscheidend; hier ist dem Abfall des Gebirges auf eine Strecke von 20 km zunächst ein schmaler Schwemmlandsaum angeheftet, aufgebaut aus den Sedimenten, die von den großen ostkilikischen Flüssen ins Meer geführt und durch eine starke Meeresströmung verdriftet werden. Jenseits von Mersin geht dieser schmale Tieflandsaum schließlich über in die große kilikische Ebene, heute Çukurova genannt.
In seiner jetzigen Form eine in sich völlig ungegliederte Aufschüttungsebene von ca. 2900 km², ist dieses östliche Kilikien durch einen tektonischen Einbruch entstanden. Die drei großen Flüsse, der Ceyhan (Pyramos), Seyhan (Saros) und Tarsus Çayı sowie zahlreiche kleinere Gebirgsbäche haben dann ihr Abtragungsmaterial von den taurischen Randzonen in den seichten Meerbusen dieses Einbruchsbeckens eingeschüttet und zu einem echten potamogenen Delta aufgebaut, dessen hafenfeindliche Küste mit Dünenzügen und großen Strandseen auch rezent noch in dauernder Umbildung begriffen ist.
Neben der strategischen Bedeutung der Ebene hier in der Südostecke des mediterranen Kleinasien an der Übergangsstelle nach Syrien und Ägypten war es vor allem ihre vorzügliche Fruchtbarkeit, die sie schon in ältesten Zeiten überaus begehrt und zu einem Zentralraum der Besiedlung werden ließ. Nicht anders ist auch heute die Çukurova eine der reichsten Ackerebenen der ganzen Türkei und Gebiet hoher Bevölkerungsdichte.

Klima und Flora

Die Temperaturverhältnisse des ganzen Landes sollten der geographischen Breite entsprechend subtropisch sein, d. h., es sollte einem heißen Sommer eine kühle Jahreszeit während des tiefsten Sonnenstandes, aber kein eigentlicher Winter gegenüberstehen. Die Reliefgestaltung der Türkei bringt es jedoch mit sich, daß die Randgebirge und das ganze Innere infolge der großen Höhe über dem Meeresspiegel ein ausgesprochen kontinentales Klima mit heißen, trockenen Sommern und sehr kalten Wintern haben. In Ankara (870 m ü. NN) schwanken die Temperaturen im Monatsmittel zwischen 0 °C im Januar und + 24 °C im August, in Kars (1740 m ü. NN) zwischen − 14 °C im Januar und + 31 °C im Juli. Auch die Gegensätze zwischen den Tages- und Nachttemperaturen sind groß. Bis ins späte Frühjahr hinein treten häufig unangenehme Kälterückfälle ein als Folge der Bildung eines Kältesees im Mittelanatolischen Becken.

Auch die Niederschlagsverhältnisse haben im Hochland ihren sehr eigenen Charakter. Im Frühsommer treten noch erhebliche Regen auf, die sogar im Mittel die kräftigsten des ganzen Jahres sind. Erst im Spätsommer und Herbst liegt hier die ausgesprochene Dürrezeit. So erhält z. B. Ankara im Mai 50 mm, im August aber nur noch 10 mm Regen. Die winterlichen Niederschläge fallen im Hochgebirge allgemein als Schnee, der oft monatelang liegenbleibt und von den höheren Gebirgen und Vulkanstöcken vielfach erst im Laufe des späten Sommers völlig abschmilzt.

Ganz anders als Inneranatolien stehen die Randgebiete klimatisch voll unter dem ausgleichenden Einfluß des Meeres. Die West- und Südküstengebiete haben überall in den tieferen Lagen genau wie die übrigen Mittelmeerländer ganz typisch mediterranen Klimagang mit trockenen, sehr heißen Sommern und regenreichen, milden Wintermonaten. In Izmir an der Westküste beträgt der Unterschied zwischen dem wärmsten (Juli + 27°) und kältesten Monat (Januar + 8°) genau wie in Istanbul (Juli 24°, Januar 5°) nur 19°, in Antalya zwischen 27,9° und 9,1° gar nur 18,8 °C.

Häufiger auftretende kalte Fallwinde aus dem Gebirge führen – besonders in der Gegend von Antalya – zu gewissen Abnormitäten und zwingen dazu, die Südfruchtkulturen durch Hecken und Pappelreihen zu schützen.

Eine Sonderstellung nimmt im Südosten die Ebene von Adana und Tarsus, die Çukurova, ein; hier herrscht ein Temperaturgang, der völlig dem des 6° südlicher gelegenen Kairo entspricht. Das Mittel des Sommers liegt bei 29,5°, das des Winters immer noch bei 14 °C. Nicht selten steigen hier die sommerlichen Temperaturen auf über 45° im Schatten an, so daß die Ebene als die heißeste Landschaft von ganz Kleinasien angesehen werden darf, aus der die Einwohner besonders in den Zeiten der frei hineinwehenden lähmend heißen Südwinde in die Berge des nahen Taurus flüchten.

Die überwiegend auf den Winter beschränkten Niederschläge erreichen im mediterranen Kleinasien durchschnittliche Jahresmengen von 500–700 mm, vereinzelt auch bis 1000 mm (Adana: 625 mm, Mersin: 583 mm, Antalya: 1118 mm). Von April bis September dauert im allgemeinen die regenarme bis regenlose Zeit mit klarer Luft und strahlend blauem Himmel bei stets leicht wehenden Winden in den unmittelbaren Küstenräumen.
Den klimatisch bedingten weiten Steppenlandschaften des inneren Hochlandes, die nur kurzfristig im Frühjahr in schönstem Blütenkleide prangen, stehen also die Randgebiete am Mittelmeer, an der Ägäis und am Marmara-Meer mit typisch mediterranen Pflanzengesellschaften gegenüber. Ölbaum, Johannisbrotbaum, Lorbeer, Oleander, Baumerika, Myrthe, Tamariske und Cistusarten sind nur einige wenige Vertreter dieser reichen Formation. In den anbaufähigen Ebenen, besonders bei Izmir, um Antalya und in der Çukurova werden mit und ohne künstliche Bewässerung neben Getreide speziell Olivien, Citrusfrüchte, Wein, Erdnüsse und in immer wachsendem Maße Baumwolle angebaut. Nur Wälder fehlen in den Randgebirgen des Westens und des Südens so gut wie ganz. Dies ist auf den jahrhundertelangen Raubbau durch den Menschen zurückzuführen, wie er für alle Mittelmeerländer so typisch ist. Von den ihres Schutzes beraubten Hängen wird der Boden fortgespült, und Schaf- und Ziegenverbiß verhindern zusätzlich jede natürliche Verjüngung. Das niedere und dornenreiche Buschwerk, der sog. Macchie, ist fast überall an die Stelle einst dichter Wälder getreten. So war z. B. das heute die Provinzen Ermenek und Içel umfassende Gebiet des Rauhen Kilikien an der Südküste im Altertum durch seinen Schiffsbauholz bietenden Waldbestand weithin berühmt. Die Herrscher des Orients, von den Ägyptern bis zu den Türken, haben diese Wälder geschlagen und verwüstet, so daß man heute, abgesehen von einigen verstreuten Kiefernbeständen ohne wirtschaftlichen Wert, nur noch in unzugänglichen Lagen größere Areale geschlossener Waldungen aus Föhren, Edeltannen, Zedern, Lärchen und Baumwacholder antrifft. In neuerer Zeit bemüht sich die Regierung um Wiederaufforstung.

Bevölkerung, Siedlung, Verkehr

Gesamtbevölkerung

1927	13,6 Mill.
1958	26,3 Mill.
1975	ca. 41 Mill.
1985 (Sept.)	51 Mill. (Jährliche Wachstumsrate: 27,8%)

Bevölkerungsdichte

1958	30,4 Einw. pro km²
1985	66 Einw. pro km²

Diese Angaben haben allerdings nur einen beschränkten Aussagewert, da sich die Bewohner sehr unterschiedlich auf die einzelnen Provinzen verteilen. Am dichtesten besiedelt ist der europäische Teil des Landes; im asiatischen Teil nimmt die Siedlungsdichte von Westen mit den Zentren Istanbul, Bursa, Izmit, Izmir nach Osten zu immer mehr ab. Das Innere zeigt nur sporadisch größere Ballungen an Verkehrsknotenpunkten und Flußläufen, wie in Ankara, Eskişehir, Konya, Erzerum, Malatya und Kayseri am Fuß des Erciyas Dağı. Die Besiedlung der Südküste konzentriert sich vor allem auf die fruchtbaren Ebenen von Antalya und Adana sowie auf die Provinz Hatay mit dem Hafen Iskenderun.

Ein einigendes Band aller Türken ist ihre gemeinsame Religion, der Islam. Das ist für die heutige Türkei, die ja im Gegensatz zum osmanischen Vielvölkerstaat einen relativ geschlossenen Nationalstaat darstellt, von entscheidender Bedeutung. Über 90% (je nach Hinzurechnung einiger kleiner etwas abweichender Gruppen bis 98%) der Einwohner sind Moslems sunnitischer Richtung. Die Zahl der Christen verschiedenen Bekenntnisses beträgt etwa 250 000.

Nach dem ersten Weltkrieg gab es nur 2 Städte mit mehr als 100 000 Einwohnern: Istanbul und Izmir. Bei der Volkszählung 1980 (alle 5 Jahre wird eine Volkszählung durchgeführt) waren es schon 32. Damals hatte Istanbul 2,8 und Ankara 1,9 Millionen Einwohner.

Einwohnerzahl im September 1985:

Istanbul	5 858 558
Ankara	3 462 880

Die meisten Städte sind alte Handels- und Gewerbezentren. Einige haben Anschluß an die moderne Entwicklung durch die Ansiedlung von Industriezweigen gefunden (z. B. Kayseri, Adana, Izmit), bei anderen wird ein altes Spezialgewerbe neu organisiert (Izmir: Teppichherstellung, Bursa: Seidenindustrie), oder aber Verwaltungsfunktionen stellen sich ein, wie bei Ankara. In der Altstadt oder den neu geplanten Vierteln entsteht dann cin moderner Geschäftskern, der die alten Basare bald in ihrer Bedeutung verdrängt. Aber trotz aller städtischen Aufwärtsentwicklung lebt der weitaus größte Teil der türkischen Bevölkerung auch heute noch auf dem Lande in Dörfern, die im allgemeinen in ihrer Bauweise aus Lehm und Feldsteinen mit typischen Flachdächern bereits stark orientalischen Charakter tragen.

Ganz besonderes Augenmerk hat der türkische Staat in den letzten Jahren auf den Ausbau des Verkehrswesens gelegt und nennenswerte Fortschritte erzielt. Stand früher das Eisenbahnnetz im Vordergrund des Interesses, so hat nun das weitgehend von den USA finanzierte Straßenbauprogramm den Vorrang erhalten. 1982 gab es schon fast 60 000 km Straßen mit fester Decke, davon

waren 40 000 km asphaltiert, und der Anteil der modern ausgebauten Asphaltstraßen steigt ständig. Das gilt besonders für die »Europastraßen« (mit einem E vor der Nummer), die als schnellste Fernverbindungen die ganze Türkei durchziehen (ihre jetzige Numerierung soll geändert werden, deshalb wird sie hier nicht benutzt).
Über den Straßenzustand informiert die »Turkey road map«, eine Straßenkarte, die alljährlich vom Ministerium für Kultur und Tourismus in Ankara erstellt und kostenlos abgegeben wird.
Die wichtigste Bahnlinie des Landes ist die Bagdadbahn von Istanbul über Izmit – Eskişehir – Konya – Adana zur syrischen Grenze. Bei Eskişehir zweigt die ebenfalls bedeutende Strecke über Ankara – Kayseri – Sivas nach Erzurum ab. Stichbahnen führen außerdem nach Westen (Izmir – Ägäis, Balıkesir, Marmara-Meer) und Süden (Mersin, Iskenderun).
Der Personen-Fernverkehr bewegt sich heute immer mehr in Autobussen, die ungewöhnlich billig sind und je nach Preisklasse mehr oder weniger Komfort und Sicherheit bieten.
In einem Land, in dem gerade den Randgebieten erhöhte wirtschaftliche Bedeutung zukommt und das außerdem Durchgangsland zwischen Europa und Vorderasien ist, spielt natürlich auch der Luftverkehr eine primäre Rolle. Die Türkei unterhält eine eigene Luftfahrtgesellschaft, die allerdings nicht über die modernsten Maschinen verfügt und vor allem den innertürkischen Verkehr besorgt. Ihre Hauptlinien verbinden die Wirtschaftszentren des Hinterlandes vor allem mit Istanbul und Ankara. Flughäfen haben außerdem Adana, Bursa, Izmir und Antalya u. a.

Wirtschaft

Nach dem Ersten Weltkrieg stand die Regierung der neuen Türkei vor der gewaltigen Aufgabe, jahrhundertealte Vernachlässigungen auf allen Gebieten der Wirtschaft aufholen zu müssen. Damals war der Grundpfeiler eindeutig die Landwirtschaft: Rund 80% der Bevölkerung lebte auf dem Lande und 90% des Exports waren landwirtschaftliche Produkte. Atatürk forderte damals schon eine Industrialisierung, aber sie konnte noch nicht zustande kommen. Erst nach dem Zweiten Weltkrieg änderte sich die Situation grundlegend.
Ein bedeutender Teil des Staatsgebietes kann wegen seiner Gebirgs- und Steppennatur nicht für einen Anbau genutzt werden. 45% der Landfläche, insbesondere die Steppen des inneren Hochlandes, wurden deshalb zur Tierhaltung verwendet. Auch heute noch gehören große Schaf- und Ziegenherden mit zum charakteristischen Bild Mittelanatoliens; dort und im Osten ziehen auch die Nomaden wie seit ältester Zeit mit ihren Tieren zu den jahreszeitbedingten Weideplätzen, ohne sich um die politischen Grenzen kümmern zu

müssen. Schweine werden aus religiösen Gründen nicht gehalten. Im Nordosten sieht man große Rinderherden, aber wegen des Mangels an hochwertigen Weiden spielt das Rind nur eine geringe Rolle. Durch Modernisierung der Arbeitsmethoden, Düngung, Bewässerung (Staudämme) und systematische Planung steigt der Ertrag der Landwirtschaft, trotzdem kam es bei dem derzeitigen Bevölkerungswachstum zu einer Massenarbeitslosigkeit der Bauern und einer großen Landflucht: 1950 lebten nur 18% der Türken in den Städten, 1982 waren es schon 50%.
Ein Symbol der Rückständigkeit ist der Holzpflug, den man immer noch im Landesinneren sehen kann. Allerdings ist er neuerdings durch die Erkenntnis fast rehabilitiert, daß er der Erosion weniger Vorschub leistet als die moderneren Geräte. Maultier und Esel als Tragtier, noch vor dem Zweiten Weltkrieg überall zum typischen Bild des türkischen Landlebens gehörend, sind stark zurückgegangen (1982: 1,3 Mill. Esel), ebenso der Bestand an Kamelen im Süden (12 000).
In den 50er Jahren begann der Aufschwung der Industrie. Überall entstanden kleine Fabriken; die landwirtschaftlichen Produkte wie Lebensmittel, Wolle, Baumwolle wurden rationell verarbeitet, die Energieversorgung ausgebaut und die zahlreichen, wenn auch verstreuten Bodenschätze, darunter Erdöl, erschlossen. Als Beispiel dieser Entwicklung wird gern die Stadt Kayseri angeführt: Sie hatte 1925 30 000 Einwohner und nicht einmal elektrischen Strom. Bei der Volkszählung 1980 waren es schon 281 000 Einwohner, dabei gab es fast 60 industrielle Betriebe.
Haupteinfuhrland ist der Irak, an zweiter Stelle steht die Bundesrepublik Deutschland (1982: 2,4 Milliarden DM), Hauptausfuhrland (1982) der Iran, an zweiter Stelle wieder die Bundesrepublik (1,6 Milliarden DM).
1982 waren die Erwerbstätigen folgendermaßen auf die Wirtschaftszweige verteilt:

9481 Ts.	Landwirtschaft (mit Forstwirtsch. und Fischerei)
2435 Ts.	Produzierendes Gewerbe
231 Ts.	Energie, Wasser, Bergbau
1620 Ts.	Verarbeitendes Gewerbe
584 Ts.	Bau
500 Ts.	Verkehr
890 Ts.	Handel (mit Banken, Versicherungen)
2156 Ts.	Dienstleistung (mit Fremdenverkehr)

Seit 1984 hat auch der Fremdenverkehr eine kaum erwartete Steigerung erlebt. Ein großer Teil der neu erbauten Hotels ist zwar in ausländischer Hand, aber der Tourismus stellt doch schon einen wesentlichen Faktor der Wirtschaft dar. Daneben ist die positive Rolle der menschlichen Kontakte und des berechtigten Interesses an den Sehenswürdigkeiten kaum zu überschätzen.

Trotz der positiven Entwicklung der Industrie ist die Türkei, vor allem wegen des enormen Bevölkerungswachstums, auf wirtschaftliche Hilfe von außen angewiesen; sie hat hohe Schulden im Ausland. Besonders in den Jahren 1975/76 erlebte sie eine schwere Wirtschaftskrise, deren Folgen noch nicht überwunden sind.

Arbeitslose

Die Zahl der Arbeitslosen kann nur geschätzt werden, da nur die Sozialversicherten registriert sind (1983: 525 000). Die Schätzung ergibt 3 bis 4 Millionen.

Gastarbeiter

1980 arbeiteten 888 000 Türken im Ausland, davon 591 000 in Deutschland, jetzt sind es (mit Familien) 1,7 Millionen. Die Anzahl ist leicht rückläufig.

Geschichte

Die Frühzeit

Trotz zahlreicher Einzelfunde aus der Altsteinzeit hat man noch keine gesicherte Siedlungsstelle dieser Epoche feststellen können. Die Menschen waren wie überall Jäger und Sammler; als Wohnplatz suchten sie geschützte Stellen auf, darunter Grotten, in denen sich dann ihre Werkzeuge, soweit sie aus Stein waren, erhalten haben. Aus dem Mesolithikum sind bisher keine Spuren bekannt, dagegen aus der Jungsteinzeit hat man erstaunliche Grabungsfunde: in Çatal Hüyük (in der Nähe von Konya) fand man eine stadtähnliche Siedlung aus der Zeit von 6500–5500 v. Chr. Man hat über 100 Wohnhäuser und etwa 60 Kulträume ausgegraben. Die meisten Häuser konnten nur vom Dach aus mit Hilfe von Leitern betreten werden. Die Kulträume sind so bezeichnet worden, weil man in ihnen Stierkopfplastiken mit natürlichen Hörnern gefunden hat und annimmt, daß diese mit einem Jagdkult oder -zauber in Verbindung standen. In Çatal Hüyük gab es auch schon Ackerbau; man kannte Weizen, Einkorn, Emmer und Erbsen, dazu auch Obst (z. B. Äpfel), Mandeln und Pistazien. Waffen und Werkzeuge waren zum Teil aus schwarzem Obsidian hergestellt, der von weit her geholt werden mußte. Die Gefäße waren in der Mehrzahl aus Holz, seltener aus Ton. Die Umgebung war damals überwiegend mit Wald bedeckt. Nach Resten von Wandmalerei (heute im Museum von Ankara, wo auch Beispiele von Kulträumen nachgebildet sind) lebten in

diesem Wald Auerochsen, Hirsche, Wildschweine, wilde Schafe und Leoparden.
Etwas jünger ist die Siedlung Hacılar am Burdur-See, die auf die Zeit von 5500–4500 v. Chr. zurückgeht und auch schon Gegenstände aus Kupfer kannte. Hier fand man eng aneinanderstehende Häuser, die ebenfalls vom Dach aus betreten wurden. Es gab auch Kulträume; in ihnen waren u. a. Malereien, die Augenpaare darstellten, dazu über 20 Figuren von Frauen mit üppigen Formen, offenbar Bilder der Muttergöttin oder von Fruchtbarkeitsgöttinnen.
Beycesultan bei Afyon erbrachte Objekte aus dem frühen Chalkolithikum und der frühen Bronzezeit. Wieder standen die Häuser dicht nebeneinander und waren von oben zugänglich. Man fand schon eine Festung und Stadtmauern. Die zahlreiche Keramik zeigte einen großen Reichtum an Formen und auch schon geometrisches Ornament. Auch hier gab es über 20 plastische Darstellungen der Muttergöttin.
Etwa von 2500 bis 2000 v. Chr. bestand Alaca Hüyük, die Hauptstadt des prohattischen Königreichs. In 13 Königsgräbern fand man Kultfiguren, Statuetten, Standarten, Schmuck und Keramik. Die Gegenstände sind aus Gold, Elektron, Silber, Bronze und auch schon aus Eisen. Das »Sphingentor« ist hier die erste Großplastik. Schon im frühen 2. Jt. v. Chr. kann man rege Beziehungen zum assyrischen Reich nachweisen, und es gab assyrische Handelsniederlassungen.

Das Reich der Hethiter

Im späten 3. Jt. v. Chr. kamen auf Pferden reitende Nomadenvölker von Norden oder Westen nach Kleinasien; man nennt sie immer noch behelfsmäßig »Vorhethiter« oder »Proto-Hattier«. Sie wurden in Anatolien seßhaft, trieben Ackerbau und gründeten kleine Stammes-Fürstentümer, die sich untereinander bekämpften. Sie bildeten auch, vermischt mit assyrischen Kaufleuten, im 19. Jh. v. Chr. die Einwohnerschaft der Unterstadt von Hattuša (die spätere Hauptstadt des Hethiterreichs, etwa 200 km östlich von Ankara bei dem Dorf Boğazköy). Diese Unterstadt wurde um 1800 v. Chr. von einem Stadtkönig Anitta aus dem benachbarten Kussara erobert, zerstört und verflucht.

Das althethitische Reich

Als Gründer des althethitischen Reichs gilt Labarna, dessen Residenz Kuššara war. Sein Nachfolger Hattušili I. verlegte um 1620 v. Chr. die Hauptstadt nach Hattuša. Von dem König Mursili I. ist bekannt, daß er um 1530 v. Chr.

einen Feldzug nach Babylon durchführte, und unter Telipinu wurde zum ersten Mal eine hethitische Gesetzessammlung zusammengestellt.
Mit den Hethitern erlangte ein Volk mit indogermanischer Sprache die Vorherrschaft in Kleinasien. Sie waren hier die ersten, die eine Schrift vorweisen konnten.

Das neuhethitische Großreich

Šuppiluliuma I. (1370–1332 v. Chr.) besiegte den König von Mitanni, dem Reich der Hurriter im oberen Mesopotamien. Damit waren die Hethiter die dritte Großmacht der Alten Welt neben Ägypten und Babylon. Er befestigte die Oberstadt von Hattuša und ließ das Felsheiligtum und den großen Tempel von Yasılıkaya (3 km östlich von Boğazköy) erbauen.

Mursili II. (um 1330–1292 v. Chr.) mußte zehn Jahre um die neue Großmachtstellung kämpfen.

Mutawalli (um 1291–1280 v. Chr.) mußte gegen die Ägypter unter Ramses II. kämpfen. 1286 v. Chr. wurde bei Kadesch in Nordsyrien eine Schlacht geschlagen, in der sich die Hethiter behaupten konnten. Beide Parteien berichteten von einem Sieg.

Hattušili III. (um 1273–1248 v. Chr.) schloß mit Ramses II. einen Friedensvertrag; beide behielten Gebiete in Nordsyrien.

Šuppiluliuma II. In seiner Regierungszeit ging Hattuša durch Angriffe der »Seevölker«, einer großen, aber noch nicht genau identifizierten Völkergruppe, zugrunde.

Um 1200 brechen die Keilschrift-Archive in Hattuša ab, die Stadt wird ein Raub der Flammen. Erst um 1000 v. Chr. wurde die Stelle durch Phryger neu besiedelt und bestand als Stadt bis ins 5. Jh v. Chr.
Das Großreich bestand von 1450 bis 1200 v. Chr. Neben den freien Bürgern und Bauern gab es Sklaven und Kriegsgefangene. Das Heer hatte außer den Fußtruppen Reiter und Streitwagenkämpfer. Die Landwirtschaft war hoch entwickelt. In den Schreibschulen wurden die Sprachen hethitisch, protohattisch, luwisch, hurritisch und akkadisch in Keilschrift geschrieben, zum Teil nach babylonischen Vorlagen. In der Religion gab es neben alt-kleinasiatischen Elementen auch Einflüsse der banachbarten Kulturkreise wie Babylon. Die wichtigsten Götter waren: Der Wettergott, die Sonnengöttin, der Mondgott und mehrere Unterweltsgötter. Besonders interessant war das Totenritual für den König, der vergöttlicht wurde.
Als ein Dokument der Gleichberechtigung des Hethiterreichs mit dem ägyptischen ist ein Brief überliefert, den die Witwe Tutenchamons an Šuppiluliuma I. schrieb: »Mein Gatte ist verstorben, einen Sohn aber habe ich nicht. Einen meiner Diener werde ich niemals nehmen und zu meinem Gatten machen.

Auch habe ich einem anderen Land nicht geschrieben, nur Dir habe ich geschrieben. Dir sagt man viele Söhne nach. So gib mir einen deiner Söhne, daß er mein Gatte sei und König im Lande Ägypten.«
Die hethitische Keilschrift wurde 1915 von dem tschechischen Forscher Hrozný (Professor in Wien, nach 1919 in Prag) entziffert. Daneben gibt es auch eine Silbenschrift mit Bildzeichen, die hethitischen Hieroglyphen. Hrozný versuchte, sie ebenfalls zu entziffern, aber endgültig gelang das erst dem Deutschen Bossert, der in Karatepe eine Bilingue fand, auf der Bild-hethitisch neben phönikisch geschrieben ist.
Der große Tempel in Hattuša war ein Längsraum mit Fenstern, Reliefdarstellungen und Vollplastik. Besonderheiten der Keramik waren die Schnabelkanne und Gefäße in Tierform neben einer Vielfalt phantasiereicher Formen.
Die hethitischen Siedlungen wurden um 1200 v. Chr. durch den Ansturm der sogenannten Seevölker zerstört. Diese Gruppe aus verschiedenen Völkern und Stämmen drang damals nicht nur nach Kleinasien vor, sondern eroberte auch die reiche Stadt Ugarit (an der syrischen Mittelmeerküste) und erreichte Ägypten.
Nach dem Untergang des Großreichs wurden die einzelnen Landschaften wieder selbständig, zunächst mit vielfach umstrittenen und umkämpften Grenzen. Im Nordwesten übernahm *Phrygien* eine führende Rolle, möglicherweise unter der Leitung der vom Balkan her ins Land gekommenen Einwanderer. Südlich von Phrygien bildeten sich *Lydien* und *Lykien* zu selbständigen Staaten aus. Diese Stammes- und Stadtstaaten übernahmen das hethitische Erbe, gewannen mit wechselndem Kriegsglück an Bedeutung und standen mit den griechischen Stadtstaaten an der ägäischen Küste in engen Handelsbeziehungen. Sie behaupteten ihre Selbständigkeit fast 600 Jahre lang, ohne wieder in die Abhängigkeit der benachbarten Großmächte zu geraten.

Die Herrschaft der Perser

Im Jahre 558 v. Chr. übernahm in Anschan, dem Königreich der Achämeniden, *Kyros* die Macht. Er begann 556 mit der Unterwerfung Mediens, Armeniens, Mesopotamiens und Babylons und schließlich auch von Teilen Kleinasiens, heiratete die Tochter des letzten Mederkönigs Astyages und gründete das Persische Weltreich; ganz Vorderasien war damit in der Hand der Perser.
Im Jahre 500 v. Chr. rebellierten die ionischen Griechen gegen die persische Oberherrschaft. König *Dareios I.* warf in 6 Kriegsjahren zunächst diesen Aufstand nieder, überschritt dann den Hellespont, drang nach Thrakien vor und unterwarf Mazedonien. Sein Vorhaben, auch die griechischen Inseln zu erobern, mißlang: die ersten schweren Niederlagen brachten ihm die europäischen Skythen; dann wurden die Perser im Jahre 490 bei *Marathon* von den

Griechen geschlagen; in der dritten Phase siegten die Griechen in der Schlacht bei *Salamis,* im Jahre 480. Dareios' Sohn *Xerxes* verlor seine Flotte und das persische Heer den Ruf der Unbesiegbarkeit. Mit dieser Niederlage begann der Verfall des Perserreichs. Die Stadtstaaten an der ionischen Küste und im westlichen Hochland von Kleinasien gewannen ihre Selbständigkeit zurück.

Alexander der Große und die mazedonische Epoche

Die Kriegszüge *Alexanders von Mazedonien,* 333–323 v. Chr., die wie ein Sturmwind die ganze Alte Welt vom Bosporus bis zum Persischen Golf, bis zum Ganges und zum Nil erobern, bedeuten eine Weltwende. Dieser Aufbruch der Griechen bringt dem ganzen Orient eine neue tausendjährige Blütezeit im Zeichen hellenistisch-römischer, später christlich-byzantinischer Kultur. Es ist der Durchbruch der Antike.

Kleinasien wird die Ausgangsbasis dieser die ganze Alte Welt umfassenden Kulturbewegung. Den Glanz dieser Epoche spiegeln noch heute imposante Ruinen wider, die Überreste großer Bauten, Tempel, Theater, Wasserleitungen, Brücken, Straßen und vieles andere.

Nach dem Tode Alexanders entstanden in den von seinen Heerführern und Provinzialregenten beherrschten Gebieten neue Staatengebilde, die *Diadochenreiche,* in denen ein großer Teil der kleinasiatischen Staaten in der alten traditionellen Gestalt wiederauferstand. Begünstigt durch seinen Reichtum und durch die Lage seiner Hauptstadt gelangte im 3. Jh. v. Chr. *Pergamon* zu Macht und Ansehen. Es entwickelte eine blühende hellenistische Kultur. Nach dem Tode seines letzten Königs, Attalos III. (133 v. Chr.), wurde es eine Provinz des Römischen Reiches.

Die römische Provinz Asia

Mit der Einverleibung Pergamons in das Römische Reich war das Schicksal Kleinasiens, der römischen Provinz Asia – später Teil des Byzantinisch-Oströmischen Kaiserreiches – für über 1000 Jahre, bis zum Einbruch der Seldschuken, entschieden. In diesem »römischen Jahrtausend« erhielten sich die Stadtstaaten und Völkerschaften Kleinasiens, teils in selbständigen, teils in eingegliederten Provinzen, in denen die alten kulturellen und wirtschaftlichen Daseinsformen bis zum Beginn der türkischen Herrschaft und lange darüber hinaus bewahrt wurden. Die römische Herrschaft führte in den Küstenlandschaften und den Hafenstädten im Westen und Süden, verbunden mit Handelsbeziehungen nach Asien, zu wirtschaftlichem Aufschwung und zur Entfaltung von großartigem Luxus.

Das byzantinische Kaiserreich

Nach der Teilung des Römischen Reiches, 395 n. Chr., kam Anatolien zu Ostrom, das die altgriechische Welt um die Ägäis unter der Hauptstadt *Konstantinopel* als Byzantinisches Kaiserreich zusammenschloß. Das gesamte kulturelle, politische und wirtschaftliche Leben konzentrierte sich nun mehr und mehr um die Metropole am Bosporus.
(Geschichte und Kunst von Byzanz siehe unter Istanbul.)

Seldschuken und Osmanen

Im 8. Jh. n. Chr. begann die ethnische Struktur Anatoliens sich zu wandeln. In mehreren Strömen wanderten turkmenische Völkerstämme ein, die Vorfahren der heutigen Türken; sie kamen aus ihren Heimatgebieten in Zentralasien und auch von der Balkanhalbinsel, wo einst die Regierung des Oströmischen Reiches sie als Grenzwächter angesiedelt hatte. Nach wechselvollen Kämpfen gelang den türkischen *Seldschuken* im Jahre 1071, bei Malazgirt (58 km nordwestl. des Van-Sees), ein vernichtender Schlag gegen das Byzantinische Kaiserreich und der Durchbruch nach Anatolien. In kurzer Zeit stießen sie bis zum Marmara-Meer und an die Ägäis vor und gründeten nach diesem stürmischen Eroberungsfeldzug den Rûm-Seldschukischen Sultanstaat mit *Konya* und *Kayseri* als hauptstädtischen Mittelpunkten. Zahlreiche Burgen, die später zu Ortschaften und Städten weiterwuchsen, schützten ihre Grenzen. Türkisch wurde die Hauptsprache des Landes, der Islam die neue Religion. (s. auch S. 42)
Im 13. Jh. fielen in Anatolien die Mongolen ein und verheerten das Land. Sie besiegten 1243 in einer Schlacht bei Konya die Türken und zerschlugen den Seldschukenstaat in Kleinfürstentümer, die sich ihrer Oberaufsicht zu fügen hatten. An die 30 solcher Liliputstaaten teilten sich in das vom untergegangenen Seldschukenreich ererbte Anatolien.
Von diesen Staaten wuchs der der *Osmanen*, mit der Hauptstadt *Prusa* (s. Bursa), unter Sultan Osman I. zu einer neuen Macht heran. Das Jahr 1288 gilt in der Geschichte als das Gründungsjahr des Osmanischen Reiches. *Osman I.* löste das Lehensverhältnis seines Volkes zu dem zerschlagenen und zerfallenen Seldschukenstaat, baute und festigte seinen eigenen neuen Staat durch siegreiche Kämpfe gegen Byzanz, unterwarf sich viele der Kleinfürstentümer in Anatolien und weitete seinen Machtbereich über die Dardanellen und den Balkan aus. Osman gelang es, die nomadischen Völker Anatoliens anzusiedeln und die türkischen Einwanderer in die Einwohnerschaft der alten Städte mit ihrer überkommenen Kultur zu integrieren. Seine Kriegführung hatte den Charakter echter islamischer Glaubenskriege mit dynamisch-expansiven Tendenzen.

Sein Nachfolger Orhan vollzog 1357 – auf Flößen – den entscheidenden Schritt über die Dardanellen, besetzte Thrakien und schuf damit die Basis zur Eroberung des Balkans, den die Türken 600 Jahre lang besitzen sollten. Zum erstenmal lag damals Konstantinopel in der Umklammerung; – aber erst 100 Jahre später, im Jahre 1453, fiel die Stadt. Damit hörte das über tausendjährige Byzantinische Reich auf zu bestehen. *Istanbul* wurde die Hauptstadt des wachsenden türkischen Weltreiches.

Sultan *Murat I.* (1359–1389) war der erste türkische Herrscher, der eine wirkliche Großmachtpolitik betrieb: ihm lag daran, die eroberten Besitztümer des Reiches zu sichern. Sein Nachfolger Beyazıt I. (1389–1403) wollte die Einkreisung Konstantinopels fortsetzen, wurde aber durch den Einfall der Mongolen von allen Plänen abgehalten. Er wurde 1402 bei Angora (Ankara) von Timur Lenk vernichtend geschlagen und starb in der Gefangenschaft. Die Herrschaft der Mongolen über die Türkei dauerte nur wenige Jahre.

Am Anfang des 15. Jhs. zerrissen Bruderkämpfe der Söhne Beyazıts I. die innere Ordnung des frühen Osmanenreiches; dazu wurde es durch Aufstände der ärmeren Bevölkerung geschwächt.

Am Aufbau eines neuen türkischen Staates, der die Einheit des Reiches durch politische und wirtschaftliche Neuorganisation anstrebte, waren vor allem die Sultane *Mehmet I.* (1413–1428) und *Murat II.* (1428–1451) beteiligt. Unter Sultan *Mehmet II.* (1451–1481), dem Eroberer Konstantinopels, wurde dann das Ziel erreicht: ein neues Osmanenreich war aufgebaut. Diese Machtentfaltung machte zunächst halt an der Donau- und Adrialinie. Im Osten blieben die Grenzen noch lange Zeit offen und mußten in endlosen Kleinkriegen gegen die Einfälle asiatischer Stämme verteidigt werden.

Die westeuropäischen Staaten waren – und blieben auch nach den Kreuzzügen, bis zum Fall Konstantinopels – dem türkischen Reiche eindeutig feindlich gesonnen, anders als die Mittelmeerstaaten Genua und Venedig, die durch ihre Handelsbeziehungen mit dem türkischen Reich steten engen Kontakt pflegten und auf den von ihnen beherrschten Mittelmeerinseln ihre Machtpositionen gegen die Türken behaupteten. Nach der Eroberung Konstantinopels änderte sich die Stellung der westlichen Großmächte zur Türkei, besonders als im 16. Jh., während der Glanzzeit unter Sultan *Süleyman II. dem Prächtigen,* das Großreich der Osmanen sich immer weiter ausdehnte, Persien, Nordafrika und die arabische Halbinsel sowie den gesamten Balkan beherrschte, suchten auch die großen europäischen Mächte freundlichere Beziehungen zu diesem respektablen Nachbarn und gefährlichen Konkurrenten.

Europäische Einflüsse im 19. Jahrhundert

Hatte sich schon im 18. Jh. in der Kunst der Einfluß Europas gezeigt, so ist das 19. Jh. erfüllt mit kriegerischen Auseinandersetzungen mit den europäischen Mächten. 1806 versucht die englische Flotte, die Türkei zum Eintritt in die Koalition gegen Frankreich zu zwingen. 1829 bedrohen die Russen und 1833 auch die Ägypter die Stadt Istanbul. Im Krimkrieg landen 1854 englische und französische Truppen bei Gallipoli. 1865 wird die Türkei als europäische Großmacht anerkannt, muß ihrerseits aber in die Gleichberechtigung der Religionen einwilligen. 1877/1878 findet der russisch-türkische Krieg statt, der mit dem schmachvollen Frieden von San Stefano endet. Die Annäherung an Europa aber dringt weiter vor. Seit 1888 verbindet die Eisenbahn Istanbul mit Mitteleuropa, und 1889 wird der Bau der Anatolischen Bahn begonnen. Schon 1837 und 1845 hatte man zwei Brücken über das Goldene Horn gebaut, die nun die Stadtteile Galata und Stambul verbinden. 1908 wird der Sultan gezwungen, eine Verfassung anzuerkennen. Nach der Niederlage der Mittelmächte im Ersten Weltkrieg, deren Verbündeter die Türkei war, wird sie 1918 von den Alliierten besetzt. Der Sultan Mehmet IV. verliert sein Reich und flieht 1922, und sein Nachfolger, der nur noch Kalif war, geht 1924 ebenfalls außer Landes. Das riesige türkische Staatsgebiet wird auf Anatolien und Rumelien reduziert.

Die Republik Türkei

Durch den Vertrag von Lausanne 1923 erhält die neue Republik Freiheit und Selbständigkeit, und der General Gazi Mustafa Kemal Paşa, seit 1920 Vorsitzender der Nationalversammlung, wird zum ersten Staatspräsidenten ernannt. Er verlegt die Hauptstadt ins Zentrum der Türkei, nach Ankara. Es gelingt ihm, die Aufteilung des Landes zu verhindern und die Griechen zu besiegen, die sich auf den von den Türken nicht anerkannten Vertrag von Sèvres berufen und große Gebiete (um Izmir und ganz Rumelien) für sich beanspruchen. Der Tag dieses Sieges (30. August 1922) ist heute noch Staatsfeiertag.

Die folgenden Jahre sind von großen Reformen im Zeichen der Europäisierung (»Kemalismus«) erfüllt; unter anderem werden der Gregorianische Kalender, das metrische System und die lateinische Schrift eingeführt. Das Führen eines Familiennamens wird nun Pflicht und das Tragen von Fez und Schleier verboten. 1934 wird Mustafa Kemal der Ehrentitel Atatürk (Vater der Türken) verliehen; er stirbt 1938.

Am Zweiten Weltkrieg nimmt die Türkei nicht teil (1941 Freundschaftsvertrag, 1945 Kriegserklärung an Deutschland und Japan). Sie bleibt zwar weiterhin nach Westen geöffnet (Eintritt in UNO und NATO), aber die innenpolitischen Gegensätze verschärfen sich bei steigender wirtschaftlicher Abhängigkeit von den USA, so daß mehrmals die Armee die Macht übernimmt, um die Lage des Staates zu stabilisieren. Einer der Hauptgründe für die problematische Wirtschaftslage ist das enorme Bevölkerungswachstum.

Geschichtszahlen

Steinzeit:	Funde bei Çatal Hüyük, Hacılar, Beyce Sultan.
Bronzezeit:	Vorhethitische Stadtstaaten; Grabbeigaben in den Fürstengräbern von Alaca Hüyük (2350–2100); Schatzfund Troja II (2400–2200); Yortan-Kultur (Grabfunde).
Um 2000 v. Chr.	Indogermanische Hethiter treten in Zentralkleinasien auf.
Um 2000 v. Chr.	Einwanderung der Hurriter.
20.–19. Jh. v. Chr.	Assyrische Faktoreien (z. B. Kültepe) in Kleinasien.
18.–14. Jh. v. Chr.	Das *althethitische Reich,* Hauptstadt Hattuša; um 1600 legendäre Gründung der Königsdynastie. Kriegszüge nach Syrien (Halpa) und Babylon.
14.–13. Jh. v. Chr.	Das *neuhethitische* Großreich. Hauptstadt Hattuša. Königsliste von Šuppiluliuma I. (1370–1332 v. Chr.) bis Šuppiluliuma II. (1190–?). 1286 Schlacht von Kadesch (Nähe von Homs) zwischen dem hethitischen König Muwatalli und Pharao Ramses II. Im Friedensvertrag wird die Grenze zwischen den beiden Großreichen festgelegt. 1240 Zerstörung von Troja VIa, im Zuge der mykenischen Ausbreitung im östlichen Mittelmeerraum; um 1200 Zerstörung des Hethiter-Reiches durch thrakische (?) Völker. Aus dem zerfallenen Großreich der Hethiter bilden sich die kleinasiatischen Länder und Stadtstaaten, die noch in byzantinischer Zeit bestehen.
1200–750 v. Chr.	sog. *Dunkle Zeit.* Zeit der Wanderungen: ionische um 1100, dorische um 900 v. Chr. Gründung der griechischen Stadtstaaten am Ägäischen Meer und an der Südküste Kleinasiens.
855–585 v. Chr.	*Urartäischer Staat* in Ostkleinasien. In der 1. Hälfte

	des 13. Jhs. v. Chr. wird der Name Urartu zum ersten Mal erwähnt. Hauptstadt Van. Im Jahre 585 wird der Staat von den Skythen vernichtet.
Um 750–550 v. Chr.	*Phrygischer Großstaat* in Zentralkleinasien, Hauptstadt Gordion. Die Kimmerier zerstören dieses Reich, der letzte König Midas begeht Selbstmord.
680–546 v. Chr.	*Lydisches Reich* in West-Mittelkleinasien, Hauptstadt Sardes. Es wird 546 von dem Perserkönig Kyros II. erobert, und der König Kroisos gerät in Gefangenschaft. Ganz Kleinasien kommt unter persische Oberhoheit.
7. Jh. v. Chr.	Beginn der griechischen Kolonisation im Mittelmeerraum.
650–494 v. Chr.	Blütezeit der *ionischen Kultur*. 494 Aufstand gegen die Perser, Zerstörung Milets.
334 v. Chr.	*Alexander* überschreitet den Hellespont – Beginn des Auflösungsprozesses des persischen Reiches. 333 besiegt Alexander die Perser bei Issos.
282 v. Chr.	Philetairos macht sich mit dem Schatz des Lysimachos in Pergamon selbständig. An den Diadochenhöfen blüht die griechische Kultur.
278/77 v. Chr.	Einfälle der keltischen *Galater* über den Bosporus und Hellespont bis ins Innere von Kleinasien.
189 v. Chr.	*Galaterfeldzug* des römischen Consuls Cn. Manlius Vulso.
133 v. Chr.	Rom erbt das Pergamenische Reich, Kleinasien befindet sich in römischem Besitz.
330	*Konstantinopel* wird die Hauptstadt des Römischen Reiches.
395	Teilung des Römischen Reiches in eine östliche und westliche Hälfte. Konstantinopel ist Hauptstadt des oströmischen (byzantinischen) Reiches.
762	Belagerung durch die Araber.
1054	Teilung der Kirche in eine östliche und westliche.

Entstehung der Türkei

682–744	Die Osttürken in der Mongolei errichten ein Staatswesen, erobern Zentralasien und dringen bis nach Samarkand vor (Ogusen).

776	Araber besiegen die Westtürken in Turkestan. Die Seldschuken werden zum Islam bekehrt.
1034	Die Seldschuken erobern Chorāsān.
1040	Sieg über die Ghaznaviden unter Sultan Musud bei Dandanakan.
1038–1063	Toğrul Bey, Khan der Seldschuken.
1045	Erster Einfall in Armenien (Ani fällt 1064).
1055	Eroberung Bagdads durch Toğrul.
1058	Der abbasidische Kalif in Bagdad krönt Toğrul zum »Sultan der östlichen und westlichen Welt«.
1071	Entscheidender Sieg der Seldschuken über die Byzantiner bei Malazgirt (Kaiser Romanos IV. wird gefangengenommen).
1096–1204	Kreuzzüge.
1134	Konya wird Hauptstadt von Rûm.
1242	Die Mongolen dringen ein und vernichten 1243 das seldschukische Heer bei Köze Dağı. Zerfall des Seldschukenreichs in Kleinstaaten.
1311–1319	Einfall anatolischer Türken in Thrakien.
1326	Prusa (Bursa) Hauptstadt der osmanischen Türken.
1329	Eroberung von Nikaia (Iznik) durch Sultan Orhan.
1359	Erste vergebliche Belagerung Konstantinopels.
1377	Edirne Hauptstadt des osmanischen Reichs.
1402	Vernichtung des byzantinischen Heers durch die Mongolen bei Angora (Ankara).
1453	Eroberung Konstantinopels durch Mehmet II.
1512	Eroberung Ägyptens.
1529	Erste Belagerung Wiens unter Süleyman II.
1683	Zweite Belagerung Wiens, Niederlage des osmanischen Heeres.
1729	Die Türkei verliert alle Gebiete nördlich der Donau an Österreich und Rußland.
1829	Griechenland macht sich selbständig.
1839	Unter Mahmut II. Hinrichtung der Janitscharen, danach Reformen.
1854–1856	Krim-Krieg (Frieden von Paris: Das Schwarze Meer wird neutralisiert. Rußland gibt u. a. Kars an die Türkei zurück).
1876	Erste osmanische Verfassung.
1877	Russisch-türkischer Krieg.

Hagia Sophia ▷

علي
عمر

1881	Bankrotterklärung des osmanischen Staates (»Der kranke Mann am Bosporus«).
1914	Beginn des Ersten Weltkriegs an der Seite von Deutschland und Österreich.
1918	Nach dem Waffenstillstand besetzen Frankreich und England große Teile der Türkei, später auch Istanbul. Die Türkei verliert alle arabischen Gebiete.
1919	Griechische Truppen landen in Izmir.
1920	Mustafa Kemal Vorsitzender der Nationalversammlung in Ankara. Er erklärt den Sultan für abgesetzt.
1922	Vernichtende Niederlage der Griechen. Der Sultan Mehmet VI. flieht.
1923	Die Türkei wird zur Republik erklärt.
1924	Das Kalifat wird abgeschafft.
1925	Niederschlagung des Kurdenaufstands.
1926	Fez, Schleier, Koranschulen, islamisches Recht (Scharia) werden verboten. Ein bürgerliches Recht nach Schweizer Vorbild wird eingeführt.
1928	Einführung des lateinischen Alphabets (Schreibschulen). Trennung von Staat und Kirche.
1939	Zweiter Weltkrieg. Die Türkei bleibt bis 1945 neutral.
1945	Kriegserklärung an Deutschland und Japan. Anschluß an die UNO.
1950	Die Türkei schickt 4500 Mann nach Korea, um die Amerikaner zu unterstützen.
1952	Anschluß an die NATO.
1974	Landung auf Zypern. Auseinandersetzung mit den USA.Verschärfung der innenpolitischen Gegensätze, Unruhen.
1980	Regierungsübernahme durch das Militär.
1982	Staatspräsident Kenan Evren wird für 7 Jahre im Amt bestätigt.

Die politischen Landschaften im antiken Kleinasien

Eine Folge des politischen Schicksals der Völkerschaften im antiken Kleinasien war die Beweglichkeit der Ländergrenzen. Selbst für ruhige Zeiten sind die Grenzen nicht exakt und endgültig zu ermitteln, da die überlieferten Quellen

◁ *Hagia Sophia. Innenraum vom südlichen Seitenschiff aus gesehen*

Die antiken Landschaften Kleinasiens

(Beschreibungen in den Werken antiker Geographen und Historiographen) einander nicht selten widersprechen. Die folgenden Beschreibungen können nur ein ungefähres Bild von den topographischen Verhältnissen der antiken Landschaften Kleinasiens vermitteln.
In alphabetischer Reihenfolge:

Bithynien

Im Nordwesten der Halbinsel, durch die Propontis und den Thrakischen Bosporus von Europa getrennt.
Grenzen: im Norden der Pontus Euxinus; nordöstlicher Punkt in der Nähe

von Herakleia (Ereğli), östlicher Nachbar Paphlagonien; im Süden der verlängerte Oberlauf des Parthenios (Eityas) bis Prusa (Bursa), südlicher Nachbar Phrygien; westlicher Nachbar Mysien (etwa ab Prusa).
Die bedeutendsten bithynischen Städte waren die griechischen Kolonien *Chalkedon, Herakleia* (auch Pontika), *Myrlea* (auch Apamea), *Astakos* und später, nach dessen Zerstörung, *Nikomedia* – die Residenz der Könige von Bithynien; später noch *Nikäa* und *Prusa* (Brussa wurde vor Byzanz die Hauptstadt des Osmanenreiches). Die Bewohner gehörten in der Mehrzahl zum indogermanischen Stamm der Thraker.
Geschichte: Durch Kroisos 560 v. Chr. dem Lydischen Reich einverleibt; danach persisch. Eine der wenigen Landschaften Kleinasiens, die Alexander der Große nicht unterwerfen konnte (Schlacht am Granykos 334 v. Chr.). Zipötes (327–280) behauptet sich gegen Lysimachos und Antiochos I. von Syrien und nimmt 297 v. Chr. den Königstitel an.

Galatien

Gebiet der Galater (s. Paulus' »Brief an die Galater«), ein Teil des südlichen Pontos im Inneren Anatoliens. Die Galater waren ein keltischer Stamm, 278 v. Chr. von der unteren Donau eingewandert; von den griechischen Städten im westlichen Kleinasien wegen ihrer Raubzüge gefürchtet, erst von den Römern bezwungen (189 v. Chr.). 25 v. Chr. wurde Galatien römische Provinz.

Ionien

Die Ionier (ursprünglich Iawones) sind ein urgriechischer Stamm, nach den Achäern (Beginn des 2. Jts.) Ureinwohner in Griechenland. Sie siedelten in der Mittelhelladischen Zeit (1800–1600) auf Attika, Euböa, Achaia, im Grenzgebiet zwischen Lakonien und der Argolis und vielleicht auch an der Westküste Messeniens. Nach der Dorischen Wanderung (1200–900) besiedelten sie die Kykladen und die mittlere und südliche Westküste Kleinasiens, das spätere »Ionien«; der Name taucht hier das erste Mal auf. Ionier im engeren Sinne sind also die Einwohner der kleinasiatischen Küstenstädte *Erythrä, Klazomenä, Kolophon, Teos, Lebedos, Ephesos, Milet, Myus, Priene, Phokäa, Samos, Chios (12-Städte-Bund).* In Panonion am Mykale-Gebirge befand sich das religiöse Zentrum Ioniens, der Poseidon-Tempel.
Der Bereich dieser Städte (mit den – heute griechischen – vorgelagerten Inseln Lesbos und Chios) war in archaischer Zeit von großer kultureller Fruchtbarkeit. Hier entstanden die epische, lyrische und iambische Poesie, Philosophie, Geschichtsschreibung und Medizin. Auch in der bildenden Kunst des 6. Jhs. war Ionien führend (Ionischer Stil). Die geographische Lage begünstigte schon

früh einen regen Handel mit dem näheren und ferneren Hinterland und den Überseeländern.
Geschichte: Seit dem 7. Jh. Untertanen der Könige von Lydien. Seit 546 v. Chr. (Sturz des Kroisos) Vasallen des Perserreichs. Keine Fremdherrschaft vermochte allerdings die kulturelle Blüte dieses Landes zu zerstören. Um 500 Ionischer Aufstand (s. unter Milet); seit 477 abhängig von Athen. Nach dessen Fall gehörte Ionien kurze Zeit zu Sparta (404–394). 380 wieder persisch. In Alexanders asiatischem Reich bildeten die ionischen Städte ein autonomes Gebiet. Nach kurzer Herrschaft der Seleukiden und Ptolemäer wurden die Städte formal autonome Glieder der römischen Provinz Asia. Nach dem 1. Mithridatischen Krieg (88–84 v. Chr.) und den römischen Bürgerkriegen erlebte Ionien noch einmal eine Blüte in der römischen Kaiserzeit.

Kappadokien

Weitere Landschaft im Inneren der östlichen Halbinsel.
Grenzen: (im 4. Jh. v. Chr.) im Westen der große Halys-Bogen, im Süden das Taurus-Gebirge, im Osten der Euphrat. Im Alexanderreich an seiner Nordgrenze von Pontos nach Süden hin abgedrängt.
Der Name stammt von den um 700 v. Chr. eingewanderten Kappadoken.
Geschichte: Herrschaft der Meder, der Perser, Alexanders und der Seleukiden. Seit 302 autonom mit eigenen Königen (meist mit dem Namen Ariarathes). 17 n. Chr. römische Provinz.

Karien

Landschaft im Südwesten, landeinwärts östlich der südlichen ionischen Städte, zwischen dem Mäander (Büyük Menderes) und dem Dalaman-Fluß. Über die Herkunft der Bewohner ist man sich noch nicht im klaren, die gefundenen Inschriften sind noch unentziffert.
Die Karer waren (z. T. nur nominell) Vasallen der Perser, der Seleukiden. Seit 189 v. Chr. gehörte Karien zu Rhodos, unter römischer Oberhoheit.

Kilikien

Landschaft an der östlichen Südküste; gegliedert in das westliche Kilikien oder *Cilicia Trachea,* gebirgig und rauh – und das östliche Kilikien oder *Cilicia Pedias* (Umgebung Adanas), flach und mild. In der Antike außer von der See her nur über die Taurus-Pässe zugänglich: 1. die Kilikische Pforte, durch die Alexander, aus Kappadokien kommend, eindrang; 2. die Amanische Pforte, durch die Darius zog; 3. die Syrische Pforte bei Myrandos, durch die Alexan-

der nach dem Sieg bei Issos nach Syrien zog. Die wichtigsten Städte sind *Adana, Issos, Mopsuestia, Seleukia, Soloi, Tarsos.*
Geschichte: Wiederholt von den Assyrerkönigen unterworfen. Nach dem Untergang des Assyrerreiches selbständig unter Fürsten mit dem Titel »Seyennis«. Freiwilliger Anschluß an das Großreich des Kyros. Nach Alexanders Sieg bei Issos (333) unter makedonischer Herrschaft. Kilikien gehörte zum Reich des Antigonos, dann zum Seleukidenreich; später wurde es römische Provinz, unter anderen auch von Cicero verwaltet.

Lydien

Gebiet östlich der mittleren und nördlichen Städte Ioniens, zwischen den Flüssen Mäander im Süden (Büyük Menderes) und Hermos im Norden (Gediz), mit der Hauptstadt Sardes.
Wohlhabendes Land: Gold, Handel und damals hochentwickelte Industrie. Die Lyder prägten im abendländischen Kulturkreis die ersten Münzen.
Geschichte: Seine Geschichte beginnt schon in vorgriechischer Zeit. Gyges ist die erste historische Gestalt (Mitte des 7. Jhs. v. Chr. König von Syrien; belegt ist seine Gefangenschaft in Assyrien 660); siegreich im Kampf gegen die griechischen Kolonien. (Hauptgestalt in Hebbels »Gyges und sein Ring«). Nach der Entmachtung des Kroisos (545) durch die Perser wurde Lydien persische Satrapie. Seit Alexander teilte es die Schicksale der anderen kleinasiatischen Länder.

Lykien

Landschaft der Südwestküste, zwischen Karien im Westen und Pamphylien im Osten.
Die Lykier nannten sich selbst *Termilen;* sie sollen identisch sein mit den *Lukki* der Amarna-Tafeln. Nach Herodot sind sie in das Gebiet erst eingewandert, sind demnach also nicht Ureinwohner. Sie vermochten ihre Eigenart und auch ihre politische Unabhängigkeit von den Lydern zu wahren. Erst unterwarf Kyros dieses Land, nach Alexander die Seleukiden, dann Rhodos; von den Römern wurde es als autonomer Bund von 23 Städten anerkannt; in der Kaiserzeit verlor es endgültig die Autonomie.
Lykische Kunst s. unter Xanthos.
Sprache: selbständig, ein dem griechischen verwandtes Alphabet. Quellen: Grabinschriften (auch die noch halb unverständliche, in dialektisch-archaischer Sprache abgefaßte Inschrift auf der Stele von Xanthos). Die Verwandtschaft der lykischen mit der griechischen Sprache ist umstritten; man vermutet unter vielen Vorbehalten aber doch zumindest indogermanischen Ursprung.

Mysien

Landschaft im nördlichen Drittel der Westküste.
Städte: *Prusa, Kyzikos, Lampsakos, Pergamon.*
Die Sprache der Myser galt im Altertum als lydisch-phrygischer Mischdialekt.

Pamphylien

Landschaft an der mittleren Südküste, am Golf von Antalya.
Name: Mehrere Sagen sind überliefert, die beliebteste scheint die von Theopomp berichtete, Pamphylia sei die Tochter des Mopsos gewesen (des Führers der Einwanderer aus Argos).
Grenzen: werden bei den antiken Geographen widersprüchlich angegeben; besonders die Grenze zwischen Lykien und Pamphylien scheint ungenau gewesen zu sein.
Hauptstadt *Antalya;* in der Antike beherrscht von den drei großen Schwesterstädten *Perge, Aspendos* und *Side.*
Geschichte: Aus den Sagen hat man geschlossen, daß Pamphylien eine uralte griechische Siedlerlandschaft gewesen ist. Der pamphylische Dialekt ist mit dem Arkadischen verwandt, auch dorische Einflüsse sind erkennbar. Griechische Siedler waren hier lange vor der Kolonialgründung, vermutlich vom Peloponnes (Argolis) gekommen. – Während der 2. Kolonisierungswelle im 7. Jh. entstanden Perge, Side und Aspendos. Pamphylien ist niemals selbständig gewesen. Im Winter 334/333 eroberte es Alexander; sein Satrap für Lykien und Pamphylien war Nearchos. Danach wechseln die Herren ständig. Im Jahre 43 n. Chr. wird Lykien mit Pamphylien zu einer großen römischen Provinz vereinigt.

Phrygien

a) *Großphrygien* war ursprünglich eine weite Landschaft im Inneren des westlichen Kleinasiens, im Norden an Paphlagonien grenzend, im Osten an den Halys und Kappadokien, im Süden ans Taurus-Gebirge.
b) *Kleinphrygien* war die Landschaft am Hellespont, von Großphrygien durch Mysien getrennt.
Die Phryger waren Indogermanen mit alter nationaler Kultur. An den Grabmälern der Könige z. T. Inschriften in altphrygischen Lettern des 7. Jhs. v. Chr., der griechischen Schrift nahe verwandt.
Geschichte: Die Könige trugen abwechselnd die Namen Gordios und Midas. Das Reich 696 von den Kimmeriern erschüttert; danach stritten sich Lyder und Assyrer darum. Ab 600 v. Chr. lydisch; seit Kyros unter persischer Herrschaft. Alexander gab Großphrygien an Antigonos, in dessen asiatischem

Reich es zum Kernland wurde (311–301). Im nördlichen Phrygien seit dem 3. Jh. die Galater. Nach der Verdrängung der Seleukiden (188) gingen Teile Phrygiens an Pergamon. Nach dem Tode Attalos III. von Pergamon (133 v. Chr.) wurden beide Phrygien römisch als Teile der Provinz Asia unter den Namen Asiana und Galatina Phrygia.

Pisidien

Berglandschaft nördlich der Pamphylischen Ebene, am Oberlauf des Kestros, Eurymedon und Melas, nur über Pässe zu erreichen und leicht zu verteidigen. Die Bewohner waren ein kriegerisches Volk, häufig aufsässig im Perserreich. Sie bevorzugten – ähnlich wie die Chalder und die Etrusker – Wohnsitze auf leicht zu verteidigenden Höhen.
Eigene Sprache.
Geschichte: Das römische Pisidien ist nicht identisch mit dem ursprünglichen. Das Land hatte in der Spätantike ein wechselvolles Geschick: ständige Grenzverschiebungen und schnell wechselnde politische Zugehörigkeit. Seine Blüte in der Römerzeit ist belegt durch Inschriften und Ruinen der größeren Städte, besonders *Antiochia* und *Iconium* (Konya).

Pontos

Abkürzung für das Pontische Kappadokien, die nordöstliche Küstenlandschaft des antiken Kleinasien. Seit dem 1. Jh. v. Chr. Bezeichnung für das Reich des Mithridates.
Geschichte: Im 6. Jh. v. Chr. gründeten dort die Griechen die Städte *Annisos, Kotyra, Kerasus, Trapezus.* Nach Alexander gehörte das Land zum Reich des Antigonos. Nach dessen Tode schuf Mithridates V. (seit 281 König) das Reich Pontos mit einem Teil Paphlagoniens, Galatiens, des taurischen Kappadokiens und Großphrygiens. Später kamen noch Kleinarmenien und weitere Küstenländer des Schwarzen Meeres hinzu. Nach 63 v. Chr. (Ende der Mithridatischen Kriege) kam durch Pompejus das Land westlich des Halys als Teil der Provinz Bithynien an Rom *(Provincia Bithynia et Pontus);* der Rest wurde aufgeteilt in *Pontus Galaticus* und *Pontus Polemoniacus* (so benannt nach seinem neuen Herrscher). Ende des 3. Jhs. bildeten die Pontus-Landschaften 2 Provinzen: den östlichen *Pontus Polemoniacus,* den westlichen *Hellenopontus.*

Thrakien

Nach ältestem griechischem Sprachgebrauch der ganze Rumpf der Balkanhalbinsel östlich Illyriens, einschließlich Makedoniens bis zum Gebiet der

Skythen; später nur die Osthälfte der Halbinsel südlich der Donau. Die römische Provinz *Thracia* umfaßte nur das Gebiet südlich des Balkangebirges.
Die Thraker waren ein indogermanischer Stamm mit eigener Sprache bis ins 6. Jh. n. Chr.
Geschichte: Unterwerfung durch Philipp II. von Mazedonien. In der Diadochenzeit Besitz des Lysimachos. Unter Claudius römische Provinz. Seit dem 10. Jh. bulgarisch, seit dem 14. Jh. türkisch. Seit 1923 der westliche Teil griechisch, der östliche türkisch.

Die Kunst der Seldschukenzeit

Die Islamisierung Anatoliens begann mit dem Jahre 1071. In der Schlacht von Malazgirt, nördlich des Van-Sees, besiegte Alp Arslan, ein Türke des Seldschukenstammes, die byzantinische Armee; dabei geriet auch der Kaiser Romanos IV. Diogenes in Gefangenschaft. Für zwei Jahrzehnte wurde Iznik, das alte Nicäa, die Hauptstadt eines neuen Türkstaates; später, wegen der Bedrohung durch die Kreuzfahrer, verlegte man sie nach dem weiter im Landesinneren gelegenen Konya, dem alten Ikonion. Die Schlacht von Myriokephalon 1176 markiert den Höhepunkt des Seldschukenreiches von Konya (Rûm): sie brachte dem Sultan Kılıç Arslan (1156–1192) den Sieg über den byzantinischen Kaiser Manuel I. Zu Anfang des 13. Jhs. brachten die Sultane Antalya und Alanya in ihre Gewalt, die Pforten zum Mittelmeer und zum Überseehandel. Ihre Macht wurde 1243 von den Mongolen gebrochen, die in der Schlacht von Köze Dağı, nordöstlich von Sivas, siegten. Die Dynastie von Rûm bestand noch bis Anfang des 14. Jhs.
Die Seldschuken waren ursprünglich ein nomadisierender Turkmenenstamm, der aus der Kirgisensteppe nach Transoxanien und nach Persien einwanderte. Sie schlossen sich aber nicht den schiitischen Persern an, sondern den Abbasidenkalifen (ab 750), in deren Armee sie als Söldner anfingen und sich hochdienten zu politisch einflußreichen Leibwächtern. Ihr Auftreten wurde für Herrschaft und Leben vieler Kalifen verhängnisvoll und führte schließlich zum Untergang des Abbasidenreiches. Manche von ihnen konnten über das Amt des Provinzialgouverneurs zu unabhängigen Fürsten aufsteigen, wie Ahmed Ibn Tūlūn, der 868 die Tūlūnidendynastie in Ägypten gründete, oder Tughril Bey, der sich 1055 zum Sultan ausrufen ließ, nachdem er fast ganz Vorderasien unter seine Macht gebracht hatte; allerdings löste sich sein Staat schon Ende des 11. Jhs. wieder in zahlreiche Stammesstaaten auf.

Von diesen Seldschukenreichen hatte das von Rûm die größte Lebensdauer. Eine geschickte Politik mehrte den Besitz und ein gut ausgebautes Handelsnetz den Reichtum, der zur Bautätigkeit und zu künstlerischer Entfaltung anregte, so daß sich ein eigener Stil bilden konnte. Dieser seldschukische Formkanon löste sich von den starren Geboten des sunnitischen Islams: Es kam zu Darstellung von Menschen und Tieren, es entwickelte sich sogar eine Großplastik, wie wir sie sonst im Islam nur unter den Omayyaden kennen. Diese Freiheit der Religion gegenüber wurde besonders durch den Mystiker Mevlâna Celâlettin Rûmi gefördert, der 1197 in Balch in Chorassan geboren wurde und seit 1228 am Hofe der Sultane von Rûm lebte, wo er 1273 verstarb. Er gründete den Mevlânâ-Orden, dessen Bestreben es war, einen Ausgleich zwischen den Religionen herzustellen.

Der seldschukische Moscheenbau in Kleinasien entwickelte sich im 12. Jh. und hatte seine Blütezeit in der 1. Hälfte des 13. Jhs. Man kann verschiedene Typen unterscheiden: zunächst die *Hofmoschee,* die älteste Form des islamischen Bethauses. Während zuerst Säulen oder Pfeiler eine flache Holzdecke trugen, wurde im 13. Jh. der Haram (Betsaal) auch mit Kreuzgewölben oder Kuppeln eingedeckt. Daneben gab es den *Holzsäulenbau,* der als ein einfacher Haram ohne Hof eine Rarität ist. Als Vorbild hat man eine Gruppe von Moscheen in Westturkestan erkannt, die ihrerseits direkt auf das Wohnzelt zurückgehen dürften.

In den Syrien benachbarten Gebieten kam die *Transeptmoschee* auf, eine Form, die schon in der Omayyadenzeit gebaut wurde, nur daß hier der Kuppel vor dem Mihrab (Gebetsnische) eine größere Bedeutung im Raumganzen zukam. Auch die *Medresenmoschee* (Medrese heißt urpsrünglich Gelehrtenschule), die in Persien entwickelt worden war, wurde aufgenommen; sie vereinigte die Lehranstalt oft mit dem Grab des Erbauers. Man kann zwei Typen unterscheiden, der eine weist einen Liwân mit Vorhof auf, der andere beschränkt sich auf einen Kuppelraum mit Wasserbecken.

Von besonderer Bedeutung wurde die *Basilikamoschee,* die es nur in Kleinasien gibt. Anstelle der bisherigen Breithalle erscheint hier ein Längsbau mit drei oder mehreren Schiffen, deren mittleres verbreitert ist. Manchmal hat man im Mittelschiff ein Joch unbedeckt gelassen, das sog. »Schneedepot«, – es wirkt wie ein zusammengeschrumpfter Hof. Typisch für die seldschukische Kunst ist die Vielzahl der Wölbungsformen: Tonnen-, Kreuz-, Spiegel- und Kuppelwölbungen stehen nebeneinander, und es finden sich oft kunstvolle Kuppelgruppen.

An den Fassaden fallen die überhöhten *Prunkportale* auf, die oft reichen Stalaktitenschmuck zeigen und wie ein vergrößerter Mihrab wirken.

Die *Minaretts* werden gern paarweise in die Fassade einbezogen, sonst stehen sie einzeln und getrennt neben der Moschee. Ihre zylindrische Form weist schon auf die spätere osmanische Nadelform hin; zumeist sind sie mit Galerien auf Stalaktitensockeln geschmückt. Gelegentlich haben sie auch die Form eines Bündelsäulenschaftes.

Die *Türbe* (Grabbau) hat runde (bzw. aus Zylindersegmenten zusammengesetzte) Form mit Kuppel.

Von den *Profanbauten* in den Städten ist nicht viel erhalten: So wissen wir nur durch Beschreibungen von der Stadtmauer Konyas, die Alâ ad-dîn 1221 mit 108 Türmen bauen ließ. Noch 1838 waren große Engelsfiguren und Löwen an den Stadttoren zu sehen. Auch von dem dortigen Palast, der 1156–1188 erbaut wurde, ist nur ein Turm mit mächtigen Stalaktitenkonsolen geblieben. Eine besondere kulturelle und architektonische Leistung der Rûm-Seldschuken waren die *Hanbauten,* die in regelmäßigen Abständen an den Handelsstraßen angelegt wurden. Durch die Forschungen Erdmanns kennen wir heute 76 solcher Bauten aus dem 13. Jh., von denen 25 durch Inschrift datiert sind, dazu sind noch 21 Ruinenreste erhalten, die vielleicht auch Hane aus dieser Periode waren. Diese oft weiträumigen Anlagen ersetzten primitive Rasthäuser; eins der schönsten Beispiele ist der Sultan Han (1229) an der Straße von Aksaray nach Konya. Sie stellen eine Verbindung von Hof und Halle dar, ein monumentalisiertes Hofhaus. Ihre reine Zweckarchitektur beeindruckt durch die Strenge der Bauformen, deren Schlichtheit durch die reiche Verzierung der Portale nur noch unterstrichen wird.

Man kann *Stein-, Stuck- und Holzdekor* unterscheiden. Am Bau wird jetzt der Steindekor bevorzugt. Dabei werden flache Ornamente, oft rapportierende geometrische Muster aus Ziegelsteinen, wulstige Schnur-, Knoten- und Bandmotive aus Stein gegenübergesetzt. Es kommen auch naturalistische Palmetten und Rosettenformen auf, die in Anhäufungen geradezu einen barocken Effekt erzeugen. In Stuckfriesen erscheinen einzelne Menschen- und Tiergestalten, auch Kampfszenen. In den Islamischen Museen in Ankara und Istanbul kann man ferner schönes Holzmobiliar aus dieser Zeit sehen, wie Kanzeln (Minbar), Logenschranken (Maqsûra), Koranpulte (Rahle) und Türen. Hier finden sich Polygonalmuster, Arabesken und Inschriften, manchmal in durchbrochener Technik.

Im 13. Jh. verdrängt das persische *Fayencemosaik* den Dekor aus Ziegelsteinen. Dabei werden zunächst vier Farben verwendet: Hellblau, Dunkelblau, Braun und Schwarz. Die neue Ziertechnik wurde zuerst mit Vorliebe für den Mihrab verwandt.

In der *Kalligraphie* löst im 12. Jh. die runde Neßchi-Schrift die steile Kūfi ab. Eine bedeutende Neuerung ist die Einführung des Papiers anstelle des teuren Pergaments. Die Technik der Papierherstellung wurde durch die Chinesen nach Samarkand gebracht. Bei den Koranen liebte man nun das Hochformat, das Titelblatt wurde durch Schmuck besonders hervorgehoben.

Durch die Seldschuken kam der *Knüpfteppich*, eine alte Nomadenkunst, nach Kleinasien. Die wenigen erhaltenen Beispiele sind selten und kostbar; sie stammen aus der Alâ ad-dîn-Moschee in Konya und werden im Islamischen Museum in Istanbul aufbewahrt. Ihre Knüpfung ist zwar noch derb, aber sie zeigen schon eine ausgewogene Feld-Borte-Einteilung.
Die berühmten Zentren für die Herstellung von Geräten und Gefäßen lagen außerhalb von Anatolien. So kamen die mit Silber und Kupfer tauschierten Bronzen aus Mosul, wo es auch eine bedeutende Töpferindustrie gab, die ihre Gefäße mit Tierfriesen und durchbrochenen Medaillons verzierte. In Raqqa hatte man sich auf eine besondere Fayencetechnik spezialisiert – man verwendete dort auch schon Lüsterglasuren –, und in Aleppo hatte man in der Emaillierung und Vergoldung von Glasgefäßen seit dem 12. Jh. große Meisterschaft entwickelt. Die Erzeugnisse dieser Orte wurden in viele Länder exportiert, auch in das christliche Abendland.

Die Kunst der Osmanenzeit

Der osmanische *Moscheenbau* entsteht im 14. Jh.; er übernimmt zunächst die seldschukischen Typen, aber schon in Bursa wird die Tendenz zu einer monumentalen Bauweise deutlich, die dann in Istanbul unter dem Einfluß der Hagia Sophia ihren Höhepunkt erreichte. Bei der *Ulu Cami* (1379–1415) in Bursa handelt es sich noch um eine mehrschiffige Pfeilerhalle mit kleinen Kuppeln über jedem Joch; eins im Mittelschiff blieb ungedeckt: in diesem kleinen Hof wurde ein Wasserbecken angelegt. Das beste Beispiel für den *frühosmanischen Stil* bietet die *Yeşil Cami* (Grüne Moschee, 1413–1421) in Bursa. Betraum und Vorsaal sind hier je von einer Kuppel überwölbt, die direkt auf den Außenwänden aufliegt. Diesem Typ gehören auch das Nilufer Imaret in Iznik und die Beyazıt Camii in Edirne an. Auch der Medresentyp kommt noch vor (z. B. die Moschee Murats I. in Bursa).
Nach der Eroberung Konstantinopels wurde die Hagia Sophia zum Vorbild für die großen Sultantsmoscheen in der neuen Hauptstadt, der 1463–1469 entstandene Bau Mehmets II. (Fatih Camii) ging auf dieses Vorbild zurück. Leider hat sie viele Veränderungen erfahren, so daß heute kaum noch etwas von der ursprünglichen Anlage erhalten ist. Erst bei der Beyazıt Camii (1501–1507) wird im Grundriß das große Vorbild deutlich erkennbar. Ein atriumähnlicher Vorhof ist vorhanden, und die Minaretts zeigen früh schon die für die osmanische Zeit typische schlanke Nadelform. Der berühmte Baumeister Sinan (1489–1578) schuf eine Moscheenarchitektur von höchster Vollendung;

seine Zentralkuppelbauten kann man nur mit denjenigen der großen Renaissancebaumeister vergleichen. Dabei ist es interessant, daß damals im Morgen- wie im Abendland gleichzeitig verwandte Bauideen auftauchen, ohne daß eine gegenseitige Beeinflussung nachgewiesen werden kann. Die Baumeister der Hochrenaissance greifen direkt auf die römischen Bauten zurück, die türkischen aber auf dem Umweg über den frühbyzantinischen Kirchenbau. Sinan selbst hat drei Moscheen als sein Lehrlings-, sein Gesellen- und sein Meisterstück bezeichnet:

Şehzade Camii in Istanbul (1543–1548), ein reiner Zentralbau.

Süleyman Camii, ebenfalls in Istanbul (1550–1556), Zentralbau mit Seitenschiffen.

Selim II. Camii in Edirne (1570–1574), Zentralbau; Hauptkuppel auf acht Pfeilern; sie erreicht die Spannweite der Kuppel der Hagia Sophia.

Die großen Moscheen Istanbuls aus dem 17. Jh., wie die *Sultanahmet Camii* (1608–1614) und die *Yeni Cami* (ab 1651) in Stambul stehen noch ganz in der Sinantradition, wenn ihre Formen auch nicht mehr so kristallinisch erscheinen. Die islamische Architektur gewann so ein neues Raumbewußtsein, die Silhouettenwirkung der Bauten hatte ein neues Stadtbild geschaffen. Von den ersten *Osmanenpalästen* hat sich nichts erhalten. Der Saray von Bursa ist zerstört, auch derjenige Murats I. in Edirne (begonnen 1362) und der erste Wohnsitz Mehmets II. in Istanbul. Das älteste erhaltene Beispiel stellt der Çinili Köşk (Fayence-Pavillon) im Topkapı Saray in Istanbul dar, der 1472 von dem persischen Architekten Kemal ed-dîn erbaut wurde. Sein Grundriß zeigt ein in ein Quadrat eingeschriebenes Kreuz. Er ist außen mit persischem Fayencemosaik geschmückt, im Inneren mit Kacheln. Wie schon die Alhambra hatte der Saray eine dreiteilige Hofgliederung, die freilich durch spätere Zubauten heute nicht mehr klar zu erkennen ist. Das türkische *Wohnhaus* (Konak) war gewöhnlich aus Holz und hatte mehrere Stockwerke, die jeweils erkerförmig vorsprangen. Im Erdgeschoß lagen die Empfangsräume (Selamlık) und im Obergeschoß die Familienzimmer (Harem). Die Karawansereien in den Städten sind mehrgeschossige Arkadenhöfe, denen der Renaissancepaläste nicht unähnlich. Die ältesten Teile der Basare haben lange schmale Schiffe, die von zahlreichen kleinen Kuppeln überdeckt sind. Für das osmanische Stadtbild sind die vielen, meist reich mit Ornamenten und Inschriften geschmückten Brunnenanlagen (Sebîl) typisch.

Den *Baudekor* bestimmt der Marmorbelag; die Ornamentierung – meist Stalaktitenformen – wird auf die Rahmen und Bögen beschränkt. Auch die Stucktechnik geht nicht verloren, tritt aber gegenüber dem *Kachelschmuck* zurück, der oft große Flächen des Außen- und Innenbaus überzieht. Diese Kacheln zeigen im 15. Jh. kobaltblaue Blumenranken und Arabesken auf weißem Grund. Mit demselben Dekor werden auch Gefäße und Moscheen-

lampen verziert. Die sog. Damaskus-Fayence kann man an der Farbzusammenstellung Blau, Grün, Türkis und Manganviolett erkennen, außerdem treten Blumenmuster auf mit Tulpen, Hyazinthen, Rosen und Nelken, die man seitdem als typisch osmanisch bezeichnet. Nach der Eroberung von Täbris 1514 wurde in Iznik eine neue Fayencemanufaktur gegründet, in der persische Buchkünstler den Dekor entwarfen. An Stelle des Manganvioletts wurde nun ein erhaben aufgetragenes Bolusrot verwendet (sog. Rhodos-Fayence). Immer handelt es sich um Halbfayence, die unter Glasur dekoriert wird. Die Manufaktur in Iznik bestand bis ins 18. Jh. Eine andere in Kütahya arbeitete noch im 19. Jh., aber ihre Erzeugnisse bekamen mehr einen Volkskunstcharakter. In Istanbul war inzwischen, infolge des europäischen Einflusses, eine Porzellanmanufaktur gegründet worden. Heute stellt man in verschiedenen Orten wieder Fayencen nach alten Vorbildern her.
Unter den islamischen Künsten nahm die *Kalligraphie* immer eine hohe Rangstufe ein. Auch hier traten im 16. Jh. Künstler aus Täbris als Lehrer auf. Der persische Einfluß zeigt sich bei Bucheinbänden und natürlich in den Kopien persischer Epen. Obwohl die Türken Sunniten waren, übernahmen sie sogar die feinen Miniaturen mit figürlichen Darstellungen. Typisch osmanisch ist die Gestaltung der Firmâne (Ernennungsurkunden), oft meterlange Rollen, bei denen die Tuğra (Namenszug des Sultans) eine besondere kalligraphische Leistung darstellt.
Schon in der frühosmanischen Zeit gab es in Bursa eine Textilindustrie, die vor allem Seiden- und Samtbrokate herstellte. Während man sich im 15. Jh. italienische Stoffe zum Vorbild nahm, kamen im 16. Jh. naturalistische Blumenmuster auf – entsprechend der Entwicklung des Dekors auf den anderen Gebieten; seit dem 18. Jh. erscheinen auch hier Rocailleformen. Die Leinenstickerei ist bis heute eine Volkskunst; Bettwäsche, Wäscheeinwickeltücher (Bohça), Unterröcke und Taschentücher werden besonders in ländlichen Gebieten von den jungen Mädchen für die Aussteuer reich verziert. Bei den *Teppichen* kann man eine Volks- und eine Art Hofkunst unterscheiden. Zur Volkskunst rechnet man die »Holbeinteppiche«, die man auf niederländischen und italienischen Gemälden des 15. Jhs. dargestellt findet, die Uşak-Gattung und die sog. Siebenbürger Teppiche. Wohl unter ägyptischem Einfluß entstand im 16. Jh. eine neue Art: Die Knüpfung wurde fester, die Oberfläche bekam eine samtartige Struktur, und die geometrischen Muster des Feldes wurden durch einen Blumendekor abgelöst. Im 18. Jh. kamen die sehr locker geknüpften Smyrna-Teppiche in Mode, und erst aus dem 19. Jh. stammen die Bergama, Lâdik, Kula, Milâ und Gördes, bei denen die klassische Einteilung Feld-Borte nicht mehr klar unterschieden wird, was man schon als Dekadenzerscheinung ansehen kann.
Als Ägypten 1517 in das Osmanische Reich eingegliedert worden war, zogen

viele Handwerker von Kairo nach Istanbul. Aber etwa bei den *Bronzegeräten* kann man feststellen, daß die Qualität der Mamlukenzeit nicht mehr erreicht wurde. Die Silbertauschierung wird ganz aufgegeben, und bei der durchbrochenen Metallarbeit werden die Muster trocken und schematisch, viele Gefäßformen gehen verloren.

Das *Mobiliar* wird weiterhin mit Intarsien verziert, wobei kostbares Material vorherrscht, wie Perlmutt, Ebenholz, Schildpatt. Als man allerdings diese Technik auf europäische Möbelformen übertrug, entstanden schwerfällige und wenig ansprechende Ergebnisse.

Die *Waffenherstellung* erreicht unter den Osmanen eine hohe Kunst. Hervorragendes Material und besonderer Stahl wird zu den verschiedenartigsten Waffenformen verarbeitet und reich verziert.

Eine Sonderform der osmanischen Kunst stellt das sog. *Türkische Rokoko* dar. Unter Mehmet II. war es zu einem bewußten Kontakt mit der europäischen Kunst gekommen. Der venezianische Maler Gentile Bellini wurde an den Hof des Sultans berufen, die Webkunst nahm sich italienische Stoffe zum Vorbild. Im 16. Jh. war der persische und ägyptische Einfluß vorherrschend, aber unter Ahmet III. (1703–30) fanden Barockformen Eingang, und ab Mitte des 18. Jhs. kam es praktisch zu einer Übernahme des Rokokostils. Dafür sind besonders eindrucksvolle Beispiele die Nuru Osmaniye Camii (1748–55) in Istanbul und die Innendekoration des Sofaköşkü im Topkapı Saray. In allen dekorativen Künsten finden die europäischen Formen Eingang und halten sich weit bis ins 19. Jh.; als Beispiele sind zu nennen der Yeni Köşk (1840) im Saray und die Schlösser am Bosporus; dort werden allerdings auch klassizistische Tendenzen spürbar.

In der heutigen Zeit kann man, wie überall im Orient, eine Aufnahme moderner europäischer und amerikanischer Bauformen feststellen; daneben bemüht man sich um eine Integration der großen Errungenschaften der Vergangenheit (z. B. das Hilton Hotel, Istanbul; das Grabmal Atatürks bei Ankara).

Istanbul und Umgebung

Istanbul

Istanbul, die größte Stadt der Türkei, hatte nach der Zählung von 1985 5 580 424 Einwohner (jährl. Wachstumsrate: 42,3%). Sie liegt am Beginn der Meerenge des Bosporus (Rinderfurt) auf dem 41. Grad nördlicher Breite, etwa wie Neapel. Aber im Vergleich mit Neapel ist das Klima kühler und unbeständiger, bedingt durch die kalten, nördlichen Winde. Die Sommermonate aber sind anhaltend schön und besonders in Wassernähe angenehm.

Die Stadt umfaßt drei Stadtteile (vgl. Stadtplan):

Stambul, die Altstadt, liegt zwischen dem Goldenen Horn – dem 7 km in das Land eindringenden Wasserarm – und dem Marmara-Meer.

Beyoğlu, auf der anderen Seite des Goldenen Horns gelegen, umfaßt die ehemaligen Vorstädte Galata und Pera. Es wird in der Hauptsache von Ausländern als Wohnsitz gewählt.

Üsküdar schließlich, das alte Skutari, erstreckt sich auf dem asiatischen Ufer des Bosporus.

Wie Rom ist das alte Stambul auf sieben Hügeln erbaut. Beim Rundgang kann man manche kaum erkennen, aber sie lassen sich leicht anhand ihrer Denkmäler identifizieren (siehe Skizze S. 50):

I. Hagia Sophia
II. Konstantinssäule (»Verbrannte Säule«)
III. Süleyman Camii
IV. Mehmet Fatih Camii
V. Selim I. Camii, Fethiye Camii
VI. Mihrimah Camii
VII. Davut Paşa Camii, Hekimoglu Ali Paşa Camii, Koca Mustafa Paşa Camii (Kirche Andreas in krisei)

Wie sich nebeneinander seit Jahrhunderten zwei Namen für den gleichen Ort behauptet haben, *Istanbul* als offizielle Bezeichnung der früheren Hauptstadt des Türkenreiches und *Konstantinopel* als der Sitz der Patriarchen der griechisch-orthodoxen Kirche (mit dem Titel »Erzbischof von Konstantinopel«) und des armenischen Hauptpatriarchen, so wohnen hier bis in die heutige Zeit Kulturen aus fast drei Jahrtausenden beieinander.

Istanbul ist trotz der neuen Hauptstadt Ankara immer noch das kulturelle und

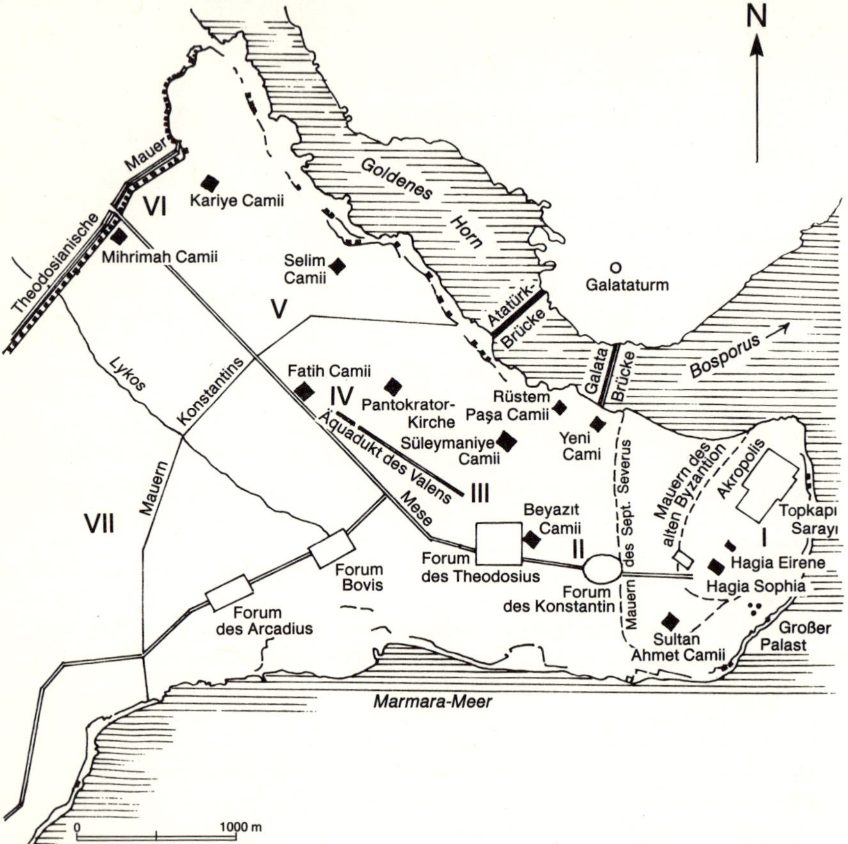

Die Sieben Hügel

(aus: Freely, John und Sumner-Boyd, Hilary, Istanbul. © Prestel-Verlag 1984)

wirtschaftliche Zentrum der Türkei. An geschichtlicher Bedeutung kann sich nur Rom mit ihm messen. Hier wie dort spiegelt sich die Geschichte in den – wenn auch oft nur trümmerhaft erhaltenen – Denkmalen wider. Einzigartig aber ist die Verzahnung von christlicher und islamischer Kultur, der faszinierende Gegensatz von europäischer und orientalischer Zivilisation sowie die Lage der Stadt auf zwei Kontinenten. Den großartigsten Eindruck erhält man bei der Einfahrt zu Schiff, wenn die charakteristische Silhouette mit den großen Kuppelbauten und den schlanken Minaretts aus dem Dunst auftaucht und die Vision einer Märchenstadt allmählich zur Wirklichkeit werden läßt.

Geschichte

Der *Bosporus,* der an seiner schmalsten Stelle in einer Breite von nur 660 m die beiden Kontinente Europa und Asien voneinander trennt und neben den Dardanellen und dem Suezkanal die strategisch bedeutendste Wasserstraße des Nahen Ostens ist, hat schon frühzeitig die Menschen verlockt, von der einen Seite des Ufers auf die andere hinüberzusetzen. Seit Beginn des 3. Jts. v. Chr. ziehen wiederholt Völkerscharen von Europa nach Kleinasien. Einen Höhepunkt erreichen die Völkerwanderungen zu Ende des 2. Jts. v. Chr., als die Phryger, Bithynier und Myser im Zusammenhang mit den großen Völkerverschiebungen im östlichen Mittelmeerraum, die das Ende des asiatischen Hethiterreiches mitbewirken, von der unteren Donau nach Kleinasien aufbrechen. In der Gegenrichtung zogen u. a. die Perser nach Europa; am folgereichsten war die Invasion der Türken.

Die Gründung von Byzanz. Perser und Griechen

Im Laufe des 1. Jts. v. Chr. scheint am Ende des Goldenen Horns eine Siedlung *Semistra* gegründet worden zu sein. Wohl ein Teil ihrer Bewohner hat sich später auf der Serailspitze angesiedelt, wo nach Plinius d. J. schon seit dem 9. Jh. v. Chr. eine Siedlung *Lygos,* vielleicht phönikischen Ursprungs, bestand. Antike Schriftsteller nennen Byzas als Gründer der eigentlichen Stadt, die nach ihm den Namen *Byzantion* erhalten habe, und geben das Gründungsdatum mit 658 bis 657 v. Chr. an. Strabo berichtet, daß die Megarer unter der Leitung von Byzas auf Geheiß des Orakels von Delphi die »Stadt der Blinden« gesucht hätten, um sich ihr gegenüber anzusiedeln. Sie hätten diese in der Stadt Kalchedon, dem heutigen Kadıköy, gefunden, deren »blinde« Einwohner die günstigen Siedlungsmöglichkeiten am jenseitigen Ufer nicht erkannt hätten. Dem Dialekt nach scheint Byzantion allerdings eine dorische Siedlung gewesen zu sein, die bald zu einem wichtigen Handelszentrum heranwuchs. Im Kampfe der Perser gegen die Skythen hatte sie dem König Darius Schiffe für die Übersetzung zur Verfügung zu stellen, und bis zur Schlacht von Platää 479 v. Chr. blieb sie unter persischer Herrschaft. Anschließend wurde sie in die Kämpfe zwischen Athen und Sparta mit hineingezogen, aber auch das konnte ihr wirtschaftliches Aufblühen nicht verhindern. 340 v. Chr. belagerte sie Philipp von Makedonien vergeblich, und die Sage berichtet, daß der Mond plötzlich hinter den Wolken hervorgetreten sei und die Byzantiner rechtzeitig auf einen bevorstehenden Angriff hingewiesen habe. Aus diesem Anlaß sei der Halbmond zum Stadtzeichen gewählt worden. Der Einfall der Gallier 279 brachte der Stadt die Belastung eines jährlich zu zahlenden Tributes von 30 Talenten ein. Als Ausgleich dafür legte sie auf alle den Bosporus passierenden Schiffe eine Steuer, ein Beschluß, der ernste nachbarliche Schwierigkeiten zur Folge hatte. In dem sich anschließenden Krieg mit Pergamon, Rhodos, Bithynien waren die Byzantiner die Unterlegenen.

Byzanz im Römischen Weltreich (Konstantinopel)

Zur Zeit der Ausdehnung der römischen Weltmacht sah sich die Stadt auf der Seite der falschen Partei. Weil sie zu dem Gegenkaiser Pescennius Niger gehalten hatte, wurde sie 193–196 von Septimius Severus belagert und schließlich erobert und zerstört. Damit wurden ihr die Stadtrechte aberkannt. Auf Bitten seines Sohnes Antonius Bassianus, genannt Caracalla, soll der Kaiser sie wiederaufgebaut haben. Er versah sie mit einem neuen, weiter in das Land hineingeschobenen Mauerkranz, legte ein Forum, ein Hippodrom, Tempel und Paläste an und nannte sie nach seinem Sohn *Augusta Antonina.* Im Jahre 324 flüchtete Licinius, der Rivale Konstantins, nach Byzanz, er wurde aber in Chrysopolis (Üsküdar) von Konstantin geschlagen; die Stadt ergab sich daraufhin dem Kaiser. Ihre Lage, die in strategischer wie landschaftlicher Hinsicht einzigartig ist, begeisterte den Kaiser so sehr, daß er sie 324 zur Hauptstadt des Römischen Reiches erwählte. Sie sollte ein neues Rom werden und erhielt deshalb auch den Namen *Neu-Rom.* Ihre 7 Hügel erinnerten an diejenigen Roms, und wie ihr Vorbild wurde die neu geplante Stadt in 13 Bezirke aufgeteilt. Eine neue Befestigungsmauer, 2,8 km weiter nach Westen vorgeschoben, umschloß das Stadtgebiet, das der Kaiser selbst in einer feierlichen Prozession festgelegt hatte. Die großen Bauplanungen des Kaisers – er gründete neue Foren, legte neue Straßen an, vergrößerte das Hippodrom, baute Paläste und Kirchen – wurden aber erst unter seinen Nachfolgern vollendet. Theodosius I. (379–395) ließ alle heidnischen Tempel zerstören und teilte das Reich unter seinen Söhnen auf: Honorius erhielt den Westen und Arkadius den Osten. Unter Theodosius II. (408–450) wurde die Stadt zum dritten Mal vergrößert und erhielt ab 413, 1–2 km westlich, einen neuen Mauergürtel, derjenige des Konstantin blieb aber wenigstens bis ins 19. Jh. bestehen. Ab 439 errichtete man die Seemauern, und ab 447 erhielten die Landmauern eine zweite Befestigungskette mit einem vorgelagerten Graben als Schutz gegen die Einfälle der Hunnen und Goten. Eine Befestigungsanlage, die über 1000 Jahre die zahlreichen Feinde von der Stadt fernzuhalten vermochte und die zu den großartigsten Anlagen ihrer Art überhaupt zählt. Das Ende des Weströmischen Reiches 476 bedeutete einen neuen Anfang für das Oströmische, das nun zu dem Byzantinischen Reich heranwuchs, in dem sich der Kaiser Basileus nannte und in dem als Amtssprache wieder Griechisch

eingeführt wurde. Mit dem Kaiser Justinian (527–565) sollte das erste Goldene Zeitalter des Byzantinischen Reiches anbrechen.
Der Nika-Aufstand war der erste Prüfstein seiner Herrschaft. Die Parteien der Stadt – die Grünen und die Blauen, die nach den Farben ihrer Wagenlenker im Hippodrom so genannt wurden – hatten einen Gegenkaiser ausgerufen, und nur mit Hilfe Belisars und der tatkräftigen Theodora gelang es, den Aufstand niederzuschlagen. Bei diesen Kämpfen wurde ein großer Teil der Stadt zerstört, aber schöner und prächtiger erstand sie wieder. Bauten, die zu den bedeutendsten des heutigen Istanbul gehören, stammen aus jener Zeit, wie die Hagia Sophia, die Irenen-Kirche, St. Sergios und Bakchos und etwa die Zisterne Basilika. Die siegreichen Kämpfe des Kaisers gegen die Bulgaren, Perser und Goten sicherten dem Reich Bestand und Macht, und die straffe zentrale Verwaltung sorgte für den inneren Frieden. Die Justinianische Sammlung der römischen Rechtsquellen und Aufzeichnungen, der sog. Corpus iuris civilis, ist zu einer wesentlichen Grundlage unserer heutigen Rechtssprechung geworden. Bei dem Tode des Kaisers hatte die Stadt über eine halbe Million Einwohner, römische, hellenistische und orientalische Kulturen hatten sich durchdrungen und eine neue und eigenartige Form geschaffen: das Byzantinische war entstanden.

Der Bilderstreit

Die folgenden Jahrhunderte sind durch Kämpfe gekennzeichnet: Avaren, Perser (627) und die immer wiederkehrenden Araber belagerten die Stadt. Aber neben diesem fortwährenden Kampf um den territorialen Bestand erschütterten religiöse Zwistigkeiten das Byzantinische Reich. Wohl unter dem Einfluß islamischer Anschauungen war es zu dem großen Bilderstreit gekommen, der zur Folge hatte, daß in dem Ökumenischen Konzil (754) die Verehrung von Heiligenfiguren verboten wurde. Diesem Verbot schloß sich eine Vernichtungswelle größten Ausmaßes an: Kunstwerke, gleich welchen Materials und welcher Größe, wurden vernichtet, wenn auf ihnen Heilige dargestellt waren. Für uns gingen damals die frühen Denkmale der byzantinischen Kunst unwiederbringlich verloren. Das 2. Ökumenische Konzil (786) hob wohl das Verbot der Ikonen wieder auf, aber unter Leo V. (813–820) wurde es wieder erneuert und hielt sich bis ans Ende der Regierung des Theophilos (829–842). In diesem über 100jährigen Streit zeichnen sich schon die Gegensätze zwischen der Byzantinischen und der Römischen Kirche ab, die unter Konstantin IX. (1042–1055) zu ihrer endgültigen Trennung (1054) führen sollten.

Der Gipfel der byzantinischen Macht

Unter den Kaisern der makedonischen Dynastie (867–1057) blühte das Reich wieder auf, die Moraven und Bulgaren wurden besiegt und anschließend christianisiert; der Einfluß der byzantinischen Kunst verbreitete sich in ganz Europa. Kuppelbauten nach dem Vorbild der Hagia Sophia und der Apostelkirche entstanden in Frankreich (z. B. Périgueux), in Italien (Venedig, S. Marco), in Rußland (Nowgorod und Kiew). Am Hof des Kaisers von Byzanz wurde ein Prunk ohnegleichen entfaltet, der unter Konstantin VII. Porphyrogenetos (913–959) seinen Höhepunkt erreichte – es war das zweite Goldene Zeitalter von Byzanz.

Damit war der Gipfel der byzantinischen Macht überschritten. Zwar war die Herrschaft auch unter den Kaisern der Komnenischen Dynastie (1081–1185) noch glanzvoll, aber im 11. Jh. häuften sich Ereignisse von entscheidender Tragweite: Die endgültige Trennung von der Römischen Kirche (1054), das Vorrücken der Seldschuken in Kleinasien, das Auftreten der Normannen, die immer mächtiger werdenden italienischen Handelsniederlassungen in Konstantinopel und die beträchtliche wirtschaftliche Belastung, die die zwei ersten durch Konstantinopel ziehenden Kreuzzüge (1096/97 und 1147) darstellten. Eine interne Thronfolgerkrise führte schließlich zur Einnahme der Stadt durch die Kreuzritter des 4. Kreuzzuges.

Die Kreuzfahrer in Byzanz

Der Sohn des 1195 durch Alexios III. Angelos entthronten Kaisers Isaak II. Angelos hatte sich um Hilfe an die in Venedig versammelten Kreuzritter gewandt und im Falle einer Wiedereinsetzung seines Vaters den Rücktritt zur Römischen Kirche versprochen. Mit Hilfe der Kreuzritter wurde Isaak II. im Jahre 1203 abermals gekrönt. Es kam jedoch zu einem Volksaufstand, als die daran geknüpften Bedingungen eingehalten werden sollten, so daß die Stadt 1204 zum zweiten Male eingenommen werden mußte und 3 Tage zur Plünderung freigegeben wurde. Es ist eine besondere Tragik der Geschichte Konstantinopels, daß die Meinungsverschiedenheiten unter den Christen selbst den größten Teil des Kunstbesitzes zugrunde gehen ließen. Alles, was aus Edelmetall bestand, wurde eingeschmolzen. Kirchengeräte und Reliquiare nahm man in die Heimat mit, um sie dort Klöstern und Kirchen zu stiften. (z. B. die Bronzepferde an der Kirche S. Marco in Venedig, den dortigen Kirchenschatz und etwa die Limburger Staurothek.)

Ein Lateinisches Kaiserreich wird errichtet (1204–1261), weite Landesteile unter die fränkischen Barone aufgeteilt. Nur in Nicäa und Trapezunt erhalten sich griechische Reiche. 1261 stellt Michael Palaiologos mit Hilfe der Genuesen das Byzantinische Reich wieder her. Aber die Stadt bietet nur noch einen

schwachen Abglanz ihrer früheren Pracht, sie ist ausgeplündert, ihr ehemals so reicher Statuenbestand ist zerstört, die Kirchen sind öde und leer, und ihre Einwohnerzahl ist auf 100 000 zurückgegangen.
Venezianer und Genuesen kämpften nun um die wirtschaftliche Vormachtstellung in der Stadt und damit im Orienthandel. Den osmanischen Sultanen gelingt es, ihren Besitz immer weiter an Konstantinopel heranzurücken, 1326 machen sie Bursa zu ihrer Hauptstadt, 1353 nehmen sie Gallipoli auf dem europäischen Festland ein, 1365 ernennen sie Adrianopel zur Hauptstadt, und 1391 stehen sie vor den Mauern der Stadt Konstantinopel. Der Sieg des Mongolen Timur Lenk (Tamerlan) bei Ankara 1402 über die Türken hält ihren Siegeszug auf, aber schon 1411 und 1422 greifen sie die Stadt wieder an, die dann 1435 durch die Pest große Menschenverluste erleidet und nur noch an die 50 000 Einwohner zählt.

Der Untergang von Byzanz

1449 kommt der 45jährige Konstantin XII. Palaiologos an die Regierung, bei den Türken wird 1451 der 19jährige Mehmet II. Sultan; unter diesen beiden Herrschern sollte der entscheidende Kampf stattfinden: Mit etwa 200 000 Mann stehen die Türken 1453 zum Angriff bereit, während die Griechen ihnen nur etwa 20 000 Mann entgegenzusetzen haben. Obwohl der Kaiser am 12. Dezember 1452 zur Römischen Kirche übergetreten ist, eilen ihm – gerade noch rechtzeitig – nur 700 Genuesen und 200 Lateiner zu Hilfe. Die Türken aber können eine neue Waffe, die Kanone, einsetzen, und es gelingt ihnen, ihre Schiffe vom Bosporus auf einer Rollbahn über Land in das Goldene Horn zu befördern und so die eiserne Kette, die diesen Meerarm schließt, zu umgehen. Vom 5. April bis zum 28. oder 29. Mai dauert der Großangriff, der Kaiser fällt im Schlußkampf, und Mehmet II., den man den Eroberer (Fâtih) nennen wird, reitet durch das Tor des Romanos in die Stadt ein. Drei Tage lang ist es den Soldaten erlaubt, die Stadt zu plündern und Sklaven zu machen, dann gebietet der Sultan Einhalt. Acht Kirchen der Stadt werden vorerst zu Moscheen umgewandelt, an erster Stelle die Hagia Sophia, die als neues Zeichen der türkischen Macht den Halbmond mit dem Stern auf der Kuppel erhält.

Die Errichtung der türkischen Herrschaft

Eine Umsiedlung im größten Stil setzt nun ein, die auch unter den Nachfolgern Mehmets II. anhält. Viele der Einwohner werden nach Anatolien und ins europäische Hinterland umgesiedelt, dagegen zieht man Bevölkerung aus eroberten Gebieten in die Stadt, wie Leute aus Serbien, Montenegro, der Walachei, Albanien; aus Spanien Juden wie auch vertriebene Mauren. Den verbliebenen Christen gewährt der Sultan seinen Schutz und ernennt Gennadios zum neuen Patriarchen. Die Privilegien der Genuesen und Venezianer werden – wenn auch verändert – erneuert, und Frankreich erhält das Protektorat über die Fremden, insbesondere über die Christen.

Istanbul, die Hauptstadt des Osmanischen Reiches

Konstantinopel war nun die Hauptstadt des Osmanischen Reiches und erhielt den Namen Istanbul, aus dem Griechischen *istin poli* = in der Stadt. Unter Mehmet und seinen Nachfolgern setzt eine rege Bautätigkeit ein; Moscheen, Paläste, Bäder, Basare werden eingerichtet, und aus der byzantinischen Stadt, die mit ihren großen Straßen- und Platzanlagen noch den hellenistischen Städtetypus verkörpert, wird nun eine orientalische Stadt mit verschlungenen Gassen und mit Moscheen auf den Hügeln, die die charakteristische Silhouette entstehen lassen. Zwischen den repräsentativen Gebäuden aber wachsen, eng aneinander gepreßt, die typischen türkischen Holzhäuser, die nun jahrhundertelang eine ernste Brandgefahr darstellen. Mit Süleyman II. dem Prächtigen (1520–1566) erlebt das Reich seinen Höhepunkt, die größte Ausdehnung ist erreicht, Heeres- und Finanzreformen gewähren den inneren Frieden, und Sinan, der bedeutendste türkische Architekt, gestaltet das Bild der Stadt – die Mehrzahl der bedeutenden Moscheen von Istanbul ist von seiner Hand. Im 17. und 18. Jh. werden die Sultane weitgehend von den Großwesiren und ihrer Leibgarde, den Janitscharen, abhängig, bis es schließlich Mahmut II. 1826 gelingt, die Truppe zu vernichten. An die 30 000 Janitscharen sollen damals im Hippodrom den Tod gefunden haben.

Die Neuzeit

(siehe dazu S. 29 und die Tabelle S. 60)

Im 18. Jh. versuchten die Sultane zwar, die mitteleuropäischen Höfe an Prunk zu übertreffen, aber die Verwaltung war den Problemen des Großreichs nicht mehr gewachsen; ein wirtschaftlicher Niedergang setzte ein und dauerte das ganze 19. Jh. hindurch an bis zum Staatsbankrott 1881. Das Schlagwort vom »kranken Mann am Bosporus« entstand. Nach dem an der Seite Deutschlands verlorenen Ersten Weltkrieg drohte die Aufteilung des Landes.
Es gelang aber unter der Führung Mustafa Kemals, den Reststaat zu konsolidieren. Der Wunsch des «Vaters der Türken» war eine grundlegende Modernisierung nach europäischem Vorbild. Nach dem Zweiten Weltkrieg bekamen die USA großen Einfluß, was einen Teil der Bevölkerung zum Widerstand bewog. Mehrmals übernahm das Militär die Macht.
In Istanbul wurde über viele Jahre ein großer Modernisierungsplan durchge-

führt. Große Verkehrsadern entstanden, eine Umgehungs-Schnellstraße, Brücken über den Bosporus und das Goldene Horn. Am Südufer Stambuls wird ein Uferstreifen aufgeschüttet und ein neuer Hafen gebaut. Die Stadt wächst aber so schnell, daß diese Maßnahmen schon bald nicht mehr ausreichen. Die historische Silhouette Stambuls wurde glücklicherweise kaum durch neue Hochhäuser gestört, aber die alten Holzhäuser, brandgefährdet und verwanzt, fielen fast alle der Sanierung zum Opfer.
Dem Verkehrsplan folgte ein ebenso großzügiger Plan zur Verschönerung, für den sich besonders der Oberbürgermeister Dalan einsetzte. So wurden z. B. die häßlichen Fabriken und Lagerhäuser am Goldenen Horn abgerissen und dafür Grünflächen und Sportplätze geschaffen.
Heute sind die Türkei und Istanbul in steigendem Maße Ziel des internationalen Tourismus.

Kaiser, Sultane, Präsidenten

Die Zahlen bedeuten die Regierungszeiten. Kaiserinnen sind erwähnt, soweit sie eine besondere geschichtliche Rolle gespielt haben.

Byzantinische Kaiser

Konstantinische Dynastie 306–363

306–337	Konstantin I. der Große	363–364	Jovian
337–361	Konstantios (II.)	364–378	Valens
361–363	Julian Apostata		

Theodosianische Dynastie 379–457

379–395	Theodosios I. der Große	450–457	Markian (verh. mit Pulcheria, Schwester des Theodosios II.)
395–408	Arkadios		
408–450	Theodosios II.		

Thrakische Dynastie 457–518

457–474	Leon I.	475–476	Basiliskos
474	Leon II.	476–491	Zenon (2. Reg.-Zeit)
474–475	Zenon	491–518	Anastasios I.

Justinianische Dynastie 518–610

518–527	Justin I.	578–582	Tiberios I. Konstantinos

527–565 Justinian I. der Große (verh. mit Theodora)
565–578 Justinian II. (verh. mit Sophia, Nichte der Theodora)
582–602 Maurikios
602–610 Phokas

Heraklische Dynastie 610–711

610–641 Herakleios
641 Konstantinos III. mit Heraklonas
641–668 Konstans II.
668–685 Konstantinos IV. Pogonatos
685–695 Justinian II. Rhinotmetos
695–698 Leontios
698–705 Tiberios II. Apsimaros
705–711 Justinian II. (2. Reg.-Zeit)

711–713 Philippikos Bardanes
713–715 Anastasios II.
715–717 Theodosios III.

Syrische Dynastie 717–802

717–741 Leon III. der Syrer (der Isaurier)
741–775 Konstantinos V. Kopronymos
775–780 Leon IV. der Chasar (verh. mit Eirene)
780–797 Konstantinos VI.
(790)797–802 Eirene

802–811 Nikephoros I.
811 Stauriakos
811–813 Michael I. Rhangabe
813–820 Leon V. der Armenier

Armorische Dynastie 820–867

820–829 Michael II. der Stammler
829–842 Theophilos (verh. mit Theodora)
842–867 Michael III. der Trunkenbold

Makedonische Dynastie 867–1056

867–886 Basileios I. der Makedonier
886–912 Leon VI. der Weise
912–913 Alexander I.
913–959 Konstantin VII. Porphyrogennetos
920–944 Mitkaiser: Romanos I. Lakapenos
959–963 Romanos II. (verh. mit Theophano)
1025–1028 Konstantin VIII.
1028–1034 Romanos III. Argyros (verh. mit Zoe)
1034–1041 Michael IV. der Paphlagonier (verh. mit Zoe)
1041–1042 Michael V. Kalaphates
1042 Zoe mit ihrer Schwester Theodora
1042–1055 Konstantin IX. Monomachos

963–969 Nikephoros II. Phokas (verh. mit Theophano)
969–976 Johannes I. Tzimiskes
976–1025 Basileios II. Bulgaroktonos
1055–1056 Theodora (2. Reg.-Zeit)
1056–1057 Michael VI. Stratiotikos
1057–1059 Isaak I. Komnenos (verh. mit Eudokia)

Dynastie der Dukas 1059–1078

1059–1067 Konstantin X. Dukas
1067 Eudokia Dukaina (Makrembolitissa)
1068–1071 Romanos IV. Diogenes (verh. mit Eudokia)
1071 Eudokia (2. Reg.-Zeit)
1071–1078 Michael VII. Dukas Parapinakes
1078–1081 Nikephoros III. Botaneiates

Komnenische Dynastie 1081–1204

1081–1118 Alexios I. Komnenos
1118–1143 Johannes II. Komnenos
1143–1180 Manuel I. Komnenos
1180–1183 Alexios II. Komnenos
1183–1185 Andronikos I. Komnenos

Dynastie der Angeloi

1185–1195 Isaak II. Angelos
1195–1203 Alexios III. Angelos
1203–1204 Isaak II. (2. Reg.-Zeit) mit Alexios IV. Angelos
1204 Alexios V. Murtzuphlos

Lateinische Kaiser

1204–1205 Balduin I. von Flandern
1205–1216 Heinrich von Flandern
1217 Peter von Courtenay
1217–1219 Jolanthe (Regentin)
1221–1228 Robert von Courtenay
1228–1261 Balduin II. (Regent 1229–1237: Johannes von Brienne)

Dynastie der Laskariden in Nikaia

1205–1222 Theodoros I. Laskaris
1222–1254 Johannes III. Dukas Vatatzes
1254–1258 Theodoros II. Laskaris
1258–1261 Johannes IV. Dukas Laskaris

Dynastie der Palaiologen

1261–1282 Michael VIII. Palaiologos
1282–1328 Andronikos II. Palaiologos
Mitkaiser 1295–1320 Michael IX. Palaiologos
1328–1341 Andronikos III. Palaiologos
1376–1379 Andronikos IV. Palaiologos
1390 Johannes VII. Palaiologos
1391–1425 Manuel II. Palaiologos
Mitkaiser 1399–1402: Johannes VII. Palaiologos (2. Reg.-Zeit)

1341–1391	Johannes V. Palaiologos Gegenkaiser 1341, 1347–1354: Johannes VI. Kautakuzenos
1425–1448	Johannes VIII. Palaiologos
1449–1453	Konstantin XI. Palaiologos Dragases

Türkische Sultane

1300–1326	Osman I. (Reichsgründung 1288, Sultanat ab 1300)
1326–1359	Orhan (Residenz Brussa)
1359–1389	Murat I.
1389–1403	Beyazıt I.
(1403–1411	Süleyman I.; wird nicht zu den Sultanen gerechnet)
1413–1421	Mehmet I.
1421–1451	Murat II.
1451–1481	Mehmet II. Fatih, der Eroberer 1453 Einnahme Istanbuls
1481–1512	Beyazıt II.
1512–1520	Selim I. Yavuz, der Gestrenge
1520–1566	Süleyman II. der Prächtige (auch Kanuni, der Gesetzgeber); in der Türkei oft als Süleyman I. bezeichnet
1566–1574	Selim II. Mest, der Trunkenbold
1574–1595	Murat III.
1595–1603	Mehmet III.
1603–1617	Ahmet I.
1617–1618	Mustafa I.
1618–1622	Osman II.
1622–1623	Mustafa I. (2. Reg.-Zeit)
1623–1640	Murat IV.
1640–1648	Ibrahim
1648–1687	Mehmet IV.
1687–1691	Süleyman III. (II.)
1691–1695	Ahmet II.
1695–1703	Mustafa II.
1703–1730	Ahmet III.
1730–1754	Mahmut I.
1754–1757	Osman III.
1757–1774	Mustafa III.
1774–1789	Abdülhamit I.
1789–1807	Selim III.
1807–1808	Mustafa IV.
1808–1839	Mahmut II.
1839–1861	Abdülmecit I.
1861–1876	Abdülaziz
1876	Murat V.
1876–1909	Abdülhamit II.
1909–1918	Mehmet V. Reşat
1918–1922	Mehmet VI. (abgesetzt 1920, Flucht 1922) Ende des Sultanats
(1922–1924	Abdülmecit II. als Kalif) Ende des Kalifats

Türkische Staatspräsidenten

1920–1938	Mustafa Kemal Paşa (Atatürk)
1938–1946	Ismet Inönü
1950–1960	Celâl Bayar
1960–1966	Kemal Gürsel
1966–1973	Cevet Sunay
1973–1980	Fahri Korutürk
1980	Kenan Evren (1982 für 7 Jahre bestätigt)

Wer baute die bedeutendsten erhaltenen Baudenkmale?

Konstantin I. (306–337)	Forum und Säule des Konstantin (verbrannte Säule), Hippodrom (At Meydanı), begonnen ca. 203 von Septimius Severus, vollendet ca. 335
Valens (364–378)	Aquädukt des Valens
Theodosios I. (379–395)	Triumphbogen der Goldenen Pforte Aufrichtung des Obelisken von Luksor auf dem Hippodrom
Arkadios (395–408)	Säule des Arkadios 402
Theodosios II. (408–450)	Landmauern ab 413, Verstärkung durch einen zweiten Mauerzug ab 447
Justinian (527–565)	Sergius- und Bakchos-Kirche Sophien-Kirche (532–537), Wiederaufbau der Kuppel 558 Irenen-Kirche 532 Chora-Kirche Zisterne Basilika (Yerebatan Sarayı)
Herakleios I. (610–641)	Herakleios-Mauer
Konstantin VII. Porphyrogennetos (913–959)	Gemauerter Obelisk auf dem Hippodrom
Alexios I. Komnenos (1081–1118)	Wiederaufbau der Chora-Kirche
Manuel I. Komnenos (1143–1180)	Vergrößerung des Blachernen-Palastes Einbeziehung des Blachernen-Gebietes in die Befestigung
Andronikos II. Palaiologos (1282–1328)	Theodor Metochides restauriert die Chora-Kirche und läßt sie mit Mosaiken und Fresken schmücken
Mehmet II. Fâtih (1451–1481)	Topkapı Sarayı (sog. Alter Serail) 1458 Fâtih-Moschee 1463–1470 Çinilikö̧şk 1466
Beyazıt II. (1481–1512)	Beyazıt-Moschee
Süleyman II. (1520–1566)	Selim-Moschee 1520–1522 von Sinan Mihrimah-Moschee zwischen 1540 und 1550 von Sinan Şehzade-Moschee 1544–1548 von Sinan Süleyman-Moschee 1550–1557 von Sinan Rüstem-Paşa-Moschee um 1550 von Sinan

Mehmet III. (1595–1603)	Baubeginn der Yeni-Moschee 1597, vollendet 1663
Ahmet I. (1603–1617)	Sultanahmet-Moschee 1609–1616
Ahmet III. (1703–1730)	Fontäne Ahmet III. 1728
	Fontäne von Tophane
Mustafa III. (1757–1774)	Lâleli-Moschee 1760–1763
	Rekonstruktion der Fâtih-Moschee 1771
Selim III. (1789–1807)	Kaserne Selimiye in Üsküdar
	Moschee von Haydarpaşa
Mahmut II. (1808–1839)	Turm von Beyazıt oder Seraskier-Turm 1823
Abdülmecit I. (1839–1861)	Palast von Dolmabahçe 1853
Abdülaziz (1861–1876)	Palast von Çirağan
	Tunnel zwischen Galata und Beyoğlu 1873
Abdülhamit II. (1876–1909)	Palast von Yıldız
Mehmet V. (1909–1918)	Post- und Telegraphenamt
	Brücke von Karaköy-Eminönü (Galata-Brükke) 1913
Mustafa Kemal Atatürk (1920–1938)	Taksim-Denkmal 1928
	Gazi- oder Atatürk-Brücke 1930
Ismet Inönü (1938–1946)	Stadion, Sportpalast
Celâl Bayar (1950–1960)	Rathaus, Justizpalast, Opernhaus
Cevdet Sunay (1966–1973)	Bosporus-Brücke, Haliç-Brücke (3. Brücke über das Goldene Horn)

Informationen zu Istanbul

Deutsche Einrichtungen

Deutsches Konsulat: Inönü Caddesi 16/18. P. K. 355, Beyoğlu. Tel.: 1 45 07 05–8

Deutsches Krankenhaus (Alman Hastanesi): Sıraselviler Caddesi 110, Taksim. Tel.: 1 43 55 00

Deutsches Archäologisches Institut: Sıraselviler Caddesi 132, Taksim. Tel.: 1 44 07 14

Goethe-Institut (Türk-Alman Kültür Merkezi): Istiklâl Caddesi 286, Beyoğlu. Tel.: 1 42 20 09

Türkische Einrichtungen

Informationsämter: Siehe Seite 489, 493.
Türkischer Touring- und Automobilklub (Türkiye Turing ve Otomobil Kurumu, TTOK: Halaskârgazi Caddesi 367, Şişli Meydanı. Tel.: 1 46 70 90–3
Post: Postlagernde Sendungen aus Deutschland müssen an eines der folgenden Hauptpostämter adressiert sein (sonst natürlich ans Hotel) und können dort gegen Ausweis abgeholt werden.
Aksaray, Atatürk Bulvarı. Tel.: 5 26 51 94
Beyoğlu, Galatasaray. Tel.: 1 43 31 61
Kadıköy, Nähe der unteren »Tünel-Station«. Tel.: 3 37 05 16
Sirkeci, Eminönü, Nähe des Hauptbahnhofs. Tel.: 5 26 62 20
Touristenpolizei (Turizm Polisi): Alemdar Karakolu, Sultanahmet. Tel.: 5 28 53 69
Zolldirektion (Gümrükleri Başmüdürlügü): Çinili Rıhtım Han, Galata

Hotels

(siehe dazu S. 493)

Eine kleine Auswahl guter Hotels:
Büyük Tarabya Oteli, Kefeliköy Caddesi, Tarabya. Tel.: 1 62 10 00
Çınar Oteli, Fener Mevkii, Yeşilköy. Tel.: 5 73 29 10
Divan Oteli, Cumhuriyet Caddesi 2, Şişli. Tel.: 1 46 40 20
Hilton Oteli, Cumhuriyet Caddesi, Harbiye. Tel.: 1 46 70 50
Turban Carlton Oteli, Yeniköy. Tel.: 1 62 10 20
Etap Marmara Oteli, Taksim Meydanı, Taksim. Tel.: 1 44 88 50
Sheraton Oteli, Taksim Parkı, Taksim. Tel.: 1 48 90 00
Intercontinental Oteli, Taksim Meydanı, Taksim.

Restaurants

Alle großen Hotels haben gut geführte Restaurants mit europäischer Küche. Für die sehr empfehlenswerte türkische Küche eine kleine Auswahl guter, interessanter Restaurants und Cafés:
Restoran (Restaurant): gutes Lokal mit türkischer, meist auch internationaler Küche
Gazino (»Kasino«): großes, vornehmes Restaurant, auch großes Café oder Nachtlokal
Lokanta (Speiselokal): meist türkische Küche
Köfteci (köfte: Hackfleischbällchen): kleines Lokal, auch Speisen vom Grill
Büfe, Büvet (»Büfett«): Imbißstube mit Selbstbedienung

Man sagt: garson, garson bey, chef oder evladım oğlun. Die Rechnung ist inklusive Bedienung, man gibt trotzdem etwa 15% Trinkgeld.

Türkische Küche

Abdullah Lokantası, Koru Caddesi 11, Emirgân. Spezialitäten: Levrek Abdullah (Seebarsch), Auberginen, Börek (Blätterteig-Pastete)

Bulus Restoran, Ordu Caddesi 23/1, gegenüber dem Großen Basar. Gute türkische Küche

Çin Lokantası (China-Restaurant), Lamartine Caddesi 22/1 Taksim. Gut und preiswert

Hacıbaba Restoran, Istiklâl Caddesi 49. Kleiner Garten unter Platanen

Liman Lokantası (nur 12–15 Uhr), Karaköy, Rıhtım Caddesi, im Obergeschoß des Abfahrtsbüros für die Schiffe (Denizyollari yolcu salonu)

Pandeli Restoran, über dem Eingang zum Ägyptischen Basar. Gute türkische Küche

Rejans (»Régence«), Nähe Galatasaray. Russisches Restaurant (hatte als erstes weibliche Bedienung)

Fischrestaurants

Gemi Restoran, Tarabya. Auf einem Boot. Spezialität Tarama (rote Kaviarcreme)

Halûk Restoran, Yeniköy Caddesi 48–50. Muschelsuppe, Austern, Wild

Urcan Balık Lokantası, Sarıyer (11.30–23 Uhr). Gute Meze, Fische

Yorgo Balık Lokantası, Kumkapı. Meze, Fische, berühmte Fischsuppe

Unter der Galata-Brücke gibt es eine Reihe Fischlokale verschiedener Preislage. Für den Gast ist das Donnern der Fahrzeuge über seinem Kopf und der Blick auf die unmittelbar vor den Fenstern dümpelnden Schiffe zuerst etwas beklemmend.

Cafés (Kahvehane; Konditorei: Pastahane)

Baylan, Konditorei, Tersane Caddesi 1., Karaköy. »Wiener Kaffeehaus«, Italienischer Espresso (aber nur 6 Stühle)

Markiz, Istiklâl Caddesi 362. Einrichtung im Stil von 1900, Jugendstilfayencen

Park Pastahanesi, zwischen dem Parkhotel und dem Deutschen Generalkonsulat. Im Sommer kann man schön im Freien sitzen; guter Kaffee und Kuchen

Piyerloti Kahvesi (Café Pierre Loti), Karyağdı Sok. 5; oberhalb der Sultan

Camii in Eyüp. Schöne Aussicht auf das Goldene Horn. Kaffee, Tee, Omelett, kein Kuchen

Deutsches Café, Teceddüt Sokağı 66/68, Aksaray

außerdem in allen großen Hotels

Oper und Konzert

Staatliches Opernhaus am Taksimplatz.
Dort finden auch die Konzerte des Staatlichen Symphonieorchesters statt.

Festspiele (Istanbul Festivali)

Organisationsbüro: Gümüşsuyu Caddesi 92–94, Taksim
Spielzeit etwa vom 20. Juni bis 15. Juli. Veranstaltungen im Topkapı Sarayı, im Gülhanepark, in der Irenenkirche; auch in Yedikule und in Rumeli Hisarı.

Çiçek-Passage

Die Çiçek-Pasajı (»Imbißpassage«) liegt gegenüber dem Galatasaray, ist durch einen Durchgang zu erreichen und etwas schwer zu finden. Sie besteht aus einem von hohen Häusern umgebenen Innenhof mit etwa einem Dutzend kleiner Lokale. Hier findet man Künstler, Intellektuelle, Studenten, Touristen. Man ißt Meze, trinkt Rakı und sitzt dabei auch einmal auf Bierfässern. Heitere, originelle Atmosphäre.

Märkte

Großer (gedeckter) Basar (Büyük Kapalı Çarşı). Geöffnet Mo–Sa 8–19 Uhr, im Winter 8.30–19 Uhr.

Bücherbasar (Şahaflar Çarşısı, hinter der Beyazıt Camii. Geöffnet 8–19 Uhr, im Winter 8.30–19 Uhr.

Flohmarkt zwischen dem Gedeckten Basar und dem Bücherbasar

Ägyptischer Basar oder Gewürzbasar (Mısır Çarşisi), bei der Galatabrücke. Geöffnet Mo–Sa 8–19 Uhr.

Fisch- und Gemüsemarkt (Balık Pazarı). Istiklâl Caddesi, gegenüber dem Galatasaray Lisesi (»Lyzeum«, Gymnasium)

Ton und Licht

Vorführungen im Sommer abends vor der Sultan Ahmet Camii (Blaue Moschee), abwechselnd in türkischer, englischer, deutscher und französischer Sprache.

Seebäder bei Istanbul

In unmittelbarer Nähe Istanbuls wird man heute nicht mehr baden. Beliebt sind dagegen immer noch die malerischen Prinzeninseln im Marmarameer und die beiden Badeorte am nördlichen Ende des Bosporus: Kilyos auf der europäischen, Şile auf der asiatischen Seite.

Thermalbad

in Yalova (südöstlich am anderen Ufer des Marmarameers). Mit dem Schiff von der Galatabrücke über die Prinzeninseln in zwei Stunden; mit dem Auto nach Kartal, von dort mit der Autofähre nach Yalova, sonst über Izmit ca. 158 km.

Bäder (Hamam) siehe S. 182

Cağaloğlu Hamamı, Stadtteil Cağaloğlu, Yerebatan Caddesi 34, Tel.: 22 24 24
Çemberlitaş Hamamı, Çemberlitaş, Vezirhan Caddesi 8, Tel.: 22 79 94. Geöffnet 7–24 Uhr
Galatasaray Hamamı, Beyoğlu; für Männer: Turnacıbaşı Sokagı, Tel.: 49 94 56. Für Frauen: Çapanoğlu Sokağı, neben dem Galata Lisesi, Tel.: 49 33 42, geöffnet 7–20 Uhr

Vorschlag für eine sechstägige Besichtigung

(abwechslungsreich, erprobt und nicht anstrengend)

1. Tag	vorm.	Hagia Sophia, Hippodrom, Blaue Moschee
	nachm.	Schiffahrt auf dem Goldenen Horn nach Eyüp
		Moschee in Eyüp
		Café Pierre Loti
2. Tag	vorm.	Kalenderhane Camii (Kyriotissa-Kirche)
		Süleyman II. Camii und einige Türben
		Rüstem Paşa Camii, Yeni Cami
	nachm.	Musik im Militärmuseum
		Yıldız-Park (Café im Malta Köşk)
		Bosporus-Brücke
		Çamlıca

Hagia Sophia. Christus-Mosaik auf der Südempore ▷

IC
XC

3. Tag	vorm.	Irenenkirche
		Topkapı Saray
		Landmauer
	nachm.	Balıklı-Kirche
		Yedikule
		Studios-Kloster
4. Tag	vorm.	Prinzeninseln (Büyük Ada)
	nachm.	Mehmet II. Fâtih Camii
5. Tag	vorm.	Tekfur Sarayı, Chora-Kirche (Kariye Camii)
		Pammakaristos-Kirche (Fethiye Camii) nur Sa und So
		Pantokrator-Kirchen
	nachm.	Basar (Teppiche)
		Galata-Turm
6. Tag	vorm.	Sergios- und Bakchos-Kirche
		Sokullu Mehmet Paşa Camii
		Myrelaion-Kirche (Bodrum Camii)
		Lâleli Camii
	nachm.	Belgrader Wald. Kilyos
		Sarıyer

Museen

Übersicht mit den türkischen Bezeichnungen, Öffnungszeiten und Bushaltestellen.
Die meisten Museen sind täglich außer montags geöffnet, einige (z. B. der Topkapı Saray) außer dienstags. Manche haben dazu einen monatlichen Reinigungstag.
Die angegebenen Öffnungszeiten können sich kurzfristig ändern.
* = Mit einem Stern sind die im Text beschriebenen Museen gekennzeichnet.

*Alay Köşkü Müzesi (Pavillon der Festaufzüge und Hohe Pforte)
Bushaltestelle: Gülhane Parkı

*Arkeoloji Müzesi (Archäologisches Museum, Antikenmuseum)
Bushaltestellen: Eminönü
Sultanahmet
Gülhane Parkı
geöffnet Di–So 9.30–17 Uhr
Eintritts- und Fotogebühr

◁ *Istanbul. Obelisk auf dem Hippodrom: Theodosius verleiht Siegerkränze*

*Askeri Müze (Militärmuseum) im Spor ve Sergı Sarayı (hinter dem Hiltonhotel)
Bushaltestelle: Harbiye
geöffnet Mi–So 9–17 Uhr
täglich 15–16 Uhr Militärmusik
*Atatürk Müzesi (Atatürk-Museum, Revolutionsmuseum)
Bushaltestelle: Şişli
geöffnet täglich außer am 15. jeden Monats 9–12 und 13–17 Uhr
*Aya Irini Müzesi und Aya Irini Kilisesi (Hagia Eirene, Irenenkirche)
Bushaltestellen: Gülhane Parkı, Sultanahmet
geöffnet täglich außer am 5. jeden Monats 9–17 Uhr
*Ayasofya Müzesi (Hagia Sophia)
Bushaltestelle: Sultanahmet
Geöffnet 9–17.30 Uhr
Eintritts- und Fotogebühr
*Belediye Müzesi (Stadtmuseum)
Bushaltestelle Atatürk Bulvarı
geöffnet täglich außer am 5. jeden Monats, 10–12 und 13.30–17 Uhr
*Çinili Köşk siehe unter Fatih Müzesi
*Deniz Müzesi (Marinemuseum)
Bushaltestelle Beşiktaş
geöffnet Mi–So 9–17 Uhr, montags und dienstags geschlossen
Eintrittsgebühr
*Dolmabahçe Sarayı (Dolmabahçe-Palast) siehe unter »Paläste«, S. 166.
Bushaltestelle Dolmabahçe
geöffnet 9–16.30
Eintrittsgebühr, teilweise Fotoverbot
*Eski Şark Eserleri Müzesi (Museum für altorientalische Kunst)
Bushaltestellen: Eminönü
Sultanahmet
Gülhane Parkı
geöffnet Di–So 9.30–17 Uhr, montags geschlossen
Fotogebühr
Eski Yazı Sanatian Müzesi (Museum für Alte Schriftkunst) in der Sultan Selim I. Medrese, Vatan Caddesi
geöffnet Di–Sa 9–17 Uhr, montags und sonntags geschlossen
Fatih Müzesi (Çinili Köşk, Fayencenmuseum)
Bushaltestellen: Eminönü
Sultanahmet
Gülhane Parki
geöffnet täglich außer montags 10–17.30 Uhr, im Winter nur 13–16.30 Uhr

*Fethiye Camii (Museum im Parekklesion der Pammakaristoskirche) siehe unter Kirchen S. 157.
Bushaltestelle: Fener
Z. Zt. nur Sa und So geöffnet (9.30–16.30, Schlüssel gegenüber dem Chor)

Galata Mevlevihane Müzesi (Diwan-Museum in dem ehemaligen Derwisch-Kloster)
Galipdede Caddesi
Tünel, Istiklâl Caddesi
geöffnet 9–17 Uhr

*Kariye Müzesi, Kariye Camii (Chora-Kloster)
Bushaltestelle: Edirne Kapı
geöffnet täglich außer dienstags 9.30–16.30 Uhr
Eintritts- und Fotogebühr

*Mozaik Müzesi (Mosaiken-Museum)
Bushaltestelle Sultanahmet
geöffnet Di–So 9–17 Uhr, montags geschlossen

*Resim ve Heykel Müzesi (Museum für Malerei und Skulptur) in einem Seitengebäude des Dolmabahçe-Palastes
Bushaltestellen: Dolmabahçe
Beşiktaş
geöffnet 9–16.30 Uhr

*Rumeli Hisarı Müzesi (Festung Rumeli Hisarı), seit 1959 Museum. Siehe unter »Burgen« S. 160.
Bushaltestelle: Rumeli Hisarı
Schiffsanlegestelle
geöffnet Di–So 9.30–16.30 Uhr, montags geschlossen

*Sultan Ahmet Köşkü (Teppichmuseum an der Blauen Moschee)
Hali Müzesi (Knüpfteppiche)
Kilim ve Düzdokuma Yağılar Müzesi (Webteppiche)
Bushaltestelle: Sultanahmet
geöffnet: 9–17 Uhr

*Topkapı Sarayı Müzesi, an der Serailspitze
Bushaltestelle: Sultanahmet
geöffnet täglich außer dienstags 10–17 Uhr

Türk Inşaat Sanatları Müzesi (Museum für Baugewerbe) in der Amcazade Hüseyin Paşa Medrese (Teil der Stiftung des Großwesirs von Mustafa II., »eine der schönsten Barockanlagen Istanbuls«, 17. Jh.)
Bushaltestelle Fâtih
geöffnet Di–So 9–17 Uhr, montags geschlossen

*Türk ve Islâm Eserleri Müzesi (Museum für türkische und islamische Kunst),

im ehemaligen Palast des Ibrahim Paşa (siehe unter Paläste, S. 165) am Atmeydanı, gegenüber der Blauen Moschee.
Bushaltestelle: Saultanahmet
geöffnet Di–So 9–17 Uhr (noch nicht endgültig), montags geschlossen
Eintrittsgebühr

Yedikule Müzesi (»Schloß der sieben Türme«)
Bushaltestelle: Yedikule
freier Eintritt

Yerebatan Müzesi (Yerebatan Sarayı, Yerebatan-Zisterne)
siehe unter »Zisternen« S. 181.
Nähe At Meydanı
Bushaltestelle: Sultanahmet
geöffnet Mi–Mo 9–17 Uhr, dienstags geschlossen

Alay Köşkü

Man geht von der Hagia Sophia die Alemdar Caddesi an der Außenmauer des Serails entlang; auf der rechten Seite der Alay Köşkü.
Als »Pavillon der Festaufzüge« wurde er zuletzt unter Mustafa II. 1769 benutzt. In der heutigen Form neu erbaut wurde er allerdings erst unter Mahmut II. 1810.
Der Sultan sah von hier aus gern dem Festzug der Berufsstände zu; das war das beliebteste Fest in der osmanischen Zeit. Heute kann man hier die Kenan Özbel-Sammlung (türkische Teppiche und Textilien) besichtigen.
Gegenüber die »Hohe Pforte«, auch Paşa Kapı (Pascha-Pforte) oder arabisch Bab-i Ali (Babiali).
Ein Torbau in den neubarocken Formen von 1843, kürzlich restauriert. Seit 1654 führte es zum Amtssitz des Großwesirs; hier fanden die Staatsgeschäfte statt. Im Zeitungsdeutsch bezeichnete man als »Pforte« auch kurz das Osmanenreich. Heute führt das Tor zu Verwaltungsgebäuden der Provinz (Vilayet) Istanbul.

Arkeoloji Müzesi (Archäologisches Museum)

Eingang gegenüber dem Çinilikösk. Im Untergeschoß 20 Säle: Steinskulpturen und Architekturplastik.
Links vom Eingang:

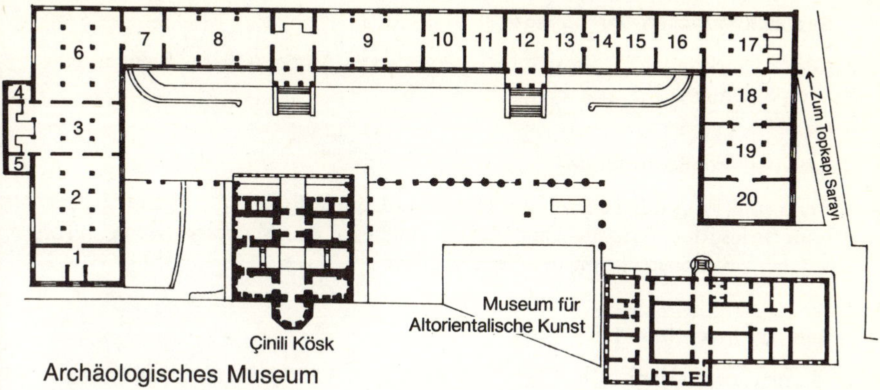

Archäologisches Museum

Saal des sog. Alexander-Sarkophags (Saal 8)

Der *Alexander-Sarkophag* (Ende 4. Jh. v. Chr.) wurde 1887 in Sidon (Libanon) gefunden. Auf der einen Längsseite ist eine Schlacht zwischen Griechen und Persern dargestellt, ganz links Alexander zu Pferd. Auf der anderen Längsseite: Jagd auf Löwen und Hirsche, Alexander auf einem galoppierenden Pferd mit der königlichen Stirnbinde um das Haupt. An den Schmalseiten: Schlachtszene und Pantherjagd. Der Sarkophag ist aus pentelischem Marmor und hat eine verblaßte, aber gut erhaltene Bemalung. Man nimmt an, daß in ihm ein phönizischer Prinz beigesetzt war.

Klagefrauen-Sarkophag (um 350 v. Chr.)

aus Sidon. Die Sarkophagwände sind durch 18 Säulchen gegliedert, in den so erhaltenen Abteilungen je eine sitzende oder stehende trauernde Frau.

Saal der sidonischen Sarkophage (7)

Bleisärge und Sarkophage aus der Totenstadt der phönizischen Hafenstadt Sidon (römische Kaiserzeit).

Begräbnissaal (6),

Ein sog. *Sidamara-Sarkophag*, gefunden 1950 in Izmit; Sarkophag mit Girlanden, Siegesgöttinnen und Engeln, 2. Jh. n. Chr.; Lykischer Sarkophag (hellenistisch); Sarkophag des Meleager (aus Durazzo, 2. Jh. n. Chr.). Ferner hellenistische und römische Grabsteine und Votivtafeln.

Saal des Sidamara-Sarkophags (3)

Großer Sarkophag (3. Jh. n. Chr.), gefunden in Ambararası bei Konya, dem alten Sidamara.

Saal der Architekturfunde (2)

Teile vom Fries des Tempels der Hekate in Lagina (Ende 2. Jh. v. Chr.); Teile vom Fries des Artemis-Tempels in Magnesia am Mäander (Ende 3. Jh. v. Chr.), Rekonstruktion der Tempelanlage.

Saal der Inschriften (1)

Grabstelen aus dem 2. Jh. v. Chr. bis ins 3. Jh. n. Chr., gefunden beim Bau der Universität Istanbul; Inschriften; Funde aus Thrakien.
Rechts vom Eingang:

Saal des Sarkophags von Tabnit (9)

Satrapen-Sarkophag aus Sidon (eines der Hauptwerke der ionischen Kunst aus dem 5. Jh. v. Chr.). An den Längsseiten: Der Satrap, d. h. der Gouverneur einer persischen Provinz, auf dem Thron und auf der Jagd. An den Schmalseiten: Der Satrap beim Festmahl mit seiner Gemahlin und vier junge Leute. / Der sog. *Lykische Sarkophag* aus Sidon mit der Darstellung von Löwen- und Wildschweinjagd an den Wänden. / Der *Sarkophag von Tabnit,* gefunden in Sidon, mit einem Deckel in Mumienform. Die Inschrift an der Unterseite des Deckels besagt, daß einst in ihm der ägyptische Feldherr Penephtah ruhte; darunter die phönizische Grabinschrift füt Tabnit, König von Sidon und Sohn Eschmunazars II. (Sarkophag im Louvre) aus dem 6. Jh. v. Chr., für den der Sarg zum zweiten Mal verwendet wurde. In einer Vitrine die Reste der Mumie Tabnits.

Phönizischer Saal (10)

Phönizische Inschriften aus Sidon, anthropoide Sarkophage.

Archaischer Saal (11)

Grabstele: Jäger und Totenmahl aus Bandırma (5. Jh. v. Chr.). Relief mit knieendem Herakles (3. Jh. v. Chr.); großes Relief an der Wand: Drei Frauen zu Pferde, 5. Jh. v. Chr.

Saal des Tempels von Assos (am Golf von Edremit) (12)

Fries, Metopen und Architravstücke, Statue, ägyptischer Gott Bes, aus Zypern (6. Jh. v. Chr.) u. a.

Saal der attischen Reliefs (13)

Löwin vom Mausoleum in Halikarnass (4. Jh. v. Chr.); Hermes aus Pergamon (2. Jh.), attische Reliefs.

Saal der Musen (Philiskos-Saal) (14)

Musenstatuen und leierspielender Apoll, gefunden in den Thermen der Faustina in Milet (2. Jh.); unter dem Fenster: *Standbild der Area,* Tochter des Neon, 2. Jh. v. Chr., das einzige bisher bekannte Werk des berühmten Philiskos aus Rhodos. Es ist nur der Unterteil mit Basis erhalten, aber diese trägt die Signatur. Mosaikplatten aus Bandırma.

Saal des Epheben (15)

In der Mitte *Statue des Epheben,* der sich nach den Übungen in einen wollenen Umhang einhüllt (1. Jh. v. Chr., aus Tralles); der hängende Marsyas (3. Jh. v. Chr.); Statue eines Hermaphroditen (Pergamon 2. Jh. v. Chr.); Kolossalstatue des Apoll (3. Jh. v. Chr., aus Tralles); Kolossalkopf des Zeus aus Troja (3. Jh. v. Chr.).

Attis-Saal (16)

Karyatide in Form eines geflügelten Attis mit phrygischer Mütze (römisch). In der Mitte Nymphenstatue des Kyzikos. Reliefs aus den Thermen von Aphrodisias, Kampf der Götter gegen die Giganten (2. Jh.). Metope (2 römische Soldaten) vom Tropaeum Traiani in Adamklisi, Rumänien. Es wurde nach den Siegen Traians über die Daker erbaut.

Saal von Aphrodisias (17)

Statue einer Tyche (Stadtgöttin) aus römischer Zeit. Reich geschmückter Pilaster und Kapitelle.
Kolossalstatue des Flußgottes Kaystros, aus Ephesus.

Römischer Saal (18)

Im rechten Teil die Büsten römischer Kaiser: Augustus, Tiberius, Marc Aurel u. a. Im linken Teil Statuen: Kolossalstatue von Zeus (2. Jh.), Statue der Athena (1. Jh.); eine Herrscherin aus Baalbek (3. Jh.); Statue des Kaisers Hadrian, des Kaisers Nero u. a.

Christliches Altertum (19)

Reliefikone Maria als Hodegetria (11. Jh.) aus der Sokullu Mehmet Paşa Camii. Sog. Prinzensarkophag, 2 schwebende Engel mit Monogrammkreuz (um 400). Grabsteine aus lateinischen Kirchen in Galata. Grabrelief eines Zirkusartisten. 4 Figurenkapitelle mit Szenen aus dem Leben Johannes des Täufers von der Johanneskirche in Nablus, Palästina. Eine vorzügliche Sammlung byzantinischer Kapitelle.

Byzantinischer Saal (20)

Basen von einem Denkmal des Prophyrios im Hippodrom, mit Bildnis des berühmten Wagenlenkers, Namen seiner siegreichen Pferde (Zeit des Kaisers Anastasios I. 491–518). Reliefplatten von Yedikule und der Studios-Basilika (5.–7. Jh.). Inschriften von der Seemauer (9., 15. Jh.). Sarkophagplatten (5. und 7. Jh.).
Fragmente von der Säule des Arkadios (402). Mosaik: Orpheus unter den Tieren (5.–6. Jh., aus Jerusalem). Großer Ambo mit der Anbetung der Könige (aus Saloniki, 6. Jh.); Ambo aus grünem Marmor mit Muschelnischen aus Saloniki.

Obergeschoß (die Treppe führt von Saal 17 hinauf)

In 16 Sälen sind vor allem Ausgrabungsfunde aufgestellt. Das Obergeschoß ist gewöhnlich für die Öffentlichkeit nicht zugänglich.

Keramiksäle

Vasen aus Zypern und Palästina (2. Hälfte 2. Jt. v. Chr.). Kleinasiatische Gefäße aus der Bronzezeit aus Phrygien (Gordion). Siloah-Inschrift (8. Jh. v. Chr.), die von dem Bau eines Tunnels von der Quelle Gihon bis zum Becken von Siloah in Jerusalem berichtet. Äolische Vasen von Pitane (in der Nähe des heutigen kleinen Hafens Çandarlı, unweit von Pergamon) mit geometrischem, orientalisierendem und schwarzfigurigem Dekor. Attische Vasen aus Xanthos. Klazomenische Tonsarkophage (6. Jh. v. Chr.) mit orientalisierendem

Dekor. Mykenische und schwarzfigurige Vasen. Rotfigurige Hydrien und weißgrundige Lekythen, die für den Totenkult bestimmt waren. Eine Hydria aus Lampsak (Dardanellen) mit einem vergoldeten Relief, das Meleager auf der Jagd zeigt (4. Jh. v. Chr.). Byzantische Vasen.

Bronzesäle

Großer Kessel aus einem Grabhügel in Gordion. Fragment eines archaischen Löwen von Zypern. Torso eines Herakles?, aus Tarsus (5. Jh. v. Chr.). Restaurierte Statue des Kaisers Hadrian (117–138), in der Nähe von Adana gefunden.

Saal der Gläser

Große Sammlung vom 7. Jh. v. Chr. bis in die römische Zeit. Parfümfläschchen aus farbigem Glas.

Saal der Terrakottafigürchen

Funde aus Lindos, Kos, Smyrna, Priene. Figürchen (Aphrodite, Hermes, Dionysos, Eros, Apoll u. a.) aus der großen Nekropole von Myrina (2. und 1. Jh. v. Chr.). Bronzehydria, am Henkel Darstellung von Eros und Psyche. Saal mit Funden aus Zypern. Saal mit Marmor- und Kalksteinarbeiten. Von besonderem Interesse die Sammlung von Köpfen von der archäischen bis zur römischen Zeit.

Palmyra-Saal

Totenbüsten (Reliefs), die zum Verschluß der *loculi* dienten, in die man die Leichen schob. Die Frauen zeigen reichen parthischen Schmuck. Ausgrabungsfunde aus dem Artemis-Heiligtum in Ephesos (7.–6. Jh. v. Chr.).

Schatzkammer

Goldschmuck aus prähistorischer und antiker Zeit, Funde aus Troja, Karkemiş, Tell Halaf, Ephesos, Sardes. Römische Silbermasken, byzantinischer Schmuck und kirchliches Gerät. Marmorplatte mit dem Bild der heiligen Eudokia (Stein- und Elfenbeinintarsia).

Askeri Müze (Armeemuseum, Militärmuseum)

im Spor ve Sergi Sarayı (früher Militärakademie), 1959 eröffnet.
Geöffnet 9–12 und 13–17 Uhr; montags und dienstags geschlossen.
Die Sammlung ist auch für militärisch nicht Interessierte sehenswert, besonders die Kleidung der türkischen Würdenträger in den Jahrhunderten (an überlebensgroßen Puppen). Ein Anziehungspunkt ist auch die Militärmusik mit Gesang (15–15.30 und 15.40–16 Uhr), die durch ein Musikkorps in historischen Janitscharen-Uniformen dargeboten wird.
Objekte der Militärgeschichte der Türkei und Darstellungen von berühmten Belagerungen und Schlachten:

12. Jh. Älteste Waffen, Rüstungsteile, Helme

14. Jh. (Gründung des osmanischen Reichs), Helm Orhans (1326–1359), Waffen, Rüstungen; Instrumente der ersten Militärkapellen.

15. Jh. Glieder der Bonzekette, mit der das Goldene Horn abgesperrt werden konnte. Mameluken-Waffen. Darstellung der Belagerung Konstantinopels. Kanonen (vor dem Gebäude).

16. Jh. Zeit Süleymans II., des Prächtigen: Waffen, Standarten, Pferdepanzer, Rüstungsteile.

17. Jh. Schwert Mehmets IV. (1648–1687), Darstellung der zweiten Belagerung Wiens, Bogen und Armbrust neben Feuerwaffen.

18. und 19. Jh. Ausrüstung und Uniformen der Truppe und der Janitscharen, Pistolen, Säbel mit eingebauter Pistole, Fahnen und Standarten. Bild mit Szenen aus dem russisch-türkischen Krieg. Zelte.
Geschenke der Staatsoberhäupter Mitteleuropas an Sultan Abdülhamit II. (1876–1909).
Waffen von politischen Attentätern, Kutsche, in der ein Diplomat erschossen wurde. Raum mit zahlreichen Erinnerungsstücken an die »Deutsch-Türkische Waffenbrüderschaft« im Ersten Weltkrieg.

20. Jh. Erinnerungsstücke und Dokumente aus dem türkischen Befreiungskrieg (und dem gegen die Griechen), auch zur Gründung der Republik. Orden und Waffen aus dem Korea-Krieg.

Atatürk Müzesi (Atatürk-Museum, Revolutionsmuseum)

Das Museum ist in einem Haus untergebracht, in dem Atatürk einige Zeit während der fremdländischen Besetzung der Stadt gewohnt hat. Es enthält eine Sammlung von persönlichen Erinnerungsstücken an den Menschen Atatürk wie an den großen Revolutionär und Staatsmann.

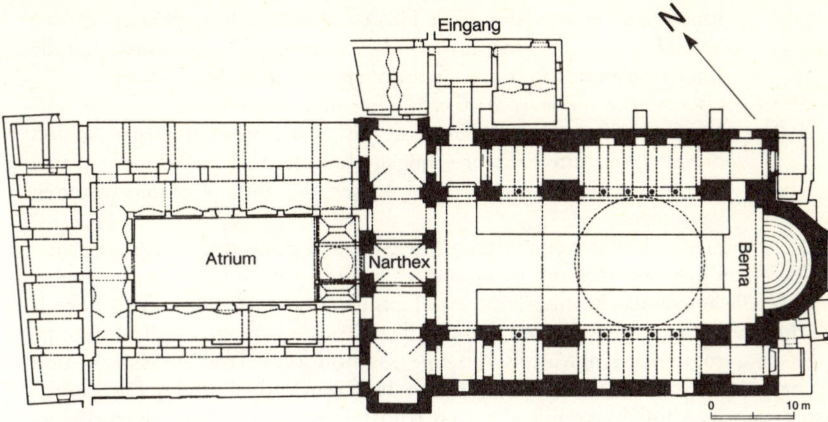

Hagia Eirene

Aya Irini Müzesi
Aya Irini Kilisesi (Hagia Eirene, »Irenenkirche«)

Die »Kirche des himmlischen Friedens« ist nie Moschee geworden, da sie im ersten Hof des Neuen Serails (vgl. S. 98) liegt. Sie zählt zu den ältesten christlichen Heiligtümern der Stadt und erhebt sich an der Stelle eines Aphroditetempels. Von Konstantin I. oder Konstantios erbaut, gehört sie zumindest in Teilen zu den ältesten erhaltenen Kirchen und war auch Patriarchensitz.

346 wurden im Hof vor der Kirche über 3000 Menschen getötet, weil die verschiedenen Auffassungen vom Wesen Christi zu heftigen Kämpfen führten (die Orthodoxen glaubten an die Wesensgleichheit mit dem Vater [Homousie], Arius wollte Vater und Sohn trennen. Beim 1. Konzil in Nikaia 325 wurde die Christologie des Arius verurteilt).

381 2. Ökumenisches Konzil: Sieg der »Rechtgläubigen«, die Arianer wurden als Heretiker verdammt.

532 wurde die Kirche während des Nika-Aufstandes durch Feuer zerstört, ebenso wie die Hagia Sophia. Beide hatten eine gemeinsame Priesterschaft gehabt, und die Hagia Sophia war Kathedrale der Stadt gewesen. Unter Justinian I. und Theodora wurden beide wieder aufgebaut und konnten 537 neu geweiht werden.

740 schweres Erdbeben, das die Kirche stark beschädigte. Unter Leon III. wurde sie in alter Form wiederhergestellt.

1453 Einnahme der Stadt durch die Türken, Bau des Alten, 1462 des Neuen Serails. Der erste Hof, in dem die Irenenkirche lag, wurde für die Janitscharen bestimmt; sie benutzten sie als Arsenal.
19. Jh. Hier wurde die erste Antikensammlung aufbewahrt.
20. Jh. Nach der Revolution diente sie als Waffenmuseum; man schloß dieses 1950, um Restaurierungen durchführen zu können. Dabei wurde auf der Suche nach Mosaiken der Putz von den Wänden geschlagen.

Heute ist die Irenenkirche Museum und gelegentlich Konzertsaal.

Die Form des Baus stammt im wesentlichen aus justinianischer Zeit; einzelne Kapitelle zeigen das Monogramm von Justinian I. und Theodora. Das Mittelschiff endigt in einer Apsis mit mehrstufigen Priesterbänken. Die dreischiffige Basilika trägt über dem Mittelschiff eine Tambourkuppel mit 20 Fenstern und über dem 1. Joch eine kleinere (Vorform der Kreuzkuppelkirche). Die Emporen haben Ähnlichkeit mit der der Apostelkirche, die 1461 abgebrochen wurde. Das große Mosaik-Kreuz ist ungeschickt mit Farbe restauriert; man ist nicht sicher, ob es aus dem 6. oder 8. Jh. stammt.

Vom Narthex führen fünf Durchgänge ins Langhaus. Die entsprechenden Durchgänge ins Atrium sind heute verschlossen. In den Zwickeln der Wölbung Reste von Mosaikornament (Ranken und Muster) aus justinianischer Zeit. An den Wänden Dübellöcher für Marmorplatten.

Das Atrium ist die einzige erhaltene Anlage dieser Art aus byzantinischer Zeit in Istanbul; es ist allerdings stark verändert. In osmanischer Zeit wurden der innere Säulengang und einige Joche erbaut, die Außenmauern sind dagegen byzantinisch. Hier steht ein Porphyrsarkophag, der schon als der Konstantins des Großen bezeichnet worden ist; ferner sieht man alte Geschütze und Kanonenkugeln aus Stein und Eisen.

Der Boden um die Kirche ist durch Schutt und Trümmer um mehrere Meter erhöht (Brand- und Erdbebenschutt, dazu beim Bau des Serails eingeebnete Nebengebäude). An der Südfront sieht man Ruinen, die 1946 freigelegt wurden. Es handelt sich vermutlich um Reste eines seinerzeit sehr bekannten Spitals (Hospicium des Sampson); es brannte mit beim Nika-Aufstand ab.

Rechts von der Kirche steht noch der Stumpf der alten »Janitscharenplatane«, unter der die Soldaten des Gardekorps ihre Speisen kochten und wo sie der Überlieferung nach die Verschwörungen vorbereitet haben sollen.

Ayasofya Müzesi (Hagia Sophia)

Der Besucher betritt heute das berühmteste Baudenkmal der Türkei wieder durch das Hauptportal (der nordwestlichen Fassade). Davor sind Reste des Portals des 2. Baus freigelegt. Gegenüber ein Café mit Garten.
Die Rampe zur Galerie, ein grob gepflasterter Weg, auf dem man auch hinaufreiten kann, wird von 11.30 bis 13 Uhr geschlossen.

Die Baugeschichte

Der Überlieferung nach soll Konstantin 325 eine erste Basilika errichtet haben, die er Hagia Sophia (Heilige Weisheit) nannte. Sie wurde unter Konstantios II. vergrößert und zur Zeit von Arkadius 404 durch Feuer vernichtet. Theodosius II. baute sie 415 wieder als dreischiffige Basilika auf. Dieser zweite Bau wurde im Nika-Aufstand am 13. Januar 532 zerstört. Vierzig Tage danach legte Justinian den Grundstein zu einem Neubau, der nach seinen eigenen Worten alle Bauten des Altertums in den Schatten stellen sollte und für dessen Errichtung er die Baumeister *Isidor von Milet* und *Anthemios von Tralles* berief. In fünf Jahren entstand eine Kirche – eine Synthese von Zentral- und Langhausbau –, die wirklich zu den großartigsten Bauleistungen aller Zeiten zu zählen ist und nur aus der Tradition der hellenistischen und römischen Großbauten erklärt werden kann. 558 stürzte nach einem Erdbeben die Kuppel ein, aber schon 563 konnte die Kirche wieder geweiht werden, nachdem die tragenden Pfeiler verstärkt, die Kuppel verkleinert und um 6,25 m erhöht worden waren. Die westliche Halbkuppel mußte 867 und 975, nach Einstürzen durch Erdbeben, wiederhergestellt werden. Der armenische Architekt *Trdat,* der 989–1001 die Kathedrale von Ani baute, wurde zur Restaurierung berufen. Nach der Einnahme Konstantinopels durch die Lateiner (1204) wurde an der Westseite ein Glockenturm errichtet, der bis 1784 bestand. Erdbebenschäden machten im 14. Jh. Strebepfeiler am Außenbau notwendig. Unmittelbar nach der Eroberung Konstantinopels durch die Türken wurde die Hagia Sophia in eine Moschee umgewandelt; das Minarett an der Südostecke, wie die beiden dortigen Strebepfeiler, wurden unter Mehmet Fâtih errichtet. Das Nordost-Minarett entstand unter dem Sultan Beyazıt, die beiden an der Westseite unter Selim II. Erst im 18. Jh. kamen die byzantinischen Mosaiken unter Putz. 1847–1849 veranlaßte Abdülmecit I. durch den Schweizer Architekten *A. Fossati* eine gründliche Restauration, bei der schon einige Mosaiken wieder freigelegt wurden. 1935 machte Atatürk die Hagia Sophia zum Museum und gab damit die Möglichkeit zu Ausgrabungen, die unter dem deutschen Archäologen *A. M. Schneider* durchgeführt wurden.

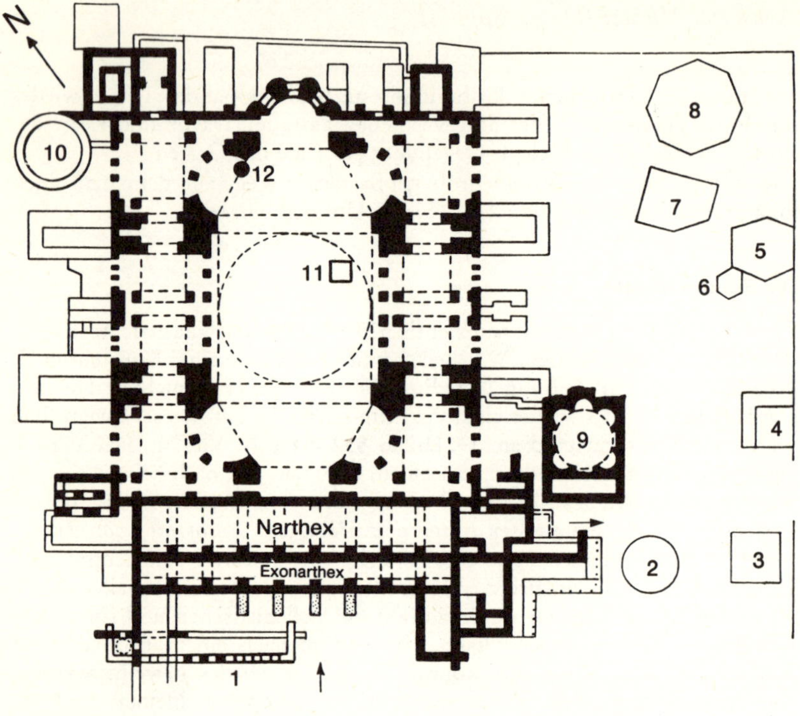

Hagia Sophia

1 Alte Hagia Sophia (Ausgrabung)
2 Waschbrunnen
3 Küchen (erbaut von Mehmet II.)
4 Uhrenpavillon
5 Türbe Murats III.
6 Türbe verschiedener Prinzen
7 Türbe Selims II.
8 Türbe Mehmets III.
9 Altes Baptisterium, jetzt Türbe Mustafas I.
10 Schatzkammer
11 Vorbetertribüne
12 Loge des Sultans

Seit 1932 arbeitet das amerikanische Byzantinische Institut an der Freilegung der Mosaiken, bis 1950 unter der Leitung von *A. Whittemore* und seit dessen Tod unter der *P. Underwoods.* Die Hagia Sophia ist nach Ostsüdost orientiert, weil sie als Hofkirche auf die Achse des Kaiserpalastes Rücksicht nahm. (Der Einfachheit halber wird hier bei der Beschreibung eine Ostorientierung angenommen).

Baubeschreibung

Der äußere Bau der Hagia Sophia macht durch die zahlreichen nachträglich errichteten Stütz- und Strebepfeiler, das Fortfallen des westlichen Atriums und die Anbauten aus späteren Stilepochen einen uneinheitlichen Eindruck.

Höfe, Portale, Architekturmuseum, Vorhalle (Narthex)

Wir treten durch das Südtor in einen Hof, unmittelbar rechts der Uhrensaal, dahinter 4 Mausoleen (Türben) (siehe Plan). Links vom Eingang ein Küchengebäude, das unter Mehmet II. erbaut wurde, dann der Reinigungsbrunnen aus dem 17. Jh., rechts ein kleiner viereckiger Bau mit Portikus; es ist das alte, innen viereckige Baptisterium, das zur Türbe für Mustafa I. und Ibrahim umgeformt wurde. Eine Bronzetür (um 838/40) mit Inschriften der Kaiser Theophilos und Michael III. führt in eine Vorhalle. Über der Tür, die sich von dort zum Narthex öffnet, empfängt den hier Eintretenden ein Mosaik (vermutlich 10. Jh.), auf dem die thronende Maria mit Kind dargestellt ist, links Justinian mit dem Kirchenmodell und der Inschrift: »Justinian berühmter König«, rechts Konstantin mit dem Modell der Stadt und der Inschrift: »Konstantin unter den Heiligen, großer König«. Neben Maria in Medaillons die Anfangs- und Endbuchstaben der griechischen Worte: »Mutter Gottes«. Das Mosaik wurde erst 1933 wieder aufgedeckt. Durch diese Tür traten lange Zeit alle Besucher ein, heute ist der Eingang von der Westfassade her, und das Südtor wurde zum Ausgang; das Stiftungsmosaik muß man rückblickend betrachten.

Nach dem Passieren des Kartenschalters nun zur Westfront, vorbei an einem Freilicht-Architekturmuseum, dessen Säulen, Kapitelle u. a. aus den vorangehenden Bauten stammen. Unmittelbar vor der Westfassade die Ausgrabung: Man sieht drei Stufen, die zu einem Portikus führten. Die Art der Säulenfragmente, ein Friesfragment mit Lämmern (Rest einer Darstellung von zwölf Lämmern mit einem Kreuz in der Mitte), all das erinnert an einen Typ, den wir unter den altchristlichen Kirchen Roms häufig antreffen. Es sind die Reste der Kirche Theodosius' II. Man betritt die Kirche durch den schmalen Exonarthex, dessen Dekoration nicht erhalten ist. Hier sind derzeit Mosaiken aus dem ehemaligen Freilicht-Mosaikmuseum hinter der Blauen Moschee untergebracht. Nach ihrer endgültigen Aufstellung soll der Raum zum Sondermuseum erklärt werden.

Der Narthex ist 60 m lang und 10 m breit, an den Wänden hat sich die ursprüngliche vielfarbige Marmordekoration erhalten. Neun Türen führen in die Kirche; über der mittleren, dem Kaiserportal, ein Mosaiktympanon: Christus auf dem Thron, mit der einen Hand segnend, in der anderen ein Evangeliar. In den Medaillons links Maria, rechts der Erzengel Gabriel

(Verkündigung). Die kniende Gestalt stellt (nach André Grabar) Leon VI. (886–912) dar.

Kuppelraum und Kuppel

Den großartigsten Raumeindruck erhält man direkt unter der Kuppel, die einen Durchmesser von 31 m hat und im Scheitel eine Höhe von 55 m erreicht. Sie wurde aus besonders leichten Ziegeln aus Rhodos erbaut; der fast schwebende Eindruck wird durch den Kranz von 40 Fenstern hervorgerufen. Der unter der Kuppel fast zentral wirkende Raum erhält eine Längsrichtung einmal durch die als Widerlager dienenden Halbkuppeln über den Exedren im Osten und Westen und durch den Säulenabschluß gegen das nördliche und südliche Seitenschiff. Eine malerische Raumwirkung – ganz im Sinne der frühbyzantinischen Kunst – wird durch die Aufgliederung der Exedren durch Apsidiolen erreicht. Der ganze Bau ist in ein Viereck von 77 m Länge zu 71,20 m Breite eingeschrieben.

Die vier grünen Säulen, die die Abgrenzung gegen die Seitenschiffe bewirken, stammen aus dem Hafengymnasium von Ephesos, die 8 roten Porphyrsäulen, je 2 in den Apsidiolen, aus dem Jupiter-Tempel zu Baalbek. Alle Säulen tragen byzantinische Kapitelle. Feinstes Rankenwerk umschließt den Kapitellkörper, in der Mitte ist häufig das Monogramm von Justinian und Theodora zu sehen; dieses Rankenwerk zieht sich auch über die Archivoltenzone im Erd- und Emporengeschoß hin. Der Fußbodenbelag ist nicht der ursprüngliche, er bestand nach alten Beschreibungen aus buntem Marmor und Mosaik. Das Marmormosaik auf dem Fußboden der Südseite gilt als Omphalos (Nabel, Zentrum), auf ihm hat möglicherweise der Kaiserthron während der Krönung gestanden, nach E. Mamboury stammt es aus dem 8. oder 9. Jh.

Die christlich-byzantinische Ausstattung

Von der ursprünglichen Mosaikausschmückung der Kirche ist nichts Wesentliches erhalten; alles, was wir sehen, stammt aus einer späteren Zeit. Die Cherubim mit den 6 Flügeln auf den Pendentifs der Kuppel gehen nach André Grabar in das 10. Jh. zurück. Die thronende Maria und das Fragment eines Engels auf der rechten Chorseite könnten nach einer Inschrift kurz nach 843 entstanden sein. Da nach der üblichen Ausschmückung der byzantinischen Kirchen im Chor Maria dargestellt wird und in der Hauptkuppel Christus als Weltenherrscher, so nimmt man auch hier dieses Programm an. In den flachen Nischen über den nördlichen Emporenarchivolten hat man 3 Figuren (Propheten und Heilige) aufgedeckt, die mit ihren individuellen Gesichtszügen zu den schönsten Mosaiken der Hagia Sophia gehören. Man datiert sie in das 10. Jh.

Hierzu Prokopios von Kaisareia (griechischer Geschichtsschreiber, ca. 500–565):
»Oder wer könnte die Schönheit der Säulen und der Steine schildern, mit denen die Kirche geschmückt ist? Man könnte denken, man sei auf eine Wiese gestoßen, wo die Blumen in voller Blüte stehen. Denn wunderbar anzusehen ist der Purpur mancher Steine, das Grün von anderen, glühendes Rot und leuchtendes Weiß ...«
Nach der Plünderung und Verwüstung Konstantinopels am 13. April 1204 schreibt Robert de Clari (einfacher Ritter im Kreuzfahrerheer, Vasall Peters von Amiens, geb. um 1170, gest. nach 1216; er hatte kostbare Reliquien aus dem Bukoleon-Palast erhalten, die er später der Abtei Corbie stiftete):
»Der Hauptaltar der Hagia Sophia war so kostbar, daß man seinen Wert gar nicht schätzen kann, denn die Altartafel war aus Gold und funkelnden geschliffenen Edelsteinen, alles war miteinander verschmolzen ... Um den Altar standen Säulen aus Silber, die über dem Altar einen Baldachin trugen, der wie eine Glocke ganz aus massivem Silber gefertigt war ... Es gab keine Lampen, die nicht an einer großen Silberkette – dick wie ein Arm – aufgehängt waren.«

Die islamisch-türkische Ausstattung

In der türkischen Zeit erhielt die Hagia Sophia Ausstattungsstücke, die für den islamischen Gottesdienst notwendig waren. Da der Mihrâb genau in der Richtung nach Mekka angelegt werden muß, konnte bei seiner Errichtung auf die Ostsüdost-Achse der Kirche keine Rücksicht genommen werden. Die beiden Leuchter stiftete Süleyman der Prächtige. Rechts die Freitagskanzel oder Minbar, mit zwei Fahnen geschmückt, das Zeichen der eroberten Stadt, gegenüber die Sängertribüne. In dem schmalen Gang rechts von der Apsis an der Ostseite eine alte Fayence aus Iznik mit der Darstellung von Mekka und Medina. Die beiden Alabastervasen, die in den westlichen Apsidiolen stehen, stellte Murat III. als Reinigungsbrunnen auf, sie können 1250 Liter Wasser aufnehmen und sollen aus Pergamon stammen. Die großen runden Scheiben, auf denen die Namen Allahs, Mohammeds und der ersten Kalifen stehen, wurden wie die Inschrift in der Kuppel 1650 von dem berühmten Kalligraphen Tekneci Ibrahim geschrieben. Unter Ahmet III. wurden der große Leuchter mit der vergoldeten Kugel und die Loge des Sultans, die auf antiken Säulen mit byzantinischen Kapitellen steht, errichtet.
Zu den Besonderheiten, die gern gezeigt werden, gehört die »schwitzende« Säule, auch die Säule des hl. Georg genannt, die schon in der byzantinischen Zeit als wundertätig galt. Sie hat eine Bronzeverkleidung; durch ein Loch kann man den feuchten Marmor berühren. Der Grund dafür ist, daß die Säule porös

ist und Wasser aus der unter einem Teil der Hagia Sophia liegenden Zisterne aufsaugt. Links von der Hauptapsis wird das »kalte Fenster« gezeigt, wo es selbst in den heißesten Sommertagen kalt hereinwehen soll.

Die Emporengeschosse mit den berühmten Mosaiken

Zur Besichtigung des Emporengeschosses benötigt man jetzt keine Genehmigung mehr. Der Aufgang befindet sich in der Nordwestecke. Die Galerie war – wie immer bei griechischen Kirchen – für die Frauen bestimmt, die südliche speziell für die kaiserliche Familie. Auf der Südgalerie zuerst das Mosaik der Deësis, das zwar nur fragmentarisch erhalten ist, aber hervorragt durch eine besonders feine Mosaikarbeit. Es stammt aus dem 12. Jh. und stellt Christus in der Mitte, Maria links und Johannes den Täufer rechts dar. In der Nähe auf dem Fußboden eine Steinplatte mit dem Namen Henricus Dandolo, des venezianischen Dogen, der am 1. Juni 1205 in Konstantinopel starb und in der Hagia Sophia beigesetzt wurde. An der Ostmauer der Südgalerie zwei Votiv-Mosaiken. Eine Figurengruppe stellt in der Mitte den thronenden Christus dar, links den Kaiser Konstantin IX., rechts die Kaiserin Zoë. Da die Kaiserin in erster Ehe mit Romanos III. und in zweiter mit Michael IV. verheiratet war, glaubt man, daß die Gesichtszüge des Kaisers bei jeder neuen Ehe verändert wurden (Anfang 11. Jh.). Die zweite Gruppe stellt in der Mitte Maria mit dem segnenden Christuskind dar, links den Kaiser Johann II. Komnenos, rechts die Kaiserin Irene (Anfang 12. Jh.). Etwas später an den Nachbarpilaster angefügt scheint das Mosaikbild des Sohnes Alexios. Westgalerie: geringe Mosaikreste – Figuren des hl. Petrus und Andreas – vermutlich 9. Jh. Nordgalerie: besser erhalten das Mosaik des Kaisers Alexander I. (912–913).

Die Türben an der Südseite der Hagia Sophia in zeitlicher Reihenfolge:

9 Altes Baptisterium, dann Türbe (Grabanlage) für die Sultane Mustafa I., der 1623 geisteskrank starb und Ibrahim (1640–1648, ebenfalls geisteskrank). Meist geschlossen.

7 Die Türbe für Sultan Selim II., den »Trunkenbold«, wurde 1577 von Sinan gebaut und enthält schöne Iznikkacheln. Selim II. starb 1574. Außer seinem Grab enthält es die Gräber seiner Lieblingsfrau, seiner 3 Töchter und die von 5 seiner Söhne (diese wurden bei der Thronbesteigung des Sohnes und Nachfolgers Murat III. wie üblich erdrosselt). Außerdem liegen hier noch 32 Kinder Murats.

5 Türbe für Sultan Murat III., der 1595 starb, von dem Nachfolger Sinans. Außer Murat liegen hier seine Lieblingsfrau Safiye, 4 Nebenfrauen, 25 Töchter und 23 Söhne. Als er starb, wurden 19 Söhne getötet, sein Sohn Mehmet III. wurde sein Nachfolger.

Die »Sitte« der Erdrosselung der Sultanbrüder wurde damals zum letztten Mal durchgeführt. Später pflegte man sie im Harem einzusperren.

8 Türbe Mehmets III. Er starb 1603 im Alter von 36 Jahren, nachdem er 8 Jahre Sultan gewesen war. Auch hier sind seine Lieblingsfrau und 9 seiner Kinder beigesetzt, dazu noch weitere 16 Töchter Murats III., die an der Pest 1598 starben.

6 Türbe für 5 Söhne Murats IV. (1623–1640), die auch an der Pest starben.

Belediye Müzesi (Stadtmuseum)

Das Gebäude, in dem sich seit 1945 das Museum befindet, wurde von dem Architekten *Davut Ağa*, einem Schüler Sinans, Anfang des 17. Jhs. als Medrese für Gazanfer Ağa, den Chef der weißen Eunuchen des Serails, errichtet, in Verbindung mit seinem Grab, in unmittelbarer Nähe des Valens-Aquäduktes.
In 12 Sälen und 3 Kabinetten ist eine Sammlung zusammengetragen, in der die Geschichte der Stadt und ihre Volkskunst lebendig wird. Man beginne mit der Besichtigung links.

1. Saal

Rekonstruktionspläne der byzantinischen Stadt und ihrer Paläste.

2. Saal

Die Stadt unter Mehmet II. Fâtih und Süleyman II. dem Prächtigen.

3. Saal

Kultgegenstände des Derwischordens.

4. Saal

Istanbul von gestern: Rekonstruktionen der Paläste und Brücken. Darstellung alter Bräuche und Spiele.

5. Saal

Istanbul von heute: Neubauten seit der Revolution.

6. Saal

Istanbul von morgen: zukünftige Baupläne.

Vom Eingang rechts:

7. Saal

Stoffe, Brokate und Stickereien u. a.

8. Saal

Gläser, Lederarbeiten und Pfeifen u. a.

9. Saal

Inschriften, Papierarbeiten, Werkzeuge der Kalligraphen und Miniaturmaler.

10. Saal

Silber-, Kupfer- und Bronzearbeiten, alte Gewichte und Waagen.

11. Saal

Gegenstände zur Bereitung des türkischen Kaffees.

12. Saal

Türkisches Theater: Schattenspiel (Karagöz) und Marionettentheater (Kukla). In den Gängen sind Gegenstände türkischer Kunstfertigkeit ausgestellt wie Elfenbein- und Alabasterarbeiten, Musikinstrumente, Schuhwerk, Kostüme, Gläser, Schmuck, Pfeifen, Waffen.

Deniz Müzesi (Marinemuseum)

Nachdem das Museum längere Zeit in der Moschee von Dolmabahçe eingerichtet war, sind die Ausstellungsgegenstände nun in Beşiktaş (in einem Neubau unmittelbar neben dem 1944 errichteten Denkmal für den Admiral Süleymans, Hayrettin Paşa Barbaros) aufgestellt. Das Museum enthält:

Teile alter Kriegsschiffe, Pläne eines Arsenals am Goldenen Horn, Modell- und Einrichtungsgegenstände des Schiffes Hamidiye und Erinnerungsstücke an die Dardanellenschlacht. Mobilar aus der Kabine Atatürks auf der Yacht Ertoğrul. Alte Karten, Fahnen, Waffen, Schiffsmodelle. Erinnerungsgegenstände an den Admiral Barbaros Hayrettin (1473–1564), den Eroberer von Algerien. Porträts türkischer Admirale, Aquarelle und Stiche verschiedener Schiffe und Ansichten von Istanbul. Porträt von Mehmet Fâtih. Stiche von türkischen Eroberungen. Lebensgroße Wachspuppen mit Marineoffiziersuniformen, die berühmte türkische Seefahrer darstellen, darunter Hayrettin Barbaros.

Eski Şark Eserleri Müzesi (Museum für altorientalische Kunst)

Das Museum wurde 1917 erbaut und 1974 nach über zehnjährigem Umbau neu eröffnet. Viele Ausstellungsstücke, die ausschließlich wissenschaftlichen Charakter haben, kamen in ein Depot in den Dependancen der Süleyman II. Camii. Von der Eingangshalle führt eine Treppe zu den Ausstellungssälen hinauf.
Saal 1, 2, 3 Sumerische, assyrische und babylonische Denkmale:

Saal 1

5 große Reliefplatten mit geflügelten Genien aus dem Palast in Nimrud (um 880 v. Chr.). 3 Bronzereliefs aus Balawat bei Mossul mit Taten Salmanassars III. (858–824 v. Chr.). Statue des Gouverneurs von Mari, Usur-Ischtar, aus schwarzem Diorit (um 2000 v. Chr.). Säule mit Inschrift aus Diorit, Stiftung des Gudea von Lagasch in den Tempel in Nippur (um 2100 v. Chr.). Statue des Gudea von Lagasch. Teil einer Stele des Naramsin (um 2300 v. Chr.). Mauer mit sumerischen Ziegeln, Fischgrätmuster und Gründungsziegel. Große Basaltstatue des Salmanassar III. (858–824 v. Chr.) aus Assur.

Saal 2

Glasierte Reliefziegel (gelbe Fabeltiere auf blauem Grund) aus dem 7.–6. Jh. v. Chr. vom Ischtartor in Babylon (Das Tor selbst befindet sich bekanntlich im Pergamonmuseum in Ost-Berlin). In einer Vitrine die Entwicklung der Keilschrift. Wandreliefs aus dem Palast Tiglat Pilesers III. (745–727 v. Chr.). Keramik, Bronzen, Schmuck aus Ninive u. a.

Saal 3

Rollsiegel, Bronzegegenstände, Schmuck, Inschriftenstele und Inschriften aus Ninive u. a.

Saal 4

Ägyptische, nabatäische und südarabische Denkmale. Nabatäischer Opferstein, Sonnenuhr mit aramäischer Inschrift (1. Jh. v. Chr.). Inschriften der sabäischen Könige (2. Jh. v. Chr.), Kleinbronzen, Marmorplatten mit Reliefs. Scheintüren aus ägyptischen Gräbern, Würfelhocker, Alabastergefäße, Papyri, Uschebti, Mumienmaske, Skarabäen, Katzenmumie, Kopfstütze.

Saal 5

Denkmale der Späthethischen Zeit.
Gott oder König auf Löwenthron aus Zincirli (9. Jh. v. Chr.), Orthostatenreliefs, die eine Prozession darstellen, aus Zincirli (um 730 v. Chr.), Gipsabguß des Felsreliefs von Ivriz: König Warpawalas vor dem Vegetationsgott, 2. Hälfte 8. Jh. v. Chr., Relief des Wettergottes Teshub aus Babylon (9. Jh. v. Chr.), Löwe aus Maraş mit Hieroglypheninschrift.

Saal 6

Denkmale der Späthethischen Zeit und des Großreichs. Orthostatenreliefs vom Burgtor in Zincirli (9. Jh. v. Chr.), hethitische Siegel, Libationsgefäße, 2 Altäre (13. Jh. v. Chr.), Keilschrifttafel mit dem berühmten Friedensvertrag zwischen Hattušili III. und Ramses II. (um 1270 v. Chr.). Säulenbasen mit Reliefs aus Boğazköy (13. Jh. v. Chr.), Kleinfunde aus Kültepe.

Fatih Müzesi (Çinili Köşk, Fayencenmuseum)

Nach einer Inschrift wurde der Çinili Köşk als eines der ersten Bauwerke nach der Eroberung der Stadt durch die Türken erbaut und, bezeugt durch eine Inschrift, 1472 vollendet. Er war zur Residenz von Mehmet II. Fatih bestimmt. Ursprünglich war er ganz mit blaugrünen, großflächig geometrisch gemusterten Fayencen verkleidet. Hiervon haben sich Teile hinter den spitzbogigen Arkaden, durch die die Fassade gegliedert wird, erhalten. 1590/91 wurde der Fayence-Pavillon durch Murat III. restauriert; im 18. Jh. ersetzte man die Holzarkaden durch solche aus Stein. 1953, anläßlich des 500. Jahrestages der Eroberung von Konstantinopel, wurde der Köşk in ein Museum umgewandelt. In dem rechteckigen Bau befindet sich ein gewölbter Mittelsaal, der das Zentrum eines Kreuzes bildet und um den sich 8 Räume gruppieren. Gegenüber der Eingangsseite ein polygonaler Erker. Die Innenwände sind mit sechseckigen Fliesen dekoriert.

Das Museum vermittelt einen Überblick über die Fayencegestaltung vom 12.–19. Jh. Es zeigt seldschukische Wandfliesen 12./13. Jh. vom Alaeddin Köşk in Konya und vom Jagdschloß Kubad Abad am Beyşehir-See. Frühosmanische Fayence (sog. Milet-Ware) aus Isnik 14./15. Jh. Erzeugnisse der Manufakturen von Isnik 15.–17. Jh., Kütahya 18.–19. Jh. und Çanakkale 19. Jh. Mittelraum: Wandkeramik 15.–19. Jh.

Kariye Müzesi, Kariye Camii (Chora-Kloster)

Ehemalige Kirche des Erlösers im Chora-Kloster (auch »Kirche des Heilands in den Feldern«)

Die Umgebung wurde in letzter Zeit neu gestaltet; es gibt ein Café, einen eleganten Souvenirladen und im Osten unterhalb eine Gartenanlage, von der aus man den Chor von außen sehen kann.

Der erste Bau der Erlöserkirche gehörte zu den ältesten Baudenkmalen der Stadt; er entstand wahrscheinlich zu Anfang des 5. Jhs. Durch Justinian (527–565) wurde er durch einen Kuppelbau mit Apsis und Narthex ersetzt.

712 verbannte der Kaiser Philippikos den Patriarchen Kyros in das Chora-Kloster.

Unter Konstantin V. Kopronymos (741–775) wurde das Kloster aufgelöst, die Kirche verfiel.

836 nach dem Sieg der Bilderfreunde war ein Michael Synkellos Abt, der einen Umbau begann.

Zwischen 1077 und 1083 ließ die Schwiegermutter des Kaisers Alexios I. Komnenos (1081–1118), Maria Dukaina, einen Neubau errichten.

1090 Schweres Erdbeben, um 1120 wird von einer Restaurierung berichtet.

1204–1261 Während der Lateinerherrschaft wurden Reliquien aus dem Kloster verkauft; die des Patriarchen Germanos kamen nach Frankreich.

Etwa ab 1260 ließ der Großlogothet (Kanzler) Theodoros Metochites »in der Nähe seines Palastes« einen Neubau mit Mosaiken und Wandmalereien errichten, der wahrscheinlich um 1321 vollendet war (diese Nachricht bezieht sich sicher auf die heute bestehende Kirche, da der Kanzler dort auch mit Namen

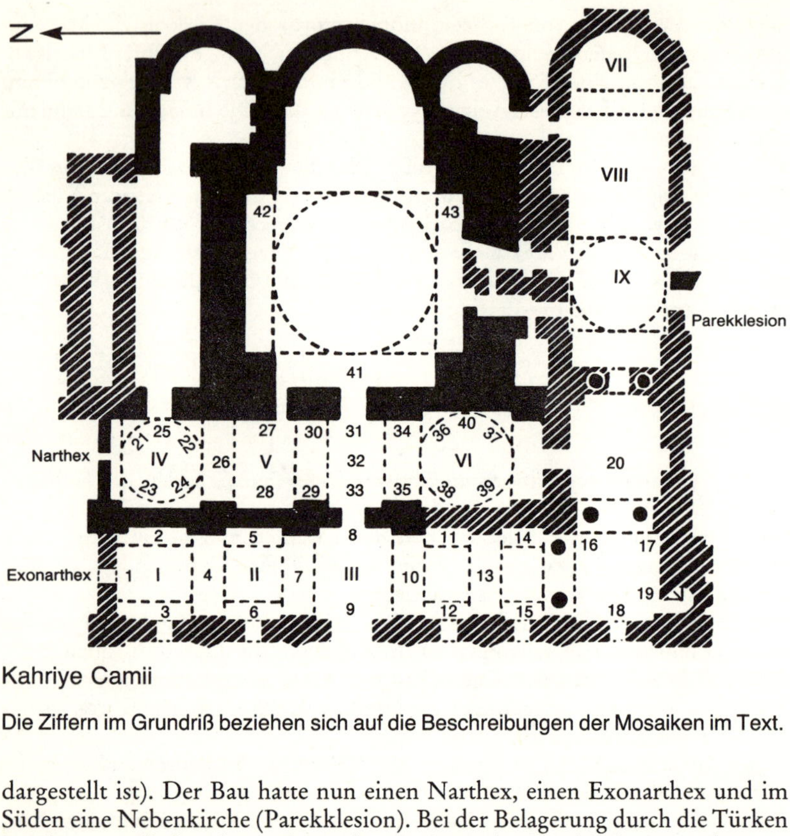

Kahriye Camii

Die Ziffern im Grundriß beziehen sich auf die Beschreibungen der Mosaiken im Text.

dargestellt ist). Der Bau hatte nun einen Narthex, einen Exonarthex und im Süden eine Nebenkirche (Parekklesion). Bei der Belagerung durch die Türken brachte man die berühmte Ikone der Maria Hodegetria hierher, von der man glaubte, daß sie die Mauern der Stadt beschützen würde. Bei der Einnahme 1453 wurde das Kloster geplündert, wobei auch die Ikone verlorenging.

Erst um 1500 wurde die Kirche in eine Moschee umgewandelt, auf Befehl des Großwesirs des Sultans Beyazit II., Ali Paşa. Fünf der Eingänge wurden zugemauert und an der Südseite ein Minarett hinzugefügt. Die Wandmalereien des Parekklesions übermalte man, aber die Mosaiken kamen nie unter Putz.

1785 erkannte man die Bedeutung der Mosaiken; im 19. Jh. wurden sie durch die Regierung restauriert, 1906 erschien ein Bericht. Die zerstörte Mittelkuppel hatte man schon 1860 erneuert. Ab 1947 begann das Byzantinische Institut der Universität Boston mit großem Aufwand, die Mosaiken zu reinigen und zu

ergänzen; 1952 legte man die Wandmalereien im Parekklesion frei. Die Arbeiten dauerten bis 1957.
Die Mosaiken stellen Szenen aus dem Leben Mariä und Christi dar und stammen aus dem frühen 14. Jh., ungefähr zwischen 1305 und 1320.

Mosaiken im Exonarthex

I. Christus und die Schriftgelehrten

1 Der Engel verkündigt Joseph im Traum die Geburt Christi. Aufbruch, die Heimsuchung.
2 Joseph und Maria vor Cyrenius.
3 Die hl. Familie auf dem Wege nach Jerusalem, Halbfiguren von Heiligen.
4 Auf dem Bogen nach Osten: Der hl. Andronikus. Auf dem Bogen nach Westen: Der hl. Tarachus.

II. Taufe und Versuchung Christi

5 Christi Geburt, Halbfiguren von Heiligen in Medaillons.
6 Die Rückkehr von Ägypten nach Nazareth.
7 In dem Bogen nach Osten: der hl. Georg. In dem Bogen nach Westen: Der hl. Demetrius.

III. Die Verwandlung von Wasser in Wein (Datum 1303 in arabischen Zahlen), die Vermehrung der Brote, das Opfer eines weißen Stiers

8 Christus segnend.
9 Maria im Gebet, das Christuskind im Nimbus, zwei Engel.
10 Zwei unbekannte Heilige.
11 Die Heiligen Drei Könige auf dem Wege nach Jerusalem und vor dem König Herodes.
12 Elisabeth und Johannes auf der Flucht vor einem Soldaten.
13 Zwei unbekannte Heilige.
14 Herodes fragt die Priester nach dem Geburtsort Christi.
15 Trauernde Mutter nach dem Kindermord von Bethlehem.
16 Heilung eines Besessenen.
17 Heilung eines Wassersüchtigen.
18 Heilung eines Besessenen, Jesus und die Samariterin.
19 Herodes befiehlt die Ermordung der Kinder. Die Ermordung der unschuldigen Kinder.

Mosaik im Vorraum zum Parekklesion

20 Zachäus auf der Sykomore(?).

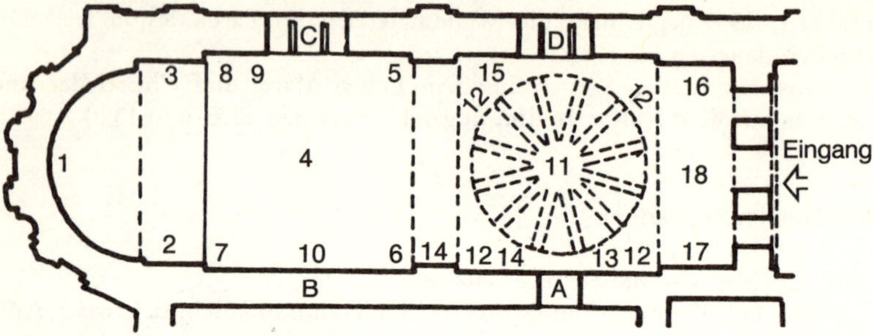

Kahriye Camii, Parekklesion

1 Christus in der Vorhölle, darunter an der Wand: Kirchenväter
2 Christus erweckt den Sohn der Witwe
3 Christus erweckt die Tochter des Jairus
4 Jüngstes Gericht
5 Auferstehung der Toten
6 Ein Engel führt die Seele des Lazarus in den Himmel
7 Lazarus in Abrahams Schoß
8 Der Reiche in der Hölle
9 Hölle
10 Paradies
11 Maria, von Engeln umgeben
12 Vier Hymnen-Dichter
13 Jakob ringt mit dem Engel; die Himmelsleiter
14 Moses am brennenden Dornbusch
15 An der Südwand: Einweihung des Tempels Salomons
16 Prophezeihung des Jesaias
17 Aaron und seine Söhne vor dem Altar
18 Die Seelen der Gerechten in der Hand Gottes (Fragment; nur noch die Hand erkennbar)

A Grab in der Nische: vielleicht das des Theodoros Metochites
B Grab ohne Hinweis auf frühere Bedeutung
C Reste von Malerei
D Grab des Michael Tornikes (Inschrift)

Mosaiken im Narthex

IV. Maria in der Mitte, in den Kanneluren die Vorfahren Christi

21 Zerstört.
22 Der hl. Joachim in der Wüste.
23 Maria vor dem Hohenpriester.
24 Die Verkündigung an Maria.
25 Die Verkündigung an Anna.
26 Die Begegnung von Joachim und Anna vor der Goldenen Pforte.

V. Maria in den Armen von Joachim

27 Die Geburt der Maria.
28 Joseph mit dem grünenden Zweig, der ihn zum Verlobten Marias

bestimmt. Maria gesegnet durch die Priester, Maria geliebkost von ihren Eltern.

29 Die ersten sieben Jahre der Maria.
30 Der hl. Petrus.
31 Theodor Metochides bringt Christus die Kirche dar.
32 Maria im Alter von drei Jahren. Prozession der Jungfrauen.
33 Maria empfängt die Wolle für den Tempelvorhang.
34 Maria empfängt Brot von dem Erzengel Gabriel. Maria wird im Tempel unterwiesen.
35 Der hl. Paulus.

VI. In der Mitte Christus als Weltenherrscher, in den Kanneluren 39 Ahnen Christi

36 Die Heilung der Schwiegermutter des hl. Petrus.
37 Die Heilung des Schlagflüssigen.
38 Die Heilung der zwei Blinden von Jericho.
39 Die Heilung des Taubstummen.
40 Die Deësis oder die Darstellung von Christus mit Maria und Johannes.

Mosaiken im Kircheninneren

41 Tod der Maria.
42 Christus.
43 Die Jungfrau Maria.

Malerei im Parekklesion

(Nebenkirche an der Südseite der Kirche, die auch zur Grabkapelle bestimmt war)

VII. Apsis

Ostwand: 5 Kirchenväter (die Figur eines sechsten ist nicht erhalten): Die hll. Anastasios, Johannes Chrysostomos, Basilius, Gregor Theologos und Cyrillos von Alexandria; außerdem Maria Eleusa (Erbarmerin).

In der Wölbung die Anastasis (Auferstehung): Christus in der Vorhölle zieht Adam und Eva, die Voreltern der Menschheit, aus ihren Gräbern. Hinter Adam sieht man Johannes den Täufer, David und Salomon.

Nördlicher Gurtbogen: Auferweckung des Sohnes der Witwe von Naim.

Südlicher Gurtbogen: Auferweckung der Tochter des Jairus.

VIII. Im Gewölbe: Das Jüngste Gericht
Ganz im Osten: Die aufgerollte Schriftrolle mit Sonne und Mond, Symbol des vergehenden Himmels. Darunter thront Christus als Weltenherrscher mit dem Kreisnimbus zwischen Maria und Johannes d. T., umgeben von den sitzenden Aposteln und Seligen. Unter der Pantokrator-Darstellung der leere Thron (entimasia), weiter darunter die Wägung der Seelen. Links sieht man die Auserwählten, rechts die Verdammten, die nackt in den Feuersee gehen müssen.
Zwei leere Grabnischen, nicht identifiziert.
Nordseite: Paradies
Südseite, links von der Grabnische: Hölle
rechts von der Grabnische: Einweihung des Tempels Salomons.

IX. Maria mit Kind, von Engeln umgeben, und ihre Präfigurationen
In den Eckzwickeln: 4 Hymnendichter
Nordseite: Jakobsleiter: Jakobs Kampf mit dem Engel. Moses und der brennende Dornbusch
Im Norden ein Grab, wahrscheinlich das des Theodoros Metochites.
Im Süden Grab des Feldherrn Michael Tornikes, eines Freundes des Theodoros Metochites.
Unter dem Kaiser Andronikos III. (1328–1341) verlor Metochites alle Ämter und Besitzungen und kam in den Kerker. Später wurde er in das Chora-Kloster verbannt, wo er 1331 starb. Er war Staatsmann, Diplomat, Philosoph, Historiker, Theologe, Dichter und Schirmherr der Künste. Im Kloster fand er Trost bei seinem Freund Nikephoros Gregoras, der ebenfalls hierher verbannt war.

Mozaik Müzesi (Arasta Mozaik Müzesi, Mosaiken-Museum)

Hinter der Blauen Moschee wurden 1935–1938 Bodenmosaiken des Peristyls eines sonst nicht erhaltenen byzantinischen Palastes freigelegt; dabei wurde auch ein Teil der Grundmauern gesichert (Grabungen von M. Baxter und Ernest Mamboury). Sie wurden in situ belassen, durch einige kleinere ergänzt und seit 1952 zur Besichtigung freigegeben.
Derzeit (Okt. 1986) ist das Museum allerdings wegen Umbau geschlossen: Einige der Bodenmosaiken werden an Ort und Stelle bleiben, die Wandmosaiken sind in die Vorhalle der Hagia Sophia gebracht worden, wo sie an den Wänden angebracht werden sollen und so ein neues Museum bilden.
Bei den Darstellungen überwiegt der genrehafte Charakter: Kinder beim Spiel, Haustiere, eine Amphora-Trägerin, Silene, Jagdszenen, meist auf weißem

Grund. Die Gewänder sind flächig behandelt, während bei den Gesichtern eine plastische Wirkung angestrebt wird. Die Datierung der qualitätvollen Mosaiken bewegt sich zwischen dem 5. und 8. Jh.

Resim ve Heykel Müzesi (Museum für Malerei und Skulptur)

Die Sammlung ist seit 1954 in einem Seitengebäude des Palastes von Dolmabahçe eingerichtet. Sie enthält u. a. Gemälde türkischer Maler aus dem 19. Jh. bis zur Gegenwart, dazu Plastik, Miniaturen und eine Anzahl von Werken bekannter europäischer Künstler wie Picasso und Matisse. Außerdem gibt es eine Volkskunst- und eine Keramikabteilung.

Sultan Ahmet Köşkü (Teppichmuseum an der Blauen Moschee)

Am nordöstlichen Ende der (zur Hagia Sophia hin gerichteten) NO-Front der Blauen Moschee ist ein Sultanspavillon angebaut; das Untergeschoß war Teil einer nach Südosten offenen Ladenstraße (1912 abgebrannt). Seit 1978 wird das Obergeschoß als Teppichmuseum verwendet, im Untergeschoß wurde 1981 eine Sammlung von Webteppichen eingerichtet.

Obergeschoß (Halı Müzesi)
Knüpfteppiche

Die ältesten Teppichfragmente stammen aus der Moschee von Divriği, Provinz Sivas, und aus der Großen Moschee von Milâs, Provinz Muğla; sie stammen aus dem 13. Jh. Ferner: Teppiche mit kufischen Schriftzeichen an den Bordüren (14., 15., 16. Jh.). Aus dem 17. Jh. werden Teppiche mit hervorragenden Tierdarstellungen gezeigt.
Kleinasiatische Teppiche kamen unter den Namen Ghiordes, Kula, Lâdik, Bergama, Kayseri, Konya, Melas u. a. auf den Markt, meist in Form von Brücken und in Heimindustrie hergestellt. Oft zeigen sie ein einfaches, gradliniges Bild mit leuchtenden Farbkompositionen.

Untergeschoß (Kilim ve Düzdokuma Yagılar Müzesi)

Kelims und Webteppiche

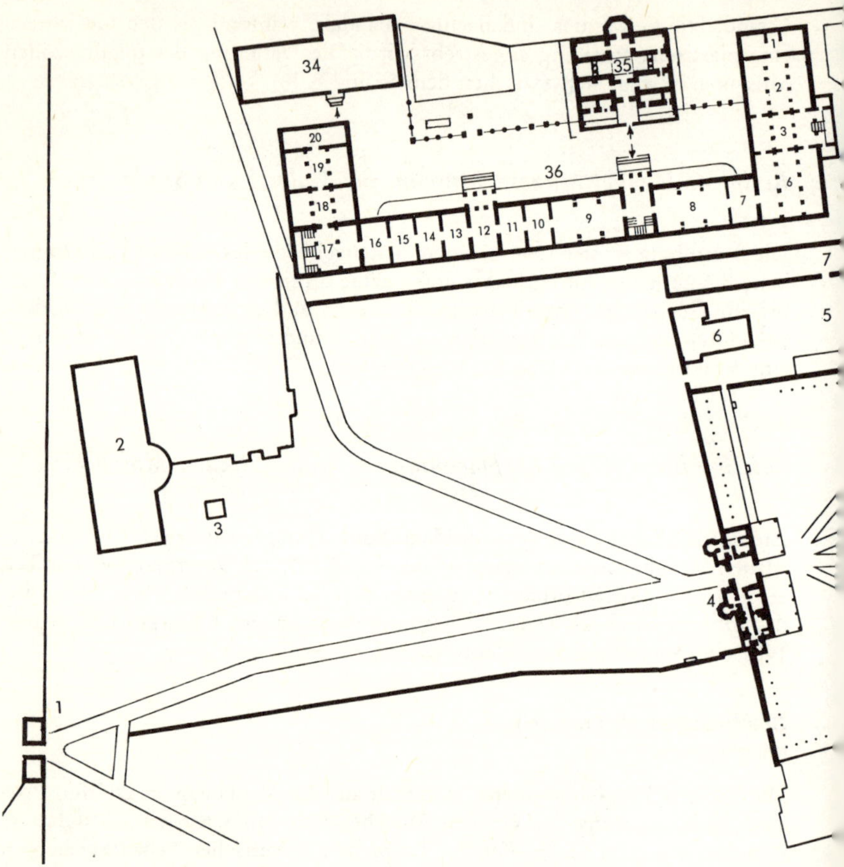

Topkapı Sarayı Müzesi

1 Erstes Tor: Bab-ı Hümayun (Kaisertor)
2 Irenen-Kirche
3 Janitscharenplatane
4 Zweites Tor: Orta Kapı (Bab-üs Selam, Tor des Heils)
5 Hof der Hellebardiere
6 Moschee des Beşir Ağa
7 Marstall- und Wagenmuseum
8 Halle der Hellebardiere
9 Kubbealtı (»Unter der Kuppel«)
10 Kanzlei
11 Raum des Großwesirs (Uhrenmuseum)
12 Waffensammlung
13 Harem
14 Küchen
15 Drittes Tor: Bab-üs Saade (Tor der Glückseligkeit)
16 Quartiere der Weißen Eunuchen
17 Audienzhalle (Arzodası)
18 Bibliothek

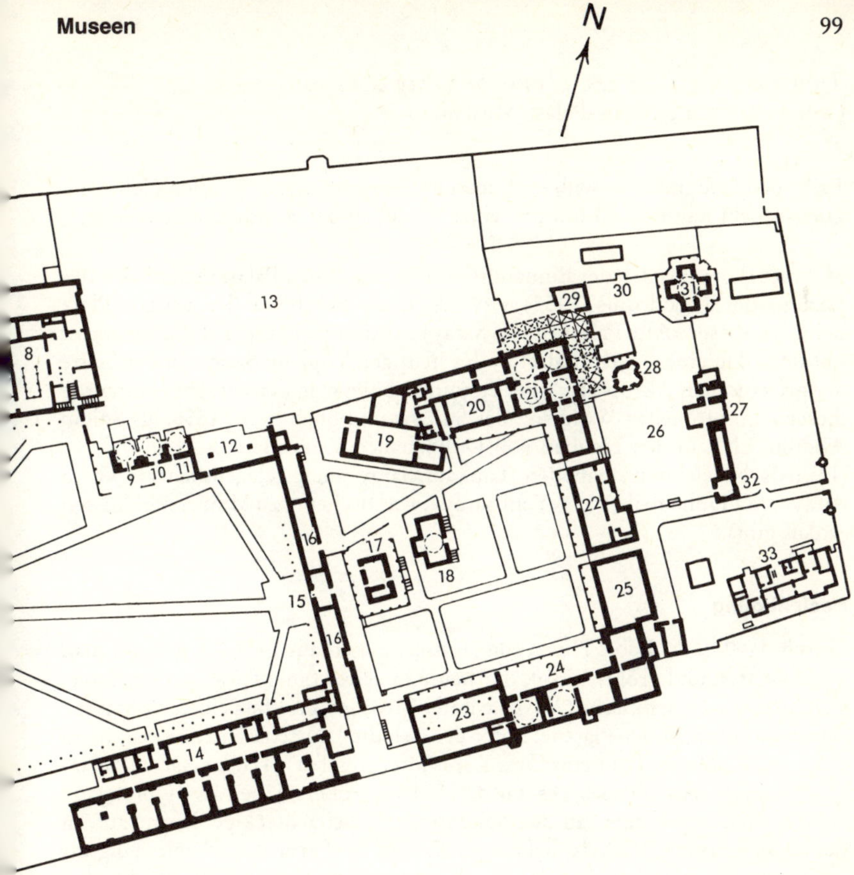

19 Ağalar-Moschee
20 Kalligraphie-Museum (früher Räume der persönlichen Kammerpagen)
21 Reliquienhaus
22 Museum für Malerei (Miniaturen)
23 Sammlung der Sultansgewänder (Räume der Pagen, die den Sultan bei den Feldzügen begleiteten)
24 Schatzkammer
25 Museumsverwaltung
26 Tulpengarten
27 Kiosk des Mustafa Paşa (Sofaköşk)
28 Kiosk von Erivan
29 Beschneidungsraum
30 Baldachin des Sultans Ibrahim
31 Kiosk von Bagdad
32 Turm des Hof-Physikers
33 Kiosk des Abdülmecit I.
34 Altorientalisches Museum
35 Çinili Köşk, Fliesensammlung
36 Archäologisches Museum

Topkapı Sarayı Müzesi (Topkapı Saray-Museum)
(wörtlich: »Kanonentor-Palast-Museum«)

Falls man fotografieren will, muß man mit der Eintrittskarte einen Genehmigungsschein kaufen und ihn mit einer Nadel an der Kleidung feststecken.

Mehmet II. baute nach der Einnahme von Byzanz einen Palast in der Nähe des Forums des Theodosius (1457), etwa dort, wo sich heute der Beyazıt-Platz befindet; dieser »Alte Palast« (Eski Saray) existiert nicht mehr. 1462 begann er mit dem Bau eines neuen Palastes, des heutigen Topkapı Saray, an der Stätte der griechischen Akropolis. Aber erst unter Süleyman dem Prächtigen wurde dieser zum offiziellen Wohnsitz des Sultans und blieb es bis 1856, als Sultan Abdülmecit I. in den Neubau von Dolmabahçe übersiedelte.
(Damals bezeichnete man den Topkapı Saray auch gelegentlich als »Eski Saray« und Dolmabahçe als »Yeni Saray«, was bis heute zu Mißverständnissen Anlaß gibt).

Besichtigung

Durch das 1. Tor, Bab-ı Hümayun (Kaisertor), erbaut 1478 (1), kommt man in den ersten und größten Hof, der heute in erster Linie Parkplatz ist. Links sieht man die Irenenkirche (2) (siehe unter Museen), daneben einen verdorrten Baumstamm, Rest der Platane, unter der sich die Janitscharen zu versammeln pflegten (3). Das 2. Tor heißt Orta Kapı (Mittleres Tor) (4) oder Bab-üs Selam (Tor des Friedens-Grußes); es wurde 1524 vergrößert. Über dem Durchgang sind Zinnen angebracht, an den Seiten ragen zwei achteckige Türme auf, in denen sich früher Verliese befanden. Der linke Turm diente zeitweilig als Gefängnis für in Ungnade gefallene Würdenträger. Viele Inhaftierte wurden am Henkersbrunnen, rechts vom Eingang, hingerichtet, und ihre Köpfe stellte man in den Nischen des Bab-ı Hümayun zur Schau. Im Orta Kapı befindet sich die Eintrittskasse, wo man auch Fotogenehmigungen erwerben kann.

Der zweite Hof heißt »Hof des Diwans«, er ist mit Zypressen und Platanen bepflanzt, die heute zu mächtigen Bäumen geworden sind; ein Portikus führt fast ganz um ihn herum. Links hinter einer Arkadenhalle führt ein Tor in den Hof der Hellebardiere (5) mit der Moschee des Beşir Ağa (6). Links davon das Eingangstor für die Besucher der Moschee, rechts das »Tor des Todes«, durch das man die im Palast Verstorbenen hinaustrug. Geradeaus der alte Marstall, heute Marstall- und Wagenmuseum (7). In den Ställen wurden früher 200 Pferde für den Sultan gehalten. Man besichtigt 15 Palastkutschen, darunter ein

Istanbul. Hof der Blauen Moschee ▷

Haremswagen mit Gittern, der Staatswagen der Sultaninmutter, der Phaeton Abdülhamits II., der durch einen Mechanismus Pfeile abschießen konnte und andere; ferner Sänften, Sättel, Zaumzeug, alles in prunkvoller Ausführung. Rechts im Hof die Halle der Hellebardiere (8), nach 1574 gebaut, dahinter ihre Moschee, Bad, Rauchzimmer, Kaffeeküche. Zurück in den zweiten Hof: weiter auf der linken Seite der Kubbealtı (»unter der Kuppel«) (9), dessen 41,60 m hoher Turm aus dem Gebäudekomplex herausragt und schon von weitem zu sehen ist. Der überwölbte Hauptraum wird durch ein Gitter mit vergoldeten Rocaillen (18. Jh.) von dem umlaufenden Portikus getrennt. Hier fand die Beratung der Wesire statt, und hier wurden die fremden Gesandten von ihnen empfangen. Hinter einem vergitterten Fenster (von 1527) konnte der Sultan zuhören. Im anschließenden ersten Kuppelraum war die Kanzlei (10) untergebracht, der zweite (11) war dem Großwesir vorbehalten; heute befindet sich hier das Uhren-Museum. Der nächste Saal rechts beherbergt die Waffensammlung (12); man sieht Waffen und Rüstungen der Sultane sowie erbeutete Stücke aus Europa, Ägypten, Persien u. a.

Harem (13)

Links von dem Kubbealtı befindet sich der heutige Eingang zum Harem. Er war zuerst im Eski Saray untergebracht; nach einem Großbrand von 1541 zog Roxelane, die zweite Frau Süleymans des Prächtigen, in den neuen Topkapı Saray. Dieser Harem wirkt mit seiner Mauer, seinen zahlreichen Höfen, den kleinen Moscheen und Hunderten von Zimmern, den Gärten und dem Wachturm wie eine kleine Stadt. Der ursprüngliche Bau stammt wohl von Süleyman, für den auch Sinan arbeitete. Die folgenden Sultane fügten Anbauten hinzu und veränderten ihn je nach dem Geschmack der Zeit. Als Abdülmecit I. 1856 in den nunmehr neuen Palast von Dolmabahaçe umsiedelte, wurde der Topkapı Saray als Residenz aufgegeben, aber im Harem wohnten weiterhin die Frauen der verstorbenen Sultane. Der letzte offizielle Harem befand sich im Palast von Yıldız und wurde 1909 aufgelöst.

Im Harem lebten der Sultan, seine offiziellen Frauen (Kadın), seine Kinder, Schwestern vor der Heirat, in der Spätzeit auch seine Brüder, ferner die Favoritinnen, die Ikbal hießen, oder Hasseki, wenn sie ein Kind von dem Sultan hatten. Die Herrschaft lag in den Händen der Valide (Mutter des Sultans) und des obersten schwarzen Eunuchen, der in die höchsten Staatsstellungen aufsteigen konnte. Beyazıt I. (1389–1403) war der erste Herrscher, der seine Brüder erdrosseln ließ, um sie als Rivalen auszuschalten. 1617 wurde das Seniorat eingeführt, nach dem der Älteste der Familie – ohne Rücksicht auf den Grad der Verwandtschaft – auf den Thron kam. Murat III. ließ 5 Brüder, Mehmet III. 19 Brüder erdrosseln. Damit das Geschlecht der Osmanen nicht

◁ *Istanbul. Holzhaus*

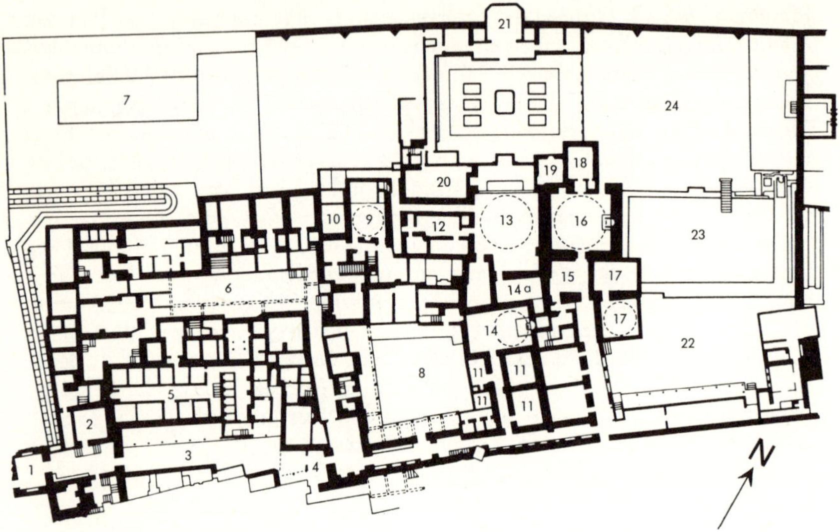

Topkapı Sarayı, Harem

1 Araba Kapısı (»Wagentor«)
2 Mescit der Schwarzen Eunuchen
3 Hof der Schwarzen Eunuchen
4 Cümlü Kapısı (»Haupttor«)
5 Wohntrakt der Schwarzen Eunuchen
6 Hof der Mädchen
7 Spital der Frauen
8 Hof der Sultansmutter
9 Eßzimmer Osmans III.
10 Schlafzimmer und Gebetsraum Osmans III.
11 Gemächer der 4 Hauptfrauen
12 Bäder der Sultansmutter und des Sultans
13 Hünkar Sofası (»Großer Salon«)
14 Oçaklı Sofa (»Kaminraum«)
14a Brunnenraum
15 Vorraum des Salons Murats III.
16 Salon Murats III.
17 Çifte Köşk (»Doppelpavillon«)
18 Köşk Ahmets I. (»Bibliothek Ahmets I.«)
19 Yemiş Odası (»Speise- oder Früchtezimmer Ahmets III.«)
20 Sog. Schlafzimmer Abdülhamits I.
21 Köşk Osmans III.
22 Gözdeler Taşlığı (»Hof der Favoritinnen«)
23 Gartenteich
24 Sog. Elefantengarten

ausstarb, wurden später die Brüder in halber Gefangenschaft im Harem gehalten. Osman III. war 50 Jahre alt, als er aus dem sog. Käfig auf den Thron kam.

In diesem Harem wohnten Roxelane (Hürrem), die 2. Frau von Süleyman II.; Kösem (Mahpeyker), die Favoritin von Ahmed I., die 50 Jahre lang den Harem beherrschte. Nakşedil, eine Cousine von Josephine Beauharnais, die bei einem

Schiffsüberfall in die Hände von Piraten fiel, kam in den Harem und starb als Valide.
Von besonderem Interesse sind die Architektur und die Fayenceausstattung verschiedener Räume; Teppiche und Kleinkunst muß man sich hinzudenken. Nach elfjähriger Restaurierung wurden große Teile des Harems 1971 zur Besichtigung freigegeben: *Hof und Moschee der schwarzen Eunuchen* (an den Seiten dreistöckige Häuser). Hof- und Wohnräume der Favoritinnen, zweistöckige Anlage. Hof und Wohnzimmer der Valide; Bäder des Sultans und der Valide. Hof und Wohnungen der Nebenfrauen (Kadınlar). Besonders sehenswert der *Kiosk von Murat III.* (16. Jh.), die anschließende Bibliothek Ahmets I. und das *Obstzimmer;* der *große Festsaal.* Ferner gibt es die Prinzenschule (die Kinder wurden vom 5. Lebensjahr an unterrichtet), das Krankenhaus, das Konservatorium, das Gefängnis, »Käfige« genannt.

Hinter dem Portikus an der Ostseite (rechts) des 2. Hofes befinden sich die *Küchen* (14), dazu gehören die Moschee der Köche, die Schlafräume der Köche und Küchenjungen, die Baderäume und Vorratskeller. Sie wurden unter Mehmet II. 1464–78 erbaut, unter Süleyman (1520–66) erweitert und nach einem Brand unter Selim II. (1566–74) durch den berühmten Architekten Sinan neu gebaut. Im 16. Jh. sollen 1117 Personen in den Küchen gearbeitet haben; sie hatten jeden Tag für 5000 Personen zu kochen und an Festtagen für 10–15 000. In einem Jahr wurden 22 500 Schafe, 30 000 Hühner, 40 000 Lämmer verspeist.
Heute ist hier die bedeutende **Sammlung chinesischer Porzellane** untergebracht. Es handelt sich dabei um Geschenke, Kriegsbeute und gekaufte Stücke; besonders Süleyman war ein passionierter Sammler. Diese Sammlung umfaßt über 10 000 Stücke, es sind etwa 1500 ausgestellt. Seladon aus der Sung-Zeit, weiß-blaues Porzellan aus der Ming-Zeit (1368–1644), *famille verte* und *famille rose* 17./18. Jh.; japanisches Porzellan; Cloisonné-Arbeiten; europäisches Porzellan, darunter auch schöne Stücke aus Sèvres und Meissen. In der ehemaligen Helvahane (Süßwarenküche) Küchengegenstände, vielfach aus Kupfer u. a., auch die Tracht eines Küchenchefs. In der Helvahane-Moschee und in der Sabunhane (Seifenwerkstatt): Glaswaren 17./19. Jh., Istanbuler Porzellan 19. Jh. und Tonwaren.

Das 3. Tor Bab-üs Saade (15), das Tor der Glückseligkeit, führt in den dritten Hof, Enderun (= das Innere) genannt. Rechts und links des Tores die *Quartiere der weißen Eunuchen* (16) – hier sind heute die Seiden- und Stoffsammlungen ausgestellt. Unmittelbar dem Eingang gegenüber die Audienzhalle (*Arzodası*) (17), unter Ahmet II. (1691–1695) neu errichtet. Die Innenausstattung stammt aus dem 19. Jh., der Thron mit Baldachin von 1596;

durch das Rauschen des Brunnens sollte verhindert werden, daß man außen Gespräche des Sultans mit den Botschaftern fremder Länder mithören konnte. In der Mitte des Hofes die *Bibliothek* (18), 1719 von Ahmet III. erbaut, sie enthält zahlreiche noch unveröffentlichte griechische und arabische Manuskripte; die älteste Landkarte von Amerika wurde hier gefunden. Die Räume der Bibliothek sind für die Öffentlichkeit nicht zugänglich. Links der doppelten Bogenstellung und dem gelblich getünchten Gebäude mit dem Balkon befindet sich das Kuşhane-Tor des Harems. Rechts daneben die möglicherweise von Mehmet II. errichtete *Ağalar Moschee* (19), die heute zur Bibliothek umgeformt ist und in der sich zahlreiche türkische, persische und arabische Manuskripte befinden.

Weiter rechts das **Reliquienhaus** = Hirka-ı Saadet Dairesi (21). Mehmet II. ließ 1464–78 das *Has Oda* (Regierungsgebäude) erbauen. Hier fanden die Regierungserlasse statt, hier wurde dem Sultan nach der Thronbesteigung gehuldigt (Schwertumgürtung). Erst nachdem der Sultan in das Schloß am Bosporus umgezogen war, wurde der Pavillon als Aufbewahrungsort für die »heiligsten Güter« bestimmt. Einmal im Jahr, am 15. Tag des Fastenmonats, nahm der Sultan in einer feierlichen Zeremonie den Mantel des Propheten aus dem Schrein. Die Reliquien kamen nach der Einnahme von Kairo (1517) unter Sultan Selim I. nach Istanbul.

1. Raum: Bambusbogen Mohammeds, Futteral aus Tula-Silber. Die Schwerter der ersten Kalifen Abu Bekr, Omar, Osman, Ali. Büßertür aus der Kaaba in Mekka.

2. Raum: Koran des Kalifen Osman aus Gazellenleder. Der Legende nach soll der Kalif beim Lesen in diesem Koran ermordet worden sein. Goldene und silberne Dachrinnen von der Kaaba.

3. Raum: Vitrine: Brief des Propheten aus dem Jahr 627 an den koptischen Patriarchen von Ägypten, in dem er ihn auffordert, zum Islam überzutreten. In einem Kästchen, das mit kostbaren Steinen geschmückt ist, Teil eines Zahnes des Propheten; ein Barthaar in einem goldenen Reif. Abdruck des rechten Fußes von Mohammed in Marmor. Dieses Pilgerandenken kam 1847 nach Istanbul und wurde 1877 in Gold gefaßt. Schlüssel der Kaaba, Siegel Mohammeds. Im Has Oda ein silbervergoldeter Baldachin in Zeltform, unter dem Dach gewölbte Spiegel, als Thron für Murat IV. von dem Goldschmied Zilli Mehmet angefertigt. Mahmut II. (1808–39) bestimmte den Thron als Aufbewahrungsort für die »allerheiligsten Güter« und ließ silberne Gitter zwischen den Säulen anbringen. Auf einem Ständer ein goldener Schrein mit Koraninschriften, darin ein zweiter goldener Schrein mit dem Mantel des Propheten. Mohammed hatte diesen grünen Mantel dem Dichter Kaab geschenkt, der zunächst sein Gegner war und ihn dann in Versen verherrlichte.

Der Mantel soll nach der Eroberung von Ägypten nach Istanbul gekommen sein. Rechts daneben ein hölzerner, silberbeschlagener Schrein, der die Fahne des Propheten enthält. Beim Ausbruch eines Krieges wurde diese Fahne vor dem Bab-üs Saade aufgezogen und dem Feldherrn übergeben. In dem tiefer stehenden silbernen Schrein sind die Schwerter des Propheten aufbewahrt, darüber, auf einem Samtkissen, 2 Schwerter, die Ahmet I. mit kostbaren Steinen schmücken ließ. Anschließend der im 17. Jh. neu erbaute Beschneidungssaal; schöne Fliesen 16./17. Jh. Links vom Durchgang in den 4. Hof

Museum für Malerei (22):
Sultanporträts, Kopien von Originalen, so die Darstellung von Mehmet Fâtih von Bellini, heute in London, National Gallery. Ferner Porträts von Süleyman dem Prächtigen und seiner Gemahlin Roxelane; Stammbäume der Sultane, Porträts berühmter Feldherren. Von großem Interesse Zeichnungen mongolischer Herkunft aus den Klebealben, die im Harem angelegt wurden und in die man Blätter aus verschiedenen Zeiten und verschiedener Herkunft wahllos durcheinander einklebte.
Blätter von Meister Mehmet, geannt die Schwarze Feder, – mongolischer Meister aus Turkestan(?), 14. Jh.(?): Szenen aus dem Nomadenleben, Dämonendarstellungen. 6 Blätter von Ahmet Mûsa, 2. Viertel 14. Jh.: Religiöse Malerei, z. B. Himmelfahrt Mohammeds. Tierzeichnungen, 15. Jh.; Illustrationen zur Geschichte Beyazıts II. und Süleymans, 1543. Maler Osman, Illustrationen zum »Buch der Feste«, 1585 für Sultan Murat III. Maler Levni, Illustrationen zum »Buch der Feste«, 1720–25 für Sultan Ahmet III. Persische Miniaturen.
Rechte Seite des 3. Hofes. In der Halle der Expeditionspagen (23):

Sammlung der Sultansgewänder. Die Ausstellung ist chronologisch angeordnet und beginnt rechts mit Mehmet II. Fâtih. In Vitrinen liegen die Prunkroben der Sultane mit ihren Schwertern; die Kaftane sind aus kostbarer Seide und Brokat gefertigt. Aus dem 19. Jh. europäische Uniformen. Im 2. Saal: Kleider von Prinzen und Prinzessinnen; Seidenteppiche 18./19. Jh. Anschließend die

Schatzkammer (24), ehemaliger Sommerpalast Mehmets II., das linke (südliche) Zimmer war der Umkleideraum zum Bad Selims II.

1. Ebenholzthron Murats IV., 17. Jh., der Sultan hatte ihn auf den Feldzug nach Bagdad mitgenommen. Genreplastik aus Indien, 19. Jh., Wasserpfeife rauchender Mann. Sein Körper besteht aus einer großen Perle. Negersklave, 18. Jh. Sammlung von Kaffeetassenträgern *(zarf)* aus Metall mit kostbaren Edelsteinen. Kanne und Wasserbecken aus Gold.

2. Baldachinthron Ahmets I. (1603–17), Nußbaum, Einlegearbeit aus Perlmutt, mit Smaragden, Rubinen und Türkisen geschmückt. Wiege mit Gold und Juwelen verkleidet, 16. Jh. Prachtgewänder der Sultane; Turban mit Federbusch mit Gold und Edelsteinen. Rüstung Murats IV. Dolch, geschmückt mit großen Smaragden, Diamanten, Emailarbeit; im Knauf eine kleine Uhr. Der Dolch war als Geschenk von Mahmut I. an Nadir Schah bestimmt; als die Karawane auf dem Weg nach Persien war, wurde Nadir Schah ermordet, und die Karawane kehrte wieder nach Istanbul zurück.
3. Sog. Thron des Schah Ismail, indische Arbeit, die Nadir Schah nach Persien brachte und 1746 dem türkischen Sultan Mahmut I. schenkte. Er soll mit 25 000 Perlen geschmückt sein. Sammlung von Rosenkränzen, Fliegenwedeln, Zeremonienstäben, Tabaksdosen. In einem mit Rubinen und Smaragden geschmückten Bergkristallbehälter Teile vom Schädel Johannes des Täufers; von diesem soll auch das Armreliquiar stammen.
4. Goldener Thron; der Wesir Ibrahim Paşa, Gouverneur von Ägypten und Schwiegersohn des Sultans Murat III., schenkte diesem 1585 den »ägyptischen« Thron. Die Goldverkleidung entspricht dem Gewicht von 80 000 Golddukaten (250 Kilo Gold), er ist mit 954 Topasen geschmückt. Kompottschüssel (Frankreich) aus rosa Kristall, Gold und Brillantverzierung – aus dem Besitz Abdülhamits II. Für das Grab Mohammeds in Medina waren der Anhänger mit den 3 achteckigen Smaragden und der Quaste aus Perlschnüren (18. Jh.) sowie das Weihrauchgefäß aus Gold und Rubinen bestimmt. Der Löffelmacher-Diamant, 86 Karat, von 49 Brillanten umrahmt. Die interessanteste Legende sagt von seiner Herkunft: Ein französischer Offizier kaufte ihn 1774 von einem indischen Maharadscha; später kam er durch eine Auktion in die Hände der Mutter Napoleons, die ihn an Tepedelenli Ali Paşa, den Gouverneur von Morea, verkaufte. Nach einer Revolution fiel der Gouverneur in Ungnade und seine Schätze an den Sultan.

Rechts vom Durchgang in den 4. Hof die Verwaltung des Topkapı Museums (25).

Nun durch einen schmalen Durchgang in den 4. Hof: Ginge man geradeaus weiter, käme man zum 4. Tor und weiter zur Saray-Spitze. Man wende sich aber links zum Tulpengarten (26) Ahmets III., mit einem hübschen Brunnen in der Mitte, und zum Kiosk von Mustafa Paşa (27), auch nach seiner Einrichtung *Sofaköşk* genannt, die im 18. Jh. in den Formen des osmanischen Rokokos hergestellt wurden. Die Kupferpfanne (Mangal) für Holzkohlenfeuer, die der französische Ziseleur Duplessis anfertigte, war ein Geschenk Ludwigs XV. an den Sultan Mahmut I. im Jahre 1742. Den Kiosk ließ Ende des 17. Jhs. der Großwesir Mustafa Paşa für Mehmet IV. erbauen. Der Schriftsteller Pierre

Loti bewohnte ihn während seines letzten Aufenthaltes in Istanbul. Weiter zum Kiosk von Erivan (28) oder *Revan Köşk.* Er wurde 1635 von Murat IV. zur Erinnerung an die Eroberung von Erivan errichtet und zeichnet sich durch einen besonders schönen Fayenceschmuck aus. Man geht an ihm entlang, steigt eine Treppe hinauf und erreicht die Terrasse mit einem großen Wasserbassin und einer Fontaine. In der Mitte der Terrasse ein *Baldachin mit einem Dach aus vergoldeter Bronze* (30), den Sultan Ibrahim 1640 errichten ließ, um hier im Ramadanmonat nach Sonnenuntergang die Fastenzeit zu brechen. Der *Bagdad-Kiosk* (31), Bağdat Köşk, wurde von Murat IV. 1638 nach der Einnahme von Bagdad errichtet. Seine Inneneinrichtung ragt hervor durch die leuchtend blaugrünen Fayencen aus Iznik und die farbigen Glasfenster. Von seinem Umgang hat man einen schönen Blick auf das Goldene Horn wie auf den Bosporus. In der rechten Hälfte des sog. 4. Hofes die Reste des *Hofphysikerturms* (32), unter Mehmet Fâtih erbaut. Ferner der *Mecidiye-Köşk* (33), den Sultan Abdülmecit I. um 1840 im französischen Régence-Stil errichten ließ, – heute Restaurant.

Türk ve Islâm Eserleri Müzesi (Museum für Türkische und Islamische Kunst)

Die Bestände dieses neuen Museums waren früher in der ehemaligen Armenküche der Süleyman II. Camii ausgestellt; sie stammen aus Moscheen, Palästen, Bibliotheken, einige aus dem jetzigen Irak und Syrien. Nach der Restaurierung des Ibrahim Paşa Palastes (siehe unter Palästen) am Atmeydanı wurden sie dorthin gebracht und sind nun den Besuchern Istanbuls leichter zugänglich. Es sind sorgfältig nur die besten Stücke ausgewählt und nach modernen Gesichtspunkten präsentiert worden, so daß das Museum noch sehenswerter geworden ist und zu den bedeutendsten in Istanbul gehört. Eine ethnographische Sammlung ist neu aufgenommen worden.

Von einem ruhigen Café auf der Galerie des hochgelegenen Hofes kann man auf den Atmeydanı heruntersehen.

Erdgeschoß: Kasse, Fotodokumentation, Räume für Wechselausstellungen

1. Etage mit Hof: Hervorzuheben die ethnographische Sammlung (zugänglich vom Hof) mit Darstellung des Lebens der Bergbauern (nach den hochgelegenen Sommerweiden »Yayla«-Bauern genannt: Trachten, Geräte, Einrichtung der Winter- und Sommerhäuser) und der Nomaden (Yürük, Göçebe: Schwarze Ziegenhaarzelte, Yurte mit vollständiger Einrichtung u. a.).
2. Etage: Objekte aus der großseldschukischen Zeit, alte Fragmente von Bauornamentik aus Samarra am Tigris, Wandmalerei, Keramik aus Rakka

am Euphrat, Ausstattungsstücke von Moscheen mehrerer Jahrhunderte. Auswahl hervorragender Teppiche (das Museum besitzt über 1300 Knüpf- und Webteppiche, von denen nur ein geringer Teil ausgestellt ist), darunter extrem große Stücke aus Palästen (17. Jh.). Hervorzuheben sind die wegen ihres Alters (13. Jh.) besonders wertvollen, die man unter Schichten neuerer Teppiche in der Alaeddin Camii in Konya gefunden hat und ein persischer »Gartenteppich« mit Wasserläufen, Bäumen und Blumen.

Interessant auch ein »magisches Hemd« von Beyazıt I. mit Koransuren und Zaubersprüchen, die den Träger beschützen sollten.

In grob chronologischer Reihenfolge und in Gruppen sind zu sehen: Buch und Schrift: Korane in Kufi-Schrift (7.–13. Jh.), in Neßchi (14. Jh.), türkische Korane (14.–16. Jh.), arabische und türkische Bucheinbände, Schreibgerät, persische Miniaturmalerei, Fermane und andere Urkunden mit Tuğra.

Stein, Keramik, Glas: Islamische Gläser (9.–12. Jh.), mamelukische bemalte Moscheenlampen, Töpferware und Mosaik-Wandfliesen aus seldschukischer Zeit, Fliesen aus der Manufaktur von Iznik, »Kaaba«-Fliesen mit der Darstellung von Mekka und Medina.

Teppiche, Holz und Metall, Kelims; sog. »Holbein«-Teppiche (Muster, die von Holbein auf seinen Bildern dargestellt worden sind), Gebetsteppiche (Ghiordes, Lâdik, Melas, Kula u. a., meist 16./17. Jh.), kaukasische Stücke. Koranträger und -Koffer mit Elfenbeinintarsien, Holztür der Alaeddin Camii in Konya (1155). Seldschukische Leuchter, Kannen, mamelukische Kupferarbeiten, Hängelampen, Astrolabien.

Yedikule Müzesi (»Schloß der Sieben Türme«) und das Goldene Tor

Theodosius I. errichtete gegen 380 auf der Egnatia-Straße, etwa 2 km von der Konstantinischen Mauer entfernt, einen dreitorigen Triumphbogen. Er nahm damit eine alte römische Tradition auf, wonach der aus dem Krieg heimkehrende Kaiser zur symbolischen Reinigung von der Blutschuld durch ein Tor in die Stadt einzieht. Über dem mittleren Teil des Triumphbogens befand sich eine Inschrift, die besagte, daß Theodosius das Portal nach der Niederwerfung des Tyrannen schmücken ließ. Hiermit dürfte der Sieg der Truppen des Kaisers in Aquileia (388) gemeint gewesen sein, bei dem Magnus Maximus getötet wurde. Byzantinische Schriftsteller berichten auch, daß das Goldene Tor später mit einer Statue von Theodosius I. und 4 Bronzeelefanten geschmückt war. Theodosius II. (408–450) ließ während seiner langen Regierungszeit die Landmauer, eine zweite niedrige Mauer und den Graben mit den beiden Böschungsmauern erbauen. Bei dem großen Erdbeben von 447 stürz-

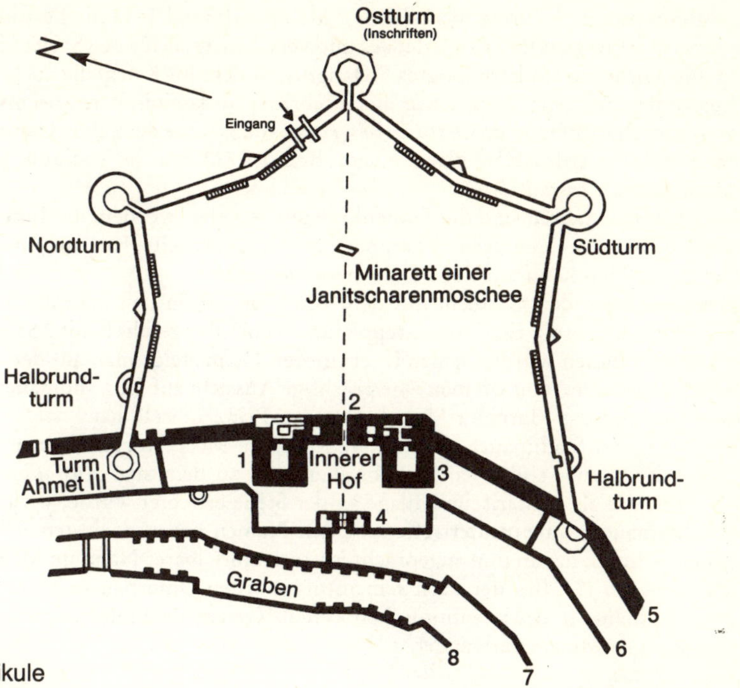

Yedikule

1 Nordpylon
2 Triumphbogen (Das Goldene Tor)
3 Südpylon (Gefängnis Osmans II.)
4 Das Kleine Goldene Tor
5 Mauer Theodosius' II. (413)
6 Mauer Konstantin Kyrus' (447)
7 und 8 Böschungsmauern des Grabens

ten 57 Türme ein, wurden aber, weil die Hunnen unter Attila anrückten, schnellstens wieder aufgebaut. Die Erbauungszeit des Kleinen Goldenen Tores ist nicht genau zu bestimmen, möglicherweise wurde es erst Ende des 10. Jhs. errichtet. Es hatte nur einen Durchgang und zeigte bis 1627 nachweislich an jeder Seite 6 Reliefs, darunter Szenen aus der Herakles-Sage. Kurz vor der Einnahme Konstantinopels durch die Lateiner (1204) scheinen im Zuge von Mauerverstärkungen die drei Portale des Goldenen Tors zugemauert worden zu sein.

Schon in byzantinischer Zeit muß an der Stelle von Yedikule eine Festung gestanden haben, die Procop (6. Jh.) *Strongylon* benennt. Später erfolgte ein Neubau auf einem fünfeckigen Grundriß und mit fünf Türmen, im 14. Jh. wurden zwei neue Türme hinzugebaut, die der Festung den Namen *Hepta-*

pyrghion gaben (7 Türme = *Yedikule*). Mehmet II. fand 1453 die Festung als Ruine, er baute sie 1457/58 wieder auf und verwendete sie für den Staatsschatz. Später wurde sie ein berüchtigtes Gefängnis, in dem im Kriegfalle auch viele Ausländer interniert waren, wie die Inschriften in lateinischer, griechischer und deutscher Sprache am Ostturm beweisen. 1622 wurde der Sultan Osman II. im Südpylon erdrosselt. Nach einem Brand 1782 wurde Yedikule unter Abdülhamit I. restauriert.
In den letzten Jahren sind die Zinnenkränze restauriert worden, der Innenhof noch nicht. Von den freien Treppen an der Innenseite hat nur eine ein Geländer. Man kann auf der Mauer herumgehen.
Man besichtige den Ostturm mit dem Blutbrunnen, in den man die Köpfe geworfen haben soll. Eine enge Treppe führt zum Obergeschoß mit 2 Sälen; in einem von diesen wurde Osman II. ermordet. Dann steige man auf den 20 m hohen Nordturm, von wo man eine prächtige Aussicht auf die Landmauer, auf die Stadt und das Marmara-Meer bis zu den Prinzeninseln hat.
Folgt man der Stadtmauer in Richtung Marmara-Meer, so gelangt man nach kurzer Zeit (zuerst über einen Bahnübergang) zu dem sog. *Ausfalltor von Christus,* das als militärische Anlage an der Stelle errichtet wurde, wo Land- und Seemauern aufeinandertreffen. Seinen Namen hat es nach dem Monogramm Christi, das an ihm angebracht ist. In unmittelbarer Nähe am Meer der *Marmorturm* (13. Jh), der nach seinem marmornen Unterbau so bezeichnet wird. Er diente in der byzantinischen Zeit als Gefängnis, in der osmanischen wurde er als Münze verwendet.

Moscheen

Kultraum und Kult

Der Gebetsraum der Moslems ist die Moschee, die ein Minarett oder mehrere hat, von dem der Muezzin fünfmal am Tag das Gebet ausruft. Heute ist allerdings häufig der Lautsprecher an seine Stelle getreten. *Cami* nennt man eine Moschee, in der das Freitagsgebet abgehalten wird, während *Mesçit* etwa unserer Kapelle entspricht. In Istanbul gibt es mehr als 200 Camiler und über 600 Mesçitler. Der Gebetsraum der Moschee heißt *Haram,* die Gebetsnische im Inneren, die nach Mekka orientiert sein muß, *Mihrâb,* die Freitagskanzel daneben *Minbar.* Den großen Moscheen waren früher Koranschulen (*Medrese* oder *Kuttâb*), Hospitäler (*Hastahane*) und Armenküchen *(Imaret)* u. a. angegliedert, deren Gebäude heute meistens einen anderen Zweck erfüllen. Mit der Herrschermoschee war häufig auch ein Friedhof für den Sultan und seine Familienmitglieder verbunden; der Name des Mausoleums ist *Türbe.*

Die Moschee darf nicht mit Schuhen betreten werden; man nimmt diese in die Hand (Sohlen gegeneinander) oder zieht Überschuhe an, die am Eingang erhältlich sind (kleines Entgelt bei Rückgabe). Es ist nicht verboten, während des Gottesdienstes die Moschee zu besichtigen, aber man sollte möglichst im Hintergrund bleiben und sich leise verhalten.
Fünfmal am Tag ruft der Muezzin die Gläubigen zum Gebet: Bei Sonnenaufgang, zu Mittag, etwa drei Stunden danach, nach Sonnenuntergang und schließlich bei Anbruch der Nacht. Das Gebet muß nur am Freitag zu Mittag in der Moschee abgehalten werden, die rituelle Waschung muß vorher stattgefunden haben; sie kann auch mit Sand oder Staub vorgenommen werden. In der Moschee betet der Imam vor, und die Gläubigen wiederholen leise die Gebete, hören schweigend die Koranverse an. Das heilige Buch der Moslems ist der Koran, der aus 114 Abschnitten (Suren) besteht, die der Länge nach geordnet sind. Er darf nur auf dem Koranständer oder in der Korantruhe liegen. Dieses Buch stellt eine Sammlung von Lehren, Predigten und Vorschriften Mohammeds dar, seine jetzige Fassung geht auf den 3. Kalifen Osman (um 650) zurück. Der Legende nach soll der Prophet ihn am 27. Tag des Monats Ramadan, dem 9. Monat des islamischen Jahres, in der Nacht der Allmacht durch den Erzengel Gabriel von Gott erhalten haben.

Der Islam gehört zu den großen Weltreligionen und hat etwa 200 Millionen Anhänger. Von diesen verlangt er:

1. die Einheit Gottes zu bekennen und sich ihm ganz zu unterwerfen. »Es gibt keine Gottheit außer Allah, – und Mohammed ist der Gesandte Allahs«;
2. fünfmal am Tag in der vorgeschriebenen Art zu beten;
3. Almosen zu geben. Diese Gabe *(Zakat)* ist kein freiwilliges Liebeswerk, sondern eine durch den Koran geregelte Besteuerung der Reichen zur Unterstützung der Armen;
4. im Monat Ramadan zu fasten. Das Fasten im 9. Monat des arabischen Mondjahres wird in den ländlichen Gegenden auch heute noch streng eingehalten. Nur Krankheit und Reisen können davon entbinden; man sühnt dieses Fastenbrechen durch eine Speisung der Armen oder durch Nachholen;
5. wenn möglich, einmal im Leben nach Mekka zu pilgern. Heute wird die Wallfahrt nur durchgeführt, wenn der Gläubige gesund ist und keine Schulden hat.

Atatürk hat 1925 die islamische Jahresrechnung für die Türkei abgeschafft; sie begann mit Mohammeds »Flucht« von Mekka nach Medina, der sog. Hedschra im Jahre 622. Auch wurde 1928 die Stellung des Islam als Staatsreligion aufgehoben.

Der Baumeister Sinan

Sein Grabmal, das er noch zu seinen Lebzeiten anlegen ließ, liegt an der Nordseite der Sultan Süleyman II. Külliyesi. Es ist ein kleiner, dreieckiger Garten mit einem Brunnen (sebil) an der Spitze. An der Mauer steht eine Inschrift, die sein Freund, der Dichter Mustafa Sa'i verfaßt hat. Von diesem stammt auch die Biographie und das Verzeichnis der Bauten Sinans (Tezkeret ul-Bünyan).

Sinan wurde wahrscheinlich in dem Dorf Agyrans bei Kaisariye (Kayseri) um das Jahr 1491 geboren. Seine Eltern waren Christen und stammten wohl vom Balkan, möglicherweise auch aus der jetzigen Steiermark. 1512, als er 21 Jahre alt war, wurde er von der »Knabenlese« (devşirme) erfaßt. Er mußte Moslem werden und kam in die Palastschule im Neuen Serail, wo er die türkische Sprache und Geschichte sowie ein Handwerk lernte. Nach einigen Jahren (3–8) versetzte man ihn in die Schule der Janitscharen, die ihm militärisches Wissen vermittelte. Es ist anzunehmen, daß er an mehreren Feldzügen teilnahm, so nach Rhodos, Belgrad, Wien und Persien. 1520–1539 blieb er als Pionieroffizier im Janitscharenkorps und brachte es bis zum Oberst. 1539 wurde er zum Hofarchitekten berufen und erhielt die Leitung der Staatsbauten. Nachdem er aus dem Janitscharenkorps ausgeschieden war, konnte er heiraten. Aus zwei Ehen wurden ihm zwei Söhne und fünf Töchter geboren. Mit 85 Jahren erbaute er die Selimiye in Edirne, nahm 1584 an einer Pilgerfahrt nach Mekka teil und starb im Alter von 97 Jahren. Er soll 321 Bauten errichtet haben, darunter 81 Moscheen (41 allein in Istanbul), dazu Bäder, Brücken, Medresen, Paläste, Türben und Aquädukte.

Der Berichterstatter Evliya Çelebi

Die meisten zeitgenössischen Nachrichten über Istanbul, besonders auch Beschreibungen der Moscheen, haben wir von dem Historiker und Weltreisenden Evliya Çelebi; er ist in Istanbul, das er Konstantiniye nannte, geboren und gestorben. Sein »Buch der Reisen« (Seyahatname) ist sehr lebendig und auch phantasievoll geschrieben, eine ausführliche Grundlage für unsere Kenntnis der Stadt im 17. Jh. Unter anderem beschreibt er ein für ihn einmaliges Ereignis, den Zünfteaufzug von 1638, der aus 57 Gruppen und 1001 Zünften bestand. Als Zwanzigjähriger hatte er eine Vision: In der Moschee Ali Çelebi in Istanbul kam Mohammed auf ihn zu und sagte ihm, daß er sein Leben mit Reisen verbringen werde. Er studierte Geschichtsschreibung.

Englische Übersetzung: Seyahatname. Narrative of Travels in Europe, Asia and Africa. Hrsg. J. v. Hammer-Purgstall, 3 Bde., London 1834/50.

Auswahl der historisch und architekturgeschichtlich wichtigsten Moscheen:

Ahmet Paşa Camii

in der Nähe des Topkapı-Stadttors
1551 auf Geheiß des Großwesirs Süleymans, Kara Paşa, durch den berühmten Baumeister Sinan errichtet, allerdings erst unter dem Großwesir Rüstem Paşa vollendet. Bemerkenswert sind die schönen Fayencen in blauen, grünen und gelben Farben. Sinan erbaute auch das Grab Ahmet Paşas, das in der Nähe der Moschee liegt.

Atik Ali Paşa Camii

siehe S. 138 (Beschreibung der Divan Yolu)

Azap Kapı Camii

in Azapkapı, am Nordkopf der Atatürk-Brücke
1577 für den Großwesir Sokullu Mehmet Paşa von Sinan errichtet. Eine Besonderheit ist hier, daß die Moschee über einem Ladengeschoß sozusagen im ersten Stock gebaut ist. Sie hat eine Marmorausstattung und schöne Wandfliesen, von denen allerdings nicht alle ursprünglich sind, sondern bei einer Restaurierung eingefügt wurden.
Sokullu Mehmet hatte wenige Jahre zuvor die Moschee südöstlich des ehemaligen Hippodroms bauen lassen, die auch heute seinen Namen trägt. Da die Azapkapı Camii auch als »Sokullu Camii« bezeichnet wird, können Verwechslungen entstehen (siehe S. 123).

Bodrum Camii

siehe S. 151 (Myrelaion-Kirche)

Dolmabahçe Camii

vor dem Palast von Dolmabahçe
Die Moschee wurde 1853 von der Mutter des Sultans Abdülmecit I. in Auftrag gegeben und finanziert; sie heißt deshalb auch Bezmiâlem Sultane Camii. Bemerkenswert sind die schlanken Minaretts, die schöne Lage am Bosporus und die prunkvolle neubarocke Ausstattung in Marmor und Porphyr.

Fenarı Isa Camii

siehe S. 147 (Lips-Kloster)

Fethiye Camii

siehe S. 157 (Kirche Theotokos Pammakaristos)

Hırka-i Şarif Camii (Moschee des Heiligen Mantels)

Keçeciler Caddesi, im Nordwesten der Mehmet Fâtih Camii
1851 ließ Sultan Abdülmecit I. eine Moschee für den zweiten Mantel Mohammeds erbauen (ein anderer Mantel befindet sich im Serail-Museum). Ein großes Tor führt auf die Fassade, die von zwei schlanken Minaretts flankiert ist. Es handelt sich um eine Einkuppel-Moschee, deren Wände und Decke eine sehr ungewohnte olivbraune Farbe haben, während Mihrab, Mimbar und Kürsü (Sitz des Imams bei der Koranrezitierung) aus purpurrotem Marmor bestehen. Man sieht elegante Inschriften von dem berühmten Kalligraphen Mustafa Izzet Efendi und auch von dem Sultan Abdülmecit, der selbst ein bedeutender Schriftkünstler war.

Ivaz Efendi Camii

Unmittelbar an der Stadtmauer, beim Blachernenpalast.
Der Heeresrichter Ivaz Efendi stiftete diese Moschee im Jahr 1581 oder 1585. Sie steht auf den Substruktionen des Blachernenpalastes (Siehe S. 163. Hier wohnten ab 1261 die Kaiser von Byzanz, 1453 wurde er zerstört; die Unterbauten sind auch heute noch eindrucksvoll).
Die Fassade hat zwei Portale, was etwas ungewöhnlich ist. Die Hauptkuppel wird von vier Halbkuppeln getragen. In einem apsisartigen Anbau ist der Mihrab angebracht und mit sehr schönen Fliesen aus Iznik geschmückt. An der Nord- und Südwand sieht man hölzerne Galerien; eine dritte an der Westwand ruht auf Marmorsäulen. Es wurde schon eine Autorschaft Sinans vermutet.

Kariye Camii

siehe unter Museen S. 91

Kılıç Ali Paşa Camii

in Tophane, Necati Bey Caddesi
1580 von Sinan für den berühmten Seefahrer Kılıç Ali Paşa am Ufer des Meeres errichtet; da das Ufer vorrückte, liegt sie jetzt 200 m landeinwärts. Ihr Grundriß ist dem der Hagia Sophia sehr ähnlich. Die Inschriften sind von dem

berühmten Kalligraphen Kara Hisarı. Im Garten das Grab des Stifters. Medrese und Hamam sind ebenfalls erhalten.

Küçük Ayasofya Camii

siehe unter Sergios- und Bakchos-Kirche, S. 152

Lâleli Camii

Aksaray, Ordu Caddesi
Die »Tulpenmoschee« (Lâle: Tulpe) ist die schönste Barockmoschee Istanbuls. Sie wurde von 1759–1763 erbaut, wahrscheinlich von einem Architekten Mehmet Tahir. Als sie 1766 durch das große Erdbeben weitgehend zerstört worden war, dauerte der Wiederaufbau bis 1783. Sie erhebt sich auf mächtigen Substruktionen, so daß unter ihr ein Hof mit Springbrunnen und Läden Platz hat.
Die Lâleli Camii wurde unter Mustafa III. (1757–1774) als Grabmoschee errichtet. In der benachbarten Türbe wurden der Sultan und sein Sohn Selim III. (1789–1807), der von Janitscharen ermordet worden war, beigesetzt. Zur Moschee gehörten, wie üblich, auch ein Imaret, eine Medrese und ein Hamam; davon hat sich aber nichts erhalten.
In den rechteckigen Grundriß ist ein Achteck eingeschrieben, dessen Ecken durch Säulen betont werden, und über das sich eine Kuppel wölbt. Die Wände sind sehr reich mit buntem Marmor verkleidet, auch Halbedelsteine wie Onyx, Jaspis und Lapislazuli kommen vor. Die Kıbla-Nische springt nach außen vor. Das Ornament zeigt mit Rocaillen europäischen Einfluß, und Mihrab wie Mimbar zeichnen sich durch besonders edlen Marmor aus. Das Koran-Lesepult (Kürsü) ist fein geschnitzt und hat Marmorintarsien. Die bunte Verglasung der Fenster erhöht den heiteren, festlichen Charakter des Raumes.

Mahmut Paşa Camii

östlich des Großen Basars, nahe der Nuru Osmaniye Camii.
Schon 9 Jahre nach der Eroberung Istanbuls (1462 lt. Inschrift über dem Portal) hatte der Architekt Atik Sinan (vielleicht identisch mit einem anderwärts bekannten Baumeister Christodoulos) diese Moschee vollendet. Sein Auftraggeber war Mahmut Paşa, der Großwesir Mehmets II. Fâtih. Er stammte als Sohn eines Griechen und einer Serbin aus griechisch-serbischem Adel und war in der Palastschule von Edirne erzogen worden, gilt als der fähigste Großwesir Mehmets II. und schrieb nebenbei unter dem Namen

Adeni Gedichte in türkischer und persischer Sprache. Trotzdem ließ ihn der Sultan 1474 mit der Bogensehne erdrosseln; es hieß, er habe seine Trauer über den Tod des Lieblingssohnes Mehmets, Mustafa, nicht genügend gezeigt (er hatte mit Mustafa Auseinandersetzungen, weil dieser seinen Harem nicht respektierte).

Die Moschee erinnert in Grundriß und Bau an die heute nicht mehr erhaltene Moschee Murats I. in Bursa (ab 1365); sie wurde 1755 durch Feuer beschädigt, 1828 durch Erdbeben zerstört.

Durch ein Peristyl mit 6 Pfeilern – ursprünglich Säulen – gelangt man in den Narthex, der an beiden Seiten zwei Kuppelräume hat, dann in den aus zwei überkuppelten quadratischen Räumen bestehenden Gebetssaal. An den Seiten laufen tonnengewölbte Gänge, an die sich noch einmal 3 überwölbte Räume anschließen, die als Unterkunft für reisende Derwische dienten. Mihrab und Mimbar sind Ergänzungen.

Hinter der Moschee in einem Friedhof die achteckige Türbe für Mahmut Paşa und seinen Sohn. Der Außenbau (restauriert 1948) ist an seiner oberen Hälfte mit blauen und türkisfarbenen Halbfayencen verkleidet, einzigartig in Istanbul. Der Ermordete wurde hier 1476 beigesetzt.

Zu der Moschee gehörte eine Koranschule für Knaben, Han, Imaret, Medrese, Gericht, Bad und die Türbe. Die Medrese wurde zu Anfang des 20. Jhs. abgerissen. Von dem Bad, einer der ältesten Anlagen Istanbuls (1476), besteht nur noch der Männerteil (1953 restauriert).

Es ist möglich, daß die Mahmut Paşa Camii an der Stelle der byzantinischen Kirche »to Steiron« erbaut wurde.

Mehmet II. Fâtih Camii

Stadtteil Fatih, Favzi Paşa Caddesi.

Diese berühmte Moschee wurde 1463–1470 für Sultan Mehmet II. auf dem vierten Hügel der Stadt von dem griechischen Architekten Christodoulos (wahrscheinlich identisch mit Atik Sinan) errichtet. Sie steht etwa an der Stelle der damals zerfallenen, einstmals durch ihre Pracht berühmten Apostelkirche, die von Konstantin I. gegründet und mehrfach erneuert worden war, u. a. auch von Theodora; sie diente den byzantinischen Kaisern lange als Begräbnisstätte.

Für den Bau der Moschee wurde Material von der Apostelkirche und von den Bädern des Zeuxippos verwendet. Sie wurde wie viele andere Bauten bei dem schweren Erdbeben von 1766 zerstört, dann 1766–1771 unter Mustafa III. wieder aufgebaut. (Wieviel dabei von der alten Bausubstanz erhalten blieb, ist nicht genau bekannt.)

Der Grundriß ist ähnlich dem der Sultan-Ahmet-Moschee. Ihr ist ein Vorhof

mit 18 Säulen und 22 Kuppeln vorgelagert, in dessen Mitte der Reinigungsbrunnen steht. An der Hofseite fallen zwei Balkons auf, von denen der Ausrufer das Gebet des Imams vor dem Mihrab für die Gläubigen im Hof wiederholte. Im Inneren befindet sich rechts vom Portal eine Inschrift mit der Prophezeiung Mohammeds: »Man wird Konstantinopel erobern, welches Glück für die Armee, die das vollbringen wird, und welches Glück für ihren Führer!« Zur Moschee gehören wie üblich mehrere karitative Gebäude.
Hinter dem Hauptbau liegt der Friedhof. Hier steht die Türbe Mehmets II., ein Bau in barocken Formen von 1782. Es ist prunkvoll ausgestattet und enthält Malereien und Koraninschriften. Der mächtige Katafalk des Eroberers, mit einem gestickten Behang überzogen, trägt einen riesigen Turban in der Mekkarichtung und ist mit einem Gitter aus Rocaillen, Blüten und Halbmonden umgeben.
Die Sultane zogen, nachdem sie in der Moschee von Eyüp mit dem Schwert Osmans umgürtet worden waren, was etwa im Abendland der Krönung entspricht, zum Grab Mehmets II. und gelobten dort, daß sie in seinem Sinn regieren würden. Nach der Abschaffung von Kalifat und Sultanat wurden viele Sultanstürben geschlossen, um die traditionelle Sultan-Verehrung zu dämpfen.
Im gleichen Friedhof steht auch die Türbe der Gülbahar (Rosenblüte); sie war eine der Frauen Mehmets II. und Mutter Beyazıts II. Nach der Legende soll sie die Tochter des Königs von Frankreich gewesen sein, die für Konstantin XI. bestimmt gewesen war, und sie soll immer Christin geblieben sein. Sicher ist dagegen nur, daß sie Christin albanischer Herkunft war.
Eine Mauer schließt das Friedhofsgebiet ab. Durch ein Tor kommt man zu einer weiteren Gruppe von Türben, darunter die der Nakşidil. Sie war die Gemahlin Abdülhamits I. und Mutter des Reformators Murat II. Valide Sultan (Mutter des herrschenden Sultans) war sie nur 1817/18. Man nimmt an, daß sie mit Aimée Dubuc de Rivéry identisch ist, Cousine der Kaiserin Josephine. Bei einer Schiffsreise wurde sie von algerischen Korsaren gefangengenommen und vom Bey von Algier dem Sultan geschenkt. Ihre Türbe ist ein reizvoller Bau in barocken und klassizistischen Formen.

Mihrimah Camii

am Edirne-Tor der Stadtmauer, Fevzi Paşa Caddesi
Die Moschee wurde 1550 auf Veranlassung von Mihrimah, Tochter Süleymans II. und Gemahlin des Großwesirs Rüstem Paşa errichtet, wahrscheinlich von Sinan. Früher stand hier die byzantinische Kirche des hl. Georg.
Durch einen breiten Vorhof, der aus dem 18. Jh. stammt, gelangt man in die von 7 Kuppeln überwölbte Vorhalle, dann durch ein schönes Hauptportal in

den Gebetsraum. Dieser hat eine 37 m hohe Kuppel, die im Osten und Westen auf von vielen Fenstern durchbrochenen Mauern lagert, im Norden und Süden auf Säulen mit Stalaktitenkapitellen. Sie verbinden den Hauptraum mit den beiden, ebenfalls von je drei Kuppeln gedeckten Nebenräumen. Die Moschee ist ganz mit zartfarbigen Arabesken ausgemalt, wodurch, in Verbindung mit den vielen Fenstern, ein heiterer, heller Eindruck entsteht. Der Mihrab mit seiner Stalaktitennische, der Mimbar mit seinen geometrischen Schnitzornamenten und die Farbigkeit der Glasfenster, besonders an der Ostwand, vervollständigen das Bild. 1894 wurde der Bau durch ein Erdbeben sehr beschädigt, aber 1910 und besonders nach 1957 hat man ihn in vorbildlicher Form restauriert.

Murat Paşa Camii

Aksaray, am Treffpunkt der Millet Caddesi mit der Vatan Caddesi.
Murat Paşa war Renegat und stammte aus der Dynastie der Paläologen. Unter Mehmet II. Fâtih wurde er Wesir und Beylerbey (Großstatthalter, Vizekönig) von Rumelien. Er fiel in der Schlacht gegen Uzun Hasan 1472 im Oberen Mesopotamien.
Die Moschee wurde 1466 in Haustein-Ziegel-Technik und im Bursa-Stil wie die Mahmut Paşa Camii erbaut. Die 5 Kuppeljoche der Vorhalle werden von 6 Säulen getragen; zwei davon sind aus Rosengranit von Assuan, vier aus Verde Antico. Durch das Portal erreicht man zwei quadratische Kuppelräume, die hintereinander angeordnet sind. Im Mihrabraum sieht man Stalaktitenornament an den Trompen. Die beiden Mittelräume sind von je zwei kleineren Kuppelräumen flankiert (Tabhane), die als Unterkunft für wandernde Derwische dienten.
Früher gehörten eine Medrese und ein Doppelhamam zu der Moschee, beides hat sich aber nicht erhalten.

Nuru Osmaniye Camii

an der Ostmauer des Großen Basars
Wenn man den Großen Basar durch das östliche Tor verläßt, sieht man gleich links die Nuru Osmaniye Camii. Sie ist von Platanen und Roßkastanien umgeben und erscheint nach dem Trubel des Basars als eine Oase der Stille. Zum Stiftungsbezirk (Külliye) gehören außerdem eine Medrese, eine Bibliothek, eine Türbe, ein Sebil.
Der griechische Architekt Simeon Kalfa und (oder) der türkische Architekt Mustafa Ağa begannen den Bau 1748 für den Sultan Mahmut I. Vollendet wurde er 1755 unter Osman III. und erhielt nach ihm ihren Namen »Licht Osmans«. Zahlreiche Stufen führen in den äußeren Hof hinauf, von dem man

in den inneren gelangt, der eine in Istanbul einzigartige polygonale Form hat und keinen Reinigungsbrunnen umschließt; auf seinen 12 Säulen ruhen 14 Kuppeln. Drei Türen führen in den Gebetsraum, über dessen fast quadratischem Grundriß sich auf mächtigen Pendentifs die Kuppel mit einem Fenstertambour erhebt. Der Mihrab ragt wie eine Apsis aus dem quadratischen Grundriß heraus, eine für die osmanische Architektur des 18. Jhs. typische Eigenart. An den Seiten der Kibla-Wand ragen Emporenlogen nach außen und wirken wie kurze Querschiffe. Die barocken Elemente zeigen sich in den mächtigen Eckpilastern, den geschweiften Segmentgiebeln, dem Kreuzgesims und europäischem Ornament. Die Nuru Osmaniye Camii wurde für die Mohammed-Ali-Moschee in Kairo als Vorbild genommen.

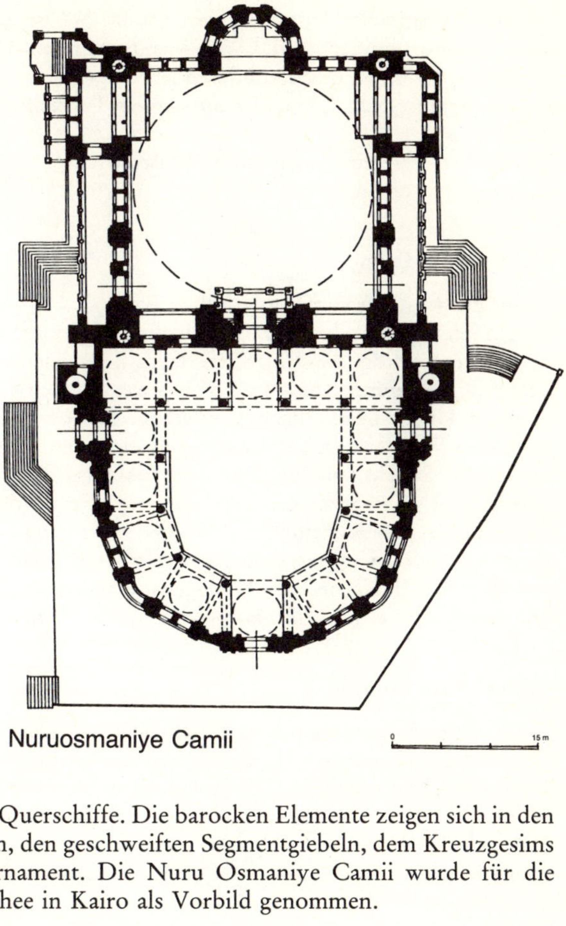

Nuruosmaniye Camii

Nusretiye Camii

Tophane, fast am Bosporus; Meclisi Mebusan Caddesi
Nusret bedeutet Sieg und bezieht sich auf die Niederschlagung der Janitscharenaufstände 1806/1808. Mahmut II. ließ zwischen 1822 und 1825 diese Moschee von dem armenischen Baumeister Kirkor Balyan (1764–1831) erbauen. Kirkor Balyan war der Stammvater einer Architektendynastie im 19. Jh. Die Moschee hat keinen Vorhof, dafür eine Vorhalle mit zwei Seitenflügeln,

die ein Obergeschoß mit Zimmern haben. Sie ist eine Einkuppelmoschee nach dem Vorbild der Nuru Osmaniye. Im Inneren wurde viel Marmor verwendet; auffällig ist das dominierende Hauptgesims und das Girlanden-Dekor im Empire-Stil. Um die Kuppel vier Türmchen mit vasenartigen Abschlüssen.
Der Bau ersetzte eine abgebrannte Holzmoschee. 1826 wurde er durch Sebil und Şadırvan ergänzt.

Rüstem Paşa Camii

Eminönü, westlich vom Ägyptischen Basar
Wegen der Qualität ihrer Architektur und besonders wegen der prachtvollen Ausstattung gehört diese Moschee trotz ihrer Kleinheit zu den reizvollsten Istanbuls. Sie wurde 1550–1561 von Sinan für den Großwesir Rüstem Paşa errichtet. Über eine überdachte, winkelige Treppe gelangt man in den Vorhof, an dessen Westseite sich die Reinigungsbrunnen befinden; die Vorhalle hat Säulen mit Stalaktitenkapitellen. Die Fassade ist mit leuchtenden, vorherrschend blau-grünen Fayencen geschmückt, die aus der von Selim I. in Iznik gegründeten Fabrik stammen. Um das Hauptportal haben die Ornamente geometrischen Charakter, links davon ein geschlossenes Bild aus verschlungenen Pflanzen. Innen sind alle Wände mit blau-grünen Fliesen bedeckt, besonders fein sind die des Mihrab und die an den Pfeilern auf den Galerien.

Rüstem Paşa Medresesi

südlich vom Ägyptischen Basar, nicht weit von der Mahmut Paşa Camii.
Die Medrese wurde laut Inschrift 1550 von Sinan erbaut.
Eigentümlich ist der achteckige Hof mit dem Şadırvan in der Mitte. Vor seinen 24 Kuppeljochen ein Arkadenumgang, darüber Studentenzimmer. Von der Eingangstür wendet man sich nach rechts bis zu dem quadratischen Vortragsraum, dessen Grundriß aus dem Quadrat herausragt. Links und rechts davon Badeanlagen und Toiletten.
Die Anlage wurde vor kurzem restauriert und wird wieder von Studenten bewohnt.
In der Nähe, in der Cemal Nadir Sokağı, der sogenannte *Unterirdische Palast* (Schlüssel im Geschäft gegenüber). Von außen sieht man nur ein paar Stützmauern, innen sind 12 Räume und Gänge zu sehen. Die mittlere Halle ist 6 m hoch und mißt 16 × 10,5 m; sie wird durch zwei Reihen von je 6 Säulen unterteilt. Ein weiterer Raum schließt sich an. Diese Ruine könnte ein Teil eines byzantinischen Palastes gewesen sein, aber bis jetzt konnte sie nicht mit einem aus schriftlichen Quellen bekannten Bauwerk identifiziert werden.

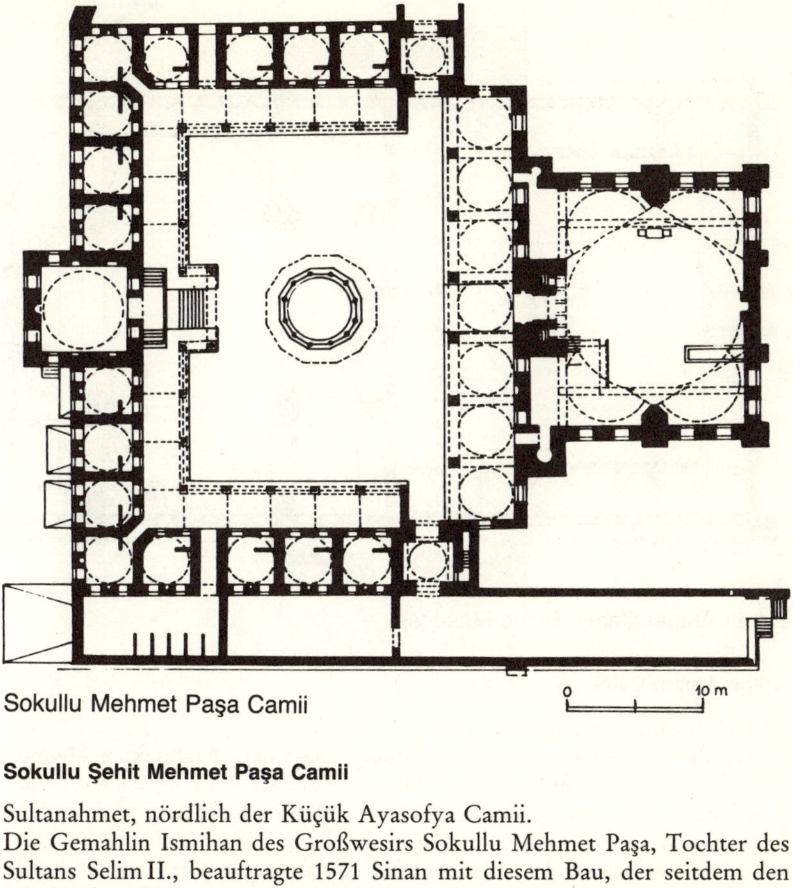

Sokullu Mehmet Paşa Camii

Sokullu Şehit Mehmet Paşa Camii

Sultanahmet, nördlich der Küçük Ayasofya Camii.
Die Gemahlin Ismihan des Großwesirs Sokullu Mehmet Paşa, Tochter des Sultans Selim II., beauftragte 1571 Sinan mit diesem Bau, der seitdem den Namen ihres Mannes trägt. Er stammte aus einem bosnischen Adelsgeschlecht und diente drei Sultanen (Eine zweite Moschee mit seinem Namen wird auch Azakapı Camii genannt; s. S. 115).
Die Moschee ist wahrscheinlich an der Stelle der byzantinischen Anastasia-Kirche errichtet, die von Konstantin gegründet worden war. Die meisten Säulen des Vorhofs sind byzantinischen Ursprungs. Im Inneren sind die feinen Fayencen an Mimbar und Mihrab, auch einige alte Fenster darüber bemerkenswert. Von den Gläubigen wird diese Moschee besonders verehrt, da in ihr drei kleine Stücke des Schwarzen Steins von der Kaaba in Mekka eingemauert sein sollen, und zwar im Mihrab, im Mimbar und innen über der Eingangstür.

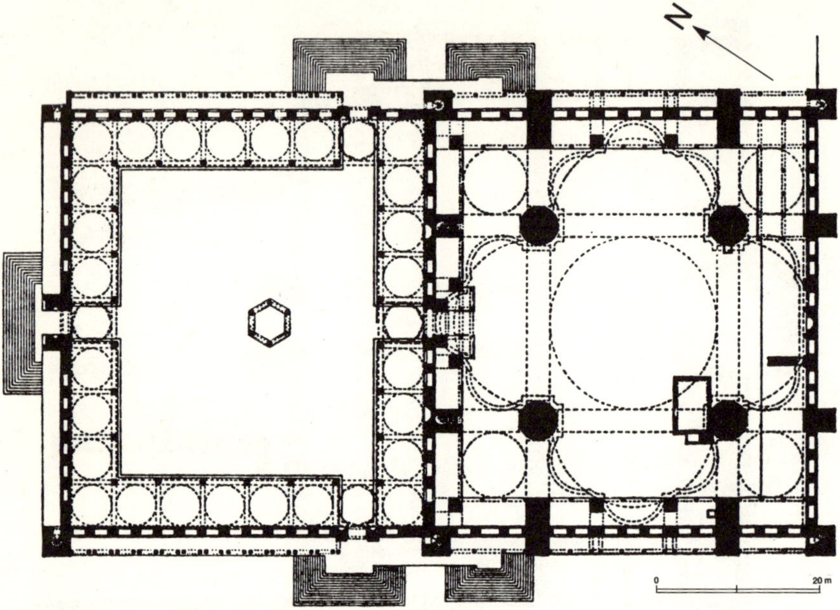

Sultan Ahmet Camii (Blaue Moschee)

Sultan Ahmet Camii (»Blaue Moschee«)

an der Ostseite des Hippodroms.
Sie wurde 1609–1616 unter Sultan Ahmet I. von dem Architekten Mehmet Ağa, einem Nachfolger Sinans, errichtet, bewußt als »Gegengewicht« zu der benachbarten Hagia Sophia. Sie ist heute die Hauptmoschee der Stadt und hat als einzige in Istanbul 6 Minaretts (Der Überlieferung nach soll der Sultan, um Schwierigkeiten deswegen aus dem Wege zu gehen, der Kaaba in Mekka ein siebtes Minarett gestiftet haben). Von hier brach am 12. Recep jeden Jahres der Pilgerzug nach Mekka auf, hier feierte der Sultan das Bayram-Fest und den Geburtstag des Propheten.
Eine Mauer umgibt den Moscheenbezirk, zu dem früher noch zahlreiche Nebengebäude gehörten. Von den Resten der Külliye ist außer der Türbe noch die (restaurierte) Schule erhalten, die Medrese (außerhalb der Mauer) und die Armenküche (jetzt zu einer Kunstschule gehörig).
Zur Moschee selbst gelangt man durch einen Vorhof, dessen 30 Kuppeln von 26 Granitsäulen mit Stalaktitenkapitellen getragen werden; in der Mitte steht ein sechseckiger Şadırvan (Reinigungsbrunnen), von 6 Säulen umgeben. Der

Anblick der Moschee mit ihren aufsteigenden Halbkuppeln und der mächtigen Hauptkuppel ist von großartiger Harmonie. Drei Türen führen in den imposanten Gebetsraum, in dem 4 mächtige, kannelierte Säulen (Durchmesser 5 m) auf Pendentifs die Kuppel tragen (Durchmesser 20,20 m); ihre Scheitelhöhe beträgt 43 m. Sie wölbt sich über der Mitte des fast quadratischen Raumes (64 × 72 m). Vier Konchen mit Halbkuppeln, die ihrerseits wieder von drei Halbkuppeln getragen werden, bilden das Widerlager.

Bis zur Höhe der Fenster ist die Wand mit blau-grünen Fayencen verkleidet; die schönsten befinden sich auf der Westempore. Die Gewölbe sind von dem berühmten Kalligraphen Kasim Gubari mit blauen Ornamenten und den Namen der ersten Kalifen und Imame geschmückt worden. Bis ins 18. Jh. waren die 260(!) Fenster mit farbigen Gläsern versehen; seit 1930 ist man dabei, nach und nach wieder solche, allerdings sehr viel einfachere, einzusetzen. Im Mihrab ist ein Stück des Schwarzen Steins der Kaaba eingesetzt, vom Mimbar aus wurde 1826 die Auflösung der Janitscharengarde verkündet; beide sind aus weißem Marmara-Marmor. Unvergeßlich ist der Raumeindruck der Moschee im Ramazan, wenn im Schein der unzähligen Lampen das Rot der Gebetsteppiche und die blau-grünen Wanddekorationen leuchten.

Im Nordwesten befindet sich die große Türbe Ahmets I., in der auch die Sultane Osman II. und Murat IV. beigesetzt sind. Der ganze Bezirk wurde in mehreren Jahren gründlich restauriert und in dem Sultanspavillon an der Nordostecke ein Teppichmuseum eingerichtet. Vor der Nordostfront (zur Hagia Sophia hin) finden im Sommer Licht- und Tonvorführungen statt.

Sultan Beyazıt Camii

Hürriyet Meydanı, nahe dem Großen Basar.

Sie ist die erste der großen Sultansmoscheen des 16. Jhs. und wurde auf Anordnung Beyazıts II. von dem Baumeister Kemalettin 1501–1505 erbaut. In ihrem Grundriß stellt sie eine Verbindung der Hagia Sophia mit den Bursa-Moscheen dar. Ein quadratischer Vorhof liegt vor dem Haupteingang. 20 antike Säulen aus Granit, Jaspis und Verde antico, mit Spitzbogen aus abwechselnd weißem und schwarzem Marmor verbunden, tragen 24 Kuppeln. 1620 ließ Murat IV. den Reinigungsbrunnen errichten. Die vielen Tauben im Hof haben ihr den Namen »Taubenmoschee« eingebracht. Noch heute werden sie hier im Namen Beyazıts gefüttert. Sie sollen von einem Paar abstammen, das der Sultan einem Armen abkaufte.

Im Inneren erhebt sich die Hauptkuppel auf einem hohen Tambour mit 20 Fenstern und findet ihr Widerlager in den tieferliegenden Ost- und Westhalbkuppeln. Die niedrigen Seitenschiffe im Norden und Süden sind mit je 4 kleinen Kuppeln bedeckt. Der Mihrab hat einen Spitzbogen mit Stalaktiten-

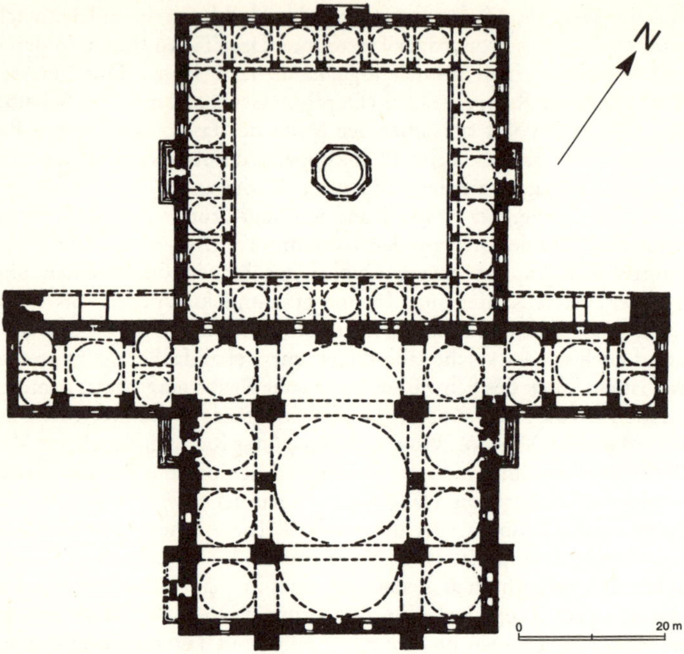

Sultan Beyazıt Camii

verzierung, die Sultanstribüne rechts vom Mimbar ist aus weißem Marmor mit Fayencen des 18. Jhs.
Die Türbe Beyazıts befindet sich im Garten. In den ehemaligen Nebengebäuden, Imaret, Han und Medrese, ist die aus verschiedenen Beständen zusammengestellte Stadtbibliothek untergebracht.

Sultan Selim I. Camii

Yavuz Selim Caddesi, 800 m nordlich der Mehmet Fâtih Camii.
Diese Moschee wurde 1520–1522 von Süleyman II., dem Prächtigen, zu Ehren seines Vaters Selim I. auf dem 5. Hügel der Stadt errichtet. Dem verhältnismäßig kleinen Moscheenkörper, einem einfachen Kuppelbau, ist ein großer Vorhof vorgelagert, in dem 18 Säulen 22 Kuppeln tragen, mit einem Reinigungsbrunnen in der Mitte. Östlich der Moschee befinden sich die Türben Selims I. und Abdülmecits I., dazu eine von Sinan für 4 Kinder Süleymans.

Von der großen Terrasse hat man einen schönen Blick auf Stambul und das Goldene Horn. Antike Reste, wie ein Sarkophag, Säulen, ein byzantinisches Kapitell zeugen davon, daß sich früher an dieser Stelle der byzantinische Palast des Bonus befand. Südlich dicht neben der Moschee die offene Zisterne des Aspar (Siehe S. 180).

Süleyman II. Camii (Süleymaniye Camii)

zwischen Universität und Goldenem Horn.
Der Sultan Süleyman der Prächtige bzw. Kanuni, der Gesetzgeber (1520–1566) wird nach traditioneller Zählung als der Zweite bezeichnet; der Erste war der Sohn Beyazıts I. und regierte 1403–1411. Nach türkischer Geschichtspraxis wird dieser aber nicht zu den Sultanen gezählt, so daß Süleyman der Prächtige nach türkischer Zählung der I. ist. (Der 1687–1691 regierende Süleyman III. ist demnach nach türkischer Zählung der II.) Hier wurde die in Deutschland mehr übliche traditionelle Zählung angenommen.
Wegen der Kühnheit ihrer architektonischen Gestaltung wie des Reichtums ihrer Ausstattung zählt diese Moschee, die Sinan 1550–1557 für Süleyman II., den Prächtigen, errichtete, zu den berühmtesten Istanbuls. Sie hat 4 Minaretts, die mit 10 Balkons versehen sind (im Volksmund eine Anspielung darauf, daß Süleyman der 10. türkische Sultan und der 4. in Istanbul war). Im Vorhof tragen 24 antike Säulen (aus dem Hippodrom-Bezirk) aus rosafarbenem Granit und weißem Marmor 28 Kuppeln. Die beiden Säulen, die den westlichen Hofeingang flankieren, sind aus Porphyr und haben einen Durchmesser von 90 cm. In der Mitte ein rechteckiger Şadırvan.
5 Türen führen von 3 Seiten in den Gebetsraum, dessen Grundriß ein Rechteck von 57 × 60 m darstellt und eine Fläche von 3500 m^2 umfaßt. Er wird von der gewaltigen Kuppel beherrscht (Höhe 53 m, Durchmesser 26,50 m); sie ruht auf einem hohen Tambour mit 32 Fenstern. Im Osten und Westen findet sie ihr Widerlager in zwei Halbkuppeln, die 40 m hoch sind und einen Durchmesser von 23 m haben. Auf den niedrigen Seitenschiffen ziehen sich Galerien hin, die für die Würdenträger und Teilnehmer am Selamlık (hier: die feierliche Fahrt des Sultans zum Freitagsgebet) bestimmt waren; sie sind mit 5 Kuppeln verschiedener Größe überdeckt. Die Abgrenzung zum Hauptraum wird durch je zwei Porphyrsäulen mit 1,20 m Durchmesser betont. Eine davon war früher die »Säule der Jungfräulichkeit« und stand in der Nähe der Apostelkirche, eine andere stammt aus den Kaiserpalästen bei der Hagia Sophia, die beiden übrigen kamen aus Alexandrette.
Bei der Innenausstattung sind besonders zu beachten: Mihrab und Mimbar, schöne Arbeiten aus weißem Marmor, und die Fayencen neben dem Mihrab; ebenso die Glasfenster an der Kıbla-Wand (wahrscheinlich von einem Künst-

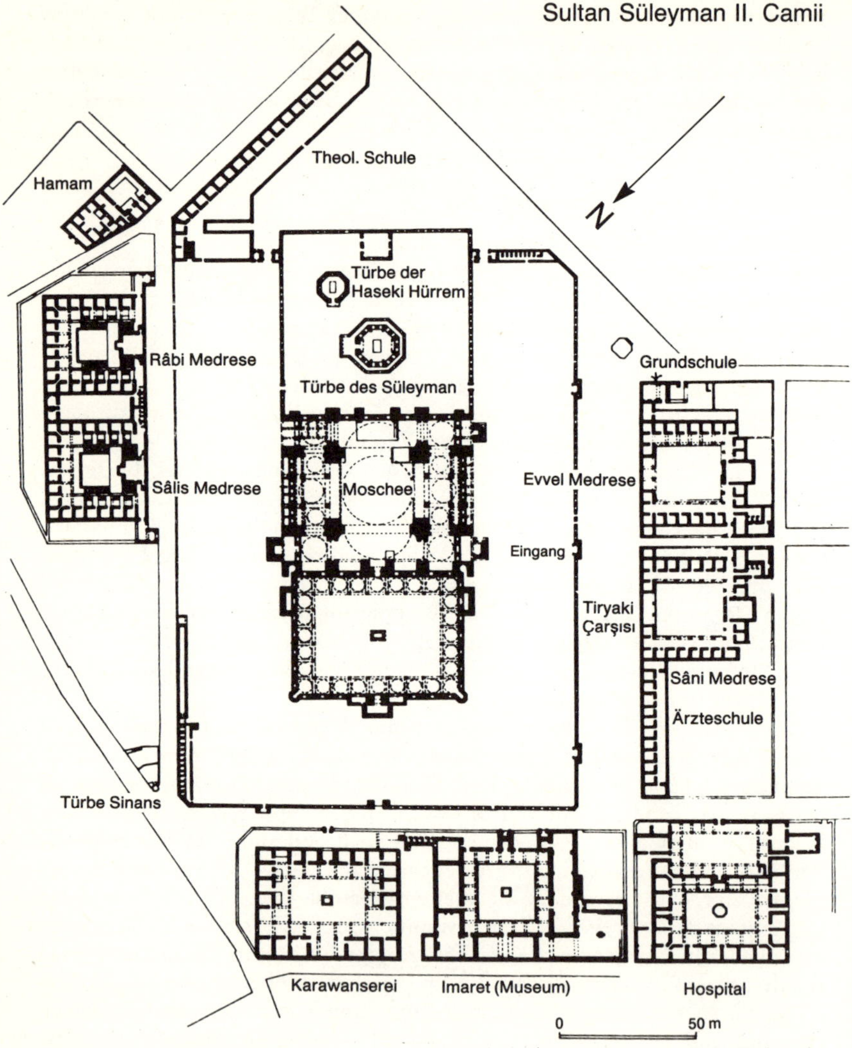

ler Şarkos Ibrahim, »dem Trinker«). Die dekorativen Schriften an den Schilden stammen von dem Kalligraphen Çelebi Karahisarı (gest. 1591).
In dem sehr malerischen Friedhof östlich der Moschee achte man auf die

Grabsteine mit osmanischem Rokokodekor. Hier befinden sich auch die Türben von Süleyman und Roxelane. Die des Sultans wurde wahrscheinlich von Sinan erbaut: ein achteckiger Zentralbau, mit einer Kuppel gedeckt und von einem Säulenportikus umgeben. Über der Eingangstür eine grüne Marmorplatte, auf der mit goldenen Zahlen das Sterbejahr des Sultans graviert ist (974 Hedschra, gleich 1566; er fiel beim Feldzug in Ungarn). Das Innere ist kostbar ausgeschmückt, Fayence-Schriftbilder in Blau-Weiß und bunte Fenster zieren die Wände, die auf 8 Porphyrsäulen ruhende Kuppel ist mit Bergkristall und Smaragden wie mit Sternen besetzt. Man sieht die Sarkophage von Süleyman I. (in der Mitte), Süleyman II. und Ahmet II., ferner die von mehreren Sultansgemahlinnen und Prinzessinnen, darunter den der Tochter Süleymans, Mihrimah (Gemahlin des Wesirs Rüstem Paşa). Der Grabbau der Roxelane (Haseki Hürrem, gest. 1558) ist kleiner, aber auch mit sehr schönen Fayencen geschmückt. Neben ihrem Grab die von Mehmet, Sohn Selims II., und von Atike, Tochter Ahmets II. Von Interesse ist auch das Grab des Architekten Sinan außen an der Umfassungsmauer des Moscheenbezirks (Siehe S. 114).

Zur Külliye gehörten außer der Moschee zahlreiche Nebengebäude, die heute anderen Zwecken dienen. Vor dem Südtor die ehemalige Medizinschule, heute Gesundheitsamt. Im Westen die Armenküche (Imaret); dort hatte zeitweilig der Şeyhülislam seinen Sitz, heute ist darin das Museum für Türkische und Islamische Kunst untergebracht. In einer der ehemaligen Medresen wurde eine bedeutende Bibliothek eingerichtet.

Şehzade Camii (Prinzenmoschee)

Şehzadebaşi Caddesi, nahe Rathaus und Valens-Aquädukt.

Süleyman II. ließ 1544–1548 diese Moschee von Sinan zum Gedenken an seinen 1543 an den Pocken verstorbenen ältesten Sohn Mehmet errichten. Erst nach 1553 wurde sie »Prinzenmoschee« (Şehzade: Prinz) genannt, nachdem in der Türbe Mehmets auch sein Bruder Çihangir beigesetzt worden war, der, so die Überlieferung, aus Kummer über den Mord an seinem Bruder Mustafa an Schwermut starb. (Mustafa ist auf Befehl Süleymans erdrosselt worden, da dieser infolge einer Intrige seiner Lieblingsfrau Roxelane glaubte, der Prinz trachte nach dem Thron; Roxelane hatte damit ihrem Sohn Selim die Thronfolge gesichert. Mit diesem Selim II., dem Trinker, begann aber der Verfall der osmanischen Dynastie).

Der Bau folgt dem Moscheentypus des 16. Jhs.: Die 12 Säulen des Vorhofs aus Marmor und Granit sind mit Bögen aus rotem und weißem Marmor verbunden und tragen 16 Kuppeln. In der Mitte steht ein großer Şadırvan. Die beiden vieleckigen Minaretts sind von einem plastischen Ornament-Netz überzogen.

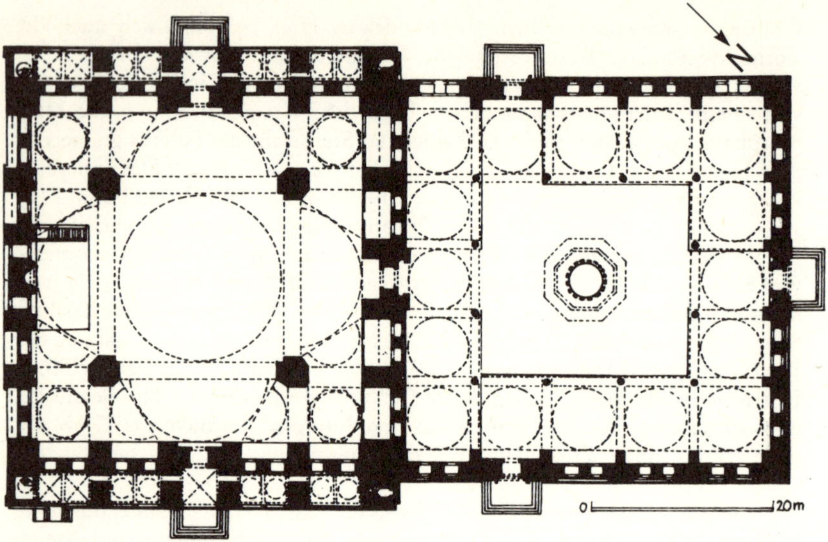

Şehzade Camii

Die Kuppel des Gebetssaales ruht auf einem Tambour mit 24 Fenstern, hat vier Halbkuppeln als Widerlager und wird von vier achteckigen Pfeilern getragen. Bei der Innenausstattung ist die schöne geometrische Ornamentierung des Mimbars, auch die farbigen Glasfenster besonders beachtenswert.
In einem ummauerten Garten sieht man 5 Türben. Drei davon sind glanzvolle Beispiele für den Fliesendekor der zweiten Hälfte des 16. Jhs.
Die größte Türbe, achteckig, wurde von Sinan für Saruhan Şehzade Mehmet erbaut. Der Prinz starb 1543. Neben ihm sind seine Tochter Humaşah und sein verkrüppelter Bruder Çihangir bestattet. Die Türbe war 1548 vollendet.
Im Inneren sind die durch Säulen abgeteilten Wandflächen von oben bis unten mit Fliesen verziert; sie zeigen vor allem Blumenmotive in den Farben Grün, Dunkelblau, Malvenrosa und einem leuchtenden Gelb. Die Farbflächen sind durch dünne, schwarze Umrißlinien voneinander getrennt (Cuerda-seca, Technik der »toten Ränder«). Man achte auf die schönen Buntglasfenster und die Arabeskenmalerei in der Kuppel. Ungewöhnlich ist der Baldachin mit Elfenbeinintarsia über dem Kenotaph.
Sinan baute auch die Türbe für den Großwesir Rüstem Paşa, der vom Volk als »Glückslaus« bezeichnet wurde, weil er viel Glück im Umgang mit Geld hatte; er starb 1561. Bei den Fliesen fallen die Vasenmotive und Blumen in den Farben Türkis, Blau und Grün, bei geringer Verwendung von Rot auf.

Auch die Türbe des Großwesirs Ibrahim Paşa, der 1601 starb, ist wegen ihres Schmuckes interessant. Sie wurde in achteckiger Form von dem Architekten Dalgiç Ahmet Ağa erbaut und war 1603 vollendet. Hier tritt auf den Fliesen neben Weiß ein neues, erhaben vortretendes Rot auf. Die untere Zone der Wände ist mit Marmor verziert.

Takkeci Ibrahim Ağa Camii

Vom Stadttor Topkapı etwa 500 m westlich außerhalb der Mauer.
Die Moschee steht isoliert an der linken Straßenseite und wirkt zur Zeit ungepflegt; aber sie ist die einzige Holzmoschee Istanbuls, die sich erhalten hat.
1592 wurde sie von dem Filzkappenmacher (Takkeci) Ibrahim Agă gestiftet. Da sie vor der Stadt liegt, blieb sie von den Großbränden verschont. Es handelt sich um einen rechteckigen Bau mit flacher Decke, die aber in der Mitte eine hölzerne Kuppel hat. Im Inneren ziehen sich Emporen an der Westwand und bis zur Hälfte der Längswände entlang. Über dem Mihrab ein kleines, altes Fenster mit wunderschönen Farben. Der Raum erhält Licht durch zwei Fensterreihen an einer Wand, die auf großen Fayencefeldern aus der ausgezeichneten Manufaktur von Iznik Blumen- und Blattwerkmotive zeigt. Rechts neben der Moschee ein schlankes Minarett.

Valide Camii

Aksaray, Ecke Millet Caddesi-Atatürk Bulvarı
1871 von Perteynival, der Mutter (Valide) des Sultans Abdülaziz gestiftet, von dem Italiener Montani (oder von dem Armenier Hagop Balyan) erbaut.
Die Einkuppelmoschee liegt an einer heute sehr verkehrsreichen Straßenkreuzung, von Gittern und Bäumen umgeben. Sie ist in einem kuriosen Stil, dem türkischen Historizismus, gestaltet, der türkische und maurische Elemente wie auch Formen der europäischen Gotik, Renaissance, Barock und des Empire vereinigt.

Yeni Cami (auch Yeni Valide Camii)

Eminönü, an der Galata-Brücke
(Valide Camii siehe oben; Yeni Valide Camii in Üsküdar siehe S. 212)
Der Bau der Yeni Cami (Neue Moschee), die besonders durch die harmonische Ausgewogenheit ihres Außenbaus auffällt, wurde 1597 von dem Baumeister Davut Ağa im Auftrag der Safiye, Mutter des Sultans (Valide) Mehmet III. begonnen; sie starb 1605. Nach langer Verzögerung, u. a. durch einen Brand,

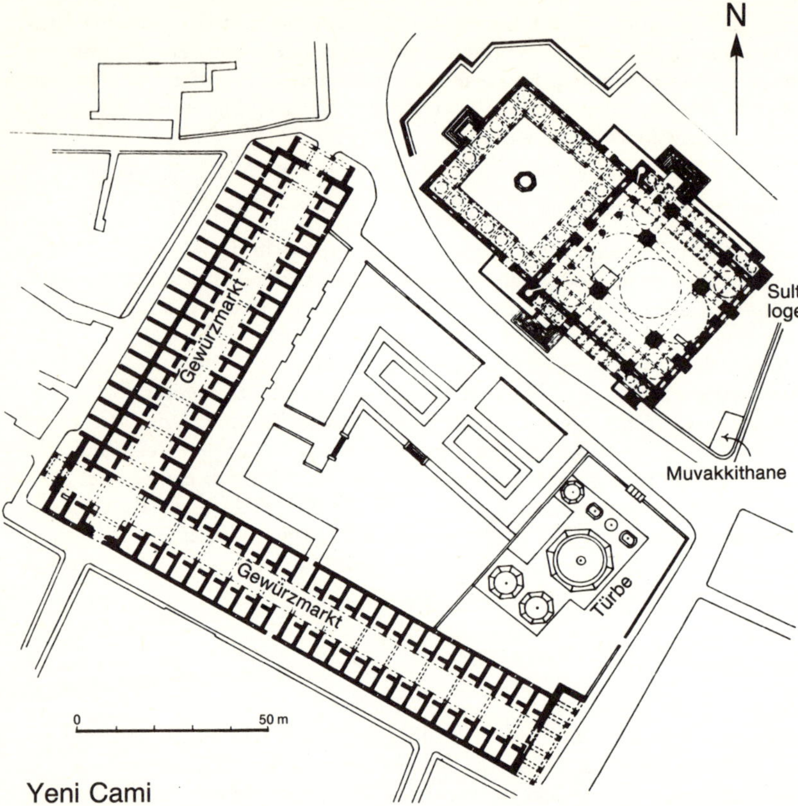

Yeni Cami

konnte er erst 1663, unter der Mutter Mehmets IV., Turhan Hatice, fertiggestellt werden; der Baumeister war Mustafa Ağa. Breite Treppen führen im Norden und Westen auf eine Plattform, von der man auf weiteren Treppen in den traditionellen Vorhof gelangt; dort fällt besonders der reich verzierte Şadırvan auf. Der Grundriß des Gebetsraumes ähnelt dem der Şehzade-Moschee und dem der Sultan-Ahmet-Moschee. Die Mauern und die unteren Teile der vier die Kuppel tragenden Pfeiler sind mit blauen Fayencen bedeckt, während die Wölbungen mit gemaltem Ornament verziert sind, ebenfalls in blauer Farbe. Die Stalaktiten des Mihrab-Gewölbes sind vergoldet, am Mimbar sieht man feine Schnitzerei mit Rosettenornamenten.
Links vom Mihrab befindet sich die Sultansloge, dahinter die Privatgemächer des Sultans, in denen er sich vor und nach dem Gebet ausruhen konnte. Zu

diesen, in der ersten Etage neben der Moschee liegenden Räumen (Salon, Schlafzimmer, Toilette) führt außen eine Treppe nach oben. Sie enthalten eine vorzügliche Ausstattung mit Fayencen, farbigen Glasfenstern, geschnitzten Türen usw.
Südlich der Moschee, am Ostende des Gartens, befindet sich der Friedhof mit mehreren Türben; die der Sultansmutter Hatice ist eine der größten in Istanbul. Hier sind außer ihr und einigen Prinzen und Prinzessinnen 6 Sultane begraben: Mehmet IV., Mustafa II., Ahmet III., Mahmut I., Osman III. und Murat V.
Außen, an der Südostecke der Moschee ein kleiner Bau mit eigentümlichem Dach, das als »Observatorium« oder »Uhr-Haus« bezeichnet wird. Hier wurden von einem Astronom die genauen Zeiten der Gebete festgelegt, später reparierte man hier die Moscheen-Uhren.

Zeyrek Camii siehe S. 141, Christos Pantokrator-Kirche

Die alte Hauptstraße in Stambul

Einen Eindruck von der reichen Bautätigkeit in osmanischer Zeit kann man noch bekommen, wenn man die alte Hauptstraße im Herzen von Stambul entlanggeht. Die »Mese« beginnt südwestlich der Hagia Sophia, wo in römischer Zeit der »Goldene Meilenstein« (milion) stand; von hier aus wurden alle Wegstrecken gezählt. Sie führt, heute als Divan Yolu, nach Westen zum ehemaligen Forum Konstantins (Konstantinssäule) und setzt sich als Yeniçeriler Caddesi (Janitscharenstraße) zu dem des Theodosius (Hürriyet Meydanı) fort; dort teilen sich die großen Straßen nach Westen.
Leider ist dieser Abschnitt heute außerordentlich verkehrsreich, und es sind auch nicht alle Baudenkmäler zugänglich.

Firuz Ağa Camii (linke Seite)

Eine kleine Einkuppelmoschee, 1491 für Firuz Ağa, Oberschatzmeister Beyazıts II. erbaut. Die Vorhalle hat drei kleine Kuppeln, das Minarett erhebt sich an der linken Seitenwand. Das Grab des Stifters ist ein Marmorsarkophag, der außerhalb der Moschee steht.

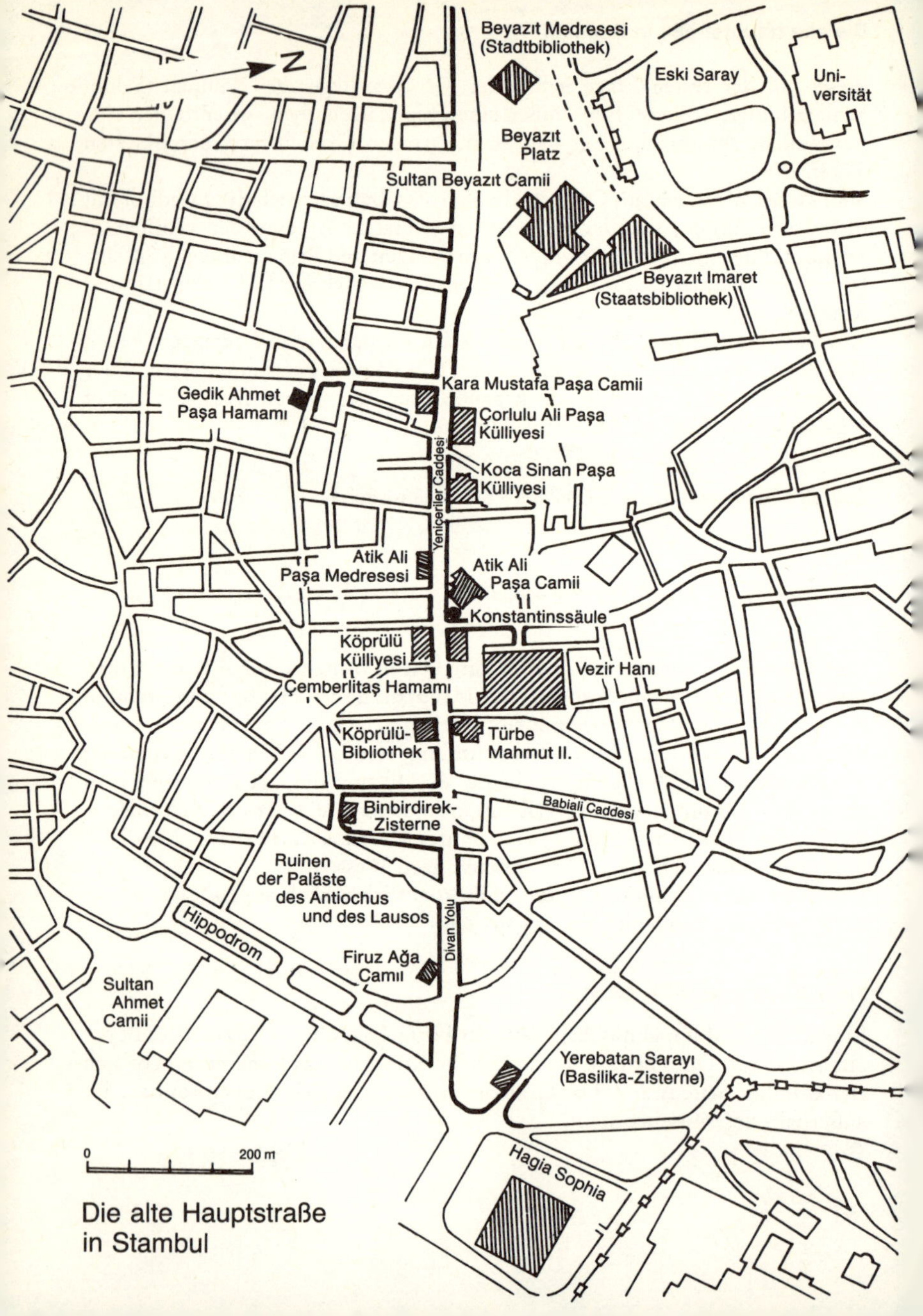

Die alte Hauptstraße
in Stambul

Istanbul. Marktgasse beim Galata Sarayı

Türbe Sultan Mahmuts II. (rechte Seite)

Der Grabbau für Sultan Mahmut II., der 1822–1826 die Janitscharenaufstände niederschlug; er starb 1838. Die Türbe ist im europäischen Empirestil gebaut. Hier sind außer ihm sein Sohn Abdülaziz, sein Enkel Abdülhamit II. und mehrere Sultansgemahlinnen und Prinzen bestattet.

Köprülü Külliyesi (Stiftungsbezirk der Wesirdynastie der Köprülü, auf der linken Seite)

Von der zweiten Hälfte des 17. Jhs. bis zum Anfang des 18. Jhs. haben die Köprülü fünf Großwesire gestellt. Hier waren der Großwesir Mehmet der Gestrenge und Ahmet der Registerführer (Fazil Ahmet Paşa) als Bauherren tätig. Zu der Külliye gehören die Moschee und Türbe von Mehmet dem Gestrengen, – die Türbe hat oben ein offenes Eisengitter –, eine Bibliothek mit Handschriften und Drucken aus dem Familienbesitz und ein achteckiger Vorlesungsraum, der zu der im übrigen abgerissenen Medrese gehörte. Auf dem Friedhof ist auch der 1966 verstorbene Historiker Mehmet Fuad Köprülü begraben. Die lange Reihe der Wesirgräber ist ein eindrucksvolles Baudenkmal.

Çemberlitaş Hamami (rechte Seite)

Von Nur Banu Valide Sultan wenige Jahre vor ihrem Tod 1583 gestiftet. Sie war die Gemahlin Selims II., des Trinkers, und Mutter Murats III. Die Frauenabteilung des Bades wurde im Zuge einer Straßenerweiterung abgerissen, aber der Teil für die Männer ist noch in Benutzung.

Vezir Hanı (rechte Seite)

Der Han gehört zur Köprülü Külliyesi, er war Herberge und Warenhaus und umgibt zweigeschossig einen Hof, der seinerseits von Arkaden umgeben ist. Im unteren Geschoß waren Stallungen und Lagerräume. Heute sind in den zahlreichen Anlagen dieser Art in Istanbul meist Büros und Kleinbetriebe untergebracht. Viele sind vom Verfall bedroht, aber sie haben immer noch einen malerischen Reiz und erinnern an die große Zeit der Seidenstraße.

Konstantinsäule (rechte Seite) siehe S. 171

◁ *Rumeli Hisarı*

Atik Ali Paşa Camii (rechte Seite)

Der Eunuch (Hadım) Atik Ali Paşa wurde Großwesir Beyazıts II.; seine kleine Moschee errichtete man 1497. Von den sechs Säulen der Vorhalle sind vier antiken Ursprungs. Der Hauptgebetsraum ist von einer Kuppel überdacht, im Süden und Norden schließen sich Seitenräume mit je zwei Kuppeln an, ein aus Bursa entlehnter Bautyp. Die Medrese steht auf der linken Straßenseite. Früher gehörten zu der Külliye noch ein Derwischkloster (Tekke) und eine Armenküche (Imaret).

Koca Sinan Paşa Külliyesi (rechte Seite)

Der Bezirk ist von einer Marmormauer und Ziergittern umgeben. Koca Sinan Paşa starb 1595; er war Großwesir unter Murat III. und Mehmet III. Beachtenswert die Moschee mit einem Arkadenhof (Baumeister war Davut Ağa, der Nachfolger Sinans), die Türbe mit weiß-roten Steinschichten, der hübsche Sebil mit Bronzegitter. Die Anlage wurde 1593 errichtet.

Çorlulu Ali Paşa Külliyesi (rechte Seite)

Die Moschee ist ein nicht sehr anspruchsvoller Bau, auch die Medrese ist nicht groß. Der Stifter, Ali Paşa von Çorlu, war Großwesir Ahmets III. und Schwiegersohn Mustafas II. Auf Befehl seines Herrn wurde er 1711 auf der Insel Lesbos enthauptet. Sein Kopf wurde in der 1708 vollendeten Türbe beigesetzt.

Kara Mustafa Paşa Külliyesi (linke Seite)

Kara Mustafa Paşa war der unglückliche Großwesir Mehmets IV., der die Verantwortung für die zweite Belagerung von Wien übernehmen mußte. Nach der Katastrophe war es selbstverständlich, daß er hingerichtet wurde; der Sultan ließ ihn noch im gleichen Jahr in Belgrad enthaupten. Vorsorglich hatte er schon 1669 mit dem Bau seiner Türbe und Külliye beginnen lassen; dort wurde er beigesetzt, und sein Sohn vollendete 1690 die Anlage. Die Medrese ist erhalten und wird für ein literarisches Institut genutzt, ebenso die Moschee, die aber keine Besonderheiten aufweist.

Gedik Ahmet Paşa Hamamı (links in der Gedik Paşa Caddesi)

Gedik Ahmet Paşa war Großwesir Mehmets II., des Eroberers; er stammte aus serbischem Adel und wurde Oberbefehlshaber der osmanischen Flotte. Mit ihr dehnte er den türkischen Machtbereich im Mittelmeer (Eroberung von Otranto) wie im Schwarzen Meer (Eroberung von Asow) aus. Das Bad, das schon 1475 gebaut worden ist, wurde vor einigen Jahren ausführlich restauriert. Es ist reich mit Marmor ausgestattet und hat einen auffällig großen, überwölbten Kaltraum.

Beyazıt II. siehe S. 125

Kirchen

Die meisten der alten byzantinischen Kirchen erscheinen heute, besonders von außen gesehen, nicht sehr eindrucksvoll. Die Einfachheit des Äußeren entspricht ihrem Baustil, dazu sind die meisten umgebaut worden oder waren lange Zeit dem Verfall preisgegeben. Ausnahmen sind natürlich die Hagia Sophia und die Irenenkirche, früher auch die inzwischen abgegangene Apostelkirche. Die Sultane wandelten im Laufe der Zeit alle Kirchen in Moscheen um (nur eine, die »Maria der Mongolen«, entging dieser Umstellung). Die Christen durften einige wenige neue Kirchen bauen.
Das Innere ist aber oft interessant, sowohl in architektonischer Hinsicht als auch, weil sich in manchen von ihnen Mosaiken und Malerei erhalten haben, die immerhin schwach an den einstigen Prunk und Reichtum in byzantinischer Zeit erinnern können. Für manchen abendländischen Touristen sind die Kirchen die interessantesten Baudenkmäler der Stadt.
Die am besten erhaltenen sind jetzt Museen, werden gepflegt und von unzähligen Besuchern besichtigt.

Andreas en Krisei (Hagios Andreas en Krisei, »Hl. Andreas in den Martern«. Mone tu Hagiu Andreu en te Krisei)
Koca Mustafa Paşa Camii (volkstümlich auch Sümbül Efendi Camii)

Im Stadtteil Kocamustafapaşa, nördlich von Yedikule
Die Geschichte der Frühzeit dieser Kirche ist nicht geklärt. Im 6. Jh. gab es wahrscheinlich an diesem Ort schon ein Männerkloster, und im 8. Jh. sollen hier der hl. Philaretos von Paphlagonien und der Märtyrer Theodoros von Kreta (gest. 766) bestattet worden sein. Die früheste wirklich gesicherte Nachricht besagt, daß sich 1284 die Nichte des Kaisers Michael VIII. Palaiologos, Theodora Raulaina, nach dem Tod ihres zweiten Mannes in das Andreaskloster zurückzog und dort um 1300 starb; sie hatte es nach den Zerstörun-

gen durch die Lateiner wiederherstellen lassen. Demnach hatte das Kloster wohl schon längere Zeit bestanden.
1321 zog sich die Witwe des Serbenkönigs Milutin (gest. im gleichen Jahr) hierher zurück. 1350 wurde das Kloster von dem Historiker Stefan von Nowgorod mit allen seinen vielen Reliquien beschrieben.
1489 wandelte Koca Mustafa Paşa, ein Vetter Beyazıts II., die Kirche zur Moschee um. 1493 wurde sie Sitz der Halevetiye-Derwische, deren zweiter Scheich Sümbül Efendi heute noch ein Volksheiliger und Patron der armen Leute ist. 1766 stürzte die Kuppel bei dem großen Erdbeben ein.
Zur Moschee wurde eine Medrese, eine Grundschule, ein Derwischkloster (Tekke) und mehrere Türben als Ergänzung zur Külliye gebaut.
Restaurierungen 1835 und 1937.
Der byzantinische Bau ist eine Kreuzkuppelkirche mit Narthex. Als er Moschee wurde, legte man 1489 eine Vorhalle aus Holz vor die Nordseite; an derem Westende ist der Eingang in den ehemaligen Narthex. Man geht bis in die Mitte, die durch vier Säulen mit Kapitellen aus dem 6. Jh. bezeichnet wird, wendet sich nach links und erreicht durch einen Vorraum die zwei Säulen (ebenfalls 6. Jh.) der ehemaligen Westkonche, dann den Kuppelraum. Der Mihrab befindet sich an der Südwand. Im Inneren beeinträchtigen die Holzgalerien den Raumeindruck, ähnlich wie bei unseren evangelischen Kirchen, aber der Gesamteindruck ist sehr malerisch.

Christos Pantepoptes (»Allsehender Heiland«. Mone tu Pantepoptu Soteros)
Eski Imaret Camii (»Alte Armenküche-Moschee«)

Unkapanı, nordöstlich der Fatih-Moschee
Um 1085–1090 von der Kaiserin Anna Dalassena als Nonnenkloster erbaut. Sie regierte an der Seite ihres Sohnes, des Kaisers Alexios I. Komnenos zwanzig Jahre lang. Um 1100 zog sie sich hierher zurück und starb 1105. Das Kloster war gegen Ende des 12. Jhs. Verbannungsort.
In der Lateinischen Zeit, wahrscheinlich von 1206 bis 1261, gehörte es dem Benediktinerkloster San Giorgio Maggiore von Venedig; danach wurde es wieder griechisch.
Nach 1453 verwendete man die Kirche als Armenküche (Imaret) der Mehmet II. Fâtih Camii, später wurde sie selbst Moschee und behielt den Namen der Armenküche. Der große Stadtbrand von 1918 beschädigte auch dieses Gebäude; 1935 wurde es ziemlich ungeschickt restauriert. Erst neuerdings hat man die ornamentierte Ziegelmauer der Südfront gut wiederhergestellt.
Es handelt sich um eine Kreuzkuppelkirche mit drei Apsiden und doppelgeschossigem Narthex. Der Exonarthex kam erst später hinzu. Man sieht noch die alten Türrahmen aus rotem Marmor, und auch die Fenstersimse der

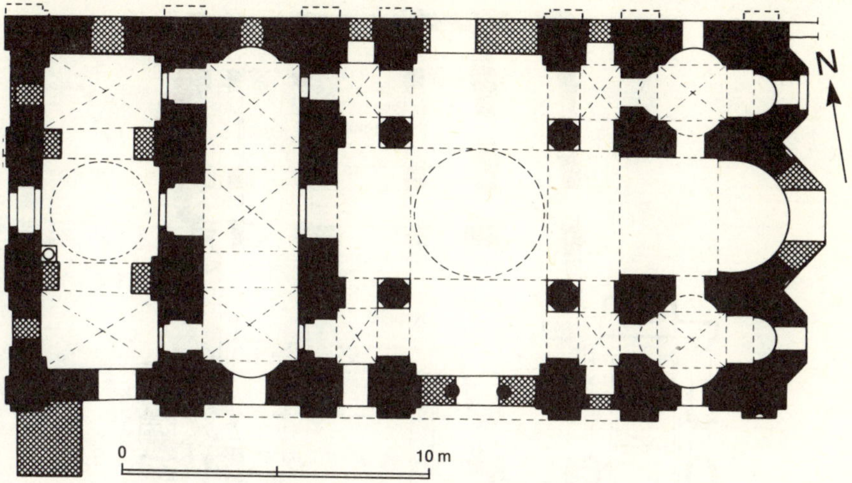

Christos Pantepoptes Kloster (Eski Imaret Camii)

Seitenapsiden, ebenfalls aus Marmor, sind Reste der byzantinischen Ausstattung. An der Stelle der vier Pfeiler standen früher Säulen. Das Kranzgesims an der Kuppel trägt ein Ornament mit Palmetten und Blumenranken. Heute wird das Gebäude als Koranschule benutzt.

Christos Pantokrator (»Christus als All-Herrscher«. Pantokrator-Kloster)
Molla Zeyrek Camii (auch Kilise Camii, Zeyrek-Moschee)

Ibadethane Sokaği, westlich nahe dem Atatürk Bulvarı
Die drei Kirchen des einst berühmtesten Klosters von Konstantinopel stehen noch aufrecht, befinden sich aber innen wie außen in schlechtem Zustand. Um 1950 hat man beim Bau des Atatürk Bulvarı einige Sicherungsarbeiten durchgeführt. Es ist zu hoffen, daß dieser überaus interessante Kirchenkomplex weiter restauriert und als Museum hergerichtet wird.
Nach dem »Typikon«, der berühmten Stiftungsurkunde des Klosters, müssen um 1137 die drei Kirchen schon bestanden haben, wenn auch die Innenausstattung (Wandmosaiken, Wandmalerei, Mosaikfußböden) wohl erst um 1180 vollendet wurde. Als erste wurde die Südkirche zwischen 1118 und 1124 erbaut; Stifterin war die Kaiserin Irene (ihr Gemahl, der Kaiser Johannes II. Komnenos, starb 1143). Dann entstand die nördliche Kirche, wie die erste ein Kreuzkuppelbau, nur etwas kleiner. Sie war der Maria Eleusa (der Gnadenreichen) geweiht. Beide wurden 1136 miteinander durch das »Heroon«, ein

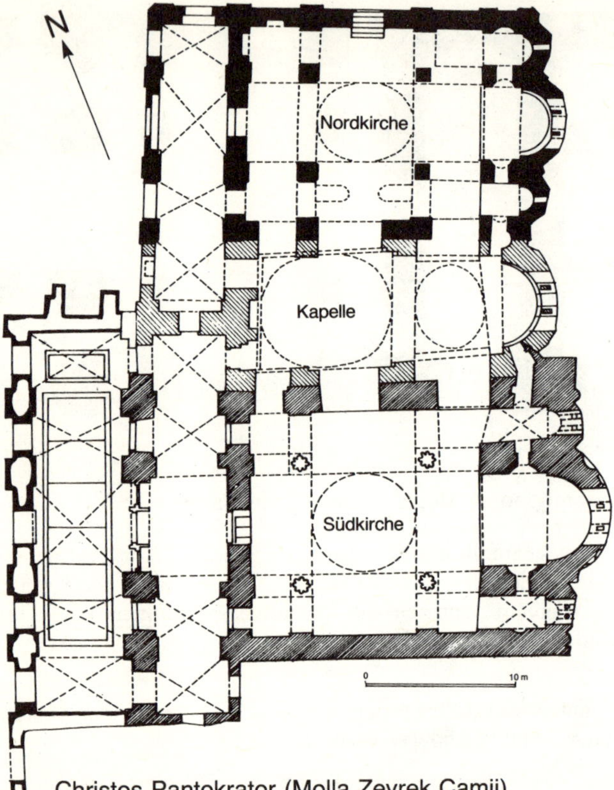

Christos Pantokrator (Molla Zeyrek Camii)

Mausoleum mit zwei Kuppeln, verbunden. Diese Grablege, auch »Oratorium des Erzengels Michael« genannt, war für die Komnenen und später für die Paläologen bestimmt. Beigesetzt waren hier Irene (gest. 1124), Johannes II. (gest. 1143), Irene (Bertha von Sulzbach, Gemahlin Manuels I. und Schwester des deutschen Kaisers Konrad; gest. 1158) und Maria von Trapezunt, die dritte Frau Johannes' VIII. Paläologos (gest. 1448). Im gleichen Jahr bekam der Narthex der Südkirche eine Kuppel und einen vorgelagerten Exonarthex. Der Baumeister hieß Nikephoros.

Das Kloster besaß berühmte Reliquien, darunter den Behang vom Grab des hl. Demetrios von Thessaloniki, die Leiber der illyrischen Märtyrer Floros und Lauros und den roten Marmorstein, auf den Joseph von Arimathia und

Nikomedes den Leib Christi herabließen, um ihn zu salben. Diese Platte war von Ephesos nach Konstantinopel gebracht worden, und Kaiser Manuel trug sie auf seinen Schultern vom Schiff bis zur Pharoskirche im Kaiserpalast.

Im Typikon von 1137 wird die Größe des Klosterbezirks mit 250 × 250 m, nach heutigem Maß, angegeben. Hier waren Wohnungen für 80 Mönche, ein Hospital mit 50 Betten, eine Apotheke, ein Altersheim, Wirtschaftsgebäude, Wasch- und Badeanlagen.

Das von den Lateinern zunächst geplünderte Kloster wurde Sitz des venezianischen Klerus, zeitweise auch der des Kaisers. Die berühmte Ikone der Theotokos Hodegetria kam aus der Hagia Sophia hierher, später bei der Belagerung durch die Türken ins Chora-Kloster. Die Venezianer weihten die Kirchen dem hl. Antonius. Von hier aus trieben sie einen schwungvollen Handel mit Reliquien und kirchlichen Kultgeräten; viele dieser Gegenstände kann man heute in der Markuskirche von Venedig bewundern.

Der spätere Patriarch Gennadios II. war Mönch im Pantokratorkloster. Auf sein Verhalten ist es zurückzuführen, daß es vor der türkischen Besetzung zu keiner eindeutigen Vereinigung von Ost- und Westkirche kam und damit auch zu keinen westlichen militärischen Hilfeleistungen. Unter der türkischen Herrschaft wurde er der erste christliche Patriarch.

1453 wurden Kirchen und Kloster geschlossen. Mehmet II. Fâtih machte die Kirchen zu einer Medrese und überließ sie Zeyrek Molla Mehmet Efendi, dessen Stellung nicht näher bekannt ist; bald darauf wurde sie Moschee. Die bedeutende Ausstattung ging verloren.

Sicher hat der große Stadtbrand von 1756 die Gebäude beschädigt. Genauere Nachrichten gibt es über einen Umbau um 1800: die Nordkirche bekam damals vier Pfeiler, die Südkirche vier Bündelpfeiler, offenbar als Verstärkung. Marmorplatten und Reste der Wandmosaiken entfernte man. Die Entstehungszeit der Kuppeln ist nicht belegt, sie stammen aber alle aus osmanischer Zeit.

Ab 1954 begann das Byzantine Institute of America den Fußboden der Südkirche freizulegen. Man entdeckte ein verhältnismäßig gut erhaltenes Marmormosaik mit geometrischen Mustern und figürlichen Darstellungen: die Jahreszeiten, Tierkreiszeichen, Jagd- und Fischereiszenen mit Motiven, die von den spätantiken Bodenmosaiken her bekannt waren. Am interessantesten der Samson-Zyklus vor der Bema: Samson trägt die Stadttore von Gaza, der Kampf mit dem Löwen u. a. Im Durchgang zum Heroon sieht man sechs Pfostenlöcher. Hier stand der Sarkophag Manuels I.; in der Nähe soll die Rote Marmorplatte angebracht gewesen sein. Der Mimber ist zum Teil aus den Platten des Templon (alte Altarabschrankung) gearbeitet. Die Wandmosaiken, jetzt nicht mehr erhalten, werden im Typikon beschrieben: sie zeigten Szenen aus dem Leben Christi. Über der Tür war er als Pantokrator dargestellt.

Heute ist die Südkirche nach einfacher Restaurierung als Moschee eingerichtet. Die Bodenmosaiken sind mit Teppichen belegt, die zur Besichtigung angehoben werden. Der dazugehörige Şadırvan macht leider die ohnehin feuchte Vorhalle noch feuchter.

Chora-Kloster (Museum) siehe S. 91)

Georgios-Kirche (Hagios Georgios. Griechisch-orthodoxe Patriarchatskirche)
Ortodoks Patrikhanesi

Fener, nahe der Schiffsanlegestelle Fener Iskelesi, nordwestlich der Sultan Selim Camii.
Das Haupttor der Kirche ist geschlossen und schwarz überstrichen. Das soll daran erinnern, daß am 22. April 1821 der Patriarch von Konstantinopel, Gregorios V. nach der Ostermesse unter der Anklage des Hochverrats gegen den osmanischen Staat gehängt wurde.
Das Patriarchat befindet sich hier seit 1601. Die Christen mußten 1586 die frühere Patriarchatskirche im Pammakaristos-Kloster verlassen, da dieses zur Fethiye Camii umgebaut wurde. In der Zwischenzeit war es eine zeitlang (1586–1596) in der benachbarten Kirche Panagia Paramythias (Allerseligste Trösterin) untergebracht. An der Stelle einer älteren Kirche Hagios Georgios erbaute man 1720 die heute noch stehende Basilika – die alte Bauform wählte man wohl, weil es den Christen verboten war, Kuppeln und Wölbungen zu verwenden – und vergrößerte sie 1837.
Im südlichen Seitenschiff sieht man die Grabmäler dreier Märtyrerinnen, der hl. Omonia, der hl. Theophanu und der hl. Euphemia von Chalcedon.; ihre Reliquien werden in der Schatzkammer aufbewahrt. Der vermutlich spätbyzantinische Thron ist mit Elfenbeinintarsia verziert. Sehenswert sind die »Geißelsäule« und die beiden Mosaik-Ikonen aus dem späten 11. Jh., die Maria und Johannes den Täufer darstellen. Unter den Handschriften fand man 1906 u. a. ein Palimpsest mit einem Werk des Archimedes.
Die anderen Gebäude des Patriarchats liegen gegenüber.

Balat
An den Stadtteil Fener schließt sich im Westen der Stadtteil Balat an (von palatium: Palast, wohl auf den Blachernenpalast bezogen). Hier befand sich jahrhundertelang das bedeutendste Judenviertel Konstantinopels. In der byzantinischen Zeit wurde es von griechisch sprechenden Juden bewohnt, dann kamen 1492 unter der Regierung Beyazıts II. auch die aus Spanien dazu. Heute gibt es zwar noch mehrere Synagogen, aber wohlhabende Juden wohnen nicht mehr hier.

Interessant ist ein noch erhaltenes panarotisches (»aus Fener«) Haus, das »Metochion des Berges Sinai« (17. Jh.). Bis 1967 wohnte hier der Archimandrit Damianos, der die Kirche des Sinai-Klosters beim Patriarchat vertrat. Das Haus ist wie eine Festung gebaut, mit Fensterläden und Eisentüren. Heute ist es von einer Fabrik mit Warenlager in Anspruch genommen.

Hagia Sophia (Museum) siehe S. 81

Irenen-Kirche (Museum) siehe S. 79

Johannes-Kirche des Studios-Klosters (Ioannes Prodromos en tois Studiu)
Imrahor Camii

Yedikule, nördlich der Festung.
463 wurde das Kloster mit der Johannes-Kirche von dem Patrizier Studios an der Stelle eines früheren Kirchenbaus, nahe der Porta Aurea, gegründet; es war bald das bedeutendste der etwa 80 Klöster Kontantinopels. Die Mönche gehörten dem Orden der Schlaflosen an, der mit drei »Schichten« Tag und Nacht ununterbrochen Gottesdienst abhielt.
765 bei dem ersten Bilderstreit schlossen sich die Mönche den »Bilderstürmern« (Ikonoklastai) nicht an und wurden deshalb vertrieben.
785 war das Kloster beim Konzil von Nikaia durch seinen Abt Sabbas vertreten.
808/809 wurden die Mönche zum zweiten Mal vertrieben.
815 mußten sie zum dritten Mal das Kloster verlassen, weil sie bei dem neu auflebenden Bilderstreit unter Leo V., dem Armenier (813–820), wieder auf der Seite der Bilderverehrer (Ikonolatrai) standen. Ihr Abt Theodoros Studites (759–826) trat energisch für sie ein, ebenso sein Bruder Joseph, Metropolit von Saloniki, und sein Onkel Platon. Er schrieb über 500 Briefe gegen die Bilderfeinde, und durch seine Maxime, die mit zur Beendigung des Streites führte, erlebte die Buchmalerei und das Kopieren von religiösen und historischen Werken im Kloster einen außerordentlichen Aufschwung. Fünf Mitglieder des Konvents kamen auf den Patriarchenstuhl.
Im 10. Jh. erhielt das Kloster Johannes-Reliquien, was eine große Wallfahrt auslöste. Damals lebten hier etwa 700 Mönche. 1059 zog sich der Kaiser Isaak Komnenos I. (1057–1059) in das Kloster zurück, ebenso 1078 der Kaiser Michael VII. Dukas.
1204–1261 Bei der Einnahme der Stadt durch die Kreuzritter wurde das Kloster zerstört; die Mönche verließen das verfallende Gebäude.
1293 Nach dem Ende der Lateinischen Kaiserzeit ließ Konstantin Paläologos,

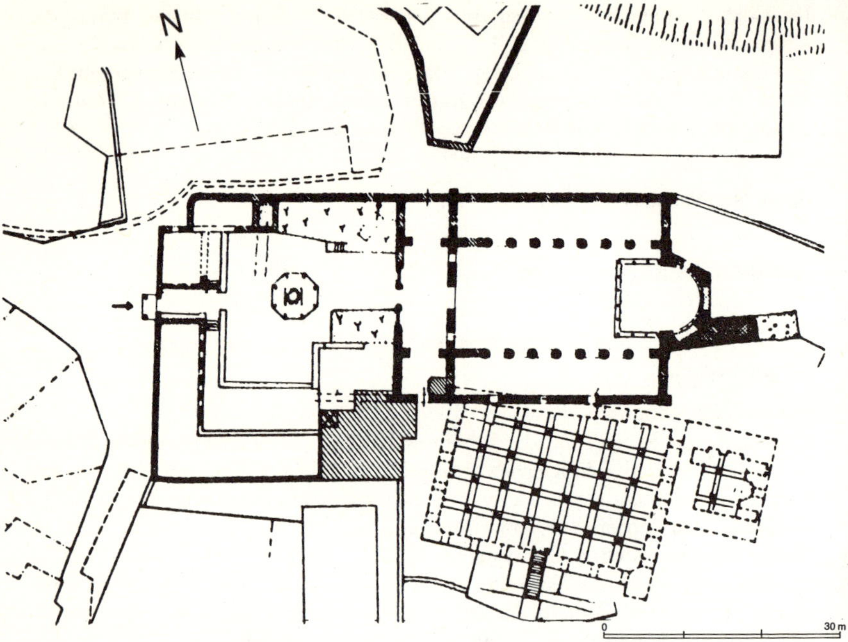

Johanneskirche des Studios-Klosters (Imrahor Camii)

Bruder des Kaisers Andronikos II., die Anlage renovieren. Da das Kloster immer noch viele Reliquien besaß, entwickelte sich wieder eine Wallfahrt. Der zum Christentum konvertierte Sohn Beyzıts I. lebte hier und wurde 1417 begraben.

Nach 1453 bestand es unter den Türken etwa 50 Jahre lang als Universität weiter, verfiel dann aber und wird zu Anfang des 16. Jhs. als Steinbruch beschrieben.

Durch Imrahor (aus Emir Ahır, »Emir des Stalles«), den Oberstallmeister Sultan Beyazıts II., wurde das Gebäude wieder instandgesetzt und in eine Moschee umgewandelt. Zu dieser Zeit waren noch Malereien und Mosaiken sichtbar.

1782 schwere Schäden bei einem Großbrand; 1820 mühsam restauriert. 1894 neuerliche Zerstörung durch ein Erdbeben.

1908/1909 führten russische Archäologen Ausgrabungen durch. Man fand die Krypta und ein Kalksteinrelief aus dem 6. Jh., dazu an der Südseite eine große Zisterne, die man heute besichtigen kann.

1920 Noch einmal durch Feuer zerstört und diesmal nicht wieder aufgebaut. Ab 1929 begann man, die Ruine zu konservieren.

Von dem alten Atrium, dem späteren Hof, ist die Nordmauer noch erhalten; in der Mitte steht ein kleiner Şadırvan. Man betritt einen Narthex, dessen Säulen reiche korinthische Kapitelle tragen und durch einen Architrav mit Akanthusranken verbunden sind; zum Langhaus öffnen sich 5 Tore. Die Basilika war durch zwei Säulenreihen aus verde antico in ein breites Mittelschiff und zwei schmale Seitenschiffe geteilt und hatte eine flache Holzdecke. An das Mittelschiff schloß sich im Osten eine Apsis mit halbrunder Priesterbank an. Von den Säulen stehen noch sechs aufrecht, durch einen Architrav mit schon schwer erkennbaren Vogelmotiven verbunden. Auf dem Fußboden haben sich wesentliche Teile eines Marmormosaiks mit geometrischen Formen aus dem 12. und geringe Reste aus dem 15. Jh. erhalten. Die Galerien sind verschwunden.
Früher war die Kirche durch ihre reiche Architekturplastik, von der jetzt nur die genannten Reste übrig sind, berühmt. Um 900 konnte man in der Apsis eine figürliche Darstellung sehen (Christus, Maria, Johannes, Cherubim und Seraphim). Die wichtigsten Reliquien waren das Haupt Johannes des Täufers und seine rechte Hand (möglicherweise ist die Hand-Reliquie, die sich heute im Serail-Museum befindet, mit dieser identisch). Das Hauptfest wurde am 29. August gefeiert; man gedachte dabei der Enthauptung des Kirchenpatrons. Der Kaiser war beim Hauptgottesdienst anwesend und nahm, nach einem Bericht im Zeremonialbuch Konstantins VII., das anschließende Festmahl mit im Garten ein.

Lips-Kloster (Ruinen des Klosters des Konstantin Lips. Mone tu Libos)
Molla Fenarı Isa Camii

Vatan Caddesi, Ecke Halıcılar Caddesi
Genauer: Kirche des Konstantin Lips und Kirche Johannes des Täufers.

908 wurde die Nordkirche im Auftrag des Admirals der türkischen Flotte, Konstantin Lips, erbaut und der Theotokos (Gottesgebärerin) geweiht. Der Admiral fiel 917 im Kampf gegen die Bulgaren. Nach den bestehenden Resten kann man feststellen, daß es sich um eine Kreuzkuppelkirche mit Narthex gehandelt hat. Da sie fünf Apsiden hatte, bestanden früher vielleicht seitliche Säulenhallen. Die Ausstattung mit Bauplastik (an Fensterrahmungen, Gesimsen usw.) ist typisch für die mittelbyzantinische Kunst.
Zwischen 1282 und 1304 ließ die Kaiserin Theodora, Witwe des Kaisers Michael VIII. Palaiologos, die Südkirche errichten und Johannes dem Täufer

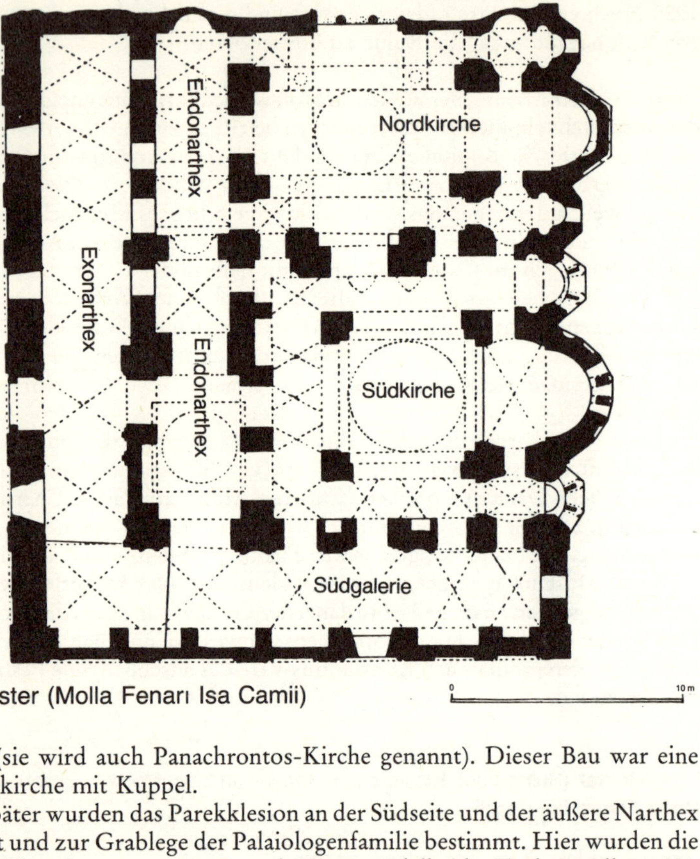

Lips-Kloster (Molla Fenarı Isa Camii)

weihen (sie wird auch Panachrontos-Kirche genannt). Dieser Bau war eine Umgangkirche mit Kuppel.
Etwas später wurden das Parekklesion an der Südseite und der äußere Narthex angebaut und zur Grablege der Palaiologenfamilie bestimmt. Hier wurden die Stifterin Theodora (gest. 1304) und Eirene (Adelheid), Tochter Alberts IV. von Braunschweig und erste Frau des Kaisers Andronikos III., beigesetzt (gest. 1324).
1496 baute der nicht näher bekannte Fener Isa die Anlage zur Moschee um; er starb im gleichen Jahr. Nach großen Bränden von 1622 und 1639 ließ der Wesir Bayram Paşa sie wieder erneuern. Die Säulenarkaturen der Südkirche wurden dabei durch große Bögen ersetzt und die Kuppeln neu gewölbt. Nach einem Brand von 1917 gab man die Moschee auf.
1929 fanden die ersten baugeschichtlichen Untersuchungen statt, bei denen eine Ikone der Kaiserin Eudokia in Stein- und Elfenbeinintarsia gefunden wurde. Sie ist heute in der Schatzkammer des Archäologischen Museums.

Ab 1960 nahm das Byzantine Institute of America neue Untersuchungen auf und begann, zu restaurieren. Eine genaue Klärung der Baugeschichte steht noch aus.
Für den Besucher ist besonders der Blick auf die Ostseite mit ihren sechs Apsiden interessant. Da das Gebäude seit einigen Jahren wieder als Moschee benutzt wird, ist das Innere außerhalb der Gebetszeiten nicht zugänglich bzw. man muß den Moscheediener holen.

Maria Kyriotissa Kirche (etwa: »Gottesmutter des Herrn«)
Kalenderhane Camii (Kalender: Derwisch, wandernder Bettelmönch)

unmittelbar am östlichen Ende des Valens-Aquäduktes
In antiker Zeit stand am Ende des Aquädukts eine Thermenanlage, auf deren Grundmauern vielleicht um die Mitte des 6. Jhs. eine kleine Kirche errichtet wurde; Hinweise darauf gibt es im 6. und 8. Jh., vom 10.–12. Jh. werden auch Umbauten erwähnt. Sie wurde im späten 12. Jh. durch eine Kreuzkuppelkirche mit Narthex – später kam noch eine Exonarthex dazu – ersetzt. Dieser im wesentlichen noch heute bestehende Bau war reich ausgestattet; von der Marmorverkleidung haben sich nicht unbedeutende Teile erhalten.
Von 1204 bis 1261 diente sie am lateinischen Kult. Während dieser Zeit, um 1250, entstand eine Wandmalerei in der nördlichen Kapelle des Diakonikons (südliche Nebenapsis), die eine Szenenfolge aus dem Leben des hl. Franz von Assisi darstellt. Nach dem Abzug der Lateiner 1261, als die griechisch-orthodoxe Kirche wieder von dem Gebäude Besitz genommen hatte, wurde die Kapelle mit dem Franziskus-Zyklus zugemauert.
Nach dem Einzug der Türken, im 3. Viertel des 15. Jhs., machte man die Kirche zur Moschee und das Kloster zur Herberge für wandernde Mönche und Derwische. Die Anlage unterstand direkt dem Sultan und wurde durch den Neubau einer Medrese und einer Koranschule für Knaben (Mektep) zur Külliye ergänzt.
1855 und 1880–1890 fanden Renovierungen statt
1928 zerstörte ein Blitzschlag das Minarett
1930 baute man in der Nähe ein großes Studentenheim, dazu wurde die Medrese abgerissen
1966 gründliche Untersuchungen durch das Archäologische Institut der Universität Istanbul und die amerikanische Harvard Universität
1973 Außenrestaurierung von Südfront und Kuppel
Die Archäologen, die die Ausgrabungen und Untersuchungen leiteten, konnten ihre Ergebnisse als sensationell bezeichnen. So ist die Wandmalerei im Diakonikon, die nach Abriß der Mauer zutagetrat, die älteste Darstellung der Franziskuslegende überhaupt, wohl kaum 25 Jahre nach seinem Tod entstan-

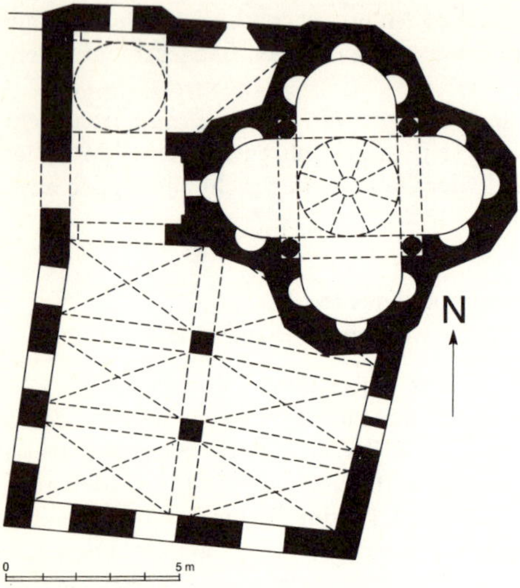

Maria Muchliotissa (Kanlı Kilise)

den; allerdings ist sie nur fragmentarisch erhalten. Man fand außerdem ein Mosaik mit der Darstellung »Jesus im Tempel«, das ins 7. Jh. zu datieren ist und damit ebenfalls das älteste seiner Art in Istanbul. Ähnliches gilt für ein Michael-Mosaik (am Zugang zum Diakonikon; ebenfalls Fragment). Über dem Haupteingang in den Narthex kam hinter einer Platte mit türkischer Bauinschrift ein Bild der Maria Kyriotissa heraus, eine Wandmalerei im Diakonikon zeigt sie ebenfalls. Da beide durch Inschriften bezeichnet sind, war der vorher unbekannte Name der Kirche damit gesichert.

Maria Muchliotissa (Maria Patronin der Mongolen; auch Panagia Muchliotissa. Mone tes Theotoku tes Panagiotisses)
Kanlı Kilise

Stadtteil Fener, nahe dem griechischen Patriarchat (Sancaktar Yokuşu)
Im 7. Jh. gab es hier ein Frauenkloster und zu Anfang des 11. in der Nähe ein Männerkloster. In der lateinischen Zeit waren beide nicht mehr vorhanden.
1261 nach dem Abzug der Lateiner wird die Gründung eines neuen Klosters erwähnt, das 1266 vergrößert wurde und vielleicht den Kernbau der heute bestehenden Anlage darstellt. Wahrscheinlich war der Gründer der Onkel des Kaisers Michael VIII., Michael Dukas.
Um 1282 ließ Maria Palaiologina, eine natürliche Tochter Michaels VIII., wie anzunehmen ist, die Kirche erneuern und das Kloster erweitern; sie trat selbst als Nonne Melane ein.
Maria Palaiologina war dem Mongolen-Khan Hulagu versprochen, aber dieser starb, ehe sie seine Residenz in Persien erreicht hatte. Sie heiratete darauf seinen Sohn, Abaga Khan und lebte 15 Jahre an seinem Hof, bis er 1281 von seinem zum Islam übergetretenen Bruder Ahmet vergiftet wurde. Darauf kehrte sie nach Konstantinopel zurück und wurde Nonne, um nicht wieder mit einem anderen Mongolen-Khan verheiratet zu werden, wie es der Wunsch ihres Vaters war.

Der heutige Name Kanlı Kilise ist wahrscheinlich aus »Khan« entstanden, obwohl für Kanlı (blutig) die rosa Farbe des Gebäudes und eine Legende sprechen. Die Bezeichnung »Blutkirche« beruht also mit ziemlicher Sicherheit auf einem Mißverständnis.
1462 soll Mehmet II. Fâtih die kleine Kirche dem Architekten Christodoulos geschenkt haben. Sie wurde wie fast alle Gebäude Istanbuls oft durch Brände beschädigt.
Gegen Ende des 17. Jhs. wollte sie der Wesir Ali Köprülü in eine Moschee verwandeln, aber es kam nicht dazu.
Seit Anfang des 19. Jhs. ist sie mit einer kleine Schule verbunden. 1892 baute man einen Glockenturm.
Zu Anfang des 19. Jhs. und 1955 wurde sie restauriert.
Der eigenartige Zentralbau ist vierpaßförmig mit Zentralkuppel; jede Konche hat drei Nischen. Im Süden ist er durch einen Anbau aus der Neuzeit vergrößert worden, dabei entfernte man die Südkonche. Zu erwähnen ist eine tragbare Mosaik-Ikone (Gottesmutter mit Kind), wahrscheinlich aus dem 14., möglicherweise auch aus dem 11. Jh., leider schlecht erhalten.
Als einzige der Kirchen Istanbuls ist die Maria Muchliotissa nie in eine Moschee umgewandelt worden.

Myrelaion-Kirche (Ruine)
Bodrum Camil

Stadtteil Kumkapı, südlich der Lâleli Camii und der Ordu Caddesi.
Eine lange Treppe führt auf eine Terrasse, unter der die Substruktionen eines spätbyzantinischen Rundbaus und auf diesem Reste des Myrelaion-Palastes liegen.
Der Rundbau ist wahrscheinlich nie vollendet worden. Da sein Durchmesser 29,60 m beträgt, wäre eine Kuppel über ihm größer als die des Pantheons in Rom geworden. Man weiß, daß er aus dem 5. Jh. stammt, kennt aber nicht seine Bestimmung. Der Kaiser Romanos I. Lekapenos (920–944) ließ auf diesen Grundmauern den Myrelaion (hl. Öl)-Palast bauen; die Unter-Mauern sind heute durch die Terrasse abgedeckt.
Gleichzeitig wurde an der Nordost-Ecke eine Palastkapelle errichtet. Sie bekam, da sie am Abhang lag, einen Unterbau, um die Höhe des Palastes zu erreichen. Diese Unterkirche hat vier Stützen und entspricht im Grundriß bis auf die Apsis der Kirche darüber. Sie wurde seit dem 14. Jh. als Grabkrypta benutzt und gab später dem Gebäude seinen Namen Bodrum Camii (Keller-Moschee).
Die Kirche ist um 922 erbaut worden und damit der älteste Kreuzkuppelbau Konstantinopels; sie war von großer Bedeutung für die Ausbildung der mittel-

byzantinischen Kirchenarchitektur im 11. und 12. Jh. In dem angeschlossenen Nonnenkloster lebten u. a. verbannte Prinzessinnen.
Im 15. Jh. wandelte Mesih Ali Paşa die Kirche in die Bodrum Camii um. Die Säulen in der Oberkirche wurden durch Pfeiler ersetzt.
Nach einem großen Brand wurde 1911 die Moschee aufgegeben.
1930/1931 und 1965/1966 fanden ausführliche Grabungen statt. Nachdem die früheren Reparaturen als nicht sehr glücklich galten, begann man in neuester Zeit mit einer gründlichen Restaurierung, die sich auch auf die Umgebung der Kirche und den Unterbau bezieht. Erst nach Abschluß der Arbeiten, der nicht vor Ende 1987 zu erwarten ist, wird die Anlage wieder besichtigt werden können. Sehenswert sind außer der kleinen ehemaligen Palastkirche die Unterkirche und eine große, mit Kreuzgratgewölben gedeckte Zisterne unter dem ehemaligen Myrelaion-Palast.

Sergios und Bakchos Kirche
Küçük Ayasofya Camii (kleine Hagia-Sophia-Moschee)

Stadtteil Sultanahmet, südlich vom Hippodrom, nahe der Uferstraße
Auf Grund eines Gelübdes ließ der Kaiser Justinian diese Kirche von 527 bis 536 erbauen. Als junger Mann hatte er an einer Verschwörung gegen den damaligen Kaiser Anastasios I. teilgenommen und war zum Tod verurteilt, als dem Kaiser in der Nacht vor der Hinrichtung die Heiligen Sergios und Bakchos (zwei römische Legionäre und Märtyrer, deren Kult um diese Zeit sehr verbreitet war) erschienen und ihn hießen, die Verurteilten zu begnadigen. So die Legende.
Die Kirche lag in der Nähe der Seepaläste und gehörte zu dem reichen Hormisdas-Kloster, dessen Gebäude schon vorher hier bestanden. Sie hatte einen gemeinsamen Hof mit der benachbarten Peter- und Pauls-Kirche (nicht mehr erhalten). Jedes Jahr am Dienstag nach Ostern wurde hier für den Kaiser und sein Gefolge ein Gottesdienst abgehalten. Zur Zeit der Kreuzritter stand sie dem lateinischen Klerus zur Verfügung. Der hl. Sergios wurde auch besonders von Russen verehrt, was zahlreiche russische Wallfahrer veranlaßte, die Kirche zu besuchen. Unter Beyazıt II. wurde sie Moschee (nach einer Inschrift über der Tür von Hüseyin, dem Ağa der Weißen Eunuchen, veranlaßt).
Die Gliederung des Inneren läßt die Eigenart dieses Zentralbaus erkennen, die ihm einen besonderen Platz in der Architekturgeschichte einräumt (er wurde gern mit der Pfalzkapelle in Aachen, San Vitale in Ravenna u. a. verglichen). In ein nicht ganz regelmäßiges Viereck ist ein Achteck mit 8 vieleckigen Pfeilern eingeschlossen, zwischen denen (außer an der Apsis) je zwei Säulen aus Verde antico und rotem Marmor stehen.

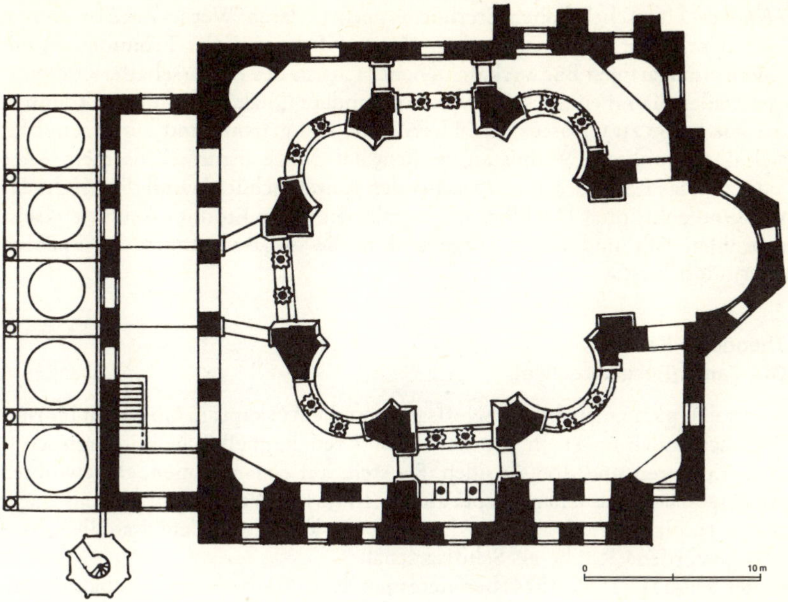

Sergios- und Bakchos-Kirche (Küçük Ayasofya)

Im zweiten Geschoß sind die Pfeiler durch Bögen verbunden; die dadurch etwas zurückliegenden Säulen tragen im Wechsel flache Wandabschlüsse und Halbkuppeln. Eine flache Kuppel aus leichtem Material ruht direkt auf den Bögen.

Einige der schönen Kapitelle tragen noch das Monogramm von Justinian und Theodora. Da sie denen der Hagia Sophia ähnlich sind, wurde gelegentlich vermutet, daß deren Baumeister auch hier tätig war, aber das hat sich nicht bestätigt. Zwischen dem Säulengang des Erdgeschosses und dem der Galerie umzieht eine Inschrift den ganzen Raum, der die frommen Werke der Theodora lobt und den hl. Sergios verherrlicht; Bakchos wird nicht genannt. Von dem reichen Mosaikschmuck, den der Chronist erwähnt, ist nichts erhalten; heute schmückt eine spärliche blaue Bemalung aus türkischer Zeit den Raum. Bei dem Umbau zur Moschee wurde dem Narthex ein Portikus vorgelegt, ein Minarett angebaut und das Atrium in den heutigen Hof verwandelt. Ausführliche Restaurierungsarbeiten sind noch im Gange.

Die Inschrift (12 griechische Hexameter)
in freier Übersetzung (nach Restle):

»Andere Herrscher haben Sterbliche geehrt, deren Werke nutzlos waren. Iustinianos aber, unser Herrscher, ehrt zur Erbauung der Frömmigkeit mit einem einzigartigen Bauwerk den Diener Christi des All-Erschaffers, Sergios, den weder Flammen noch Schwert noch andere Qualen erschüttern konnten, der aus Liebe zu Christus dem Herrn dem Tod getrotzt und durch sein Blut sich die himmlische Wohnstatt verdient hat. Möge er mit wachsamem Auge jederzeit das Reich des allzeit wachenden Kaisers schützen und die Macht der von Gott gekrönten Theodora wachsen lassen, deren Frömmigkeit ihren Geist erstrahlen läßt und deren Sorge und Mühe die Bedürftigen zu ernähren unermüdlich ist.«

Theodosia-Kirche
Gül Camii (Rosenmoschee)

Stadtteil Unkapanı, nahe der Schiffsanlegestelle Ayakapı am Goldenen Horn
Wahrscheinlich im 11. Jh. entstand diese Kreuzkuppelkirche mit ihren seitlichen Emporen und drei Apsiden. Sie steht auf einem großen, eingewölbten Sockelgeschoß, das einer Krypta ähnelt (In türkischer Zeit wurde es als Lager benutzt). Nach der Eroberung durch die Türken verwendete man die schadhaft gewordene Kirche als Schiffsarsenal.
Unter Selim II. (1566–1574) bereitete man durch Reparaturen, Umbauten und Errichtung eines Minaretts die Umwandlung in eine Moschee vor. Daß man sie als solche benutzte, ist erst 1603 nachgewiesen. (Es gibt eine Nachricht, daß die Umstellung schon 1490 erfolgt sei, aber das wird sonst nicht bestätigt).
Nach Erdbeben wurden unter Murat IV. (1623–1640) zahlreiche Umbauten und Ergänzungen durchgeführt; u. a. wurden die Kuppel mit den Pendentifs und die Gewölbe über den Kreuzarmen neu gebaut. Da heute der Außenputz entfernt ist, kann man die türkischen Bauteile von den byzantinischen unterscheiden.
In dem massiv scheinenden Pfeiler südlich der Mittelapsis führt eine steile Wendeltreppe zu einem Raum mit einem Grab, das als das des »Gül Baba« (Rosenvaters) bezeichnet wird, also eines vom Volk verehrten Mannes, nach dem die Moschee ihren Namen bekommen hätte. Andererseits kam im letzten Jahrhundert die Legende auf, daß hier der letzte Palaiologenkaiser Konstantin XI. Dragases bestattet worden sei. Unerklärt bleibt eine türkische Inschrift über der Tür, die sich auf einen »Apostel des Herren Christus, Friede sei mit ihm« bezieht. Vielleicht ist also nach einer dritten Antwort auf die Frage nach dem hier Bestatteten zu suchen.
Eine weitere Legende, die möglicherweise auf einen historischen Vorgang zurückgeht, erklärt den Namen »Rosenmoschee« so: Der 29. Mai war der Tag der heiligen Theodosia, die 729 den Märtyrertod gestorben war; deshalb war

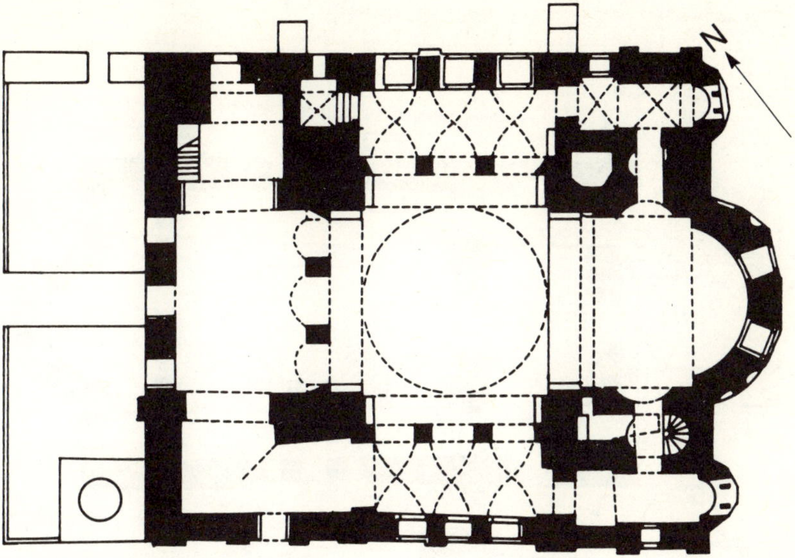

Theodosia-Kirche (Gül Camii)

am 29. Mai 1453 die Kirche mit vielen Rosen geschmückt. Als am selben Tag die Türken einrückten, nannten sie die Kirche »Gül Camii«.
Unter Mahmut II. (1808–1839) wurde die Moschee gründlich restauriert, dabei der Außenputz entfernt. Die Gliederung der Ostseite kommt seitdem besonders zur Wirkung.
Ob der Name »Theodosia-Kirche« ursprünglich bzw. richtig ist, wurde gelegentlich bezweifelt; man brachte sie in Verbindung mit einem früher existierenden Kloster Christos Euergetes. Die endgültige Klärung steht noch aus.

Theodor-Kirche
Kilise Camii (»Kirchen-Moschee«)

Zwischen der Süleyman-Moschee und dem Valens-Aquädukt.
Älteste Baureste stammen aus dem 5. Jh. Die damalige Kirche gehörte wahrscheinlich zu einem Kloster; dafür spricht auch, daß man in unmittelbarer Nähe große Zisternen gefunden hat. Der heute bestehende Bau wurde im 10. und 11. Jh. als Kreuzkuppelkirche mit drei Apsiden (nur die mittlere tritt nach außen vor) und Narthex errichtet. Gegen Ende des 13. Jhs. fügte man den

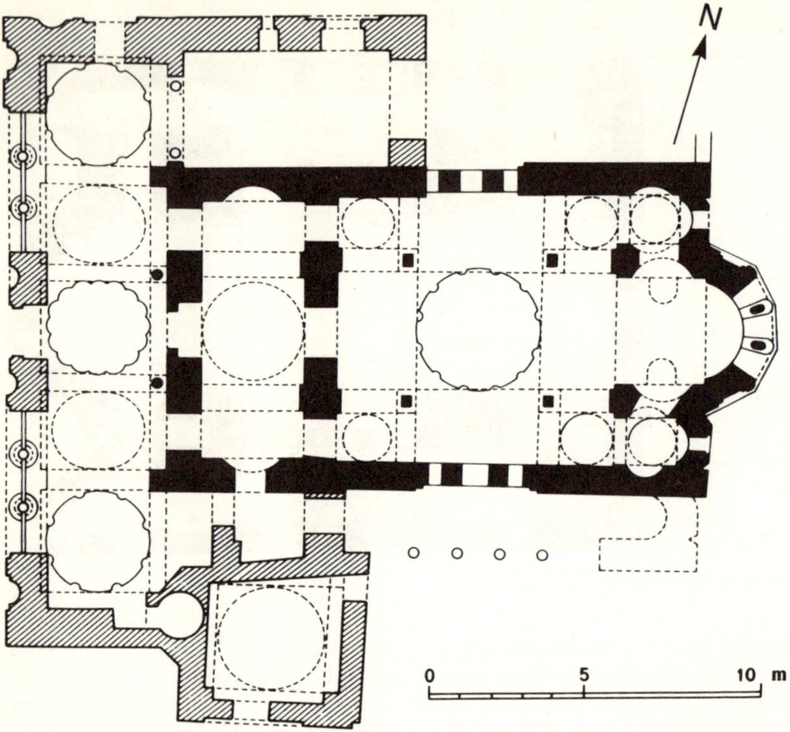

Theodor-Kirche (Kilise Camii)

Exonarthex mit drei Kuppeln und den Glockenturm hinzu. Die reiche Außenfassade zeigt zahlreiche Spolien (Blattkapitelle, korinthische Kapitelle und Schrankenplatten) aus dem 6. Jh. Ein Parekklesion an der Südseite ergänzte die Anlage.

In der Südkuppel des Exonarthex hat man 1937 Mosaiken gereinigt bzw. freigelegt. Dargestellt sind in der Mitte Maria mit dem Jesuskind, strahlenförmig umgeben von acht männlichen Gestalten, wahrscheinlich Propheten. Schöne ornamentale Mosaiken umgeben die Fenster und bedecken die Wände dazwischen. Man nimmt heute an, daß sie Vorläufer derjenigen in der Kahriye Camii sind. In der Mittelkuppel war Christus als Pantokrator dargestellt, aber es sind nur Reste vorhanden. Der Schmuck der Nordkuppel ist ganz verschwunden; man hat vermutet, daß dort Christus inmitten von Propheten zu sehen war.

In der zweiten Hälfte des 15. Jhs. wurde diese Kirche von dem damaligen Şeyhülislâm, Molla Gürani, in eine Moschee umgewandelt. Dabei wurde die Apsis umgebaut, Glockenturm und Parekklesion abgerissen und ein Minarett errichtet. Die Ausgrabungen von 1937/38 haben keinen genauen Hinweis auf das Gründungsdatum erbracht, auch nicht auf die Herkunft des Namens. 1972/73 wurde das Innere restauriert.

Theotokos Pammakaristos (Kloster der Allerseligsten Gottesgebärerin. Mone tes Theotoku tes Pammakaristos)
Fethiye Camii

Stadtteil Fener, nordwestlich der Selim-Moschee.
Die ehemalige Klosterkirche wird heute weiterhin als Moschee benutzt, nur die Grabkapelle an der Südseite (Parekklesion) ist Museum. Es ist neu restauriert, sauber und sehr sehenswert.
Nur sonnabends und sonntags geöffnet!
In einer Inschrift, die sich in der abgebrochenen Apsis befand und schriftlich überliefert ist, werden ein Joannes Komnenos und seine Frau Dukaena mit der Gründung in Verbindung gebracht.
(Wenn es sich dabei um den Kuropalaten dieses Namens, Bruder Kaiser Isaaks I., handelt, der 1067 starb, ist damit ein spätestes Gründungsdatum gegeben; nach anderer Ansicht ist allerdings ein anderer Johannes gemeint, der als Komnene wohl im 12. Jh. gelebt hat.)
Der Bau ist eine Umgangskirche in Kreuzkuppelform mit ehemals drei Apsiden und Narthex. Um 1293 wurde ein Neffe Kaiser Michaels VIII., Michael Glabas Tarchaneiotes, Schirmherr des Klosters; nachdem er 1315 gestorben war, trat seine Witwe, Maria Dukaena Branaena, in die inzwischen zum Nonnenkloster verwandelte Stiftung ein und ließ an der Südseite ein Parekklesion in Form einer kleinen Kreuzkuppelkirche als Grabkapelle erbauen. Der dort teilweise erhaltene Mosaikenzyklus stammt aus dem 14. Jh.:

In der Kuppel sieht man den Pantokrator, von Propheten umgeben, in der mittleren Apsiskonche Christus als Hyperagathos (der »Hoch-Gnädige«), links und rechts an der Wand Maria und Johannes der Täufer. Im Kreuzgewölbe darüber die vier Erzengel Michael, Raphael, Gabriel und Uriel und an der Ostseite des südlichen Kreuzarms die Taufe Christi. Außerdem zahlreiche Einzeldarstellungen von Kirchenlehrern und Patriarchen.
Nach einer Überlieferung soll in dieser Grabkapelle der Patriarch Gennadios mit dem Sultan Mehmet II. Fâtih zusammengekommen sein.
Im 2. Viertel des 14. Jhs. wurden Nord-, West- und Südseite mit dem Perambulatorium umgeben. Nach der türkischen Eroberung nahm das Patriarchat

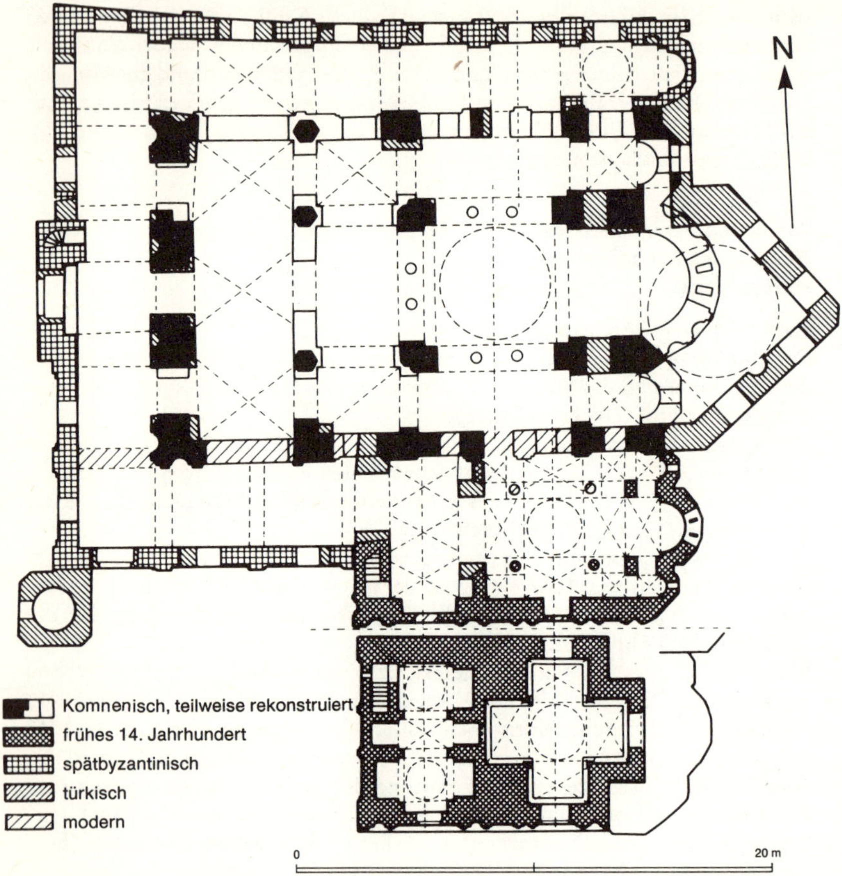

Theotokos Pammakaristos (Fethiye Camii)

im Kloster seinen Sitz (1456–1586); die Nonnen wurden in einem anderen untergebracht. In dieser Zeit wurde die Anlage noch erweitert.
1591 ließ Murat III. die Kirche in die »Fethiye Camii« umwandeln. Der Name Fethiye (Sieg) bezieht sich auf militärische Erfolge in Georgien und Aserbeidschan.
1845/46 Restaurierung der Moschee unter Abdülmecit I.
1938 und ab 1950 Restaurierung des Parekklesions, Wiederaufstellung von zwei Säulen, Reinigung der Mosaiken – die nie unter Putz waren – und

Aufdeckung von Wandmalerei-Resten durch das Byzantine Institute of America.
Unter dem Kuppelraum liegt eine krypta-artige Zisterne; möglicherweise ist sie der Rest bzw. die Krypta eines Vorgängerbaus.
Die Türken ließen die Hauptapsis abreißen und errichteten dafür einen nach Mekka orientierten überkuppelten Anbau. Trotzdem vermittelt der Bau, besonders im Äußeren mit seiner roten Ziegelornamentik, noch einen guten Eindruck von einer byzantinischen Kirche.

Zoodochos Pege (Theotokos Pigis. Maria als »Lebenspendende Quelle«)
Balıklı Rum Kilisesi

Außerhalb der Landmauer; von Silivri-Tor führt eine Straße 300 m landeinwärts.
Der türkische Name dieser Kapelle: Balıklı Rum Kilisesi (»Christliche Kirche der Fische«) erinnert an eine auch anderwärts ähnlich bekannte Legende: Am Tag, als die Türken Konstantinopel eroberten, briet ein Mönch hier Fische. Er wollte die Nachricht nicht glauben und sagte, eher würden die gebratenen Fische wieder in das Becken springen. Und sie sprangen! Deshalb sollen die Abkommen der damaligen Fische, die man heute in dem Quellbecken sieht, auf einer Seite etwas angebraten dunkler sein.
In der Zeit des Kaisers Leon I. (457–474) bestand hier ein Marien-Heiligtum; Justinian ließ es ausbauen. Am Tage vor Christi Himmelfahrt und am Tage des Wunders von Kana kam der Hof in einer großen Prozession hierher. Heute besuchen die Christen die Kapelle am 1. Freitag nach Ostern; die Quelle gilt immer noch als wundertätig. Der alte Bau wurde durch Erdbeben, Brand und Belagerungen zerstört, aber in der heutigen Kirche, die 1833/35 errichtet wurde, fließt die Quelle mit den Fischen weiter in der Krypta. Auf dem Friedhof, der sie umrundet, wurde der Patriarch Athenagoras I. Spyridon begraben, der sich besonders in den 60er Jahren um die Aussöhnung mit der lateinischen Kirche bemühte.

Burgen
Hisar

Anadolu Hisarı

Am asiatischen Ufer des Bosporus
Anlagestelle der Bosporusschiffe: Kanlıca.

Die »Anatolische Burg«, wie sie heute genannt wird, liegt an der Mündung des Flusses Aretas, der »Süßen Wasser Asiens«, in den Bosporus. Sie wurde 1390 als erster türkischer Bau in der unmittelbaren Umgebung Istanbuls errichtet und 1452 von Mehmet II. mit einem großen Befestigungsgürtel umgeben. Nach der Eroberung der Stadt verfiel sie und wurde erst 1928 restauriert. In Reiseberichten des 18. und 19. Jhs. wird sie als Ausflugsziel der Gesellschaft Istanbuls erwähnt.

Rumeli Hisarı

Gegenüber der »Anatolischen Burg«, an der Stelle, wo der Bosporus nur 650 m breit ist, liegt die »Rumelische Burg«, die größte Festungsanlage aus der Zeit der Belagerung Istanbuls. Mehmet II. ließ sie 1452 innerhalb von vier Monaten errichten, nachdem er schon 1451 an alle Provinzgouverneure den Befehl gegeben hatte, Arbeiter und Material bereitzustellen. Die Zinnenmauer wird von drei mächtigen Rundtürmen und 13 kleineren verstärkt. Die Kosten für die großen Türme mußten die ersten Minister des Sultans tragen. Der Kaiser erhob vergeblich Einspruch wegen Verletzung seines Hoheitsgebietes.
Die Verbindung zwischen Europa und Asien für die Militärtransporte, die die Burg beschützte, war vermutlich schon früher einmal von dem Perserkönig Darius I. durch eine Pontonbrücke hergestellt worden.
Nach der Eroberung hatten die beiden Burgen bereits ihren Sinn verloren und verfielen. Rumeli Hisarı wurde 1953–1957 restauriert, 1959 als Museum eingerichtet und dient im Sommer als Bühne für »Licht-und-Ton«-Vorführungen. Es besteht die Absicht, hier eine zweite Brücke über den Bosporus zu bauen.

Yedikule siehe unter Museen S. 110.

Paläste

Byzantinische Paläste

Der Große Palast

Die literarischen Überlieferungen und Grabungen (1912, 1918/19, 1935/38, 1952/54) haben Erkenntnisse über ein Gebiet nahe der Hagia Sophia und südlich davon ergeben, auf dem seit dem 4. Jh. zahlreiche Paläste der Kaiser standen. Der erste wurde von Konstantin I. gebaut; er bestand schon aus

Palastviertel

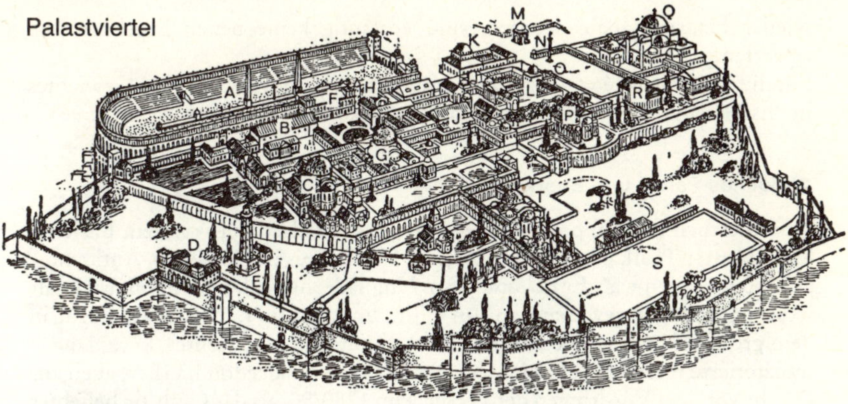

Rekonstruktion des Kaiserpalastes in Konstantinopel

(aus: Blohm, Kurt Wilhelm, Städte und Stätten in der Türkei. Dumont Kunst-Reiseführer 1971)

A Hippodrom
B Gedecktes Hippodrom
C Goldene Halle
D Bukoleon-Paläste (Palast des Justinian)
E Leuchtturm
F Kaiserliche Loge am Hippodrom
G Trikonchos
H Kirche des Stephanos
J Konsistorium
K Zeuxippos-Thermen
L Quartiere der Palastgarde
M Milion
N Säule des Justinian
O Bronzetor, das von der Hagia Sophia in den Palast führte
P Magnauria-Palast
Q Hagia Sophia
R Senatsgebäude
S Polo Stadion
T Neue Kirche

einem großen Komplex von Gebäuden (dem eigentlichen Palast, der Chalke- und Magaura-Baugruppe im Osten, daneben dem Daphne-Palast) und Nebenbauten wie Kasernen, Höfen, Rennbahnen, Ställen usw.

Die Anlage wurde noch im gleichen Jahrhundert vergrößert, und fast alle Kaiser errichteten im folgenden weitere Bauten bzw. stellten sie nach Zerstörungen (Brände, Nika-Aufstand 532) wieder her. Sie war schließlich wie eine kleine Stadt mit einer Mauer befestigt, reich mit Steinplastiken und Säulengängen geschmückt und enthielt zahlreiche Kirchen. Aber nach dem Bau des Blachernenpalastes verließen die Kaiser den alten Palastkomplex, so daß er im 12. Jh. als baufällig beschrieben wird und zum Schuttplatz verfiel. In türkischer Zeit wurden Häuser darauf gebaut, die im 15. Jh. bei der Explosion einer Kirche, die als Pulvermagazin diente, mit in die Luft flogen. Neu gebaute Häuser fielen 1912 einem Großbrand zum Opfer; danach konnten die ersten Grabungen durchgeführt werden. Aber die Schwierigkeiten, die Baureste zu entwirren, sind fast unüberwindlich, und da trotz Bauverbot (1934) immer

wieder Häuser gebaut werden, sind vorläufig keine neuen Ergebnisse zu erwarten.
Für die Touristen bietet der ganze Komplex trotz seines historischen Gewichtes nichts Sehenswertes, mit Ausnahme des Mosaiken-Museums (siehe S. 96).

Antiochos-Palast und Euphemia-Kirche

Nordwestlich des Hippodroms befand sich ein Palast, der von dem Erzieher und obersten Hofkämmerer des Kaisers Theodosius II. (408–450), Antiochos, errichtet worden war. Er fiel um 438 in Ungnade, deshalb muß der Bau damals wohl schon fertig gewesen sein. Im 6. Jh., unter Justin I. (518–527), wurde in dem großen Rundsaal die Kirche der hl. Euphemia eingerichtet, kurz danach transferierte man die Reliquien der Heiligen aus Chalcedon hierher, auch aus Furcht vor dem Vordringen der Perser. Um 1280/90, als das Grab ein beliebtes Pilgerziel geworden war, wurde die Kirche restauriert und neu ausgemalt. Die Wandmalereien stellen Leben und Martyrium der hl. Euphemia dar, dazu das der 40 Märtyrer von Sebaste (heute nicht mehr gut zu erkennen). Nach der Einnahme der Stadt durch die Türken kamen die Reliquien in das Patriarchat, das damals seinen Sitz im Pammakaristos-Kloster hatte.
Man sieht heute noch geringe Reste der Euphemia-Kirche und Teile der sehr schlecht erhaltenen Malerei.

Lausos-Palast

Unmittelbar nördlich des Antiochos-Palastes stand der von dem byzantinischen Hofkämmerer Lausos im 5. Jh. erstellte Palast. Hier waren berühmte Meisterwerke der antiken Plastik aufgestellt, darunter die Aphrodite von Knidos, die Hera von Samos des Lysippos, der Zeus des Phidias. Die Sammlung wurde schon 476 durch einen großen Stadtbrand zerstört. 1963 fanden Ausgrabungsarbeiten in Zusammenhang mit dem Straßenbau (Verbreiterung der Divan Yolu) statt.
Zu sehen sind geringe Reste der Substruktionen einer langen Halle mit Apsiden.

Die Seepaläste

Am ehemaligen Bukoleon-Hafen, in der Nähe der Sergios- und Bakchos-Kirche, haben sich Reste von ehemals prunkvollen byzantinischen Palastbauten erhalten: dem Porphyr-Palast, in dem die Kaiserinnen zur Zeit ihrer Niederkunft wohnten, dem Palast Theodosius' II. (der älteste) und dem sogenannten »Palast Justinians«, der auch »Bukoleon-Palast« genannt wird

und wahrscheinlich von Nikephoros Phokas II. (963–969) im 10. Jh. errichtet worden ist.
Der Hafen und der unmittelbar am Ufer stehende Bau haben ihren Namen nach einer Steinplastik, die auf einer kleinen Insel stand und einen Löwen darstellte, der einen Stier niederwarf (lat.: buccoleonis majus palatium). Bei dem Erdbeben von 1532 ging das Bildwerk zugrunde.
Die Fassaden der Paläste waren zum Meer gerichtet. Durch ein Portal in der Seemauer, das nur der Kaiser benutzen durfte, konnte man in den Palast des Theodosius II. gelangen.
Der Hafen war von einer Kaimauer eingefaßt, auf der nach zeitgenössischen Überlieferungen eine Reihe von Tierskulpturen standen.
Der Bukoleon-Palast ist der östlichste der Seepaläste. Man sieht noch eine Mauer mit marmorgerahmten Öffnungen, die früher auf einen Balkon führten, dahinter einige Pfeiler und Wölbungen. Den Abschluß im Osten bildete ein byzantinischer Leuchtturm, der in osmanischer Zeit ummantelt worden war. Durch die Eisenbahn, die mitten durch das Gebiet der Seepaläste geführt wurde, ist ein großer Teil der Reste endgültig zerstört worden.

Blachernen-Palast

Beim Eğri Kapı (krummes Tor), dem nördlichsten Tor der Landmauer.
Der Name bezieht sich auf eine ganze Reihe von Palästen, die seit der Regierung Manuels I., etwa 1150, der offizielle Sitz der Kaiser waren. Von diesen steht nur noch ein Teil des Tekfur-Palastes (s. unten) aufrecht. Über die anderen sind wir nur durch die Literatur unterrichtet, da sie bei der Eroberung 1453 zerstört wurden und inzwischen mit Erde bedeckt sind.
Der erste Bau wurde von Anastasios I. (491–518) errichtet, und war wahrscheinlich als Aufenthaltsort bei den Prozessionen zur Kirche des Hl. Reliquienschreins oder »Maria bei den Blachernen« gedacht. Kirche und Palast lagen damals vor den Mauern der Stadt; erst durch die Mauer des Herakleios wurden sie 627 in den Befestigungsgürtel mit einbezogen. Unter Alexios I. Komnenos (1081–1118) entstand ein neuer Palast, in dem der Kaiser 1096 die Führer des 1. Kreuzzugs begrüßte. Ein weiterer Palastteil – der Unterbau wird heute als »Anemas-Gefängnis« bezeichnet – folgte im Westen durch seinen Neffen Manuel I. (1143–1180), dazu kamen zahlreiche Türme, Terrassen, Mauern und eine prunkvolle Ausstattung. Auch die lateinischen Herrscher residierten hier eine zeitlang. 1453 wurden die Bauten zerstört und verfielen nach einem Brand vollständig.
Heute sieht man auf dem Gelände des Blachernenpalastes eine kleine Moschee (Ivaz Efendi Camii), dahinter zwei Türme: Der des Kaisers Isaak Angelos, ein Wohnturm, der etwa 1188 gebaut wurde und der des Michael Anemas, der

dort wegen einer Verschwörung gegen Alexios I. gefangen gehalten wurde; in dieses Gefängnis kamen noch mehrere Kaiser. Sehenswert sind auch die Substruktionen des Palastteils, heute durch eine Terrasse abgedeckt, in die eine moderne Treppe hinabführt; sie sind drei Stockwerke tief, enthalten 14 Gewölbekammern und gelten jetzt als »Anemas-Gefängnis« (Schlüssel bzw. Führer bei der Moschee).

Manganen-Palast

Im Nordwesten des Großen Palastes, schon auf der Höhe des Topkapı Sarayı, lag direkt an der Seemauer der Manganenpalast (11. Jh.), noch etwas weiter zum Ufer ein Kloster, beides bis zur türkischen Eroberung sehr bedeutend. Durch Bahntrasse und Uferstraße wurde ein Teil der Ruinen angeschnitten, ein anderer vernichtet. Man sieht nur noch eine Reihe von Substruktionsgewölben des Palastes; das auch als Wallfahrtsziel berühmte Kloster ist praktisch verschwunden.

Tekfur Palast (Tekfur Sarayı: Kaiserpalast)

An der nördlichen Landmauer, unmittelbar südlich des Blachernen-Palastes. Die Frage eines Vorgängerbaus und die ältesten Baudaten sind nicht geklärt; nach seinen Formen zu schließen, dürfte der Bau im 12./13. Jh. entstanden sein. Nach der lateinischen Besetzungszeit wurde er unter den Paläologen erneuert und diente wohl zeitweilig als Residenz der Kaiser. Im 18. Jh. richtete Sultan Ahmet III. (1703–1730) hier eine Fayencemanufaktur ein und holte dazu Arbeiter aus Iznik, wo die von Selim I. gegründete berühmte Werkstatt 1716 geschlossen worden war. Das Unternehmen hatte nur wenige Jahre Bestand. Im 19. Jh. war hier eine Glasfabrik installiert.
Der rechteckige Bau hat zwei Etagen. Im Erdgeschoß befindet sich ein 17 m langer Saal, der nur durch die nördlichen Doppelarkaden zum Hof Licht bekommt; auch der Saal im ersten Geschoß hat nur Fenster nach Norden. Der Raum im zweiten Geschoß ist 23 m lang, hat zahlreiche Fenster nach allen Seiten, dazu einen Balkon auf der Südseite. Am Außenbau fällt die dekorative Verwendung von weißem Marmor und rotem Ziegelstein im Wechsel auf, eine Technik, die schon bei den frühen Byzantinern vorkommt und seit dem 10. Jh. wieder Mode wird; den Anlaß gaben Einflüsse aus dem Orient, wo diese Schmuckform besonders beliebt war.
Beim Tekfur Sarayı hört die Mauer des Theodosios auf; unmittelbar neben der Fassade sieht man die »Kerko Porta«, ein Ausfalltor, das die Verteidiger am 27. Mai 1453 gebrochen hatten, und durch das zwei Tage später 50 Janitscharen in die Stadt eindrangen.

Türkische Paläste

Palast des Ibrahim Paşa

An der Westseite des Hippodroms, gegenüber der Blauen Moschee.
Der größte Privatpalast der osmanischen Zeit ist in Resten erhalten; er soll 600 Zimmer gehabt haben.
Ibrahim Paşa war ein griechischer Renegat und Vertrauter Süleymans II. Er wurde 1523 zum Großwesir ernannt, und als er ein Jahr darauf die Schwester des Sultans, Hadice, heiratete, weihte er gleichzeitig den Palast ein, der zu seinem Amtssitz bestimmt war. Roxelane, die ränkereiche Frau Süleymans, erreichte, daß ihm die Gunst entzogen wurde. Der Sultan ließ ihn 1536 nach einem gemeinsamen Essen erdrosseln.
Ein anderer Großwesir Ibrahim Paşa, Schwager Murats III., bewohnte den Palast bis 1601, danach waren die Pagen des Serails hier untergebracht, schließlich die Janitscharen. Die große Audienzhalle wurde Sitz des höchsten Gerichts, ein anderer Teil Gefängnis.
1971 begann man mit der Restaurierung, die fast 10 Jahre dauerte. Dann wurde hierher das Museum für Türkische und Islamische Kunst transferiert, das früher im ehemaligen Imaret (Armenkürche) der Süleymaniye Camii untergebracht war (siehe unter Museen).

Topkapı Sarayı siehe unter Museen S. 100.

Çirağan-Palast (Ruine)

Stadtteil Beşiktaş am Bosporus-Ufer
1863/67 ließ Sultan Abdülaziz von dem armenischen Architekten Balyan den prunkvollen Çirağan Sarayı bauen, der viel Ähnlichkeit mit Dolmabahçe hatte; er brannte 1910 bis auf die Grundmauern nieder. An dieser Stelle hatte im 17. Jh. ein Sommerhaus gestanden, dann ließ 1721 der Großwesir Ahmets III., Ibrahim Paşa, einen Sommerpalast bauen, und unter Mahmut II. entstand 1836/39 schon ein großer Prunkbau im europäischen Stil. Abdülhamit II. ließ hier seinen Bruder Murat V. 27 Jahre lang gefangengehalten.

Beylerbey-Palast

am asiatischen Bosporus-Ufer, nahe der großen Brücke.
Abdülaziz war auch der Auftraggeber dieses Palastes, der wieder Ähnlichkeit mit Dolmabahçe hat und mit verschwenderischem Prunk ausgestattet war; der

Architekt Balyan stellte ihn 1865 fertig. Hier wohnte die Kaiserin Eugenie von Frankreich, und hier starb Abdülhamit II., der 1909 abgesetzt worden war, im Jahr 1919.

Dolmabahçe-Palast

(»Aufgeschütteter, dem Meere abgewonnener Garten«)

Am Bosporus-Ufer.
Eintrittsgebühr (Herbst 1986) TL 1000.– (Sondergebühr für die Frauengemächer), Fotogebühr (Blitz und Stativ verboten) TL 3000.–. Im Hof links nach dem Eingang Gaststätte mit WC.

Unter Ahmet I. (1603–1617) wurde hier ein Pavillon errichtet, unter seinen Nachfolgern vergrößert und schließlich 1719 mit dem Palast von Beşiktaş vereint. Nach Bränden von 1814 und 1840 ließ Abdülmecit I. von dem Architekten Karapet Balyan den jetzt bestehenden Palast bauen, der ab 1876 die offizielle Residenz der Sultane wurde. Er besteht aus mehreren Gebäuden verschiedener Größe aus weißem Marmor, deren Fassaden zum Bosporus gerichtet sind, und die im heutigen Stadtbild eine große Rolle spielen. Im höchsten, mittleren Bau befindet sich der Thronsaal (heute Festsaal). Den Abschluß zum Wasser bildet ein 600 m langer Kai mit einem Prunkgitter in neubarocken Formen. In den letzten Jahren wurde der Dolmabahçe Sarayı ausführlich restauriert, ein großer Teil der Räume kann schon besichtigt werden. Er ist aber auch immer noch Residenz des Präsidenten der Türkischen Republik, wenn er sich in Istanbul aufhält, und es werden hier große Empfänge abgehalten.
Man betritt den Hof durch ein großes, neubarockes Prunkportal, das gegenüber der Dolmabahçe-Moschee liegt; in der Nähe steht ein Uhrturm. Architektur wie Inneneinrichtung sind pompös; man sieht keinen einheitlichen Stil, neubarocke Tendenzen herrschen vor. Trotzdem hat die theaterhafte Pracht, nachdem sie lange verachtet worden ist, heute wieder viele Interessenten gefunden. Die Einrichtungsgegenstände sind oft Geschenke von fremden Herrschern. Man kann schöne Farbzusammenstellungen bewundern.
Erdgeschoß:
Große Eingangshalle, Treppenhalle mit mächtigem Glaslüster; kleine Palastmoschee. Überkuppelter Festsaal mit 4½ Tonnen schwerem Lüster (750 Kerzen), ein Geschenk der Königin Viktoria II. von Großbritannien; hier wurde Atatürk aufgebahrt. Schlafzimmer Abdülmecits I.; das Bett reich mit Perlmutt und Silber verziert.
Erster Stock:

Botschaftersalon mit Silber- und Kristall-Leuchtern, eine Vase aus Sèvres; das Rote Zimmer, Empfangsraum der Botschafter, mit schönen roten Stoffbezügen und vergoldeten Vorhangstangen. Das Porphyrzimmer mit einem Boulle-Schreibtisch (Metall- und Schildpatt-Intarsia) und kunstvollem Parkettboden; hier trafen sich seinerzeit Atatürk und Edward VIII. von Großbritannien. Der Panoramasalon mit Lüster und Vasen war unter Atatürk Speisesaal. Bibliothek, Musikzimmer, Bad mit Marmorausstattung und Ruheraum. Auf der anderen Seite des Festsaales, der zwei Stockwerke hoch ist: Die Räume der Sultansmutter (Empfangszimmer, Schlafzimmer u. a.), der Blaue Saal, Atatürks Arbeits- und Sterbezimmer, das Haremsbad mit Ruhe-, Ankleide-, Wasch- und Toilettenraum. Am Ende der Rosa Salon und die Räume der Sultansfrauen (das der Ersten Frau mit Goldschnitzerei, das der Zweiten in Rot, das der Dritten in Weiß).

Yıldız-Paläste

nördlich des Stadtteils Beşiktaş.
Im Park von Yıldız, der mit seiner üppigen Vegetation zum Spazierengehen einlädt, liegen mehrere Paläste und Pavillons, einst die Residenz Abdülhamits II., dazu zwei kleine Moscheen (1849 bzw. 1886) und eine Türbe. Das Schloß soll als Museum eröffnet werden; besichtigen kann man die restaurierten Pavillons Şale Köşk (hier wohnte 1898 Kaiser Wilhelm II. als Gast des Sultans; das bedeutendste Stück der prunkvollen Ausstattung ist ein Hereke-Teppich, 24 m lang, 13 m breit, in einem Stück gearbeitet), Çadır Köşk (kleine Ausstellung von Erinnerungen und Dokumenten aus der Zeit von 1839) und den Malta Köşk, in dem ein Café eingerichtet ist. Dieses Schlößchen kann nach der kürzlich beendeten Restaurierung mit seinen herrlichen Blumenanlagen – besonders schön sind die Rosen –, der Terrasse mit Blick auf den Bosporus und dem geheizten Wintergarten im Stil der Jahrhundertwende zu den Sehenswürdigkeiten Istanbuls gezählt werden. Man sieht hier auch einmal die Frauen der reichen türkischen Gesellschaft.

Obelisken

Der Obelisk ist ursprünglich ein Symbol des ägyptischen Sonnenkultes in Heliopolis. Nach der Einnahme Ägyptens durch die Römer wurden zahlreiche Obelisken nach Rom gebracht, wo sie dekorativ aufgestellt wurden. Die ursprünglich religiöse Bedeutung kam noch zum Ausdruck, wenn man ein

Paar an den Enden der Spina des Hippodroms aufstellte und den einen der Sonne, den anderen dem Mond weihte.

Obelisk des Theodosios

Dikilitaş
Auf dem At Meydanı (»Pferdeplatz«, Hippodrom).
Theodosios I., der Große, ließ um 390 diesen Obelisken, den einst Thutmosis III. (1504–1450 v. Chr.) vor dem Tempel von Karnak errichtet hatte, auf der Spina des Hippodroms aufstellen (da die Jahreszahl der Inschrift schlecht lesbar ist, besteht auch die Möglichkeit, daß er erst 396, also unter Arkadios, aufgestellt wurde). Der fast 20 m hohe Monolith aus Porphyr ruht, von vier Kupferwürfeln unterstützt, auf einem 6 m hohen Marmorsockel; seine vier Seiten sind mit Reliefs geschmückt, deren grobe Ausführung, die Überbetonung der Köpfe und die weit aufgerissenen Augen für die Spätantike charakteristisch sind.
Nordseite (gegenüber dem Brunnen Wilhelms II.): Kaiser Theodosios wohnt der Aufrichtung des Obelisken bei.
Ostseite: Theodosios und seine Familie bei der Verleihung von Siegerkränzen.
Südseite: Der Kaiser, seine Gemahlin und seine Söhne Honorios und Arkadios beim Wettkampf.
Westseite: Besiegte Feinde huldigen dem Kaiser.
Darunter eine Inschrift in lateinischer und griechischer Sprache zur Erinnerung an die Aufrichtung des Obelisken durch den Ingenieur Proclos innerhalb von 32 Tagen.
Der Hippodrom-Obelisk gehörte ursprünglich zu einem Paar, das der Pharao Thutmosis III. um 1450 v. Chr. vor dem 7. Pylon des großen Amun-Tempels von Karnak errichten ließ. Die Höhe beträgt heute nur noch 19,60 m, da am unteren Ende ein Stück von unbekannter Länge abgebrochen ist. Dieses fehlende Stück war, verschiedenen Berichten nach, früher auch in Istanbul aufgestellt, aber man hat es bisher nicht gefunden. Die Spitze, das Pyramidion, zeigt auf allen vier Seiten den aufrecht stehenden Reichsgott Amun-Re; er hält den Pharao bei der Hand und hält ihm das altägyptische Hieroglyphenzeichen für »Leben« entgegen. Die vier Schaftseiten beginnen oben mit der Darstellung Thutmosis' III., wie er in kniender Haltung dem Reichsgott Amun-Re ein Opfer darbringt. Die darunter angebrachte Hieroglypheninschrift beginnt mit der offiziellen Titulatur des ägyptischen Königs und lautet:
»Der lebende Horus, der starke Stier, Herr der Wahrheit, König von Ober- und Unterägypten, Men-chepr-re (programmatischer Thronname »Beständig ist die Entfaltung des Re«, in der Kartusche oval umrandet), geliebt von Atum,

Bursa. Türbe Mehmets I. ▷

Herr der Jubiläen (möglicherweise ist der Obelisk aus Anlaß eines Regierungs- oder Krönungs-Jubiläums gestiftet worden), der den großen Umkreis von Nahrain (Euphrat) überschritten hat, kraftvoll und siegreich an der Spitze seiner Truppen, der großes Gemetzel anrichtete, der Herr des Sieges, der alle Länder bezwingt, der seine Grenzen festsetzt am Anfang der Erde (im äußersten Süden) und an den äußersten Gegenden von Nahrain (im fernsten Norden).«

Der gemauerte Obelisk

Örmetaş
Auf dem At Meydanı.
Die Entstehungszeit dieses Obelisken, der auch der »Koloß Konstantins VII. Porphyrogennetos« (913–959) genannt wird, ist nicht überliefert. Er ist aus Kalksteinblöcken aufgebaut und 32 m hoch. Nach der Inschrift an seinem Sockel ließ ihn Konstantin VII. mit vergoldeten Bronzeplatten verkleiden; die Dübellöcher sind noch vorhanden. Man nimmt an, daß diese Verkleidung um 1204 von den Kreuzrittern eingeschmolzen wurde.

Säulen

So wie in Rom Säulen zum Ruhm der Kaiser auf Plätzen und Foren aufgestellt worden waren, setzte man die Tradition in Konstantinopel fort. Von diesen Kaisersäulen haben sich vier erhalten (die des Konstantin, Markian, Arkadios und die Gotensäule); von anderen haben wir durch die Literatur Kenntnis, wie von der Justinians auf dem Augusteion vor der Hagia Sophia und der des Kaisers Theodosios I. auf dem Forum Tauri, dem heutigen Beyazıt-Platz.

Konstantins-Säule (verbrannte Säule)

Çemberlitaş
südlich des Großen Basars, an der Divan Yolu.
Diese Säule wurde von Konstantin dem Großen in seinem Forum errichtet, dem Zentrum der von ihm 324 neu gegründeten Stadt. Als Zeichen seines guten Willens, Griechentum, Judentum und Christentum zu vereinen, ließ er folgende Reliquien in die Fundamente einmauern:
Das Palladium von Troja (ein hölzernes Athena-Idol) aus dem Vestatempel in Rom, das durch Äneas dorthin gekommen sein soll, die Axt Noahs, den Stein,

◁ *Troja. Tor der mykenischen Burg*

aus dem Moses Wasser springen ließ und die Reste der 7 Brote in 12 Körben, mit denen Christus die Zehntausend speiste.
Die Säule, die heute eine Höhe von 34,80 m hat, war einst 50 m hoch und bestand aus 10 Säulentrommeln, die von dem Apollotempel in Rom stammen; davon sind 6 erhalten. Sie trug ein Bronzestandbild des Kaisers als Apoll Helios. In den Strahlen des Kopfschmuckes waren Stücke der Passionsnägel und in der Figur selbst Teile des hl. Kreuzes eingelassen. Nach seinem Tode wurde dem Kaiser am Fuße der Säule eine Kapelle errichtet.
Theodosius II. ließ den Schaft durch Eisenringe befestigen. 1105 wurde das Standbild durch einen Sturm gestürzt; Manuel Komnenos (1143–1180) ersetzte es durch ein Kapitell und ein vergoldetes Kreuz. 1779 richtete ein Brand weitere Schäden an, danach erhielt die Säule die jetzt noch vorhandenen Eisenringe. Ausgrabungen von 1929/30 deckten 2,33 m unter dem heutigen Straßenniveau Reste der Forumspflasterung auf und zeigten, daß sich hier in griechisch-römischer Zeit ein Friedhof befunden hat. Der Unterbau des Sockels reicht bis in eine Tiefe von 5,40 m hinunter, wo auch die türkischen Wasserleitungen verlaufen. Man stellte auch fest, daß nach dem ersten Weltkrieg von einem Haus aus Raubgräben bis unter die Säule vorgetrieben worden sind.

Goten-Säule

Serailspitze, nahe dem Atatürk-Denkmal.
Unweit der Serailspitze in dem öffentlichen Gülhane Parkı steht eine 15 m hohe Marmorsäule mit einem korinthischen Kapitell. Eine Inschrift auf dem hohen Sockel erwähnt einen Sieg über die Goten: »FORTUNAE REDUCI OB DEVICTOS GOTHOS« (etwa: Der Fortuna, die zurückkehrte wegen des Sieges über die Goten); daraus hat man geschlossen, daß die Säule von Claudius II. (268–270) Gothicus errichtet worden sei; der Schrifttyp weist aber in die Zeit Konstantins I. Sie scheint auf der Spina des Theatrum Minor gestanden zu haben, das Septimius Severus 196 bauen ließ und zu dem vielleicht die Ruinen in der Nähe gehören.

Markianos-Säule (Marciansäule)

Kıztaşı (früher Kız direk)
Kıztaşı Caddesi, südlich der Fâtih-Moschee.
Auf einem Sockel aus korinthischem Marmor, auf dem man noch eine Reliefdarstellung von zwei geflügelten Genien erkennen kann und eine lateinische Weihinschrift (»Tatianus Decius errichtete diese Säule für den Kaiser Marcian«), steht eine knapp 9 m hohe Granitsäule mit einem korinthischen

Kapitell. Ganz oben befindet sich ein Block mit 4 Adlerfiguren, zweifellos eine einmalige Säulenbasis; man nimmt an, daß hier ursprünglich eine Sitzstatue des Kaisers Markianos (450–457) stand. Die Gesamthöhe beträgt jetzt 17 m.
In türkischer Zeit bekam die Säule den Namen Kıztaşı (Mädchensäule, Säule der Jungfräulichkeit, vgl. dazu auch S. 127), und es gibt dazu Legenden.

Arkadios-Säule

Avret Taş
Stadtteil Haseki, zwischen dem Haseki- und dem Cerrah-Paşa-Krankenhaus.

402 ließ Kaiser Arkadios (395–408) die damals 50 m hohe Säule errichten. Sie war mit Reliefs auf Spiralbändern verziert, nach dem Vorbild der Trajanssäule in Rom. Dargestellt waren die Siege des Arkadios und des Theodosios II., auch der Donaufeldzug gegen die Goten (394/95). Im Inneren befand sich eine Wendeltreppe mit 233 Stufen; um 1700 war sie noch besteigbar. Die Spitze trug ein korinthisches Kapitell.
421 wurde darauf von Theodosius II., dem Sohn des Arkadios, ein Reiterstandbild seines Vaters angebracht.
435 machte man den Platz um die Säule frei und legte ihn als »Arkadios-Forum« an.
705 bei einem Erdbeben stürzte das Standbild herunter.
13. Jh. In der Zeit der Lateiner wohnte ein Stylit (Säulenheiliger) auf der Spitze.
1715 ließ Ahmet III., später Mahmut I. die baufällige Säule abtragen.

Heute haben sich ein stark verwitterter bzw. verbrannter Sockel und ein Rest der untersten Säulentrommel (ursprünglich waren es 21) erhalten. Man kann in das Innere von dem links angebauten Haus aus einsteigen.
Von dem Zustand kurz vor dem Abbruch gibt es genaue Zeichnungen.

Schlangensäule

Burmalı Sütun
Auf dem At Meydanı.
Diese Bronzesäule, das älteste griechische Denkmal der Stadt, wurde 479 v. Chr. von 31 griechischen Städten – ihre Namen sind darauf eingraviert – zur Erinnerung an die Siege von Platää und Salamis gegen die Perser im Heiligtum des Apolls von Delphi errichtet.
Man nimmt an, daß Konstantin das Beutestück im Hippodrom aufstellen ließ. Die Ausgrabungen von 1927 haben allerdings gezeigt, daß der heutige Standort

nicht der ursprüngliche ist, da die Säule auf einer türkischen Kanalisationsanlage steht. Sie war offenbar zeitweilig als Brunnen eingerichtet.
Die Säule ist in einem Stück gegossen und besteht aus drei gewundenen Schlangenleibern. Ursprünglich war sie 8 m hoch, und bei etwa 6,50 m scheinen sich nach alten Beschreibungen und Darstellungen die drei Schlangenkörper getrennt zu haben (heutige Höhe: 5,50 m); sie trugen einen goldenen Dreifuß, auf dem wieder eine goldene Vase stand. Diese beiden Stücke sind schon in vorchristlicher Zeit verlorengegangen. Von alters her wurden die Schlangenköpfe mit der Vorstellung von Dämonen in Verbindung gebracht und deshalb wiederholt beschädigt; um 1700 wurden sie endgültig zerstört. Ein Teil eines Oberkiefers befindet sich im Archäologischen Museum.

Türme

Beyazıt-Turm siehe Seraskier-Turm

Galata-Turm

Galata Kulesi
Anastasios I. (491–518) ließ wahrscheinlich an dieser Stelle schon einen Turm bauen; er wurde nach der Lateinerzeit 1261 abgerissen. Aber im Vertrag von Nymphaion war den Genuesen das Recht zugesprochen worden, sich in Galata anzusiedeln, und sie errichteten 1349 einen neuen Turm, den sie »Christusturm« nannten. 1446 wurde er erhöht und stärker befestigt. Mehmet II., der Eroberer, ließ zwei Etagen abreißen und benützte ihn als Gefängnis; später wurde er Feuerwachtturm. Die beiden Stockwerke wurden, zunächst aus Holz, wieder aufgebaut. 1794 und 1843 erlitt er durch Feuer Beschädigungen und wurde jeweils restauriert, schließlich wurde ein dem früheren ähnliches Kegeldach aufgesetzt.
Heute ist der Turm 68 m hoch, und sein oberer Umgang liegt 140 m über dem Meer. In seinen Etagen sind mehrere Restaurants, Läden, ganz oben ein Nachtklub installiert; natürlich gibt es einen Fahrstuhl. Die Aussicht ist berühmt.

Leander-Turm

Kız Kulesi
Auf einer kleinen Insel, 180 m vom asiatischen Ufer entfernt und kurz vor der

Einfahrt in den Bosporus, steht ein Leuchtturm, dem europäische Reisende den Namen »Leander-Turm« gegeben haben und sich dort den Schauplatz der Sage von Hero und Leander vorstellten (genau genommen, liegt er weiter südlich). Auf diesem Felsen hatte schon Alkibiades um 500 v. Chr. eine Zollstation eingerichtet. Alle Schiffe, die vom Schwarzen Meer kamen, hatten ein Zehntel des Wertes ihrer Ladung zu bezahlen, und auch unter Byzantinern und Türken wurde diese Einnahmequelle etwas verändert beibehalten. Unter Manuel Komnenos I. (1143–1180) baute man eine Festung, von der aus eine Sperrkette zur Serailspitze (Manganenturm) geführt werden sollte. In türkischer Zeit (1763) wurde eine neue Festung errichtet, die mit Kanonen bestückt war.

Seraskier-Turm

(türk. Serasker Kulesi, von Ser-ı asker, »Haupt der Soldaten«, der Kriegsminister)
auch Universitäts-Turm oder Beyazıt Kulesi
An der Stelle eines hölzernen Feuerwachtturms ließ Mahmut II. um 1823 den jetzt bestehenden Turm aus Stein bauen, der zunächst dem gleichen Zweck diente. Er ist etwa 50 m hoch und enthält einen runden Saal, der über eine hölzerne Treppe mit 180 Stufen erreichbar ist. Man hat von dort eine großartige Aussicht über die ganze Stadt. Sein jetziger Name erinnert daran, daß in den Gebäuden darunter das türkische Kriegsministerium untergebracht war, bevor es nach Ankara verlegt wurde.

Türme des Anemas und Isaak Angelos

s. bei Blachernenpalast S. 163.

Mauern

Man unterscheidet vier große Landmauer-Anlagen, die vom Goldenen Horn zum Marmarameer führten, um die Stadt im Westen zu schützen und die Seemauern, die den ganzen Uferstreifen Stambuls umzogen.

1. Die Mauern von Byzanz (nicht erhalten)
2. Die Mauer des Septimius Severus, errichtet nach 196 (nicht erhalten)
3. Die Mauer Konstantins des Großen. Sie wurde nach 324 gebaut, verlief 3 km westlich der severischen Mauer und bestand bis in das 9. Jh.

4. Die Mauern Theodosius' II.
Um 413 wurde durch den Präfekten Anthemios eine neue Mauer angelegt, die noch einmal 1200 m weiter westlich verlief und von 96 Türmen verstärkt war. Auch die vorgelagerte Linie mit 82 Türmen und einem Graben scheint gleichzeitig geplant worden zu sein.
439 wurden die Seemauern am Marmarameer und am Goldenen Horn errichtet, so daß nun die gesamte Stadt mit einer etwa 19 km langen Mauer umzogen war.
447 stürzten durch ein Erdbeben 57 Türme ein. Sie wurden durch den Präfekten Konstantin Kyros wieder aufgebaut – wegen der drohenden Hunnengefahr in der unglaublichen Zeit von 2 Monaten.

Dreimal wurde die Landmauer an ihrem Nordwinkel ausgeweitet:
Mauer des Herakleios: 627 wurde der Nordwinkel so weit vorgeschoben, daß die Marienkirche im Blachernengebiet und die Kirche des Hl. Schreines mit eingeschlossen waren.
Mauer Leons V.: 813–820 erfolgte eine weitere Verlegung, damit nun auch die Kirche des hl. Nikolaus und Priscus einbezogen waren. Nach ihren 5 Türmen wurde sie Pentaphyrgion genannt; sie ist zum größten Teil zerstört.
Mauer Manuels II.: Um 1150 weitete man die Mauer noch einmal aus, um die Blachernen-Paläste zu schützen.

Aufbau der theodosianischen Landmauer

Der 60 m breite Befestigungsgürtel ist 6670 m lang und besteht aus einer inneren großen Mauer (13 m hoch, an der Basis 3–4 m stark; sie hat 96 Türme von 15–20 m Höhe auf quadratischem, rechteckigem oder rundem Grundriß), einer kleineren Mauer (8 m hoch, 2 m stark an der Basis; 82 Türme, von denen noch 56 zu erkennen sind) und einem Graben (15–20 m breit, mit 5–7 m hohen, gemauerten Böschungen). Die große Mauer steht erhöht auf einem Wall.
Die Landmauer ist das größte spätantike Festungsbauwerk und machte die Stadt bis zur Erfindung der schweren Feuerwaffen praktisch uneinnehmbar. Allerdings mußte sie wegen häufiger Erdbebenschäden immer wieder ausgebessert werden. Sie besteht aus Kalksteinquadern mit Schichten von roten Ziegelsteinen. 10 Tore verbanden Stadt und Land; an ihnen befinden sich zahlreiche Inschriften.

Vom Marmarameer zum Goldenen Horn

Den nachhaltigsten Eindruck des Mauerbauwerks erhält man durch einen Spaziergang von Yedikule nach Eyüp; er dauert allerdings 3–4 Stunden. Man kann mit der Eisenbahn von Sirkeci oder mit dem Bus nach Yedikule fahren und von Eyüp mit dem Schiff zurückkehren.

Marmarameer – Yedikule (637 m)

Marmorturm (Mermer Kule; siehe S. 112) – Poterne von Christus (siehe S. 112) – erstes militärisches Tor (kleines Ausfalltor, meist an einer Turmflanke) – Yedikule mit dem Goldenen Tor (siehe S. 110).

Yedikule – Belgrat Kapı (byz.: Xylokerkos) (666 m)

Dieser Abschnitt ist verhältnismäßig gut erhalten und enthält 11 Türme. Das Tor war lange zugemauert und erhielt seinen Namen Belgrat Kapı erst bei der Neu-Öffnung 1886.

Belgrat Kapı – Silivri Kapı (Pege, Pighi) (702 m)

Abschnitt mit 13 Haupttürmen; zwischen dem 8. und 9. befindet sich das zweite militärische Tor. Durch das Pighi-Tor drang 1261 das Heer des Michael Palaiologos und beendete die lateinische Herrschaft. Etwa 300 m feldeinwärts liegt die Kirche Zoodochos Pege (Balıklı Rum Kilisesi) mit ihrem Quellenheiligtum (siehe S. 159).

Silivri Kapı – Mevlâna Kapı (Yeni Mevlevihane Kapı; byz.: Rhesion bzw. Polyandrion) (897 m)

15 Haupttürme. Nach dem dritten befindet sich das dritte militärische Tor (Sigma-Tor, Kalagru-Turm), durch das die Kaiser zum Pege-Kloster zogen. Am Mevlâna-Tor zahlreiche Inschriften.

Mevlâna Kapı – Top Kapı (byz.: Romanos-Tor) (932 m)

15 Haupttürme, zwischen dem 9. und 10. Turm das vierte militärische Tor. Topkapı (Kanonentor) heißt das ehemalige Tor des hl. Romanos, weil hier Mehmet II. die große Kanone aufstellen ließ, die er von dem Geschützbauer Orban gekauft hatte (der Christ Orban hatte sein Werk zuerst den Byzanti-

nern angeboten, aber die konnten es nicht bezahlen). An diesem Tor soll auch die Leiche des letzten Kaisers gefunden worden sein, den man nur an den roten Schuhen erkannte. Im Inneren sind Steinkugeln aufgehängt, die bei der Belagerung verwendet worden waren.

Top Kapı – Edirne Kapı (byz.: Charsios-Tor) (1230 m)

Zwischen diesen beiden Toren befand sich früher das Orülü- oder Sulukule-Tor. Seine geringen Reste fielen zum größten Teil der Verbreiterung der Vatan Caddesi zum Opfer, die hier zu der großen Umgehungsstraße führt. Der Abschnitt Top Kapı – Edirne Kapı enthält daher 23 Haupttürme. Der nördliche Teil war oft beschädigt, denn hier hatten nicht nur die Türken 1453 den Hauptangriff angesetzt, auch schon früher, bei der Belagerung durch die Avaren 626, die Bulgaren 813 und durch Murat II. 1422 wurde er in Mitleidenschaft gezogen. Durch dieses Tor zog Mehmet II. in die Stadt ein, woran eine neue Inschrifttafel erinnert.
Hinter dem ehemaligen Tor gibt es eine Zigeunersiedlung mit vielen Tanzbären, die am Tage vor den Touristenhotels Aufstellung nehmen.

Edirne Kapı – Tekfur Sarayı (667 m)

Elf Haupttürme. Am Fuße des elften sieht man die Kerkoporta, die »Brosche«, durch die 1453 die 50 Janitscharen eindrangen. Hier endet die theodosianische Mauer.

Tekfur Sarayı – Eğrikapı (Kaligaria-Tor) (276 m)

Dort, wo der Graben endet, beginnt die Mauer Manuels I. Komnenos mit ihren 13 Türmen. In der Nähe dieses Abschnitts befand sich 1203 das Lager der Kreuzritter.

Eğri Kapı – Goldenes Horn (634 m)

Dieser Abschnitt enthält 14 Türme; die ersten sieben gehören zur Mauer Manuels I.; mehrere wurden 1317 von Andronikos II. restauriert. Zwischen dem 5. und 6. Turm erkennt man das vermauerte Tor von Gyrolymne (Silbersee), die Türme des Isaak Angelos und des Anemas, dahinter die Moschee Ivaz Efendi. Es folgt die Mauer Leons V. von 833 und ein Tor des Blachernenpalastes, dessen Bogen tief in der Erde steckt. Beim letzten Turm der Landmauer befand sich das Xyloporta-Tor (»Holztor«; 1868 abgerissen), wo 1203 die Franken einen Teil der Mauer mit einem Rammbock zerstörten und eindrangen. Danach beginnt die Seemauer mit dem ehemaligen kaiserlichen Arsenal und Hafen sowie dem Ayvansaray Kapı (byz.: Kiliomeni-Tor).

Aquädukte und Zisternen

In einer Stadt, die wie Istanbul oft belagert wurde, spielte die Wasserzufuhr und -Speicherung eine entscheidende Rolle. Sowohl in byzantinischer wie in türkischer Zeit wurden daher Aquädukte gebaut, die zum größten Teil ihr Wasser aus dem Belgrader Wald bezogen.

Valens-Aquädukt

Bozdoğan Kemeri
Dieses, das Stadtbild mit bestimmende Bauwerk wurde unter der Regierung des Kaisers Valens (364–378), vermutlich ab 368 begonnen und war gegen 373 vollendet. Der Aquädukt verband den 3. und 4. Hügel, begann unweit der heutigen Fâtih-Moschee und endete an einem 378 erbauten großen Bassin, dem Nymphäum Maximum, an dessen Stelle sich heute der Garten der Universität befindet. Von hier wurde das Wasser zu den Kaiserpalästen geleitet, später auch zum Serail. Sein Wasser galt als das reinste von Istanbul; es entstammte aus der Gegend des Dorfes Alibeyköy, nördlich von Eyüp.
Der zweigeschossige Aquädukt hatte ursprünglich eine Länge von 971 m; davon sind immerhin noch etwa 920 m erhalten. Die größte Höhe beträgt 26,5 m (früher 29 m). An beiden Enden führen Treppen hinauf.
Im Laufe der Jahrhunderte wurde er oft restauriert, da er mehrfach, meist durch Erdbeben – beschädigt wurde; so unter Justinian, Justin II., und Mehmet II. Süleyman der Prächtige gab Sinan den Auftrag, ihn zu reparieren, aber am östlichen Ende 128 m abzutragen, um dort die Şehzade-Moschee zu errichten (1509). Mustafa II. ließ 1697 den alten Zustand im wesentlichen wiederherstellen. Am westlichen Ende wurde er 1912 im Zuge der damaligen Stadtplanung um 50 m gekürzt.

Weitere Aquädukte siehe unter Eyüp.

Zisternen

Die zahlreichen Zisternen, die sich in der Stadt befinden, zeugen von der lebensnotwendigen Bedeutung dieser Anlagen. Bis in letzter Zeit wurden

immer neue entdeckt. Man unterscheidet die offene und die geschlossene Zisterne: Die offene Zisterne, meist eine staatliche Anlage, lag auf Hügeln und war von einer hohen Mauer umgeben. Sie diente wahrscheinlich als eine Art Vor-Kläranlage für die geschlossenen Zisternen oder versorgte die Stadtgräben mit Wasser. Aber schon in byzantinischer Zeit gab man diese Form auf und ersetzte sie durch Stauseen (Bent), von denen sich sieben im Belgrader Wald erhalten haben.
Diese Art der Wasserversorgung geht schon auf die Römer zurück. Süleyman II. siedelte Arbeiter aus dem Balkan in einem Dorf an, das er »Belgrat« nannte; sie hatten die Aufgabe, die Stauseen zu betreuen und den Wald (Belgrat Ormanı) zu pflegen. Das Dorf wurde gegen Ende des 19. Jhs. aufgegeben, aber die Seen versorgen die Stadt immer noch.
Die geschlossene Zisterne, die sich auch für Trinkwasser eignet, findet sich in Istanbul in großer Zahl. Diese Anlagen wurden durch Quellen oder Regenwasser gespeist und entstanden sowohl in byzantinischer wie in türkischer Zeit. Viele Paläste, Klöster und Privathäuser besaßen ein eigenes unterirdisches Wasserreservoir.

Offene Zisternen

Aetios-Zisterne

Çurkobostan
An der Fevzi Paşa Caddesi, vom Edirne Kapı etwa 350 m stadteinwärts, auf der linken Seite.
Die um 421 von dem Stadtpräfekten Aetios erbaute Zisterne ist 244 m lang, 85 m breit und 8 m tief. Heute ist sie Sportplatz (Vefa-Stadion).

Aspar-Zisterne

südlich der Selim-Moschee.
Sie wurde 459 durch den byzantinischen General Aspar, einem Goten, begonnen und ist 152 m lang, ebenso breit und 10,80 m tief. Heute ist in ihr ein Garten angelegt.

Mokios-Zisterne

Cevdet Paşa Caddesi im Stadtteil Altımermer, südlich der Millet Caddesi.
Sie liegt auf dem 7. Hügel, ist 170 m lang, 147 m breit und hat eine Mauerhöhe

von 10,50 m. Gebaut unter Anastasios I. (491–518), dient sie heute wie die Aetios-Zisterne als Stadion.

Geschlossene Zisternen

Yerebatan Sarayi

(»Versunkener Palast«), auch Zisterne Basilika

Hilâli Ahmer Caddesi, nahe At Meydanı und Hagia Sophia
Diese größte und berühmteste unterirdische Zisterne wurde vielleicht schon von Konstantin dem Großen erbaut, mit Sicherheit unter Justinian in den Hof einer benachbarten Basilika hinein vergrößert, wobei sie den Namen »Zisterne Basilika« erhielt. Ihr Wasser (80 000 cbm) kam aus dem Belgrat Ormanı, galt als besonders gut und war für die Paläste bestimmt.
Die Zisterne ist 140 m lang und 70 m breit. Ihre Ziegelgewölbe werden von 336 Säulen getragen, je 28 in 12 Reihen, in Abständen von 4 m; sie sind 8 m hoch und tragen korinthische Kapitelle. Sie enthält noch Wasser, und man konnte sie früher mit einem Kahn befahren.
Die Anlage wird restauriert und soll 1987 wieder zugänglich sein.

Binbirdirek

(»1001 Säulen«)
Klot Farer Caddesi, südlich der Divan Yolu. Schlüssel bei der Präfektur (Belediye) jenseits des Platzes.
Man nimmt an, daß diese zweitgrößte geschlossene Zisterne Istanbuls (50 000 cbm) zur Zeit Justinians, etwa um 528 erbaut worden ist; als Architekt wurde Anthemius von Tralles vermutet. Sie ist 64 m lang, 56,40 m breit und besitzt 224 Säulen (noch 212 sichtbar) in 16 Reihen je 14, mit Abständen von 3,80 m. Diese Säulen sind 12,50 m hoch, stecken aber 4,80 m im Boden; ihre Kapitelle sind glatt und tragen Steinmetzzeichen. Die Zisterne enthält schon lange kein Wasser mehr und wurde früher von Seilern als Werkstatt benutzt.

Bäder
Hamam

Die europäische Sitte, in Wannen zu baden, gilt dem Moslem als absolut unhygienisch; für ein Bad, wie auch für die täglichen Waschungen, darf nur fließendes Wasser Verwendung finden. Die einfachste »Badeanlage« besteht aus einer Steinbank, auf der man sitzt und sich aus einer Kanne mit Wasser begießt. Es gibt in den Wohnungen auch heute noch wenig Badezimmer, und der regelmäßige Besuch des Hamams ist nach wie vor beliebt und notwendig.
Jede Stadt hat mehrere Dampfbäder, getrennt für Männer und Frauen (wenn ein kleiner Ort nur eins hat, wird es im Wechsel geöffnet). Das türkische Bad hat kein Schwimmbecken, Boden und Wände sind meist mit Marmor verkleidet, und durch Holzfeuerung wird Heißluft erzeugt. Nach dem Schwitzen kommt die Massage, dann wird der Gast mit einem rauhen Hanfhandschuh frottiert, darauf folgt eine Wäsche mit viel Schaum und Wasser; zuletzt ruht man eine Weile aus.
Diesen Badeanlagen liegt eine alte Tradition zugrunde, die in den monumentalen Gewölbebauten der Römer und in den prunkvollen Anlagen der byzantinischen Zeit ihren Ausdruck fand. Von beiden hat sich in Istanbul nichts sichtbares erhalten. Man kennt die Lage des »Bades des Zeuxippos« an der Westseite des Hippodroms, von Septimius Severus errichtet und mit vielen antiken griechischen Skulpturen geschmückt. Aber es hat nie so viele und so große Thermen wie in Rom gegeben, wohl bedingt durch den festungsartigen Charakter der Stadt.
Die Türken scheinen häufig byzantinische Bäder übernommen oder, schwer nachweisbar, neue Bauten auf alten Fundamenten errichtet zu haben. Zu Anfang des 18. Jhs. gab es in der Stadt 155 große öffentliche Dampfbäder, allein im Topkapı Saray 17 neben dem Sultansbad. Das schönste Beispiel für eine türkische Hamam-Anlage ist die zwischen der Hagia Sophia und der Sultan-Ahmet-Moschee, 1556/57 von Sinan für die Gemahlin Süleymans, Roxelane, gebaut. Es ist ein Doppelbad, dessen eine Hälfte für die Frauen, die andere für Männer bestimmt war. Heute ist es nicht mehr als Hamam eingerichtet, wurde restauriert, ist aber nicht zugänglich.
Beim ersten Besuch eines türkischen Heißluftbades ist eine kundige Führung von Vorteil. Einige empfohlene Adressen siehe S. 66.

Brunnen

Çeşme

In allen südlichen Ländern, in denen vor allem im Sommer oft Wassermangel herrscht, stellt die Anlage von öffentlichen Brunnen ein besonderes Geschenk an die Einwohner dar. Die sehr zahlreichen Brunnen Istanbuls sind daher meist Stiftungen von Sultanen oder Standespersonen. In osmanischer Zeit gab es 1500, heute noch etwa 300.

Man kann drei Arten unterscheiden:

Çeşme: ein Brunnen, an dem man mit Eimern das Wasser holte

Sebil: hier konnte der Vorübergehende mit einem Becher, der an einer Kette hing, Wasser trinken,

Şadırvan: Reinigungsbrunnen im Vorhof der Moschee, auch Brunnenanlagen längs der Moscheenmauern.

Die Brunnenanlagen sind oft besonders schöne Beispiele der türkischen dekorativen Kunst. Man schmückte sie mit Fayencen, Bronzegittern, Inschriften und, wie besonders die hier angeführten drei Brunnen aus der Zeit Ahmets III., mit Reliefs von Blütenmustern und feinem Ornament.

Brunnen Ahmets III. (unmittelbar vor dem Serailtor).

Ein quadratischer Marmorbau mit abgerundeten Erkern, die durch Bronzegitter verschlossen sind. Das weit vorspringende Holzdach trägt in der Mitte und an den Ecken kleine Kuppeln. Er wurde 1728 errichtet; früher befand sich hier der byzantinische Brunnen Geranion.

Brunnen von Tophane

Stadtteil Tophane, zwischen der Kılıc Ali Paşa Camii und der Nusretiye Camii.

Er wurde unter Ahmet III. errichtet, kurz danach zerstört und unter Mahmut I. 1732 wieder aufgebaut. Wieder ein quadratischer Marmorbau mit Brunnenbecken an der Mitte jeder Seite, weit vorspringendem Dach und einer großen Kuppel. Wegen seiner eleganten Form und seines reizvollen Ornamentschmucks gilt er als einer der schönsten der Stadt.

Brunnen Ahmets III. in Üsküdar

Vor der Iskele Camii, in der Nähe der Anlegestelle der Fähre.

An dem reichen und zierlichen Marmorornament dieses, von dem Oberarchitekten (Başminar) Mehmet Ağa 1728/29 errichteten Brunnenpavillons kann man besonders schön den Stil des »osmanischen Rokoko« und sein Verhältnis zu den europäischen Formen der Zeit studieren.

Brunnen in Azapkapı

Am Galata-Brückenkopf der Atatürk-Brücke.
Gestiftet laut Inschrift 1732/33 von der Mutter Mahmuts I., der Saliha Valide Hatun. Er besteht aus einem Trinkbrunnen mit Kuppeldach und zwei seitlichen Laufbrunnen. Die Front trägt reiches Rokoko-Ornament (1954 restauriert).

Brunnen Wilhelms II.

Alman Çeşmesi
Am Nordende des At Meydanı.
Der achteckige Marmorbau mit Säulen und Kuppel wurde von Kaiser Wilhelm II. dem Sultan Abdülhamit II. anläßlich seines Besuches 1895 geschenkt; er war 1898 vollendet.

Basare

von 8–19 Uhr geöffnet, sonn- und feiertags geschlossen.

Großer Basar

Büyük oder Kapalı Çarşı (gedeckter Basar)
Zwischen der Beyazıt und der Nuru Osmaniye Camii
Der Große Basar – man betritt ihn am besten von der Verbrannten Säule (Çemberlitaş) aus – stellt einen Stadtteil für sich dar und erstreckt sich über 200 000 m^2. Er besteht aus einem Labyrinth überwölbter Straßen und Gassen und ist von einer Mauer umzogen, die 11 Tore hat. Alle Geschäfte gleicher Art liegen beieinander. Die für den Fremden interessanteste Stelle ist der Eski Bedesten (Antiquitätenbasar), wo nicht nur Antiquitäten verkauft werden, sondern auch hübsche Silber- und Kupferarbeiten sowie alte Stickereien. Hier hat sich noch etwas von dem so malerischen, orientalisch anmutenden Geschäftsleben der alten Stadt erhalten.
Mehmet II. ließ 1461 hier einen Basar aus Holz errichten, wo sich wahrschein-

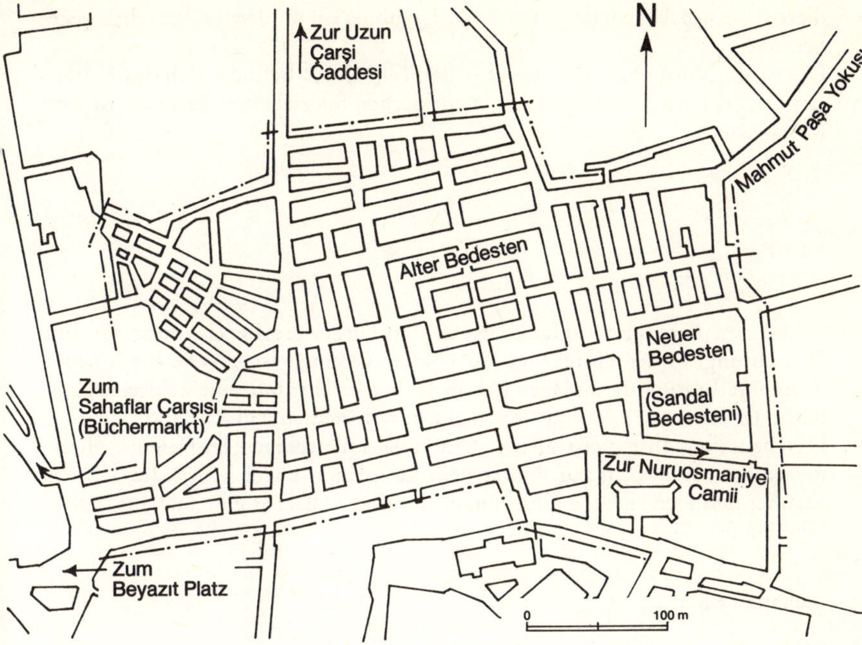

Kapalı Çarşı (Gedeckter Basar)

lich schon eine byzantinische Marktanlage befunden hatte. An verschiedenen Stellen findet man noch heute byzantinische Architekturreste. Zur Zeit Mehmets IV. wurde diese Holzanlage durch einen Brand zerstört, 1701 zum zweiten Mal. Danach wurde sie unter Mustafa II. in Stein wiederaufgebaut. Das große Erdbeben von 1894 beschädigte auch diese, aber nach vier Jahren war der Neuaufbau vollendet. 1954 endlich vernichtete ein Großfeuer weite Teile. In der Nähe des Eski Bedesten das »Havuzlu Restoran« und das Café »Şark Kahvesi«.

Ägyptischer Basar

Mısır Çarşısı
1660 ließ die Sultanin Turhan Hadice hier an der Stelle einer älteren Anlage einen Gewürzmarkt einrichten, wo schon die Gewürz-Verkaufsstände der Venezianer gestanden hatten. 1944 ersetzte man ihn durch einen Neubau, der

diesem einstmals malerischsten Basar Istanbuls ein modernes Aussehen gegeben hat.
Über dem Nordeingang, gegenüber der Yeni Cami, befindet sich das Restaurant Mısırçarşısı, das wegen seiner türkischen Spezialitäten berühmt ist (nur Mittagessen).

Hane

»Han«, im Persischen »Haus«, ist in der Türkei die Bezeichnung für eine Einrichtung, in der Hotel und Warenlager vereinigt ist. Solche für reisende Kaufleute bestimmte Anlagen gab es früher in Istanbul sehr zahlreich; eine Reihe ist erhalten, allerdings oft nicht in repräsentativem Zustand.
Das Bauschema ist meist gleich: Um einen rechteckigen Hof zieht sich ein überkuppelter Bogengang, hinter dem Läden und Lager liegen. Im 1. Stock darüber befinden sich die Gasträume, einzeln heizbar; es gibt auch mehrstökkige Hane.

Balkapan Hanı

(früher Han der Honighändler)
in der Nähe der Rüstem Paşa Camii, dem alten venezianischen Viertel, wo auch jetzt noch die meisten Hane liegen. Er entspricht dem Bauschema, wurde durch Brände 1688 und 1807 in Mitleidenschaft gezogen und ist noch voll in Betrieb.

Büyük Yeni Han, Küçük Yeni Han, Kürkçü Hanı

nördlich des Großen Basars; Çakmakçılar Yokuşu.
Die drei nebeneinanderliegenden Anlagen wurden im 18. Jh. von dem Großwesir Mahmut Paşa gestiftet. Der Büyük Yeni Han ist ein langer Hof, von drei Arkadengeschossen umgeben, 1764 errichtet. Gegenüber der Küçük Yeni Han, auf dessen Dach eine kleine Moschee steht. Auf der anderen Seite liegt der aus zwei Höfen bestehende Kürkçü (Pelzhändler) Hanı. Der eine Hof ist fast quadratisch (40 × 45 m), der Grundriß des anderen unregelmäßig. Dieser Teil ist in schlechtem Zustand, einige Gewölbe sind eingestürzt. Der Baukomplex hat, wie gewöhnlich, zahlreiche Brände erlebt und ist jedesmal wieder verwendbar gemacht worden.

Rüstem Paşa Hanı

Kurşunlu Hanı
In Galata, zwischen der Galata- und der Atatürk-Brücke. Der Han wurde zwischen 1544 und 1550 von Sinan für den Großwesir Rüstem Paşa an der Stelle erbaut, wo früher die genuesische Bischofskirche St. Michael stand. In der Mitte des langgestreckten Hofes (47 × 8,25 m) ist die Treppe zum oberen Geschoß angeordnet. Der Han ist, ebenso wie der nordwestlich liegende Bedesten von 1585, noch im Gebrauch, allerdings restaurierungsbedürftig.

Simkeş Hanı

(Han der Brokatwirker, Silbernetzarbeiter)
An der Ordu Caddesi, schräg gegenüber der Beyazıt-Moschee.
Das ursprünglich sehr große Gebäude wurde 1707 von der Hauptfrau (Başkadın) Emetullah Banu des Sultans Ahmet III. an der Stelle der alten Münze errichtet. Es wurde 1913 aufgegeben. 1920 fand man bei Bauarbeiten ein Säulenfragment des sogenannten Theodosios-Bogens, der hier auf dem Forum des Theodosios stand, etwas später noch zwei Sockel. 1956 wurde bei der Verbreiterung der Ordu Caddesi der Nordteil abgerissen, der Rest wird restauriert (siehe auch S. 189).

Valide Hanı

(Han der Sultansmutter)
Çakmakçılar Caddesi, neben dem Büyükyeni Han.
Dieser große und früher einmal schönste der Istanbuler Hane wurde zu Anfang des 17. Jhs. von Kösem Valide, der Mutter Sultan Ibrahims, in Auftrag gegeben. Er hat drei Höfe; der mittlere ist 55 × 55 m groß und umschließt eine Moschee, die früher den schiitischen Persern gehörte; sie trafen sich hier alljährlich, um den Tod Husseins zu betrauern. Die Gebäude des dritten beziehen einen byzantinischen Turm mit quadratischen Grundriß ein; hier befand sich eine der ältesten Druckereien der Stadt.

Tophane

Tophane-i Amire
(Tophane: etwa »Kanonen-Haus«; Geschützgießerei)
Stadtteil Tophane in Galata.
Schon unter Mehmet II. wurde hier eine Geschützgießerei gebaut, später unter Beyazıt II. und besonders unter Süleyman dem Prächtigen erneuert und vergrößert. Um 1794 erhielt die Gießerei Maschinen aus England und Frank-

reich. Die Anlage bestand schließlich aus einem großen Komplex, zu dem Werkstätten, Kasernen, Übungsplätze gehörten; es gab einen Feuerlöschteich, und alles war von einer Mauer umgeben. Nach einem Brand 1832 baute man die Gebäude unverzüglich wieder auf und errichtete gleichzeitig daneben die Nusretiye Camii. Es ist geplant, hier ein Militärmuseum einzurichten.

Brücken

Köprü

Zwei Brücken stellen die Verbindung zwischen dem Stadtteil Stambul und Galata her; sie überspannen das Goldene Horn (Haliç), die 11 km lange und 40 m tiefe Hafenbucht:

Galata-Brücke

Galata Köprüsü
Sie verbindet den Eminönü Meydanı mit dem Karaköy Meydanı. Hier wurde 1845 eine erste, hölzerne Brücke gebaut, 1863 und 1877 folgten Neubauten, die sich schon bald als zu klein erwiesen. 1909/12 erstellte die MAN (Maschinenfabrik Augsburg–Nürnberg) die heute bestehende Pontonbrücke (468 m lang, 26 m breit, auf 22 Pontons). Der mittlere Teil wird in der Nacht von 2–4 Uhr ausgefahren, um Schiffen die Durchfahrt zu ermöglichen. Sie soll durch eine neue Hängebrücke entlastet werden.

Atatürk-Brücke

Atatürk Köprüsü
Die zweite, etwas jüngere Brücke liegt weiter zum Inneren des Goldenen Horns und führt von Stambul nach Azapkapı. Der heutige Pontonbau stammt von 1935/40 und ersetzte einen Vorgänger aus dem Jahr 1912. Auch hier ist das Mittelteil ausfahrbar.

Fâtih-Brücke

Fâtih Köprüsü
Autobahnbrücke von Defterdar nach Halıcıoğlu, 960 m lang. Sie wurde 1973 zusammen mit der großen Bosporusbrücke eröffnet und gehört zu der Autobahn, die die Stadt im Norden umgeht.

Bosporus-Brücke (Europa-Brücke)

Boğaziçi Köprüsü
Dieses Bauwerk, ein Denkmal türkischen Nationalbewußtseins, wurde zum 50. Jahrestag der Gründung der Republik, am 29. Oktober 1973, eröffnet. Es verbindet Ortaköy und Beylerbey, Europa und Asien. Mit einer Spannweite zwischen den Pylonen von 1074 m ist die Hängebrücke die größte Europas und die viertgrößte der Erde; sie besitzt bei einer Breite von 33,40 m 6 Fahrbahnen, und die Durchfahrtshöhe über dem Wasserspiegel beträgt 64 m.

Der Verkehr ist so stark geworden, daß die Baukosten trotz relativ geringer Gebühren in der unwahrscheinlich kurzen Zeit von 16 Monaten amortisiert waren. Es gibt in den Hauptverkehrszeiten starke Staus. Ab 18 Uhr wird die doppelte Gebühr verlangt, merkwürdigerweise nur in Richtung Asien.
Die erste Brücke über den Bosporus war die Schiffsbrücke des Darius, eine für die damalige Zeit aufsehenerregende Leistung. Seitdem wurden immer wieder Pläne für eine feste Verbindung gemacht, auch Leonardo da Vinci und Michelangelo beteiligten sich daran; Gegen Ende des 19. Jhs. legten die Franzosen Baupläne vor, daneben gab es Tunnelprojekte nach Üsküdar. Aber erst 1970 begann eine deutsch-britische Firmengruppe mit der Realisierung des alten Wunsches. Eine zweite Bosporusbrücke ist zwischen Rumeli Hisarı und Anadolu Hisarı im Bau, eine dritte ist geplant.
Außerdem soll ein Tunnel von Stambul nach Üsküdar gebaut werden.

Plätze
Meydan

Beyazıt-Platz

Beyazıt Meydanı, Hürriyet Meydanı
Der Platz hat seinen Namen nach der Moschee an seiner Ostseite und befindet sich an der Stelle des byzantinischen Forums des Theodosios oder Forum Tauri. An der Südseite der Rest des Simkeş Hanı, in dessen Innenhof seit 1928 Teile des Triumphtores Theodosios' I. ausgegraben worden sind; bei einer Straßenerweiterung wurden weitere Basenfragmente gefunden. Es hatte eine Höhe von 25 m und trug die Statuen der Kaisersöhne Arkadios und Honorios. Durch seine Bogen führte die Hauptstraße von Byzanz, die Mese oder Via Triumphalis, die die Hagia Sophia und die Porta Aurea verband.
In neuerer Zeit wurden die Reste des Tores durch ausgegrabene Fragmente

ergänzt, so daß man jetzt eine gewisse Vorstellung von der ursprünglichen Anlage bekommt. Auch die Grundmauern des anderen Endes, auf der nördlichen Straßenseite, wurden freigelegt.
An der Nordseite des Platzes, in einem Garten, den man durch ein großes Tor in maurischem Stil betritt, die Universität von Istanbul. An dieser Stelle ließ Mehmet II. Fâtih 1454–1458 den Alten Saray (Eski Saray) anlegen, der unter Süleyman dem Prächtigen beim Bau seiner Moschee verkleinert und in einen Palast für den Großwesir verwandelt wurde. 1714 brannte dieser Holzpalast ab und wurde danach wiederaufgebaut. Der heutige Bau stammt aus dem Jahre 1870, wo er als Kriegsministerium errichtet wurde. Er beherbergt seit 1924 die Universität, und zwar die Fakultät der Rechtswissenschaften, während der dahinterliegende Neubau den Geisteswissenschaften dient. Eine Hochschule im europäischen Sinne wurde 1845 in Istanbul gegründet, 1933/34 erhielt sie den Namen Universität. Im Universitätsgarten erhebt sich der 60 m hohe Seraskier-Turm.
Die breite Straße, die an der Westseite des Platzes abgeht, die Şehzade Başı Caddesi, führt zum Edirner Tor (Edirne Kapı).

Platz vor der Hagia Sophia

Ayasofya Meydanı
Der Platz vor der Südseite der Hagia Sophia war das byzantinische Forum Augusteion, auf dem zur Zeit Justinians seine Reiterstatue stand. An der Ostseite wurde es von den Senats- und Justizgebäuden begrenzt, hinter denen der Magnaura-Palast lag, im Süden von dem kleinen kaiserlichen Palast Chalke und den Zeuxippos-Thermen. Südwestlich schloß sich das Hippodrom an, und an der Westseite der Milion-Platz mit dem »Goldenen« Ausgangsmeilenstein des Reiches und der Basilika Regia. Heute ist auf dem Platz südlich der Hagia Sophia ein Garten mit einem Wasserbecken angelegt, der im Osten an das Doppelbad von Sinan grenzt. Bewußt als Gegenstück zu der alten christlichen Kirche wurde weiter im Süden die Blaue Moschee gebaut, die einen Teil des ehemaligen Heiligen Palastes überdeckt.
Vom Augusteion zweigte im Westen die Mese, die Via Triumphalis, ab, heute Divanyolu. Sie führte zum Forum des Konstantin (Verbrannte Säule, Çemberlitaş) weiter zum Forum Theodosios' I. oder Forum Tauri, das 393 eingeweiht wurde (heute Beyazıt Meydanı oder Hürriyet Meydanı). Von dort ging eine nördliche Straße über den Philadelphion-Platz (bei der Şehzade-Moschee) zum Charsios-Tor (Edirne Kapı), eine südliche über das Forum Bovis und das Arkadios-Forum zum Goldenen Tor der Konstantinischen Mauer, später zum Goldenen Tor von Yedikule. Außerhalb der Landmauer hieß diese Straße dann Via Egnatia.

Hippodrom

At Meydanı (Pferde-Platz)
Das Hippodrom, die Rennbahn, wurde im Jahr 203 von Septimius Severus nach dem Modell des Circus Maximus in Rom angelegt. Unter Konstantin vergrößerte man es nach 324, so daß es eine Länge von etwa 400 m und eine Breite von 117,50 m bekam. Bei dieser Vergrößerung wurden im Süden für den halbrunden Abschluß (Sphendone) Substruktionen notwendig, die man noch sehen kann, wenn man von der Südostecke des Platzes zur Sergios- und Bakchos-Kirche hinuntergeht. In den Substruktionen waren die Gladiatoren und Wagenlenker untergebracht, sie wurden aber auch als Ställe benutzt. Sphendone wie Längsseiten waren mit stufenartig angeordneten Sitzreihen versehen. Unter Septimius Severus waren es 16 Stufen, unter Konstantin 40, schließlich fanden etwa 100 000 Menschen im Hippodrom Platz. Ein Säulengang bildete den oberen Abschluß; er war mit vielen Statuen aus griechischer, hellenistischer und römischer Zeit geschmückt.
In der Mitte der Südostseite erhob sich die Kaiserloge, zu der ein weitläufiger Gebäudekomplex, der seinerseits direkt mit den Kaiserpalästen in Verbindung stand, zu den Rängen und zu der Laufbahn aber aus Sicherheitsgründen keinen Zugang hatte. Über der Kaiserloge erhob sich die Quadriga, die vier Bronzepferde, die heute an der Westfassade der Markuskirche in Venedig stehen. Dieses vielleicht lysippische Werk war früher aus Korinth nach Rom gebracht worden, um als Zierde eines Triumphbogens Neros, später Trajans zu dienen; Theodosios veranlaßte seine Überführung nach Byzanz. Als später die Kreuzritter des 4. Kreuzzuges die Stadt eroberten, holten sie es 1204 nach Venedig. Napoleon ließ die Quadriga 1797 in Paris auf dem Arc du Carrousel aufstellen, und 1815 wurden sie wieder nach Venedig zurückgebracht.
Der Platz selbst war durch die Spina, eine terrassenartige Anlage, in der Mitte geteilt. Hier standen zwei Obelisken, einer der Sonne, der andere dem Mond geweiht und unzählige Skulpturen aus Marmor und Bronze. Aber schon im 11. und 12. Jh. hielt man die Spiele, wohl auch wegen der Kosten, seltener ab. Bei der Besetzung durch die Lateiner wurden viele Bronzeplastiken, wie auch die vergoldete Bronzeverkleidung des Gemauerten Obelisken eingeschmolzen. Heute haben sich nur noch drei Denkmale erhalten: Der Ägyptische Obelisk, der Gemauerte Obelisk und die Schlangensäule. Zeitweilig diente das Hippodrom als Schuttabladeplatz, wobei sich der Boden um 3,50 m erhöhte. In der türkischen Zeit wurde er auch als Schießplatz für die Pagen des Serails benützt.

Im alten Byzanz war das Hippodrom das Zentrum des öffentlichen Lebens. Hier fanden die Feste zu Ehren der Kaiser und die Wettkämpfe zur Freude des Volkes statt. Aber es war auch Schauplatz vieler blutiger Aufstände und

Kämpfe. Hier spielte sich von 13. bis 20. Januar 532 der Kampf zwischen den beiden großen politischen Parteien der Stadt, den Grünen und den Blauen ab. Dieser Aufstand, der Justinian fast den Thron gekostet hätte, wurde nur durch das standhafte Verhalten der Kaiserin Theodora und das Eingreifen des Feldherrn Belisar zu seinen Gunsten entschieden; 40 000 Menschen sollen damals im Hippodrom den Tod gefunden haben. Ein anderes Blutbad fand 1826 statt, als Mahmut II. hier die aufständischen Janitscharen, nach der Überlieferung 30 000, töten ließ.
Im Nordwesten fand man beim Abbruch eines Gefängnisses die Reste eines sechseckigen Kuppelbaus mit fünf Konchen. Es ist anzunehmen, daß es sich dabei um die literarisch erwähnte »Euphemia-Kirche beim Hippodrom« handelt, die nach der türkischen Eroberung zerfiel. Sie wurde im 6. Jh. in die Empfangshalle des Antiochos-Palastes hineingebaut, der zu Anfang des 5. Jhs. von dem Oberhofkämmerer Theodosios' errichtet worden war. An den Wänden der Westapsis haben sich noch geringe Reste von 14 Wandmalereien aus dem 14. Jh. erhalten, die das Leben und Martyrium der Hl. Euphemia von Chalkedon zum Inhalt haben; trotz eines Notdachs ist der Bestand sehr gefährdet.
Westlich des Hippodroms stieß man 1950/52 beim Neubau des Justizpalastes auf die Grundmauern von Badeanlagen.
Der Platz ist heute für den durchgehenden Fahrzeugverkehr gesperrt.

Eminönü-Platz

Eminönü Meydanı
Der Platz wird von der Yeni Cami beherrscht, auf die die Galatabrücke direkt zuläuft. An der Südseite der Moschee sitzen die öffentlichen Schreiber mit ihren Schreibmaschinen. Hier befindet sich auch der Ägyptische Basar; in einem Hof ein türkisches Café mit seinen typischen Holztischen und -stühlen. Vor dem Eingang zum Basar sitzen immer noch die Schuhputzer mit ihren bunten Messing-Putzschränkchen, und wenn man im Westen die Hasırcılar Caddesi entlanggeht, kommt man zu den altertümlichen Werkstätten der Holzschnitzer und Drechsler. Über den Läden an der rechten Seite, in der 1. Etage, erhebt sich die Rüstem Paşa Camii.
Der Eminönü-Platz wird umgestaltet und dürfte seine endgültige Form wohl erst erhalten, wenn die Galata-Brücke durch eine größere Hängebrücke ersetzt sein wird, wie es geplant ist. Der Fischmarkt mit seinem farbigen Gedränge, der früher an der Brücke stattfand, ist weiter östlich, in die Nähe des Ägyptischen Basars verlegt worden, statt dessen sind Anlegestellen für die Schiffe und Fähren, auch die zum Goldenen Horn, errichtet worden. Geht man weiter, kommt man zum Bahnhof Sirkeci.

In Beyoğlu (Pera):

Karaköy-Platz

Karaköy Meydanı
Unmittelbar am Nordende der Galatabrücke. Im Norden führt die Yüksek Kaldırım Caddesi (»hohe gepflasterte Straße«), eine lange Treppe mit 113 Stufen, auf dem schnellsten Weg von Galata auf die Höhe von Pera. Dies ist auch die Aufgabe der Tunnelbahn, einer unterirdischen, 614 m langen Schienen-Seilbahn mit zwei Waggons, die von französischen Ingenieuren als erste U-Bahn Europas gebaut wurde und seit 1875 funktioniert. Sie beginnt in Karaköy, Tersane Caddesi und endet am Beginn der Istiklâl Caddesi. Ihre Steigerung beträgt bis zu 26%.
Die östliche Straße führt zum Galata-Kai mit der Anlegestelle der Fähren nach Haydarpaşa (Üsküdar) und der Zollstation, weiter zum Tophane-Platz. Über die westliche erreicht man den Rüstem Paşa Hanı, dann die Azapkapı Camii (auch Sokullu Mehmet Paşa Camii), die Atatürk-Brücke und den nahe gelegenen Brunnen, der 1732 gebaut und 1954 restauriert worden ist.

Tophane-Platz

Tophane Meydanı
Das Gebäude mit den fünf Kuppeln und den vielen kleinen Laternen ist die Geschützgießerei (Top: Kanone); sie wurde unter Mehmet II. erbaut, unter Beyazıt II. erweitert. Der heutige Bau stammt aus dem Jahre 1832. Gegenüber die Kılıç Ali Paşa Camii mit Medrese, Türbe und Hamam, 1580/1586 von Sinan errichtet; für die Moschee diente ihm die Hagia Sophia als Vorbild. Sie enthält schöne Fayencen und Schriften des berühmten Kalligraphen Ahmet Karahisarı. Ihr Stifter war der nicht weniger berühmte Kılıç, Ali Paşa, ein Sklave aus Kalabrien, der es bis zum Admiral und Beylerbey von Algier gebracht hatte. Auf der anderen Seite der Brunnen (Tophane Çeşmesi), den Mahmut I. 1732 im »Tulpenstil« erbauen ließ.

Tophane (Kanonengießerei)
(aus: Blohm, Kurt Wilhelm, Städte und Stätten in der Türkei. Du Mont Kunst-Reiseführer 1971)

Dolmabahçe-Platz

Dolmabahçe Meydanı
Zwischen der Moschee von Dolmabahçe und dem Hauptportal des Palastes steht der Uhrturm. In östlicher Richtung führt die Dolmabahçe Caddesi zum Mausoleum des Großadmirals Barbaros Hayrettin Paşa, das 1541 von Sinan für den Eroberer Algeriens errichtet wurde, weiter zum Çirağan-Palast und dem sich gegenüber hochziehenden Yıldız-Park und schließlich nach Ortaköy und Rumeli Hisarı.

Taksim-Platz

Taksim Meydanı
(»Wasserverteiler-Platz«)
Dieser lebhafteste Verkehrsknoten der Nordstadt ist an der Stelle eines alten Friedhofs angelegt; auch eine Kaserne hatte hier einmal ihren Platz. Der Name bezieht sich auf eine Wasserverteilungsanlage mit -Turm, die hier das Wasser aus dem Belgrader Wald an die Ortsteile Beyoğlus weiterleitete; sie ist noch vorhanden, aber natürlich für den heutigen Bedarf zu klein.
In der Mitte erhebt sich das Denkmal für die Gefallenen des Unabhängigkeitskrieges 1919–1922 (Cumhuriyet Abidesi, Denkmal der Republik), ein Werk des Italieners Canonica, das 1928 aufgestellt wurde. Es sind zwei Szenen dargestellt: Kemal Paşa als General an der Spitze seiner Soldaten bei der Offensive von Afyon Karahisar am 30. August 1922 und bei der Proklamierung der Republik am 29. Oktober 1923.
Im Norden führt eine breite Treppe auf eine Promenaden-Anlage (Taksim bzw. Inönü Gezi Yeri), links davon beginnt die Cumhuriyet Caddesi (Straße der Republik) mit Hotels (Divan und Hilton), Reiseagenturen, Läden und Nachtclubs sowie Radio Evi. Hinter dem Hilton-Hotel liegt das Armeemuseum, seitlich ab der Sportpalast und das Freilufttheater.
Im Osten trifft man auf das Atatürk-Kulturzentrum (Atatürk Merkezi oder Kültür Sarayı), das auch als das Neue Opernhaus zu bezeichnen ist; das frühere brannte 1970, kurz nach der Fertigstellung ab. Rechts daneben zweigt die Gümüşsuyu (Silberwasser) Caddesi ab. Rechts das ehemalige Park Oteli, ein Jugendstilbau, von dessen Balkons man einen besonders schönen Blick auf den Bosporus hat; heute werden hier Mercedes-Autos verkauft. Daneben die frühere Kaiserlich Deutsche Botschaft, ein Bau von 1875/77, jetzt das Konsulat der Bundesrepublik. An der Technischen Hochschule und dem Mithat-Paşa-Stadion vorbei kommt man zum Platz von Dolmabahçe.
Im Süden zweigt die Sıraselviler Caddesi (»Zypressen-Allee«) ab, an der das Deutsche Archäologische Institut und das Deutsche Krankenhaus liegen und im Südwesten die Istiklâl Caddesi (Freiheitsstraße), früher die bedeutendste

Straße Beyoğlus mit vielen Geschäften, Cafés, Restaurants und ehemaligen ausländischen Botschaftsgebäuden. Sie führt zum Galata Lisesi (»Lyzeum«), einer 1868 gegründeten Schule.

Beyoğlu

früher Pera (griech.; »gegenüber«)
Der Stadtteil nördlich des Goldenen Horns heißt Beyoğlu (wörtl.: »Sohn des Herrn«); er stellt das wirtschaftliche Zentrum der Stadt dar. Hier sind die großen Banken, die Handelsniederlassungen, die bedeutendsten Schulen; hier liegen die Konsulate, die eleganten Hotels und vor allem die bevorzugten Wohnviertel.

Am Nordufer des Goldenen Horns bestand schon in vorchristlicher Zeit eine kleine griechische Siedlung, die »Sykai« (Feigenbäume) genannt wurde; Konstantin gliederte sie ein und hat sie vielleicht befestigen lassen. Im 5. Jh. wird als XIII. Region die »Regio Sycaena« aufgeführt. Eins ihrer Quartiere war Galata. Um 580 ließ Tiberios I. Konstantinos (578–582) eine Festung zur Sicherung des Hafens im Goldenen Horn anlegen. Wahrscheinlich war er es auch, der den Plan einer Sperrkette faßte, die zum Kentenarion-Turm (bei Sirkeci) hinüberführte.

Schon im 12. Jh. siedelten sich Genuesen in Galata an, und nach der Befreiung von den Lateinern kam es zu einem Vertrag zwischen Michael VIII. Palaiologos und Genua, in dem ihnen Galata als halbautonome Handelskolonie mit eigenem Gouverneur (Podestà) zugestanden wurde. Hier entstand das genuesische Peyre (Pera), das durch die konkurrierenden Venezianer schon 1296 niedergebrannt wurde. Entgegen den Vertragsbestimmungen befestigten die Genuesen daher ihre Siedlung (1303 erster Mauerring, 1404 der sechste) immer wieder, bis die Türken 1453 die Mauern schleiften. Obwohl die Reste 1864 beseitigt worden sind, findet man immer noch einzelne Stücke, auch Tore haben sich erhalten, und Inschriften wie Straßennamen erinnern an die genuesische Zeit.

Bei der Belagerung von Konstantinopel blieb Pera neutral, und aus wirtschaftlichen Überlegungen heraus ließ Mehmet II. Galata unangetastet, von einer Verkürzung des Galata-Turms und der Anlage einer Mauerbresche abgesehen. Bald siedelten sich hier und nördlich davon Türken an und nannten den Stadtteil Beyoğlu, ein Name, der im Laufe der Zeit auf die ganze Nordsiedlung überging. Vom 16. Jh. an übertrifft es Galata an Bedeutung. Die Gesandschaften verließen die Enge der unteren Stadt und zogen in die höher gelegenen Teile

von Pera-Beyoğlu. 1581 entstand z. B. das Palais de France (das heutige Gebäude wurde nach einem Brand 1831 an der gleichen Stelle errichtet).
Die Einwohner Galatas waren zum großen Teil Ausländer. Es gab Handwerker, Seeleute, Händler. Nach Evliya Çelebi waren die Armenier meist Händler und Wechsler, die Griechen besaßen Schenken. Von den Häusern dieser Zeit hat sich infolge der Großbrände von 1831 und 1871 fast nichts erhalten.
Im 19. Jh. wurde die Pera-Straße (Istiklâl Caddesi) vom Galatasaray bis zum Taksim-Platz verlängert. Dieses Jahrhundert ist die wirtschaftliche Glanzzeit der Peroten, wie man die Einwohner nannte. Damals wurden ausländische Handelsniederlassungen und Banken gegründet. In den Händen europäischer Firmen lagen die Installation von Wasser, Gas, später der Elektrizität, die Straßenbahnanlagen und alles Technische. Man kopierte den Pariser Lebensstil und errichtete Theater, in denen ausländische Schauspielertruppen spielten. Die Sprache der eleganten Welt war Französisch, die des Volkes meist Griechisch.
Die Neuzeit nach den Weltkriegen brachte hier einen großen Wandel. Handel und Industrie kamen immer mehr in türkische Hände, viele Betriebe des öffentlichen Dienstes wurden verstaatlicht. Junge Türken, die an ausländischen Hochschulen studiert hatten, konnten die westeuropäischen Techniker weitgehend ersetzen, dazu wurde die Universität immer weiter ausgebaut. Beyoğlu hat sich weit ausgedehnt und ist im europäischen Sinne eine moderne Großstadt geworden, während Stambul einen stellenweise geradezu musealen Charakter bekam. Man versucht in den letzten Jahren, dieser Entwicklung durch radikale Umgestaltungen zu begegnen: Breite Straßen werden angelegt, um den Verkehr der 6-Millionenstadt zu bewältigen, ganze Viertel aus feuergefährdeten Holzhäusern wurden abgerissen und Verwaltungszentren verlegt. Die Ziele der Stadtplaner sind noch längst nicht erreicht und müssen immer weiter gesteckt werden.

Zwei Kirchen sind zu erwähnen:
Unterhalb des Galata-Turmes die katholische Peter- und Pauls-Kirche: hier wurde 1604 unter dem Schutz Frankreichs und mit einem Ferman Ahmets I. eine Holzkirche gebaut, die 1841 durch einen Bau von G. Fossati, dem Restaurator der Hagia Sophia, abgelöst worden ist. Die ausgestellte Ikone der »Jungfrau von Konstantinopel« ist ein russisches Gnadenbild, das 1475 von Kaffa auf der Krim hierhergebracht wurde. Weiter abwärts St. Georg; sie wurde 1677 auf Kosten Ludwigs XIV. von Frankreich anstelle eines durch Feuer zerstörten Vorgängerbaus errichtet; ursprünglich stand an dieser Stelle schon eine byzantinische Georgskirche, die 1303 erwähnt wird. Seit 1882 ist sie in den Händen der österreichischen Lazaristen.

Gang durch Beyoğlu

siehe Plan S. 198

Die Istiklâl Caddesi, die Freiheitsstraße, die man vor dem Ersten Weltkrieg auch gern französisch »Grande Rue de Péra« nannte, war lange Zeit die wichtigste Ader Beyoğlus. Auch heute vermittelt ein Gang von Taksim nach Azapkapı einen nachhaltigen Eindruck vom Lebensstil des 19. Jhs. in der Nordstadt. Die Istiklâl Caddesi soll zur Fußgängerzone erklärt werden.

Taksim-Platz

rechts: Der achteckige Wasserverteiler (taksim) in Form einer Türbe wurde 1732 gebaut. Man sieht rechts die Mauer. Danach das alte französische Konsulat, ursprünglich Pestspital, von 1719.

Galatasaray-Platz

links Das Galatasaray Lisesi, 1868 als französisches Lyzeum eingerichtet, in dem französisch gesprochen wurde; der heutige Bau stammt aus dem Jahr 1908. Gegen Ende des 15. Jhs. soll hier eine Pagenschule bestanden haben.

rechts führt die Çiçek Pasajı (Blumen-Passage) zu originellen Tavernen, Weinlokalen und Teehäusern, dann zur Kiricantem Pasajı (Chrysanthemen-Passage).

links Ehemalige Britische Botschaft, 1845 von Sir Charles Barry im italienischen Renaissance-Stil erbaut, mit schönem englischem Garten.

rechts Restaurant Rejans (»Règence«), nach dem Ersten Weltkrieg von russischen Tänzerinnen gegründet. Gute russische Küche.

links Kirche des hl. Antonius von Padua. Der heutige Bau italienische Neugotik, aber die Franziskaner hatten hier schon 1725 eine Kirche.

Ehemalige Niederländische Botschaft, ein 1855 von den italienischen Brüdern Fossati vollendetes Gebäude. Ein Vorgängerbau war 1612 errichtet worden, ein zweiter brannte ab.

Holländische Kapelle. Seit 1857 Sitz der Unierten Protestantischen Kirchen Istanbuls. Gottesdienst in englischer Sprache.

Maison de France und Ludwigskirche. Hier stand die älteste katholische Kirche in Beyoğlu, die schon 1581 erwähnt wird. Das heutige, 1831 entstandene Gebäude ist jetzt Sitz der Chaldäer (Nestorianer). Die Messe wird in aramäisch, der Sprache Christi, gefeiert.

Kirche Maria Draperis, eine Franziskanerkirche von 1789 (Vorgängerbau von 1678). Die erste Kirche der Franziskaner wurde am Anfang des Jahres 1453 an der Stelle des heutigen Sirkeci-Bahnhofs gegründet. Nach der türkischen Besetzung im gleichen Jahr mußten sie nach Galata ausweichen, später nach Pera.

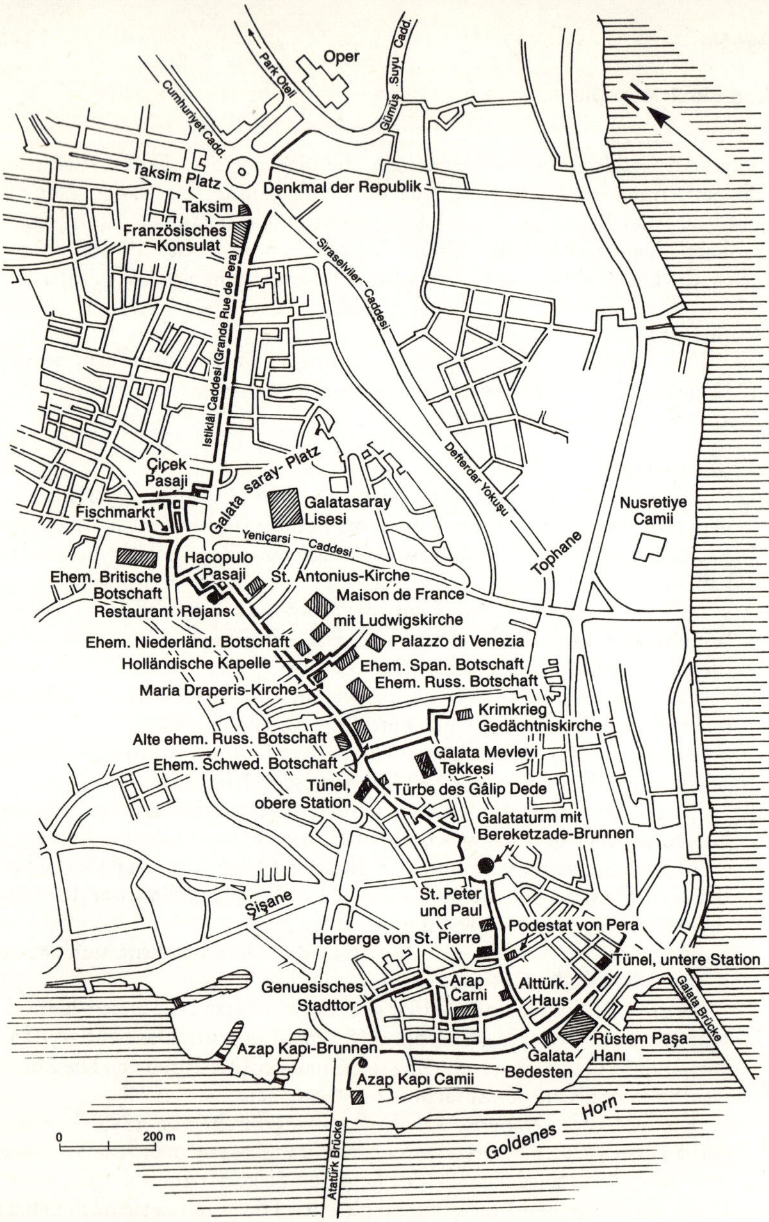

Pera und Galata mit der Istiklâl Caddesi

(aus: Freely, John und Sumner-Boyd, Hilary, Istanbul. © Prestel-Verlag 1984)

Ehemalige Spanische Botschaft mit Kapelle. Das Gebäude hat heute keinen diplomatischen Zweck mehr. Die Kapelle wurde 1871 gebaut, an der Stelle einer Vorgängerin von 1670.

Palazzo di Venezia. Große, imponierende Anlage mit schönem italienischem Garten. Hier residierte der Bailo von Venedig, später wurde sie Italienische Botschaft. 1744 hielt sich hier Giacomo Casanova drei Monate als Gast auf.

Ehemalige Russische Botschaft, 1837 von den Brüdern Fossati erbaut, die früher auch in Moskau für den Zaren tätig gewesen waren.

rechts Café Markiz. Hier erlebt man noch etwas von der alten Atmosphäre Peras; es gibt besonders guten Kuchen.

links Gedächtniskirche für die Gefallenen des Krimkriegs. 1859/69 von dem englischen Architekten Street, der u. a. den Justizpalast in London gebaut hatte, mit neugotischen Stilanklängen errichtet.

Schwedische Botschaft (18. Jh.).

Tünel. Obere Station der unterirdischen Seil-Schienen-Bahn (Fahrzeit 1 Minute, 20 Sekunden), genannt »das Mauseloch«.

Ende der Istiklâl Caddesi Türbe des Gâlip Dede, Derwisch und mystischer Dichter des 17. Jhs.

Mevlevi Tekkesi. Ein 1492 von einem Iskender Paşa gegründetes Derwischkloster. Neubauten 1796 und 1850, seit kurzem Museum (s. S. 71). Auf dem Klosterfriedhof das Grab des Grafen Bonneval (gest. 1747), der Moslem wurde und es zum Oberkommandierenden der türkischen Artillerie brachte. Er nannte sich »Kumbaracı (Kanonier) Osman Ahmet«.

Galata-Turm (s. S. 174) 68 m hoch, 140 m über dem Meeresspiegel. Er wurde 1348 als höchster Turm von Pera erbaut und hieß auch »Christus-Turm« bzw. bei den Griechen »Megas Pyros« (großer Turm). In der osmanischen Zeit diente er als Gefängnis und Feuerwache. 1970 rekonstruierte man das alte Kegeldach und richtete im Inneren Läden und Restaurants ein, ganz oben einen Nachtclub.

rechts Kloster St. Peter und Paul (siehe S. 196). Die Dominikanerkirche aus dem späten 15. Jh. wurde 1841 von einem Neubau der Brüder Fossati abgelöst; heute ist sie Pfarrkirche der maltesischen Gemeinde von Istanbul. An der Rückseite des ehemaligen Klosters sieht man noch einen Rest der genuesischen Mauer mit drei Türmen.

Ehemaliges Hôtel St.-Pierre, 1771 von einem französischen Gesandten gestiftet. In der Nähe das Geburtshaus des französischen Dichters André Chénier mit einer Gedächtnistafel.

links Arap Camii, »Araber-Moschee« für die Mauren aus Spanien, ursprünglich vielleicht eine dem hl. Paulus geweihte Kirche; 1323 bis 1337 von Dominikanern übernommen. Der Bau zeigt gotische Stilelemente und hat drei Apsiden. Bei einer Restaurierung 1913/19 fand man unter dem Fußboden genuesische Grabsteine. Reizvoller Hof mit Şadırvan.

Genuesisches Stadttor Weiter nach Westen, in der Yanik Kapı Sokağı (Gasse des verbrannten Tores), findet man dieses Tor aus dem 13./14. Jh., das einzige erhaltene.

Umgebung von Istanbul

Das Goldene Horn

Seit dem Altertum ist das nach seiner gebogenen Form genannte »Goldene Horn« (Haliç), eine 7 km lange, bis zu 800 m breite und bis zu 40 m tiefe Meeresbucht, der natürliche Hafen der Stadt. Im Laufe der Jahrhunderte hat es durch Verlandung und Aufschüttung etwa ein Drittel seiner ehemaligen Breite eingebüßt. Der einstmals romantische Anblick hat lange Zeit durch die Ansiedlung von Fabriken stark gelitten, aber in den letzten Jahren sind die häßlichen Gebäude mit ihren zum Teil verfallenen Lagerhäusern abgerissen worden. Man hat Grünflächen, Sportplätze und Gärten mit Bänken angelegt.

Drei Brücken überqueren das Goldene Horn: die Galata-Brücke, die Atatürk-Brücke und die Fâtih-Brücke, über die die Umgehungs-Autobahn verläuft.

Etwa drei Stunden brauchen die kleinen Lokaldampfer vom Eminönü-Platz bis zur Endstation Eyüp. Je nach Fahrplan wird an 7 bis 11 Stationen angelegt. Man kann auch ein Ruderboot (Kayık) mieten oder eine Teilstrecke mit dem Taxi fahren.

1. Station: Yağkapanı (Yemiş) (Südufer). Die Kuppel und das Minarett der Rüstem Paşa Camii sind sichtbar, auf der Nordseite die Arap Camii. Weiter zur Atatürk-Brücke; in unmittelbarer Nähe die Azapkapı Camii.
2. Station: Cibali (Südufer). In Ufernähe die Gebäude der Tabakmanufaktur; auf dem 4. Hügel die Fâtih Camii, links davon die Bögen des Valens-Aquäduktes.
3. Station: Kasımpaşa (Nordufer), das byzantinische Pegae Krenides, das seinen Namen nach der Moschee des Großwesirs Süleymans, Güzelce Kâsım, erhalten hat. Hier etwa trafen 1453 die Schiffe in das Goldene Horn ein, die Mehmet II. auf einer Schleifbahn vom Bosporus in den kleinen, hier mündenden Fluß hatte ziehen lassen. Später stand hier das Arsenal der osmanischen Kriegsmarine.

Am Goldenen Horn

(aus: Freely, John und Sumner-Boyd, Hilary, Istanbul. © Prestel-Verlag 1984)

4. Station: Ayakapı (Südufer). Auf dem 5. Hügel erhebt sich die Sultan Selim I. Camii, nahe am Ufer die Gül Camii.
5. Station: Fener (Südufer). Unweit der Anlegestelle das Griechisch-Orthodoxe Patriarchat. Im Stadtteil Fener (Phanar: Leuchtturm) haben sich noch einige byzantinische Häuser erhalten.
6. Station: Balat (Südufer). Hier ließ Mehmet II. 1453 eine Schiffsbrücke schlagen.
7. Station: Hasköy (Nordufer). Oberhalb der Häuser der große israelische Friedhof (Kulaksiz Mezarlıgı: »ohrenloser Friedhof«), bei dem auffällt, daß die Grabplatten flach und verstreut herumliegen und Bäume ganz fehlen.
8. Station: Ayvansaray (Südufer). Hier endet die Seemauer und geht in die

Landmauer über; bis hierhin reichte das Gebiet des Blachernen-Palastes. Dann fährt man unter der 1973 eröffneten Autobahnbrücke (Fâtih oder Haliç Köprüsü) durch.

9. Station: Halicioğlu (Nordufer). Kurz vorher fährt man an den Resten der Brücke Justinians vorüber. Bei windstillem Wetter kann man im »klaren« Wasser einen Brückenbogen erkennen.

10. Station: Defterdar (Südufer). Fabrikanlagen.

11. Station: Eyüp. Man sieht die Eyüp Sultan Camii; hier liegt ein großer islamischer Friedhof und das »Café Pierre Loti«.

Nach Kâğıthane fahren keine Dampfer mehr.

Eyüp

Man erreicht die *Moschee,* wenn man von der Dampferstation etwa 200 m die gepflasterte Straße geradeaus geht; ein Tor auf der rechten Seite führt in den ersten Hof der Moschee.

Die große Moschee von Eyüp wurde 1458 von Mehmet II. erbaut, zur Erinnerung an die wunderbare Wiederauffindung des Grabes des Fahnenträgers des Propheten, Eyüp Ansari, der bei der Belagerung von Konstantinopel zwischen 674 und 678 hier den Tod gefunden haben soll. 1591 wurde die Moschee unter Murat III. vergrößert, unter Ahmet III. wurden die beiden Minaretts neu erbaut. Selim III., der die Moschee in Ruinen vorfand, ließ sie 1798 abreißen und 1800 einen Neubau errichten. Seit Mehmet II. fand hier bei der Thronbesteigung des Sultans die feierliche Schwertumgürtung statt, die als Zeremonie etwa der Krönung der deutschen Kaiser entsprach.

Der erste Hof der Moschee bietet einen romantischen Anblick, bestimmt durch die drei großen Platanen, auf denen Reiher und Störche sitzen, wie durch die zahlreichen Tauben, für die man bei den Händlern, die ihre Stände hier aufgeschlagen haben, Futter kaufen kann. Rechts der Reinigungsbrunnen, links Grabanlagen und weiter links eine grüne Tür, die in den Grabbau von Eyüp führt. (Das Betreten ist nur Moslems erlaubt.) Geradeaus der zweite Hof, der eigentliche Vorhof der Moschee, der mit Marmor belegt ist. An drei Seiten führt ein Portikus um ihn herum, die vierte Seite wird von dem Grabbau, der sich links vom Eingang in den Hof befindet, eingenommen. Seine Fassade ist reich mit blaugrünen Fayencen aus der Tekfursaray-Manufaktur geschmückt. Durch ein vergoldetes Kupfergitter kann man in die eigentliche Grabkammer blicken und den mit Goldornament verzierten Katafalk sehen; auch die Innenwände tragen Fayencen. Gegenüber dem Grabbau die Moschee: ein Saal, mit einer Kuppel überwölbt, die von acht Halbkuppeln flankiert wird; die beiden Halbkuppeln in der Mihrâb-Achse heben sich durch ihre Größe hervor. Verläßt man den Hof in der Eingangsrichtung, so kommt

Pergamon. Tempel des Trajan ▷

man an weiteren Grabbauten vorbei und erreicht, nachdem man ein Tor durchschritten hat, die Gräberstraße, die mit prunkvollen Türben der höchsten Würdenträger gesäumt ist; ein Anblick, den man nicht versäumen sollte. (Man kann den Rundgang auch hier beginnen.)

Nach der Besichtigung kehrt man in den ersten Hof zurück, wende sich vom Portal aus nach rechts; kurz nach links die gepflasterte, fahrbare Straße den Hügel hinauf. Sie führt durch den großen *Friedhof* von Eyüp, der als einer der heiligsten in der islamischen Welt gilt. Die Familiengräber sind mit Gittern umgeben. Die Grabsteine der Männer zeigen einen Turban, dessen Form, je nach der Würde, die der Verstorbene innehatte, verschieden ist. Die Grabsteine der Frauen hingegen sind von einem Blütenornament gekrönt. Zahlreiche Zypressen schaffen eine ganz besondere Stimmung, und es nimmt nicht wunder, daß dieser Friedhof von so vielen Dichtern und Malern verewigt worden ist. Man folge der Straße (etwa 10 Minuten) bis zu einem kleinen *Café* auf der Höhe, einer einfachen Holzhütte, vor der der französische Dichter *Pierre Loti* oft zu arbeiten pflegte (Piyerloti). Der Blick von hier aus auf das Goldene Horn und auf die Stadt gehört zu den schönsten, die die Stadt bietet, besonders bei Sonnenuntergang ist er unvergeßlich.
In neuerer Zeit wird das Café viel besucht und hat zwei Terrassen am Berg, auf denen man unter Bäumen sitzen kann. Man kann auch auf einer steilen Straße mit dem Auto bis in die Nähe hinauffahren, muß sich allerdings einen Parkplatz suchen.

Die Süßen Wasser Europas

Selten fahren Dampfer vom Goldenen Horn noch bis nach Kâğithane (Papierfabrik) hinauf. Wir raten aber, von Eyüp mit einem Taxi über Kâğithane in die Stadt zurückzufahren.
Die schönen Täler des Kâğithane Suyu und des Ali Bey Suyu, auch die »Süßen Wasser Europas« genannt, waren früher ein Lieblingsaufenthalt der Sultane, die hier in einem Pavillon wohnten, den Mahmut I. erbaut haben soll; er ist heute zerfallen. Im 18. und 19. Jh. galten die Täler als Feiertagsziel der Gesellschaft; man lagerte und picknickte im Freien. In neuerer Zeit hat der untere Teil durch Industrieanlagen seinen Reiz verloren, und die Flüsse führen schon lange kein »süßes« Wasser mehr.
Schön aber sind immer noch die Ausflüge in das Tal von Kâğithane bis zum Dorf Kemerburğaz (13,5 km), dem byzantinischen Pyrgos. In der Nähe verläuft der Aquädukt Eğrikemer (Krummer Aquädukt), 342 m lang, der wahrscheinlich aus der Zeit von Andronikos I. Komnenos (1183–1185) stammt; unter Süleyman wurde er 1563/64 repariert. In dieser Zeit, um 1564,

◁ *Alaca Hüyük. Sphingentor*

entstand auch ein anderer, der Aquädukt Uzunkemer (Langer Aquädukt), 716 m lang.
Reizvoll ist auch ein Ausflug in das Tal des Ali Bey Suyu bis zu dem Dorf Ali Bey Köyü (14 km). Hier sieht man den Aquädukt Güzelce (170 m), den Sinan im Auftrag Süleymans des Prächtigen erbaute und den sogenannten »Aquädukt des Justinian« (265 m), der wie die anderen um 1563 gebaut wurde und auch Mağlova Kemeri genannt wird.

Der Bosporus
Boğaziçi

Einen richtigen Eindruck dieser berühmten Meerenge vermittelt am besten eine Dampferfahrt. Die Schiffe fahren an der Ostseite der Galatabrücke vor der Wartehalle und Zollstation (Yolcu salonu) ab und brauchen bis zum Schwarzen Meer ungefähr zwei Stunden.
Der Bosporus ist die Verbindung zwischen Marmara- und Schwarzem Meer. Er ist 31,7 km lang, an seiner engsten Stelle bei Rumeli Hisarı 660 m breit, an seiner breitesten 4,7 km. Die Tiefe beträgt 50 bis 120 m, und seine Strömungen sind gefährlich. Mit seinen hügeligen Ufern, an denen Paläste und Villen verstreut zwischen Zypressen und Platanen liegen, bietet er ein berühmtes, südlich heiteres Landschaftsbild.

Das europäische Ufer

Beşiktaş, das alte Jasonion. Hier das Mausoleum Hayrettin Barbaros' und ein modernes Denkmal des berühmten Admirals, weiterhin der Çirağan-Palast.
Ortaköy, ein Dorf, das sich um die griechische Kirche Hagios Phokas entwikkelt hat. An der Anlegestelle die Moschee, 1870 von der Mutter des Sultans Abdülaziz errichtet. Danach die 1973 eröffnete Bosporus-Hängebrücke, die 1074 m lang ist und den Stadtteil Ortaköy mit dem asiatischen Beylerbey verbindet.
Arnavut Köy (Albaner-Dorf), ein Fischerdorf, in dem früher Albaner angesiedelt worden sind.
Bebek liegt an einer schönen Bucht. Es ist das alte Chelae, das einen Diana-Tempel besaß. Sultan Selim I. ließ hier einen Palast bauen; ein anderer, der heute verschwunden ist, wurde 1725 unter Ibrahim Paşa errichtet (Humayun Abad Sarayı). Bebek zählt heute mit zu den vornehmsten Wohngegenden; es gibt elegante Sommerlokale und ein Schwimmbad. Viele große Yachten, weiß

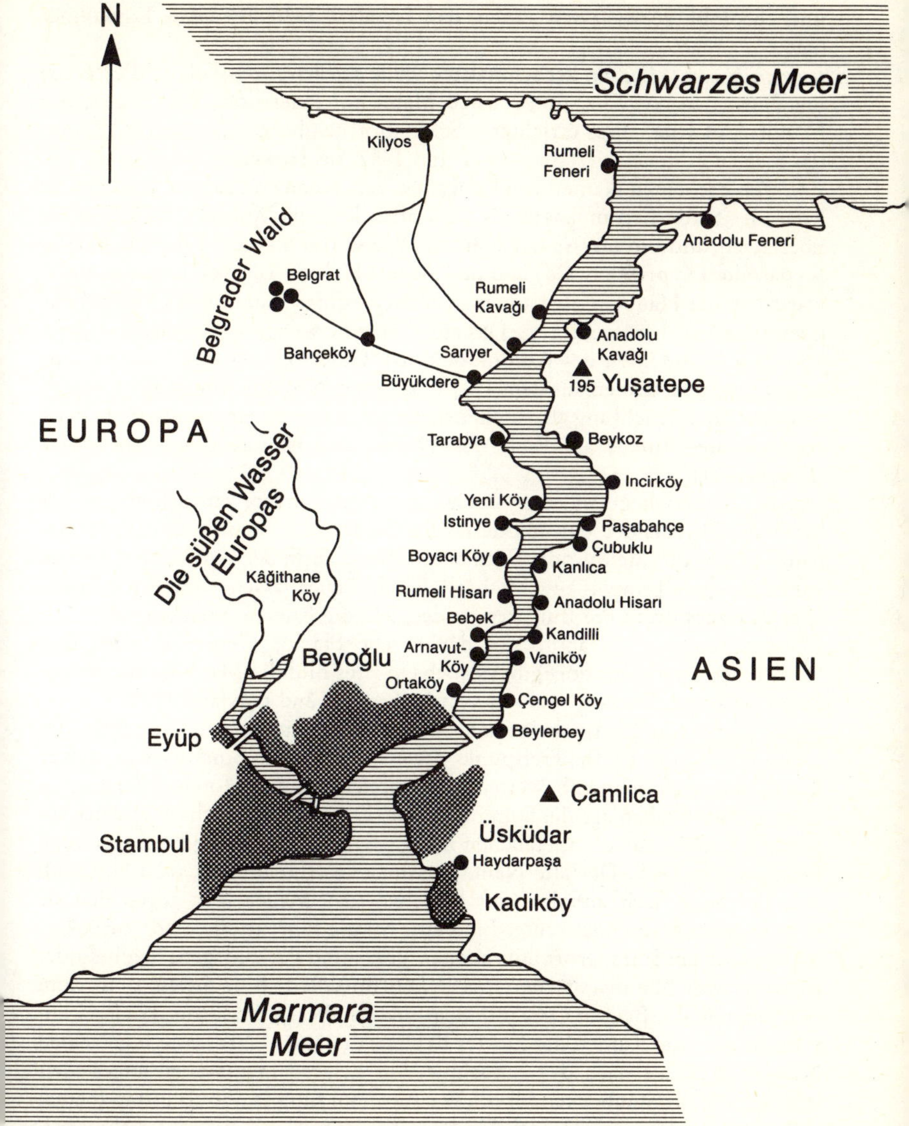
N
Schwarzes Meer
Kilyos
Rumeli Feneri
Anadolu Feneri
Belgrader Wald
Belgrat
Rumeli Kavağı
Anadolu Kavağı
Bahçeköy
Sarıyer
Büyükdere
195 Yuşatepe
EUROPA
Die süßen Wasser Europas
Tarabya
Beykoz
Incirköy
Yeni Köy
Istinye
Paşabahçe
Çubuklu
Boyacı Köy
Kanlıca
Kâğithane Köy
Rumeli Hisarı
Anadolu Hisarı
Bebek
Kandilli
Arnavut-Köy
Vaniköy
Beyoğlu
ASIEN
Ortaköy
Çengel Köy
Beylerbey
Eyüp
Çamlica
Stambul
Üsküdar
Haydarpaşa
Kadiköy
Marmara Meer

Bosporus

und chromblitzend, lassen ahnen, daß Istanbul nicht nur arme Einwohner hat.
Rumeli Hisarı. Hier, an der schmalsten Stelle des Bosporus, soll der Perserkönig Darius 512 v. Chr. mit 700 000 Mann auf einer von dem Baumeister Mandrokles von Samos errichteten Schiffsbrücke übergesetzt sein. 1097 setzten hier auch die Kreuzfahrer über und 1452 die Türken.
Emirğan hat seinen Namen von Emirgûne, dem Khan von Erivan, erhalten. Er hatte die Stadt Erivan kampflos dem anrückenden Murat IV. (1623–1640) überlassen und wohnte später hier als Freund des Sultans. Ehemals hieß es Kyparodes (Zypressenwald) und besaß einen Hekate-Tempel. Etwas landeinwärts von der Hauptstraße kann man ein neuerdings restauriertes Yalı besichtigen (seit Mai 1986 geöffnet). Das alte Gebäude wurde wie mehrere andere, von dem Präsidenten des Automobilklubs, Gülersoy, gekauft und mit Einrichtungsgegenständen aus dem 19. Jh. bzw. mit Nachbildungen ausgestattet. Obwohl die Einrichtung also nicht original ist, bietet sie einen guten Eindruck vom privaten Luxus am Ende des 19. Jhs. und ist unbedingt sehenswert (Fotoverbot).
Istinye (Stenia) liegt an einer Bucht, in der sich heute ein Schwimmdock befindet. Hier endet eine moderne Straße aus der Stadt. Die Byzantiner nannten den Ort Stenos oder Sosthenion. Konstantin der Große hatte hier an der Stelle eines Tempels eine Michaels-Kirche bauen lassen, dazu einen Palast, aber 921 zerstörten die Bulgaren beides, 942 die Russen noch einmal.
Yeniköy, das alte Neapolis. In der Kirche Hagios Georgios liegen drei Patriarchen begraben; dort gibt es auch ein altes Bild der Maria Kameriotissa. Der Palast von Yeniköy stammt von Mahmut I. und entstand 1740.
Tarabya, das alte Pharmakeios, ein Ort mit mehr städtischem Charakter, der schon im 18. und 19. Jh. Treffpunkt der Gesellschaft im Sommer war; daß er das auch heute noch ist, beweisen die zahlreichen guten Hotels. Hier liegt in einer großen Parkanlage der Sommersitz der Deutschen Botschaft; im Park ein Kriegerfriedhof für die Gefallenen des Ersten Weltkriegs und ein Denkmal Moltkes von 1889. Der alte Name Pharmakeios (Heilmittel, auch Gift) soll sich der Sage nach auf das Gift beziehen, das Medea hier gegen den sie verfolgenden Jason ausstreute. Eine gute Straße führt in die Stadt zurück.
Büyükdere, ein Sommerort mit schönen Villen und Parkanlagen; hier befindet sich auch der Sommersitz der Russischen Botschaft. Eine Straße führt zum Belgrader Wald (Belgrat Ormanı), dem einzigen Wald Thraziens. Nach 10 km erreicht man die Ruinen des Dorfes Belgrat, des alten Petra. Es erhielt seinen Namen 1521, als nach der Einnahme von Belgrad hier Serben angesiedelt wurden, die die Staubecken für die Wasserversorgung Istanbuls instandhalten sollten. In der Umgegend: Der Wald von Kırğagaç, der Aquädukt Mahmuts I. (1732), das Dorf Bahçeköy mit dem Staubecken (Bent) Mahmuts I. (ebenfalls

von 1732) und im westlichen Tal das Staubecken Valide Bent. In Bahçeköy kann man nach Norden auf eine Straße abbiegen, die nach *Kilyos* am Schwarzen Meer führt (14 km), oft als das schönste Strandbad Istanbuls gerühmt, mit feinem Sand, Terrassencafés und Restaurants, einem großen Hotel (Turban Oteli) und vielen modernen Sommerhäuschen.

Sarıyer, das alte Simas, hat gute Fischlokale (man kann sich die Fische aussuchen) und eine hübsche Umgebung, die zu Spaziergängen einlädt. Für Freunde des 19. Jhs. ist das Sadberk Hanım Müzesi sehenswert, ein kürzlich restauriertes Yalı an der Hauptstraße, in dem Porzellan, Glas und Silber ausgestellt ist. Es brannte nach der Restaurierung erst einmal ab, wurde aber sofort wieder instandgesetzt. Auch von Sarıyer führt eine Straße nach Kilyos (nach der Brücke links, 14 km).

Yeni Mahalle (»neue Wohnsiedlung«), ein Fischerdorf. In byzantinischer Zeit stand hier ein Michaels-Kloster, 1783 wurde eine kleine Festung gebaut.

Rumeli Kavağı (»Rumelische Pappeln«). Das Schloß, das genuesischen Ursprungs ist, liegt schon in der Militärzone. Hier ist eine der engsten Stellen des Bosporus. Man kann im Wasser den Sperriegel erkennen; die meisten Dampfer wenden hier.

Der letzte Ort auf der europäischen Seite ist *Rumeli Feneri* (Rumelischer Leuchtturm). Etwa 100 m vom Ufer entfernt erheben sich dunkle Basaltriffe; das sind die Kynaeischen Inseln, die Jason auf dem Argonautenfeldzug zu durchfahren hatte.

Das asiatische Ufer

Rückfahrt nach Üsküdar.

Anadolu Feneri (anatolischer Leuchtturm), auf einem früher befestigten Landvorsprung.

Anadolu Kavağı (Anatolische Pappeln). Das Dorf wird von dem um 1350 erbauten genuesischen Schloß beherrscht; es ist möglicherweise noch byzantinischen Ursprungs. Die Meerenge trug im Altertum den Namen »Hieron« nach den Heiligtümern, die in dieser Gegend standen, dem »Altar der 12 Götter« und dem Tempel des Zeus Ourios oder »Zeus der guten Winde«.

Yuşa Tepesi (Josua-Berg) Zufahrt von Beykoz aus. Der Name bezieht sich nicht auf die alttestamentliche Gestalt, sondern auf einen heiligen Moslem, für den auf dem Gipfel eine kleine Moschee errichtet wurde. Der Ursprung der volkstümlichen Bezeichnung »Grab des Riesen Josua« ist unbekannt. In älterer Zeit stand hier eine Kirche, die Justinian hatte erbauen lassen. Leider ist der Gipfel Sperrgebiet, so daß der Tourist die schöne Aussicht nicht genießen kann.

Yalıköy. Berühmt sind die alten Strandvillen (Yalı) am asiatischen Bosporus-ufer, meist allerdings mehr oder weniger zerfallen. Zwischen Yalıköy, wo es nichts sehr Sehenswertes außer dem Blick auf den Bosporus mehr gibt, und Üsküdar gibt es etwa ein halbes Dutzend, die besonders zu erwähnen sind.

Hünkâr Iskelesi. Hier mündet ein baum- und wasserreiches Tal, früher eine beliebte Sommerfrische der Kaiser wie der Sultane. Schon Mehmet II. ließ einen Palast errichten; er wurde mehrmals umgebaut (zuletzt von Mahmut I. 1746), besteht aber nicht mehr. Heute sieht man einen Gartenpalast, der um die Mitte des 19. Jhs. von dem Architekten Balyan gebaut wurde und heute Krankenhaus ist. In Hünkâr Iskelesi (Landestelle des Herrschers) wurde 1833 ein Vertrag mit Rußland geschlossen, der das Vordringen des ägyptischen Heeres verhindern sollte und Rußland Schiffahrtsrechte auf dem Bosporus einräumte.

Beykoz. Die Bucht, an der das große Dorf liegt, hieß im Altertum Amykos nach dem König der Bebryker, von dem sie Sage erzählt, daß er von den Argonauten getötet wurde. Auf seinem Grab soll ein Lorbeerbaum gepflanzt worden sein, dessen Blätter den zum Wahnsinn trieben, der sie pflückte. Man kann durch einen schönen Park mit dem Ibrahim Paşa Köşk gehen; vom Wasser aus sieht man im Norden den Palast des ägyptischen Paschas Mohammed Ali (19. Jh.). Vor Beykoz lag die französisch-englische Flotte, als der Krim-Krieg 1854 vorbereitet wurde.

Paşabahçe. Im Norden des kleinen Industrieortes liegt ein Garten, der von Beyazıt II. angelegt worden ist, und in Ufernähe die Ruine eines Palastes in persischem Stil. Murat III. (1574–1595) ließ zu seiner Ausstattung Möbel und Innendekoration aus Persien herbeischaffen, das mit der Einnahme von Erivan türkisch geworden war. Eine schlechte Straße (15 km) landeinwärts führt nach Polonez Köy (polnisches Dorf). Die im 18. Jh. hier angesiedelten polnischen Flüchtlinge behielten ihre Sprache, Sitten und Siedlungsweise bei. Sie züchten Schweine für die christlichen Bewohner Istanbuls, die auch gern in den Privathäusern ein Wochenende verbringen.

Çubuklu. Auf dem Hügel die ehemalige Sommerresidenz des Ex-Khediven von Ägypten, Abbas Hilmi Paşa. In der byzantinischen Zeit hieß der Ort Irenaion (Ort des Friedens). Hier gründete um 420 ein heiliger Mönch Alexander ein Kloster des Ordens der Acemeten, die in Schichten Tag und Nacht beteten und sangen. Sie waren in drei »Chöre«, Lateiner, Griechen und Syrer, geteilt. In seiner Blütezeit beherbergte es 300 Mönche. (Das berühmteste Kloster dieses Ordens war das des Johannes von Studios in Konstantinopel.)

Kanlıca, das alte Glarus. Am Ufer ein Sommerpalast der Wesirfamilie Köprülü (Amcade Yalısı) von 1698, schlecht erhalten.

Anadolu Hisarı und die Süßen Wasser von Asien. Die Festung wurde 1390/91 von Beyazıt I. erbaut und verfiel nach der Eroberung Konstantinopels. Zwischen ihr und dem nächsten Ort Kandilli münden die »Süßen Wasser Asiens«, die Flüßchen Göksu und Küçüksu, in den Bosporus. Auch heute noch, wie besonders im 18. und 19. Jh., sind die Täler beliebter Picknickplatz. Es soll einen besonders guten Joghurt geben. Am Küçüksu, bei dem gleichnamigen Ort, steht ein kleiner Palast im Neu-Rokoko-Stil, von dem Baumeister Abdülmecits I., dem Armenier Nikoğos Balyan, 1857 errichtet, in der Nähe ein sehenswerter Brunnen (1796 auf Veranlassung der Sultanmutter Mihrişah entstanden) und an der Schiffslände die große Strandvilla Kıbrıslı Yalısı (Zypern-Yalı) von 1760. Eine dritte palastähnliche Villa ist der nahe Kırmızı Yalı (roter Yalı), der gegen 1790 von einer europäischen Familie mit französischer und polnischer Abstammung erstellt wurde.

Kandilli, das alte Perirron. Nach dem Ort ein Palast, der 1718 von dem Großwesir Ahmets III., Ibrahim Paşa, errichtet wurde (Umbau unter Mahmut II.), noch weiter nach Süden der Top Dağı (Kanonenberg, 130 m), ein Hügel, der trotz seiner geringen Höhe wegen seiner Aussicht auf den Bosporus berühmt ist.

Vaniköy hat seinen Namen von dem Scheich Vani, der zur Zeit Mehmets II. lebte, bekommen.

Çengel Köy (»Haken«-Dorf, nach dem Anker, den Mehmet II. der Sage nach hier gefunden haben soll). Der Ort war schon in byzantinischer Zeit berühmt: Justinian und Theodora hatten hier ein Marien-Kloster für reuige Sünder gegründet, und Justin II. ließ für seine Frau Sophia einen Palast errichten; ein Teil des Ordens nahm deshalb den Namen Sophianae an.

Auf der Höhe liegt Kulebahçe (Turm-Garten). In dem Turm hielt sich Süleyman drei Jahre vor dem Zorn seines Vaters versteckt.

Beylerbey. Am Ufer der 1865 in sarazenischem Stil errichtete Palast, der oft die Gäste des Sultans beherbergte, 1869 die Kaiserin Eugenie (siehe S. 165). In der Nähe der Schiffsanlegestelle die 1778 unter Abdülhamit I. entstandene Moschee; sie wurde um 1820 vergrößert und restauriert.

Kuzguncuk, vielleicht das alte Chrysokeramos mit dem Hermolaoskloster, von dem nur noch literarische Nachrichten existieren. In dem Dorf Stavros die 1613 erbaute Moschee Ahmets I.

Üsküdar
(früher Skutari)

Fähre von Kabataş (südlich der Dolmabahçe Camii) in 20 Minuten oder von der Anlegestelle beim Sirkeci-Bahnhof bzw. der beim Eminönü-Platz.

Üsküdar oder Skutari, wie die Europäer die Stadt nannten, ist der dritte, der asiatische Stadtteil Istanbuls. Es baut sich wie ein Amphitheater am Bulgurlu-Berg auf und bietet mit seinen im Zentrum noch erhaltenen Holzhäusern das typische Bild einer türkischen Landstadt.

Das griechische Chrysopolis (Goldstadt) war von der älteren Siedlung am Bosporus-Ausgang (jetzt Kadıköy) abhängig. Hier setzte Xenophon um 400 v. Chr. mit den Resten seiner 10 000-Mann-Armee nach Europa über. Im Jahre 323 siegte in der Nähe Konstantin über Licinius, und im 7. bzw. 8. Jh. wurde die Stadt von Persern und Arabern zerstört. 963 ließ sich Nikephoros Phokas, unterstützt von anatolischen Truppen, zum »Kaiser von Chrysopolis« ausrufen. Das Heer des 4. Kreuzzuges nahm den Ort um 1203 ein. Unter den türkischen Sultanen wurde er als Handelszentrum ausgebaut und mit Hanen, Moscheen und Märkten versehen. Hier in Üsküdar endeten die Karawanenstraßen aus Kleinasien, und von hier aus zog die Pilgerkarawane nach Mekka. Durch den Bau der Anatolischen Bahn hat es an Bedeutung verloren.

Unweit der Anlegestelle steht der Brunnen Ahmets III., 1728 errichtet, dahinter auf einem Sockelgeschoß die Iskele Camii oder Büyük Cami, die 1547 von Sinan für die Prinzessin Mihrimah gebaut wurde. Von der Anlegestelle rechts am Ufer die Şemsi Ahmet Paşa Camii, ein kleiner kubischer Bau mit Kuppel und die Medrese, 1580 ebenfalls von Sinan im Auftrag des Offiziers und Dichters, späteren Großwesirs Şemsi Ahmet Paşa errichtet.

Unmittelbar südlich davon die Rum Mehmet Paşa Camii, die schon 1471 entstand. Dazu hat sich die Türbe des Erbauers, der als byzantinischer Renegat Großwesir Mehmets II. geworden war, erhalten, aber Hamam und Medrese sind abgegangen.

Nun die Hauptstraße (Hakimiyeti milliye, später Gündoğumu Caddesi) entlang. Rechts die Yeni Valide Camii, die 1710 unter Ahmet III. erbaut wurde; daran schließen sich zwei Hane und der Trödelmarkt an. Weiter, bis links die Valide Imaret Sokağı zur Atikvalide Camii führt, 1583 auf Veranlassung der Gemahlin Selims II., Nuru Banu, erbaut. Etwas nördlich davon auf einer Anhöhe die Çinili Camii (Fayencen-Moschee), ein kleiner Bau, der außen und innen mit Fayencen aus Iznik verkleidet ist. Er wurde 1640 von dem

Architekten Koca Kasim für die Sultanin Kösem Mahpeyker, Gemahlin Ahmets I., errichtet.
Man kehrt zur Hauptstraße zurück, wo gleich links der Karaca Ahmet Mezarlığı beginnt, der größte islamische Friedhof der Erde; er gilt unter den zahlreichen Friedhöfen Istanbuls als besonders heilig, weil der Verstorbene hier in der Erde des gleichen Erdteils ruht wie der Prophet. Karaca Ahmet (»der schwarzbraune Ahmet«) war ein vom Volke wie ein Held verehrter Moslem; in einem kleinen Museum kann man seinen langen Filzmantel in einer Vitrine sehen. Breite Straßen führen durch die Anlage, und Mauern schließen sie nach den Seiten ab. Im Inneren herrscht eine malerische und melancholische Stimmung. Dicht gedrängt stehen die verschiedenartigsten Grabsteine nebeneinander; viele sind umgefallen, von hohem Gras überwachsen und beschattet durch alte Zypressen. Unweit der großen Straßenkreuzung das Grab des Lieblingspferdes Sultan Mahmuts I., ein Kuppelbau auf 6 Marmorsäulen.
Bei den Moslems ist es üblich, dem Verstorbenen zu Kopf und zu Füßen eine Grabstele zu errichten, eine etwas länger als die andere und durch die Grabsteinplatte verbunden. Am oberen Ende hat die Platte oft eine Vertiefung; das sich dort sammelnde Regenwasser dient den Vögeln als Tränke. Bei den älteren Gräbern haben die Stelen der Männer einen Turban, die der Frauen eine Blüte oder Muschel. Später wurde der Turban durch den Fez ersetzt, und seit auch dieser abgeschafft ist, haben die Steine nur ein ornamentales Kopfstück. Gelegentlich sieht man auch alte Grabsteine, bei denen der bekrönende Turban seitlich versetzt ist, ein Zeichen, daß der Begrabene enthauptet wurde.
Verläßt man den Friedhof in südlicher Richtung, gelangt man zu dem Vorort Haydarpaşa, in dem die Bauten der Selim-Kaserne (Selimiye Kışlası) und der Selim III. Camii hervorragen. Die weithin über das Marmarameer sichtbare Kaserne ist wegen der Strenge ihrer Architektur mit dem Escorial verglichen worden: um einen großen, zweigeteilten Hof erheben sich die vier gleichförmigen Trakte. Die Ecken sind durch Vorsprünge und Türme betont. An dieser Stelle stand ursprünglich ein Palast Süleymans (Kavak Sarayı), der nach der Einnahme von Bagdad 1638 »Bagdad Sarayı« genannt wurde. Das heute sichtbare Gebäude wurde zuerst in Holz, dann unter Abdülmecit I. in Stein errichtet (keine Besichtigung). Die zugehörige Moschee liegt in einem kleinen Garten dem Haupttor gegenüber und gilt als die letzte, die den »türkischen Barockstil« noch anwandte (1804). Weiter südlich folgt die ehemalige medizinische Fakultät (Haydarpaşa Lisesi), ein Bau, der einem Schloß des 19. Jhs. ähnelt, das Militärkrankenhaus und dann, vor der Bucht von Kadıköy, der Bahnhof von Haydarpaşa; er ist 1903 gebaut worden, nach einem Brand war 1917 ein Neubau notwendig.

Kadıköy. Hier an der Bucht bestand schon in prähistorischer Zeit eine Siedlung, wie Funde ergeben haben. Vermutlich bestand dann auch eine phönikische Handelsniederlassung. Um 685 v. Chr. siedelten sich Griechen aus Megara an, die der Sage nach vom Delphischen Orakel »die Blinden« genannt wurden, weil sie die viel günstigere Lage des späteren Byzanz nicht erkannt hatten.
Im 5. Jh. v. Chr. wurde diese Niederlassung persisch, und 74 v. Chr. kam sie in die Hände der Römer, die sie als Militärbasis für ihren Kampf gegen den König Mithridates VI. von Pontos benutzten. 451 wurde in der Kirche der hl. Euphemia das 4. Ökumenische Konzil abgehalten. 1097 lagen die Kreuzfahrer vor ihren Mauern, und 1203 wurde sie beim 4. Kreuzzug erobert. Um 1350 besetzten die Türken die Stadt und nannten sie Kadıköy (Dorf des Richters).
Aus der byzantinischen Zeit haben sich keine nennenswerten Denkmäler erhalten.
Von Kadıköy gelangt man schnell zu den Strandbädern von Moda und Fenerbahçe, zum Strand von Suadiye und zu dem von Süreyya. Mit Stambul (Anlegestelle beim Eminönü-Platz) ist es auch durch eine Autofähre verbunden.

Ausflüge von Üsküdar

1. Auf den Hügel *Büyük Çamlica,* von dessen Höhe man wohl das umfassendste Panorama vor sich hat: die Stadt Istanbul, das Goldene Horn, den Bosporus bis zu den Prinzeninseln (vormittags am günstigsten). Von der Abfahrt »Çamlica« der Autobahn ca. 10 Minuten mit dem Auto zum Gipfel, der in letzter Zeit durch eine große Aussichtsfläche mit Bäumen, Gartenanlagen (Rosen), einem schönen Café und vielen Bänken umgestaltet worden ist. Der Hügel ist fast 400 m hoch. Leider ist es oft dunstig.
Auf einem vorgelagerten kleinen Gipfel der Fernsehturm, der ganz Istanbul versorgt (kein Eintritt).
2. Nach *Şile,* einem Badeort am Schwarzen Meer (77 km; mit Autobus bzw. Schiff etwa 2 Stunden).

Die Prinzeninseln und Yalova

Im Marmarameer, etwa 20 km südöstlich von Istanbul, liegt die Gruppe der Prinzeninseln, von den Türken Kızıl Adalar (Rote Inseln) genannt. Im Altertum hießen sie Demonisi (»Volksinseln«), in der byzantinischen Zeit Papadanisia (»Priesterinseln«). Vier große Inseln sind bewohnt und als Sommeraufenthalt sehr beliebt:
Kınalı Ada (Proti), Burgaz Ada (Antigoni), Heybeli Ada (Halki), Büyük Ada (Prinkipo).
Die fünf kleinen Inseln sind unbewohnt:
Sivri Ada (Oxa); sie wurde auch »Hundeinsel« genannt, weil 1910 hier Tausende von herrenlosen Hunden ausgesetzt worden sind, Yassı Ada (Plati) mit Ruinen eines Schlosses, das sich 1857 der englische Botschafter Sir Henry Bulwer bauen ließ, Tavşan Ada (Terebintos), auch Kaninchen- oder Fischerinsel (Balıkçı Ada) genannt, Kaşık Ada (Pitta) und Sedef Ada (Antherovitos).
Ein regelmäßiger Schiffsverkehr verbindet mehrmals am Tage die vier großen Inseln mit Istanbul. Abfahrt von der Ostseite der Galatabrücke, Fahrzeit bis Büyük Ada 90 Minuten:
15 km, 1. Station: *Kınalı* (Fläche 1,3 km^2). In byzantinischer Zeit standen hier drei Klöster. Die Insel war Verbannungsort für Kaiser Michael I. und seine beiden Söhne (813), Theodosia, die Gemahlin Kaiser Leons V., des Armeniers und ihre vier Kinder, Kaiser Romanos I. (944), Kaiser Romanos IV. (1071). Heute eine viel besuchte Sommerfrische.
17 km, 2. Station: *Burgaz* (Fläche 1,5 km^2). Die Insel hat schöne Kiefernwälder. Man kann Sommervillen mieten, findet aber auch Einzelzimmer und einfache Restaurants. Das »Kloster der Verklärung« ist ein Bau von 1869. Das Georgs-Kloster liegt auf einer Anhöhe mit schöner Aussicht. Die heutige Dorfkirche war ursprünglich eine 842 auf Veranlassung der Kaiserin Theodora errichtete Kirche, die Johannes dem Täufer geweiht war; sie entstand an der Stelle, an der der Patriarch Methodios 7 Jahre gefangen gehalten worden war.
19 km, 3. Station: *Heybeli* (Fläche 2,3 km^2), im Altertum Chalkitis (chalkis: Kupfer) genannt, da es hier eine Kupfermine gab. Das milde Klima, die Kiefernwälder, die schönen Gärten, der Badestrand und die Möglichkeit zu Spaziergängen haben Hotels, Restaurants und zahlreiche Villen entstehen lassen, dazu ein modernes Sanatorium. Auf den drei Hügeln der Insel standen ehemals Klöster: Auf dem Nordhügel, rechts über der Stadt, das wahrscheinlich 857 gegründete Dreieinigkeitskloster, 1844 von dem Patriarchen Germanos IV. neu aufgebaut. Es beherbergt heute eine theologische Schule, eine berühmte Bibliothek und besitzt eine bedeutende Ikonostasis. Der Patriarch von Istanbul (der jetzige heißt Dimitrios) hat hier sein Sommerpalais; man

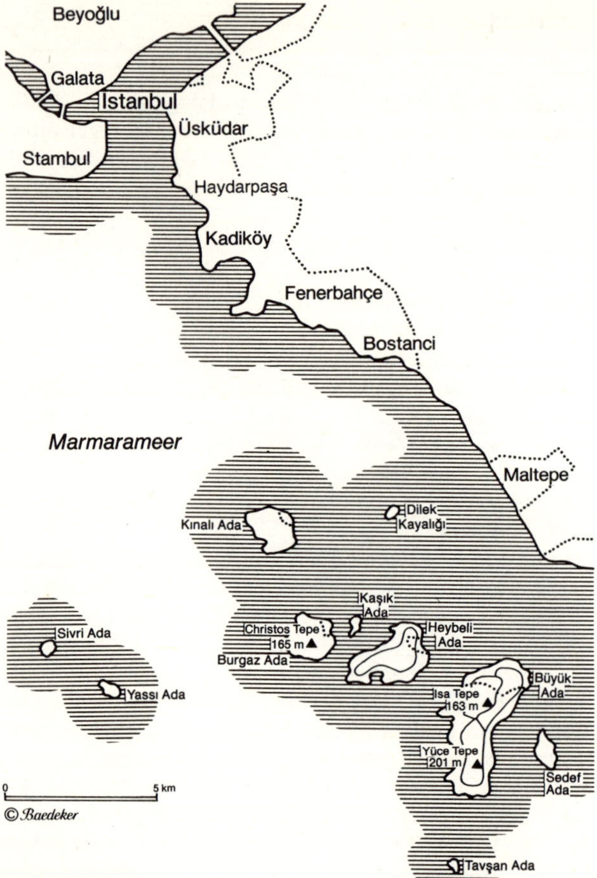

Prinzeninseln

(aus: Türkische Küsten. Baedekers Autoführer-Verlag [2]1987)

kann es nach Anmeldung besichtigen, wenn er nicht anwesend ist. Die Räume sind noch im Stil des 19. Jhs. eingerichtet, streng und etwas düster. Im Osten liegen die Gebäude eines ehemaligen orthodoxen Waisenhauses, an der Stelle des Klosters der Panhagia Kameriotissa; sie enthalten jetzt die türkische Marineschule. Eine der Kirchen des Klosters, die der Gottesmutter (Theotokos), ist als ein schönes Beispiel der byzantinischen Baukunst aus dem 14. Jh. erhalten, allerdings nur ein kleiner Bau.

20,3 km, 4. Station: *Büyük Ada* (Fläche 5,4 km²), die größte der Prinzeninseln

mit guten Straßen und üppiger Vegetation. Wie auf der Nachbarinsel Heybeli ist ein freundlicher Erholungsort entstanden. Zwei Hügel beherrschen die Insel. Der Isa Tepe (Christushügel) mit dem 1597, wohl an der Stelle einer älteren Anlage errichteten Christus-Kloster und der Yüce Tepe (Hoher Hügel), der 202 m hoch ist; der Aufstieg dauert etwa eine Stunde. Von einem Georgskloster, das vermutlich aus dem 6. Jh. stammt, haben sich drei kleine, zusammengebaute Kapellen erhalten und einige Klostergebäude, die längere Zeit als Anstalt für Geisteskranke dienten. Die neue Kirche wurde 1909 errichtet. Am Fuße des Berges steht das moderne Georgs-Kloster. Von einem Kaffeehaus hat man eine viel gerühmte Fernsicht.
Am Meeresufer haben sich Ruinen des ehemals berühmten großen Frauenklosters Prinkipo erhalten. Es wurde 569 unter Justin II. gegründet und im 8. Jh. von der Kaiserin Irene vergrößert, die hier auch ihre letzte Ruhestätte fand. Ihre Enkelin Euphrosyne lebte hier in Verbannung, wie auch 1042 die Kaiserin Zoë und 1070 die Kaiserin Anna Dalassena.

Yalova

Von Büyük Ada fahren die meisten Schiffe weiter nach Yalova, einem kleinen Ort an der kleinasiatischen Küste des Marmarameers; von der Galatabrücke ist es etwa 50 km Luftlinie entfernt. Das Schiff braucht von Büyük Ada aus noch etwa 1 Stunde 20 Minuten. Unweit der Anlegestelle warten Omnibusse, mit denen man zu dem Thermalbad von Yalova (Yalova Kaplıcalar) fahren kann (12 km in 20 Minuten). Mit dem Auto fährt man von Istanbul auf der großen Umgehungsstraße bis Kartal und setzt dann mit der Autofähre über. (Natürlich kann man auch zu Land über Izmit um den Golf herum nach Yalova fahren; 163 km relativ gute Straße.)

Thermalbad von Yalova
Yalova Kaplıcası (Heiße Quelle)

Von Yalova führt die Straße zuerst am Meer entlang, dann nach Süden den Bergen zu, bis plötzlich das tief in einer Waldschlucht liegende Bad auftaucht.
Der Ort war schon im Altertum unter dem Namen Pythia berühmt. Hier befragten die Argonauten das Orakel, hier verlor Herakles seinen Liebling Hylas, und im 6. Jh. v. Chr. wurde dem Apollon Pythios ein Tempel errichtet. Später verehrte man Asklepios, wovon zahlreiche Votivstelen, die in der Nähe der Quellen gefunden wurden, Zeugnis ablegen.
Auch unter den Römern erfreute sich die Therme großer Beliebtheit, ebenso unter den Byzantinern. Damals hieß der Ort Sotiropolis; Konstantin der Große und seine Mutter Helena hielten sich oft hier auf, Justinian restaurierte

die Kirche der Erzengel und die Badeanlagen, seine Gemahlin Theodora machte 525 eine Kur. Auch die türkischen Sultane und ihre Würdenträger waren natürlich häufige Gäste.
Die Ruinen der Justinianischen Thermen, heute Valide Hamamı genannt, liegen in der Nähe des Çınar-Hotels; neben einem anderen Hotel (Taş Oteli) befinden sich die Reste einer unter Justin II. im 6. Jh. erbauten Anlage, die wahrscheinlich bis zur türkischen Eroberung in Benutzung war.
Zur Zeit Sultan Mahmuts II. (1808–1839) wurden die in Vergessenheit geratenen Quellen wiederentdeckt. Einen großen Aufschwung für den Badebetrieb bedeutete die Tätigkeit des Baugeschichtlers Alexander van Millingen, der die Anlagen für die kranke Mutter des Sultans Abdülmecit II. herrichten ließ. Unter Atatürk entstanden nach 1928 eine neue Badestadt mit großen Hotels, offenem Schwimmbad und schönen Parks. Die fünf Hauptquellen haben eine Temperatur von 61°–65° und sind bei Nierenleiden wirksam, bei Rheumatismus, Neuralgien und Hautkrankheiten.

Die vordere Türkei

Edirne
(Adrianopel)

180 000 Einwohner, Provinzhauptstadt
Von Istanbul 231 km, sehr gute Straße.
Edirne liegt nahe der griechischen und bulgarischen Grenze; trotzdem war es lange Zeit die bedeutendste Stadt der Türkei. Die Altstadt hat immer noch einen orientalischen Charakter mit ihren engen, gewundenen Gassen, den niedrigen Holzhäusern, den zahlreichen Moscheen und den Basaren. Rosenöl und Marzipan aus Edirne sind berühmt. Schon von weitem ist die Selim-Moschee sichtbar, die auf dem Hügel liegt, auf dem und an dem sich die Stadt am linken Ufer der Tunca (Tonzos), des Nebenflusses des Meric (Maritza), hinzieht.
Hotel: Kervan Oteli, Talatpaşa Caddesi 134
Sultan Oteli, Talatpaşa Caddesi

Geschichte

Edirne wird um 125 von Kaiser Hadrian als *Hadrianopolis* am Zusammenfluß der Meriç und der Tunca angelegt, vielleicht an der Stelle einer älteren thrazischen Stadt *Uskudama.* Die fruchtbare Ebene, der Fluß, der bis zu dieser Stelle schiffbar war, und die Handelsstraße, die vom Balkan nach Byzanz führte, ließen die Siedlung bald zu einer bedeutenden Stadt anwachsen. 314 und 324 besiegte Konstantin in der Nähe Licinius. Kaiser Valens wurde 378 hier von den Goten besiegt. 586 belagerten die Avaren vergeblich die Stadt; 814, 922 und 1002 wurde sie von den Bulgaren erobert und geplündert. Die Kreuzfahrer verwüsteten sie 1101 und 1147, und im Winter 1189/90 schlug Barbarossa hier sein Winterquartier auf. Murat I. machte sie 1361 zur türkischen Hauptstadt, was sie bis 1453, dem Jahr der Eroberung von Konstantinopel, blieb. Aber auch nach der Eroberung residierten die Sultane bis in das 17. Jh. gern hier. 1829 wurde die Stadt von den Russen besetzt. Die Folge war der »Friede von Adrianopel«, der die Unabhängigkeit Griechenlands anerkannte und einen Teil der Donaufürstentümer unter russischen Schutz stellte. 1854 besetzten die Franzosen die Stadt, im Russisch-Türkischen Krieg 1877/

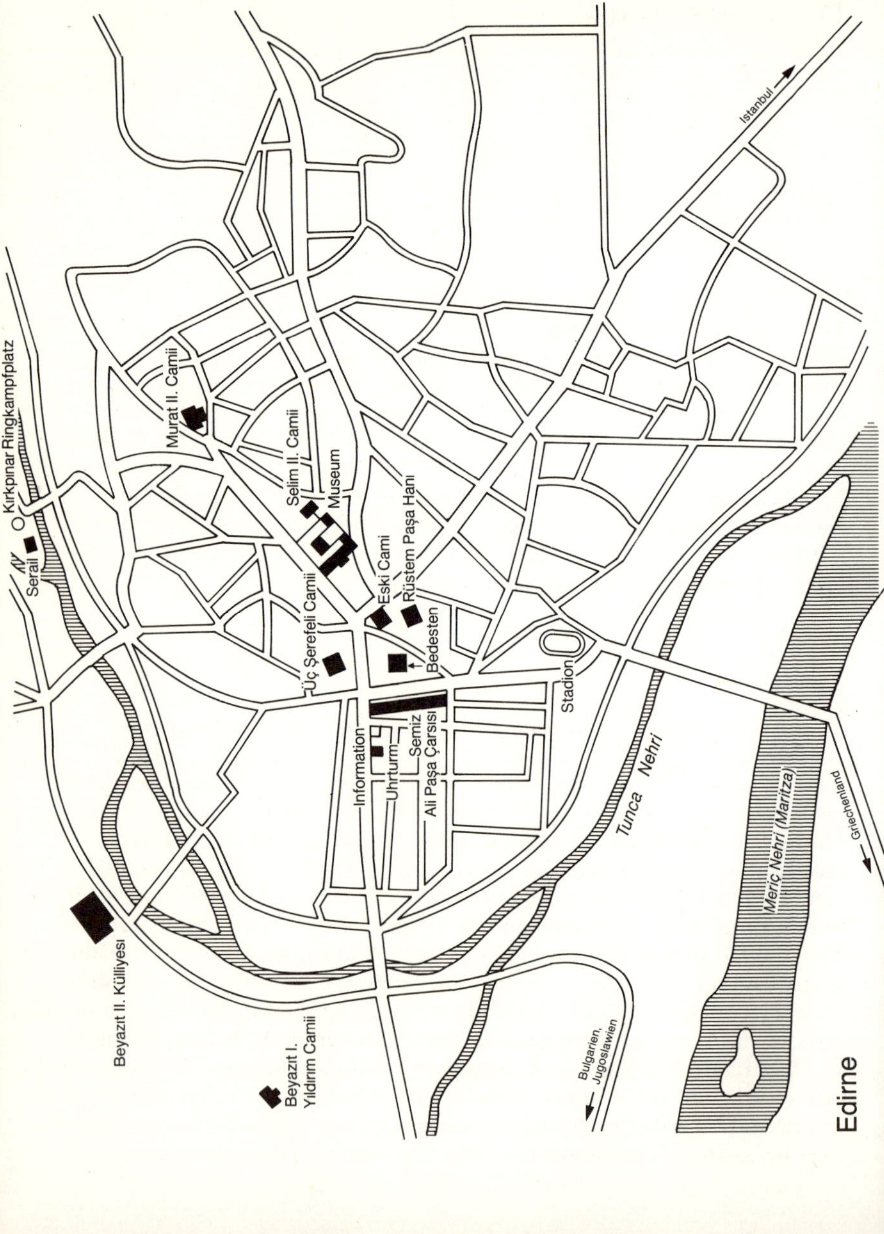
Istanbul
Kırkpınar Ringkampfplatz
Serail
Murat II. Camii
Selim II. Camii
Museum
Eski Cami
Rüstem Paşa Hanı
Üç Şerefeli Camii
Bedesten
Stadion
Information
Uhrturm
Semiz Ali Paşa Çarsısı
Tunca Nehri
Meriç Nehri (Maritza)
Griechenland
Beyazıt II. Külliyesi
Beyazıt I. Yildirim Camii
Bulgarien, Jugoslawien
Edirne

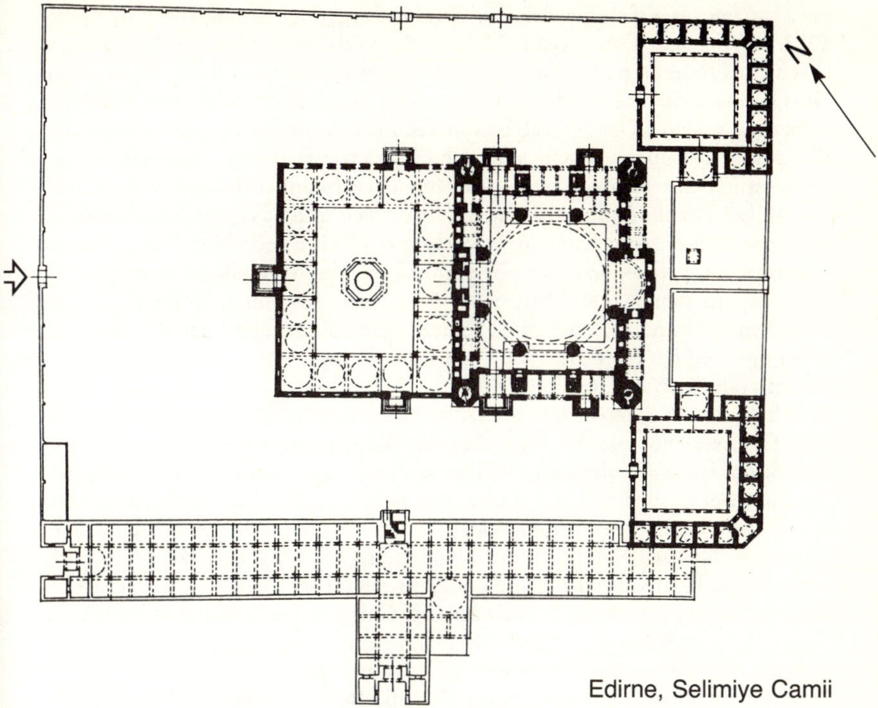

Edirne, Selimiye Camii

78 wurde sie wieder von den Russen besetzt, und hier schloß man den Waffenstillstand. Nach dem Ersten Weltkrieg kam sie zu Griechenland, wurde aber 1922 der Türkei wieder zurückgegeben.

Rundgang

Die *Moschee Selims II.* (Selimiye Camii), das bedeutendste Denkmal der Stadt, wurde 1569–1575 von dem Architekten Sinan erbaut, der sie selbst als sein Meisterwerk bezeichnete. Bemerkenswert ist die große Harmonie dieses Bauwerks mit seiner Hauptkuppel, die an jeder Seite von zwei kannelierten Minaretts flankiert wird, jedes mit drei Galerien, zu denen je eine gesonderte Wendeltreppe führt (Aufstieg unbequem, aber schöne Aussicht). Der Vorhof im Nordwesten ist von Spitzbogenarkaden umgeben, 16 zum Teil antike Säulen aus Marmor und Granit (aus dem Athener Dionysos-Theater) tragen 18 Kuppeln. In der Mitte der achteckige Şadırvan. Ein kunstvolles Portal führt in die Moschee, es wurde aus der Ulu Cami in Birgi (Umgebung von Izmir), die 1312/13 von dem Emir Aydın Mehmet Bey erbaut worden war, hierhergebracht. Im Inneren tragen vier mächtige Porphyrsäulen die Kuppel, die einen Durchmesser von 31,20 m hat und durch den Fensterkranz über dem Raum zu schweben scheint. Der Mihrab ist mit schönen Fayencen verziert, ebenso die Kıbla-Wand (Kıbla = Nische, die nach Mekka weist) und die Sultanstribüne.

Südwestlich der Selim-Moschee die Moschee Mehmets I. oder *Eski Cami* (1414). Ein Portikus mit sechs Säulen führt in den rechteckigen Gebetsraum, in dem vier Pfeiler neun Kuppeln tragen. In der Nähe der ehemals zugehörige *Bedesten,* ein gedeckter Basar (zweischiffige Pfeilerhalle, die 63 m lang, 32 m breit ist), in den in der Mitte jeder Seite eine Tür hineinführt; er wurde zwischen 1414 und 1422 errichtet. In der Nähe – südöstlich – der *Rüstem Paşa Hanı* mit kleinem Hamam, 1560 von Sinan erbaut, 1968–72 restauriert, heute das stilvolle Kervan Oteli.

Westlich der *Ali-Paşa-Basar,* eine gewölbte, 150 m lange Halle, erbaut unter dem Großwesir Semiz Ali Paşa 1561–65. Sie liegt an der Saraçcılar Caddesi (Straße der Lederarbeiter), die zur Tunca-Brücke führt. An dem Nordende des Ali-Paşa-Basars der sog. *Uhrturm,* der ursprünglich die Nordostecke der Hadrianischen Stadtbefestigung darstellte. Er wurde 1123 erneuert, und 1896 wurde ein Neubau erstellt. In der Nähe die *Üçşerefeli Camii,* die 1438–1448 unter Murat II. erbaut wurde und zum Kloster der sog. Tanzenden Derwische gehörte. Ihren Namen hat sie nach den drei Galerien des Südminaretts erhalten (*Üç* = 3). Sie stellt ein sehr frühes Beispiel für eine Moschee mit Vorhof dar. Im Mihrab sind die schönen Fayencen sehenswert.

Vom Uhrturm die Vilayet Caddesi über die Beyazıt-Brücke zur *Beyazıt II. Camii,* 1484–88 von Hayreddin erbaut aus der Beute des Balkanfeldzugs. Die restaurierte Moschee zeigt einen quergelagerten Vorhof, einen überkuppelten Hauptraum und 2 niedrigere kreuzförmige Tabhane (Seitenräume). Links von der Moschee: Bäckerei, Vorratsräume, Küche und Imaret (Armenküche). Rechts: Krankenhaus, Irrenhaus (sechseckiger Pavillon). Im 17. Jh. waren für die Heilung der Kranken Musikanten angestellt. Ferner eine Medizinschule in der Form einer Medrese.

Von hier in südwestlicher Richtung zur *Yıldırım Beyazıt I. Camii,* die vielleicht um 1390 als Imaret erbaut wurde. Sie ist nach Osten ausgerichtet, hat einen überkuppelten Mittelraum mit tonnengewölbten Liwanen im Norden, Osten und Süden.

Zurück über die Beyazıt-Brücke, danach links bis zur 2. Brücke über die Tunca, die Fâtih-Brücke, die auf die *Saray-Insel* führt. Schon Murat II. besaß einen Jagdpavillon an der Tunca. Mehmet II. Fâtih und Süleyman der Prächtige ließen einen weiträumigen Saray errichten, wo viele Einzelbauten in ummauerten Höfen standen. Da viele Bauten zum großen Teil aus Holz waren

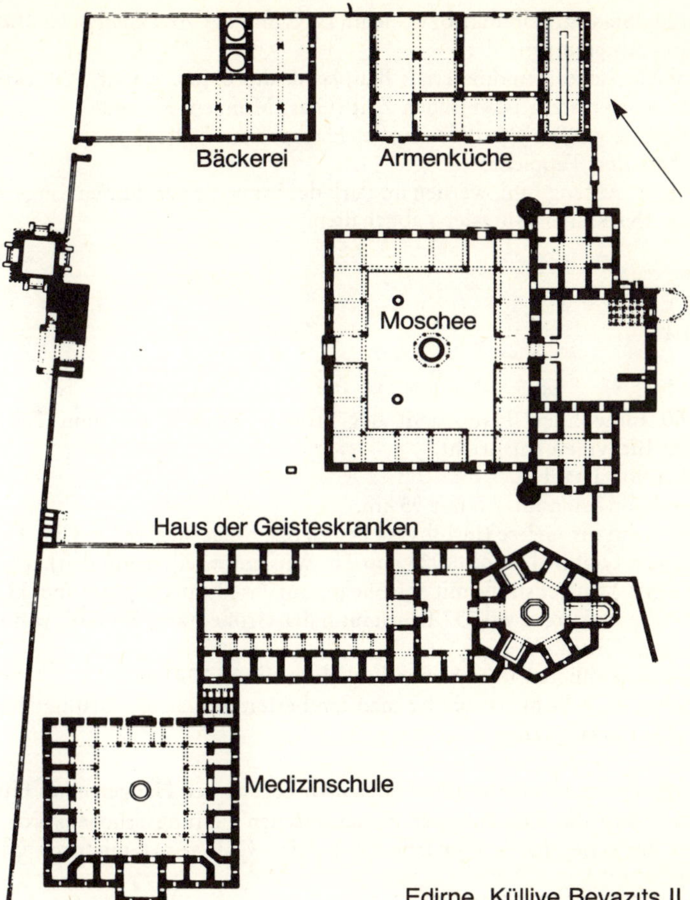

Edirne, Külliye Beyazıts II.

und 1878, bei der Gefahr der anrückenden Russen, vieles sinnlos zerstört wurde, sind nur noch folgende Bauten zu sehen: Turm der Gerechtigkeit (Adalet Kasrı), Stumpf des Turmes des Weltschauschlosses (Cihan-Numa Kasrı), Bad des Sand-Schlosses (Kum Kasrı), am besten erhalten der langgestreckte *Küchentrakt.* Von der Fâtih-Brücke führt eine Straße stadteinwärts zur *Muradiye Camii,* die um 1429 als Kloster der Tanzenden Derwische erbaut wurde. Die Moschee zeigt den Bursa-Typ, wobei Vorhalle, Mittelraum und die T-förmig angeordneten Liwane überkuppelt sind. Etwa 250 m wieder in

Richtung Stadtmittelpunkt bzw. Selim II. Camii das *Archäologische Museum* mit drei Abteilungen:
1. Prähistorisches Fundmaterial, Bauplastik des 8. Jhs. v. Chr., Objekte aus römischer bis zur islamischen Zeit (Glas, Münzen, Keramik)
2. Exponate zur Volkskunde (Stoffe, Hausgeräte, Waffen)
3. Kelims und Teppiche.

Jedes Jahr, Anfang Juni, werden im Park des Saray die berühmten Ringerwettkämpfe (Kırkpınar Güreşleri) abgehalten.

Izmit

415 000 Einwohner, Hauptstadt der Provinz Kocaeli, die zum Teil dem antiken Bithynien entspricht.
Anfahrt von Istanbul:
1. Autobahn Istanbul – Izmit 95 km.
2. Autobahn bis Gebze (in Libyssa bei Gebze tötete sich 182 v. Chr. Hannibal; sein Grabmal wurde 1903 von Th. Wiegand wiedergefunden), dann die alte (gute) Küstenstraße mit Ausblicken auf das Marmara-Meer über Hereke (das alte Ankyron, wo 337 Konstantin der Große starb) am Golf von Izmit entlang; 95 km.
3. Im Landesinneren über Samandira-Mollafeneri; 107 km.

Die Fahrt nach Izmit verbindet man am besten mit einem Ausflug: Izmit – Yalova – Bursa – Iznik.

Die bedeutende Industrie- und Hafenstadt liegt an den Hängen eines Hügels, auf dem sich die Ruinen einer byzantinischen Festung erheben. Vor 1942 wurde der Kriegshafen von Istanbul an den Golf von Izmit nach Gölcük verlegt.

Geschichte

Die Stadt, das alte *Olbia,* wurde um 712 v. Chr. von Megarischen Kolonisten gegründet, gegen 328 v. Chr. von Lysimachos zerstört. Unter Nikomedes I. (278–250) wurde es wieder aufgebaut und Hauptstadt des unabhängigen Bithynien unter dem Namen *Nikomedia.* Nikomedes III. Philopator wird 91 v. Chr. von seinem Stiefbruder Soprates mit Hilfe des Mithridates VI. vom Thron gestoßen. Die Römer setzen ihn zwar wieder ein, zwingen ihn aber zum sog. Ersten Mithridatischen Krieg. Nach seinem Tode (74 v. Chr.) vermacht er sein Reich den Römern. In den Jahren 111–113 ist Plinius d. J. Gouverneur von Bithynien. Die Goten zerstören 259 die Stadt, die Diokletian wieder aufbaut und wo er zeitweilig residiert. Sie ist damals eine der bedeutendsten Städte des römischen Weltreiches; hier hat Diokletian 303 das erste Edikt zur Zerstörung der christlichen Kirchen erlassen. Auch Konstantin der Große lebte einige Jahre am Hofe von Nikomedia und ließ sich wahrscheinlich hier taufen. Im 5. und 6. Jh. zerstörten große Erdbeben die Stadt, die in der Byzantinischen Zeit immer mehr verfiel. 1082 gelangte sie in die Hände der Seldschuken, war aber von 1086 bis 1326 wieder byzantinisch, bis sie unter dem Sultan Orhan in türkische Hände gelangte. Murat IV. und später Sultan Abdülaziz bauten sich hier einen Palast, von dem jedoch nichts erhalten ist. Trotz dieser bedeutenden Vergangenheit haben sich keine Denkmale von geschichtlichem Interesse erhalten.

Iznik
(Nikaia, Nicaea)

Von Izmit über Gölcük – Karamürsel, dort links ab nach Boyalıca am See von Iznik – am östlichen Nordufer entlang nach Iznik (94 km teils auf befestigten Kies-, teils auf guten Asphaltstraßen).
Motel 2. Kl.: Iznik Moteli, Göl Kenari 7 (am See)
Informationsbüro: Kılıçarslan Caddesi 168

Geschichte

Iznik, heute eine kleine Stadt, die nach Strabo 316 v. Chr. von Antigonos gegründet und *Antigoneia* genannt wurde, liegt vermutlich an der Stelle einer älteren Siedlung. Lysimachos, ursprünglich ein Feldherr Alexanders des Großen, nannte die Stadt nach seiner Frau *Nikaia;* sie wurde die Hauptstadt von Bithynien, bevor sie diese Stellung an Izmit abgeben mußte. Im Jahre 74 v. Chr. wurde sie dem römischen Reich eingegliedert. Die hellenistische Anlage, die seinerzeit berühmt war, hatte eine quadratische Form; auf der Mitte jeder Seite befand sich ein Tor und genau in der Mitte der Stadt das Gymnasion, das unter dem römischen Stadthalter Plinius d. J. zusammen mit einem Theater erneuert wurde. Nach dem Erdbeben im Jahre 123 ließ Kaiser Hadrian die Stadt wieder aufbauen, die im 3. Jh. von den Goten erneut zerstört wurde. In der christlichen Bischofsstadt fand 325 das 1. Ökumenische Konzil statt, in dem die Lehre des Arius, die das göttliche Wesen von Christus nicht

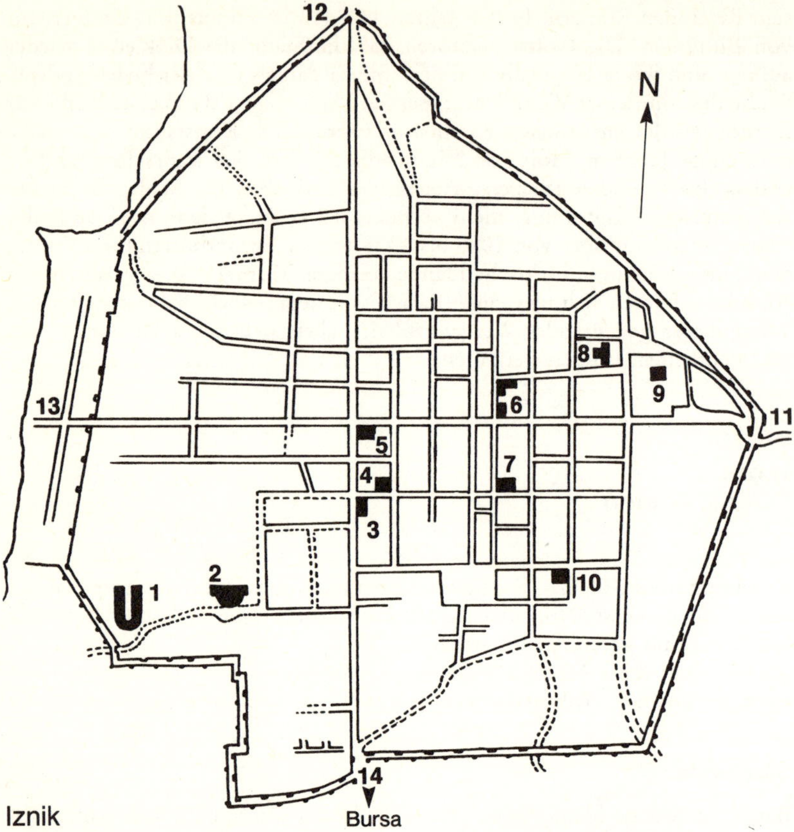

Iznik

1 Stadion
2 Ruine des Theaters
3 Mahmut Celebi Camii
4 Hacı Hamza Hamami
5 Hagia Sophia
6 Esref Rumi Camii und Hacı Özbek Camii
7 Süleyman Paşa Medresesi
8 Nilufer Imaret (Museum)
9 Yeşil Cami
10 Koimesis Kirche
11 Lefke Kapı
12 Istanbul Kapı
13 Göl Kapı
14 Yenişehir Kapı

anerkennt, verdammt wurde. Kaiser Justinian baute einen Palast, Thermen und einen Aquädukt. Im 8. Jh. belagerten die Araber die Stadt vergeblich, deren Mauern durch Leon III. den Isaurier verstärkt worden waren. 878 tagte hier das 7. Ökumenische Konzil unter dem Kaiser Konstantin VI., das den

Bilderkult bejahte. 1078 wurde die Stadt von den Seldschuken eingenommen; die Kreuzfahrer unter Gottfried von Bouillon eroberten sie 1097 zurück mit Hilfe von Schiffen, die über Land in den Izniksee gezogen worden waren und die Stadt von der Seeseite anzugreifen vermochten. Die Kreuzfahrer mußten sie aber den Byzantinern überlassen. 1204–1261, nach dem Verlust Konstantinopels an die Lateiner, wird Nikaia die Stadt des Kaisers Theodoros I. Laskaris und des Patriarchen, von hier ging die Wiederherstellung des Reiches durch die Paläologen aus. Um 1330 wird sie von dem türkischen Sultan Orhan eingenommen. 1514 werden hier von Selim I. persische Künstler und Handwerker angesiedelt, und die keramischen Werkstätten von Iznik erreichen Berühmtheit. Als diese Anfang des 18. Jhs. in den Tekfursaray von Istanbul verlegt werden, verliert die Stadt jegliche Bedeutung.

Das bedeutendste Baudenkmal von Nikaia ist die *Stadtmauer,* die an die von Istanbul erinnert. Die jetzige Stadt nimmt nur noch einen kleinen Teil innerhalb derselben ein. Für einen Rundgang muß man 2–3 Stunden rechnen.

Von der Befestigung der alten quadratischen Stadt, die einen Umfang von etwa 2950 m hatte, hat sich wenig erhalten. Die heutige Mauer, die ein Vieleck darstellt, stammt in der Hauptsache von dem Wiederauf- und -umbau des Claudius Gothicus im 3. Jh. und hat einen Umfang von 4427 m. Die Anlage der 4 Tore scheint älter zu sein und vielleicht noch aus dem 1. Jh. zu stammen. Unter Justinian (6. Jh.) und unter Leon dem Isaurier (8. Jh.) wurde die Mauer verstärkt und im 13. Jh., als sie byzantinische Hauptstadt war, mit einem zweiten Mauerkranz und einem tiefen Graben umgeben. Die innere Mauer ist 10–13 m hoch und 5–7 m dick, sie hat 108 runde und vieleckige Türme. Die äußere Mauer ist 6 m hoch und etwa 2 m dick, sie hat 130 runde Türme. Der Zwischenraum zwischen den beiden Mauern beträgt 13–16 m.

Rundgang

Das *Nordtor* (Istanbul Kapı), eine triumphbogenartige Anlage mit drei Durchgängen, ist gut erhalten; von hier führt eine direkte Straße zum Südtor. Der Weg zum Westtor führt an einem gut erhaltenen Mauerstück vorbei, das nach einer Inschrift unter Leon dem Isaurier erbaut bzw. erneuert wurde. Das *Westtor* (Seetor = Göl Kapı) ist ganz zerstört. Vor der Westmauer am See waren ursprünglich die kaiserlichen Quaianlagen. Von hier kommt man jetzt innerhalb der Mauern in südöstlicher Richtung zum *Theater,* das unter Plinius erneuert wurde und von dem noch mächtige Reste vorhanden sind; denn die Anlage auf einer Ebene bedingte große Stützmauern für den Zuschauerraum. In derselben Richtung weiter zum *Südtor* (Yenişehir Kapı), das nach einer Inschrift Claudius Gothicus erbaut hat. An der Mauer entlang zum *Osttor* (Lefke Kapı), das wieder in der Art eines Triumphbogens angelegt ist, nach

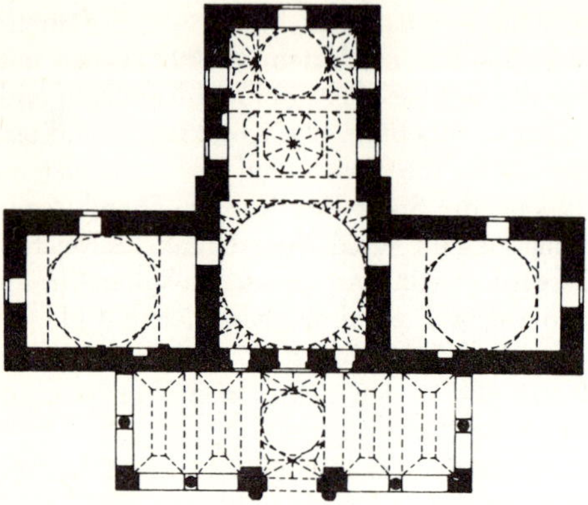

Tekke der Nilufer Hatun

einer Inschrift von dem Prokonsul Varus im Jahr 123 dem Kaiser Hadrian gewidmet. Außerhalb des Tores die Reste eines *Aquäduktes*, der im 14. Jh. von Orhan erneuert worden war. Nun westlich stadteinwärts, nahe bei dem Tor (rechts an der Straße) die *Yeşil Cami* (Grüne Moschee), 1378–91 von dem Architekten Hacı Musa für Hayreddin Paşa, Wesir Marats I., erbaut. Die Moschee zeichnet sich durch eine vorzügliche Marmorquadertechnik und Bauplastik aus. Sie hat als erste eine Zentralkuppel und einen Marmor-Mihrab. Die grüne Fayenceverkleidung des Minaretts gab ihr den Namen. In der Vorhalle marmorne Spoliensäulen. Außerhalb des Lefke-Tors die *Türben* von Hayreddin Paşa und seines Sohnes Ali Paşa; 2 viereckige Räume mit Kuppel auf Tambour. Diese viereckige Form ist der Versuch, sich von dem seldschukischen Schema abzusetzen. Gegenüber der Yeşil Cami das *Nilûfer Imaret*, eine Armenküche, die von Murat I. als Tekke zur Erinnerung an seine Mutter Nilûfer, die Gemahlin Orhans, erbaut wurde. Der schöne frühosmanische Bau zeigt die T-Form des Bursatyps. Eigentümlich ist, daß die Seitenliwane mit dem Hauptkuppelraum durch Türen verbunden sind und daß der Liwan in der Hauptachse 2 Kuppeln aufweist. In dem hier seit 1958 eingerichteten *Museum:* Prähistorische Keramik, hellenistische Vasen, Sidamara-Sarkophage (3. Jh.), Sarkophage, Kleinplastik und Glas aus römischer Zeit, byzantinische Köpfe und Keramik. Türkische Keramik aus Iznik (15.–17. Jh.), Keramik aus Kütahiya und dem Tekfur Saray. Platten eines Ambos (Kanzelpodium) mit der Darstellung von einem Pfau, Alabasterreliquiar aus der Hagia Sophia. Im Garten: Römische Sarkophage, byzantinische Kapitelle, Schranken- und Amboplatten aus der Koimesis-Kirche.

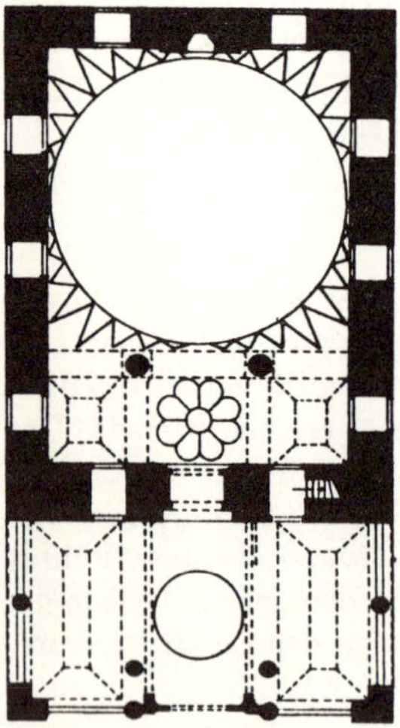

Iznik, Yeşil Cami

300 m in westlicher Richtung die *Eşref Rumi Camii,* Türbe und Tekke, Ende 15. Jh. Von dem einstigen Bestand hat sich nur das Minarett erhalten. Nahebei die *Hacı Özbek Camii,* eine Einkuppelmoschee, durch eine Inschrift auf 1333 datiert und die sehr verfallene *Süleyman Paşa Medrese,* um 1340/50 von dem ältesten Sohn Orhans, der damals Statthalter war, erbaut.

In westlicher Richtung weiter, an der Nordsüdstraße die Ruine der Hagia Sophia, die alte Metropolis, in der das 7. Ökumenische Konzil abgehalten wurde (in welcher Kirche das 1. Konzil 325 stattfand, ist nicht mit Sicherheit zu lokalisieren). Die Ausgrabungen von A. M. Schneider im Jahre 1936 zeigten, daß an dieser Stelle drei nacheinander folgende Bauten gestanden hatten, und daß der erste wohl unter Justinian errichtet worden war, eine dreischiffige Säulen- oder Pfeilerbasilika. Von dieser Kirche haben sich Teile der Nord- und Südmauer und der Kern des Synthronons erhalten. Nach dem Erdbeben von 1065 wurde die zweite Kirche erbaut, der Boden wurde 1,40 m gehoben. Von dem Fußboden in Opus sectile (Steineinlegearbeit) haben sich Reste am Westeingang erhalten. Die neuen Mittelschiffswände wurden durch je 2 Dreierarkaden durchbrochen und am Ostende der Seitenschiffe je ein Kuppelraum angelegt. Im südlichen Kuppelraum sind Freskenreste freigelegt. Die Wände der Kirche waren mit Marmorplatten und Mosaiken geschmückt. 1331 von Orhan in eine Moschee verwandelt, Zerstörung durch Timur (1402?) und durch einen Brand im 17. Jh. Wiederaufbau unter Süleyman dem Prächtigen durch Sinan. Dieser dritte Bau lag 1,73 m höher, die Mittelschiffsarkaden wurden in je 2 große rundbogige Öffnungen umgebaut, die Wände mit Fliesen verkleidet. 1804 war das Dach zerstört, und die Moschee wurde nicht mehr benutzt. Nahebei das *Hacı Hamza Hamamı,* Männer- und Frauenbad, nach 1500 unter Beyazit II. erbaut. Dann die *Mahmut Çelebi Camii.* Die eindrucksvolle Einkuppelmoschee wurde 1442 von dem Schwager Murats II. gestiftet. Das Minarett zeigt Reste des grünen Fayenceschmuckes. Zwischen West- und Südtor der Gewölbeunterbau des römischen Theaters. Die Einheimischen nennen die Ruinen Eski Saray (alter Palast) oder Saray Bahçe (Palastgarten).

Leider wurde die zweite bedeutende byzantinische Kirche, die *Koimesis* (Kirche des Maria-Himmelfahrt-Klosters) in den türkisch-griechischen Auseinandersetzungen 1922 fast völlig zerstört. Sie befand sich zwischen dem Ost- und Südtor; 1954/55 wurden Aufräumungsarbeiten durchgeführt. Die Koimesis war eine Kuppelbasilika, deren Apsis, Bema und Teile des Narthex mit Mosaiken geschmückt waren. Zu Anfang des 20. Jhs. wurde die Kirche aufgemessen und photographiert. Sie wurde kurz nach 700 erbaut und mit Mosaiken geschmückt. Die Ikonoklasten (Bilderzerstörer) ließen neue symbolhaltige Mosaiken anbringen, die nach 787 oder 843 – nach der Wiedereinführung des Bilderkultes – durch figurale Mosaiken ersetzt wurden. So zeigte

die Apsis vor 730 ein Madonnenmosaik, das dann durch ein Kreuz ersetzt wurde, und 787 oder 843 war wieder eine Madonnendarstellung zu sehen. Das Erdbeben von 1065 verursachte starke Zerstörungen. Unter Konstantin X. (1059–1067) wurde die Kirche restauriert. Mitte des 18. Jhs. stürzte die Kuppel ein – Wiederaufbau 1807.
Etwa 50 m östlich in einem privaten Garten (Besichtigungsgenehmigung durch das Museum) das sog. *Insekten-Aghiasma* (Böcek Ayazma). Eine elfstufige Treppe führt hinunter zu einer Zisterne in einem viereckigen, überkuppelten Raum. Die Darstellung eines siebenarmigen Leuchters auf einem Stein läßt an eine benachbarte Synagoge denken.

Bursa
(Brussa)

845 000 Einwohner, Provinzhauptstadt. Bursa ist seit langem beliebtes Ausflugs- und Reiseziel in Sommer und Winter. 30 km vom Südufer des Marmara-Meeres entfernt breitet sich die saubere, sehr typisch türkische Stadt am Nordfuß des in der Antike vielfach als Olymp von Mysien bekannten Ulu Dağ (2543 m) aus, der lange im Jahr schneebedeckt und dann an klaren Tagen sogar von Istanbul aus zu sehen ist. In der Umgebung gedeihen bei dem hier wundervoll milden Klima herrliche Pfirsichplantagen und vor allem Maulbeerkulturen, die die Grundlage der alten berühmten Seidenzucht von Bursa sind. Viel besucht sind die nahen Schwefelquellen und warmen eisenhaltigen Bäder von Çekirge.

Hinfahrt von Istanbul:

Flughafen Istanbul (Yeşilköy) – Bursa in etwa ¼ Stunde, man melde sich früh genug an! Fährschiff: Istanbul – Yalova, auch Kartal – Yalova. Täglich mehrmals, die Fahrt dauert etwa 1 Stunde. Von dort mit dem Omnibus oder Dolmuş 75 km bis Bursa. Fährschiff bis Mudanya, von dort mit Omnibus oder Dolmuş 25 km bis Bursa.

Hotels

2. Kl.: Akdoğan Oteli, 1. Murat Caddesi 5
Çelik Paşa Oteli, Çekirge Caddesi 79
Dilmen Oteli, Hamamlar Caddesi

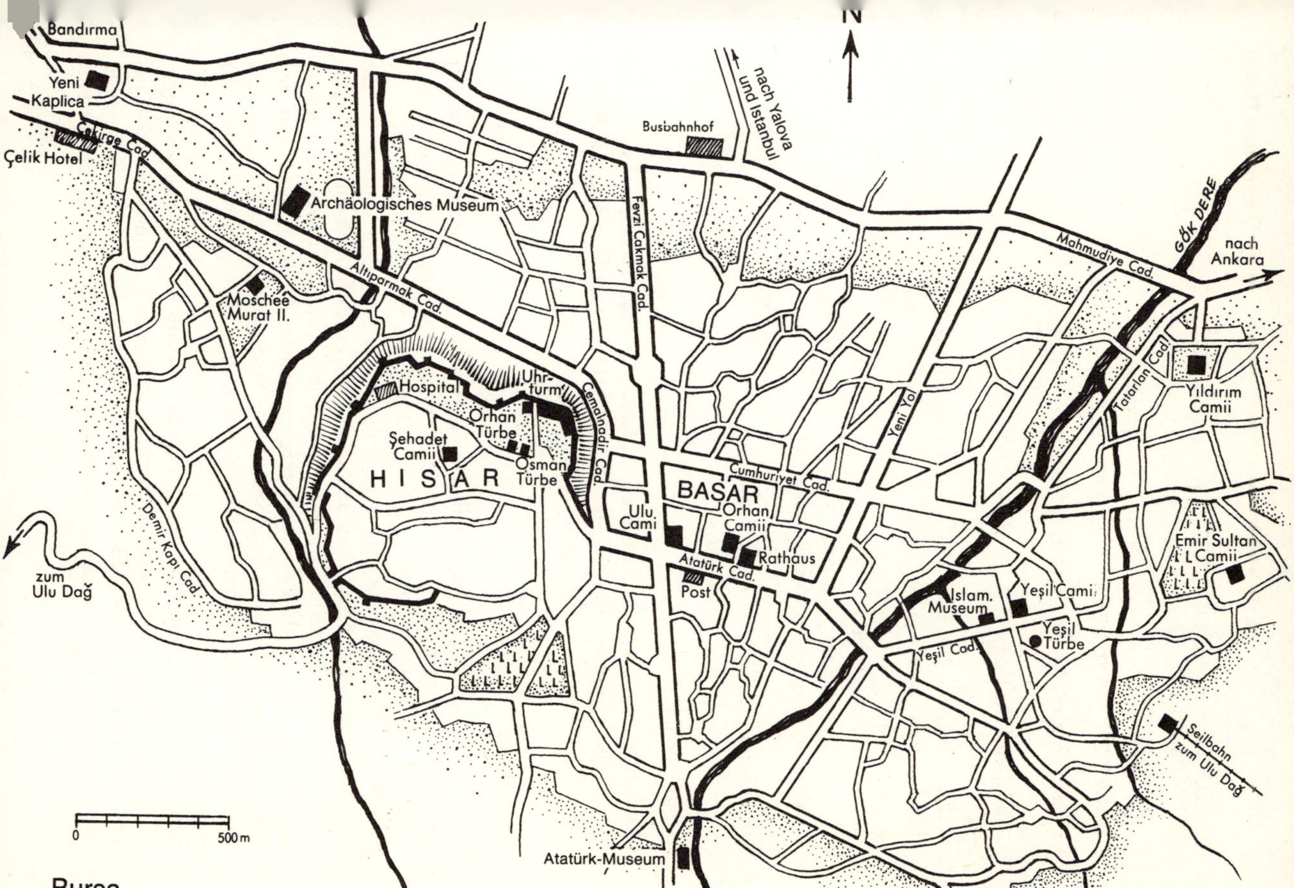
N
Bandırma
Yeni
Kaplica
Çekirge Cad.
Çelik Hotel
Archäologisches Museum
Busbahnhof
nach Yalova und Istanbul
Fevzi Cakmak Cad.
Mahmudiye Cad.
GÖK DERE
nach Ankara
Altıparmak Cad.
Moschee Murat II.
Hospital
Uhrturm
Cemalnadir Cad.
Orhan Türbe
Şehadet Camii
Osman Türbe
HISAR
Demir Kapı Cad.
zum Ulu Dağ
BASAR
Cumhuriyet Cad.
Yeni Yol
Tatarlan Cad.
Yıldırım Camii
Ulu Cami
Orhan Camii
Rathaus
Atatürk Cad.
Post
Emir Sultan Camii
Yeşil Cami
Islam. Museum
Yeşil Türbe
Yeşil Cad.
Seilbahn zum Ulu Dağ
0
500 m
Atatürk-Museum

Bursa

3. Kl.: Gönlüferah Oteli, 1. Murat Caddesi 24
Yat Oteli, Hamamlar Caddesi 31

Motel

2. Kl.: Akçam Moteli, Ulu Dağ Yolu Üzeri, Çekirge

Auf dem Ulu Dağ:
Hotel
3. Kl.: Turistik Ulu Dağ Oteli, 1. Gelişim Bölgesi
kleinere Berghotels
Panorama Oberj
Beceren Oberj
Uludağ Tur Pansiyon
zahlreiche Berghütten mit Hotelbetrieb

Informationsbüro: Atatürk Caddesi 82

Thermalbäder

Im Stadtviertel護Bademlı: Yeni Kaplıca, Kara Mustafa Paşa (radioaktive Quelle), Armutlu (nur für Frauen). Im Stadtviertel Çekirge: Eski Kaplıca, Hüsnü Güzel. Außerdem in allen großen Hotels.

Geschichte

Eine erste Siedlung bestand vielleicht schon Ende des 2. Jts. v. Chr. an der Stelle der heutigen Zitadelle. Die Stadt *Prusia* soll auf die Gründung von Prusas I., König von Bithynien, um 185 v. Chr. zurückgehen. Durch das Testament des Nikomedes III. wurde die Stadt 74 v. Chr. römisch. Plinius d. J. baute in seiner Eigenschaft als Statthalter von Bithynien eine Bibliothek und erneuerte Thermenanlagen. In dem Briefwechsel zwischen dem Kaiser Trajan und Plinius wird die Stadt öfters erwähnt. Auch im byzantinischen Reich scheint sie eine ziemlich bedeutende Stadt gewesen zu sein. Justinian errichtete einen Palast und baute Thermen, und Theodora weilte hier zur Kur.
Mit dem 7. Jh. beginnen die Araberangriffe, die um 950 die Stadt zerstören. 1097 fällt sie in die Hände der Seldschuken, ist aber zu Beginn des 4. Kreuzzuges wieder byzantinisch (1204) und kann trotz einer lateinischen Belagerung von Theodor I. Laskaris, der ein Byzantinisches Reich mit der Hauptstadt Nikaia gegründet hatte, gehalten werden. Etwa 1316–1326 wird sie von dem

Türken Osman belagert, 1326 von Orhan eingenommen, der die Stadt zur Residenz des Türkischen Reiches macht und sie Bursa nennt. Bis 1361 bleibt sie die alleinige Hauptstadt, dann gemeinsam mit Edirne bis 1453.
Es residierten hier: Orhan 1326–1359 / Murat I. 1359–1389 / Beyazıt I. 1389–1403 /Mehmet I., der nach zehnjährigen Thronfolgeschwierigkeiten an die Herrschaft gelangte, 1413–1421 / Murat II. 1421–1451 / Mehmet II. 1451–1481, er verlegte 1453 die Residenz nach Istanbul.

Besichtigungsplan

Vormittags: Yıldırım Camii, Yeşil Cami und Türbe / Archäologisches Museum / Ulu Cami. Nachmittags: Zitadelle, Türben von Osman und Orhan, Aussicht von der Terrasse /Moschee Murats II. und Friedhof. Çekirge: Bad von Eskikaplıca / Moschee Murats I., Aussicht von der dortigen Terrasse.

Yıldırım Beyazıt I. Camii

Um 1400 nach dem Plan des umgedrehten T gebaut, der für die Bursa-Moscheen charakteristisch wird. Die Moschee ist durch das Erdbeben von 1855 stark beschädigt und restauriert, so daß der Besuch nicht sehr lohnend ist, zumal auch der einstige Fayenceschmuck im Inneren fast vollständig zerstört ist. Zu der Moschee gehörten einst Palast, Badeanlage, Armenküche, Medrese und Aquädukt. Alle Bauten waren von einer Mauer umzogen. Erhalten haben sich die Türbe des Erbauers und die Medrese, seit 1951 Krankenhaus.

Yeşil Cami (Grüne Moschee)

Die Moschee, das Hauptwerk der frühosmanischen Kunst, an der Stelle einer byzantinischen Kirche erbaut, wurde laut Inschrift 1421 vollendet. Die ursprünglichen Minaretts, die mit grünen Fayencen verkleidet waren, stürzten bei dem Erdbeben 1855 ein. 1863 wurde die Moschee restauriert.
Moschee und Türbe sind heute durch eine Straße getrennt. Der Weg zum Haupteingang der Moschee führt an ihrer Südseite entlang, die Fenster mit zierlich gearbeitetem Marmorschmuck zeigt. Vor dem Portal ein Şadırvan; der Portikus der Moschee wurde durch das Erdbeben zerstört, das Portal selbst ist mit einer prunkvollen Stalakitennische überwölbt und zeigt eine zierliche Pflanzenornamentik. Ein Vestibül führt in den Gebetsraum, der aus zwei Haupträumen besteht, die überkuppelt sind. Die Verbindung vom Kubus zur Kuppel stellt eine Stalaktitenzone dar. Rechts und links neben dem Eingang zwei Nischen, die, wie auch die Sultansempore über dem Eingang, reich mit Fayencen geschmückt sind. Der erste Hauptraum enthält einen Brunnen, und

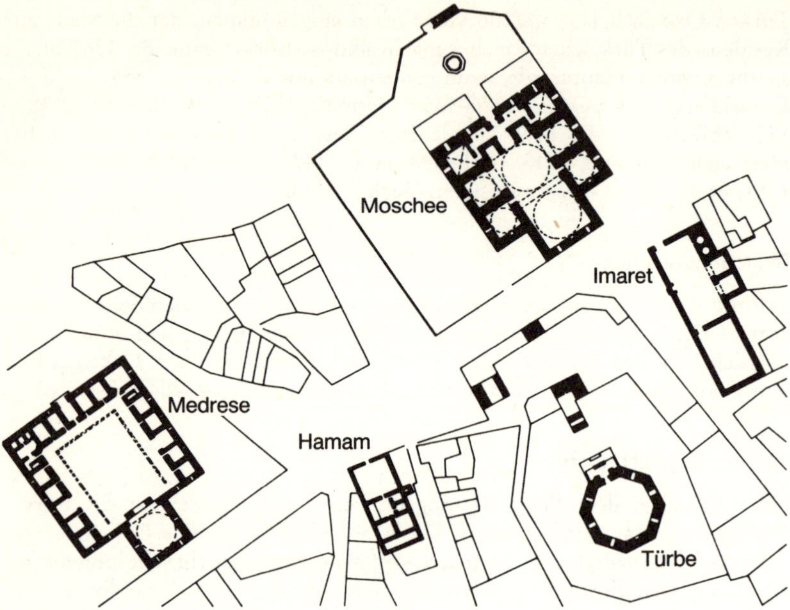

Bursa, Külliye Mehmets I. (Yeşil Külliye)

von ihm gehen rechts und links zwei Kuppelräume ab, durch die der T-förmige Grundriß entsteht. Diese Räume waren für Koranschüler bestimmt.
Drei Stufen führen in den zweiten Hauptraum, der Mihrab und Mimbar enthält. Die Wände sind im unteren Drittel mit Fayencen in geometrischen Mustern bedeckt, während die Fayencen des Mihrab in einer Stalaktitennische auch die verschiedenartigsten Blütenmuster zeigen. Bei den Fayencen herrscht ein leuchtendes Blaugrün vor; sie wurden nach persischen Vorbildern in den Manufakturen von Iznik und Kütahya hergestellt.

Yeşil Türbe (Mausoleum Mehmets I.)

Zu dem achteckigen Bau (Portalinschrift 1421), der mit einer Kuppel überwölbt ist, führt eine lange Treppe. Die einfarbigen blauen Fayencen stammen von der Restaurierung des 19. Jhs. In der Mitte des Raumes steht auf einem mit Fayencen überzogenen Sockel der Sarg des Sultans, der mit ornamentalen Inschriften überdeckt ist; an einem Kopfende ein Turban aus weißer Seide und große Leuchter. Der Raum hat einen schönen Fayencenschmuck – man achte besonders auf den Mihrab (1421) und farbige Glasfenster. In der Türbe sind begraben: Der Sultan Mehmet I., 3 seiner Söhne und die Sultanin Selçuk Hatun.

Museum für Türkische und Islamische Kunst (Türk ve Islam Eserleri Müzesi)

In der Medrese der Yeşil Cami.
In dem 1414–24 entstandenen Bau sind Kunstobjekte und Gebrauchsgegenstände vom 14. Jh. bis zur spätosmanischen Zeit ausgestellt (Geräte, auch aus dem religiösen Bereich, Kupfergefäße, Mittelstücke von Holzdecken, Waffen, Teppiche und Stickereien, Fayencen aus Iznik und Kütahaya). Im Garten und unter den Kolonnaden Grabsteine und Inschriften.

Archäologisches Museum (Arkeoloji Müzesi)

Im Sportpark, nahe dem Stadion.
Das bedeutende Provinzmuseum, seit 1972 hier untergebracht, enthält eine Bibliothek und vier Ausstellungsräume:

1. Prähistorische Grabungsfunde aus der Umgebung (Keramik, Bronzen, Idole, Steinwerkzeuge), hethitische Keramik und eine Münzsammlung (römische, byzantinische Zeit).
2. Steinplastik von der archaischen bis zur byzantinischen Zeit (Stelen, Reliefs, Inschriften aus den Provinzen Bursa, Bilecik und Balıkesir).
3. Reichhaltige Sammlung von Glas, Keramik, Holz- und Metallarbeiten aus der »klassischen« Zeit Anatoliens (spätantiker Gold- und Silberschmuck, römisches Glas, figürliche Kleinplastik.
4. Wechselausstellungen (auch zeitgenössische Kunst).

Im gedeckten Vorgarten Steinobjekte (Sarkophage, Grabsteine, Statuen, Reliefs).

Ulu Cami (Große Moschee)

Diese Moschee, die noch in der Art der Hofmoschee erbaut ist, nun aber Vielkuppelmoschee genannt wird, wurde wohl 1379 von Murat I. begonnen und 1421 unter Mehmet I. vollendet. Der fast quadratische Gebetssaal hat eine Seitenlänge von 100 m. 12 Pfeiler, die mit Schriftzeichen bedeckt und durch spitzbogige Arkaden verbunden sind, tragen 20 Kuppeln. Im Inneren der Moschee, umgeben von Gebetstribünen, ein dreistufiger Brunnen mit einer sprudelnden Fontäne über der oberen Schale. Das Kuppeljoch über ihm war einst geöffnet, heute ist es durch eine Glas-Eisen-Konstrunktion geschlossen. Der Mimbar aus Zedernholz ist durch eine Inschrift auf die Jahre 1399/1400

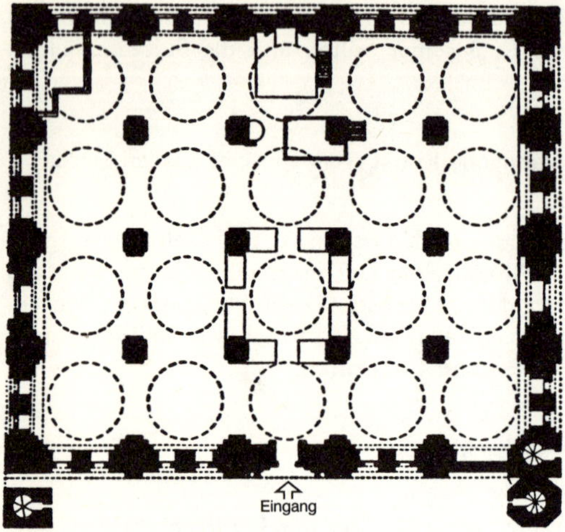

Bursa, Ulu Cami

datiert. Die Pfeiler sind mit bildhaften Kalligraphien (Koransprüche in arabischer Schrift) bedeckt. Sie dürften frühestens im 18. Jh. angebracht worden sein.

Zitadelle (Hisar)

Die Zitadelle in der Oberstadt nimmt die Stelle der alten römischen und byzantinischen befestigten Stadt ein. Die Befestigung mit ihren vier Toren, von der ein Teil noch zu sehen ist, wurde im 9. Jh. verdoppelt. Auf der Nordseite in der Nähe des Uhrturms in den Gartenanlagen die Türbe von Orhan († 1359) und die sechseckige von Osman I. († 1326), die nach dem Erdbeben 1855 von dem Sultan Abdülaziz 1868 erbaut wurde. In ihrer Nähe befand sich einst der Saray des Sultans. Vor der Nordterrasse des Gartens eine schöne Aussicht auf die Stadt und den Olymp.

Moschee Murats II.

Friedhof mit den sog. Sultansgräbern und dem sog. Haus Murats II.
Die Moschee wurde 1425/26 erbaut. Ein Portikus, der auf zwei antiken Säulen und vier Pfeilern ruht und mit Kuppeln gedeckt ist, führt in den Innenraum, der mit seinem Fayencenschmuck an die Yeşil-Moschee erinnert. Rechts von der Moschee der *Friedhof*, der in einem schönen, ruhigen Garten liegt; in ihm 13 Türben, darunter die Murats II. und die verschiedener Prinzen und Prinzessinnen sowie Hofsklaven. (Ein Wärter führt und öffnet. Entgelt!)
Am Ende der Allee die Türbe *Murats II.* († 1451). Im Inneren tragen vier Pfeiler und antike Säulen die offene Kuppel, die nach dem Wunsche des Sultans, daß der Regen sein Grab benetze, angelegt wurde. Weiter rechts Türbe des Prinzen *Mustafa*, wohl für Ahmet, einem 1429 verstorbenen Sohn Mehmets I., angelegt, mit Resten besonders schöner rot-grüner Fayencenausschmückung. Rechts daneben Türbe des Prinzen *Dschem*, der sich gegen seinen Bruder Beyazıt II. empört hatte, zunächst Zuflucht bei den Johannitern

Ephesos. Celsus-Bibliothek ▷

TI·IOYΛIOΣAKYΛAΣYΠATOΣOYIO

fand, dann an den Papst ausgeliefert und 1495 in Neapel vergiftet wurde. Zurück zur Türbe Murats II.; auf der linken Seite der Allee die Türbe *Ahmets und Korkuts.* Hier wurden Ahmet und Korkut, die Brüder Selims I., die 1513 bei seiner Thronbesteigung erdrosselt worden waren, beigesetzt. Auch Mustafa, ein Sohn Süleymans, der 1552 erdrosselt wurde, seine Mutter und sein 1562 verstorbener Bruder Orhan fanden hier ihre letzte Ruhe. Die Türbe ist achteckig und zeigt im Inneren schöne Fayencen aus dem 16. Jh.
Rechts von der Moschee die *Medrese* und – jenseits der Kaplıca Caddesi – das *Muradiye Hamamı.* Gegenüber dem Eingang zur Külliye das sogenannte »Haus Murats«, ein typisches türkisches Holzhaus aus dem 18. Jh. Man besichtigt zwei Räume mit ihrer Einrichtung.

Basar

Das Gebiet um die Ulu Cami zeigt noch heute Bursas Bedeutung als Zentrum der Textilherstellung (Seide, Samt) und als Karawanenumschlagplatz in osmanischer Zeit. Nebeneinander erheben sich hier Hane, Ladenstraßen, ein Bedesten (Markthalle), Medresen, Badeanlagen. Das Erdbeben von 1855 und der große Brand von 1957 haben zwar viele Gebäude zerstört, aber in den letzten Jahren sind einige wieder aufgebaut worden.
Von der Ulu Cami nach rechts (Westen): *Emir Hanı,* zur Zeit Orhans begonnen, letzte Restaurierung 1963; *Koza Hanı,* unter Beyazıt I. 1490/91 errichtet, in der Hofmitte eine Mesçit über einem Brunnen. In der parallelen Straße nach Norden: *Bedesten,* Markthalle Beyazıts I., 1400; *Geyce Hanı,* Stiftung 1419; *Fidan Hanı,* Stiftung von Mahmut Paşa, Großwesir von Mehmet II. Nordwestlich der Ulu Cami der *Pirinç Hanı,* von Beyazıt II. 1490/91 erbaut.

Thermalbäder von Bursa

Die Bäder waren schon in der römischen und byzantinischen Zeit sehr beliebt, ihr schwefel- und eisenhaltiges Wasser (42–82 °C) wird vom Olymp herabgeleitet.
Die Bäder liegen westlich der Stadt, man nehme die Straße nach Mudanya. In der Nähe des Çelik-Palas-Hotels, in dem Ortsteil Bademlı, die Bäder: *Kükürtlü Hamamı* (Schwefel-Bad) unter Murat I. und Beyazıt II. erbaut. *Yenikaplıca* (Neues Heilbad), das Rüstem Paşa, der Großwesir Süleymans I. (1553), erbaute. Von außen ein rechteckiger Bau, der mit Kuppeln verschiedener Höhe, die mit Ziegeln bedeckt sind, überwölbt ist. Dem unscheinbaren Äußeren entspricht nicht das schöne Innere: ein Vestibül aus rosa- und grünfarbigem Marmor. Von dem achteckigen Hauptraum, in dem sich ein

◁ *Ephesos. Fassade der Celsus-Bibliothek, Obergeschoß*

Marmorschwimmbecken von 8 m Durchmesser befindet und der mit einer Kuppel, die auf vier Säulen steht, überwölbt ist, gehen acht Zimmer ab.
In Bademlı biegt man nach links von der Altıparmak Caddesi ab und geht bis zum Platz von Eskikaplıca in den Stadtteil Çekirge. Hier rechts das tiefer liegende Bad von *Eskikaplıca* (Altes Heilbad): Nach Prokop ließ Justinian an dieser Stelle ein Bad errichten, Murat I. ließ Ende des 14. Jhs. einen Neubau erstellen, vielleicht unter Verwendung der byzantinischen Reste. Im Grundriß wie im Aufbau ähnelt das Bad dem von Yenikaplıca. In der Nähe ein modernes Freiluftschwimmbad.
Von dem Platz in südwestlicher Richtung (5 Minuten) zur *Moschee Murats I.* (Hüdavendigar Camii), die um 1365 erbaut wurde. Der Grundriß der Moschee zeigt wieder die umgedrehte T-Form, während sich im Dekor ein italienischer oder italienisch geschulter Künstler verrät. Die Türbe, die auf der anderen Seite der Straße liegt, wurde 1835 sehr zerstört und unter Abdülhamit II. restauriert. Ferner gehören ein Imaret und ein kleines Bad zu der Anlage. Murat I. siegte und fiel 1389 auf dem Amselfeld.
Ausflug auf den *Ulu Dağ* (bithynischer oder mysischer Olymp, 2543 m). In römischer und byzantinischer Zeit mit dichtem Wald bedeckt, wurde er gern von Räubern als Unterschlupf benutzt; da im Mittelalter Einsiedler und Mönche in seiner Nähe wohnten, heißt er auch heute noch Keşiş Dăg (Mönchsberg), er besitzt eine eigenartige Flora und vielfältige Fauna.
Vom Cumhuriyet-Platz fährt ein Omnibus oder Dolmuş eine Straße hinauf, deren Endstation nach 36 km erreicht wird, in unmittelbarer Nähe des Hotels. Von hier kann man im Sommer oder Frühherbst in etwa zwei Stunden den Aufstieg auf den Ulu Dağ unternehmen.

Söğüt

Anfahrt: von Bursa über Yenişehir-Bilecik 121 km oder über Inegöl (Staatsstraße 200) und Bilecik 144 km.
Söğüt, das antike Thebasion, war die erste osmanische Hauptstadt. Die türkischen Ogusen, ein kleiner Stamm, wanderten unter ihrem Anführer Ertoğrul (Toghrul, Tuğril) Gazi aus Zentralasien ein und wurden Vasallen des seldschukischen Sultans Alâettin Keykobat I. Dessen Nachfolger siedelten sie um 1275 in der Gegend von Söğüt an, wo Ertuğrul 1281 starb. Sein Sohn Osman Gazi (1281–1326) gründete 1300 das türkische Sultanat und gab der Dynastie seinen Namen. Der Sohn Osmans, Orhan, eroberte 1326 Bursa und machte es zur Hauptstadt, sodaß Söğüt seine Bedeutung verlor.

In Söğüt besteht eine kleine Moschee, die Ertuğrul Gazi Mescidi; sie wurde im 19. Jh. von Sultan Abdülaziz (1861–1876) durch einen Neubau ersetzt. Die zugehörige Türbe enthält einen Katafalk, unter dem sich das Grab Ertuğruls befindet, Ziel einer Wallfahrt (gelegentlich wurde vermutet, daß er nach Bursa überführt wurde; es gibt dafür aber keinen Beweis). Der Überlieferung nach soll auch Osman zunächst hier begraben und erst später von seinem Sohn Orhan nach Bursa überführt worden sein.

Kütahya

939 m, 203 000 Einwohner, Provinzhauptstadt.
Am Nordhang des 1016 m hohen Acem Dağı gelegen; es besitzt eine reizvolle Altstadt und ist berühmt durch die »Kütahya-Keramik«.

Bursa-Kütahya über Eskişehir 232 km; über Inönü 186 km.

Kütahya wurde an der Stelle des antiken Kotyaeum erbaut. In vorchristlicher Zeit gehörte es den Königen von Phrygien, kam dann in die Hände der Sassaniden, Alexanders des Großen, der Römer. Die Byzantiner bauten starke Festungsanlagen, da hier eine der wichtigen Straßen von Konstantinopel nach Kilikien durchlief. 1080 wurde es von den Seldschuken erobert, aber schon 1096 konnten es die Griechen wieder zurückgewinnen und bis 1234 behalten.
1302 machte Yakub Bey die Stadt zur Hauptstadt des Emirates von Germiyan, zu dem weite Teile des alten Phrygiens gehörten. Die Tochter des Emirs von Germiyan, Devlet Hatun, heiratete 1381 den Sohn des türkischen Sultans Murat I., Beyazıt. Dabei kam Kütaya als Mitgift an die Türken; 1402 wurde es wieder mit dem Emirat von Germiyan verbunden. Tamerlan hielt sich hier einen Monat lang auf. 1428 kam es endgültig zum türkischen Reich.
Sultan Selim I. (Yavuz, der Strenge, Unnachgiebige) hatte 1514 Täbris eingenommen; von dort brachte er persische Fayencearbeiter nach Kütahya, das im 16. Jh. ein wichtiger Handelsplatz Anatoliens war. Die Farben der Fayencen waren zuerst kobaltblau, grün und weiß; im 17. Jh. kam ein Rot dazu und Ende des 18. Jhs. auch Gelb. Den Höhepunkt hatte die Manufaktur aber schon im 18. Jh. überschritten. Heute gibt es dort außer einer Fayence-Abteilung im Museum nur noch eine einzige Fabrik, die sich im wesentlichen auf das Kopieren alter Modelle beschränkt. Die klaren Farben des 16. Jhs. sind besonders schön.

Sehenswürdigkeiten

Aus der seldschukischen Zeit: Die Moschee des Emirs Imad ed-din Hazar Dinar von 1236, 1387 restauriert; aus der germiyanidischen Zeit stammt die Vacidiye Medrese mit dem Grabmal des Abd er-Vacid (gest. 1334), erbaut 1314. In diesem Gebäude ist das Museum mit archäologischen Funden, türkischem Kunsthandwerk und vor allem mit Kütahya-Keramik aus allen Perioden untergebracht.

Ferner sehenswert:

Medrese Yakut Bey (1411)

Kasim Paşa Camii; gebaut Ende 14. Jh., 1512 von dem Beylerbey von Anatolien, Kasim Paşa, erneuert

Ulu Cami; begonnen von Beyazıt I., fortgeführt von seinem Sohn Musa Çelebi, vollendet von Mehmet II., restauriert von Sinan unter Süleyman II., dem Gesetzgeber. Es handelt sich um eine Hofmoschee mit ursprünglich 57 Holzsäulen, die später durch Marmorsäulen (die meisten aus Azanoi) ersetzt wurden.

Balıklı Medresesi (1549–1550) von dem Großwesir Rüstem Paşa.

Kütüphane (Bibliothek), 1822 von Valid Paşa errichtet (in der Nähe der Ulu Cami).

Aizanoi (Aezani) in Phrygien

Anfahrt von Kütahya 10 km in Richtung Afyon, dann rechts in Richtung Uşak, 47 km bis zum Dorf Çavdarhisar (»Roggenburg«), dort wieder rechts ab in Richtung Emet. Kurz danach fährt man über den Çavdarhisar Suyu, den antiken Penkalas oder Rhyndakos. Die Brücke gehört schon zum Gebiet der ehemaligen Tempelstadt.

Die Flußufer waren einst reich mit Bauwerken und Plastik geschmückt. Man sieht links, etwa 200 m entfernt, die gut erhaltene Ruine des Zeustempels, eines ionischen Pseudodipteros mit 8 × 15 Säulen aus hadrianischer Zeit. Rechts kann man die Reste des Theaters, das mit dem Stadion kombiniert war, erkennen.

Die Tempelstadt wurde 1824 von dem Engländer Viscount Saint-Asaph entdeckt und 1839 von Charles Texier besucht, der sie in seiner »Description de l'Asie Mineure« (3 Bde. 1839–1849) beschrieb und in Zeichnungen darstellte. LeBas und Landron berichteten 1843 von der Ruinenstätte. Exakte Beobachtungen und Zeichnungen machten aber erst die Forscher des Deutschen

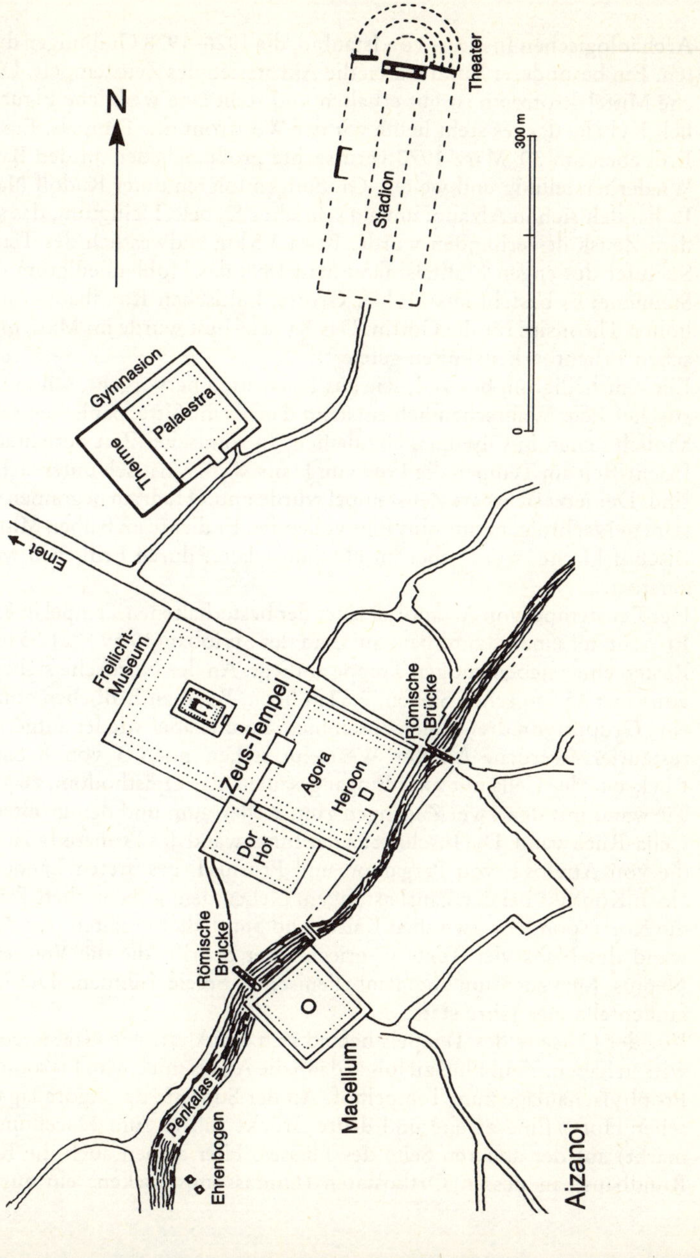
N
Theater
Stadion
300 m
0
Gymnasion
Palaestra
Therme
Emet
Freilicht-
Museum
Zeus-Tempel
Agora
Heroon
Römische
Brücke
Dor
Hof
Römische
Brücke
Macellum
Penkalas
Ehrenbogen
Aizanoi

Archäologischen Instituts von Istanbul, die 1926–1928 Grabungen durchführten. Ein besonderer Fund waren die Akroterien des Zeustempels. Das westliche Mittelakroterion ist gut erhalten und stellt eine weibliche Figur, vermutlich Kybele, dar; es steht heute vor der Westfront des Tempels. Ein schweres Erdbeben am 30. März 1970 verursachte große Schäden an den Bauwerken. Wiederherstellung und weitere Grabungen folgten unter Rudolf Naumann.

Es handelt sich in Aizanoi um ein sehr altes Kybele-Heiligtum, das später mit dem Zeuskult verbunden wurde. Etwa 3,5 km südwestlich des Tempels, am Steilufer des engen Flußtals, fand man 1898 das Höhlenheiligtum der Meter Steunene; es besteht aus Höhle, Grotte, kultischen Rundbauten und einem hohen Thronsitz für die Göttin. Das Kybele-Fest wurde im März mit ekstatischen Fruchtbarkeitskulten gefeiert.

Ein Zeusheiligtum bestand, wie aus Inschriften hervorgeht, schon in hellenistischer Zeit. Wahrscheinlich entstand damals die Sitte, panhellenische Spiele, ähnlich denen in Olympia, abzuhalten. In römischer Zeit berichten darüber Inschriften am Tempel, die 1969 von Hans Weber kritisch untersucht worden sind. Der jetzt sichtbare Zeustempel wurde unter Hadrian begonnen und unter seinem Nachfolger Antonius Pius vollendet. Er diente im frühen Mittelalter als Bischofskirche, wurde aber im Hochmittelalter durch Erdbeben weitgehend zerstört.

Der Zeustempel von Aizanoi ist einer der besterhaltenen Tempel in Kleinasien. Er steht auf einem Unterbau, auf dem der Stylobat (36,59 × 21,35 m) mit den Resten einer siebenstufigen Treppe aufliegt. An der Nordseite stehen noch 10 von einst 15 ionischen Säulen, 9,62 m hoch. Bei dem Erdbeben von 1970 fiel eine Gruppe von drei Säulen zusammen, konnte aber wieder aufgerichtet und restauriert werden. An der Westseite stehen noch 5 von 8 Säulen. Die Rückseite der Cella mit zwei Eingangssäulen, das Opisthodom, zeigt noch die Türwand mit den zwei Zugängen zum Kellerraum und den größten Teil der Cella-Rückwand. Die Inschrift an der Innenwand des Pronaos bezieht sich auf die von Attalos I. von Pergamon und Prusius I. gestifteten Ländereien und einen Konflikt bei den Zinsleistungen. Neben dem griechischen Text ist auch die Korrespondenz zwischen Kaiser und Statthalter erhalten. An der Außenwand des Naos vier Texte in griechischer Schrift, die die Verdienste eines Nepius Enryedes um die Panhellenischen Spiele rühmen. Die Wettspiele fanden alle vier Jahre statt.

Vor der Ostseite des Tempels befand sich ein Altar, wie Grabungen nachgewiesen haben. Zum Fluß zu folgte dann die Agora mit einem Heroon und einer Prophyläenanlage zum Tempelhof. An der Südseite der Agora lag ein »dorischer Hof«. Eine zweite und dritte Brücke führte zum Macellum (Fleischmarkt) auf der anderen Seite des Flusses. Hier stehen auch die Reste eines Rundbaus, an dessen Orthostaten (Umfassungsblöcken) ein ausführliches

Preis-Edikt des Kaisers Diokletian aus dem Jahr 301 angebracht ist; hier werden die Preise von etwa 1000 Waren und Dienstleistungen festgesetzt. Im Nordwesten geringe Reste einer Therme mit Palästra. Im Norden, an der Stadtgrenze, Theater und Stadion. Das Theater konnte 7000 Besucher aufnehmen; ein Teil des Bühnenhauses und der Zuschauerränge haben sich erhalten. 1894 wurden hier Sitzplatten auf Büffelwagen für den Bau eines neuen Gefängnisses in Kütahya abtransportiert.
Das Stadion, in der Längsachse an das Theater angebaut, war 221,30 m lang und 46,40 m breit, besaß 10 Sitzreihen und bot 12 760 Zuschauern Platz. Von den Sitzreihen hat sich wenig erhalten, aber man kann die Lage noch gut erkennen.

Troja
(türk. Truva, nahe der Stadt Çanakkale)

Hinfahrt

Mit dem Schiff von Istanbul – Çanakkale, 250 km in zehn Stunden. Mit dem Auto: Bursa – Dandırma – Çanakkale 329 km – verhältnismäßig gute asphaltierte Straße. Gute Straße von Edirne über Havsa – Uzunköprü – Keşan – Gelibolu nach Eceabat 229 km) oder von Alexandroupolis (Griechenland) über Ipsala – Keşan – Gelibolu – Eceabat. Dann in beiden Fällen mit der Fähre nach Çanakkale.

Die Meerenge der *Dardanellen,* der Hellespont der Antike, ist 60 km lang und an seiner schmalsten Stelle 1350 m breit. Schon in vorgeschichtlicher Zeit führte hier eine wichtige Handelsstraße von einem Kontinent zum anderen. Hier setzte auch Xerxes 480 v. Chr. über, 334 v. Chr. Alexander der Große, 1356 die Türken, die 1357 mit der Einnahme von Gallipoli ihren ersten Stützpunkt auf europäischem Boden hatten. Hier spielt die Sage von Hero und Leander, und hier schwamm 1810 Lord Byron von einem Ufer zum anderen. Im Frühjahr 1915 versuchten die alliierten Flotten, die Durchfahrt durch die Dardanellen und später eine Landung an der asiatischen Küste zu erzwingen. Sie wurden durch die türkisch-deutschen Armeen zurückgeschlagen. Mustafa Kemal Pascha, der spätere Atatürk, war an diesen Kämpfen als Kommandeur beteiligt.

Çanakkale

150 000 Einwohner, Provinzhauptstadt, auf dem asiatischen Ufer der Dardanellen, die hier 1950 m breit sind. Mehmet II. errichtete hier im 15. Jh. die Festung Sultaniye Kalesi und 1470 auf der gegenüberliegenden Seite die Festung Kilitbahir (»Schlüsselstellung am Meer«), deren Turm noch aus byzantinischer Zeit stammt.

Hotel

3. Kl.: Truva Oteli, Yalı boyu

Motels

1. Kl.: Ida-Tur Moteli, Küçükuyu
Tusan Moteli, P. K. 8, Intepe
2. Kl.: Abide Moteli
Motel in Eceabat (Europäische Seite)
Abide Moteli, Seddülbahir Mevkii
Informationsbüro: Iskele Meydanı 67

Ausflug von Çanakkale nach Troja

Man kann heute ohne besondere polizeiliche Genehmigung mit dem eigenen Wagen oder einem Taxi nach Troja fahren.
Der Ausflug dauert etwa 4 Stunden. Die 33 km lange Straße führt durch Kiefernwälder und einige Dörfer; sie bietet schöne Landschaftsbilder und Blicke auf die Dardanellen.
Etwa 30 km südwestlich von Çanakkale liegt bei Hisarlık am Nordrand der breiten, hier vielfach versumpften und verwilderten Talniederung des Menderes Çay (Skamandros) und etwa 6 km von dessen Mündung landein auf einem niederen Hügelsporn – ursprünglich 26 m hoch, durch den Kulturschutt auf eine Höhe von 40 m angewachsen – die uralte Siedlungsstätte von Troja.
Es ist das Verdienst *Schliemanns,* den Hügel von Hisarlık als Stätte von Troja erkannt zu haben, eine Vermutung, der andere Thesen gegenüberstanden. Die Ausgrabungen Schliemanns fanden 1870–1882 und 1890 statt, seit 1882 gemeinsam mit *Dörpfeld,* der nach Schliemanns Tod (1890) zwei weitere Kampagnen 1893/94 durchführte. Diese Ausgrabungen ergaben 9 Hauptbesiedlungsschichten. 1932/33 wurde von dem Amerikaner *Blegen* eine neue Grabung durchgeführt, deren Ergebnis die 9 Schichten bestätigte, sie aber in 30

Besiedlungsschichten durch die inzwischen verfeinerten Methoden unterteilen konnte. Eine Besichtigung in Troja wird dadurch erleichtert, daß an den markanten Punkten Täfelchen angebracht sind, die aussagen, aus welcher Schicht diese Architekturruinen stammen.

Heinrich Schliemann schreibt in seiner Lebensbeschreibung von den Ausgrabungen im Jahre 1873: »Um die großen Ausgrabungen auf der Nordwestseite des Hügels möglichst zu beschleunigen, ließ ich auch von der Westseite aus einen tiefen Einschnitt machen, mit welchem ich unglücklicherweise in schräger Richtung auf die hier ebenfalls 13 Fuß hohe und 10 Fuß starke Umfassungsmauer des Lysimachos traf; so mußte ich, um mir einen Durchgang zu bahnen, die doppelte Quantität von Steinen wegbrechen. Aber wieder stieß ich dann auf die Ruinen großer Gebäude aus der hellenistischen und vorhellenistischen Periode, so daß die Ausgrabung nur langsam fortschreiten konnte. In einer Entfernung von 69 Fuß von dem Abhange des Hügels und in einer Tiefe von 20 Fuß traf ich auf eine alte Umfriedungsmauer von 5 Fuß Höhe, die mit vortretenden Zinnen versehen war und, nach ihrer verhältnismäßig modernen Bauart und geringen Höhe zu schließen, einer nachtrojanischen Periode angehören muß. Dahinter fand ich einen ebenen, zum Teil mit großen Steinplatten, zum Teil aber auch mit mehr oder weniger behauenen Steinen bepflasterten Platz und hinter diesem wieder eine 20 Fuß hohe, 5 Fuß starke Befestigungsmauer aus großen Steinen und Lehm, die unter meinem hölzernen Hause, aber 6½ Fuß über der von dem Tore ausgehenden trojanischen Umfassungsmauer hinlief. Während wir an dieser Umfassungsmauer vordrangen und immer mehr von ihr aufdeckten, traf ich dicht neben dem alte Hause, etwas nordwestlich von dem Tore, auf einen großen kupfernen Gegenstand von sehr merkwürdiger Form, der sogleich meine ganze Aufmerksamkeit um so mehr auf sich zog, als ich glaubte, Gold dahinter schimmern zu sehen. Auf dem Kupfergerät aber lag eine steinharte 4¾ bis 5¼ Fuß starke Schicht rötlicher und brauner calcinierter Trümmer, und über dieser wieder zog sich die oben erwähnte 5 Fuß dicke und 20 Fuß hohe Befestigungsmauer hin, die kurz nach der Zerstörung Trojas errichtet sein muß. Wollte ich den wertvollen Fund für die Altertumswissenschaft retten, so war es zunächst geboten,ihn mit größter Eile und Vorsicht vor der Habgier meiner Arbeiter in Sicherheit zu bringen; deshalb ließ ich denn, obgleich noch nicht die Zeit der Frühstückspause war, unverzüglich zum Païdos rufen. Dieses in die türkische Sprache übergegangene Wort von unbekannter Abstammung wird hier allgemein für Ruhezeit gebraucht. Während nun meine Leute durch Ausruhen und Essen in Anspruch genommen waren, löste ich den Schatz mit einem großen Messer aus seiner steinharten Umgebung, ein Unternehmen, das die größte Anstrengung erforderte und zugleich in höchstem Maße lebensgefährlich war, denn die große Befestigungsmauer, unter welcher ich graben mußte, drohte jeden Augenblick auf mich herabzustürzen. Aber der Anblick so zahlreicher Gegenstände, deren jeder einzelne für die Archäologie von unschätzbarem Wert sein mußte, machte mich tollkühn und ließ mich an die Gefahr nicht denken. Doch würde trotzdem die Fortschaffung des Schatzes mir nicht geglückt sein, wenn nicht meine Gattin mir dabei behilflich gewesen wäre; sie stand, während ich arbeitete, neben mir, immer bereit, die von mir ausgegrabenen Gegenstände in ihren Schal zu packen und fortzutragen ...«

Die Schichten von Troja

Troja I, um 2500 v. Chr.

Eine *Burganlage* von 90 m Durchmesser, um 2500 v. Chr. erbaut. Geringe Reste.

Troja II, bis 2000 v. Chr.

Eine *Burganlage* von 100 m Durchmesser mit einer Lehmziegelmauer auf einem Bruchsteinsockel umgeben, durch die drei Tore führen. In der jüngsten der drei Unterschichten tritt schon das Megaron-Haus auf, das aber in den wesentlichen Zügen durch den großen Nordsüdgraben Schliemanns zerstört wurde. Schliemann sah diese Burg, die wohl um 2000 v. Chr. durch die Hethiter (?) zerstört wurde, als das homerische Troja an. Er fand in dieser Schicht den sog. Schatz des Priamos, dessen Gefäß- und Schmuckformen wie auch die Granulationstechnik auf eine Verbindung mit dem Zweistromland schließen lassen. Dieses Troja war ein wichtiger Umschlagplatz für den Metallhandel, für Kupfer und Zinn, die aus dem Inneren Kleinasiens kamen.

Troja VI, 14.–12. Jh. v. Chr.

Erst diese Burg ist von größter Bedeutung. Sie hat einen Durchmesser von 200 m, ihre Steinmauer ist 6–8 m hoch und 5 m dick; ihrem Typ nach ist sie von der mykenischen Kultur abhängig.
In der Sage haben sich die Kämpfe eines mykenischen Fürsten im 14. oder 13. Jh. v. Chr. gegen diese Stadt erhalten. Die Ilias Homers schildert das letzte Jahr des zehnjährigen Kampfes der Griechen unter der Führung von Agamemnon gegen Troja, denn Paris, der Sohn des Priamos, des Königs von Troja, hatte Helena, die Frau des Menelaos, geraubt. Erst Dörpfeld hat diese Schicht

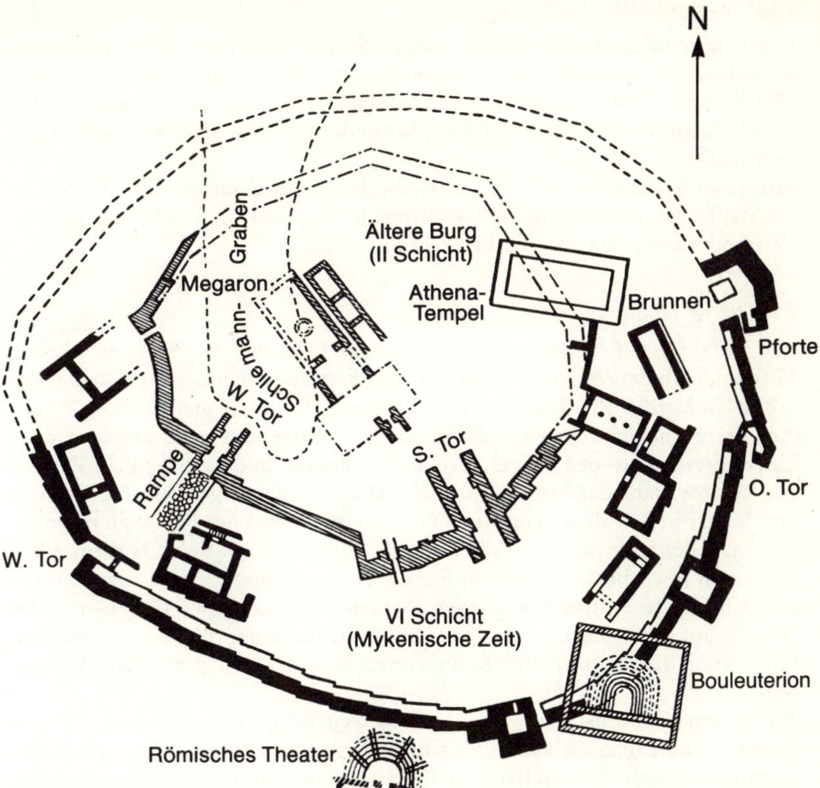

Troja

als die *»homerische«* erkannt. Leider ist die Palastanlage durch die ersten Grabungen zerstört worden. Die Stadt selbst wurde etwa um 1200 v. Chr. vernichtet.

Troja VIII, etwa 900–350 v. Chr.

Um 700 v. Chr. besiedelten dann *äolische Griechen* den Burghügel und errichteten einen Athena-Tempel, den Xerxes besuchte wie Alexander der Große. Lysimachos baute einen neuen Tempel und nannte die Stadt *Neu-Ilion,* die zum Mittelpunkt des Ilischen Städtebundes wurde. Sie hatte unter den Galliereinfällen wiederholt zu leiden.

Troja IX, etwa 350 v.–400 n. Chr.

Die Römer sahen auf Grund der *Äneas-Sage* in Troja die Wiege ihres Geschlechtes, sie besuchten und verschönten die Stadt, und Cäsar plante, hier eine Kaiserstadt anzulegen. So waren Sulla, Cäsar, Augustus, Hadrian, Marc Aurel, Caracalla u. a. hier, und Konstantin der Große wollte den Plan Cäsars verwirklichen.
Mit Julian Apostata schließt 355 die Reihe der großen Staatsbesuche. Wohl war die Stadt noch fast 1000 Jahre Bischofsstadt, aber sie verfiel in byzantinischer Zeit und wurde von den Türken nicht besiedelt.

Rundgang

Die Zufahrtsstraße endet in der Nähe des Osttores, wo sich ein kleines Museum befindet sowie ein Parkplatz. Zur Freude der Kinder hat man hier ein großes hölzernes Pferd aufgestellt, in das man hineinsteigen kann.
Am besten beginnt man beim römischen Theater und geht entgegen dem Uhrzeigersinn um den Hügel herum. Es folgt der Südturm (Schicht VI) mit dem Südtor, dann das »zweite römische Theater«, das wegen seiner umlaufenden Mauer besser als Buleuterion (Versammlungshaus des Rates) zu bezeichnen ist, – der Südost-Turm (VI), dann die Ostmauer mit dem Ostturm. Hier sieht man noch besser als am südlichen Teil eine Besonderheit des mykenischen Rings: er besteht aus geraden Mauerstücken von etwa 10 m Länge, die jeweils um etwa 15 cm vor das vorhergehende vorspringen, so daß eine Gliederung durch senkrechte Kanten entsteht und der Ring zu einem Vieleck wird.
Weiter zum Nordostturm (VI), der 8 m weit vorspringt; durch eine kleine Pforte kommt man zu einem Felsenbrunnen. Die Treppe, die nördlich des Turmes zu einem anderen Brunnen führte, stammt aus hellenistischer Zeit, die Reste der großen Stützmauer im Südosten gehörten zum Bezirk des römischen Athena-Tempels, den man anschließend erreicht. Von dem Plateau hat man eine schöne Sicht auf die Ebene bis zu den Dardanellen. Links von dem kleinen Fluß Küçük Menderes der sogenannte Tumulus des Patroklos und der des Achilles, rechts der des Ajax. Von dem Athenatempel selbst hat sich wenig erhalten; er stand auf einer zum Teil aufgeschütteten quadratischen Fläche von 80 m Seitenlänge und war an drei Seiten von Kolonnaden, an der vierten von einer Mauer umgeben. Weiter geht man zu Schliemanns Nord-Süd-Graben, dann nach Süden zum Westtor mit Rampe der älteren Anlage (Schicht II), die gut sichtbar ist und kehrt zurück zum römischen Theater, um zuletzt das kleine Ausgrabungsmuseum zu besuchen.
Die Erdkegel, die sich in dem Grabungsgelände befinden, ließ Dörpfeld stehen, damit man die Schichtlage nachprüfen kann.

Im Süden und Osten des Hügels befand sich seit der Zeit des Hellenismus die Unterstadt, die in römischer Zeit mit einer Mauer umgeben war.

Alexandreia Troas

Anfahrt von Çanakkale in Richtung Izmir 52 km bis Ezine am Küçük Menderes (»kleiner Mäander«, der antike Skamandros); hier rechts ab über Geyliki zum Dorf Odun Iskelesi, ca. 19 km.
Hier gründete Antigonos der Einäugige Ende des 4. Jhs. eine Stadt und nannte sie Antigonia. Er war General Alexanders des Großen und wurde 333 v. Chr. Satrap von Phrygien. In den Diadochenkämpfen nach dem Tod Alexanders versuchte er, den Zerfall des Reichs zu verhindern und beherrschte um 311 v. Chr. ein Gebiet, das vom Hellespont bis zum Euphrat reichte. Als erster Diadoche nahm er 306 v. Chr. mit seinem Sohn den Königstitel an. 301 v. Chr. wurde er als Achtzigjähriger von dem makedonischen König Lysimachos und seinen Verbündeten bei Ipsos besiegt und getötet.
Lysimachos nannte die Stadt Alexandreia Troas (Troas war die fruchtbare Landschaft südlich von Troja). In hellenistischer Zeit war sie eine der reichsten und bedeutendsten Städte Kleinasiens, da sie den Handelsverkehr am Hellespont überwachen konnte. Cäsar plante sogar, hier die Hauptstadt des Reiches anzulegen. Augustus bestimmte sie zur Veteranenkolonie und versah sie mit schönen Bauten; auch Hadrian schmückte sie aus, und der reiche Herodes Attikus (101–178) stiftete ein Bad und einen Aquädukt. Die Stadtfläche war damals 2500 × 1700 m groß. Paulus machte auf seiner zweiten und dritten Reise hier halt.
Aber nachdem Konstantinopel Hauptstadt geworden war, verlor Alexandreia Troas jede Bedeutung. Unter den Osmanen war es ein kleiner, vergessener Ort und hieß nun Eski Stambul. Das Stadtgebiet wurde als Steinbruch benutzt und lieferte Steine für den Bau der Sultan Ahmet I. Camii und der Yeni Cami in Istanbul.
Die heutige Straße zum Meer führt durch einen ausgedehnten Föhrenwald. Zwischen den Bäumen sieht man überall Reste von Ruinen, unter denen man die der großen Therme erkennen kann. Am Meer liegen noch große Steine, die ursprünglich nach Istanbul verladen werden sollten.

Assos

Anfahrt

Gute Asphaltstraße Çanakkale – Edremit, nach 73 km Abzweigung Ayvacık, 21 km bis Behram Kale (Assos).
Von der Akropolis schöner Blick auf den Golf von Edremit und die Insel Mytilene (Midilli).

Geschichte

Auf dem Basalthügel der Akropolis muß schon im 2. Jt. v. Chr. eine Siedlung bestanden haben. Um 1000 v. Chr. gründeten äolische Griechen, Bewohner von Methyma (Insel Lesbos) die Siedlung Assos. Im 6. Jh. v. Chr. kam sie unter die Herrschaft der Lydier und dann der Perser; im 5. Jh. v. Chr. gehörte sie zum Attischen Seebund. Im 4. Jh. v. Chr. war der Eunuch Hermeias, ein Schüler des Plato, Gouverneur. Sein Freund Aristoteles lebte von 348 bis 345 in Assos, gründete hier eine Philosophenschule und heiratete die Adoptivtochter des Hermeias. Im Jahre 58 machte der Apostel Paulus hier Station. Um 1330 wurde Assos von dem türkischen Sultan Orhan erobert. Die ersten Ausgrabungen wurden 1881–83 von der Amerikanischen Schule von Athen durchgeführt.

Besichtigung

Eine *Brücke* (14. Jh.) führt über den Satnioeis in das Dorf mit einer Moschee aus dem 14. Jh. Oberhalb des Dorfes eine aufgegebene *byzantinische Kirche* mit Spolien. Auf der Akropolis (238 m ü. M.) die Reste des um 530 v. Chr. erbauten *Athena-Tempels.* Von dem dorischen Peripteraltempel (6 × 13 Säulen) haben sich der Stylobat, herumliegende dorische Kapitelle und einige andere Architekturfragmente erhalten. Teile des Frieses und Metopen mit mythologischen Szenen befinden sich heute in Paris, Boston und Istanbul.
Die Stadt war von einer 3 km langen Mauer umzogen; gut erhalten haben sich im Westen das *Kleine Tor* und das *Haupttor* aus dem 4. Jh. v. Chr., beachtenswert die regelmäßige Steinsetzung. Die Türme stehen noch bis 14 m hoch. Die polygonalen Mauerteile sind aus älterer Zeit. Südlich der Akropolis – in der Nähe des Haupttors im Westen – das *Gymnasion,* dessen Hof 32 × 40 m maß und von Kolonnaden umgeben war (2. Jh. v. Chr.) Der *Agora-Bezirk* liegt auf einer Terrasse südlich der Akropolis; im Westen der *Agora-Tempel* (2. Jh. v. Chr.), – der eigentliche Platz ist von einer *Nord- und Südstoa* eingerahmt

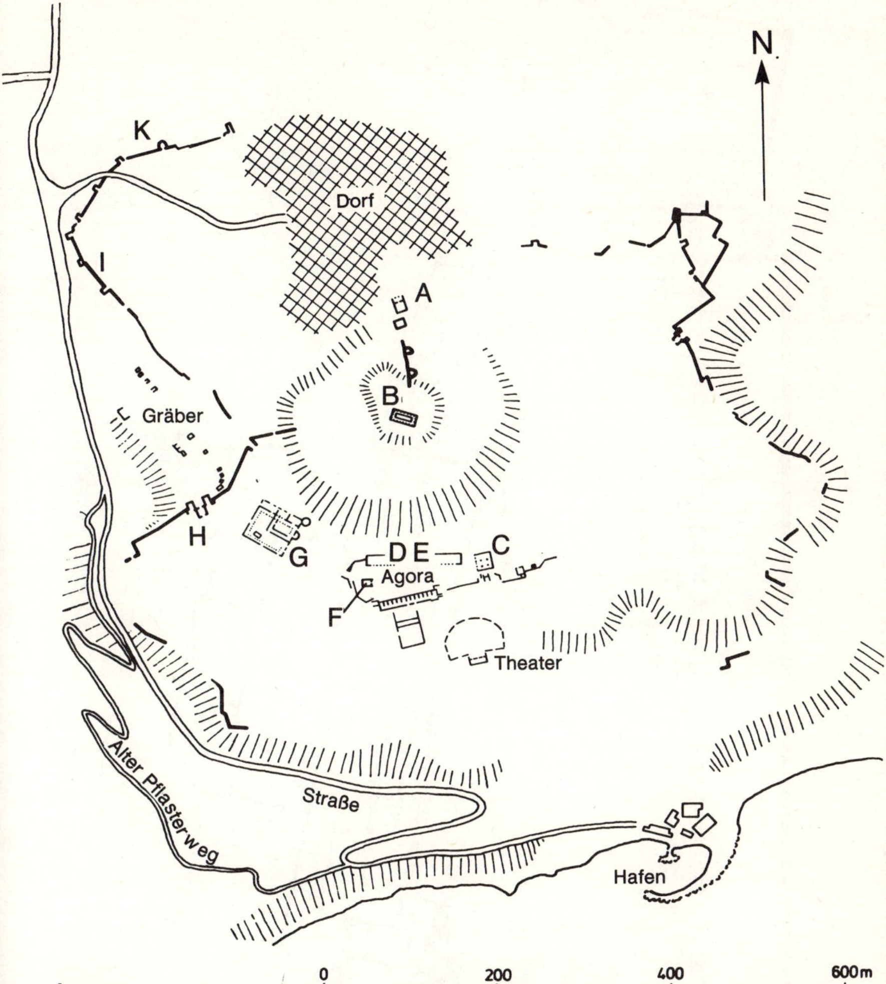

Assos
(aus: Koenigs, Wolf, Türkei. Die Westküste von Troja bis Knidos. © Artemis-Cicerone Kunst- und Reiseführer 1984

A Moschee
B Athena-Tempel
C Buleuterion
D Nordstoa
E Zisterne
F Agora-Tempel
G Gymnasion, bzw. Kirche
H Haupttor
I Stadtmauer
K Halbrundturm

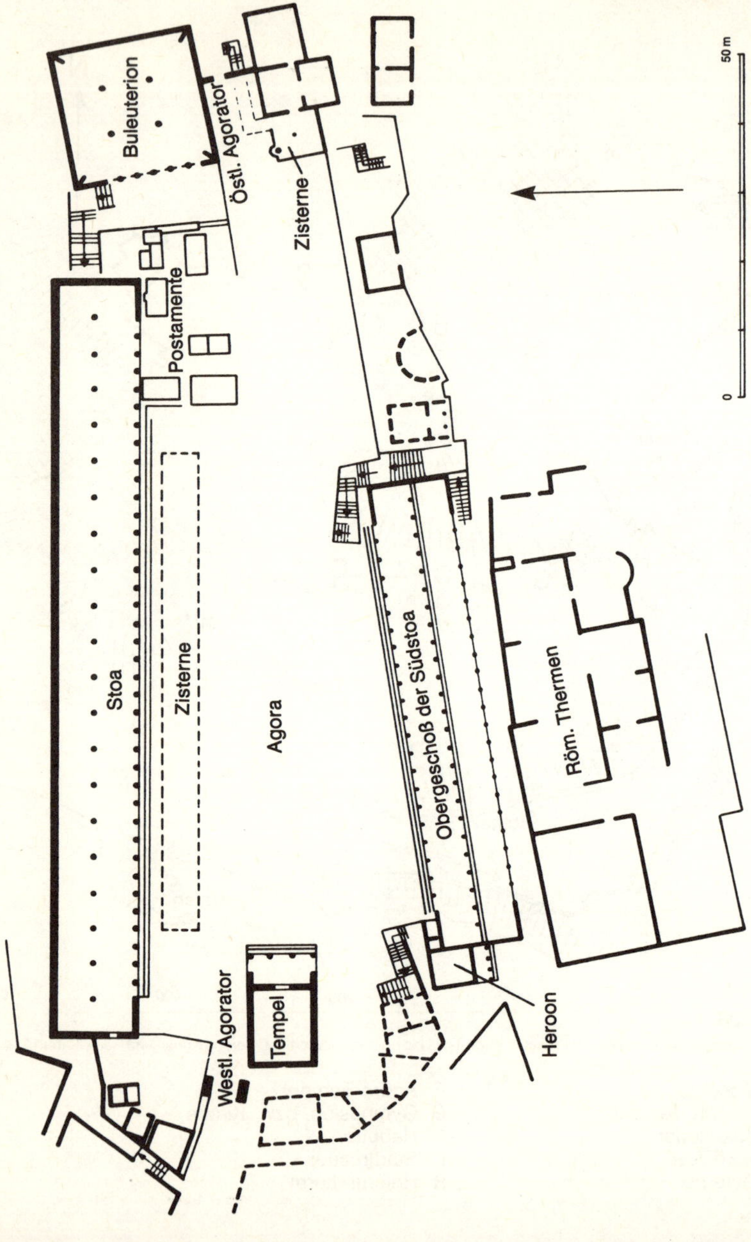
Buleuterion
Östl. Agorator
Zisterne
Postamente
Stoa
Zisterne
Agora
Obergeschoß der Südstoa
Röm. Thermen
Heroon
Tempel
Westl. Agorator
0
50 m

Assos, Agora

(3./2. Jh. v. Chr.), während das hellenistische *Buleuterion* am östlichen Ende lag. Südlich der Agora kann man noch die Stelle erkennen, wo sich einst das *Theater* erhob (3. Jh. v. Chr. und römische Restaurierung), es war im 19. Jh. noch gut erhalten. An der Straße, die auf das Westtor zuführt, hellenistische und römische *Grabanlagen* in malerischer Unordnung. Reste einer Hafenmole.

Ankara
(Angora)

3 900 000 Einwohner, Hauptstadt der Türkischen Republik.

Fahrt von Istanbul

Mit der *Eisenbahn* (die Anatolische Eisenbahn wurde 1888 erbaut) 577 km, mit Schnelltriebwagen (tagsüber) in 8 Stunden 45 Minuten. Mit dem Ankara- oder Anadolu-Ekspres (beide nachts) in 13 Stunden; auch Schlaf- und Liegewagen.
Istanbul (Haydarpaşa) – Izmit – (Sapanca-See, 16 km lang, 5 km breit, dann den Sakarya-Fluß entlang) – Bilecik – (dann auf die anatolische Hochebene) – Bozüyük – Eskişehir (den Porsuk-Fluß entlang) – Polatlı – Ankara.
Mit dem *Auto:* 440 km, gute Straße in gebirgiger und kurvenreicher Gegend. Fahrzeit 8–10 Stunden.
Üsküdar – Izmit – Adapazarı – Düzce – Bolu (32 km südwestlich der Abant-See in waldreicher Gegend, einfache Unterkunft) – Gerede – Ankara. Oder Üsküdar – Izmit – Geyve – Göynük – Nallıhan – Beypazarı – Keçiören – Ankara (462 km, davon ca. 70 km schlecht).
Mit dem *Autobus:* In der Frühe und am Abend von Sirkeci (Istanbul) und vom Taksim-Platz.
Mit dem *Flugzeug:* Etwa 347 km, 13 Flüge täglich, Flugdauer: 45 Min.

Fremdenverkehrs- und Informationsbüro

In der Eingangshalle des Ministeriums für Fremdenverkehr und Information, Gazi Mustafa Kemal Bulvarı 26

AKKÖPRÜ
SAMAN PAZARI
Hippodrom
17
Iskitler Cad.
Istanbul Caddesi
Etlik Cad.
Irfan Baştuğ C.
Altındağ Cad.
Bentderesi Caa.
Bentderesi Cad.
Çankırı Caddesi
Hisarparkı Cad.
Festung
Archäolog. Museum
Uluçanlar Cad.
Talatpaşa Bulvarı
Cumhuriyet Bulvarı
İstiklâl Cad.
Gençlik-Parkı
Hippodrom Caddesi
Hauptbahnhof
Gazi Mustafa Kemal
N
0
500 m
1
2
3
4
5
6
7
9
10
11
12
13
14
15
16
18
20

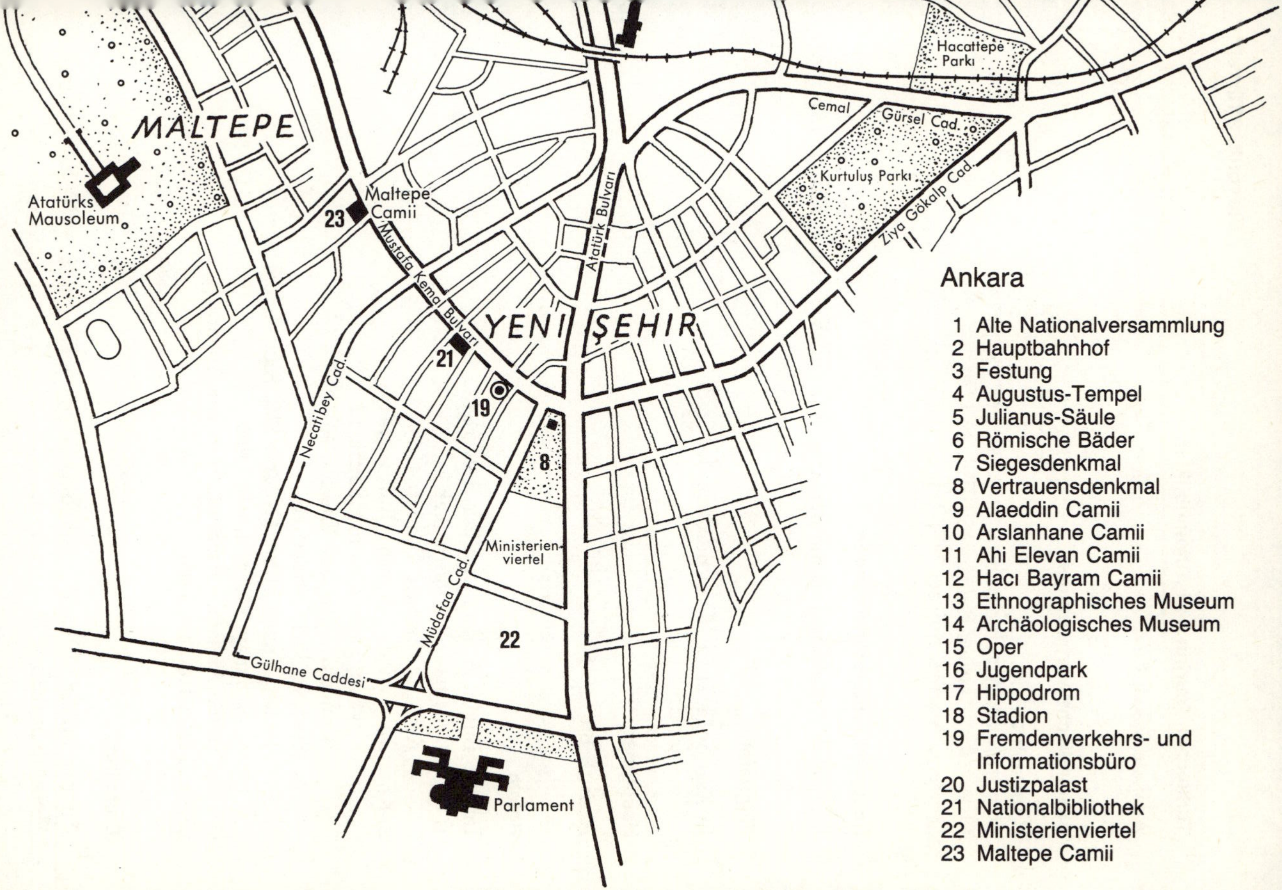

Ankara

1 Alte Nationalversammlung
2 Hauptbahnhof
3 Festung
4 Augustus-Tempel
5 Julianus-Säule
6 Römische Bäder
7 Siegesdenkmal
8 Vertrauensdenkmal
9 Alaeddin Camii
10 Arslanhane Camii
11 Ahi Elevan Camii
12 Hacı Bayram Camii
13 Ethnographisches Museum
14 Archäologisches Museum
15 Oper
16 Jugendpark
17 Hippodrom
18 Stadion
19 Fremdenverkehrs- und Informationsbüro
20 Justizpalast
21 Nationalbibliothek
22 Ministerienviertel
23 Maltepe Camii

Türkischer Touring und Automobilklub

Adakale Sokak 4

Ausländische Vertretungen

(Botschaften)
Deutschland, Atatürk Bulvarı 114, Tel. 26 54 65–67
Österreich, Atatürk Bulvarı 189, Tel. 25 47 61
Schweiz, Atatürk Bulvarı 247, Tel. 27 43 16

Deutsche Kultureinrichtungen

Deutsches Kulturinstitut und deutsche Bibliothek, Atatürk Bulvarı 131.

Flughafen

In Esenboğa, etwa 29 km nördlich der Stadt

Hauptpost

Atatürk Bulvarı 59

Hotels

Luxus:	Büyük Ankara, Atatürk Bulvarı 183
1. Kl.:	Dedeman, Büklüm Sokak 1
	Kent, Mithatpaşa Caddesi 4–6
2. Kl.:	Bulvar Palas, Atatürk Bulvarı 141
	Keykan, Fevzi Çakmak Sokak 12
	Altmışık, Necatibey Caddesi 46
	Stad, Istiklal Caddesi 20
	Tunalı, Tunalı Hilmi Caddesi 119, Kavaklıdere
	Yeni, Sanayi Caddesi 5/B, Ulus

An der Straße Ankara – Istanbul, 9 km vor Ankara:
Ömür Motel Istanbul Yolu

Camping

An der Straße Ankara – Istanbul, 20 km vor Ankara – BP Kervansaray Mocamp Susuzköy.

Krankenhäuser

Hacettepe, Sıhhiye, Kemal Gürsel Caddesi
Yüksek Ihtisas, Sıhhiye, Kemal Gürsel Caddesi

Schwimmbäder

Im Büyük Ankara Oteli
Im Dedeman Oteli
Im Stadion des 9. Mai
Bei der Bayındır-Talsperre an der Straße nach Samsun.

Geschichte

Im *Altertum* galt *Ankyra* als Gründung des phrygischen Königs Midas (7. Jh. v. Chr.); als Beweis dieser Annahme wurde 1925 südlich des Bahnhofs eine große phrygische Nekropole aufgedeckt. Möglicherweise war die Stätte aber schon von den Hethitern besiedelt worden. Den Phrygiern folgten die Lydier, und 546–545 v. Chr. nahm Kyros von Persien bei seiner Eroberung von Anatolien den Ort ein. 278 bzw. 277 v. Chr. wurde die Stadt die Metropole der Tektosagen, eines Stammes der Galater (Gallier), von deren Festungsanlagen man Reste auf der Zitadelle gefunden hat; sie nannten die Stadt *Galatia.* Im syrischen Krieg drangen die Römer 189 v. Chr. bis zu der Stadt vor, zogen sich aber nach einem Vertragsabschluß wieder zurück. Später stand sie unter pergamenischer Herrschaft und dann unter der des Königs Mithridates VI. von Pontus (88–63 v. Chr.), sie wurde unter Pompejus (74 v. Chr.) römisch und 25 v. Chr. dem Beinamen *Sebaste* die Hauptstadt der römischen Provinz Galatia.

In der *römischen Zeit* erlebt die Stadt eine Hochblüte (200 000 Einwohner), wovon der Tempel des Augustus, die Thermen, die Säule des Julian Apostata zeugen. Sie ist gleichzeitig eine wichtige Festung, deren Mauern unter dem Kaiser Caracalla verstärkt werden. Die Stadt wurde früh christianisiert, Petrus besucht sie 10 Jahre nach dem Tode Christi, Paulus im Jahre 51; er schreibt seine berühmten Briefe an die Galater. Julian Apostata konnte 362 hier einen triumphalen Einzug halten. In den Jahren 314 und 358 fanden Konzile in Ankara statt.

Auch in der *byzantinischen Zeit* ist die Stadt eine wichtige Festung, die oft umkämpft wird: von den Sassaniden (620), den Arabern (7. und 8. Jh.). 806 wird sie von Hārūn ar-Raschīd geplündert, 1017 fällt sie in die Hände der Seldschuken, die sie *Engüriye* nennen. Im Jahre 1001 wird sie von den Kreuzfahrern unter Raymond IV. von Toulouse eingenommen, die sie aber nur bis 1127 in Besitz haben; 1354 wird sie von dem Osmanen Orhan erobert.

In der Ebene von Ankara, beim heutigen Flugplatz, schlug Timur Lenk 1402 den osmanischen Sultan Beyazıt I. Yıldırım vernichtend.

Ankara ist nicht nur die *Hauptstadt der Türkischen Republik,* sondern auch Symbol der neuen Türkei und ihr geographischer Mittelpunkt. Innerhalb weniger Jahrzehnte hat es sich aus einem unbedeutenden Provinzstädtchen (Angora, 1920: 40 000 Einwohner) zu einer großzügig nach westlichen Vorbildern angelegten Millionenstadt entwickelt mit neuzeitlichen Regierungs- und Verwaltungsbauten, Parlament, Nationaluniversität, Museen, Banken, Krankenhäusern, Boulevards und schönen Wohnvierteln. Durch eine moderne Talsperre ist die Wasserversorgung gesichert, und der Ausbau des türkischen Bahn-, Straßen- und Flugnetzes macht die Stadt immer mehr zu seinem Knotenpunkt.
Dieser enorme Aufstieg bis zu einer Einwohnerzahl von jetzt 3 900 000 Einwohnern entsprang allein der Idee Kemal Atatürks (1920), die Hauptstadt der neuen Türkei müsse repräsentativ unmittelbar im Herzen des Landes gelegen sein und brauchte nicht ein Ort in wirtschaftlich oder strategisch prädestinierter Lage zu sein; denn Ankara hat ja weder Verbindung zum Meer, noch liegt es an einem bedeutenden Fluß noch birgt die Umgebung besondere Reichtümer. Es liegt in 850–1000 m Höhe über dem Meeresspiegel an der Ostseite des Talbettes des Ankara Suyu im Hochland Inneranatoliens und taucht ganz unvermittelt aus äußerst siedlungsarmer Steppenlandschaft mit typisch zentralanatolischem Klima auf.
Hier legte Atatürk die Fundamente des jungen türkischen Staates, von hier aus entfachte er seine nationale Erhebung, hierher berief er am 23. April 1920 die erste Nationalversammlung ein, hier wurde am 29. Oktober 1923 die Türkische Republik ausgerufen, und hier ruhen schließlich auch die Gebeine ihres Schöpfers im monumentalen Atatürk-Mausoleum.

Denkmale

Zitadelle

Der Hügel, der an einer wichtigen Wegkreuzung lag, war wohl die erste Siedlungsstelle, da er einen natürlichen Schutz bot (Funde aus phrygischer und galatischer Zeit). Heute umgibt ein zweifacher Mauerring, der unter Verwendung zahlreicher Spolien aus der Unterstadt in byzantinischer Zeit erbaut wurde, vielfach erneuert und umgebaut, den Hügel.
Unterste Mauer: Ursprünglich 1500 m lang mit 18 Türmen, von denen noch 15

erhalten sind, und zwei Toren, Disala Kapısı und an der höchsten Stelle Hisar Kapısı. Diese Mauer wurde um 620 nach dem Sassanidenansturm von Heraklius erbaut.
Durch das Hisar Kapısı gelangt man durch eine schmale Gasse an das Haupttor des inneren Mauerringes Parmak Kapısı. Die östliche Ecke dieser Mauer bildet dort, wo der äußere Ring anstößt, ein polygonaler Turm mit ovalem Innenraum, Şark Kulesi. Diese Mauer wurde wahrscheinlich unter Michael II. (820–829) angelegt. Erneuerungen unter den Seldschuken, besonders unter Kaykavus II. (1248–50), 1833 unter Ibrahim Paşa von Ägypten. Auf dem höchsten Teil der Burg Ak Kale (weiße Festung), in seldschukischer oder osmanischer Zeit erbaut oder erneuert. Besichtigung nur mit Genehmigung der Direktion der Altertümer. Von hier schöner Blick auf die Unterstadt.

Tempel des Augustus und der Roma

In der Nähe der Hacı Bayram Camii (15. Jh.). Der Tempel, wahrscheinlich ein Peripteros von 6:13 Säulen ionischen Stils, wurde nach Krenker und Schede im 2. Jh. v. Chr. erbaut und phrygischen Gottheiten, dem Mondgott Men und der Erdgöttin Kybele, geweiht. Grabungen haben bewiesen, daß sich an dieser Stelle schon ein Tempel für eine galatische Gottheit befunden hatte. Unter Augustus fand eine Restauration statt. Im Proanos auf der Innenseite der Anten die lateinische, auf der nördlichen Außenfront der Cella die griechische Fassung der »Res Gestae Divi Augusti«, des Rechenschaftsberichtes des Augustus (sog. Testament des Augustus oder Monumentum Ancyranum, nach einer Aufnahme Humanns von Mommsen grundlegend ediert); im Inneren der Cella auf einigen Steinplatten eine weitere griechische Fassung aus Antiochia (Momumentum Antiochenum). Im 4. Jh. wurde der Tempel in eine christliche Kirche verwandelt.

Triumphsäule des Julian Apostata

auch Belkis Minare oder Minarett der Königin von Saba genannt. Die Säule ist 14,50 m hoch und trägt ein byzantinisches Kapitell, man vermutet, daß sie 362 anläßlich des Besuches des Kaisers Julian Apostata errichtet wurde.

Römische Thermen

1926 bei den Ausschachtungen für einen Ministeriumsneubau entdeckt, sie wurden wohl in der ersten Hälfte des 3. Jhs. erbaut. Man erkennt Baderäume, Leitungsanlagen und Becken. Das Gebiet wurde als Archäologische Zone erklärt und nicht überbaut.

Alaettin Camii

Auf der Zitadelle im 12. Jh. errichtet. Der Mimbar (Kanzel) mit einer Inschrift von 1197 von Muhyittin Mesud, dem Sohn von Kılıç Arslan II., stammt aus einer abgegangenen Moschee.

Arslanhane Camii

die derzeit größte Moschee Ankaras, nach einer Inschrift am Mimbar 1289 errichtet. Ihre Namen, die »Tiergarten-Moschee«, hat sie nach dem römischen Löwen im Hof. Bei dem Bau wurden zahlreiche antike Reste verwendet. In der benachbarten Türbe, die auf römischen Fundamenten steht, ruht Ahi Şerefettin († 1350).

Ahi Elvan Camii

Ende des 14. Jhs. unter Verwendung römischer und byzantinischer Kapitelle erbaut. Der Holzmimbar ist durch eine Inschrift auf 1413/14 datiert.

Eine neue Moschee steht vor der Fertigstellung; sie wird die größte der Türkei sein.

Moderne Bauten

Opernhaus von Paul Bonatz, Bau der türkischen Nationalversammlung, Universität, Gesandtschaftsbauten.
Reiterdenkmal Atatürks auf dem Ulus Meydanı, dem Verkehrszentrum der Stadt, 1927 nach einem Entwurf des österreichischen Bildhauers Krippel.
Denkmal des Vertrauens von Cl. Holzmeister und Hannack.
Mausoleum Atatürks auf dem Hügel Rasat Tepe, 2,5 km vom Ulus-Platz entfernt, 1944–1953 nach den Plänen des türkischen Architekten Emin Onat erbaut. In den östlichen Säulenhallen des Ehrenhofs das Atatürk-Museum. Geöffnet täglich 9–12 und 14–17 Uhr.

Museen

Archäologisches Museum

Museum für Anatolische Zivilisation, Hethitermuseum

(Anadolu Medeniyetleri Müzesi, Arkeoloji Müzesi oder Hittite Müzesi), dicht unterhalb von Hisar Kapısı im Bedesten eingerichtet (gedeckter Basar, im

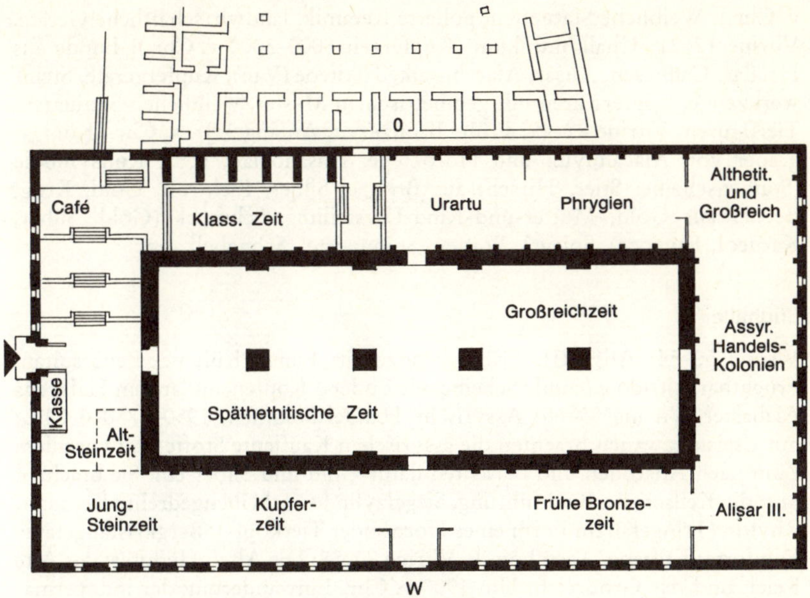

Ankara, Archäologisches (Hethitisches) Museum

15. Jh. unter Mehmet II. Fâtih errichtet). Dieses Museum ist die bedeutendste Sehenswürdigkeit von Ankara und das berühmteste Museum der Türkei. Öffnungszeiten: Täglich, außer montags, 9.30–12 Uhr und 13–17 Uhr. Kleine Bar (Kaffee, Tee).
Um einen Mittelsaal mit den berühmten Steinbildwerken aus der Hethiterzeit liegen Hallen mit Kleinfunden vom Paläolithikum bis zur Klassischen Zeit.

Eingang in die Nordhalle

Rechts Vitrine 1 mit paläolithischen (Altsteinzeit) Funden: Steinwerkzeuge, Schädel aus der Höhle von Karain, 27 km westlich von Antalya.

Westhalle

Heiligtum aus Çatalhöyük: Stierköpfe, Reliefs, Fresken (Jagdszenen). Vitrine 2–8: Çatalhöyük, neolithische Zeit (C 14: 6500–5650 v. Chr.): Muttergöttin-Statuetten, Werkzeuge aus Stein, Knochen und Obsidian, Schmuck, Töpferwaren. Vitrine 9–11: Hacılar, 25 km südwestlich von Burdur (C 14: 5700–5600

v. Chr.): Weibliche Statuetten, polierte Keramik, landwirtschaftliche Geräte. Vitrine 12–21: Chalkolithikum (Kupferzeit 5000–3000 v. Chr.): Funde aus Hacılar, Canhasan, Alişar, Alacahüyük, Tilkitepe (Van), Kupfergeräte, Steinwerkzeuge, Töpferwaren mit geometrischem Muster, weiblichen Statuetten, Tierfiguren. Vitrine 22–49: Frühe Bronzezeit, Anfang 3. Jt. v. Chr., Königsgräber von Alacahüyük und Horoztepe, Hasanoğlan, u. a.: Kultsymbole (Sonnenscheibe, Stier, Hirsch) aus Bronze, Silber, Elektron, Gold. Krug, Becher aus Gold, Mutter-und-Kind-Darstellung, Schmuck (Gold, Silber, Karneol, Fayence), Spiegel, Waffen, Spinnwirtel, Schnabelkanne.

Südhalle

Vitrine 50–54: Alişar III. Frühe Bronzezeit: Funde Kültepe, Beycesultan, Fruchtbarkeitsidole (runde Scheibe mit 2 oder 3 Köpfen auf langem Hals) aus Alabaster. Vitrine 55–69: Assyrische Handelskolonien, 1950–1750 v. Chr.; mit Eselskarawanen brachten die assyrischen Kaufleute Stoffe und vor allem Zinn nach Anatolien und tauschten dafür Gold und Silber ein. Sie brachten mit: die Keilschrift, Buchführung, Siegelzylinder, scheibengedrehte Keramik, Rhyton (Tringefäß im Form eines Horns oder Tierkopfs), Bergkristallgefäße. Fundorte: Kültepe, Acemhöyük. Vitrine 70–88: Die Alten Hethiter: das Alte Reich und das Großreich. Um 1900 v. Chr. Einwanderung der indogermanisch sprechenden Hethiter; das von König Labarna gegründete Reich bestand von 1650 bis 1450 v. Chr., das Großreich von etwa 1450 v. Chr. bis um 1200 v. Chr. (Zerstörung durch die »Seevölker«). Reliefierte Vasen, Stierrhytone, Schnabelkannen, Vasen in Menschengestalt, Stempelsiegel, schriftliche Urkunden.

Osthalle

Vitrine 89–105: Die Phryger, von den Assyrern »Seevolk« oder »Muschki« genannt. Vor allem Funde aus den Grabhügeln der Hauptstadt Gordion: Bronzegefäße, Elfenbeinreliefs, Fibeln, hölzerne Möbel, Gefäß in Entenform, Glas- Bergkristallarbeiten, Stein mit phyrygischer Schrift. Vitrine 107: Lydische Kunst, ostgriechischer Einfluß. Vitrine 108–117: Urartäer, Blütezeit 9.–8. Jh. v. Chr. Ausbreitungsgebiet Urmiasee, Sivas, Aleppo, Trapezunt. Große Bronzegefäße, Waffen, Schilde aus Bronze, Elfenbeinreliefs, Goldschmuck, Stempelsiegel, Steinrelief mit Keilschrift. Fundorte: Toprakkale, Patnos, Altıntepe, Adılcevaz. Vitrine 120–125: Späte Phrygerkunst 5. Jh. v. Chr., Terracottareliefs aus Pazarlı, Gordion (Krieger, Kampfszenen, Ziegen mit Lebensbaum), Statuetten der Kybele (Hauptgöttin der Phryger). Vitrine 128–130: Klassische Zeit, Bronzestatuetten, Glasgefäße, Goldschmuck.

Mittelsaal

Hethitische Großplastik, Großreich und späthethitische Periode (1200–700 v. Chr.), Reliefplatten und Torskulpturen vom sog. Wassertor und der Langen Mauer von Karkemiş. 2 Löwenplastiken von Arslantepe bei Malatya.

Ethnographisches Museum (Etnoğrafya Müzesi)

in einer kleinen Parallelstraße des Atatürk Bulvarı nahe der Universität. Der Bau wurde 1925 begonnen und beherbergte 1938–1953 die provisorische Grabstätte Atatürks.
Öffnungszeiten: Täglich, außer montags, 9.30–12 Uhr und 13–17 Uhr.
Reichhaltige Folklore-Sammlung seit der Seldschukenzeit: Trachten, Textilien, Teppiche, Fayencen, Gebrauchsgegenstände, Holz- und Metallarbeiten. Steinsarkophage und Grabstelen. Von besonderem Interesse: das Inventar der Mutterklöster des Bektaşi- und Mevlevi-Ordens.

Haus Atatürks (Atatürk'ün Evi),

nahe dem Präsidentenpalast. In diesem Haus wohnte Atatürk in den ersten Jahren der neuen Hauptstadt. Öffnungszeiten: Sonnabend und Sonntag 14–19 Uhr.

Besichtigungsplan Ankara

Zwei Halbtagespläne, die aber auch je auf einen Tag ausgedehnt werden können.

1. Ulus-Platz mit Siegesdenkmal – römische Bäder – Hacı-Bayram-Moschee – Augustus-Tempel – Zitadelle – Alaettin-Moschee – Hethiter-Museum.
2. Ethnographisches Museum – Mausoleum Atatürks – Oper – Neubauten am Atatürk Bulvarı – Haus Atatürks – Hügel von Çankaya (prachtvolles Panorama der Stadt).

Ausflüge in die nähere Umgebung

Ak Köprü (3 km westlich),

die »Weiße Brücke«, eine Brücke aus seldschukischer Zeit über den Çubuk-Fluß, laut Inschrift 1222 unter dem Sultan Alâettin Keykobat I. erbaut.

Çiftlik (7 km westlich),

das Gut Atatürks. Restaurant im Park.

Staudamm von Çubuk (11,5 km nördlich),

erbaut 1929/36. Gute Autostraße bis zum Staudamm. Park, Gaststätten, Bootsverleih.

See von Gölbaşı (22,5 km südlich),

Mugan Gölü
ein sehr beliebter Ausflugsort im Sommer, kleine Restaurants am See, Bootsverleih, keine Vegetation.

See von Karagöl (35 km nördlich von Çubuk),

schöne Wälder.

Boğazkale
(Boğazköy)

Hinfahrt

Von Ankara (Ulus-Platz) aus auf guter Straße 201 km. Man fährt bis zur Bahnstation Çerikli der Strecke Ankara – Kayseri, dort links ab (Straße Ankara – Çorum) bis Sungurlu; hinter Sungurlu von der Hauptstraße, die nach Alaca-Çorum weiterführt, rechts ab nach Boğazkale (30 km). Dort Ruinenwächter und Führer im Ort und in Yazılıkaya (Nr. 14 des Planes). Fahrstraße bis Yazılıkaya.

Unterkunft in Sungurlu

Hitit Motel (2. Kl.), Ankara-Samsun Yolu, Tel. 42-4 09

Geschichte

Ausgedehnte Ruinenstätte von *Chattuša*, der Hauptstadt des Hethiterreiches (ca. 1650–1200 v. Chr.). Besiedelungsbeginn im späteren 3. Jt. Im 19. Jh.

v. Chr. saßen in der Unterstadt inmitten der einheimischen Bevölkerung auch assyrische Kaufleute. Die Stadt wurde um 1800 von Anitta, dem Stadtkönig von Kuššara, zerstört und verflucht. Der Nachfolger des Reichsgründers Labarna, Chattušili I., verlegte um 1620 v. Chr. die Residenz von Kuššara nach Chattuša (Hattuşas, Hattusa). Um die Stadt bei Einfällen der Kaška-Stämme besser schützen zu können, errichtete König Chantili (15. Jh. v. Chr.) die erste Stadtmauer und befestigte die Königsburg neu. Wenig später begann der monumentale Ausbau der Königsburg *(Büyükkale)*, unter dem Großkönig Šuppiluliuma (1380–1346) wurde die Oberstadt einbezogen und befestigt. Etwa in der gleichen Zeit wurde der große Tempel I (1), wenig später auch die kleineren Tempel II–V (5–8) und das Felsheiligtum Yazılıkaya (14) errichtet. Um 1200 v. Chr. brechen die Archive ab, die Königsburg und der große Tempel I gingen beim Kampf in Flammen auf. Während die Burg um 1000 v. Chr. wieder besiedelt, später auch befestigt wurde, blieb die Stadt öde. Die »phrygische« Siedlung auf der Burg, die bis ins 5. Jh. bestand, scheint keine größere politische Bedeutung gehabt zu haben. Geringfügige Siedlungsspuren finden sich auf der Burg aus hellenistischer und spätrömischer Zeit. Das Dorf *Boğazköy,* seit 1937 *Boğazkale,* ist um 1700 um den Sitz der Derebeys entstanden.

Rundgang

Von Sungurlu kommend (bei 13) durchquert man das Dorf und erreicht die Unterstadt, über der auf einem Felsplateau der *Tempel des Wettergottes* des Landes Chatti (1) steht. Das eigentliche Tempelgebäude liegt inmitten ausgedehnter Magazine, die man von Osten durch ein dreifaches Tor betritt; auf einer gepflasterten Straße, deren Führung zweimal gebrochen ist, gelangt man ans Portal des Tempels selbst. Durch ein dreifaches Tor betritt man einen großen rechteckigen Hof, dessen jenseitige Front durch eine Pfeilerhalle gebildet wird. Sie durchschreitend, wendet man sich nach rechts zum Adyton, in welchem man, sich wieder nach links wendend, vor der Basis der gewaltigen Kultstatue steht.

Die Straße, die man vom Tempelportal aus wieder erreicht, windet sich in Serpentinen nach oben und gewinnt ein kleines Tal, das von der alten Stadtmauer des Chantili begleitet wird. Sie endet oben an der Burg (*Büyükkale,* 2). An ihrer Südwestecke über einer jüngeren, gepflasterten Bastion das hethitische Burgtor auf halbem Hang. Ins Innere schreitend, gelangt man auf einen großen Platz, der rings von den Fundamenten riesiger Gebäude aus der Zeit des hethitischen Großreichs (1380–1200 v. Chr.) umgeben wird. Im Nordosten der Burg erreicht der Kalkfelsen die Oberfläche, darin zwei hethitische Zisternen. Dieses Arsenal gehörte wahrscheinlich zum inneren Palastbezirk.

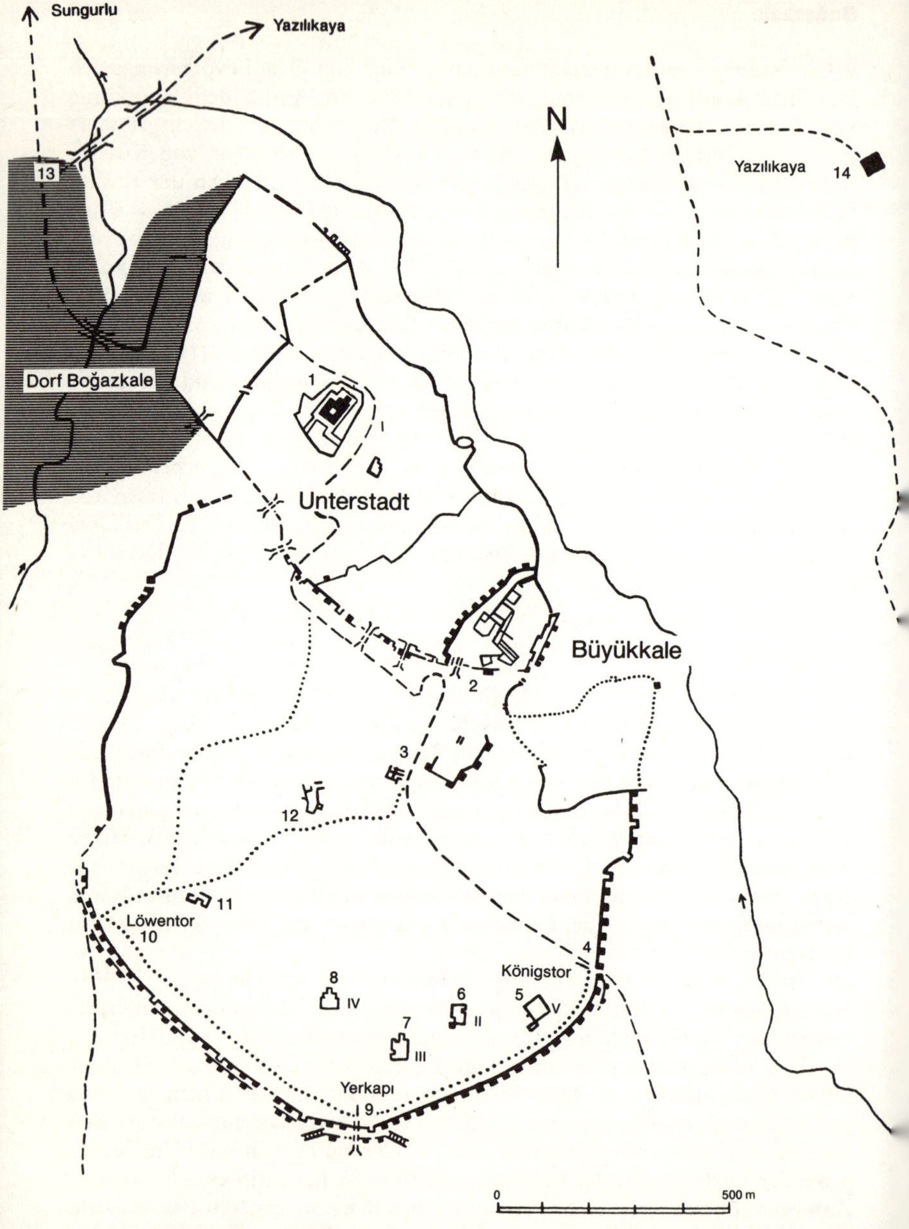

Sungurlu
Yazılıkaya
N
13
Yazılıkaya
14
Dorf Boğazkale
1
Unterstadt
Büyükkale
2
3
12
11
Löwentor
10
4
Königstor
8
IV
6
II
5
V
7
III
Yerkapı
9
0
500 m

In den Gebäuden wurden drei Archive des 13. Jhs. v. Chr. mit Tausenden von Tontafel-Fragmenten gefunden. In der Ostflanke eine kleinere Toranlage des 6. Jhs. v. Chr.; in der südlichen Tornische stand eine Dreifigurengruppe (Ištar mit zwei Musikanten, jetzt im Hethitischen Museum Ankara). Auf der Südseite steht die hethitische Burgmauer stellenweise noch bis zu 12 m hoch an, innen wird sie von einer gepflasterten Straße begleitet.
Am Südwestfuß der Burg wendet sich die Straße nach Süden; ca. 250 m weiter am Nişantepe auf glatt abgearbeiteter Felsfläche große *Hieroglyphen-Inschrift Šuppiluliumas* (3). Etwa 600 m weiter erreicht die Straße die Stadtmauer der Oberstadt am sog. *»Königstor«* (4; Relief von der inneren Torlaibung im Hethiter-Museum Ankara). Einem Fußpfad auf der Innenseite der Stadtmauer folgend, erreicht man die *kleineren Tempel* (5–8) zur rechten Hand, am höchsten Punkt die Poterne Yerkapı (9), darüber auf dem Kamm des Dammes die Stadtmauer mit Vormauer und flankierenden Treppen. Der Stadtmauer innen weiter folgend, gelangt man zum *»Löwentor«*, dessen äußerer Durchgang von zwei nach außen blickenden Löwen flankiert wird (10). Auf dem Rückweg berührt man zwei Felsenburgen, *Yenicekale* (11) und *Sarıkale* (12), beide aus der Zeit des hethitischen Großreiches stammend.

Vom nördlichen Ausgang des Dorfes (13) erreicht man in einer halben Stunde das Felsheiligtum *Yazılıkaya,* in einer Felsgruppe am Osthang des Tales gelegen (14); über zwei Brücken, dann den Talhang hinaufsteigend und schließlich von der Straße nach links abbiegend. Vor den beiden natürlichen Felskammern befand sich ein mehrfach umgebauter Portikus, der sich zur großen Hauptkammer öffnete. In der Hauptkammer eine große Götterprozession, links die männlichen, rechts die weiblichen Gottheiten, die sich an der abschließenden Wand in Gestalt des Tešup (auf zwei Berggöttern stehend) und der Chepat (auf einem Löwen stehend) treffen. Rechts über den weiblichen Gottheiten ein großes Relief des Großkönigs Tutchalija IV. (13. Jh. v. Chr.), auf Berggipfeln stehend. In der Nebenkammer, deren schmaler Eingang von zwei Dämonen flankiert wird, stand auf einer jetzt verschwundenen Basis eine

---

◁ Boğazköy

1 Tempel I
2 Burg Büyükkale
3 Hieroglyphen-Inschrift
4 Königstor
5 Tempel V
6 Tempel II
7 Tempel III
8 Tempel IV
9 Poterne Yerkapı
10 Löwentor
11 Burg Yenicekale
12 Burg Sarıkale
13 Beginn des Rundgangs
14 Yasılıkaya

Kultstatue. Auf der westlichen Wand ein Fries von zwölf Berggöttern mit Spitzmützen und Sichelschwertern, gegenüber ein Schwert-, wahrscheinlich Unterweltsgott. Neben diesem im großen rechteckigem Feld dargestellt Tutchalija IV., von dem Gott Saruma umarmt und geführt.

Museum in Boğazköy (Boğazköy Müzesi)

Ausgewählte Stücke des Archäologischen Museums in Ankara, Karten, Tabellen und Photographien sollen die Bedeutung der Ruinenstadt sichtbar machen.
Frühhethitische Zeit (um 2000 v. Chr.–1800 v. Chr.)
Vitrine I, Nr. 1–12: Keramikfunde um 2000 v. Chr.
Vitrine I, Nr. 13–17: Keramikfunde ca. 1800–1700 v. Chr.
Vitrinen 2 und 3: Keramik
Vitrine 5: Tontafeln mit Keilschrift (assyrische Sprache) Hethitische Großreichzeit
Vitrine 7: Keramik
Vitrine 8: Gefäße und Tierfiguren aus Ton
Vitrine 9: Kleinfunde aus Metall und Knochen
Vitrine 10: Siegel und Siegelabdrücke (hethitische Hieroglyphenschrift)
Vitrine 6: Grabgefäße aus Osmankayası. – Die Grotte im Felsen von Osmankayası hat vom Ende des 17. bis zum 14. Jh. v. Chr. als Begräbnisplatz gedient. Erdbestattung und Brandbestattung bestanden nebeneinander.
Die ersten großen Ausgrabungen fanden 1906, 1907 und 1911/12 statt und wurden von der Deutschen Orientgesellschaft und dem Deutschen Archäologischen Institut durchgeführt. Hugo Winkler, einer der Ausgräber, schrieb damals:
»Es waren eigenartige Gefühle, mit denen gerade ich eine solche Urkunde betrachten konnte. Achtzehn Jahre waren es her, daß ich im damaligen Museum von Bulaq den Arzawa-Brief von el-Amarna und in Berlin die Mitanni-Sprache kennenlernte. Damals hatte ich in Verfolgung der durch den Fund von el-Amarna erschlossenen Tatsachen die Vermutung geäußert, daß auch der Ramses-Vertrag ursprünglich in Keilschrift abgefaßt sein dürfte, und jetzt hielt ich eines der darüber gewechselten Schreiben in Händen – in schönster Keilschrift und gutem Babylonisch! Es war doch ein seltenes Zusammentreffen in einem Menschenleben, wie das beim ersten Betreten orientalischen Bodens in Ägypten einst Erschlossene jetzt im Herzen Kleinasiens eine Bestätigung fand. Wunderbar wie ein Märchenschicksal der 1001 Nächte konnte solch ein Zusammentreffen erscheinen – und doch sollte das nächste Jahr noch Märchenhafteres bringen, als die Urkunden alle gefunden wurden, in denen die Gestalten wieder auftauchten, welche in diesen achtzehn

Pamukkale. Sinter-Terrasse ▷

Jahren mich so oft beschäftigt hatten. Als der König von Mitanni, Tuschratta, in chattischer Beleuchtung erschien und als gar der Fürst von Amurru, Aziru, der Gegner Rib-Addi's von Byblos und der Hecht im phönizischen Karpfenteich, in Urkunden auftauchte, welche wie ein Kommentar zu seinen Briefen aus el-Amarna wirken mußten! Es war doch eine seltene Verknüpfung von Umständen in einem Menschenleben!«
Hugo Winkler: Nach Boghazköy! Ein nachgelassenes Fragment. In: Der Alte Orient XIV, 3 (1913).

Alaca Hüyük

Hinfahrt

Von Bogăzköy 13 km in Richtung Sungurlu, dann rechts ab, etwa 10 km in Richtung Alaca; links ab, 10 km bis Alaca Hüyük.
Die Ruinenstätte wurde 1835 von Hamilton entdeckt. Bei den Ausgrabungen 1935–39, unter der Leitung von Hamit Koşay, wurden die sog. Fürstengräber mit ihren reichen Beigaben an Gold, Silber, Bronze und Kultstandarten entdeckt. Sie stammen aus der Bronzezeit (2100–1200 v. Chr.). Das erhaltene *Sphingentor*, das Haupttor der Stadt, wurde in der hethitischen Großreichzeit (1450–1180 v. Chr.) errichtet. An der rechten Sphinx das Relief eines Doppeladlers, der 2 Hasen in seinen Krallen hält, und eine weibliche Gottheit. Die Originale der Orthostatenreliefs befinden sich in Ankara. Im Stadtgebiet die Reste eines Tempels (?)

Museum

Grabungsfunde aus der vorgeschichtlichen bis zur phrygischen Zeit, Pläne und Modelle. Bei den Funden aus den Fürstengräbern handelt es sich um Kopien, – die Originale sind in Ankara. Von besonderem Interesse eine bemalte Tonplatte aus Pazarlı. Das 30 km entfernte Pazarlı ist schwer zu erreichen; archäologische Reste sind dort nicht mehr zu sehen.

◁ *Milet. Theater*

Gordion

Als Tagesausflug von Ankara möglich.

Anfahrt

Gute Asphaltstraße von Ankara Richtung Eskişehir, 65 km Polatlı, 19 km weiter Abzweigung rechts, 10 km bis zu dem kleinen Dorf Yassıhöyük.

Geschichte

1901 Die ersten Ausgrabungen unter den Deutschen *Gustav und Alfred Körte,* Funde in Istanbul, Museum.

Ab 1949 Ausgrabungen des Pennsylvania University Museums, Leitung *R. S. Young*. Funde in Ankara, Hethiter-Museum und im Museum Gordion. Die Sensation dieser Ausgrabungen war, daß ein Königs-Tumulus mit einer unberührten Grabkammer geöffnet werden konnte.

Die Ausgrabungen haben ergeben, daß der Ort schon in der älteren Bronzezeit besiedelt war (Mitte 3. Jt. v. Chr.); im 2. Jt. v. Chr. kam er in den Besitz der Hethiter, von denen sich Gräber gefunden haben. Die Phryger, die wohl aus Thrazien bzw. dem Balkan nach Kleinasien einwanderten und zu einer indoeuropäischen Sprachgruppe gehörten, machten Gordion im 8. Jh. v. Chr. zu ihrer Hauptstadt, die von 725–675 v. Chr. eine glanzvolle und goldreiche Residenz gewesen sein muß. Ihr König Midas wurde als Mita von Muschki von dem assyrischen König Sargon II. in den Annalen als Feind erwähnt. Um 690 v. Chr. zerstörten die Kimmerer die Stadt, zogen aber weiter. Die neue phrygische Königsstadt wurde auf dem Hügel Küçük Höyük erbaut. Die Perser zerstörten sie 546 v. Chr., bauten sie aber als Garnisons- und Marktstadt an der Königstraße nach Susa wieder auf, bis ein Erdbeben – um 400 v. Chr. – diese persische Stadt vernichtete.

Im Jahre 333 v. Chr. richtete Alexander der Große sein Winterlager in Gordion ein, und die Legende berichtet, daß er den *Gordischen Knoten* zerschlug. Die Galater wurden 189 v. Chr. von den Römern vertrieben – eine Siedlung bestand bis in die römische Kaiserzeit.

Legenden

Gordios, der Gründer des phrygischen Reiches und der Vater des Midas, soll eines Tages mit einem Ochsengespann gepflügt haben, als ihn ein Schwarm Vögel umflatterte. Eine Seherin sah darin ein Zeichen, daß er zum König

bestimmt sei. Als König stiftete er besagten Ochsenwagen in den Haupttempel der Akropolis (dieser Tempel wurde bislang noch nicht entdeckt). Alexander fand diesen Wagen vor und man sagte ihm, daß der, der den Knoten, der Joch und Deichsel verband, lösen könne, König von Asien werden würde. Alexander soll den Knoten mit einem Schwertstreich durchschlagen haben.
Dionysos soll alles, was Midas berührte – auf dessen Wunsch – in Gold verwandelt haben. (Hinweis auf den Goldreichtum Phrygiens.)
Bei einem Musikwettstreit gab Midas Pan anstelle von Apollo den ersten Preis. Als Strafe dafür ließ ihm Apollo Eselsohren wachsen, die der arme Midas unter einer phrygischen Mütze zu verbergen suchte.

Besichtigung

Der *Große Tumulus* – innerhalb eines Tumulus-Friedhofs aus dem 8.–6. Jh. v. Chr. – ist heute 53 m hoch (ursprünglich etwa 80 m) und hat einen Durchmesser von 300 m. Die Ausgräber erreichten durch einen 70 m langen Tunnel die Grabkammer (6,20 × 5,15 m, 3,25 m hoch, aus Holzbohlen auf dem Kiesboden erbaut; Fußboden aus 33 cm dicken Bohlen aus Zedern und Wacholderbäumen; hölzernes Satteldach). Die Grabkammer ist von einem 80 cm dicken Wall aus Kalksteinen umgeben, der Zwischenraum mit Steinen aufgefüllt, darauf wurde eine 4 m dicke Schicht von Steinen gepackt, dann folgte die Tonschicht. Die Grabkammer ist von Norden nach Süden ausgerichtet; an der Nordseite auf einer Holzliege lag der Tote. Das Skelett weist auf einen etwa 60jährigen Mann, der 1,59 m groß war, hin. Man fand 9 Dreifußtische, 2 Schreine mit geometrischen Holzintarsien, 3 große Bronzekessel, 154 Fibeln, 166 kleinere Gegenstände – aber nichts aus Edelmetall. Es ist die Frage, ob es sich um das Grab von Gordios oder des Königs Midas handelt.
Die *Phrygische Stadt* liegt östlich vom Sangarios-Fluß auf einer Fläche von 350 × 500 m. Nordwestlich des phrygischen *Eingangstors* in einer Reihe *4 Megaronhäuser* (1–4) die zum Palastviertel gehörten. Im Megaron 2 hat man einen Kiesel-Mosaikfußboden gefunden mit geometrischen Mustern; Teile im Museum in Gordion. Megaron 3 ist mit einer Länge von 30,40 m das größte Gebäude. 2 Reihen von je 4 Holzpfosten teilten den Hauptraum in 3 Schiffe; die Seitenschiffe hatten Emporen. Hier hat man Reste von Holzmöbeln mit Elfenbeineinlegearbeit gefunden. Westlich von diesen 4 Häusern das sog. *Terrassengebäude*, das aus 8 gleichen, kleineren, in einer Linie liegenden Häusern besteht und wohl für Dienstboten bestimmt war. Alle beschriebenen Bauten werden ins 8. Jh. v. Chr. datiert.

Museum von Gordion

Links vom Eingang Pläne der Ausgrabungen. Die Funde sind nach Epochen geordnet und aufgestellt: Bronzezeit, Hethiterzeit, Altphrygische Zeit (Töpferware, Bronze-, Elfenbeinfunde aus dem Stadtgebiet. Noch keine griechischen Einflüsse). Altphrygischer Schriftfund, noch nicht entziffert. Funde aus dem Großen Tumulus: Großer Kessel, Omphalosschalen, Fibeln, bemalte Töpferware. Vom 6. Jh. v. Chr. läßt sich griechischer Einfluß nachweisen. Kleine Vögel aus Stein, Bronze, Silber stellen vielleicht Votive für die phrygische Göttin Kubala = Kybele dar.

Pergamon
(Bergama)

Anfahrt

Vom Hafen *Dikili* (21 km), asphaltierte Straße. Von Izmir (109 km), asphaltierte Straße.

Fahrtmöglichkeit

Mit Taxi, Dolmuş oder Omnibus; die Reiseagenturen stellen für die Reisegesellschaften eigene Busse zur Verfügung.
Abfahrt von Izmir in der Nähe der Zentralgarage beim Basmahane-Bahnhof.
Von Izmir 8.00 12.00 13.00 15.00.
Von Pergamon 6.30 7.00 8.00 13.00. (Änderungen möglich)

Auskünfte in Izmir

Fremdenverkehrs- und Informationsämter:
1. Akdeniz Caddesi 1352, Sok. 6/2
2. Cumhuriyet Meydanı, Merkez PTT Girişi (Hauptposteingang)

Auskünfte in Bergama

Fremdenverkehrs- und Informationsamt: Izmir Caddesi, Kreuzung Asklepion
Archäologisches Museum – Freunde des Bergama-Clubs, die beide auch Führer zur Verfügung stellen – Stadtverwaltung von Bergama.

Bei einem eintägigen Besuch läßt sich nur ein kurzer Überblick über die Ruinenbezirke gewinnen. Es ist ratsam, entweder zweimal nach Bergama zu fahren oder in Bergama zu übernachten.

Unterkunft in Bergama

Tusan Bergama Oteli (1. Kl.), Bergama Izmir Yolu, Çati Mevkii
Turistik Palas Hotel neben dem Archäologischen Museum, gegenüber Park Oteli und kleinere einheimische Gasthöfe, die man mit unserer Art von Gasthöfen aber nicht vergleichen kann.
Archäologen und Schüler finden – so Platz vorhanden – eine Übernachtungsmöglichkeit im Gästehaus des Bergama-Museums.

Unterkunft in Dikili

Motel Antur, Ismet Paşa Mah. (1. Kl.)

Fahrt von Izmir nach Bergama

34 km *Menemen,* Stadt in fruchtbarer Gegend, mit einem Denkmal, das 1931 für Kubilay, Opfer eines religiösen Aufstandes, errichtet wurde.
43 km nach der Überquerung des Gediz-Flusses (der alte *Hermios*), rechts auf einem Hügel die Ruinen von *Larissa* (siehe S. 299).
45 km. Links zweigt ein Weg nach *Foça* (27 km) ab, dem alten *Phokaia,* einer äolischen Stadtgründung aus dem 11. Jh. v. Chr., und nach *Yeni Foça,* das die Genuesen um 1300 gründeten; Ruine einer genuesischen Festung (siehe S. 303)
59 km. Links zweigt ein Pfad nach *Namurtköy* (6 km) ab, einem Dorf, das an der Stelle der äolischen Stadt *Kyme* errichtet wurde, der Heimat Hesiods.
64 km. Dorf *Aliağa,* dann über die Güzelhisar-Brücke, von hier 2,5 km westlich der Ort, wo einst das antike *Myrina* lag, eine äolische Stadtgründung aus dem 11. Jh. v. Chr., die aber, wie über 5000 Gräber aus dem 2. und 1. Jh. v. Chr. gezeigt haben, noch in hellenistischer Zeit eine bedeutende Stadt war.
87 km. Der hier links abzweigende Weg führt (11 km) nach *Çandarlı,* einem im 17. und 18. Jh. bedeutenden Hafen, der an der Stelle des antiken Hafens *Pitane* liegt.
103 km. Die Abzweigung führt links (22 km) zum Hafen *Dikili* und rechts (7 km) nach *Bergama* (Pergamon), einer wohlhabenden Landstadt, dem Sitz eines Kaymakams (Landrats).

Geschichte und Lage

Etwa 30 km von der Mündung des *Bakır Çay* (*Kaikos* der Antike) landein, da, wo die rechten Nebenflüsse *Bergama Çay* (*Selinus* der Antike) und *Kestel* (*Ketios* der Antike) aus den Andesit- und Tuffbergen des *Kosak Dağ* (*Teuthras* der Antike) in dessen breite, ebene Talniederung hinaustreten, breitet sich die Handels- und Verwaltungsstadt Bergama zum Teil auf dem Gebiet der alten römischen Stadt Pergamon aus. Eine alte persische Befestigung des 6. Jhs. v. Chr. und dann die hellenistische Burg aber hatten schon vorher die Burghöhe besetzt, die sich direkt hinter Bergama allseitig steil abfallend 333 m hoch erhebt.

Da die südlichere Hermos-Ebene (mit dem Gediz Çay), die eigentliche gerade Verbindung vom Inneren zur Küste darstellt, war und ist das Tal des Kaikos ein toter Winkel im Verkehrsnetz des westlichen Kleinasiens; Pergamon ist daher nie eine bedeutende Handelsstadt gewesen. Es verdankt seine Blüte in hellenistischer Zeit der außerordentlich festen Lage seiner Burg am Rande der sehr fruchtbaren Ebene, die auch heute mit reichem Feigen- und Tabakanbau die gesicherte Existenz von Bergama begründet.

Es war Lysimachos, der bedeutendste Nachfolger Alexanders des Großen, der diese Burg errichten oder erneuern ließ, in der er unter der Obhut des Pontiers Philetäros einen Kriegsschatz von 9000 Talenten (etwa 32 Millionen Goldmark) aufbewahren ließ. Nach dem Tode des Lysimachos (281 v. Chr.) gelang es Philetäros, sich mit diesem Geld selbständig zu machen. Ihm folgte sein Neffe Eumenes I. (263–241 v. Chr.) und diesem Attalos I. (241–197 v. Chr.), der sich den Königstitel zulegte und dessen siegreiche Kämpfe gegen die in syrischen Diensten stehenden keltischen Galater (Gallier) Kleinasien der griechischen Kultur bewahrten und seinem Geschlecht einen Platz in der Weltgeschichte eroberten. Attalos Soter, Attalos der Retter, so nannten ihn seine Zeitgenossen, ein Beiname, den Zeus vor ihm erhalten hatte, und den man später Christus beilegte. Unter Eumenes II. (197–159 v. Chr.) sicherte sich das Reich die römische Bundesgenossenschaft und erreichte seine größte Ausdehnung; es umschloß ein Gebiet, das bis zum Taurus reichte.

Aber neben den kriegerischen Fähigkeiten war dieses Geschlecht von einer Bau- und Kunstleidenschaft erfüllt: Einer eigenen Kunstschule entstammen die berühmten Gallier-Anateme (Weihgeschenke), die auf dem Burghügel im Heiligtum der Athena aufgestellt waren und den siegreichen Kampf gegen die Barbaren, die als würdige Gegner dargestellt waren, verherrlichten, und um 180–160 v. Chr. etwa entstand hier der *Pergamon-Altar*, dessen Künstler wir nicht zu nennen wissen, in dessen Reliefs aber eine elementare Gewalt des Kampfes sichtbar gemacht ist, ein Aufbrausen der Leidenschaften, wie es in der Kunst nicht mehr überboten wurde; ein Kunstwollen, das nur aus der

Verbindung von griechischen und orientalischen Strömungen zu verstehen ist. Der Altar befindet sich seit der Jahrhundertwende in Berlin, wurde 1902 im Pergamon-Museum aufgestellt und ist auch heute wieder – in Ostberlin – zu besichtigen.

Attalos I. gründete eine Bibliothek (200 000 Bände), hatte eigene wissenschaftliche Interessen, er hat wahrscheinlich eigene Arbeiten über naturkundliche Fragen veröffentlicht. Und er legte als erster, soviel wir wissen, eine Sammlung älterer Kunstwerke an. Auch sammelte er kostbare Teppiche, und nach Plinius erwarb er für seinen Palast in Tralles ein Bild des Malers Aristides, für das er 100 Talente ausgab.

Nur 153 Jahre bestand dieses Geschlecht der Attaliden; Attalos II. regierte 159–138 v. Chr., und Attalos III. setzte 133 v. Chr. die Römer als seine Erben ein –, die das Reich zur römischen Provinz *Asia* machten mit der Hauptstadt Pergamon. Unter ihrer Herrschaft dehnte sich die Stadt in die Ebene aus und soll im 2. Jh. – zur Zeit ihrer höchsten Blüte – 120 000 Einwohner gehabt haben; in ihr befand sich auch eine der sieben apokalyptischen Kirchen Kleinasiens. Im 3. Jh. zogen sich die Einwohner aus Sicherheitsgründen wieder auf den Burgberg zurück und bauten zu ihrem Schutz eine neue Mauer; trotzdem wurde die Stadt 716 von den Arabern, die gegen Byzanz hier durchzogen, zerstört. Man baute sie wieder auf, errichtete neue Mauern, und um 1000 wurde ein neuer, wiederum kleinerer Mauerring erbaut. Bei den Kämpfen zwischen dem lateinischen Kaiser von Kontantinopel und dem byzantinischen Kaiser, der in Nikaia (Iznik) residierte, fiel die Stadt 1212 in die Hände von Henri de Hainaut (Heinrich von Flandern), des 2. lateinischen Kaisers.

1306 wurde die Stadt von Karasi Bey eingenommen, und 1336 fiel sie in die Hände des osmanischen Herrschers Orhan I. 1402 gelangte sie für kurze Zeit in den Besitz des Mongolen Timur Lenk, was aber ihren Aufstieg zu einer bedeutenden osmanischen Stadt nicht aufzuhalten vermochte, die sich vom Burghügel herab nun wieder in der Ebene ausdehnte.

Geschichte der Ausgrabungen

1873 machte der deutsche Ingenieur *Karl Humann* (1839–1896), der in türkischen Diensten in der Nähe der Stadt Bergama eine Straße baute, die Beobachtung, daß ein Bauer eine große, mit Reliefs bedeckte Marmorplatte zum Kalkofen fuhr. Er konnte diese Platte erwerben und stellte fest, daß sie aus einer Mauer auf dem Burghügel von Bergama herausgebrochen war. Er schickte sie nach Berlin, den königlichen Museen zum Geschenk, und der Eindruck, den sie dort hervorrief, veranlaßte die Museumsleitung, die Mittel zu Ausgrabungen zur Verfügung zu stellen. Unter der Leitung von K. Hu-

mann und *A. Conze* fanden 1878–1886 die ersten Grabungen statt, die aus jener Mauer die Reliefplatten des Altars von Pergamon herauslösen konnten. Es folgte die Freilegung der Oberstadt, des Demeter-Heiligtums, der Gymnasien, der unteren Marktanlage, der Magazine und Arsenale (sog. Garten der Königin) auf der Nordspitze des Burgberges und die des Asklepios-Heiligtums nordwestlich der heutigen Stadt. Bei Ausbruch des Ersten und des Zweiten Weltkrieges mußten die Grabungen unterbrochen werden. 1957 wurden sie unter der Leitung von *E. Böhringer* wieder aufgenommen.
Die archäologische Forschung in Pergamon wurde, mit jetzt schon über hundertjähriger Tradition, immer von Deutschen betrieben.

Besichtigungsfolge

Mit dem Auto bis zum *Asklepios-Heiligtum.* Rundgang: Telephoros-Tempel, Heilige Quelle, Kaiserbibliothek, Theater, Toilettenanlage.
Mit dem Auto (gute Autostraße) auf den *Burghügel* bis zum Parkplatz der oberen Agora. Rundgang: Palastanlagen, sog. Garten der Königin, Trajans-Tempel, Athena-Heiligtum und Bibliothek, Theater, Caracalla-Tempel, Theaterterrasse, Obere Agora, Zeus-Altar, Demeter-Heiligtum, Gymnasion der Jünglinge, der Epheben, der Knaben, sog. Haus des Attalos, unterer Markt. (Das Auto wartet auf dem Parkplatz am unteren Markt.)
Mit dem Auto bis zur Roten Halle und dann weiter bis zum Museum.
Bei einer zweitägigen Besichtigung.:
1. Tag: Asklepios-Heiligtum – Rote Halle –, Museum und türkische Stadt Bergama.
2. Tag: Burgberg.

Rundgang

Etwa 1 km außerhalb der Stadt, unweit der Straße, die nach Dikili und Izmir führt, liegt in einem stillen Tal das *Asklepios-Heiligtum,* das mit demjenigen von Epidaurus in Griechenland und dem auf der Insel Kos zu den berühmtesten Heilstätten der Antike gehörte. Funde haben gezeigt, daß hier schon im 5. Jh. v. Chr. ein Heiligtum bestand. Prusias II. von Bithynien zerstörte bei der Einnahme der Stadt 156 v. Chr. hier einen Tempel. Seine größte Berühmtheit erreichte das Heiligtum aber erst im 2. Jh., als *Galen* hier als Arzt und Lehrer tätig war. Seine überragende Bedeutung lag darin, daß er versuchte, Anatomie, Physiologie, Krankheitslehre und Heilmittelkunde eng zu verbinden und ein – wenn auch nicht vollständiges – System der antiken Medizin schuf, an das die nachfolgenden Jahrhunderte anknüpfen konnten. Seine Schriften sind zum Teil über das Arabische zu uns gelangt (Galen geb. 131 in

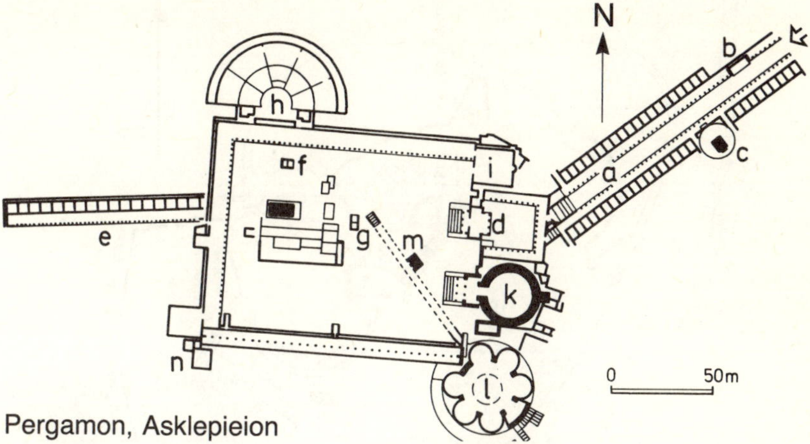

Pergamon, Asklepieion

a Via tecta
b Brunnen
c römisches Rundgrab
d Propyläen
e dorische Säulenhalle
f Quelle
g Trinkbrunnen
h Theater
i Bibliothek
k Asklepios-Tempel
l Telephoros-Tempel (Kurhaus)
m Tunnel
n Toilettenanlage

Pergamon, gest. um 210). Verschiedene römische Kaiser besuchten die Heilstätte: Hadrian 123, Marc Aurel 162, Caracalla 214.

Während der Regierungszeit des Kaisers Valerian (253–260) wurde das Heiligtum durch ein großes Erdbeben zerstört. Diese Naturkatastrophe und das immer mächtiger werdende Christentum ließen es verfallen. An der Stelle des Äskulap-Tempels wurde in der byzantinischen Zeit eine Kirche errichtet.

Eine heilige Straße, 1000 m lang und 3,80 m breit mit Säulenreihen an den Seiten führte von der Unterstadt auf den Platz vor den *Propyläen.* Die Propyläen wurden etwa um die Mitte des 2. Jhs. von dem Priester Claudius Charax errichtet. Links der *Tempel des Äskulap,* einstmals ein Rundbau, der 142 erbaut wurde. Seine Cella hatte einen Durchmesser von 23,85 m. In den 3,35 m starken Mauern befinden sich 7 Nischen für Statuen. Links von diesem Tempel der *Telephoros-Tempel,* ein Rundbau von 60 m Durchmesser, der aus zwei Stockwerken bestand. In dem oberen, der sich aus 6 Konchen zusammensetzte, befand sich die Statue des Gottes. Eine zweiläufige Treppe führt in das Untergeschoß, in dem sich die Behandlungsräume befanden. Wannen weisen auf eine Wasserbehandlung hin.

Von diesem Untergeschoß durch den *Heiligen Tunnel* (80 m lang, 2,70 m breit

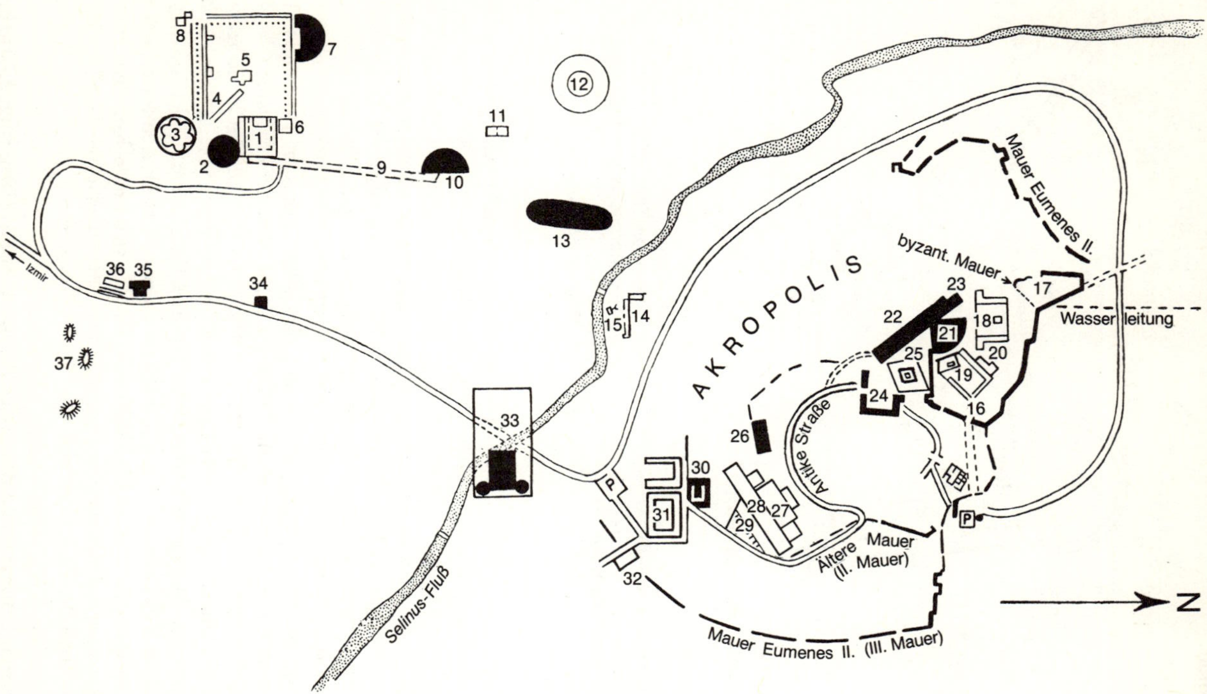
AKROPOLIS
Mauer Eumenes II.
byzant. Mauer
Wasser leitung
Antike Straße
Ältere Mauer
(II. Mauer)
Mauer Eumenes II. (III. Mauer)
Selinus-Fluß
Izmir
N
P
P
1
2
3
4
5
6
7
8
9
10
11
12
13
14
15
16
17
18
19
20
21
22
23
24
25
26
27
28
29
30
31
32
33
34
35
36
37

Pergamon

Asklepios-Heiligtum
1 Propyläen
2 Tempel des Äskulap
3 Telephoros-Tempel
4 Heiliger Tunnel
5 Heilige Quelle
6 sog. Kaiserbibliothek
7 Theater
8 Toilettenanlage

Unterstadt
9 Viran-Tor
10 Römisches Theater
11 Reste des Athena-Tempels
12 Römisches Amphitheater
13 Stadion
14 sog. Curnellia, im Osten die Kirche Hagios Theodosios
15 Große Moschee (Ulu Cami)

Akropolis
16 Königstor
17 Garten der Königin
18 Tempel des Trajan
19 Athena-Tempel
20 Bibliothek
21 Theater
22 Theaterterrasse
23 Dionysos-Tempel
24 Obere Agora
25 Zeus-Altar
26 Demeter-Heiligtum
27 Oberes Gymnasion (der Neoi)
28 Mittleres Gymnasion (der Epheben)
29 Unteres Gymnasion (der Phaides)
30 Haus des Attalos
31 Untere Agora
32 Akropolis-Tor

Unterstadt
33 Rote Halle
34 Ethnographisches Museum
35 Museum von Pergamon
36 Palas-Hotel mit Restaurant
37 Tumuli

und 3 m hoch) zur *Heiligen Quelle,* die sich in der Mitte des einstmals mit Säulenhallen umgebenen Platzes befindet; man hat Brunnenfassungen aus verschiedenen Zeiten gefunden. Untersuchungen haben gezeigt, daß das Wasser keine besonders heilkräftigen Zusätze enthält.

Man darf sich das Heilverfahren in den Asklepios-Heiligtümern vielleicht in der Art eines Sanatoriums vorstellen, wo die körperliche Behandlung mit einer seelischen Hand in Hand ging. Die Behandlung mit Wasser spielte eine große Rolle, und der Glaube, daß der Gott die Kranken im Schlaf heile, zeigt, daß man wußte, wie stark das Seelische und Körperliche miteinander verbunden sind.

Man beginne nun am nördlichen Portikus, der wieder aufgerichtet ist, mit der sog. *Kaiserbibliothek,* die ihren Namen nach einer dort aufgefundenen Statue des Kaisers Hadrian hat, die sich heute im Museum von Pergamon befindet.

Die Bibliothek wurde Anfang des 2. Jhs. auf Kosten der reichen Bürgerin Flavia Melitena errichtet. Sie besaß zwei Portale. Das eine öffnete sich zum Nordportikus, das andere zum Hof. In der Ostkonche befand sich einst die Kaiserstatue; ein schöner Mosaikfußboden hat sich erhalten.

Der *nördliche Säulengang* ist 128 m lang, an seinem anderen Ende befindet sich das *Theater,* das anläßlich eines Besuches von Atatürk restauriert wurde; 5000 Personen fanden in ihm Platz. Die Stufen zu seiten der Treppen sind mit Löwenfüßen geschmückt.

Der *westliche Säulengang* war 94 m lang, in seiner Mitte führte einst ein Zugang zum Gymnasion, das noch nicht ausgegraben ist. An der Südwestecke eine *Toilettenanlage,* deren Größe auf die Besuchermassen schließen läßt.

Nach dem Besuch des Asklepios-Tempels kann man die großen römischen Bauten besuchen, deren Erhaltungszustand nicht gut ist.
Von den Propyläen 1000 m die Heilige Straße entlang bis zu dem *Viran Kapı* (verfallenes Tor), einstmals der Beginn der Heiligen Straße. Das *Römische Theater,* von dem man nur noch die Formen erkennen kann, bot einst 30 000 Menschen Platz. In der Nähe hat man die Reste eines *Athena-Tempels* gefunden.
Nordwestlich die schon von fern sichtbaren Ruinen des *Amphitheaters,* das Anfang des 3. Jhs. unter der Herrschaft von Caracalla gebaut wurde und 50 000 Zuschauer aufnehmen konnte. Der elliptische Bau hatte eine Länge von 136 m, eine Breite von 128 m, während der Boden der inneren Ellipse 51 m lang und 37 m breit ist. Östlich des Amphitheaters das *Stadion,* das noch nicht ausgegraben ist.
Mit dem Auto die neue Straße entlang, die um den Burghügel hinauf zur oberen Agora führt (Parkplatz). Es ist günstig, die Besichtigung oben anzufangen, weil man so die mühevollen Steigungen vermeidet. Man vereinbare mit dem Fahrer, daß er am Unteren Markt wartet.
Durch das *Königstor* betritt man den oberen Teil des Burgberges, in dem sich der Palast des Königs und die Hauptheiligtümer befanden; von diesen Prachtbauten sind aber nur noch im wesentlichen die Substruktionen erhalten. Nachdem man das Tor durchschritten hat, rechts die Ruinen des *Palastes Eumenes' II.,* der sich um einen Hof mit Portiken von je 22 m Länge aufbaute. Reste des marmornen Wandschmuckes und der Fußbodenmosaiken sind gefunden worden. Unmittelbar am Weg eine Zisterne. Weiter in nordwestlicher Richtung, anschließend die Ruinen eines älteren Palastes, der etwa den gleichen Grundriß aufweist, vorüber an einer Zisterne aus schönem Marmorwerk, deren mittlere Säule einst eine Steindecke trug. Bei den noch hoch aufragenden *Mauern* und Türmen, die noch auf antiken Fundamenten ruhen, aber aus mittelalterlicher Zeit stammen, erreicht man die höchste Stelle des Burgbergs (335 m). Schöner Blick in das Tal des Ketios, man erkennt die Ruinen eines Aquäduktes, der mittels einer Druckleitung Wasser auf den Burgberg brachte (aus der Königszeit).
Hat man die Mauer durch eine Lücke im Nordosten durchquert, so erreicht man ein 150 m langes, tiefer gelegenes Plateau, das die Ausgräber den *Garten der Königin* nannten. Hier fand man Läden und Arsenale mit der steinernen Katapultmunition, die auf dem Unteren Markt heute aufgeschichtet ist. An der nördlichsten Spitze die Fundamente eines Tempels der Faustina, der Gemahlin

des Marc Aurel. Man durchquert wieder die Mauer, gelangt zum *Tempel des Trajan* (98–117). Er wurde ab 120 für den vergöttlichten Kaiser aus weißem Marmor erbaut und hatte korinthische Säulen (6×9); seine Substruktionen waren gewölbt. Der Tempelplatz, der mit Säulenhallen an drei Seiten umgeben ist, mißt 100 × 70 m und stammt wahrscheinlich aus der Zeit Hadrians. Seit 1983 wurden die Säulen der Nordhalle unter Verwendung antiker Teile wieder aufgestellt, seit 1984 die der Osthalle; alle sind 7 m hoch. 1985 hat man mit Restaurierungsarbeiten am Tempel selbst begonnen; dessen Säulen haben eine Höhe von 18 m. An der nordöstlichen Seite befanden sich zwei Exedren aus der Königszeit, eine runde und eine viereckige.

Die Beobachtung, daß die Römer ihre Tempel an den traditionsreichsten Stellen anlegten, findet sich an vielen Orten des römischen Weltreiches bestätigt. Der *Tempel der Athena*, der im dorischen Stil, Anfang des 3. Jhs. v. Chr., gebaut worden war und zu den ältesten Bauten auf dem Burgberg gehört, war im Norden und im Osten von einer zweigeschossigen und im Süden von einer eingeschossigen Halle umgeben, die sich zu einem Platz mit dorischen Säulen öffnete und deren Rückwände mit Kampfbildern bedeckt waren. Auf dem Platz waren die Gallier-Anatheme aufgestellt. Ganz im Geist des Griechentums waren die Besiegten dargestellt: voll edlen Heldentums, aber mit den Kennzeichen ihrer Rasse, wie besonders den durch eine Kalksalbe künstlich struppig gemachten Haaren. Durch römische Kopien kennen wir diese Gruppen, wie z. B. den sterbenden Gallier im Kapitolinischen Museum in Rom, oder den Gallier, der sein Weib tötet, damit es nicht in die Hände der Feinde falle (Römisches Nationalmuseum in Rom). Die Originale entstanden etwa zwischen 230–200 v. Chr. In der Mitte des Hofes, auf einem runden Unterbau, stand einst das bronzene Original der Augustus-Statue von Prima Porta.

Hinter den Arkaden der Nordseite befand sich die berühmte *Bibliothek*, die Eumenes II. erbauen ließ, in deren Hauptraum eine 3,5 m hohe Nachbildung der Athena Parthenos des Phidias aufgestellt war. Antonius machte die Bücherei später Kleopatra zum Geschenk, wo sie in Alexandria den wesentlichen Bestandteil der dortigen Bibliothek darstellte.

In byzantinischer Zeit (6. Jh.?) wurde über dem Athena-Tempel eine Kirche erbaut. Von der Westseite des Platzes führt eine schmale antike Treppe zu dem obersten Rang des *Theaters*. In dem Augenblick, wo man den Himmel wieder über sich sieht, hat man einen überwältigenden Blick in das Tal des Selinus und auf die türkische Stadt mit ihren niedrigen Holzhäusern. Die Stufen, die zwischen den 80 Sitzreihen 50 m hinabführen, sind sehr steil. Das Theater stammt aus der Königszeit und hatte bis zum 2. Jh. v. Chr. eine Holzbühne, die je nach Bedarf auf der Theaterterrasse aufgeschlagen wurde; die viereckigen Löcher für die Pfähle sind noch sichtbar. Das steinerne Bühnengebäude wurde

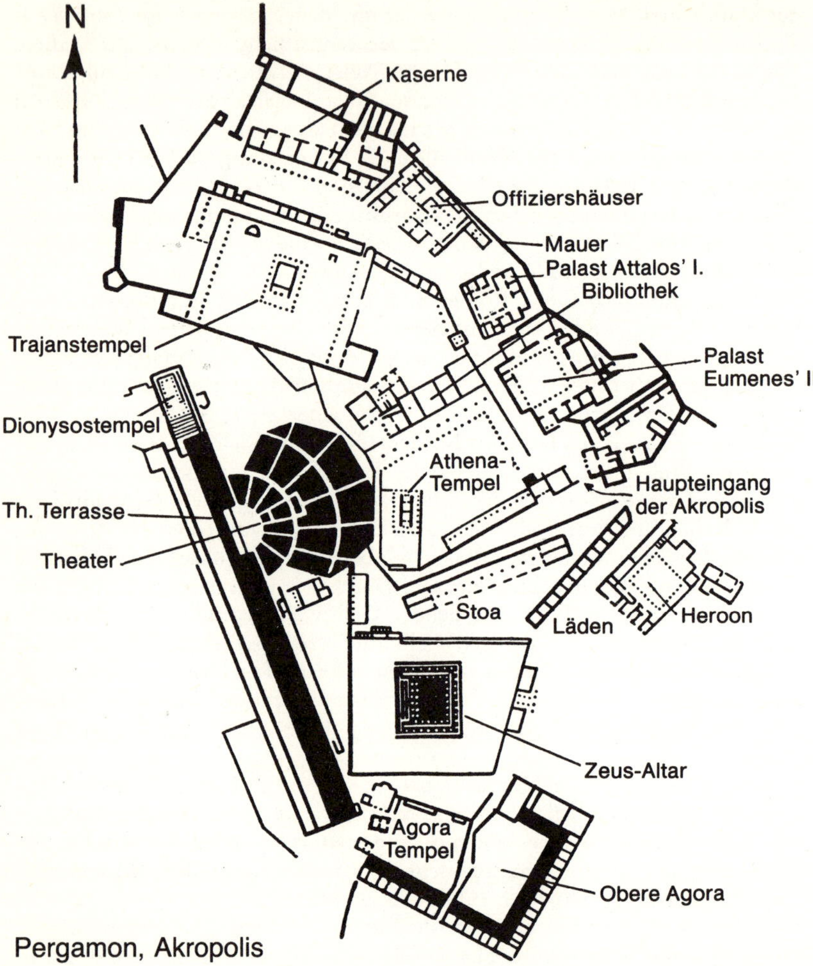

Pergamon, Akropolis

im 2. Jh. v. Chr. errichtet. Die königliche Loge, die mit Marmor verkleidet war, erhob sich über der Mitte des unteren Querganges. Ein kleiner Teil der Sitze ist für Festspiele wiederhergestellt. Ursprünglich konnte das Theater 10 000 Menschen fassen. Die Akustik ist ausgezeichnet.

Die *Theaterterrasse* ist 246 m lang und 15 m breit, sie bestand aus mehreren Stockwerken. Das oberste Stockwerk hatte eine Säulenhalle, die nach innen, also dem Theater zu, geöffnet war. Die unteren Stockwerke öffneten sich nach außen, sie beherbergten Läden, die von tieferen Terrassen aus zugänglich waren. Am Nordende der obersten Terrasse erreicht man mittels einer Treppe einen kleinen ionischen Tempel, den *Dionysos-Tempel*, der dem sagenhaften Ahnherrn des Attalidengeschlechtes geweiht war und im 2. Jh. v. Chr. erbaut wurde. Er wurde unter Trajan erneuert und im 3. Jh. Caracalla, dem neuen Dionysos, geweiht.

Man geht nun die Terrasse entlang, rechts vom Theater die Reste einer byzantinischen Kirche. Am Südende führte ein zerstörter Treppenbau auf den *Oberen Markt;* er bestand aus zwei rechteckigen Höfen und war an seiner Süd-, Ost- und Nordseite mit Hallen umgeben; in seinem westlichen Teil die Reste eines dorischen *Zeus- oder Hermes-Tempels*, 2. Jh. v. Chr. Von hier auf eine über dem Markt liegende höhere Terrasse (277 × 291 m), auf der sich der unter Eumenes II. (etwa 180–160 v. Chr.) erbaute *Zeus-Altar* befand. Der Unterbau aus gelblichem Trachyttuff ist an Ort und Stelle erhalten (wo sich heute die Kiefer befindet). Auf diesem Unterbau, 36,44 × 34,20 m, erhob sich ein 2 m hoher Sockel, der an drei Seiten mit einem insgesamt 120 m langen Fries verziert war. Auf dem Sockelgeschoß stand eine Säulenhalle, die den eigentlichen Altar umschloß, zu dem an der Westseite eine breite Treppe hinaufführte. Auf dem Sockelfries war der Kampf der Götter gegen die Giganten dargestellt: Da kämpften die 12 olympischen Götter, die personifizierten Tagesgestirne wie die nächtlichen Sternbilder und die Meergötter – insgesamt 50 an der Zahl – gegen die 60 Giganten. Wohl war die Gigantomachie schon in der archaischen und klassischen Kunst dargestellt worden, aber hier wurde ein neues Aufbrausen der Leidenschaften, eine elementare Gewalt des Kampfes sichtbar gemacht, wie es bisher noch nicht geschehen war. War an diesem großen Fries ein dramatisches Geschehen dargestellt, so herrschten an dem kleinen Fries, der sich unter der gedeckten Halle hinzog, die lyrischen Töne vor. Hier war die Sage des Telephos dargestellt und die Herkunft der Pergamener von Herakles, dem mächtigsten Heros der Griechen, sichtbar gemacht. Den Namen der Künstler wissen wir nicht zu nennen.

Wir kehren auf die Theaterterrasse zurück und folgen nun einem schmalen Pfad, der an der Burgmauer entlang zum *Demeter-Heiligtum* führt. Hier wurden die Ausgrabungen beim Beginn des 1. Weltkrieges unterbrochen. Dieser Tempel – einer der ältesten der Stadt – wurde im 3. Jh. v. Chr. unter Philetäros und Eumenes I. außerhalb der Stadt errichtet. In ihm wurden die Eleusinischen Mysterien gefeiert, denen nur Eingeweihte beiwohnen durften und die den Gläubigen ein besseres Los im Jenseits versprachen. Durch einen Propyläenbau, der im 2. Jh. v. Chr. von Apollonis, der Gemahlin Attalos' I. (241–197 v. Chr.), gestiftet war, betrat man den heiligen Bezirk (Temenos); von diesem Bau sind noch zwei Säulen erhalten. An der Südseite war der Temenos mit einer 90 m langen und 4 m breiten Säulenhalle abgeschlossen. Die 9 Stufenreihen im Norden und Osten des Bezirks dienten den Gläubigen als Sitzgelegenheit bei den kultischen Spielen. 800 Zuschauer konnten hier Platz finden. Im Westen des Temenos erhob sich der eigentliche Tempel, der einen Grundriß von 14 × 8 m hat.

Östlich vom Demeter-Heiligtum beginnt mit dem *Oberen Gymnasion* die großartige dreiteilige Terrassenanlage der Gymnasien. Das oberste, das auch das prunkvollste war, war für die Jünglinge (Neoi) bestimmt. Um einen rechteckigen Hof (74 × 36 m) erhob sich eine Säulenhalle mit korinthischen Kapitellen, ein römischer Neubau anstelle eines hellenistischen Portikus mit dorischen Kapitellen. In der Mitte der Nordseite das *Ephebaion,* in dem die Hauptzeremonien stattfanden. Rechts davon ein Raum mit 2 Apsiden, der später dem Kaiser vorbehalten war. An der Nordwestecke ein *Odeion* als Vorlesungssaal für etwa 1000 Personen. An der Westseite des Hofes der Asklepios-Tempel (9 × 16 m, im ionischen Stil, 2. Hälfte des 2. Jhs. v. Chr.), aufwendige *Badeanlagen,* Zisterne, Heizungsraum aus hellenistischer und römischer Zeit. An der Ostseite einst prunkvolle römische Bäder. An der Südseite befindet sich ein ehemals gedecktes Stadion von 210 m Länge und 8 m Breite.

Ein Tor an der Ostseite der Laufbahn führt zum *Mittleren Gymnasion,* das für die Epheben (10–15 Jahre) bestimmt war. Es bestand aus einem Hof, der an der Nordseite von einem doppelten Portikus begrenzt war und an dessen Ostseite sich die Reste eines von Eumenes II. geweihten Hermes-Tempels befinden. Vom Mittleren Gymnasium erreicht man unmittelbar neben einem byzantinischen Turm durch ein gewölbtes Tor, das in eine Treppe endet, die *gepflasterte Straße,* die in die Oberstadt führt. Rechts die Terrasse des *Gymnasions für die Kinder* (Phaides, 6–9 Jahre), und links unterhalb der Stützmauern Eumenes' II., die von byzantinischen Türmen überragt werden, eine Brunnenanlage mit einem Bassin von 21 × 3,15 m.

Man geht nun die Hauptstraße abwärts; an der rechten Seite, am Hang, das sog. *Haus des Attalos,* ein hellenistisches Peristylhaus, das in römischer Zeit umgebaut wurde. Eine Inschrift weist den Konsul Attalos als seinen Besitzer aus. Man beachte in einem Raum das Fußbodenmosaik und die Reste von Wandmalereien aus römischer Zeit. Die Straße endet an der *Unteren Agora,* die Anfang des 2. Jhs. v. Chr. unter Eumenes II. angelegt wurde, als die obere zu unbequem und zu klein geworden war. Ein gepflasterter Hof von 34 × 64 m, von zweistöckigen Hallen mit dorischen Säulen umgeben, hinter denen Kammern – wie in Priene – lagen. An der Südseite hat man nach außen noch eine Säulenhalle vorgelegt. Der Untere Markt wurde 1900–1902 freigelegt. An der Westseite der Agora befand sich ein Peristylhaus aus hellenistisch-römischer Zeit, an dessen Stelle das *Deutsche Ausgrabungshaus* errichtet wurde.

Südöstlich unterhalb der Agora liegt das *Haupttor* der Stadtmauer Eumenes' II., das 1900 freigelegt wurde. Die Anlage bestand aus einem Torhof von 21,7 × 23,3 m, einem Haupttor, das einst überwölbt war und von zwei mächtigen Türmen geschützt wurde. Nördlich und südlich daneben je ein weiteres Tor. Mit dem Auto fährt man nun zur *Roten Halle* (Kızıl Avlı), die weithin sichtbar die niedrigen türkischen Häuser überragt. Lange war der Zweck dieses dreischiffigen basilikalen Baus unklar. Man vermutete noch Anfang des 19. Jhs. in ihm den Tempel des Asklepios, später eine Bibliothek, eine Basilika, eine Thermenanlage, bis die Grabungen von 1934–1938, wenn auch nicht eindeutig, zeigten, daß es sich hier um ein Seraphis-Heiligtum handelte, das möglicherweise Anfang des 2. Jhs. unter dem Kaiser Hadrian errichtet worden ist. In byzantinischer Zeit wurde der Bau in eine Kirche umgewandelt, die Johannes oder Paulus geweiht und eine der sieben apokalyptischen Kirchen Kleinasiens war.

Der Bau ist 56 m lang, 26 m breit, 32 m hoch, durch Säulen in drei Schiffe geteilt und war einstmals mit Emporen versehen; unter der Apsis befand sich eine Krypta. Nördlich und südlich neben ihm befinden sich zwei Rundbauten aus christlicher Zeit, die einstmals, wie die unteren Teile der Kirche, mit Marmor verkleidet waren, während man im oberen Teil immer den Ziegelbau sah. Im Westen erstreckte sich ein weiter Hof von 260 × 110 m, der auf Tonnengewölben über den Fluß gebaut und mit einer Mauer oder mit Säulenhallen umgeben war. Der erste Kirchenbau, zu dem der Seraphis-Tempel umgewandelt worden war, wurde bei der Einnahme der Stadt durch die Araber 716/717 zerstört. Bei dem Neubau bzw. Wiederaufbau wurde der Fußboden höhergelegt.

In der Stadt Bergama sind sehenswert:

Der *Bedesten,* ein gedeckter Markt aus dem 15. Jh. (in der Nähe der unteren Agora).

Das *seldschukische Minarett,* der einzige Überrest einer Moschee aus dem 14. Jh. Es befindet sich zwischen der Roten Halle und dem römischen Theater in der Nähe des Basars.

Die *Große Moschee* (Ulu Cami), bei dem Hauptplatz der Stadt. Sie wurde unter Beyazıt I. 1398/99 auf antiken Fundamenten errichtet.

Das *Ethnographische Museum,* unweit der Ulu Cami. Den Schlüssel hat der Wächter des Archäologischen Museums. Volkskundliche Sammlungen aus Bergama und Umgebung.

Archäologisches Museum. Geöffnet alle Tage von 9 bis 12 Uhr und von 13.30 bis 17 Uhr. Enthält die Funde, die bei den Ausgrabungen gemacht wurden, von denen aber die bedeutendsten Stücke nach Berlin und Izmir kamen. Das beste Stück ist die Statue des Kaisers Hadrian, die in der Bibliothek

des Asklepieion gefunden wurde. Im Hof Steinplastik (Figur einer Nike u. a.).
Östlich vom Museum, jenseits der großen Straße, bemerkt man vier *Tumuli* (Grabhügel). Der *Mal Tepe* ist 32 m hoch und hat 170 m im Durchmesser; ein Gang von 70 m Länge führt zu den drei Grabkammern. Der Grabhügel war von einer Steinmauer umgeben; nach den Funden zu schließen, scheint er aus römischer Zeit zu stammen. Die zwei kleineren Hügel im Süden sind wahrscheinlich aus hellenistischer Zeit.
Veranstaltungen: 17. bis 25. Mai: Theater- und Folkloreaufführungen im Theater des Asklepieions.

Soma

Anfahrt von Bergama (Pergamon) Richtung Akhisar 45 km; von Izmir über Manisa 130 km.
Soma ist ein großes Dorf (ca. 7500 Einwohner), das an der Stelle des antiken Germe steht, durch die Lignit-Mienen am Trasala Dăgı bekannt. Seine einzige Sehenswürdigkeit ist die Hizirbey Camii, eine Holzmoschee mit Schnitzereien und bemaltem Putz aus dem Jahre 1791.

Izmir
(Smyrna)

1 820 000 Einwohner, Provinzhauptstadt. Drittgrößte Stadt der Türkei

Anfahrt von Istanbul

Mit dem *Schiff:* 600 km. Die direkte Linie benötigt 28 Stunden, bei einer 1½stündigen Unterbrechung in Gelibolu (Dardanellen) 31 Stunden.
Mit dem *Flugzeug:* 336 km, zwei- bis dreimal täglich, etwa 90 Minuten.
Mit der *Eisenbahn:* 1. Täglich 2 Zugverbindungen Istanbul–Izmir. – 2. Täglich Verbindung Ankara–Izmir; 3mal wöchentlich nachts (834 km) – 3. Schiff Istanbul–Bandırma, 110 km, sechsmal wöchentlich, tagsüber 3 Stunden 35 Minuten, nachts in 8 Stunden. Anschluß an den Zug. – 4. Eisenbahn Bandırma–Izmir, 344 km in 10–11½ Stunden, oft Verspätung.

Mit dem *Autobus:* Von Bursa eine direkte Autobuslinie bis Izmir. (Istanbul-Bursa vgl. S. 230).
Mit dem Pkw folgende Möglichkeiten:

1. Bursa – Balıkesir – Sındırğı – Manisa – Izmir (385 km, die beste der Straßen).
2. Bursa – Balıkesir – Ayvalık – Izmir (461 km); die Straße ist günstig, wenn man unterwegs Bergama (Pergamon) besichtigen will.
3. Çanakkale – Balıkesir – Sındırğı – Manisa – Izmir (437 km).
4. Çanakkale – Edremit – Balıkesir – Izmir (352 km).
5. Çanakkale – Edremit – Ayvalık – Dikili – Menemen – Izmir (etwa 300 km).

Autobusbahnhof

Abfahrt aller Überland-Omnibusse von der Basmahane-Garage nördlich vom Basmahane-Bahnhof. Regelmäßige Autobuslinien nach Antalya, Aydın, Ayvalık, Balıkesir, Bandırma, Bursa, Bergama, Çanakkale, Edremit, Foça, Gördes, Konya, Manisa, Selçuk (Ephesos), Soma, Yalova.

Bahnhöfe

Alsancak
Basmahane

Flughafen

Der Flughafen Çiğli liegt 25 km nördlich von Izmir an der Straße nach Çanakkale.

Hotels

Luxus:	Büyük Efes Oteli, Gaziosmanpaşa Bulvarı 1
1. Klasse:	Kısmet Oteli, 1377, Sok. 9
	Etap Izmir Oteli, Cumhuriyet Bulvarı 138
2. Klasse:	Anba Oteli, Cumhuriyet Bulvarı 124
	Izmir Palas Oteli, Vasif Çinar Bulvarı 2
	Karaca Oteli, 1379, Sok. 55
	Kilim Oteli, Atatürk Bulvarı
Camping:	Kervansaray, Inciraltı Mokamp, Balçova (an der Straße nach Çeşme)

In der Umgebung:
Çeşme

1. Klasse:	Turban Çeşme Oteli, Ilıca

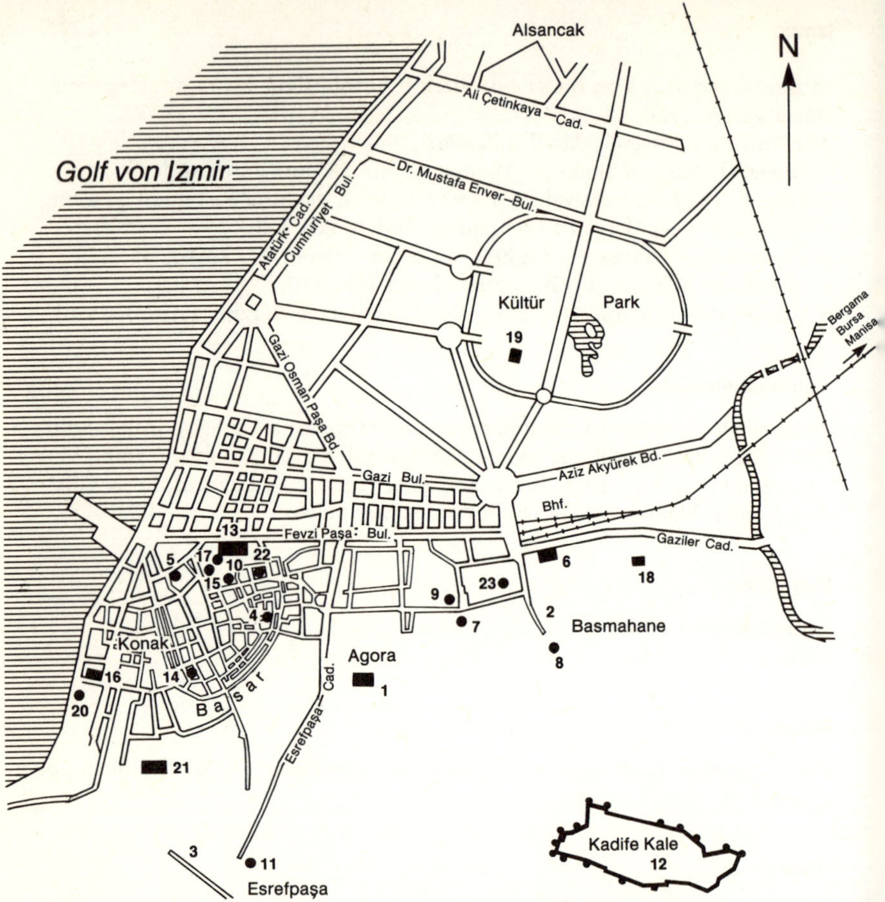

Izmir

1 Agora
2 Goldener Park
3 Goldener Weg (Römischer Weg)
4 Başdurak-Moschee
5 Çakaloğlu Hanı
6 Çorakkapı-Moschee
7 Dönerlitaş-Brunnen
8 Faik-Paşa-Moschee
9 Hatuniye-Moschee
10 Hisar-Moschee
11 Iki-Çeşmelik-Moschee
12 Kadifekale (Pagos-Berg)
13 Karaosmanoğlu Hanı
14 Kemeraltı-Moschee
15 Kızlarağası-Moschee
16 Konak-Moschee
17 Miskelâm Hanı
18 Archäologisches Museum (Lager)
19 Archäologisches Museum
20 Uhrturm
21 Selepcioğlu Hanı
22 Tilkilik-Moschee
23 Şadırvanaltı-Moschee

Motel: Turban Ilıca Moteli, Dereboyu Mevkii. Boyalik
Feriendorf: Altmyunus Tatil Köyü, Boyalık Mevkii
Urla
2. Klasse: Grand Oteli, Yüce Sahil 71
Feriendorf: Nebioğlu Tatil Köyü
Gümüldür
2. Klasse: Sultan Oteli, Özdere Köyü
Motel: Denizatı Moteli, Büyükalan Mevkii
Camping: Denizatı Kamp

Konsulate

Konsulat der Bundesrepublik Deutschland, Atatürk Caddesi 260
Konsulat der Bundesrepublik Österreich, Atatürk Caddesi 290/14

Krankenhaus

Izmir Hastanesi, Konak

Messeleitung

Kültürpark

Polizei

Hauptverwaltung am Konakplatz

Reisebüros

Agentur der staatlichen Eisenbahnen, Bahnhof Alsancak, und Bahnhof Basmahane.
Agentur der staatlichen Fluglinie (Türk Hava Yolları – THY), Konak, Karşıyaka-Acentası, am Kai, und im Büyük Efes Oteli, Tel. 2 28 72
Agentur der staatlichen Schiffahrtslinien (Denizcilik Bankası), Atatürk Caddesi 128
Busbahnhof, Hürriyet Bulvarı

Türkische staatliche Schiffahrtslinien

Regelmäßiger Verkehr nach Çanakkale und Istanbul, ferner nach Antalya-Mersin-Iskenderun.

Fremdenverkehrs- und Informationsbüros

1. Akdeniz Caddesi 1352, Sok. 6/2
2. Cumhuriyet Meydanı, Merkez PTT Girişi (Hauptposteingang)
Zentralbüro: Gaziosmanpaşa Bulvarı (bei Efes Oteli) Altı 116
In Çeşme: Iskele Meydanı 8

Veranstaltungen

7. bis 16. Juni: Internationale Mittelmeer-Festspiele. 20. August bis 20. September: Internationale Messe in Izmir.

Bademöglichkeit

Großes Schwimmbad im Büyük Efes Oteli

Türkische staatliche Fluglinien

Regelmäßiger Verkehr nach Istanbul und Afyon–Karahisar–Ankara.

Geschichte und Lage

Das heutige moderne Izmir (1 820 000 Einwohner), größter türkischer Ausfuhrhafen und Sitz zahlreicher Teppich-, Textil-, Tabak- und Nahrungsmittelindustrien, liegt angelehnt an den Kadifekale-Hügel (*Pagos* der Antike) am Südufer des tiefen und geschützten Izmir-Golfes, genau da, wo der schiffbare Meerbusen in eine trichterförmige, von hohen Gebirgen umgebene Schwemmlandebene übergeht. Diese Ebene mit ihrem Reichtum an Tabak, Weintrauben, Feigen, Baumwolle und Oliven war und ist die eigentliche Grundlage des Wohlstandes der Stadt. Nur durch Flußverlegungen und ständige Baggerungen ist es möglich, ihre Ausdehnung gegen den Golf hin und damit die Verschüttungen des Hafens von Izmir zu verhindern, die wahrscheinlich schon die Existenz der ältesten Siedlung *Smyrna* beendet hatten, denn 450 m von der heutigen Küstenlinie landein haben jüngste Ausgrabungen Reste einer frühesten Gründung gegenüber an der Nordflanke der Niederung auf einem isolierten Hügel nachgewiesen, der durch einen schmalen Hals mit dem dahinter steil aufragenden Gebirgszug des Yamanlar Dağ verbunden und im Altertum dreiseitig vom Meer umspült war. Auf uralter einheimischer Siedlungsgrundlage (seit dem 3. Jt. v. Chr.) hatten sich hier im 11. Jh. v. Chr. äolische Griechen auf der Suche nach fruchtbaren Ackerflächen niedergelassen.
Im 7. Jh. v. Chr. wird der Platz von Ioniern aus Kolophon erobert und erlangt

anschließend eine hohe Blüte. Hier soll der Überlieferung nach *Homer* geboren worden sein. 600 v. Chr. wird die Stadt von Alyattes III., König von Lydien, zerstört und die Bewohner ausgesiedelt. Sie erlangt danach aber wieder einige Bedeutung.
Lysimachos nimmt einen Plan Alexanders des Großen auf und gründet am Hange des Pagos-Hügels eine neue Stadt mit einer Zitadelle auf der Höhe, die bald zu den blühendsten Städten Kleinasiens zählt. 27 v. Chr. gelangt sie in römische Hände, 178 zerstört ein großes Erdbeben die Stadt, die unter dem Kaiser Marc Aurel wieder aufgebaut wird. Unter Konstantin dem Großen ist sie eine wichtige Hafenstadt, die durch die Verlandung des Hafens von Ephesos immer mehr an Bedeutung gewinnt. Ihre christliche Gemeinde wird in der Offenbarung des Johannes als eine der »Sieben Kirchen Asiens« aufgeführt. Mit den Arabereinfällen (7. Jh.) hört das ständige Wachstum auf. 1084 fällt sie in die Hände der Seldschuken, gehört aber 1097 wieder zu Byzanz und ist zur Zeit des Lateinischen Kaiserreiches 1204–1261 dem Kaiser von Nikäa untertan. Im 13. Jh. regieren die Genuesen mit ihrem Handel praktisch auch die Stadt. 1320 wird sie von dem osmanischen Sultan von Aydın erobert, fällt aber 1344 in die Hände der Kreuzfahrer und gerät unter die Oberhoheit der Johanniterritter von Rhodos. Timur Lenk erobert sie 1402, 1415 wird sie durch Mehmet I. endgültig in das osmanische Reich eingegliedert. Große Erdbeben zerstören die Stadt 1688 und 1779. Das 19. Jh. bringt einen großen wirtschaftlichen Aufschwung, 1868/80 werden die Quaibauten errichtet.
Nach dem Ersten Weltkrieg wird sie durch den Vertrag von Sèvres von den Griechen besetzt, wodurch die große nationale Bewegung in Anatolien ausgelöst wurde. 1922 ziehen die Türken in die Stadt ein, die wenige Tage danach von einem großen Brand verwüstet wird.

Denkmale

Konakplatz

(Konak Meydanı oder Atatürk Meydanı) mit einem modernen Uhrturm in maurischem Stil und der Konak Camii.

Zitadelle

(Kadifekale = »Samtburg«) auf dem Pagos-Hügel (160 m). Von der Akropolis des Lysimachos haben sich nur Fundamente erhalten. Die Befestigung mit den halbrunden Türmen stammt aus byzantinischer Zeit, sie ist an der Südseite am besten erhalten; später restaurierten die Osmanen die Festung. Vom Restaurant in der Burg hat man einen schönen Blick auf die Stadt, ihre Lage am Golf, man erkennt die Agora und an den Hängen des Pagoshügels westlich die Form des Stadions und nördlich die des Theaters.

Agora

Öffnungszeiten: 9–12 und 13.30–17 Uhr. Die Agora wurde 1932–1941 von *R. Naumann* und *Salahattin Kantar* freigelegt. Sie dürfte in der Mitte des 2. Jhs. errichtet und nach dem Erdbeben von 178 von Faustina, der Gemahlin Marc Aurels, vergrößert worden sein. Der Nordflügel stammt vom Ende des 2. Jhs.

Der Hof ist 120 × 80 m groß; die Säulenhallen waren zweigeschossig. Die Nordstoa zeichnet sich durch eine größere Breite aus und hatte 3 Schiffe. Im Untergeschoß war eine Ladenreihe eingebaut, die sich nach einer Straße im Norden öffnete. Heute sieht man in der Nordwestecke, unter einem Schutzdach, vorzügliche Hochreliefs (Demeter, Poseidon u. a.) Diese Plastiken wurden im Zentrum der Agora gefunden und dürften von dem sich ehedem dort befindlichen Zeus-Altar (um 150) stammen.

Kültür Parkı

Ein 46 Hektar großes, etwa ovales Gelände, inmitten der modernen Stadtviertel, mit einem Bassin und Pavillons, die für die Messe vom 20. August bis 20. September jeden Jahres bestimmt sind. Im Kültür Parkı das Archäologische Museum, ferner ein Landwirtschafts-Museum und ein Hygiene-Museum u. a.

Museen

Atatürk Museum, Atatürk Caddesi No. 248; Archäologisches Museum, Kültür Parkı; Hygiene-Museum, Kültür Parkı; Gemälde- und Skulpturen-Galerie, Kültür Parkı; Museum für Türkische Kunst, Kültür Parkı; Landwirtschaftliches Museum, Kültür Parkı; Archäologisches Forschungsinstitut für Westanatolien, 1269 Sokak.

Archäologisches Museum

Öffnungszeiten: 9–12 Uhr und 13.30–17 Uhr.

Das Museum besteht aus einem Raum und enthält Funde aus der Umgebung der Stadt, im wesentlichen aus der griechischen und römischen Zeit. (Gute Beschriftung in französischer Sprache.)

Man beginne den Rundgang links vom Eingang: Funde aus Milet, Aydın (= Tralles), in dem linken Alkoven Klazomenische Tonsarkophage aus dem 6. Jh. v. Chr., in den Vitrinen im linken Teil Kleinkunst aus Milet und Ephesos. An der Wand gegenüber dem Eingang Funde aus Ephesos, rechts weiter aus Denizli und Sardes, im rechten Alkoven Keramik aus Bayraklı (3. Jt. v. Chr.), dann dem Eingang zu Funde aus Pergamon und Izmir.
Dem Eingang gegenüber die große Artemis-Statue, die bei den Ausgrabungen im Rathaus von Ephesos gefunden wurde, mit Spuren einer einstigen Bemalung.

Moscheen

(alle aus osmanischer Zeit): Hisar Camii (1597) – Şadırvan Camii (1636) – Hacı Hüsmen Camii (1651) – Kemeraltı Camii (1671).

Karawansereien

Kızlar Ağası Hanı und Çakaloğlu Hanı, beide aus dem 18. Jh.
Basar: Stelle des alten durch Anschwemmung vernichteten Hafens. Typisch sind die nur aus einem Erdgeschoß bestehenden Läden, wobei immer diejenigen, die Gleiches verkaufen, zusammenliegen. Oft sind die Straßen mit Zelttüchern oder einem Dach aus Pflanzen überzogen zum Schutz gegen die Sonne.

Rundgang

Zitadelle – Agora – Museum – Konak-Platz – Basar.

Umgebung

Badeausflug nach Inciraltı (11,5 km asphaltierte Straße)

Vom Konak-Platz in südwestlicher Richtung 10 km die Straße nach Urla entlang, dann rechts ab bis zum Meer. Schöner Strand mit Blick auf Izmir und den Pagos-Hügel Restaurants und Tanzmöglichkeit.

Ausflug nach Bayraklı (Alt-Smyrna)

Vom Bahnhof Alsancak 4 km im Boot in 15 Minuten, Nordostseite der Bucht von Izmir. Mit dem Auto 8,3 km die Straße an der Bucht entlang nach Nordosten bis Bayraklı.

Die Ausgrabungen 1947 der Universität von Ankara und des Englischen Archäologischen Instituts von Athen haben gezeigt, daß sich hier im 3. Jt. eine vorgeschichtliche Siedlung befand, im 9. Jh. v. Chr. eine äolische und im 7. Jh. eine ionische. Nach der Vernichtung durch den lydischen König Alyattes III., 600 v. Chr., war die Stelle im 4. Jh. v. Chr. wieder besiedelt, bis sie durch die Neugründung des Lysimachos einging. Von der Stadt des 7. Jhs. v. Chr. zeugen die Reste eines Tempels, eine Mauer in polygonalem Mauerwerk u. a. Die Straße dann weiter etwa 1,5 km bis Turan, dann 3 km in nördlicher Richtung zur Akropolis von Alt-Smyrna; auf dem Gipfel Ruinen eines viereckigen Baus 30 × 25 m, mit einem Südtor in kyklopischer Technik.

Die Aquädukte von Kızılçullu

4,5 km in südlicher Richtung (Straße nach Selçuk); nachdem man den Fluß Kemer *(Meles)* erreicht hat, links am Flußlauf entlang bis zu den 3 Aquädukten, die die Römer erbauten, um die Stadt mit Wasser zu versorgen. Byzantiner und Osmanen ließen sie später restaurieren.

Kiefernwald von Yamanlar (Küçük Yamanlar)

Vom Alsancak-Bahnhof nach Norden an der Bucht (Körfezi) entlang. Nach 12 km Karşıyaka; oberhalb des Ortes (85 m) die Kiefernwaldung, schöne Aussicht auf den Golf.

Agamemnon-Bäder (Ağamemnun Ilıcası)

11 km asphaltierte Straße. Man verläßt Izmir in westlicher Richtung, passiert den Vorort Göztepe am Südufer des Golfes, weiter in westlicher Richtung. Rechts Abzweigung nach Inciraltı, links nach den Agamemnon-Bädern. Mineralquellen (30–40°) gegen Nierenleiden und Rheumatismus, am Fuße des Berges Iki Kardaş.

Nach Urla und Çeşme

Am Südufer des Golfes entlang, 39 km Urla; 3 km außerhalb des Ortes die Mineralquellen; auf der Hauptstraße in westlicher Richtung weiter 89 km Çeşme, wegen seiner heißen Quellen (33–50°) von Rheumatismusleidenden aufgesucht. Die Bucht von Çeşme ist für den feinen Sand ihres Badestrandes berühmt (Hotels, Restaurants).

Ausflug nach Teos

25 km in westlicher Richtung bis Güzelbahçe, dann 24 km in südlicher bis Siğacik, einem malerischen Fischerort, der in eine Festung der Genuesen eingebaut ist. Von hier 3 km bis zur Stätte des antiken Teos, von dem einige Ruinen inmitten eines ausgedehnten Olivenhaines erhalten sind. Derzeit sind neue Ausgrabungen im Gange. Hübsches Sommerlokal am Meer, gute Bademöglichkeit, Umziehkabinen.

Teos wurde im 1. Jt. v. Chr. als ionische Kolonie gegründet; seit der hellenistischen Zeit ist sein Dionysos-Tempel berühmt, den der große Architekt Hermogenes baute und den Vitruv beschrieben hat. Dieser Tempel – im Westen der ehemaligen Stadt – wurde unter Hadrian vollendet, seine Reste sind freigelegt und restauriert worden. An der Südseite des Akropolis-Hügels ein kleines Theater aus dem 2. Jh. v. Chr. Seine Cavea ist noch erkennbar. Im Nordosten der Unterstadt die Ruinen eines Odeions und eines Gymnasions.

Larisa am Hermos
(Larissa)

Fährt man auf der Staatsstraße 500 von Izmir in Richtung Bergama, erreicht man nach 41 km die Brücke über den Gediz Nehri (Hermos), 2 km weiter das kleine Dorf Buruncuk. Auf dem Hügel (100 m ü. d. M.) darüber sieht man die Ruinen von Larisa und erkennt, wenn auch undeutlich, Fundamente von Gebäuden der Akropolis.

Larisa wurde von Homer, an der Seite Trojas kämpfend, erwähnt, war eine der zwölf äolischen Städte und gehörte auch zum Delisch-Attischen Seebund.

Grabungen

1902 gruben hier Johannes Boehlau und Lennart Kjellberg. Davon sind keine Aufzeichnungen mehr vorhanden.

1932/34 Nachgrabungen in Akropolis und Nekropole,

1940 Erste Publikation der Forschungen von Karl Schefold und B. Meyer-Plath. Die Terrakottafunde ihrer Grabung kamen nach Istanbul, die Steinobjekte, darunter ein ionisches Kapitell, nach Izmir.

Geschichte

Die ersten Spuren einer Siedlung gehen in das 3. Jt. v. Chr. zurück, im 2. kann man über die Töpferei hethitischen Einfluß nachweisen. Im 8. Jh. v. Chr.

eroberten Griechen den Ort, 546 v. Chr. nahm ihn Kyros der Große ein und siedelte dort ägyptische Söldner an; man sprach deshalb von dem »ägyptischen Larisa«. Im 5. Jh. v. Chr. nahm es an einem Aufstand der Ionier gegen Persien teil, wurde 429/28 v. Chr. von den Athenern zerstört und war dann wieder in persischem Besitz, bis es 334 v. Chr. von Alexander dem Großen übernommen wurde. 279 v. Chr. zerstörten es die Gallier so gründlich, daß es nicht wieder aufgebaut worden ist.

Besichtigung

Am nordwestlichen Abhang führt die gepflasterte antike Straße den Hügel hinan. Es sind untere Schichten der Umfassungsmauer erhalten, auch Fundamente von zwei alten Palastbauten, die durch einen jüngeren Palast überlagert wurden. An der höchsten Stelle der Burg stand der spätarchaische Tempel, der mit buntem Terrakottaschmuck (Friese, Giebelfiguren, Akroterien) ausgestattet war. Auf einem benachbarten Hügel sieht man die neuzeitlichen Ruinen von Windmühlen. Weiter im Osten liegt die Nekropolis; man erkennt hier noch Kreise aus groben Steinen, die ehemals niedrige Grabhügel umgaben (6. bis 5. Jh. v. Chr.).

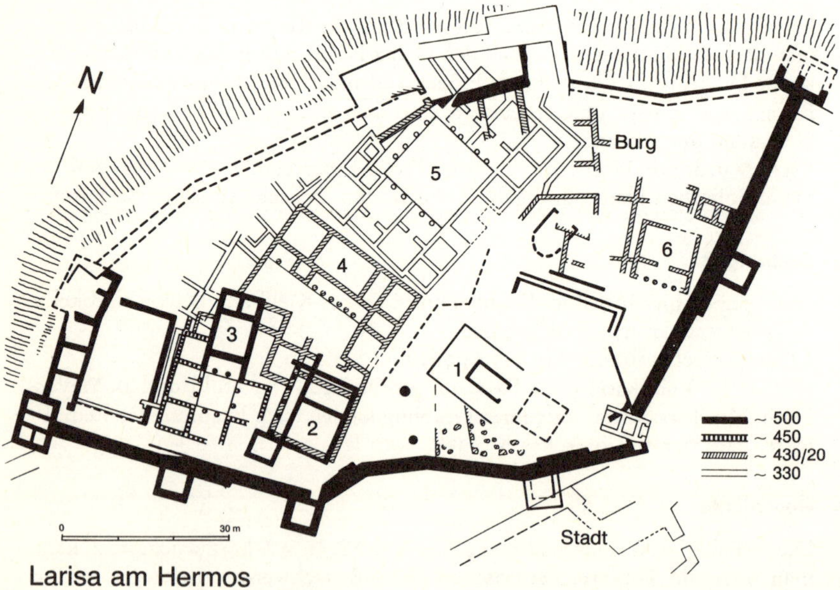

Larisa am Hermos

Phokaia
Foça (auch Eski Foça, Karafoça)

Anfahrt von Izmir auf der Straße 550 in Richtung Bergama, nach 45 km links abzweigen; nach weiteren 20 km sieht man das Monolithgrabmal Taşkule. Noch einmal 8 km nach Foça, dabei Aussicht auf die reizvolle Küstenlandschaft mit Inseln und Halbinseln.
»Phoka« bedeutet »Robbe«, das Wappentier der antiken Stadt, das auch auf ihren Münzen dargestellt ist. Die hohen Werte waren aus Elektron (Legierung von Gold und Silber). Hier wurde auch die hochbezahlte Purpurfarbe (aus einigen Schneckenarten) hergestellt, die nur für höchste Würdenträger bestimmt war. Phokaia (Phokäa) war ein weitbekannter Handelshafen und Heimat großer Seefahrer. Besondere Berühmtheit erhielt er durch die Kolonien, die von hier aus gegründet wurden, und die sich zu bedeutenden Städten entwickelten, darunter Massilia (Marseille), Atalia (Aleria auf Korsika), Ampurias, Tartessos (Cádiz), Nicaea (Nizza), Amisos (Samsun).
Der Ort Foça hat keine antiken Bauten, nur zwei Grabmäler in der Nähe, begeistert aber viele durch seine schöne Lage. Von Mai bis September kann man in den Bungalows des Club Méditerranée wohnen.

Hotel

3. Kl.: Hanedan Oteli, Büyükdeniz Sahil Caddesi 1

Ausgrabungen

Erste Grabungen 1913 und 1920 durch den Franzosen Félix Sartiaux; Von 1951 bis 1955 Untersuchungen der Türkischen Archäologischen Universität Ankara unter Ekrem Akurgal, wobei auch die Lage des Athenatempels festgestellt wurde.

Geschichte

3. Jt. v. Chr.	Keramische Funde.
8. Jh. v. Chr.	Besiedlung durch Ionier aus Teos oder Erythräa.
544 v. Chr.	Belagerung und Einnahme durch die Perser. Die reichen Kaufleute setzen sich nach Chios und Aleria auf Korsika ab.
494 v. Chr.	Bei dem ionischen Aufstand gegen die Perser stellt das geschwächte Phokäa nur 3 Schiffe.

334 v. Chr.	Alexander der Große befreit die Stadt von den Persern.
190 v. Chr.	Von den Römern belagert und geplündert. Abhängigkeit von Pergamon. Schon frühzeitig Bischofssitz.
1275	Genuesisches Kastell an der Küste, 15 km entfernt.
1379	Von den Venezianern belagert.
1402	Von den Mongolen unter Tamerlan besetzt.
1455	Die Osmanen nehmen den Ort, das Kastell und die Handelsniederlassungen ein.

Sehenswürdigkeiten

Etwa 8 km vor dem Ort steht das fast 6 m hohe Grabmal *Taşkule* (Steinturm), das bis auf eine kleine Ergänzung aus einem Felsturm herausgearbeitet ist. Der untere Block des Monoliths zeigt ein vertieftes Feld, das vielleicht eine Inschrift oder ein Relief enthielt. An der Schmalseite der Eingang zu zwei hintereinanderliegenden Räumen; der hintere ist durch eine Vertiefung im Boden als Grabkammer zu erkennen. Der obere Teil erscheint wie ein Sarkophag auf vier Stufen. Man kann an dieser Bauform sowohl lykische wie persische Elemente finden; wahrscheinlich war das Monument das Grab eines lokalen Herrschers aus dem 4. Jh. v. Chr.
Die Stadt besaß eine große Stadtmauer, die gegen die Angriffe der Perser gebaut worden war. Sie wurde von Herodot beschrieben, der auch berichtet, daß die Mittel dazu von dem König Argonthonius von Tartessos gestiftet wurden; heute sieht man davon keine Reste mehr.
Auf dem höchsten Punkt des Ortes, heute ein Schulhof, stand früher der ionische Athena-Tempel. Er war im 6. Jh. v. Chr. erbaut worden und wurde von Xenophon und Pausanias beschrieben. Die Römer errichteten hier einen Marmortempel. Bei den Grabungen fand man rund um die Schule viele Architekturfragmente und Steine mit Ornamentresten; die Funde kamen in das Museum von Izmir.
Im Süden des Ortes, in der Nähe der letzten Häuser (nicht leicht zu finden) ist ein Kammergrab in den Felsen geschlagen, ähnlich den lydischen Felsgräbern (wahrscheinlich 4. Jh. v. Chr.); es heißt heute Şeytan Hamamı (Teufelsbad).

Yeni Foça

Wenn man von Osten kommt, zweigt man 13 km vor Eski Foça bei dem Ort Bağarası rechts ab; nach 10 km Neu Foça in der Nähe des Meeres.
Der Ort war 1307 gegründet worden, weil man dort Alaun fand und abbaute. 1458 wurde er dem osmanischen Reich eingegliedert.

Manisa
(Magnesia am Sipylos)

481 000 Einwohner, Provinzhauptstadt
Von Izmir 43 km
Reizvolle und lebhafte Stadt mit interessanten islamischen Bauten; es wurde schon mit Bursa verglichen. Die antiken Reste sind unbedeutend. Der Gediz Nehri (Hermos der Antike) durchfließt hier eine sehr fruchtbare Ebene (Hyrkanische Ebene).

Geschichte

Die Reliefs in dem wenige Kilometer östlich bzw. südlich gelegenen Orten Akpınar und Karabel lassen auf frühe Beziehungen zum hethitischen Großreich schließen, damit auf die Zeit um 1400 v. Chr. Gegen 1180 v. Chr. gründeten die Magneter, – ursprünglich Griechen aus Thessalien, die aus Troja heimkehrten, – Magnesia am Sipylos. Der Ort kam später wieder unter hethitische, dann unter phrygische Herrschaft, schließlich von 670 bis 546 v. Chr. zum lydischen Reich, dessen Hauptstadt Sardes war.
546 v. Chr. wurde Magnesia von Kyros dem Großen erobert. Schriftlich erwähnt wird es zum ersten Mal von dem Historiker Hellanikos von Mytilene (496/5–411? v. Chr.). Alexander folgte den Persern und siedelte hier Veteranen an. Nach seinem Tode kam es an den Diadochen Seleukos, aber schon 190 v. Chr. wurde der Seleukide Antiochus III. von dem Römer L. Cornelius Scipio, dem sich die Pergamener angeschlossen hatten, geschlagen; damit kam die Stadt an Eumenes II. von Pergamon. In den Jahren 17 und 23 zerstörten Erdbeben große Gebiete.
1222, zur Zeit des Lateinischen Kaiserreiches (1204–1261), erhob der entmachtete byzantinische Kaiser Johannes III. Dukas Magnesia zu seiner Residenz. 1313 nahm es der Seldschuke Saruhan ein; man nannte es von da an

Manisa (und die Provinz Saruhan). 1333 erwähnt es der Geograph Ibn Battuta als eine »schöne Stadt inmitten von Weinbergen«. 1402 war es für kurze Zeit im Besitz des Mongolen Timur Lenk, 1416 hatte es unter dem Aufstand des Derwisch-Scheichs und Mystikers Bedrettin zu leiden. Schon 1390 gehörte die Stadt zum osmanischen Reich; die Sultane Murat I. und Murat II. residierten abwechselnd hier und in Bursa. Auch später wurden osmanische Prinzen gern als Statthalter der Provinz Saruhan eingesetzt. Im 18. Jh. war Manisa im Besitz der Karaosmanoğlu, die gegen die Pforte meuterten und erst 1822 von Sultan Mahmut II. abgesetzt werden konnten. 1922 haben die Griechen vor ihrem Abzug große Teile der Stadt abgebrannt.

Sehenswürdigkeiten

Muradiye Camii
Sie liegt am Fuße eines Berges, inmitten eines Gartens und gilt als die schönste Moschee Manisas. Davor sieht man den Reinigungsbrunnen. Wie üblich, gehört dazu eine Bibliothek, eine Armenküche (Imaret) und eine Medrese. Die Külliye wurde 1582–1588 von dem Architekten Ali Ağa für Murat III, als er hier Statthalter war, erbaut. Der Portikus zeigt sechs antike Säulen; die Mihrabnische ist mit glasierten Fayencen geschmückt.
1935 wurde in der Medrese ein Museum für archäologische und ethnographische Kunst eingerichtet. Als 1958 die Funde von Sardes dazukamen, erweiterte man die Räume um das ehemalige Imaret und eröffnete 1972 das Museum neu. Heute befinden sich die vorgeschichtlichen, sardischen, hellenistischen und römischen Objekte im Imaret. Es sind lydische Dachterrakotten und Fragmente von Elfenbeinschnitzereien ausgestellt, hellenistische und römische Keramik und Gläser. Von besonderem Interesse ist ein kleiner Marmorschrein mit ionischer Architektur und einer Figur der Kybele, ferner ein bronzener seldschukischer Türklopfer mit zwei antithetisch angeordneten Löwenfiguren in feiner Arbeit. In der Medrese befindet sich das Ethnographische Museum. Man kann handwerkliche Kunst und auch einen typisch türkischen Raum bewundern.

Sultan Camii

1522 in der Nähe der Muradiye als Bestandteil einer Külliye mit Bad, Armenküche und Krankenhaus erbaut; die Auftraggeberin war Ayşe Hafize, Gemahlin Selims I. und Mutter Süleymans des Prächtigen. Auch dieser Bau ist eine Portikusmoschee mit sechs antiken Säulen, einer kostbaren Gebetsnische und Kanzel.

Didyma. Apollo-Tempel ▷

Ulu Cami

Die »Große Moschee« steht auf halber Höhe des Hügels mit schönem Blick auf die Stadt; davor eine Terrasse mit Tischen und Stühlen und einer Teestube. Sie wurde von dem Seldschuken Işak Çelebi 1366 unter Verwendung antiker und byzantinischer Baureste erbaut. Auch sie ist eine Portikusmoschee mit antiken Säulen, dazu römischen und byzantinischen Kapitellen. Es gibt zwei Arkadenhöfe; im Vorhof der Reinigungsbrunnen. Die Kuppel des Gebetsraumes ruht auf einem Achteck, um das zwölf kleine Kuppelräume angeordnet sind. Der Mimbar stammt aus dem Jahr 778 H (1376/77). Es gibt ferner eine Koranschule und die Türbe mit überkuppeltem Grabraum für den Stifter.

Im Rathausviertel

Çesnigir Camii

1475 von Çesnigir Sultan Bey, einem freigelassenen Sklaven Mehmets II. erbaut.

Hatuniye Camii

Der Prinz Şelimşah ließ diese Moschee zu Ehren seiner Mutter Hüsnü Şah Hatun, der Gemahlin des Sultans Beyazıt I., errichten. Sie und weitere Familienmitglieder fanden in dem Mausoleum die letzte Ruhe.

Umgebung

Felsen der Niobe

Etwa 1 km südöstlich des Muradiye-Platzes erhebt sich ein isolierter Felsen, in dem man die versteinerte Niobe zu erkennen glaubte. Niobe, die Tochter des Tantalos, hatte zwölf Kinder und rühmte sich derer gegenüber Leto, die nur zwei hatte, Apollon und Artemis. Darauf töteten diese die zwölf Kinder, und die verzweifelte Niobe bat Zeus, sie in einen Stein zu verwandeln.

Akpınar

Man fährt 6 km ostwärts in Richtung Salihli bis zu einem großen Teich links der Straße. Von dort geht ein steiler Aufstieg (ca. 200 m) zu einer Nische in

◁ *Bodrum. Kastell St. Peter*

einer Felswand. Ein sehr verwittertes Relief zeigt eine sitzende Frau in Vorderansicht; möglicherweise stellt sie die Göttin Kybele dar. Das Relief stammt aus hethitischer Zeit, dem 2. Jt. v. Chr.

Karabel

(Eti Baba)
Nach der Besichtigung des Reliefs von Akpınar fährt man weiter in Richtung Salihli, erreicht nach 21 km die Staatsstraße 300, der man in Richtung Izmir 31 km folgt; dann links ab nach Kemalpaşa (ca. 4 km), danach noch etwa 7 km Richtung Dağkızılca. Man fährt durch einen Betonbogen; dahinter zu Fuß links bis zu einem Felsrelief, das die Einheimischen Eti Baba (»Hethiter-Vater«) nennen. Es ist das westlichste hethitische Denkmal und stammt aus der Mitte des 13. Jhs. v. Chr.
Man erkennt eine schreitende Figur mit mitraähnlicher Kopfbedeckung. In der linken Hand trägt sie einen Speer, über der rechten Schulter einen Bogen. Daneben Reste von nicht deutbaren Hieroglyphen.

Magnesia am Mäander

Anfahrt: Von Kuşadası nach Söke 24 km, dort links auf die Straße 525 Richtung Izmir; nach 17 km links die Ruinen von Magnesia, deren Hauptbestandteil der Artemistempel ist (bzw. von Izmir über Ortaklar: 99 km).

Ausgrabungen

Die Franzosen Clerget und Texier legten 1842 große Teile des Amazonenfrieses vom Artemistempel frei (heute im Louvre in Paris). Nach umfangreichen Entwässerungsarbeiten entdeckte der Deutsche Carl Human 1890–1893 die Grundmauern des Artemistempels, des Zeustempels und die Agora; die Ergebnisse dieser Grabungen wurden 1904 von J. Kohte und C. Watzinger veröffentlicht. Die Funde, meist Architekturfragmente, kamen in das Archäologische Museum von Istanbul und ins Pergamonmuseum in (Ost-)Berlin.

Geschichte

Die erste Gründung der Stadt ging von Äoliern aus, die aus Magnesia in Nordgriechenland kamen. Sie siedelten sich an der Einmündung des

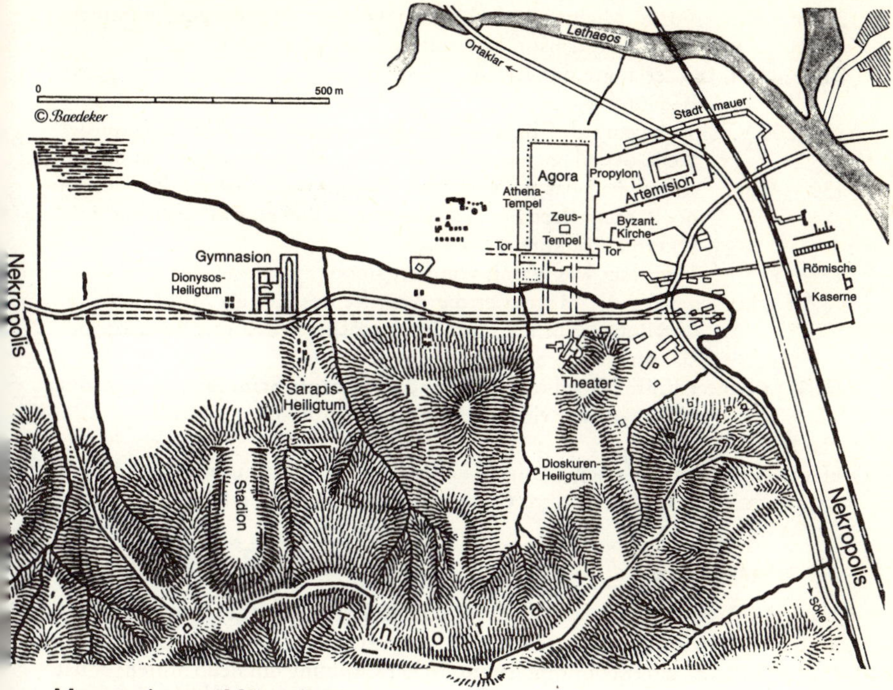

Magnesia am Mäander
(aus: Türkei. Baedekers Autoführer Verlag [3]1973)

Lethaeos in den Mäander (Büyük Menderes), also einige Kilometer südlich, an.

Im 7. Jh. v. Chr. wurde der Ort von dem Lyderkönig Gyges (680–652 v. Chr.) eingenommen, dann von den Kimmeriern zerstört, von Milet aus wieder aufgebaut und 530 v. Chr. von den Persern erobert. Der persische Satrap Oroites ließ 522 v. Chr. hier den Tyrannen von Samos, Polykrates, kreuzigen, was Schiller später zu seiner bekannten Ballade anregte. Der Perserkönig Artaxerxes beschenkte 460 v. Chr. den aus Athen verbannten Staatsmann und Feldherrn Themistokles mit Magnesia und machte ihn zum Satrap. Themistokles setzte hier 460 v. Chr. seinem Leben durch Gift ein Ende.

Um 400/398 v. Chr. veranlaßte der spartanische Feldherr Thibron die Einwohner, ihre Stadt wegen der dauernden Überschwemmungsgefahr weiter nach Norden zu verlegen. Sie stimmten zu und bauten eine neue Stadt am Fuße des Berges Thorax, wo sich schon ein Tempel der Artemis befand.

334 v. Chr. wurde Magnesia von Alexander dem Großen eingenommen, der eine Garnison hier stationierte.

Ende des 4. Jhs. erlangte das Artemisheiligtum unter den Seleukiden große Bedeutung.

Um 200 v. Chr. begann der Baumeister Hermogenes von Alabanda an der Stelle des kleinen archaischen Tempels einen neuen zu bauen.

130 v. Chr. stellte man das Kultbild der Artemis auf, obwohl der Tempel noch nicht fertig war; offenbar sollte er mit Ephesos und Didyma konkurrieren.

189–133 Magnesia war Vasall von Pergamon.

87 v. Chr. warfen die Magnesier die Angriffe des Königs Mithridates VI. von Pontos zurück. Zum Dank machte der Römer Sulla Magnesia zur Freien Stadt.

Im 3. Jh. unter Kaiser Gordion wurde es die »siebente Stadt Asiens« genannt und war bald ein bedeutender Bischofssitz.

11.–14. Jh. Verfall.

Heute sieht man nur noch wenige Ruinen und kann sich nur mit Mühe ihren ehemaligen Reichtum und ihre Größe und Bedeutung vorstellen.

Der Artemistempel

Nach Vitruv wurde der Tempel von dem Architekten Hermogenes von Alabanda erbaut, der auch selbst den Entwurf beschrieben hat. Der Bau ist 41 × 67 m groß, ein Pseudodipteros ionischer Ordnung mit neun Stufen; er hat an der Schmalseite 8, an der Längsseite 15 Säulen, die über 12 m hoch waren. Auf dem über 200 m langen Fries sind Amazonenkämpfe dargestellt. Das Giebeldreieck an der Westfront zeigt drei Scheintüren, die wahrscheinlich kultischen Bezug hatten. Die Cella wird durch sechs Säulen in drei Schiffe geteilt; dann folgt das schmale Opistodom.

Heute kann man nur noch einige Fundamente sehen, dazu einige architektonische Fragmente, z. B. ein Kapitell. Andere sind in Berlin und Istanbul zu sehen, der größte Teil des Reliefffrieses in Paris.

Der weite Platz um den Artemistempel war von Säulenhallen umgeben, ebenso die anschließende Agora (95 × 188 m), die heute aber wieder von Erde bedeckt sind. Inmitten der Agora stand der kleine, reich dekorierte Tempel des Zeus Sosipolis, vielleicht auch eine Arbeit des Baumeisters Hermogenes. Im Hang des Thorax-Berges liegt das Theater, das einst 3000 Sitzplätze hatte; nur eine Reihe ist erhalten. Weiter im Westen das Stadion; von diesem sieht man noch mehrere Sitzstufen. Auf der Höhe des Berges, im Süden, hat sich ein Teil der 2,30 m dicken Stadtmauer erhalten. Da die Lage der Nekropolen im Osten und Westen bekannt ist, kann man auf die Ausdehnung des Stadtgebietes schließen; es war von Ost nach West etwa 1300 m breit, von Nord nach Süd vermutlich 1100 m.

Birgi
(Pyrgion)

Anfahrt von Izmir: Auf der Staatsstraße 300 88 km in Richtung Salihli, rechts ab (schmale, aber befestigte Straße) 33 km; zusammen 121 km
oder von Izmir Richtung Aydın, über Torbalı und Ödemiş, ebenfalls 121 km.

In dieser abgelegenen Gegend hat sich Birgi als eine typisch türkische und überaus reizvolle Kleinstadt erhalten. Es gibt viele Häuser aus dem 18. und 19. Jh., kleine Gassen und ummauerte Gärten. Das schönste und größte Haus ist der *Çakir Ağa Konağı* aus der Mitte des 18. Jhs. Das Erdgeschoß besteht aus Bruchstein, das überkragende Obergeschoß aus Fachwerk, das in barocken Formen bemalt ist; den Abschluß bildet ein Ziegeldach. Im Erdgeschoß wohnte das Personal, die beiden Obergeschosse waren für die Familie bestimmt. Sie enthalten zahlreiche Zimmer, Hallen und offene Räume mit Sitznischen, in denen man zu allen Tageszeiten Schatten finden konnte. Die Zimmer haben Wandschränke und sind mit Landschaftsmalerei dekoriert, auch die Decken sind bemalt. Auf den einfachen Holzfußböden lagen einst Teppiche, an den Wänden rundherum Sitzkissen. Aus den Wandschränken holte man gesteppte Polster zum Schlafen. Das einzige Möbelstück ist ein rundes Tablett (tepsi), das auf ein zusammenklappbares Gestell gesetzt wird.

Ulu Cami

Die Hofmoschee wurde 1312/13 mit Wänden aus antiken Marmorblöcken gebaut. Auch die vier Reihen Säulen im Inneren sind antik; sie tragen römische Kapitelle. Diese alten Teile stammen aus dem benachbarten Hypaepa, einer Stadtruine aus lydischer Zeit, aber noch unter den Römern bedeutend. Birgi selbst besitzt, obwohl es früher schon als Pyrgion bestand, keine antiken Denkmäler. Die Freitagskanzel der Ulu Cami stammt aus dem 14. Jh. Die schönen Türflügel kamen in die Selimiye Camii in Edirne.
In der Nähe steht eine Türbe mit Kuppel, die mit Fayencemosaik geschmückt ist. In ihr sind der Emir Namet Bey und seine drei Söhne aus dem Geschlecht der Aydınoğulları bestattet.

13 km von Birgi im Nordwesten liegt der kleine See von Gölcuk (960 m) mit einem Hotel und Sommer-Chalets. Hier leben in der heißen Jahreszeit gern die Bewohner von Izmir. Der höchste Berg des Gebietes ist der Boz Dağı mit 2137 m.

Sardes
(Sart)

Die Residenz der lydischen Könige am goldreichen Fluß Pactolos.

Anfahrt

Gute Asphaltstraße Izmir – Ankara. Über Turgutlu, 94 km Sart, in 2–3 Stunden. Mit der Eisenbahn 124 km, 3–4 Stunden.

Geschichte

Die ältesten Funde reichen bis ins 14. Jh. v. Chr. zurück. Herodot erwähnt die Dynastie der »Söhne des Herkules«, deren Gründer sich nach der Zerstörung von Troja (um 1200 v. Chr.) hier angesiedelt hätten. Der Lydier Gyges (680–652 v. Chr.) ermordet den König Kandaules, heiratet dessen Frau und begründet die Dynastie der Mermnaden. Alyattes (607?–560 v. Chr.) führt 12 Jahre Krieg mit Milet, erobert Smyrna, verheiratet eine Tochter mit dem Mederkönig Astyages. Sein ältester Sohn Krösus (560–546 v. Chr.) erobert Ephesos, deponiert einen größeren Geldbetrag in Didyma. Im Kampf gegen Kyros von Persien wird er am Halys besiegt und gefangengenommen. Die große Zeit der lydischen Könige dauerte von 680–546 v. Chr. Sardes wird Residenz eines Satrapen; Endpunkt der Königsstraße Susa – Gordion – Sardes, die vielleicht streckenweise auf eine hethitische Straße zurückgeht. 499 zerstören die Epheser, in Zusammenhang mit dem ionischen Aufstand, die Stadt und das Demeter-Heiligtum. König Kyros d. J. rüstet 401 hier 10 000 Griechen aus, um seinen Bruder Artaxerxes zu stürzen. 334 nimmt Alexander der Große die Stadt ohne Kampf ein, die unter den Seleukiden eine griechische Stadt wird. 180–133 v. Chr. gehört sie zum Königreich Pergamon, kommt danach an die Römer, wird im Jahre 17 bei dem großen Erdbeben stark zerstört und unter Tiberius wieder aufgebaut. Im 4. Jh. hat die Stadt Sardes ihre größte Ausdehnung erreicht, sie wird Bischofssitz und zählt zu den »7 Kirchen Kleinasiens«. Der sassanidische Herrscher Chosroes II. plündert sie im 7. Jh.; im 14. Jh.

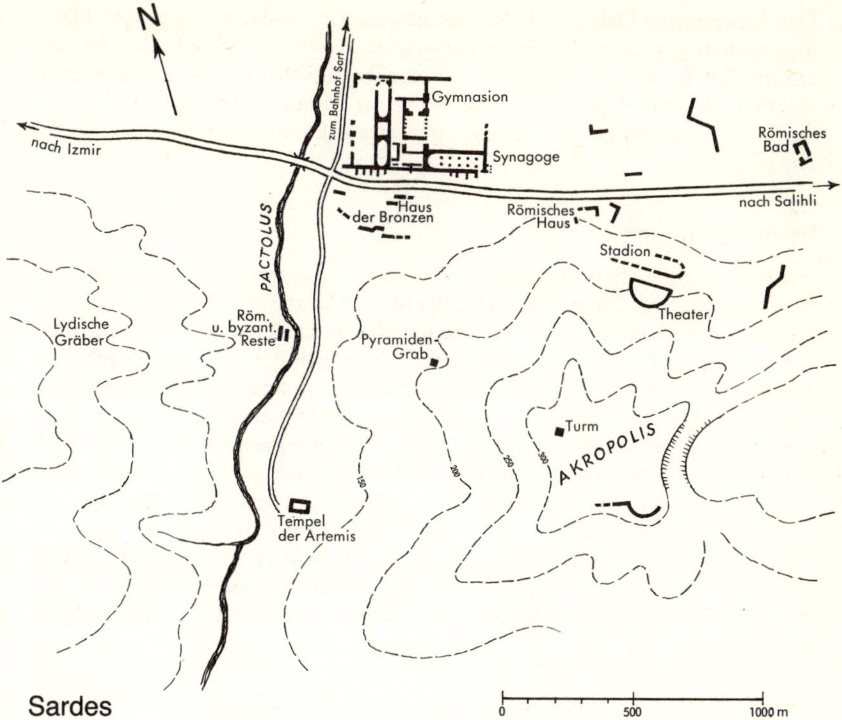

Sardes

wird sie von den Türken, 1402 von Tamerlan (Timur Lenk) eingenommen.

Ausgrabungen

1910–14 von der Princeton University, seit 1958 von den American Schools of Oriental Research mit den Universitäten Harvard und Cornell.

Legenden

Herodot berichtet, daß Kandaules dem Gyges seine schöne Gemahlin heimlich unbekleidet zeigte. Sie merkte es aber und zwang Gyges, ihren Gemahl zu töten. Plato berichtet, Gyges habe den Kandaules mit Hilfe eines unsichtbar machenden Ringes umgebracht. Hebbel schrieb 1856 das Drama »Gyges und sein Ring«.

Das Orakel von Delphi soll Krösus geweissagt haben, wenn er den Halys überschreiten würde, werde er ein großes Reich vernichten. Es war sein eigenes Reich. Nach Herodot war der sagenhafte Reichtum der Lydier sprichwörtlich; er schreibt auch die Erfindung der Münzen den Lydiern zu. Man fand bei Ausgrabungen in Ephesos Münzen aus Elektron mit dem Namen des Alyattes.

Besichtigung

Nach dem Schild »Sart Harabeleri« (Ruinen von Sardes) etwa 200 m weiter auf der Asphaltstraße. Dann links Teil einer breiten *Straße mit Marmorpflaster;* sie besaß einst Kolonnaden an beiden Seiten (die südliche Kolonnade heute unter der Asphaltdecke der modernen Straße). Nördlich dieser antiken Straße das weiträumige *Gymnasion* (3. Jh.) mit Marmorhof und die 1962 freigelegte *Synagoge* (3. Jh.) mit Mosaiken im Vestibül. Beide Anlagen großartig restauriert. Südlich der antiken Straße das sog. *»Haus der Bronzen«* (um 550); nach den liturgischen Bronzefunden als Residenz eines hohen kirchlichen Würdenträgers angesehen. Weiter südlich der *»lydische Graben«:* Ausgrabungen des lydischen Marktplatzes, der von etwa 700–300 v. Chr. bestand. Nun am Pactolos entlang bis zum Grabungshaus, dem Parkplatz, bis zur eindrucksvollen *Ruine des Artemis-Tempels.* Im 5. Jh. v. Chr. bestand hier ein Altar der Artemis. Um 300 v. Chr. wurde ein ionischer Tempel 23 × 67,52 m erbaut, dessen Ostteil für Zeus, der Westteil für Artemis bestimmt war. 175–150 v. Chr. wurde dieser Tempel zu einem Pseudodipteros (8 × 20 unkannelierte Säulen) umgebaut. Unter den Römern wurde er für den Kaiserkult bestimmt und Statuen von Antoninus Pius und Faustina aufgestellt.

Um 400 wurde im Südosten eine einschiffige Kirche mit Apsis angebaut. Unterhalb der Akropolis, am Nordhang des Berges, das *Pyramidengrab* aus persischer Zeit. Nach Xenophon wurde es für den Perser Abradates, der im Kampf fiel und seine Frau Pantheia, die sich daraufhin das Leben nahm, von Kyros erbaut. Schlecht erhalten haben sich das römische *Stadion* und das *Theater* (215 v. Chr., römischer Umbau nach dem Erdbeben von 17) für 20 000 Zuschauer.

Von der Ruine des alten Grabungshauses führt ein Fußweg in etwa 45 Minuten auf die *Akropolis.* Schöner Blick auf das Hermos-Tal und die Tmolos-Bergkette (Boz dağları). Die Ausgräber fanden griechische und lydische Scherben aus dem 7. Jh. v. Chr. Man sieht byzantinische Ruinen, 5.–7. Jh., im Norden ein *hellenistischer Marmorturm;* die Mauer aus rotem Sandstein, möglicherweise persisch. *Bin Tepe* (1000 Hügel), Totenstadt aus lydischer Zeit. Etwa 90 Tumuli für Könige und reiche Lydier. Auf schlechter, staubiger Straße von Sardes aus in etwa 2 Stunden zu erreichen, südlich des Marmara Gölü (See) gelegen. Herodot bezeichnete den größten Tumulus (heute 1,1 km Umfang, 335 m Durchmesser) als *Grab des Alyattes.* 1853 und 1962 geöffnet – schon in der Antike ausgeraubt –, heute geschlossen. Der Eingangsweg zur Grabkammer erinnert an mykenische Kammer- und Kuppelgräber.

Ephesos
(Efes)

Hinfahrt

Mit der *Eisenbahn* von Izmir (Alsancak) nach Selçuk 77 km mehrmals täglich.
In Selçuk kann man zur Besichtigung von Ephesos Taxis mieten.
Mit dem *Autobus* (Abfahrt Basmahane-Garage) von Izmir nach Selçuk 75 km gute Asphaltstraße: Sitzplätze möglichst im voraus bestellen.
Mit dem *Taxi:* man lege die Route genau fest, vereinbare die Zeitdauer (Tagesausflug) und den Gesamtpreis.
Gesellschaftsfahrten mit dem Autobus können durch die Reiseagenturen in Izmir vermittelt werden.
Einen Führer durch die Ausgrabungen vermittelt das Museum in Selçuk und die »Gesellschaft der Freunde von Ephesos« in Selçuk.
Man kann die Besichtigung von Ephesos als Tagesausflug von Izmir aus unternehmen.
Falls man im Ruinenbezirk und im Museum photographieren will, muß man jeweils ein Photobillet lösen.

Selçuk

Im Ort einige schlecht erhaltene seldschukische Bauten: Moscheen, Türben; eine restaurierte Badeanlage (Hamam), neben dem Museum.

Unterkunft

Motel: Tusan Efes Moteli, Efes Yolu 38

Restaurant

Efes Lokantası. Vor dem Eingang in die Ausgrabungen und vor dem Haus der Maria gibt es Gaststätten.

Veranstaltungen

28. 4.–5. 5.	Festspiele in Ephesos
15. 8.	Heilige Messe im Haus der Maria

Kuşadası (»Vogelinsel«)

14 km von Selçuk entfernt, gute Asphaltstraße. Reizvoller Badeort, als Standquartier geeignet.
Anlegestelle der Kreuzfahrtschiffe, Station für Besichtigungsfahrten ins Landesinnere (Ephesos, Magnesia am Mäander, Priene, Milet, Didyma), Yachthafen, Schiffahrt nach Samos u. a.
Der kleine Hafen wurde vielleicht an der Stelle eines antiken Neapolis erbaut. Unter den Byzantinern hieß der Ort Ania. Im 13. Jh., als der Hafen von Ephesos versandet war, gründeten Genuesen und Pisaner, die hier Handelsstationen besaßen, das Städtchen Scala Nuova. Aus der Zeit dieser Gründung stammt das rechtwinklige Straßennetz sowie die genuesische Festung auf der kleinen Insel (Güvercin Adası: Taubeninsel, jetzt durch einen Damm mit dem Land verbunden); sie war später Stützpunkt der Piratenbrüder Barbaros; heute ein Café. Unter den Osmanen bekam der Ort den Namen Kuş Adası (Vogelinsel). Im 17. Jh. ließ ein Öküz Mehmet Paşa die Karawanserei am Hafen errichten, ein festungsartiger Bau mit reizvollem Innenhof. Sie wurde in neuerer Zeit restauriert und beherbergt ein Hotel des Club Méditerranée. 1821 erbaute man eine Stadtmauer, von der Reste erhalten sind. Ebenso findet man noch türkische Fachwerkhäuser, besonders im Südwesten der Altstadt.

Unterkunft

1. Kl.:	Tusan Oteli, 31'ler Mevkii
2. Kl.:	Imbat Oteli, Kadınlar Denizi Mevkii
	Kismet Oteli, Akyar Mevkii
Klub:	Öküz Mehmet Paşa, Kulüp Kervansarayı Oteli
Motel:	Akdeniz Moteli, Karaova Mevkii
	Ömer Moteli, Yavansu Mevkii
Feriendorf:	Kuştur Tatil Köyü, 31'ler Plaj Mevkii

Restaurant

In den großen Hotels und Motels; gute Fischlokale an der Uferpromenade.

Veranstaltungen

27.–29. Juni Festspiele in Kuşadası

Fremdenverkehrs- und Informationsbüro

Iskele Meydanı

Fährboot zur Insel Samos

Montag, Mittwoch, Samstag (Mai bis Oktober)

Geschichte von Ephesos

Die Geschichte von Ephesos ist eng verbunden mit der Verlandung einer ehemaligen Bucht, in die der *Kaystros* (heute Küçük Menderes) mündete.

1. Siedlung
Karer und Leleger besiedelten wohl in der Mitte des 2. Jts. v. Chr. den Kastellhügel; sie verehrten die Erdmutter Kybele, deren Heiligtum sich am Westhang des Hügels befand.

2. Siedlung
Im 11. Jh. v. Chr. wird diese Siedlung von ionischen Griechen unter der Führung des Androkles in Besitz genommen und 7 Stadien (1200 m) weiter westlich an die Abhänge des Panayır Dağı verlegt. Da diese Stadt einen Hafen besaß und da hier eine alte Handelsstraße aus dem Inneren des Landes einmündete, blühte sie auf und wurde eine der 12 großen alten ionischen Städte. Mitte des 7. Jhs. v. Chr. fallen die Kimmerier ein, zerstören die Stadt und den Tempel der Kybele, der unter den Griechen zu einem Artemis-Tempel geworden war. Mitte des 6. Jhs. v. Chr. zwingt Krösus, der König von Lydien, die Bewohner, den Koressos-Hafen aufzugeben und sich in der Nähe des Artemisions anzusiedeln; er stiftet für den Tempelneubau einige Säulen.

3. Siedlung
Die Stadt nimmt um 500 v. Chr. nicht an dem großen ionischen Aufstand teil. Um 540–480 v. Chr. lebt der Philosoph Herakleitos in der Nähe des Artemisions. Alexander der Große stellt die Demokratie wieder her. Sein Angebot, den Tempel der Artemis, der 356 v. Chr. durch den Brandstifter Herostrat zerstört wurde, wieder aufzubauen, wird von den Ephesern abgelehnt.

4. Siedlung

Lysimachos verlegt die Stadt 3 km weiter westlich an den Hang des Panayır Dağı *(Pion)* und baut einen neuen Hafen am Nordabhang des Bülbül Dağı *(Koressos)*. Er nennt die Stadt nach seiner Gemahling *Arsinoeia* und umgibt sie mit einer 9 km langen und 6 m hohen Mauer; es ist die Blütezeit der Stadt, die damals 200 000 Einwohner gehabt haben soll. Um 190 v. Chr. kommt sie unter die Oberhoheit von Pergamon und wird wie Pergamon durch das Testament Attalos' III. römisch. Durch die Revolte des Mithridates von Pontus gegen die römische Herrschaft kommt es 88 v. Chr. zur sog. *Ephesischen Vesper*, bei der die Römer in der Stadt getötet werden. Unter den römischen Kaisern ist Ephesos die mächtigste Stadt der Provinz Asia. Tiberius und Hadrian versuchen – ohne Erfolg – die Verlandung des Hafens aufzuhalten.

Ephesos wird auch ein wichtiges christliches Zentrum; so weilt Paulus auf seiner dritten Reise von 55–58 (?) hier, und hier wird das Grab des Presbyters Johannes verehrt. 431 findet hier das 3. Ökumenische Konzil statt, von dem Maria zur Mutter Gottes erklärt wird und 449 die »Synode von Ephesos«. 263 verwüsten die Goten die Stadt und das Artemision, das aber wieder aufgebaut wird. 668 wird die Stadt durch den Omaiyadenkalifen Moawija zerstört, und 716/17 überwintert Maslama, der Feldherr des Kalifen Suleiman, hier, beide auf dem Zuge gegen Konstantinopel. Schon vor dem 5. Jh. scheint der kleiner Mauerring um den Pion (Panayır Dağı) errichtet worden zu sein. Offenbar wurde das Stadtgebiet wegen der Entstehung von Sümpfen an dem verlandenden Hafen damals schon verkleinert und das Wohngebiet am Bülbül Dağı verlassen.

5. Siedlung

Wegen der Versumpfung des Hafens und der damit verbundenen Fiebergefahr wird die Stadt in die Nähe des Artemisions verlegt, das inzwischen aufgegeben worden ist. Etwa im 7. Jh. ist der Kastellhügel mit der Johannes-Basilika (Neubau unter Justinian 527–565), die zum Zentrum der Stadt wird, mit einer Mauer umgeben und mit einer Zitadelle versehen. Diese Siedlung fällt Ende des 13. Jhs. in seldschukische Hände. Ruinen von 14 Moscheen und 3 Bädern bezeugen, daß es sich um einen großen Ort gehandelt hat. 1403 wird die Stadt von den Mongolen Timur Lenks geplündert; es folgen Kämpfe zwischen Seldschuken und Osmanen, bis 1426 die Stadt endgültig in die Hände der osmanischen Sultane fällt. Das heutige Selçuk ist eine neue Siedlung, die 8 km vom Meer entfernt liegt. Bis 1914 hieß sie *Ayasoluk* aus Hagios Theologos. Der Küstenort Kuşadası ist als *Scala Nuova* im 14. Jh. von Genuesen und Pisanern angelegt worden.

Geschichte der Ausgrabungen

1864 begann der Engländer M. T. Wood mit den ersten Grabungen; nach siebenjährigem Suchen fand er 1871 den Artemis-Tempel. 1904–1905 führte D. G. Hogarth Ausgrabungen am Artemision durch.
Seit 1895 übernahm das Österreichische Archäologische Institut die Forschungen in Ephesos, eine zweite Grabungsphase folgte 1926–1935, eine dritte begann 1954 unter der Leitung von F. Miltner, wobei u. a. die lysimachische Stadt freigelegt wurde. Franz Miltner starb 1959, aber 1960 nahm man die Arbeiten wieder auf und fand 1965 den langgesuchten Altar des Artemis-Tempels; außerdem wurde eine archaische Siedlung entdeckt.

Führung durch Ephesos

(Da die Entfernungen zu groß sind, muß man Rundfahrt und Rundgang kombinieren):
Man kann in Selçuk auf den Burghügel hinauffahren – bis vor die Verkaufsstände. Rechts ein mächtiges Tor, das sog. *Tor der Verfolgung* (1), das seinen Namen nach einem eingemauerten Relief mit der Darstellung einer Kampfszene aus der Achilles-Sage erhalten hat. Das Tor mit der Mauer ist im 7. Jh. entstanden und aus antiken Quadern, Säulentrommeln u. a. aufgebaut (Spolienbau). In seiner ganzen Breite wird das Hügelplateau von den Ruinen der Johannes-Basilika eingenommen, in deren südliches Querschiff der Weg mündet. In der Senke des Hügels dahinter kleine türkische Häuser, bekrönt von der noch mächtig aufragenden Zitadelle (7. Jh., im Inneren Ruinen einer byzantinischen Kirche, einer seldschukischen Moschee, mehrere Zisternen).
Die *Johannes-Basilika* (2), deren Reste wir heute sehen, wurde im 6. Jh. unter Justinian erbaut; sie war eine fünfschiffige Kirche, 130 m lang, 30 m breit, mit einem dreischiffigen Querschiff, Narthex, Exonarthex und Atrium. Sie war von 6 Kuppeln gedeckt, 4 überwölbten das Langhaus, 2 die Seitenschiffe, während die Decke des Narthex aus 5 Kuppeln bestand. Alle waren nach mittelalterlichen Quellen außen mit Blei verkleidet. Seit 1956 hat man Teile der nördlichen Langhausarkaden wieder aufgestellt; die Säulen bestehen aus schönem schwarzweiß geädertem Marmor, die Kapitelle tragen das Monogramm Justinians und Theodoras, das Ziegelmauerwerk ist modern. Auch der Marmorbelag des Chors ist modern; hinter der Bema (= erhöhter Altarraum) hat man den Sitz des Bischofs rekonstruiert.
Schon die Ausgrabungen, die 1926–1928 hier stattfanden, zeigten, daß sich an dieser Stelle eine alte Begräbnisstätte des 2. Jhs. befunden hat, deren Mittelsaal eine besondere kultische Bedeutung gehabt zu haben scheint. Im 4. Jh. wurde darüber ein quadratisches Mausoleum errichtet, das man dann später zu einer

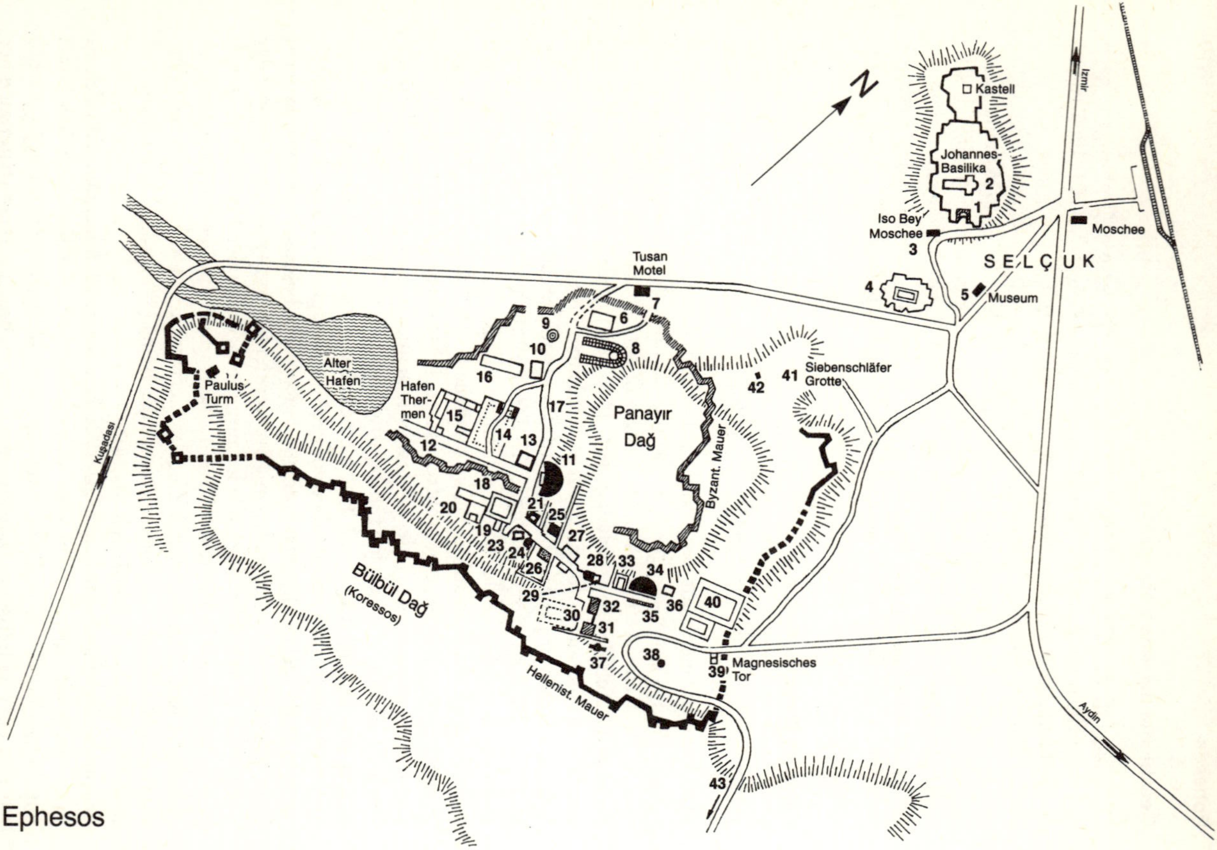
Kastell
Johannes-Basilika
Izmir
Iso Bey Moschee
Moschee
SELÇUK
Tusan Motel
Museum
Alter Hafen
Paulus Turm
Hafen Thermen
Panayır Dağ
Byzant. Mauer
Siebenschläfer Grotte
Bülbül Dağ
(Koressos)
Hellenist. Mauer
Magnesisches Tor
Kuşadası
Aydin
1
2
3
4
5
6
7
8
9
10
11
12
13
14
15
16
17
18
19
20
21
23
24
25
26
27
28
29
30
31
32
33
34
35
36
37
38
39
40
41
42
43

Ephesos

1 Tor der Verfolgung
2 Johannes-Basilika
3 Isa-Bey-Moschee
4 Artemision
5 Museum
6 Vedius-Gymnasion
7 Koressos-Tor
8 Stadion
9 Rundtempel
10 byzantinische Bäder
11 Theater
12 Arkadiane
13 Theatergymnasion
14 Verulanus-Hallen, Eingang, Parkplatz
15 Hafengymnasion und Thermen
16 Konzilskirche
17 Marmorstraße
18 Agora
19 Bibliothek des Celsus
20 Serapeum
21 Freudenhaus
22 Torbau
23 Nymphäum
24 Oktogon
25 Scholastika-Thermen, Hadrianstempel
26 Privathaus
27 Nymphäum
28 Brunnen
29 Denkmal des Memmius
30 Domitians-Tempel
31 Nymphäum
32 Pollio-Nymphäum
33 Prytaneion
34 Odeon
35 Stierkopfhalle
36 Privatbad
37 Wasserbecken
38 sog. Lukas-Grab
39 Magnesisches Tor
40 Ostgymnasion
41 Siebenschläferbezirk
42 Heiligtum der Muttergöttin
43 Haus der Maria

dreischiffige Kirche mit ebensolchem Querhaus und fünfschiffigem Chor erweiterte, bis dann unter Justinian sich das Ganze zu einer mächtigen Kuppelkirche entwickelte. Nach Zeugnissen aus dem 2. Jh., wie denen des Papias und Irenäus, soll Johannes der Evangelist nach der Zerstörung von Jerusalem und Ephesos gelebt haben und nach einem langen Leben dort begraben worden sein. Ephrem, der Patriarch von Nisibis (Edessa), berichtet, daß man an seinem Grab ein wundertätiges Parfüm auffing, und Gregor von Tours spricht von einem wundertätigen Staub, der auch im fernen Abendland seine Kraft nicht verlor. Seit dem 2. Jh. wird daher hier das Grab des Apostels Johannes verehrt. Da aber in der Heiligen Schrift wiederholt vom Märtyrertod des Apostels (nach katholischer Tradition in Rom) gesprochen wird (Mk 6,27, Mt 14,10) und auch die Grabungsfunde nur bis ins 2. Jh. zurückreichen, ist die Echtheit schwer zu beweisen, zumal auch in alten Quellen von einem Presbyter Johannes gesprochen wird, der in Kleinasien um das Jahr 100 gelebt habe und der ein »Schüler des Herrn« genannt werden konnte. Es wäre deshalb denkbar, daß dieser Johannes in Ephesos begraben wurde und daß in einer späteren Zeit sein Grab zu dem des Apostels Johannes wurde. In dem Ortsnamen Ayasoluk hat sich der alte Name Hagios Theologos (»heiliger Gottesgelehrter«) erhalten. Er kann sich aber natürlich sowohl auf den Evangelisten wie auf den Presbyter Johannes beziehen.

Seit 1956 sind Ausgrabungen im Gange; ornamentale Reste von dem alten Ambo wurden gefunden, und in einer Kapelle wurden am Nordquerschiff *3 byzantinische Fresken* (10. Jh.?) aufgedeckt, die sicher Christus und einen Bischof und möglicherweise Johannes den Evangelisten darstellen. Ferner wurden 1961 nördlich des Langhauses die Reste eines achteckigen *Baptisteriums* mit Taufbassin entdeckt und ein Metallbehälter mit liturgischen Manuskripten in archaischem Griechisch. In einem kleinen Haus in der Nähe der Kirche werden die Ausgrabungsfunde aufbewahrt.

Bis zum Jahre 1304 bestand die Basilika, dann beraubten sie die Seldschuken ihrer Schätze, sie wurde Moschee, nach dem Neubau der Isa-Bey-Moschee Kaufhaus, bis ein Erdbeben den Riesenbau einstürzen ließ und er als Steinbruch verwendet wurde. Am Rande des Hügels, vor dem Narthex der Kirche ein prachtvoller Blick auf die Mäander-Ebene: Da sehen wir den Fluß mit den trägen Windungen langsam zum Meer ziehen. Unterhalb des Hügels die Isa-Bey-Moschee, und links dahinter bei der Gruppe mit den Olivenbäumen die Stelle des Artemisions. Der Bergzug, der die linke Seite der Ebene begrenzt, ist der Bülbül Dağı (Nachtigallenberg), auf dem das sog. Sterbehaus der Maria steht.

An keiner Stelle in Ephesos werden wir so unmittelbar von der Vergänglichkeit alles Irdischen angerührt: Über 1000 Jahre waren die Menschen zum Artemision gewallfahrtet, dann wieder über 1000 Jahre zum Grabe des Johannes, und schließlich war es Allah, zu dem hier jahrhundertelang Gebete ertönten. Panta rhei – alles fließt –, diese berühmten Worte des Philosophen Heraklit, von dem wir wissen, daß er in der Nähe des Artemisions um 500 v. Chr. wohnte, scheinen zum Schicksalspruch dieser Stadt geworden zu sein.

Man kann den Bergabhang zur *Isa-Bey-Moschee* (Isa Bey stammte aus der Familie des Emirs von Aydın) (3) hinabgehen, die nach einer Inschrift am 30. 1. 1375 von dem Architekten Ali aus Damaskus vollendet wurde. Sie hat die Form des Hofheiligtums, des alten arabischen Moscheentyps. Eine große Mauer umgibt ein Rechteck von 57 × 51 m, von dem ein Drittel von einem gedeckten Saal eingenommen ist und zwei Drittel dem mit Arkaden umgebenen Hof gehören; hier einige türkische Grabsteine. Das Material wurde zum Teil aus den Ruinen geholt. Marmorplatten vom Altar des Artemisions, die schwarzen Granitsäulen, die das Dach tragen, stammen aus den Hafenthermen; neben Stalaktitenkapitellen fallen korinthische Kapitelle auf. (Ein Wärter hat den Schlüssel.) Man beachte das schöne Hauptportal und die Fenster mit Stalaktitenornamenten. In den Kuppeln Reste von grünen Fayencen. Der englische Reisende E. Faulkner sah noch 1855 die reiche Gebetsnische (Mihrab) an Ort und Stelle. Heute schmückt sie die Kestane Pazarı Camii in Izmir.

Weiter zu der Stelle, wo das *Artemision* (4) lag (Architektur-Fragmente). Die

Stelle wurde 1869 von Wood aufgefunden; nur mit Hilfe einer Dampfpumpe waren Ausgrabungen möglich, die zeigten, daß hier nacheinander fünf Tempel gestanden hatten. Von dem vierten Tempel (560–550 v. Chr.), einem mächtigen ionischen Marmorbau (55,10 × 115,14 m), der von den Architekten Chersiphron von Knossos, seinem Sohn Metagenes und Theodoros von Samos errichtet wurde, fand man noch die Weihinschrift einer von Krösus von Lydien gestifteten Säule. Am 21. Juli 356 v. Chr., in der Geburtsnacht Alexanders des Großen, soll Herostrat, der dadurch berühmt werden wollte, diesen Tempel angezündet haben. Der Neubau (334–250 v. Chr.) hatte die gleichen Maße wie der archaische Tempel, aber er lag 2,70 m höher – auf einem Podium mit 13 Stufen. Im Inneren sah man Statuen von Amazonen, die von den berühmten Künstlern Polyklet, Phidias, Kresilas u. a. stammten. Dieser Tempel zählte zu den Sieben Weltwundern. Der Altar, der westlich des Tempels lag, soll von Praxiteles geschmückt worden sein. 1895 suchten ihn Humann und Benndorf ohne Erfolg. (Er wurde 1965 gefunden.) 1904–1905 führte *D. G. Hogarth* im Auftrage des Britischen Museums neue Grabungen durch, die die Baugeschichte klarlegten. Um den Tempel wohnte einstmals eine mächtige Priesterschaft, die sich um die Kultordnung und die Verwaltung des Schatzes bekümmerte, während das Heiligtum selber nur von Jungfrauen betreten werden durfte, die das Bild der Göttin zu kleiden, zu waschen und zu salben hatten. Das Heiligtum war einer der größten Wallfahrtsorte der antiken Welt und mit Asylrecht ausgestattet. 263 wurde er durch die Goten zerstört, wieder aufgebaut, verfiel aber bald darauf zum Steinbruch.

Aus David Hogarth, Accident of an Antiquary's Life. In Leo Deuel, Das Abenteuer Archäologie, C. H. Beck Verlag München 1977:

Die Suche nach dem Schatz der Artemis (1904)

»Wir hatten bisher durch das Pflaster des eigentlichen Heiligtums noch keine Löcher geschlagen, dafür umso mehr im Peristyl; wo also hätten wir nun besser sondieren können, ob der Bau wirklich ein ›Großer Altar‹ oder ob er nicht vielleicht eher der Sockel des im Allerheiligsten aufgestellten Götterbildes gewesen war.

Die Deckplatten ließen sich leicht aus ihrer Einbettung herauslösen; ebenso bequem ging das bei der darunterliegenden Schicht. Während ich wenig interessiert auf ihre Abdrücke im Lehmmörtel blickte, bemerkte ich einige glänzende Partikel, ließ einhalten und nahm zwei oder drei auf. Es waren kleine Stücke Blattgold – abgefallen von irgendeinem vergoldeten Objekt, das selbst vernichtet war. Kaum aber wurde die erste Platte der dritten Schicht abgehoben, als von ihrer Bettung etwas Besseres als Goldfolie aufglänzte,

nämlich eine kleine Tafel aus unreinem Gold. Ein geometrisches ionisches Muster war auf ihr eingeprägt, die Ecken zeigten Durchbohrungen. Sofort dachte ich an die Göttin, deren Bild auf diesem Sockel gestanden hatte, ließ Siebe herbeiholen.
Die letzten Stunden dieses Tages vergingen wie Minuten. Jede Handvoll Lehmmörtel, die durch die Siebmaschen gespült wurde, hinterließ wertvolle Objekte – in der Hauptsache Frauenschmuck, nämlich Ohrringe jeder Art und jeden Gewichts, Perlen von zerrissenen Halsbändern, Haarnadeln sowie Schulter- und Halsbroschen. Auf einigen der letzteren waren in der feinen Granuliertechnik ionischer Goldschmiede Falken dargestellt. Mit diesen Funden tauchten einfache Geldstücke aus Elektron auf, die frisch von der Münze zu kommen schienen. Ich war hocherfreut, stand aber vor einem Rätsel. Wie kam es, daß hier, neu und unbeschädigt, feine Wertsachen versteckt lagen? Als die ersten Stücke erschienen, hielt ich sie für Zeugnisse des Verfalls, – etwa für Teile des Edelsteinschmucks der Statue, die vom Wasser durch Ritzen des Sockels herabgespült worden waren, oder auch für den Inhalt eines vermorschten Schmuckkastens. Aber diese Annahme schied aus, als sich in der folgenden Mörtellage weitere Kostbarkeiten fanden. Uns wurde klar, daß wir zufällig auf eine Art Gründungsdepot gestoßen waren – auf Objekte, die man bewußt verborgen hatte, als die ersten Bauleute Schicht auf Schicht des Sockels legten – und daß wir einen der begehrtesten Schätze vor uns hatten, nämlich Feinschmiedearbeit aus der ionischen Frühzeit des Griechentums ...«

Weiter zum neuen *Archäologischen Museum* (5) (Öffnungszeit: 9–12, 13.30–17 Uhr)
Die älteren Grabungsfunde befinden sich im Britischen Museum und in denen von Wien und Izmir.
Bedeutende Stücke sind hier: 2 Statuen der Artemis Ephesia, die 1956 im Prytaneion gefunden wurden, mykenische Vasen vom Hügel Ayasoluk, Statuen von Brunnenanlagen, Porträtbüsten aus frühchristlicher Zeit. 2 liegende Gefallene; ein Knabe, der auf einem Delphin reitet (Bronze, 2. Jh.).
Im Garten: Sarkophag und Architekturteile des Mausoleums von Belevi, Altar vom Tempel des Domitian, Kapitelle, Mosaikfußböden. Fresko, das Sokrates darstellt.
Zurück zum Auto, oder zu Fuß weiter in die Stadt des Lysimachos. Im 2. Jh. (unter Kaiser Hadrian), als die Stadt ihre höchste Blüte und damit größte Ausdehnung hatte, reichten die Häuser bis an das Artemision heran. Man fährt durch den Mauerring des 5. Jhs. (byzantinische Zeit), links die Ruinen des *Vedius-Gymnasions* (6) (in der Mitte des 2. Jhs. von P. Vedius Antoninus gebaut). An der Westseite des Hofes der sog. Fest- oder Kaisersaal, an dessen Westwand noch der Sockel für ein Standbild – vermutlich das des Kaisers

Antoninus Pius – erhalten ist. Es wurden zahlreiche Reste der Innenausstattung und des Figurenschmucks gefunden. Dahinter die Ruinen des *Koressos-Tores* (7). Jenseits der Straße, die zum Koressos-Tor führt, die Ruinen des Stadions, das so angelegt war, daß die Sitzreihen der Südseite in den Hängen des Panayır Dağı lagen. Bisher ist nur die Westfassade ausgegraben, eine Bogenstellung mit 7 Durchgängen. Das Stadion (8) wurde unter Nero (54–68) an der Stelle eines kleineren aus der lysimachischen Zeit erbaut; im 3. oder 4. Jh. fand ein Umbau statt. Es war 230 m lang und 30 m breit. Die ungewöhnliche Länge entsteht durch den abgesonderten kreisrunden Platz an seinem Ostende, der als Amphitheaterersatz für Gladiatorenspiele usw. verwendet wurde.

Man lasse nun das Auto auf dem Parkplatz bei den Verulanus-Hallen stehen (Eingang, Kasse und Läden). Öffnungszeit im Ausgrabungsbereich 9–17 Uhr. Auf der linken Seite das *Theater* (11); man steige die Sitzreihen, die in den Panayır Dağı gearbeitet sind, hinauf (sehr mühevoll, da keine Stufen mehr vorhanden sind), aber je höher man hinaufkommt, um so schöner ist die Aussicht. Zu Füßen das Theater, das mit seinen 66 Sitzreihen Platz für 25 000 Menschen bot. In seinem heutigen Zustand wurde es im 1. und 2. Jh. erbaut, an der Stelle eines hellenistischen Theaters, und unter Trajan (98–117) vollendet. Die Orchestra hat einen Durchmesser von 14,5 m. Von dem Bühnenhaus, das einstmals 18 m hoch war, sind noch bedeutende Ruinen vorhanden; es hatte eine im barocken Sinne reich verzierte Fassade, die erst im 3. Jh. vollendet wurde. In diesem Theater erscholl der Ruf: »Groß ist die Artemis der Epheser!«, den die durch den Goldschmied Demetrius aufgewiegelten Massen Paulus und seinen Anhängern entgegenschleuderten, bis sie durch den Bürgermeister (Grammateus) beruhigt werden konnten.

Man kann von dem obersten Rang des Theaters noch etwa 40 m weiter hinaufsteigen bis zu einem hellenistischen Marmorrundbau (Aussicht). Aber auch schon von dem Theater hat man den Blick auf die *Arkadiane* (12), die berühmteste Prunkstraße des Altertums, die vom Theater 500 m lang und 11 m breit bis zum großen Hafen führte. Ihren Namen hat sie nach Kaiser Arkadius erhalten (395–408), der sie erneuern ließ. An den beiden Seiten war sie von 5 m breiten Säulengängen begleitet, hinter denen Läden lagen, und nach einer Inschrift war sie durch Öllampen beleuchtet. In der Straßenmitte sieht man noch die Abflußöffnungen der Kloaken. Unmittelbar gegenüber das *Theatergymnasium* (13); nun die Arkadiane entlang, die mit Marmor gepflaster ist, vorbei an den *Verulanus-Hallen* (14) bis zu dem *Hafengymnasium und Thermen* (15), der sicher romantischsten Ruine von Ephesos. Ein kleiner Pfad, der dicht verwachsen ist, führt rechts von der Arkadiane ab; an einer Stelle, wo man schon meint, wegen des Grundwassers nicht weitergehen zu können, erreicht man einen Hof, um den mehrere Zimmer gruppiert sind, wovon die

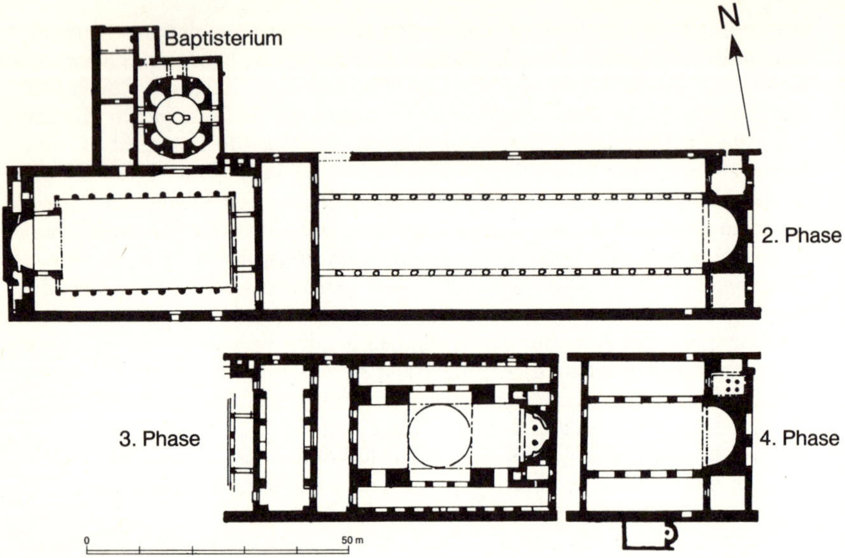

Ephesos, Marienkirche

Nord- und Südräume besonders prunkvoll ausgestattet waren. Von dem Hof konnte man direkt in die Verulanus-Hallen eintreten, die ihren Namen nach dem Oberpriester der Provinz Asia zur Zeit Hadrians, der eine Marmorverkleidung stiftete, erhalten haben. Beide Bauten scheinen in der Zeit des frühen Kaiserreiches entstanden zu sein. Der Westabschluß der Arkadiane war ein monumentales Hafentor mit 3 Öffnungen im ionischen Stil.
Man läßt nun die Hafenthermen zu seiner Rechten liegen und geht einen kleinen Pfad entlang, der zur Marien-Kirche oder *Konzilskirche* (16) führt, in der das Konzil von 431 und die Synode von 449 stattfanden. Die komplizierte Baugeschichte wurde durch Ausgrabungen geklärt. In einem römischen Bau des 2. Jhs. von 260 m Länge (vielleicht Handelsbörse?) wurde im 4. Jh. eine dreischiffige Säulenbasilika mit Narthex und Atrium eingebaut. Nördlich des Atriums das Baptisterium mit dem Taufbecken in der Mitte. Im 7. Jh. wurde der westliche Teil in eine Kuppelkirche umgebaut, der östliche blieb als sehr verkürzte Basilika bestehen, verfiel aber später. Auch die Kuppelkirche stürzte bei einem Erdbeben ein. Auf den Grundmauern der alten Ostbasilika entstand in mittelbyzantinischer Zeit eine neue kleine dreischiffige Basilika. Eine Inschrift bewies, daß sich an dieser Stelle die Marien-Kirche von Ephesos befand. Von hier führt ein Fußweg zum Theatergymnasion und damit auf die

Marmorstraße (17), eine sorgfältig mit Marmor gepflasterte Straße, Stiftung eines gewissen Eutropios (5. Jh.?), an deren Seiten ehemals Denkmale standen. Rechts die *Agora* (18), ein Viereck von 110 m Länge, an allen Seiten von zweischiffigen Säulenhallen umgeben, hinter denen Kaufläden lagen; in der Mitte des Platzes standen eine Sonnen- und Wasseruhr, ein Horologion, von dem nur Fundamente gefunden wurden. Diese Agora-Anlage entstand bei einem Umbau des 3. Jhs. Sie ist freigelegt, man hat zahlreiche Säulen wieder aufgerichtet; am Ostende der Südseite gut erhaltene Läden. An allen Seiten standen einst Statuen (Philosophen, Athleten, Rhetoriker u. a.), von denen sich Basen mit Inschriften erhalten haben, die für die Stadtgeschichte von großer Bedeutung sind.
Die Marmorstraße mündet nun auf einen Platz, der rechts von der Celsus-Bibliothek begrenzt wird. Durch das *Tor des Mazaeus und Mithridates,* rechts von der Bibliothek, dessen Mauern noch 3½ m aufrecht stehen, trat man in die Agora. Eine Inschrift besagt, daß das Tor im Jahre 4 oder 3 v. Chr. von zwei Freigelassenen gestiftet wurde. Die Agora besaß noch zwei Tore, im Norden und im Westen.
Die *Bibliothek des Celsus* (19) wurde von dem römischen Senator und Konsul Tiberius Julius Celsus (gest. um 114) gestiftet oder von seinem Sohn Tiberius Julius Aquila, Suffektkonsul 110, über dem Grab des Vaters errichtet. Wie aus den erhaltenen Inschriften hervorgeht, vollendeten die Erben um 135 den Bau. Eine 21 m breite Freitreppe mit 9 Stufen führt in den Bibliotheksraum. Die einstöckige Fassade mit vorgezogenen Säulen und Nischen, in denen sich Figuren befanden, wurde 1975 aus Originalstücken wieder aufgebaut. Der Bibliotheksraum ist 16,50 m lang, 11 m breit, 16 m hoch, einst mit einer Holzdecke. Wände und Boden waren mit buntem Marmor getäfelt und mit Reliefs geschmückt, von denen etliche im kunsthistorischen Museum in Wien zu sehen sind; in der Mitte gegenüber dem Haupteingang eine Nische, in der sich die Statue der Athena befand, und schrankartige Nischen, in drei Etagen je 10 nebeneinander geordnet, die etwa 12 000 Buchrollen aufnehmen konnten. Der Saal steht auf gewölbten Substruktionen und war mit einem schützenden Umgang versehen. An der Nordseite führt eine Tür (Schlüssel und Lampe hat der Wächter) in die Grabkammer unter der Apsis. Dort ein Sarkophag, der mit Putten geschmückt ist, die einen schweren Kranz tragen. Links und rechts von der Treppe die Bauinschrift in griechischer und lateinischer Sprache. Die Grabkammer wurde 1904 entdeckt. Mitte des 3. Jhs. brannte die Bibliothek ab (Erdbeben?, Goteneinfälle?). Die erhaltene Fassade wurde um 400 als Rückwand für eine Brunnenanlage benutzt.
Weiter an der Südseite der Agora entlang bis zum *Serapeum* (20), einem Tempel aus dem 2. Jh., der früher als Claudius-Tempel bezeichnet wurde, doch die Funde (Inschrift mit Riten eines ägyptischen Kultes, Fragmente einer

Statue aus ägyptischem Granit) sprechen eindeutig jetzt für ein Seraphis-Heiligtum, das später in eine christliche Kirche verwandelt wurde. Vor der 29 m breiten Tempelfront erhoben sich acht gewaltige Säulen mit korinthischen Kapitellen; davor ein Platz, der mit einem Portikus umgeben war. Der Bau wurde wahrscheinlich durch ein Erdbeben zerstört.
Zurück zu dem Platz vor der Celsus-Bibliothek, und jetzt die Hauptstraße weiter, die hier einen Knick macht und nun teilweise mit Hilfe von Treppenanlagen zwischen den Bergzügen des Panayır Dağı und des Bülbül Dağı zum Magnesischen Tor hinaufführt. In diesem Teil der Stadt haben seit 1954 die Ausgrabungen des Österreichischen Archäologischen Institutes unter der Leitung von *F. Miltner* begonnen. Nach Möglichkeit richtete man die Architekturteile im Anschluß an die Grabungen wieder auf.
Von dem Platz vor der Celsus-Bibliothek führt an der Nordostecke eine Rampe auf die Marmorstraße zurück. Gegenüber auf der Theaterseite der Eingang ins *Freudenhaus* (21), in dem ein kleiner Mosaikfußboden mit 4 Frauenköpfen von Interesse ist. Die Marmorstraße macht einen Knick nach Osten. Am Beginn rechts ein *Torbau* (22), von dem an Ort und Stelle nur Postamente und Pfeilerbasen zu sehen sind und der wohl in der Hadrianszeit errichtet wurde. Es folgt ein *Nymphäum* (23), daneben ein *Oktogon* (24), beide wohl ursprünglich Heroengräber aus der frühen Kaiserzeit; die Umformung in ein Nymphäum erfolgte in christlicher Zeit.
Auf der linken Seite, an den Hängen des Panayır Dağı, eine kleine Seitenstraße, die einstmals überwölbt war, anschließend der Bezirk der *Scholastika-Thermen* (25), die ihren Namen nach der Christin Scholastika haben, die sie um 400 restaurieren ließ; der ursprüngliche Bau stammt wohl aus dem 2. Jh. Links von der Treppe, die zu den Thermen hinaufführt, ein kleiner Tempel, den nach einer aufgefundenen Inschrift ein P. Quintilius dem vergöttlichten Hadrian errichten ließ. Man hat die aufgefundenen Architekturreste wieder aufgerichtet, die Säulen, die Tür mit dem Tympanon, das ein Fabelwesen zeigt: ein weiblicher Oberkörper, der in Blütenranken endet, eine den Grotesken des 16. Jhs. ähnliche Form. Die Friese der Vorhalle (Originale im Museum von Selçuk) stammen aus dem 3. Jh. und von einer spätantiken Restauration. Etwas höher liegend der weiträumige Thermenbezirk, in dem der Raum mit dem runden Wasserbecken, der große Hypokaustensaal, von Interesse sind. An der Ostseite der Thermen steigt eine gepflasterte Straße, die sog. »Badstraße« zum Panayır Dağı hinan – man hat sie etwa 200 m freigelegt. Gegenüber dem Hadrians-Tempel wurde ein mehrstöckiges *Privathaus* (26) freigelegt, das im 1. Jh. erbaut wurde. Im 3. Geschoß fand sich ein Peristylhof aus der frühen Kaiserzeit mit einem schönen Brunnenbecken. Man achte ferner auf die gewinkelte Treppe um einen Lichthof, das komplizierte Wasserleitungssystem, die Freskenreste. Das Fresko mit der Darstellung des sitzenden Sokrates

(1. Jh.) – heute im Archäologischen Museum von Selçuk – wurde in diesem Haus gefunden.

Wenn man die Hauptstraße (»Kuretenstraße« oder Embolos) weiter bergan steigt, folgt auf der linken Seite ein *Nymphäum* (27), das 114 dem Kaiser Trajan geweiht wurde – man hat Architekturteile wieder aufgerichtet. Die Statuen, die den Brunnen einst schmückten, sind im Archäologischen Museum von Selçuk aufgestellt. Bevor die Straße den Platz vor dem Domitians-Tempel erreicht, an der linken Seite ein *Brunnen* (28), und Fundamente eines *Denkmals* (29), das C. Memmius, einem Enkel des Sulla, gewidmet war. An der Südseite des großen Platzes der *Domitian-Tempel* (30), der nach dem Sturz des Kaisers in einen Vespasian-Tempel umbenannt und in den in byzantinischer Zeit eine Zisterne eingebaut wurde.

Von der 5 m hohen Sitzstatue Domitians wurden der Kopf und ein Unterarm gefunden, heute im Museum in Izmir. Der Altar ist im Archäologischen Museum von Selçuk zu sehen. An der Ostseite des Tempelbezirks fand sich ein *Nymphäum* (31), das im Jahre 80 von dem Prokonsul C. Laecanius Bassus gestiftet wurde. Von hier wieder nach Norden: an der Ostseite des großen Platzes das sog. *Pollio-Nymphäum* (32), das nach einer Inschrift von C. Ofillius Proculus im Jahre 93 erbaut wurde; es war mit Statuen geschmückt. Man folgt der Hauptstraße nach Osten, links das *Prytaneion* (33), das religiöse und politische Zentrum der Stadt, das ein Hestia-Heiligtum, Sitzungs- und Empfangsräume umfaßte. Hier fand man 1956 die überlebensgroße Statue der Artemis (jetzt im Museum von Selçuk), wie auch diejenige, die sich heute im Museum von Izmir befindet. Die wiederaufgerichteten Säulen des Hauptsaals stammen von einem Umbau aus dem 3. Jh. Nach Osten schließt das sog. *Odeion* (Buleuterion, 34) an, das auch das Kleine Theater genannt wird. Es ist gut erhalten, scheint ursprünglich überdacht gewesen zu sein und bot etwa 1400 Personen Platz. Nach einer Inschrift wurde es Mitte des 2. Jhs. von P. Vedus Antonius und seiner Gemahlin Flavia Papiana gestiftet. Vor der Südseite des Theaters erhob sich eine ionische Halle, nach den eigenartigen Stierkopfkapitellen auch die *Stierkopfhalle* (35) genannt. Die Ruine östlich vom Odeion stellte ein *Privatbad* (36) dar, das teilweise im 2. Jh. erbaut wurde. Gegenüber dem Odeion – etwa 100 m entfernt – ein monumentales Wasserbecken (37), in dem das Wasser des Marnas-Flusses gesammelt wurde. Auf derselben Seite weiter östlich das sog. *Lukas-Grab* (38), ein antiker Rundbau von 16 m Durchmesser – vielleicht ein Heroengrab, das in christlicher Zeit zu einer Kirche umgebaut wurde. Wood schloß nach einem Stierrelief unter einem Kreuz, das sich am Eingang zur Krypta fand, auf das Grab des Evangelisten Lukas. Das Kreuz hat sich aber als eine spätere Zutat erwiesen.

Auf dem Wege zum Magnesischen Tor wurde 1927 ein großer Straßenbrunnen mit einem 22 m langen Wasserbecken aufgedeckt. Beim Bau der Autostraße zur Panaya Kapulu ist er leider wieder verschüttet worden. Das *Magnesische Tor* (39) besaß drei Durchgänge und scheint im 1. Jh. n. Chr. errichtet worden zu sein. Nördlich dieses Tores das *Ostgymnasion* (40), das in seiner Anlage mit dem Vedius-Gymnasion eng verwandt ist und deshalb sicher auch im 2. Jh. entstand. Es enthielt Bäder, Räume für Sport wie für Vorträge, hier fand man zahlreiche Mädchenstatuen; deshalb erhielt es auch den Namen »Mädchengymnasion«. Vom Magnesischen Tor führte die Stoa des Damianos (2. Jh.), eine überdachte Straße, auf das Artemision zu.

Wir können jetzt von hier um den Panayır Dağı zum Siebenschläfer-Bezirk (ca. 1 km) gehen und dann weiter nach Selçuk, oder die große Straße nach rechts abbiegen und hinauf auf den Bülbül Dağı, zum Haus der Maria, gehen. (Von Selçuk bis zum Hause der Maria, Panaya Kapulu, 8 km, vom Ostgymnasion etwa 5,5 km). Will man mit dem Auto fahren, so muß man nun zum Parkplatz denselben Weg zurücklegen, und dann die 1927 gebaute Straße hinauf auf den Bülbül Dağı fahren.

Man mache halt bei dem *Siebenschläfer-Bezirk* (41), einer alten Begräbnisstätte, an die sich die Legende der sieben frommen Jünglinge heftet, die zur Zeit der Christenverfolgung unter dem Kaiser Decius (249–251) sich in eine Grotte flüchteten und dort einschliefen, nachdem ihre Verfolger die Grotte vermauert hatten. Erst unter dem christlichen Kaiser Theodosius II. (408–450) erwachten sie wieder. Nach ihrem Tode soll man über der Grotte, in der sie bestattet wurden, eine Kirche gebaut haben, die bis in das Mittelalter von Pilgern besucht wurde. Bei den Ausgrabungen 1926/28 fand man an der Stelle eine alte Friedhofsanlage mit einer Kirche in der Mitte. In einer Art Katakombe unter der Kirche fand man an den Wänden der 10 Kammern Inschriften – zum Teil noch aus dem 15. Jh. – mit den Namen der Siebenschläfer in den verschiedensten Sprachen. Die Legende scheint im 5. Jh. in Ephesos heimisch geworden und auf einen älteren Friedhof angewendet worden zu sein.

Nun die Autostraße weiter bis zu ihrem Endpunkt, einem großen Parkplatz; von hier ein schöner Blick auf die Ebene und den Ayasoluk-Hügel, Restaurant. Dann links in ein kleines Tal zu einer kleinen Kapelle, dem sog. Haus der Maria *(Panaya Kapulu)* (43). Es wurde 1891 von den Lazaristen in Izmir entdeckt, und zwar auf die Visionen der Katharina Emmerich hin (gestorben 1835), die Clemens von Brentano aufzeichnete und die das Haus als Sterbeort der Maria erwähnen. Die kleine Kirche scheint aus byzantinischer Zeit zu stammen und gehörte wohl zu einem Kloster, von dem noch Ruinen vorhanden sind; sie wird von mittelalterlichen Pilgern dann als Einsiedelei erwähnt.

Wenn wir Visionen überhaupt als Beweis ansehen wollen, so stehen dagegen diejenige der heiligen Brigitta von Schweden, der Maria d' Agreda, der Therese Neumann, die Jerusalem als Sterbeort der Maria angeben. Der wohl beste Kenner der Situation in Jerusalem, der hl. Epiphanios, schreibt um 340: »Die

Schrift hat vollständige Stille über das Ende der Maria bewahrt.« Dafür, daß Maria in Ephesos gelebt hat, gibt es keinen Beweis, denn erst ein syrisches Zeugnis aus dem 13. Jh. erwähnt die Stadt als Sterbeort der Maria, und die früheste Nachricht, daß Johannes und Maria gemeinsam in Ephesos gelebt hätten, stammt von dem Syrer Moše bar Kepha aus dem 10. Jh.
Schon vor dem Ersten Weltkrieg, wie auch heute, ist diese Stätte ein vielbesuchter Wallfahrtsort geworden.

Laodikeia
(Ladik)

Anfahrt: Von Selçuk auf der Straße 320 nach Osten über Aydın nach Denizli; dort links ab in Richtung Dinar, nach 4 km wieder links Richtung Pamukkale. Kurz nach der Abzweigung das Ruinengebiet von Laodikeia. Es liegt auf einem Hügel zwischen den Bächen Gümüş Çay (Asopos) und Ellez (Kasparos), zwei Zuflüssen des Lykos.
Die ehemalige Stadt war durch Wollhandel und Tuchherstellung wohlhabend. Sie besaß ein großes jüdisches Viertel. Sehr früh wurde hier eine christliche Gemeinde gegründet. Als Johannes aufgefordert wurde, die Schrift seiner Offenbarung an die »Sieben Gemeinden in Asien« zu senden, wird auch die von Laodicea aufgezählt (Off. 1,11), allerdings als letzte, und sie erhält die strafenden Worte: »Weil du aber lau bist und weder kalt noch warm, werde ich dich ausspeien aus meinem Munde« (Off. 3,16). Auch Paulus schrieb einen Brief für die Gemeinde in Laodicea (Kol. 4,15f.).

Geschichte

Antiochos II. Theos von Syrien (261–246 v. Chr.) ließ die Stadt an der Stelle einer älteren Siedlung anlegen, die zuerst Diospolis, später Rhoas hieß. Er gab ihr den Namen seiner Schwester und Gemahlin Laodikeia. Obwohl er von dieser zwei Söhne hatte, heiratete er außerdem Berenike, die Tochter des Ptolemaios, die ihm Süd-Syrien als Morgengabe einbrachte. Laodikeia fürchtete, daß ihre Söhne in der Thronfolge zurückgesetzt würden und ließ Antiochos 246 v. Chr. in Ephesos ermorden. Darauf folgten ihm seine Söhne Seleukos II. Kallinikos (246–226 v. Chr.) und Antiochos Hierax, die gemeinsam regierten. Berenike und ihr Sohn wurden ebenfalls ermordet.
188 v. Chr. kam Laodikeia an das pergamenische Reich und später mit diesem an Rom. Ein Erdbeben zur Zeit Neros zerstörte im Jahre 60 viele Gebäude der

Stadt. 1094 wurde sie von den Seldschuken erobert, 1097 von den Byzantinern. Im hohen Mittelalter verlor sie immer mehr an Bedeutung und wurde am Ende des 13. Jhs. zugunsten von Denizli von den Bewohnern verlassen. Die Türken gaben dem Ort den Namen Ladik. Heute sind nur noch wenige Ruinen zu sehen, denn beim Bau der in der Nähe vorbeiführenden Bahnlinie Izmir-Dinar wurden die Steine der Ruinen verwendet.

Besichtigung

Vom Dorf Gonçali führt ein Weg über das Hochplateau. Rechts der Hügel, auf dem sich die kleine Akropolis erhob; heute findet man nur noch geringe Mauerreste. Links des Weges das Kleine Theater, dessen obere Stufen noch gut erhalten sind. 250 m nach Südosten das Große Theater mit gut erhaltenen Sitzreihen aber zusammengebrochenem Bühnenhaus. Nun auf dem Weg weiter bis zum Stadion, das mit einer Länge von 380 m auffällig groß ist; es wurde im 1. Jh. erbaut und im Jahr 79 unter Vespasian eingeweiht. Südlich davon sieht man die Ruine eines Gymnasions (bzw. möglicherweise einer Thermenanlage). Nahebei die Reste des Odeions und ein noch 5 m hoher Wasserturm.

Pamukkale
(Hierapolis)

Badeort inmitten einer Ruinenstadt, die auf einer 160 m hohen, 2,7 km langen und 300 m breiten Travertinterrasse über dem Tal des Lykos, einem Nebenfluß des kleinen Mäander, liegt. Wenn man von Denizli hinauffährt, erscheinen die Kalksinterterrassen wie eine Vision und rechtfertigen den Namen »Baumwollsschloß«.

Eisenbahn

Istanbul – Denizli, täglich in jeder Richtung. Im Sommer Anschluß stündlich mit dem Minibus nach Pamukkale, – auch Taxis Ankara – Denizli, täglich in jeder Richtung. Izmir – Denizli, mit der Eisenbahn möglich, aber günstigere Verbindung mit dem Omnibus, der stündlich an der Central-Garage in Izmir abfährt.

Auto

Gute Asphaltstraße Izmir – Pamukkale 270 km. Tagesausflug mit Taxi oder Dolmuş von Pamukkale nach Aphrodisias möglich.

Hotels

Motel 1. Klasse: Tusan Moteli, Pamukkale 1
Koru Moteli
Esot Moteli
3. Klasse: Pamukkale Moteli, auch Camping.

Türkisches Fremdenverkehrs- und Informationsamt

Denizli, Istasyon Caddesi Gar Binası.

Einkäufe

Teppiche, Kelims (Ali Sergi), Kunstgewerbe, Andenken.

Geschichte

Eumenes II. von Pergamon soll nach dem Sieg über die Seleukiden bei Magnesia am Sipylos hier eine Militärstation angelegt haben. Der Name *Hierapolis* könnte auf eine Beziehung zu Pergamon schließen lassen, denn Hiera war die Gemahlin von Telephos, des legendären Gründers von Pergamon. 133 v. Chr. wurden die Römer für lange Zeit die Herren der Stadt, bis auf die Jahre 88–84 v. Chr., als Mithridates VI. von Pontos sich in ihren Besitz setzte. Große Schäden richteten die Erdbeben von 60 v. Chr. und 17 an. Im 2. und 3. Jh. erreichte die Stadt ihre größte Blüte und Ausdehnung. Der Erzieher des Kaisers Caracalla, der Sophist Antipater, stammte aus Hierapolis. Die Stadt war reich durch den Handel und die Wollindustrie, die Bevölkerung bestand aus Griechen und Römern sowie einer großen Judenkolonie. Unter den Byzantinern wurde sie im 6. Jh. Bischofssitz und Metropolis, bis 1354 ein fürchterliches Erdbeben die Stadt zerstörte und sie nicht mehr aufgebaut wurde.
1887 machte eine deutsche Expedition unter Humann Aufmessungen, ab 1957 finden Ausgrabungen und Restaurierungen unter der Leitung italienischer Archäologen statt.

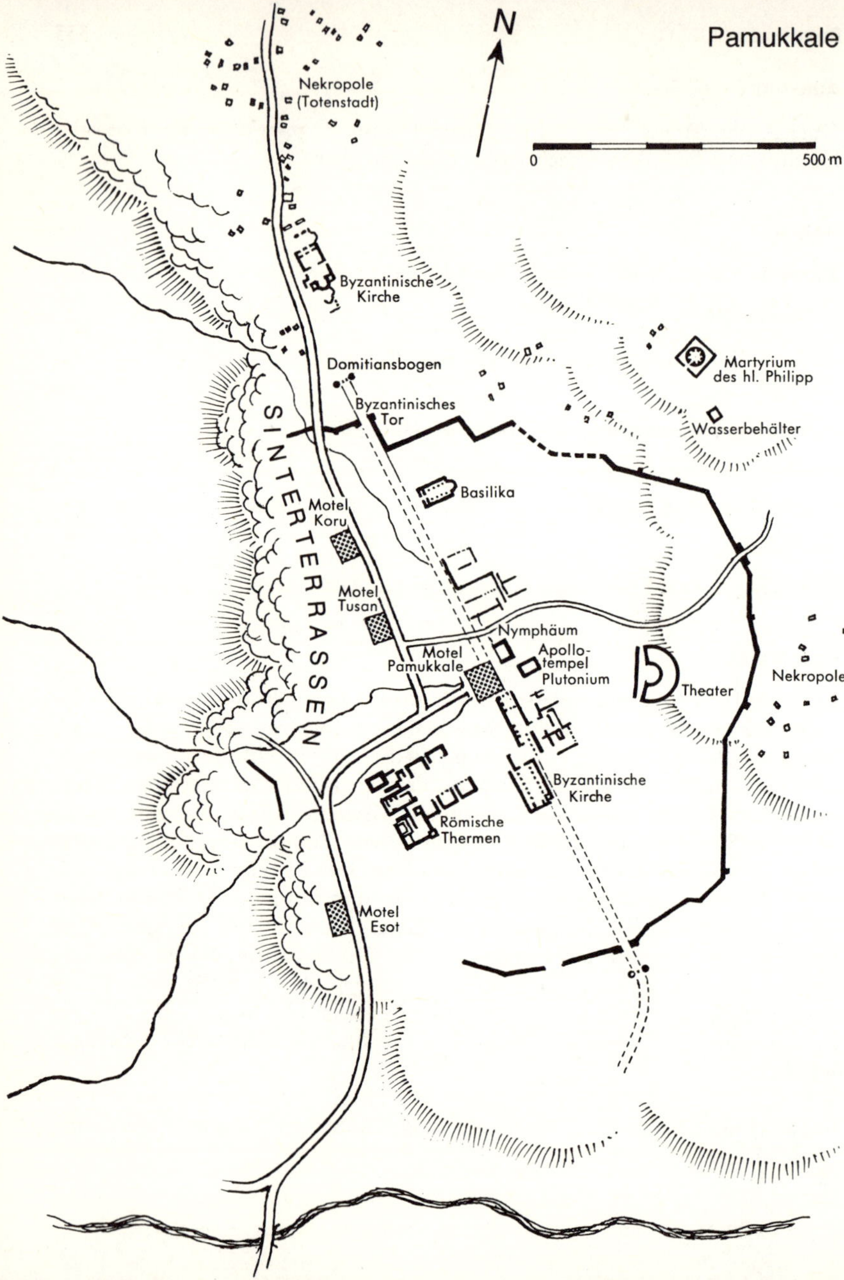
Pamukkale
N
0
500 m
Nekropole
(Totenstadt)
Byzantinische
Kirche
Domitiansbogen
Byzantinisches
Tor
Martyrium
des hl. Philipp
Wasserbehälter
Basilika
SINTERTERRASSEN
Motel
Koru
Motel
Tusan
Nymphäum
Motel
Pamukkale
Apollo-
tempel
Plutonium
Theater
Nekropole
Byzantinische
Kirche
Römische
Thermen
Motel
Esot

Besichtigung

Vom Tusan Moteli, das bei den Resten der *byzantinischen Festung* (11./12. Jh.) erbaut wurde, geht man in Richtung auf die Berge zu. Rechts die *großen Thermen* (heute Depotmuseum) mit der Palästra. Dahinter die Ruine der dreischiffigen *Bischofskirche* (6. Jh.), die mit der *Hauptquelle* (heute Schwimmbad des Pamukkale Moteli) durch eine Säulenstraße verbunden war. Hinter dem Schwimmbad die Ruinen des *Nymphäums* (4. Jh.) und des Tempels des Apoll Hierapolis (3. Jh.). Das Plutonium, das die Alten als Eingang in die Unterwelt ansahen, hat sich nicht erhalten. Wir wissen durch Berichte von Touristen, daß Tiere den Aufenthalt in der Höhle durch die Kohlensäure nicht überlebten, daß Priester aber, die die Verhältnisse kannten, unbeschadet hinein- und hinausgehen konnten. Die Fahrstraße führt am *Theater* vorbei (2. Jh., gut erhalten, restauriert); man fand am Podium Reliefs, die den Zug des Dionysos darstellen (heute Depotmusum). Am Berg die Ruine des *Martyriums des Philippus,* der im Jahre 80 den Märtyrertod gefunden haben soll (Zentralbau, 5. Jh.).
Vom Pamukkale Moteli nach Norden: Ruine einer *dreischiffigen Kirche* mit Synthronon in der Hauptapsis. Bei einer späteren Verkleinerung wurde das südliche Seitenschiff zur Kirche umgebaut. Vom *byzantinischen Nordtor* geht eine Säulenstraße, die 81–96 unter Domitian umgebaut wurde, bis zum *Bogen des Domitian,* den Julius Frontius, Proconsul von Asia, 82/83 erbauen ließ. Nach Norden anschließend eine eindrucksvolle Backsteinruine, um 200 als *Therme* erbaut, seit dem 5. Jh. als Kirche verwendet.
Die Stadt ist von Nekropolen umgeben, sehr gut erhalten die *Nord-Nekropole,* die sich 2 km lang an der antiken Straße nach Ephesos hinzieht mit einer Fülle verschiedenartiger Grabmaltypen: Tumuli, Sarkophage, Hausgräber u. a.

Nysa in Karien

Anfahrt mit dem Auto von Izmir aus: Izmir – Sultanhisar 154 km, links ab 2 km nach *Nysa,* Parkplatz vor dem Theater.

Geschichte

Nysa in Karien wurde von dem Seleukiden Antiochos I. Soter in der ersten Hälfte des 3. Jh. v. Chr. gegründet. Der Geograph Strabo (geb. 64/63 v. Chr., gest. 23 oder 26) aus Amasya wuchs in Nysa auf und war Schüler des

berühmten Redners und Philosophen Aristodemos. Er berichtet, daß in alter Zeit drei Brüder aus Sparta, Athymbros, Athymbrados und Hydrelos hier drei Städte gegründet haben, die später vereinigt wurden. Tatsächlich gibt es Urkunden, nach denen die Könige Seleukos und Antiochos an »die Athymbrier« Mitteilungen gerichtet haben. Der Ort wurde etwa 200 v. Chr. nach einer Dame aus dem Seleukidengeschlecht »Nysa« genannt. Bedeutung gewann er erst unter den Römern: man errichtete kommunale Repräsentationsbauten und gab eigenes Geld aus. Nach der Eroberung durch Timur Lenk wurde die Stadt aber aufgegeben; statt ihrer entstand in der Ebene Sultanhisar.
Der Ruinenbezirk wurde 1917–1919 auf Veranlassung von Wiegand durch Walter von Diest untersucht und aufgenommen.

Besichtigung

Nysa liegt in einer Schlucht am Hang des Berges Mesogius. Ein Bergbach teilt die Stadt in der Mitte. Um das Theater und das Amphitheater bauen zu können, überbaute man den Bach mit zwei Gewölben und gewann den großen Theatervorplatz. Der Flußtunnel ist 115 m lang und 9 m breit. Die Cavea (Zuschauerraum) ist in gutem Zustand, die Sitzreihen sind heute von Ölbäumen gesäumt. Rechts führt ein kleiner Weg zu dem südöstlich gelegenen Gerontikon (Versammlungsraum der Älteren) mit halbkreisförmigen Stufensitzen vom Ende des 2. Jhs., weiter nach Osten zur Agora (89 × 105 m) mit Resten eines Säulenumgangs. Auf der Westseite des Bergbachs die Bibliothek mit Nischen für Bücherrollen, Reste eines Gymnasions, eine byzantinische Kirche, die auf den Grundmauern einer Badeanlage steht und Teilstücke einer byzantinischen Mauer.
5 km westlich von Nysa (bei dem Dorf Savatli) befand sich einst nach Strabos Bericht das antike Acharaka: Ein Tempel neben einer Grotte, die Pluto und Persephone geweiht waren. In der Grotte hielten Kranke ihren Inkubationsschlaf und atmeten wohl die Dünste des schwefelhaltigen Flußwassers ein. Das Plutonium ist bis auf ein paar Säulenreste verschwunden.

Aphrodisias in Karien

548 m ü. M., am Fuß des Baba Dağ.
Von Sultanhisar auf der E 24 nach Osten weiter; nach 169 km (von Izmir) Nazilli; nach 15 km Abzweigung rechts über Karacasu nach Geyre (41 km). In der Nähe des Parkplatzes ein kleines Restaurant.

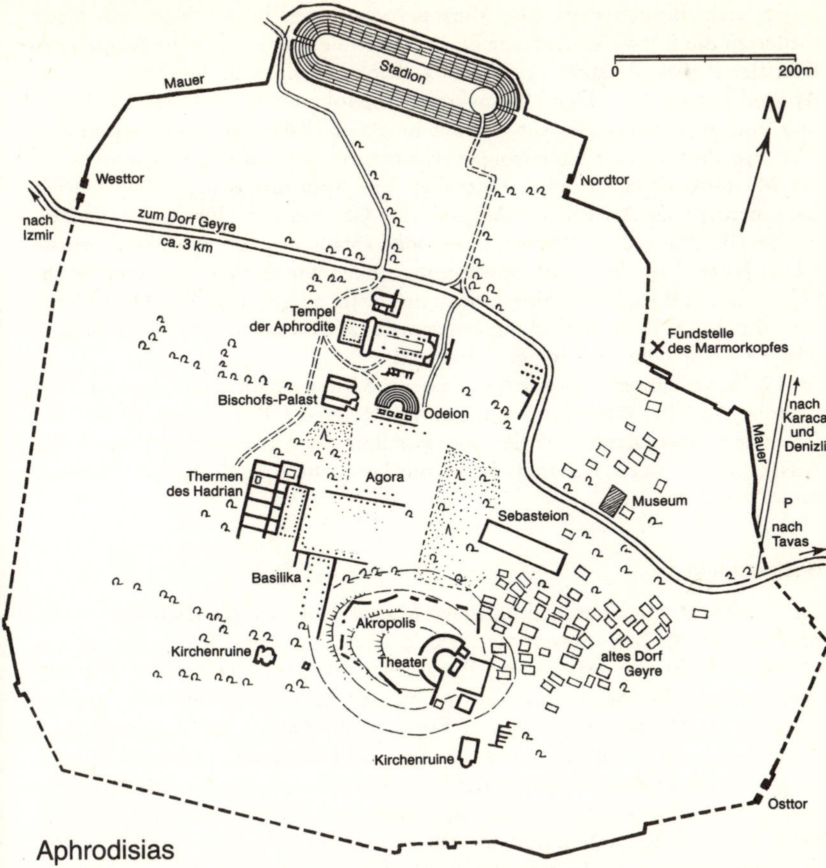

Aphrodisias

Geschichte

Aus der Frühzeit des Aphrodite-Heiligtums wissen wir wenig. In jüngster Zeit hat man Fundamentreste aus dem 7. Jh. v. Chr. gefunden. Stephanus von Byzantium erwähnt, daß die erste Siedlung *Ninoë* (von *Nin* oder *Nina* = Ishtar, Astarte) geheißen habe. Im 1. Jh. v. Chr. kam der Name *Aphrodisias* auf. 82 v. Chr. soll das Delphische Orakel Sulla veranlaßt haben, der Aphrodite von Aphrodisias eine goldene Krone und eine Doppelaxt zu schenken. Das Heiligtum besaß Asylrecht und die großen, wohl auch ausschweifenden Feste

zogen viele Besucher an. Die Marmorvorkommen in der Nähe der Stadt förderten die Entwicklung einer Bildhauerschule; wir kennen die Namen der Künstler Papias, Aristeas, Antonianos, Koblanos, die sich den Zusatznamen Aphrodisieus gaben. Der Pharmakologe Xenokrates (1. Jh.), der die Magie und Volksmedizin einbezieht, stammt aus Aphrodisias; ebenso Chariton (um 200), von dem sich ein Liebesroman erhalten hat, der sich als einziger nicht auf ein Mysterienritual bezieht. Alexander von Aphrodisias (2.–3. Jh.) schrieb Kommentare zu Aristoteles. Als sich das Christentum durchgesetzt hatte, erhielt die Stadt den Namen *Stavropolis* (Stadt des Kreuzes) und wurde Bischofssitz. Von den Seldschuken und Türken wurde sie im 12. und 13. Jh. geplündert und nach dem Sieg Timurs im 15. Jh. aufgegeben. Das Dorf *Geyre* entstand im 18. Jh. in den Trümmern, wurde 1956 durch ein Erdbeben zerstört und 3 km vor dem Westtor neu angelegt.
Im 19. Jh. besuchten Laborde und Texier die Ruinenstadt. Der Franzose Paul Gaudin fand bei den Ausgrabungen von 1905 die Römischen Bäder, der Italiener Giulio Jacopi 1937 den sog. Portikus des Tiberius. Seit 1961 finden Ausgrabungen unter Kenan T. Erim, mit Unterstützung der Universität von New York, statt.

Besichtigung

Die Stadt war von einer 3,5 km langen Mauer umzogen, die nach 350 – wohl nach dem Erdbeben – restauriert wurde. Man betritt das Ruinengebiet von Osten, erreicht den malerischen Platz des alten Geyre, rechts das *Museum* (siehe unten) für die bei den Ausgrabungen gefundenen Statuen, Reliefs, Inschriften, Mosaikfußböden u. a. Dann in nordwestlicher Richtung zum *Propylon* (Torbau) des Temenos des Aphrodite-Tempels (späthellenistisch). Es haben sich 14 ionische Säulen der Peristasis erhalten. Der *Tempel* wurde im 5. Jh. zur Kirche umgebaut, man fügte eine Apsis (Reste eines Synthronons) mit Prothesis und Diakonikon im Osten an, dazu ein Atrium im Westen, von dem drei Türen in die dreischiffige Kirche führten. 1962 fand man als Füllmaterial einer byzantinischen Mauer Teile einer einst 3 m hohen Kultstatue der Aphrodite.
Südlich des Tempels wurde 1962 das gut erhaltene *Odeion* (oder Buleuterion, Versammlungsraum der Ältesten) freigelegt. Die Cavea hat einen Durchmesser von 15 m, die untere Zone der Marmorstufen ist gut erhalten. Daneben der *Bischofspalast* aus dem 5. Jh., des öfteren umgebaut. Hier wurden die blauen Marmorsäulen des Peristyls wieder aufgerichtet; Reste eines Mosaikfußbodens. Weiter nach Norden das *Stadion*, 262 m × 59 m, 22 Sitzstufen, darüber ein Wandelgang, an beiden Seiten halbkreisförmig geschlossen. Dieses Stadion, das etwa 30 000 Zuschauer aufnehmen konnte, ist wegen seines vorzügli-

Konya. Mevlana Tekke

chen Erhaltungszustandes der großartigste Eindruck in Aphrodisias. Nach Süden zu geringe Reste des Gymnasions.
Wieder zurück zum Odeion bzw. Buleuterion: Südlich davon die noch nicht freigelegte Agora, ein ehemals von ionischen Säulenreihen umgebener Marktplatz (205 × 120 m). Weiter nach Süden schließt sich ein weiterer Platz an, der ebenfalls von Säulen umstellt war; einige stehen noch. Nach einer Inschrift wird er als »Portikus des Tiberius« bezeichnet (1937 freigelegt). Westlich kommt man zu den Thermen des Hadrian. Man erkennt noch (von Norden nach Süden) ein Atrium, Badehallen mit Vorräumen und das Caldarium mit zwei Badebecken, Reste von Fußböden und Verkleidungen aus Marmor (ornamentale Stücke im Archäologischen Museum in Istanbul).
Im Südosten die Grundmauern (100 × 30 m) einer bedeutenden römischen Basilika aus dem 3. Jh. Sie war dreischiffig, und die Seitenschiffe hatten zwei Geschosse; die Brüstungen waren mit Halbsäulen und Marmorreliefs geschmückt. Im Süden die Ruine einer kleinen byzantinischen Kirche (6. Jh.) mit kleeblattförmigem Grundriß inmitten eines byzantinischen Friedhofs, die als Martyrion bezeichnet wird. Östlich davon fand man 1966 Gräber aus der frühen Bronzezeit (3000–2000 v. Chr.).
Östlich des Akropolis-Hügels (15 m) das verhältnismäßig gut erhaltene *Theater* aus hellenistischer Zeit, später mehrfach umgebaut. An der nördlichen Bühnenwand sind Inschriften angebracht, die an die Stadt Aphrodisias gerichteten sogenannten Kaiserbriefe (z. Zt. mit Brettern abgedeckt). Östlich davon erstreckt sich ein gepflasterter Vorplatz mit einem Brunnen und südlich davon sieht man die Reste einer kleinen Badeanlage, der sogenannten Theaterthermen. Noch weiter südlich die Mauern einer weiteren Kirche, einer dreischiffigen Basilika; einige Kapitelle sind erhalten.
In nördlicher Richtung weitergehend stößt man auf das erst in neuerer Zeit ausgegrabene sogenannte Sebasteion (1. Jh.) (Sebasteia: Spiele zu Ehren des Kaisers). Ein langer Platz (12 × 80 m), an den Seiten von ehemals dreigeschossigen Hallen begrenzt. Die drei Geschosse waren durch Säulenstellungen in den drei Ordnungen unterschieden und mit figürlichen Reliefs geschmückt. Im Osten wurde der Bau durch einen Podiumtempel mit großer Freitreppe abgeschlossen.

Museum

Vor dem Eingang römische Marmorsarkophage (1.–2. Jh.), ebenso im Hof. Im 1. Raum Kaiserporträts, dann ein Fries vom »Zoilosdenkmal« (1. Jh. v. Chr.), in weiteren Räumen Kleinobjekte aus frühester Zeit und Statuen bis zur spätantiken Zeit, darunter unvollendete Figuren aus einer Bildhauerwerkstatt (1969 südlich des Aphroditetempels gefunden). Im letzten Saal eine

◁ *Alanya. Blick von der Festung auf die moderne Stadt*

Kopie des Standbildes der Aphrodite, der Kultfigur des Tempels, und Statuen von Priestern und Bürgern.

Von Aphrodisias zurück auf die Hauptstraße, 55 km bis Denizli (253 000 Einwohner, Baumwollindustrie; bedingt durch die häufigen Erdbeben keine Sehenswürdigkeiten). Abzweigung nach Pamukkale, 20 km.

Priene

Von Izmir nach Söke 117 km, dann 15 km auf der Straße nach Doğanbey bis Güllübahçe; 2 km nach Güllübahçe zweigt rechts eine Straße ab, die den Hang hinauf bis zum Parkplatz vor dem oberen Osttor von Priene führt.

Geschichte

Die Lage des ältesten Priene, einer der 12 Kolonien ionischer Griechen des 11. Jhs. v. Chr. im westlichen Kleinasien und möglicherweise auf alteinheimischer Siedlungsgrundlage, ist zwar nicht genau bekannt, wird aber unfern dem späteren gegenüber von Milet (s. unten) am Nordrand des Latmischen Meerbusens vermutet. Südlich des Marmor-Höhenzuges Samsun Dağı (*Mykale* der Antike) griff in einer Tiefenlinie dieser Meeresgolf im Altertum viel tiefer in das Land ein, bevor der *Mäandros* (jetzt Büyük Menderes), der Hauptfluß der sich weit nach Osten fortsetzenden Bruchzone, auf eigenen gewaltigen Schwemmlandmassen seine Mündung erheblich gegen die Ägäis vorverlegt hat.

Dieses frühe Priene wird im 7. Jh. v. Chr. von dem lydischen König Ardys erobert und erlebt eine besondere Blüte unter der Herrschaft des Bias, eines der Sieben Weisen des Altertums im 6. Jh. v. Chr. Um 545 wird es von dem Perserkönig Kyros erobert und nimmt an der ionischen Revolte mit der Schlacht bei der Insel Lade (494 v. Chr.) mit 12 Schiffen teil. Dann scheint die Stadt wegen der fortschreitenden Verlandung des Flußlaufes aufgegeben worden zu sein.

Um 330 v. Chr. gründet Alexander der Große die neue Stadt als Rivalin von Milet, und der König selbst weiht den Haupttempel der Athena ein. Diese Stadt scheint keinen direkten Hafen mehr gehabt zu haben, wohl einen kleinen entfernt liegenden, *Naulochos,* im Südwesten und eine große Lagune. In ihrer Blütezeit dürfte sie etwa 5000 Einwohner gehabt haben.

Im Jahre 277 v. Chr. vernichten die Galater die neue Stadt, und im 2. Jh.

v. Chr. wird sie in die Diadochenkämpfe mit hineingezogen: Ariarathes V. von Kappadokien hatte seinen Bruder Orophernes entthront. Dieser aber hatte 400 Talente im Tempel der Athena deponiert, und die Stadt weigerte sich, dieses Geld Ariarathes herauszugeben. Nur der Einspruch der Römer rettete sie vor der Vernichtung durch Ariarathes und den mit ihm verbündeten Attalos II. von Pergamon. Priene wird 129 v. Chr. in die Provinz Asia des römischen Reiches eingegliedert, 88–84 ist sie von dem König Mithridates VI. von Pontus besetzt, unter Augustus hat sie 4000 Einwohner und gilt als eine wohlhabende Landstadt. Durch die immer stärker werdende Verlandung der Mäander-Ebene verliert sie jegliche Verbindung zum Meer und damit auch ihre wirtschaftliche Bedeutung. Wohl ist sie noch in byzantinischer Zeit Bischofsstadt, und mehrere Kirchenruinen, die Anlage eines Kastells und die Erweiterung der Akropolis zeugen von einer gewissen Bedeutung. Im 14. Jh. gelangt sie in türkischen Besitz, hieß nun *Samsun Kalesi* und verödete bald danach. Heute liegt sie 15 km vom Meer entfernt. 1895–1898 wurde das Stadtgebiet unter der Leitung von *Carl Humann* und *Th. Wiegand* freigelegt.

Rundgang

Die Unterstadt ist terrassenförmig angelegt mit einem Höhenunterschied von etwa 100 m (Demeter-Tempel 130 m, Stadion 36 m). Eine 2 m dicke Mauer mit Türmen umgab Unterstadt und Akropolis, zu der ein Treppenpfad hinaufführt. Die Mauer hat zwei Tore im Osten und ein Tor im Westen. Die Unterstadt ist nach dem sog. Hippodamischen Plan angelegt: Sechs lange Straßen von 4,44–7,36 m Breite führen in Ostwestrichtung den Abhang entlang, sie werden von höchstens 16 Querstraßen rechtwinklig gekreuzt, die 3,50 m breit sind. Dieses Straßensystem teilt die Stadt in etwa 80 gleichgroße Rechtecke; die Straßen sind aus Breccia, ohne Bürgersteig und Kanalisation. Vom Nordosttor auf der sog. Theaterstraße zum *Theater* (2. Hälfte 4. Jh. v. Chr., Bühne um 150 v. Chr. und 2. Jh. n. Chr.), das gut erhalten ist (einst Plätze für 6500 Zuschauer). Die Orchestra hat einen Durchmesser von 18,65 m, in ihr stehen fünf Marmorsessel mit Löwenfüßen und Efeuranken, die für Würdenträger bestimmt waren, und ein Altar. Das Bühnengebäude *(Skene)* ist 18 m lang und wurde in der römischen Zeit mit einer reich gegliederten Bühnenwand versehen.
Südlich vom Theater die Ruinen der *byzantinischen Hauptkirche* (5. Jh.), die auf einem Teil des Gebietes des Oberen Gymnasions errichtet wurde. Westlich daneben eine kleine *byzantinische Zentralkirche,* von der man die vier Apsiden erkennen kann. In der Nähe führt ein Pfad zum *Heiligtum der Demeter und Kore* (3. Jh. v. Chr.), einem sehr zerstörten Tempel in Antis, an dem sich links eine Opfergrube befindet. Die Ausgräber fanden hier eine Marmorstatue der

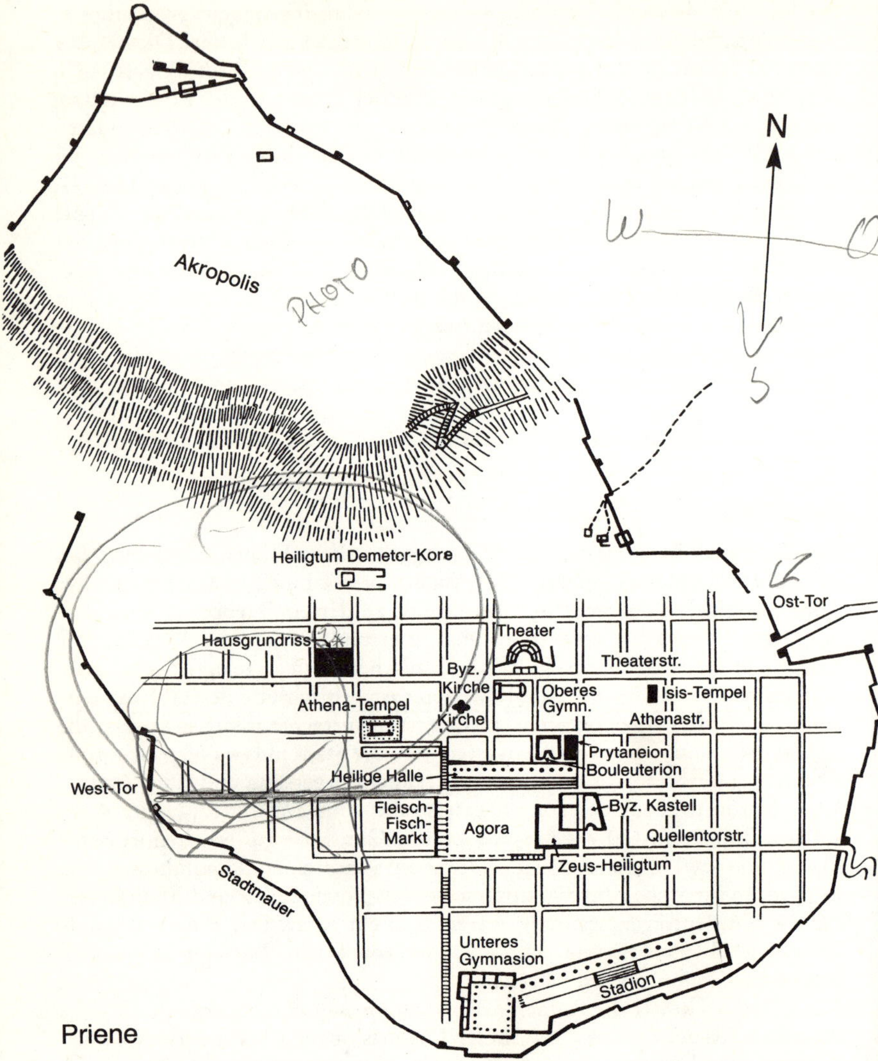

Priene

Priesterin Niceso, die einst auf einem Sockel vor dem Osteingang stand (heute Berlin, Museum).
Unterhalb der Haupttempel der Stadt, der *Athena-Tempel* (um 334 und 150

v. Chr.), dessen große Fundamentterasse aus den Ruinen herausragt. Er wurde von dem Architekten Pytheos erbaut, der auch das Mausoleum in Halikarnass errichtete, ursprünglich ein ionischer Peripteros mit 6:11 Säulen (5 wieder aufgerichtet). Das Kultbild der Athena, das 7 m hoch war und der Athena des Phidias im Parthenon nachgebildet war, wurde von dem Prinzen Orophernes von Kappadokien im 2. Jh. v. Chr. gestiftet. Auch die Südstoa, die ihre Säulenfassade zum Tal hin öffnete, stammt aus dieser Zeit, während das Propyleion im 1. Jh. v. Chr. erbaut wurde. Als man 1870 in dem Fundament dieses Kultbildes Silbermünzen und Goldplättchen fand, setzte eine starke »Schatzsuche« im Ruinengebiet durch die Bewohner der Umgebung ein. Nordwestlich vom Athena-Tempel, in Richtung des Westtors, einige *Häuserruinen.* Dieser Haustypus, der aus dem 4. Jh. v. Chr. stammt, ist bestimmend für das römische Wohnhaus gewesen. Durch das schwierige Gelände sind die Grundrisse sehr verschieden, typisch aber ist der rechteckige Hof im Inneren, von dem nach Süden eine geöffnete Vorhalle abgeht, die zu einem Saal führt. Manchmal ist ein Obergeschoß vorhanden, zu dem eine Treppe führt. Zur Straße weist eine Wand, die mit Rustikaquadern verziert ist und manchmal kleine, hochgelegene Fenster hat, so daß man nicht hineinschauen konnte. Die Wände haben sich teilweise in Mannshöhe erhalten. Im Inneren waren die Wände mit Marmorstuck oder Architekturstuck verziert, eine Art, die man den 1. Pompejanischen Stil genannt hat. Man hat Reste von Bronzebetten, Bronzelampen, Marmortischen, Terrakottafigürchen gefunden, ähnlich den späteren Einrichtungsgegenständen in Pompeji.

Am Westtor das *Heiligtum der Kybele,* eine Opfergrube, die von Mauern umschlossen ist und wo man viele Votivfigürchen der Göttin fand. Nun die Straße in östlicher Richtung zur *Heiligen Halle,* die vielleicht von Ariarathes VI. von Kappadokien 130 v. Chr. gestiftet wurde, ein Portikus, 116 m lang, 12,50 m breit, in zwei Schiffe geteilt. Dorische Außen- und ionische Innensäulen. An der Nordwand 15 kleine Zimmer für städtische Beamte; in dem einen eine Rundbank für den Kult des Augustus und der Roma. An den Schmalseiten der Halle Weihinschriften. Im Osten das *Buleuterion,* ein Sitzungssaal, der um 150 v. Chr. errichtet wurde und 640 Personen Platz bot, ein eigenartiger und gut erhaltener Bau. Um den viereckigen Platz, auf dem sich in der Mitte ein Altar mit Reliefs von Ochsenschädeln und Lorbeerblättern befindet, steigen an drei Seiten die Sitzreihen theaterförmig in 20 Rängen an. Der Raum war ursprünglich mit einem hölzernen Dach und Ziegeln gedeckt. Daneben im Osten das *Prytaneion,* ein Hof, in dem sich ein Marmortisch und ein Wasserbassin befindet, und Nebengebäude; in einem davon ein gemauerter Herd, vielleicht für das Ewige Feuer. Von der Heiligen Halle hinab zur *Agora* (Markt, 3. Jh. v. Chr.), einem Platz von 2 Blöcken von 35,40 × 75,63 m, getrennt durch eine Mittelstraße, umgeben von Hallen im dorischen Stil. Auf dem Platz Basen, die einstmals Statuen trugen. Nordwestlich der Agora der kleine Fleisch- und Fischmarkt, östlich der *Zeus-Tempel,* der im 3. Jh. v. Chr. als Prostylos errichtet wurde; über einem Teil des Tempelgebietes wurde das *byzantinische Kastell* (mit kleiner Kapelle) im 13. Jh. erbaut. Von der Agora führt eine Treppe zum *Unteren Gymnasion* (um 130 v. Chr.) hinab; um einen viereckigen Hof waren Säulenreihen errichtet, von denen die Nordreihe verdoppelt war. Hinter dieser nördlichen doppelten Säulenreihe das *Ephebion* (vor dem Eingang 2 ionische Säulen, an die Wände haben die Studenten ihre Namen geschrieben), westlich ein Saal mit Waschbecken, in die das Wasser aus fein gearbeiteten Löwenköpfen fiel, an den Wänden Sgraffiti. An das Gymnasion nach Osten anschließend das *Stadion* (um 130 v. Chr.), 191 m lang, wegen des Geländes nur im Norden Sitzreihen, die mit einer Säulenhalle abschlossen. Die Ablaufschranken sind noch gut sichtbar.

Aufstieg zur Zitadelle

Oberhalb des Nordosttors an einem Turm der Stadtmauer die Sammelbassins für die Wasserleitung (4. Jh. v. Chr.), dann weiter nordwestlich zur Burgtreppe, vorbei an Resten eines kleinen Tempels und Nischen im Felsen, die für Votivfiguren bestimmt waren. Auf der Zitadelle selbst haben sich fast keine Ruinen erhalten. In der byzantinischen Zeit wurde die Stadtmauer nach Norden in der Form eines Dreiecks erweitert. Großartiger Blick auf die Mäander-Ebene.

Panionion

Anfahrt von Izmir: Auf der Staatsstraße 500 über Selçuk nach Söke (116 km), dann in Richtung Kuşadası 9 km, links ab über Davutlar (diese Straße führt zum Nationalpark an der Nordflanke des Samsun Dağı, in der Antike Mykale-Gebirge) bis zu dem Ort Güzelçamli am Meer (Variante über Selçuk-Kuşadasi), zusammen etwa 134 km.
Das Panionion war das religiöse Zentrum des ionischen Städtebundes, der um 800 v. Chr. gegründet wurde und 12 Städte vereinigte: Ephesos, Samos, Priene, Milet, Phokaia, Klazomenai, Erythrai, Chios, Teos, Lebedos, Kolophon. Im 3. Jh. v. Chr. kam als 13. Stadt Smyrna dazu. Das Heiligtum lag im Gebiet von Priene, aber jenseits des Mykale-Gebirges und gegenüber der Insel Samos.
Am Westrand von Güzelçamli, 500 m südlich der Straße liegen am Fuße eines

Hügels (oben steht eine Telegraphenstange) die Reste von Sitzreihen eines theaterähnlichen Baus aus dem 4. Jh. v. Chr. Hier trafen sich die Vertreter der Städte unter dem Vorsitz eines Priesters aus Priene. Diskutiert wurden vorwiegend religiöse Fragen, nur selten kam es zu politischen Entscheidungen. Auf dem Hügel stand einst ein Heiligtum des Poseidon Helikonios; davon sind nur sehr geringe Grundmauerreste erhalten.

Milet

Anfahrt

Den Ausflug am besten von Selçuk oder Kuşadası aus unternehmen. Kuşadası – Söke 23 km. In Söke rechts ab, man durchquert die Mäander-Ebene, links der Bafa-See, nach 27 km Brücke über den Büyük Menderes, nach 2 km rechts ab nach Akköy (7 km), großer Marktflecken. In Akköy wieder rechts ab, nach 3 km Balat, kleines Dorf in den Ruinen von Milet. Man hält auf dem Parkplatz vor dem Großen Theater.

Ausgrabungen

Die ersten Grabungen wurden 1899–1913 nach umfangreichen Entwässerungsarbeiten vom Berliner Museum unter der Leitung von Th. Wiegand durchgeführt; nach dem Zweiten Weltkrieg wurde 1955 wieder mit neuen Forschungen von deutscher Seite begonnen. Carl Weickert untersuchte 1938 und 1955/57 die nahe Umgebung des Athenatempels und fand u. a. Reste einer Stadtmauer und älteste Keramik (8.–6. Jh. v. Chr.).
Die Südseite der breiten Mäander-Tiefenzone und des Latmischen Meerbusens (s. oben Priene) wird hier von der Halbinsel von Didyma gebildet, einer bis 235 m hohen Sandsteinscholle, die zum Fluß hin steil abbricht. An ihrer Nordwestecke ragen noch isolierte Vorhügel auf (Kalabaktepe ca. 70 m ü. NN und Deirmentepe ca. 100 m ü. NN), die sich als Inselgruppe weiter in den ehemaligen Golf hinaus fortsetzen und, durch niedere Sandisthmen verbunden und landfest gemacht, die kapartige Halbinsel von Milet bilden.
Der Fluß hat durch starke Sedimentation in historischer Zeit seine Mündung so weit vorgeschoben, daß der Platz der antiken Siedlung heute küstenfern und vollständig von alluvialem Schwemmland umgeben ist.

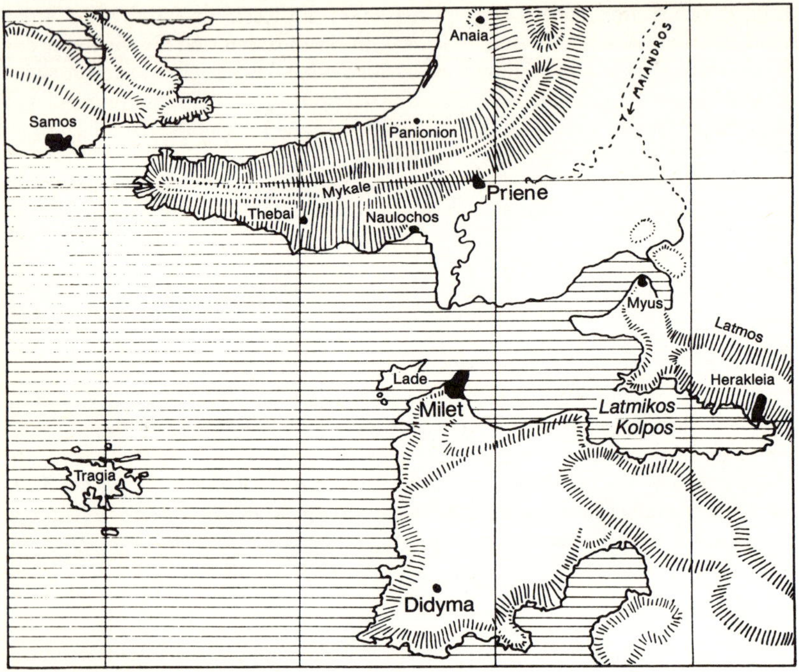

Mündungsgebiet des Mäander: In der Antike

Geschichte

An der Stelle Milets, der einst mächtigsten Stadt Ioniens, befindet sich heute das kleine türkische Dorf Balat, benannt nach einem Kastell, dem »palati«. Balat liegt 9 km vom Meer entfernt. Das Milet der Antike war dagegen eine Hafenstadt, die ihre Macht der günstigen Küstenlage verdankte; die felsige Halbinsel in dem tiefen Golf war ein von der Natur geschaffener Hafenplatz, das Endziel verschiedener Handelsstraßen. Die Versumpfung des Mündungsgebietes des Büyük Menderes und des Hafenbeckens bedeutete für diese antike Weltstadt den Untergang.

Die neuen Ausgrabungen (seit 1955) unter *C. Weickert* und *G. Kleiner* sind auf eine Siedlung aus dem 16. Jh. v. Chr. gestoßen, deren Bewohner Beziehungen zu Kreta unterhalten haben müssen. Möglich, daß es sich auch um eine kretische Kolonie auf karischem Gebiet handelt. Eine kriegerische Katastrophe, die eine überall zu beobachtende Brandschicht hinterließ, beendete

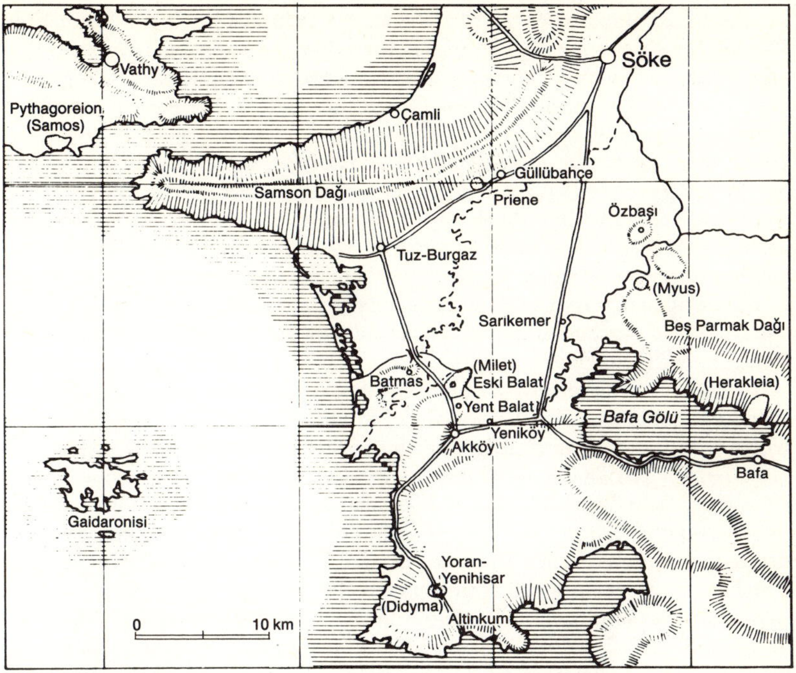

In der Gegenwart

parallel zu der Entwicklung in Kreta selbst im späten Verlauf des 15. Jhs. v. Chr. diese Epoche. Ihr folgt eine rein mykenisch-griechische an gleicher Stelle. Aus dem 14. Jh. v. Chr. fand man Befestigungsanlagen und den Haustyp des Megaron; die Siedlung gehört also schon zum ägäischen Kulturraum. Während der dorischen Wanderungen setzten sich im 11. Jh. v. Chr. unter der Führung des Neleus hier Ionier fest und behaupteten sich nach langen Kämpfen gegen die Ureinwohner. – Im 7. Jh. v. Chr. hatte die Stadt Kriege gegen die Kimmerier zu bestehen; von den Lydiern wurde sie wiederholt belagert, bis der lydische König Alyattes (um 650–560 v. Chr.) mit den Milesern ein Bündnis schloß, das später sein Sohn erneuerte. In dieser Zeit war Milet schon eine bedeutende Handelsstadt; ihre Beziehungen reichten vom Schwarzen Meer bis nach Ägypten; allein in der Zeit vom 8. bis 6. Jh. v. Chr. hatte sie 80 Kolonien gegründet, darunter Kyzikos, Sinope, Trapezus, Odessos; sie gehörte zu den 12 Mitgliedern des Ionischen Städtebundes (Chios, Milet, Ephesos, Samos, Erythrai, Kolophon, Lebedos, Teos, Klazomenai, Phokaia,

Priene, Myus und später auch Smyrna), die sich alljährlich am Vorgebirge Mykale bei Priene im Heiligtum des Poseidon, dem sog. Panionion, trafen zum Feste der Panionien und zu gemeinsamen politischen Beraten. Der genaue Ort dieser Treffen ist kürzlich von C. Weickert und G. Kleiner bei dem Dorf Çamlı wiederentdeckt worden (s. S. 346).

Unter dem Tyrannen Thrasybulos erlebte die Stadt den Höhepunkt ihrer Macht; bedeutende Wissenschaftler haben damals hier gelebt, darunter die ältesten abendländischen Philosophen, die ionischen Naturphilosophen *Thales* (625–545 v. Chr.), Anaximander (611–545), Anaximenes (585–525). Thales, einer der sog. »Sieben Weisen«, war seiner Zeit darin voraus, daß er sein Denken von den pragmatischen Zwecken des Lebens löste: er stellte die Frage nach dem Seinsgrund und versuchte, sie rational zu beantworten. Dieser Versuch, das Denken von pragmatischen Zwecken einerseits und mythischen Vorstellungen andererseits zu befreien, machte ihn zum ersten abendländischen Philosophen. Seine Lehren sind erst von Aristoteles niedergeschrieben worden, bis dahin waren sie mündlich überliefert worden. Der Urstoff alles Seienden ist nach Thales das Wasser; der Begriff des Stoffes schließt bei Thales allerdings nicht aus, daß das Wasser ein mit Kraft belebtes Element ist (Hylozoismus). Allgemein bekannt sind seine Untersuchungen zum Magnetismus; ein geometrisches Theorem, der sog. Thalessatz (»alle Dreiecke über dem Durchmesser eines Halbkreises sind rechtwinklig«); die von ihm erkannte Bedeutung des sog. Kleinen Bären für die Nachtseefahrt; seine Vorausberechnung der Sonnenfinsternis im Jahre 585 v. Chr. Sein Schüler *Anaximander* war ungleich bedeutender noch als er. Ihm erschien die Annahme eines bestimmten konkreten Urstoffes so willkürlich wie die eines jeden anderen bestimmten Konkreten; Urstoff kann nach ihm überhaupt nur das schlechthin Unbestimmbare und Qualitätslose sein, das »Apeiron«, das unentstanden, unvergänglich und unendlich ist. Obwohl dieses Apeiron immer noch als »Stoff« gedacht wird, ist es doch vor allem eine Hypothese der Vernunfterkenntnis. Sein Werk »Über die Natur«, von dem nur ein Fragment erhalten ist, war das erste Buch in griechischer Prosa; er hat wahrscheinlich die erste Erdkarte entworfen, die Sonnenuhr erfunden, eine physikalische Kosmologie geschrieben und als erster erkannt, daß die Erde frei im Weltraum schwebt. – Sein Schüler *Anaximenes* kehrte zurück zu der Annahme, daß ein empirischer Stoff der Urstoff des Seienden sein müsse: für ihn ist dies die Luft (noch nicht vom Dampf unterschieden!), die zugleich der belebende Hauch ist, der als Seele in den menschlichen Körper eingeht. Der Prozeß, durch den alle Dinge, auch die anderen Elemente Feuer, Erde, Wasser, entstehen, ist nach ihm der Wechsel von Verdünnung und Verdichtung des Urstoffes; so ist z. B. Feuer verdünnter, Stein verdichteter Urstoff. Anaximenes erkannte das Mondlicht als Reflex des Sonnenlichts und unterschied Planeten von Fixsternen. Der Historiker

Hekataios von Milet (um 500 v. Chr.) machte schon vor Herodot große Forschungsreisen und schrieb ein geschichtliches und geographisches Hauptwerk in ionischem Dialekt, ferner sammelte er die Sagen der einzelnen Stämme und Ortschaften; seiner Erdbeschreibung war eine Karte beigegeben. In Milet ist auch das von den Phöniziern übernommene Alphabet vervollständigt worden; hier hatte man damit begonnen, Münzen zu prägen und Gewichte festzulegen.

Nach dem Tod des Thrasybulos brach ein schwerer Bürgerkrieg zwischen Aristokratie und unteren Ständen aus – die politische Macht Milets zerbröckelte. Kyros der Große schloß 546 v. Chr. mit der Stadt ein Bündnis. Der milesische Tyrann Histiaios († 493 v. Chr.) half 513 v. Chr. Darius im Kampf gegen die Skythen; zur Belohnung erhielt er dafür die Stadt Myrkinos. Als aber Darius fürchten mußte, daß Histiaios nach einer Hausmacht trachtete, ließ er ihn an seinen Hof in Susa kommen. Von dort wiegelte Histiaios seinen Schwiegersohn und Nachfolger in Milet, Aristagoras († 498 v. Chr.), gegen die Perser auf. Es kam zum Aufstand der ionischen Städte (500–494 v. Chr.); nach einem ersten Erfolg – Einnahme der Unterstadt von Sardes 498 – verließ das Glück die Griechen: die ionischen Städte wurden eine nach der anderen von Darius zerstört, Milet ganz zuletzt im Jahre 494 v. Chr., zusammen mit Didyma, nach dem Seesieg der Perser bei der Insel Lade; ein großer Teil der Bevölkerung wurde verschleppt. – Im Jahre 479 v. Chr., nach dem Seesieg der Griechen bei Mykale, wurden die ionischen Städte, oder was davon noch übrig war, wieder aus der persischen Herrschaft befreit; Milet trat dem attischen Seebund bei.

Ab 450 v. Chr. – vielleicht schon kurz nach 479 v. Chr. – begann im Nordosten der Stadt der Wiederaufbau, und zwar nach dem sog. Hippodamischen System. Hippodamos war ein begabter milesischer Architekt; nach seinen Entwürfen entstanden später auch Piräus, Priene, Alexandria und Thurii. Das neue Milet gliederte sich in mehrere 4,5 m breite Nordsüd- und Ostweststraßen, dazwischen rechteckige Häuserblocks, meist mit je vier Wohnhäusern; hier und da blieb Platz für öffentliche Bauten. 80000–100000 Menschen konnten hier leben – eine Wohnkapazität, die erst im darauffolgenden Jahrhundert siedlungstechnisch ausgenutzt werden konnte. Das Meisterwerk dieser Stadtplanung war die Grundlage für eine neue Blütezeit der Stadt, die allerdings nie wieder zu einer politischen Führungsmacht gelangt ist. Die Mileser waren nur noch berühmt und verrufen für ihre Prunksucht und ihre Verweichlichung: milesische Kleider, Stoffe, Stühle und Betten waren im Mittelmeerraum begehrte Handelsgüter.

441–439 v. Chr. unterstützte Athen den Kampf der Mileser gegen die Insel Samos. In den Jahren 412/11 v. Chr. fiel Milet von Athen ab und wurde nun zum Spielball der Mächte: Stützpunkt der Spartaner, die Perser besetzten es,

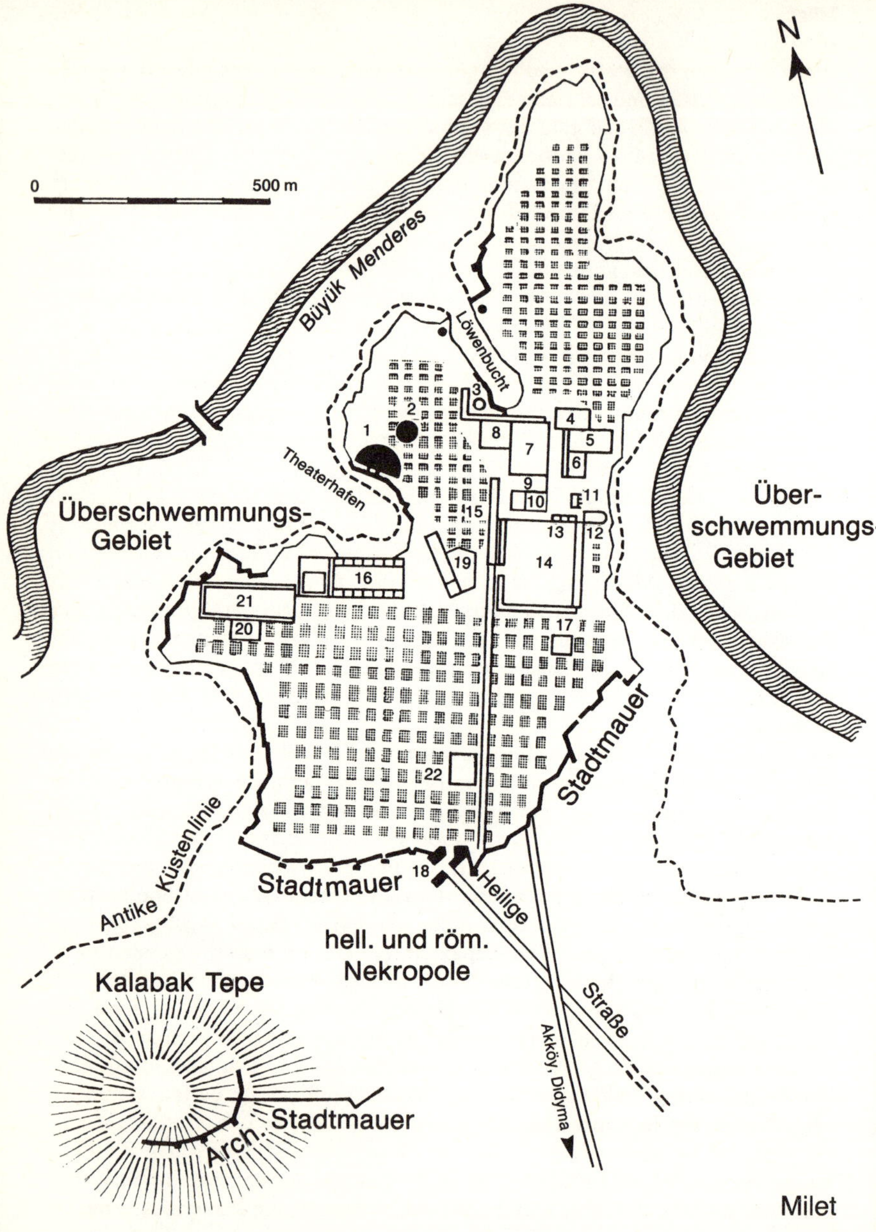
N
0
500 m
Büyük Menderes
Löwenbucht
Theaterhafen
Überschwemmungs-
Gebiet
Über-
schwemmungs-
Gebiet
1
2
3
4
5
6
7
8
9
10
11
12
13
14
15
16
17
18
19
20
21
22
Stadtmauer
Stadtmauer
Antike Küstenlinie
Heilige
Straße
hell. und röm.
Nekropole
Akköy, Didyma
Kalabak Tepe
Stadtmauer
Arch.

Milet

dann kam es zeitweilig in die Hand des Mausolos von Karien (377–353 v. Chr.) und wurde erneut von den Persern besetzt. Im Jahre 334 v. Chr. belagerte Alexander der Große die Stadt und nahm sie nach einem erbitterten Kampf zu Land und zu Wasser; er sicherte ihr zwar ihre Freiheit zu, ließ sie aber von einem Gouverneur regieren. Später kam sie unter seleukidische Herrschaft, um 200 v. Chr. an Pergamon und ab 133 v. Chr. zusammen mit dem pergamenischen Reich durch Erbschaft an Rom. Unter der römischen Herrschaft lebte die Stadt wieder auf, eine rege Bautätigkeit hub an. Damals schrieb Aristides von Milet (2. Jh. v. Chr.) seine »Milesischen Geschichten«, novellenartige Erzählungen von erotischem Charakter. Cäsar, Antonius und der Apostel Paulus haben die Stadt besucht.

Der Einbruch der barbarischen Völker in Kleinasien hinterließ auch in Milet seine Spuren. In byzantinischer Zeit wurde dort ein Bistum errichtet, das später Erzbistum wurde. Justinian I. (527–565) ließ neue Mauern bauen, die ein viel kleineres Stadtgebiet als früher umschlossen. Im 8. Jh. entstand oberhalb des Theaters ein Kastell. Vom Ende des 11. Jhs. gibt es Urkunden über den reichen Mileser Besitz des Klosters Patmos. Vor Beginn des 1. Kreuzzuges (1096–1099) besetzten die Seldschuken die Stadt; die Kreuzzüge brachten sie später wieder zurück in byzantinische Hände; sie hieß nun *Castro Palation.* Im Jahre 1328 fiel sie wieder an die Seldschuken; die Emire von Menteşe nannten sie *Balat.* Bis in diese Zeit bestand immer noch die Verbindung zum Meer, allerdings hatte schon ein Vorhafen angelegt werden müssen. 1352 erhielten die Venezianer die Genehmigung, in Balat eine Handelsfaktorei zu unterhalten, unter Vorsitz eines Konsuls, und eine Kirche zu errichten, San Nicola. Balat war damals neben Altoluogo bei Ephesos eine der wichtigsten abendländischen Handelsstationen in Kleinasien. 1390 konnte der osmanische Sultan Beyazıt I. die Stadt einnehmen, verlor sie aber 1402 wieder für kurze Zeit an Timur Lenk. Danach wurde das Emirat von Menteşe wiederhergestellt, und schon 1403 entstand die Ilyas Bey Camii. 1424 gliederte Murat II. die Stadt wieder dem Osmanischen Reich ein. Der Ha-

---

◁ 1 Theater
2 Kastell
3 Trophäum
4 Heiligtum des Apoll von Delphi
5 Bäder des Capito
6 Gymnasion
7 Nord-Agora
8 Kleiner Markt
9 Asklepios-Tempel
10 Buleuterion
11 Nymphäum
12 Bischofskirche
13 Nordtor
14 Süd-Agora
15 Getreidehalle
16 Stadion
17 Ilyas Bey Camii
18 Heiliges Tor
19 Thermen der Faustina
20 Athena-Tempel
21 West-Agora
22 Museum

fen verfiel mehr und mehr, heute hat der Ort keinerlei handelspolitische Bedeutung.

Rundgang

Der heutige Lauf des Büyük Menderes beschreibt etwa die Form der ehemaligen Halbinsel, auf der Milet lag. Die Stadt besaß vier Häfen, den größten bei der Insel Lade, drei kleinere in Buchten der Halbinsel. Die Autos halten vor der großen Ruine des *Theaters* (1), das während der Grabungen 1899–1913 freigelegt wurde, im 2.–3. Jh. an die Stelle eines älteren hellenistischen Theaters in den Hügel an der Ostseite des Theaterhafens gebaut. Die Cavea (Platz für 15000 Zuschauer) ist in drei Ränge gegliedert mit 18 Sitzreihen, die teilweise gut erhalten sind. Der untere Rang ist in 5, der mittlere in 10, der obere in 20 Segmente unterteilt. Von dieser oberen, aufgemauerten Rangzone sind nur noch Reste von Substruktionen erhalten. Am obersten Rand des Westflügels befindet sich eine Inschrift: ein Streit der Bauarbeiter habe durch das Orakel von Didyma geschlichtet werden müssen. Das Bühnenhaus ist verhältnismäßig gut erhalten, es stecken darin Reste eines hellenistischen Baues.

Auf dem Hügel über dem Theater die Ruinen eines *byzantinischen Kastells* (2) aus dem 8. Jh., aus antikem Material, vielleicht an der Stelle der griechischen Akropolis, gebaut. Zwischen diesen und einen weiter östlich gelegenen längeren Hügel schob sich der Nordhafen, die sog. Löwenbucht, weit in das Land vor; bei Überschwemmungen läßt sich seine frühere Form gut erkennen. Er war von drei 18 m breiten marmorgepflasterten Straßen gesäumt, an denen 7 m tiefe Hallen lagen. Die Einfahrt flankierten 2 Löwenstandbilder (aus der hellenistischen Zeit), Reste davon sind erhalten. An der inneren Spitze der Bucht stand das *Trophäum* (3), ein Stufenbau von 10 m Durchmesser, heute noch 6 m hoch, einst mit einem Dreifuß auf seiner Plattform; vermutlich Denkmal für den von Augustus errungenen Sieg bei Actium, 31 v. Chr. Oberhalb die Ruinen eines *hellenistischen Heroon* mit 5 Gräbern (eins davon ein Rundgrab). Von der Löwenbucht führte eine römische Prunkstraße in östlicher Richtung zum Heiligtum des *Apollon Delphinios* (4), aus hellenistischer und römischer Zeit mit archaischen Spolien in den Fundamenten von vor 500 v. Chr. Um einen Rundbau und zahlreiche Altäre erstreckt sich ein von Säulenhallen abgeschlossener Hof. Vom Heiligtum des Apollon Delphinios führte eine 100 m lange und 28 m breite – auf jeder Seite zusätzlich ein 5,75 m breiter Bürgersteig – Prachtstraße zum Platz vor dem Südmarkt. Links der Straße, hinter einer Stoa aus der Zeit des Kaisers Claudius (41–54) die *Bäder des Capito* (5) aus derselben Zeit; anschließend das *Gymnasion* (6), 2. Jh. v. Chr. Rechts der *Nordmarkt* (7) aus hellenistischer Zeit, ein 90 × 43 m

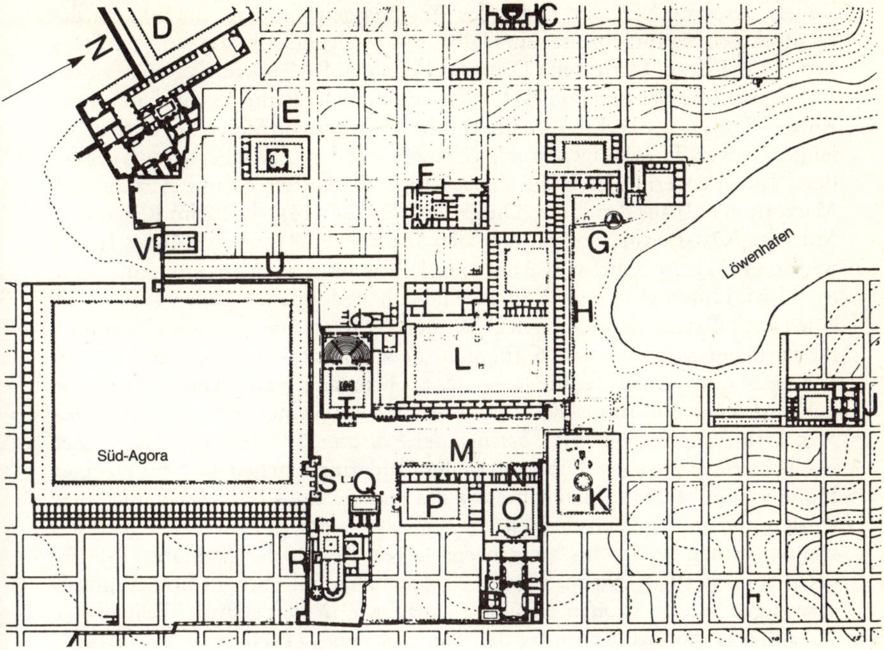

Milet, Gebiet der Agora

(aus: Koenigs, Wolf, Türkei. Die Westküste von Troja bis Knidos. © Artemis-Cicerone Kunst- und Reiseführer 1984)

C Heroon
D Thermen der Faustina
E Römisches Heroon
F Dionysos-Tempel, darauf Michaelskirche und Bischofspalast
G Hafen-Monument
H Hafen-Halle
I Synagoge
J Thermen
K Delphinion
L Nord-Agora
M Ionische Halle
N Seldschukischer Hamam
O Capito-Thermen
P Gymnasion
Q Nymphaion
R Kirche, 6. Jh.
S Markt-Tor
T Buleuterion
U Speicher
V Serapeion

großer Platz, ringsum Säulenhallen, dahinter Geschäfte und der *Kleine Markt* (8), in hellenistischer und römischer Zeit vergrößert. Weiter nach Süden der *Asklepios-Tempel (?)* (9) und das *Buleuterion* (10), ein interessanter, leider stark zerstörter Bau, nach einer Inschrift von Timarchus und Herakleidos für den Seleukidenkönig Antiochos IV. (175–164 v. Chr.) erbaut. Durch ein Propyleion betrat man den Säulenhof; darin einst ein 9 × 7 m großer mit

Reliefs geschmückter Altar, der der Artemis geweiht war. Im Inneren des rechteckigen Hauptgebäudes ein Halbrund ansteigender Sitzreihen, vier Treppen, 1500 Plätze. Der offene Dachstuhl ruhte auf 4 Säulen. Gegenüber dem Buleuterion das *Nymphäum* (11), ein monumentaler Brunnen aus der Zeit des Kaisers Titus (79–81). Ein Aquädukt führte Wasser von Süden her in ein 20 m langes Becken. Die zweigeschossige Fassade war durch Nischenstatuen gegliedert. Daneben erhob sich die dreischiffige *Bischofskirche* mit Atrium und Martyrium (12) aus dem 5. Jh. Durch das *Nordtor* (13) – heute im Pergamon-Museum (Ost-Berlin) – betrat man den *Südmarkt* (14). Er mißt 164 × 196 m, wurde im 3. Jh. v. Chr. von Antiochos I. begonnen und hatte an jeder Seite eine Stoa. Hinter der Oststoa eine Reihe von 39 doppelten Ladenräumen, die einen nach Osten, die anderen nach Westen geöffnet. Das dreitorige Nordportal wurde unter Justinian im 6. Jh. in die neue Stadtmauer einbezogen. An der Westseite des Südmarktes die Reste der 63,40 m langen *Getreidehalle* (15) aus hellenistischer und römischer Zeit. Dahinter die Ruinen eines *Serapis-Tempels,* 3. Jh., anschließend die *Thermen der Faustina* (19) (161–180), nach einer Inschrift zugeschrieben. Die Mauern des Caldariums stehen noch bis zu einer Höhe von etwa 15 m; man achte auf die Statuen eines Flußgottes und eines Löwen, die als Brunnen dienten.

Dann westlich weiter bis zu den spärlichen Resten des *Stadions* (16) 150 v. Chr., einst 191 × 29,5 m, für 15 000 Zuschauer auf ebenem Boden mittels gewaltiger Substruktionen errichtet, genau wie in Perge. Anschließend der *West-Markt.* Südlich davon lag der *Athena-Tempel* (1. Hälfte 5. Jh. v. Chr.). Bei den Ausgrabungen von 1938 und 1955/57 fand man hier Reste mykenischer Häuser, mykenische Scherben, auch Reste geometrischer Töpferwaren, 900–700 v. Chr.

Ilyas Bey Camii (17),

Etwa 100 m südlich der Süd-Agora liegt in einem islamischen Friedhof (Eingang von W) die relativ gut erhaltene Ilyas Bey Camii (laut Inschrift 1404). Sie steht auf einem Unterbau aus antiken Marmorspolien; von den anderen, zur Külliye gehörigen Gebäuden ist kaum etwas erhalten. Der quadratische Kuppelbau hat schöne Ornamante an der vorspringenden Fassade und an den Fenstern; reich geschmückte Gebetsnische.

Museum (22)

Das Museum besteht aus mehreren Gebäuden und wurde 1973 eröffnet. Es enthält Grabungsfunde (nach 1955) aus Milet, einige aus Priene und Myus. Auf der Terrasse Statuen (2. Jh. v. Chr.) und Architekturfragmente, im Vorraum figürliche Kleinplastik und Reliefs. Der Hauptraum enthält Keramik von der mykenischen bis zur byzantinischen Zeit. Außerdem unter einem Vordach weitere Architekturteile, chronologisch aufgestellt und in einer zweiten Halle nördlich Inschrifttafeln; im Garten islamische Grabsteine.

Man verfolgt die Hauptstraße weiter, die am *Heiligen Tor* (18) endet. Dieses Tor war noch im 4. Jh. v. Chr. in das Befestigungssystem des Kalabak-Tepe-Viertels aus vorpersischer Zeit einbezogen. Laut Inschrift wurde es unter Kaiser Trajan erneuert. Die Stadtmauer des 5. Jhs. maß im Querschnitt bis zu 10 m, hatte zahlreiche Türme und war wie in Troja aus schindelartig zurückspringenden geraden Mauerstücken angelegt. Auf dem Hügel *Kalabak Tepe* (63 m) wurden Reste der archaischen Mauer gefunden, Reste archaischer Häuser und unter einem kleinen ionischen Antentempel (6. Jh. v. Chr.) Spuren, die auf mykenische Einflüsse hinweisen.
Die *Heilige Straße,* Länge 16,2 km, führte von Milet nach Didyma. Nur Abschnitte sind mit der heutigen Straße identisch. Vom Heiligen Tor aus verlief sie zuerst in südöstlicher, dann in südlicher Richtung bis zur Höhe südlich von Akköy, um sich dann gegen Panormos (Hafen von Didyma) hin wieder zu senken. Die letzten 6 km war die Straße beidseits mit Gräbern, überlebensgroßen Sitzstatuen, die Priester darstellen (Branchidenstatuen, 6. Jh. v. Chr.; das aus dem Orient stammende thronende Sitzmotiv hier in die ostionische Kunst übernommen), liegenden Löwen und Sphingen geschmückt (Reste im Britischen Museum in London). Etwa 250 m vor dem Tempel von Didyma begann ein Saum von Säulenhallen, dahinter Läden; die Straße endete am Fuße der »Geschenketerrasse«.

Didyma

Anfahrt

Von Milet asphaltierte Straße nach Akköy (5 km), weiter nach Didyma (14 km).

Restaurant

Kleines Speiselokal in Didyma, gegenüber dem Eingang in den Ruinenbezirk.

Unterkunft

Altınkum Plajı (5 km südlich): Motel, Restaurants, Umkleidekabinen, feiner Sandstrand, Ferienhäuser.

Geschichte

Pausanias (griechischer Geograph und Historiograph, 2. Jh. v. Chr.) berichtet, schon bevor die Ionier hier eingewandert seien, habe sich an der Stelle des Apollo-Tempels ein Heiligtum befunden mit einer geweihten Quelle zwischen Büschen. Tatsächlich konnten 1913/14 unter den Stützmauern des hellenistischen Tempels Bruchstücke eines archaischen Tempels ausgegraben werden.

Das Orakel von Didyma war neben dem des Apoll von Delphi das berühmteste im ägäischen Raum. Der Tempel wurde von dem Priestergeschlecht der Branchiden gehütet; nach ihnen hieß das Heiligtum auch Branchidae. Ihre Familie stammte nach einer griechischen Sage in direkter Linie von dem Helden Branchos ab, einem Liebling des Apoll. Krösus, der letzte König von Lydien (563–548 v. Chr.) und auch der ägyptische König Necho (XXVI. Dynastie; 611–595 v. Chr.) stiftete kostbare sakrale Schmuckgegenstände.
Etwa um die Mitte des 6. Jhs. v. Chr. kam Didyma unter die Herrschaft von Milet. Der persische König Xerxes zerstörte 480 v. Chr. den Tempel, entführte die berühmte Bronzestatue des Apoll, ein Werk des Canachus von Sikyon, sowie den ganzen Tempelschatz, den ihm die Branchiden ausgeliefert hatten, nach Ekbatana; die Priester deportierte er nach Susa in Baktrien. Erst nach der Einnahme durch Alexander den Großen wurde 332–331 v. Chr. ein Tempelneubau von gewaltigen Ausmaßen begonnen. Die Baumeister waren Päonius von Ephesos (vgl. Artemision in Ephesos) und Daphnis von Milet. Seleukos I. (358–280 v. Chr.), der das Orakel verehrte und befragte, gab die Apollo-Statue des Canachus zurück, die 295–94 v. Chr. wieder aufgestellt wurde. Seit 290 v. Chr. wurden in Didyma kultische Spiele abgehalten. Im Umkreis von 100 m um den Tempel durfte nicht gebaut werden, aber in der weiteren Umgebung entstanden Gymnasien, Bäder und Unterkünfte für Gäste. Ende des 3. Jhs. v. Chr. wurde die Arbeit am Tempel unterbrochen und erst nach dem Frieden von Apamea (188 v. Chr.) zwischen den Römern und Antiochus III. von Syrien wiederaufgenommen. Am Ende des 2. Jhs. v. Chr. stockte die Bauarbeit abermals; im 1. Jh. v. Chr. wurde der Tempel in Brand gesetzt und geplündert; seine ungeheuren Schätze waren immer eine große Versuchung für die Seeräuber gewesen. Zwischen 83 und 46 v. Chr. Arbeiten an der Fassade und am Prodomos. Die römischen Kaiser waren an der Fertigstellung des Tempels interessiert. In der ersten Hälfte des 1. Jhs. unserer Zeit wurde unter Tiberius und Caligula an den Ornamenten der Fassade und am Friesgesims gearbeitet; unter Trajan und Hadrian entstanden einige Säulen der Längsseiten. Im Jahre 256 plünderten die Goten den Tempel. Als dann das Christentum zur Staatsreligion wurde, hörten die Arbeiten an diesem gewaltigen, nie vollendeten Projekt endgültig auf. Die Ruine diente in Zukunft als Festungsbau, das Adyton als Kirche. Nach einem Brand wurde Ende des 10. Jhs. eine

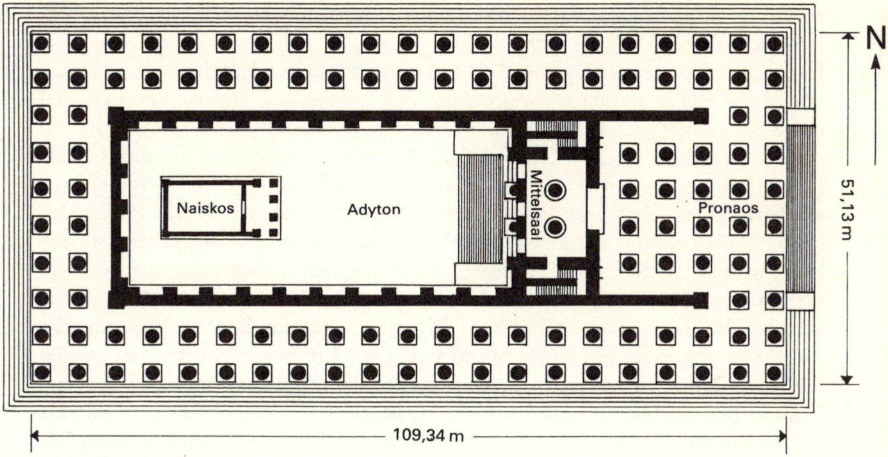

Didyma, Apollo-Tempel

Mauer um die Festung gezogen. Das Erdbeben von 1456 zerstörte Festung und Kirche; später wuchsen aus den Trümmern kleine Häuser und eine Windmühle.

Eine erste kurze *Grabung* fand 1857–58 statt unter dem Engländer *Newton*, der dem Britischen Museum archaische Plastiken und eine Löwenfigur schenkte. Die Franzosen gruben 1872–73 unter *O. Rayet* und *A. Thomas* und 1895–96 unter *B. Haussoullier* und *E. Pontremoli.* Im Jahre 1905 begannen die Grabungskampagnen des Berliner Museums unter der Leitung von *Th. Wiegand:* 1905–14, 1924–25, 1930, 1938. Seit 1964 Ausgrabungen des Deutschen Archäologischen Instituts Istanbul. Errichtung eines neuen Ausgrabungshauses und des Depotmuseums.

Etwa parallel zur Ostseite des Tempels, außerhalb der Mauer, befand sich eine Stoa; ebensolche Anlagen an der Südwestecke und der Südostecke des Dipteros.

Parallel zur Südseite das *Stadion,* das alle 4 Jahre bei den »Megala Didymeia« benutzt wurde. Dann wurden Wettkämpfe, Rezitationen, ein Fackellauf abgehalten.

Der Apollo-Tempel

Von dem Tempel stehen noch 3 Säulen: zwei an der Nordseite, verbunden durch ein Architravstück, eine an der Südseite, die nie fertiggestellt wurde. Vor der Ostseite, etwa 10 m von der Tempelfassade, haben sich Reste des

Brandopferaltars erhalten; er hatte einen Durchmesser von 8 m, ferner ein Brunnen aus archaischer Zeit.

Der Tempel war ein Dipteros, d. h. mit einer doppelten Ringhalle umgeben, – ein Typus, der in Ionien verbreitet war (Artemision in Ephesos, Hera-Tempel auf Samos). Er gliederte sich von Osten nach Westen: ein *Pronaos* (1), ein *Mittelsaal* (2) und an der Stelle der Cella ein nicht überdachter Hof, das *Adyton* (3), mit einem kleinen ionischen Naïskos, ein ungewöhnlicher Grundriß für eine griechische Tempelanlage. Das Ganze mit Stufen maß 118,34 × 60,13 m, bei 21 Säulen auf der Längsseite und 10 auf der Schmalseite. Im ganzen sollten 122 ionische Säulen von 19,40 m Höhe auf einem siebenstufigen Unterbau errichtet werden. Die Säulen der Ostseite waren besonders reich gestaltet, die Basen mit Meerwesen, Palmetten, Mäandern geschmückt (1. Jh.) und die ionischen Kapitelle mit Stierköpfen und Gesichtern von Gottheiten in den Voluten (2. Jh.?). Der Architrav war aus drei Bändern zusammengesetzt, sein Fries zeigte Akanthusranken und Medusenköpfe (1. Jh.). Vor dem Pronaos war die Stufenzahl verdoppelt. Er selbst bestand aus 3 × 4 Säulenreihen mit einer prachtvollen Kassettendecke. Eine 8 m breite Tür führte in den Mittelsaal, 14 × 8,75 m, mit 2 mächtigen Säulen. Dieser Saal durfte nur von Priestern betreten werden, die hier die Orakelsprüche deuteten. Sein Fußboden lag 1 m höher als der des Pronaos. Drei Tore öffneten sich auf die 16 m breite Freitreppe, die in den 4,5 m tiefer liegenden Hauptraum führt. Man konnte das Adyton auch erreichen, wenn man vom Pronaos durch die schmalen Pforten neben dem Hauptportal einen gewölbten Gang hinunterging. Beiderseits des Mittelraumes gab es Treppenanlagen, über die man auf das Tempeldach gelangen konnte.

Das Adyton, das heißt das Unbetretbare – Fläche etwa 54 × 24,50 m –, war von hohen, durch Pilaster gegliederte Mauern abgeschlossen; sie hatten die gleiche Höhe wie die Säulen des seitlichen Umgangs und zeigten figurale Kapitelle (wohl 2. Jh. v. Chr.). Im Hof befand sich ein kleiner ionischer *Naïskos* (Tempelchen), der das Kultbild des Apoll, einen Ölbaum und die heilige Quelle enthielt. Durch das Inhalieren der schwefelhaltigen Dämpfe dieser Quelle versetzten sich die Priester in einen Rauschzustand, in dem sie dann die Orakelsprüche sagten. – Bei den Ausgrabungen vor 1914 fand *H. Knackfuß* zahlreiche Bruchstücke des Naïskos, die in die christliche Kirche verbaut worden waren. Leider wurden sie durch die Kriegsfolgen nach 1918 durch Brand im Ausgräberhaus zerstört.

Die *jüngsten Ausgrabungen* seit 1964 bemühten sich um die Frühgeschichte des Orakelheiligtums. Man fand:

8./7. Jh. v. Chr.: Baureste aus der spätgeometrischen Zeit im Tempelhof.

Ende 7. Jh. v. Chr.: Reste einer frühharchaischen Halle im Südwesten des Tempels.

540/520 v. Chr.: Fundamente des archaischen Tempels im Tempelhof (noch sichtbar).
Das Museum (mit Hilfe der Stiftung Volkswagenwerk gebaut) enthält einen reichen Bestand an archaischer Skulptur, außerdem Bauinschriften vom Tempel und eine Zusammenstellung von Architekturfragmenten des Naïskos. Besonders zu bemerken 3 Torsi der überlebensgroßen Branchidenfiguren, die früher im Tempelbezirk, später an der Heiligen Straße aufgestellt waren (570 v. Chr.; andere im Britischen Museum in London) und der Torso eines Kolosses (eines ursprünglich 3.20 großen Kuros), den man in einem Stall im Dorf gefunden hatte.

Herakleia am Latmos

Seitdem die Straße von Söke nach Milas gebaut worden ist, kann man das Ruinengebiet zu Land erreichen und braucht nicht mehr, wie früher, mit dem Boot über den Bafa Gölü zu fahren. Die Besichtigung gehört zu den besonders reizvollen an der Westküste.

Anfahrt

Von Söke auf der 525 zum Bafasee (15 km lang, 5 km breit), an seinem Südufer entlang, dann bei einem gelben Schild »Herakli Harabeleri« (Herakleia-Ruinen) links abzweigen. Die Schotterstraße verläuft 12 km über Damm und Brücke bis zum Dorf Kapıkırı, das inmitten der Ruinen liegt. Diese werden von den wilden, gezackten Granitbergen des Beş Parmak Dağ (»Fünf-Finger-Berg«, der Latmos der Antike, 1367 m) überragt. Der Bafasee war einst ein Teil des Latmischen Meerbusens, und Herakleia war eine Seestadt. Zur Zeit Strabos (63 v. Chr.–20 n. Chr.) mündete der Mäander zwischen Priene und Milet ins Meer, aber etwa ab dem 4. Jh. versandete er so stark, daß der Latmische Golf abgetrennt zum Binnensee wurde (s. S. 349).

Geschichte

6.–4. Jh. v. Chr.	Entwicklung der karischen Stadt.
5. Jh. v. Chr.	Latmos gehört zum Delisch-Attischen Seebund.
4. Jh. v. Chr.	Mausolos (377–353 v. Chr.) nahm die Stadt mit Hilfe einer Kriegslist ein, ließ sie neu errichten und nannte sie Herakleia. Kurze Blütezeit.

um 298 v. Chr.	Sitz des makedonischen Fürsten Pleistarchos.
1. und 2. Jh.	Unter den Römern entstanden zahlreiche Bauten.
3. Jh.	Kaiser Heliogabal gab der Stadt den Namen »Tempelhüterin«. In diesem abgelegenen Gebiet gab es schon frühzeitig Christen, die sowohl in der Stadt, am Ufer des Sees wie auch auf den Inseln und im einsamen, wilden Latmosgebirge Klöster und Einsiedeleien bauten.
um 1080	wurden diese Christen von den Seldschuken bedrängt,
um 1300	von den Türken endgültig ausgewiesen; der Ort wurde wegen seiner nun ungünstigen Lage bald aufgegeben. Heute besteht noch das kleine Dorf Kapıkırı, das aber im Sommer, wenn die Einwohner auf die Sommerweiden ziehen, verlassen ist.

Vor dem Ersten Weltkrieg fanden Ausgrabungen statt.

Besichtigung

Athenatempel (A) Auf einem Felsen am Ufer erhebt sich ein Antentempel, dem Vorhalle und Dach fehlen. Der Name ist durch eine Inschrift gesichert. Die kleine Insel im Westen war im Altertum eine Halbinsel.

Agora (B) Weiter östlich die Agora aus hellenistischer Zeit. Auf dem Marktplatz steht heute eine Dorfschule. An der Südseite befand sich früher ein Hallenbau mit Läden, die von außen zugänglich waren. Im Osten die Ruinen des *Buleuterions* (C).

Theater (D) nordöstlich der Agora, in den Berg gebaut. Es ist wie auch das benachbarte Nymphaion schlecht erhalten.

Heiligtum des Endymion (E) südlich der Agora. Der Hauptraum hat einen halbrunden Abschluß, der in den Felsen getrieben ist. Von einer Säulenvorhalle sind Reste erhalten.

Der *Endymion-Mythos* vereinigt zwei Gestalten und mehrfach abgewandelten Sagenstoff. Endymion war demnach ein Sohn des ersten Königs von Elis und gehörte, da er in Olympia vor dem Stadion begraben ist, vielleicht zu den Stiftern der Spiele. Die zweite Gestalt war ein Jüngling, dem Zeus einen Wunsch freistellte: er wünschte sich darauf ewige Jugend und ewigen Schlaf. Die Mondgöttin Selene liebte ihn und hatte von ihm fünfzig Töchter. In allen Darstellungen erscheint Endymion als schöner, schlafender Jüngling, und als den Ort, an dem er ewig schläft, stellte man sich das Latmosgebirge, andererseits auch Olympia vor.

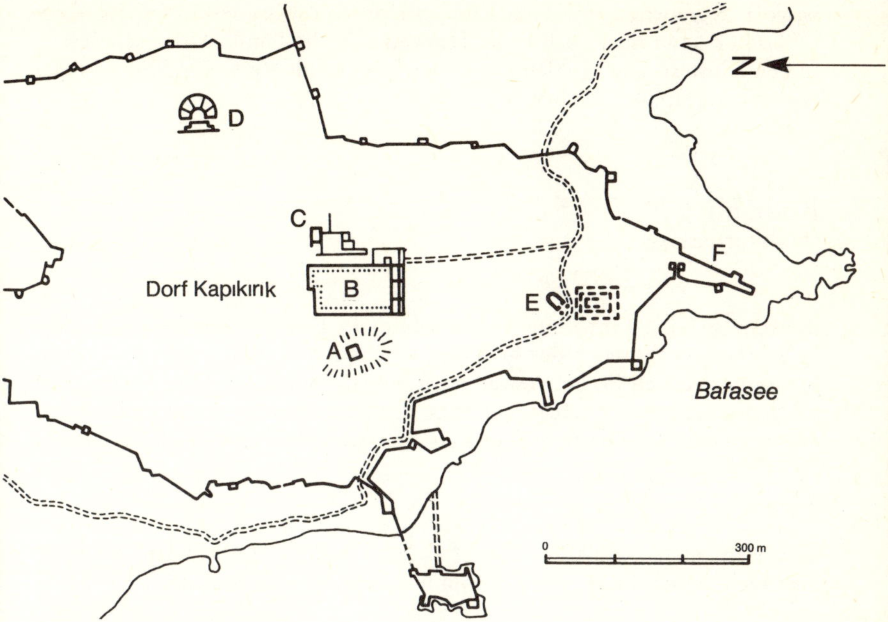

Herakleia am Latmos

Auch die Christen verehrten hier einen Endymion, meinten damit aber einen karischen Mystiker.

Byzantinisches Kastell (F) auf einer Felsspitze südlich der Agora. Hier befand sich auch einst der Sitz eines Erzbischofs. Man blickt von oben auf die Totenstadt (ausgeraubt, rechteckige Vertiefungen im Stein).

Stadtmauer, eine der großartigsten und verhältnismäßig gut erhaltenen Wehranlagen der Antike, die Hauptsehenswürdigkeit der Ruinenstadt. Sie ist insgesamt etwa 6,5 km lang, 2,25–3,20 m dick und noch 2 bis 6 m hoch, aus Granitquadern errichtet. Oben trägt sie einen offenen Wehrgang, der durch Treppen erreichbar ist.

Die *Klöster und Einsiedlerhöhlen* der Christen im Latmos sind schwer zu erreichen. Das Hauptkloster Stylos (jetzt Arabavlı) wurde im 10. Jh. gegründet (nordöstlich von Herakleia, 10 Stunden Fußweg). Es liegt unterhalb der Höhle, in der der Einsiedler Paulus der Jüngere lebte. Der hl. Christodulos verließ 1079 dieses Kloster und gründete 1088 auf der Insel Patmos, die ihm

Isaak II. Komnenos geschenkt hatte, das dortige Johanneskloster. In seiner Bibliothek kann man noch heute Hinweise auf die Latmosklöster finden. In den Klöstern und Höhlen haben sich bedeutende Reste von Wandmalerei aus dem 12.–13. Jh. erhalten.

Bodrum
(Halikarnassos)

Bodrum (ca. 8000 Einwohner) am Nordufer der Bodrum-Bucht (bzw. Gökova Körfezi), gegenüber der griechischen Insel Kos und bekrönt von dem Johanniter-Kastell St. Peter, war noch vor 15 Jahren ein »kleines, reizvoll gelegenes Fischerdorf«. Inzwischen ist es als Ferienziel so beliebt geworden, daß es zu den bekanntesten Touristenorten der türkischen Westküste gehört.

Auto

Gute Asphaltstraße (270 km) von Izmir nach Bodrum. Linienbusse. Im Sommer auch täglich Busse von Istanbul und Ankara nach Bodrum.

Schiff

Anlegestelle der Turkish Maritime Lines (TML; Istanbul-Iskenderun); Fährschiffe nach Kos, Bootsverleih.

Hotels

Motel	1. Kl.	Halikarnass Moteli, Cumhuriyet Caddesi 128
		Regal Motel, Bitez Yalısı
		T. M. T. Moteli, Akçebuk
	2. Kl.	Kaktüs Moteli, Ortakent (9 km entf.)
Hotel	3. Kl.	Baraz Oteli, Cumhuriyet Caddesi 62
		Gözen Oteli, Cumhuriyet Caddesi 18

Zahlreiche gute Pensionen, z. T. 1. Kl.; mehrere davon in der Cumhuriyet Caddesi.

Restaurants

Gute Fischlokale am Hafen.

Campingplätze

1. Kl. Ayaz Kamp, am Gümbet-Strand, 3 km westlich von der Stadtmitte, daneben:
einfacher: Baba Kamp
Mocamp Ali
in Ortakent (9 km NW) Ege Kamp

Einkäufe

Teppiche, Kelims, Naturschwämme, Kunstgewerbe.

Türkisches Fremdenverkehrs- und Informationsamt

Kale Caddesi 57 (vor der Burg)
12 Eylül Meydanı

Anfahrt von Izmir

Mit Besuch von Euromos, Labranda, Milas

Über Selçuk – Söke, am Bafa-See entlang nach Selimiye. Kurz nach dem Dorf auf der linken Seite:

Euromos

Von dem Tempel des Zeus von Euromos stehen noch 16 Säulen aufrecht, ein überraschender Anblick. Sie haben korinthische Kapitelle und stammen aus der Zeit des Kaisers Hadrian (117–138). Nach wenigen Kilometern zweigt links eine Bergstraße ab, die in nördlicher Richtung nach 14 km zu einem weiteren Zeusheiligtum führt:

Labranda (auch Labraynda, Labraunda)

Von 1948 bis 1953 fanden hier Ausgrabungen durch eine schwedische Expedition statt.
Das Heiligtum bestand schon im 5. Jh. v. Chr.; Herodot erwähnt den Tempel des Zeus Stratios von Labranda. Unter Mausolos (377–353 v. Chr.) und seinem Bruder Idrieus (351–344 v. Chr.) wurde der Heilige Bezirk neu gestaltet: dem Tempel wurde im Osten eine Terrasse vorgelegt, im Westen entstanden Häuser für die Priester und die königliche Familie. In römischer Zeit kamen die westliche Stoa, weitere Häuser und Bäder dazu. Die Ruinen der

Labranda

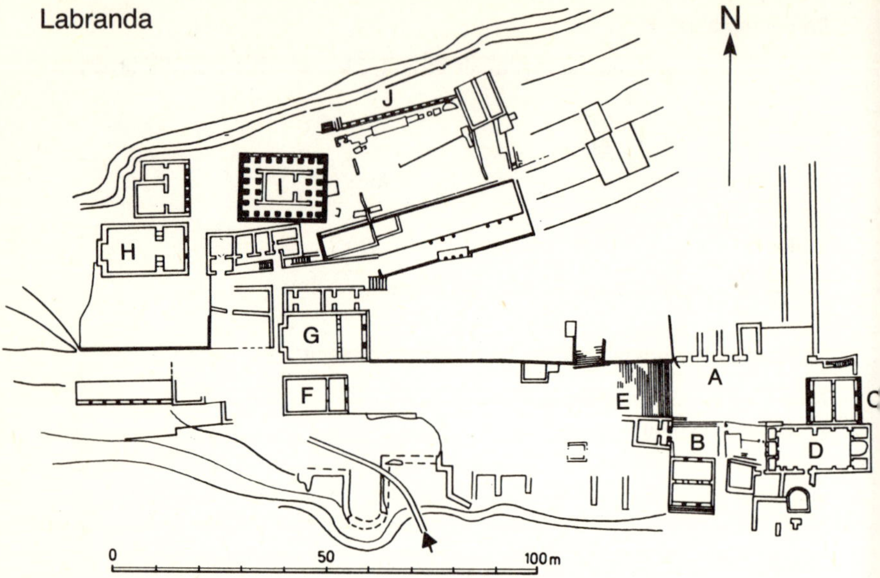

A Vorhof
B Südl. Propylon
C Östl. Propylon
D Kirche
E Freitreppe
F, G, H Männerhäuser
I Zeustempel
J Stoa

Kirche im Osten stammen aus byzantinischer Zeit. Labranda war mit Milas durch eine Heilige Straße verbunden.
Zurück zur Straße 525, nach 4 km:

Milas

Milas, das antike Mylasa, heute eine Stadt mit etwa 25 000 Einwohnern, war lange Hauptstadt des unabhängigen Königreichs Karien. Von der Stadtmauer sieht man noch ein Stadttor (Baltalı Kapı) aus dem 2. Jh., und in dem Viertel Hisarbaşı hat sich von einem Tempel des 1. Jhs. v. Chr. eine schöne Säule mit korinthischem Kapitell erhalten. Westlich vor der Stadt steht das Mausoleum Gümüşkesen (Silberkästchen) aus dem 2. Jh. Auf einem quadratischen, gemauerten Sockel, der die Grabkammer enthält, tragen 8 kanellierte Säulen und 4 Pfeiler mit korinthischen Kapitellen das Pyramidendach. Der römische Bau stellt eine verkleinerte Kopie des Mausolos-Grabmals in Halikarnassos dar.
4 km nach Milas zweigt rechts die Straße nach Bodrum (6 km) ab.

Geschichte von Bodrum

Herodot, der in *Halikarnassos* geboren wurde, berichtet, daß die Dorer im 7. Jh. v. Chr. hier eine Kolonie anlegten. Sie gehörte neben Knidos, Kos, Lindos, Kamiros, Ialysos zum dorischen Sechsstädtebund, aber um 540 v. Chr. kam sie unter persische Herrschaft. Anfang des 4. Jhs. v. Chr. war Hekatomnos Satrap von Karien und residierte in Mylasa; sein Sohn Mausolos (377–353 v. Chr.) verlegte die karische Hauptstadt nach Halikarnassos und machte sein Reich zu einer bedeutenden Seemacht. Nach seinem Tode regierte für zwei Jahre seine Gemahlin und Schwester Artemisia; ihr folgten ihre Geschwister Idrieus und Ada, die auch miteinander verheiratet waren. Nach dem Tode von Idrieus residierte Ada in der Festung Alinda, während ihr Bruder Pixodaros in Halikarnassos blieb, das 334 v. Chr. von Alexander dem Großen zerstört wurde. Seit 129 v. Chr. waren die Römer die Herren, später sind die Byzantiner bezeugt. Gegen 1300 gehörte die alte karische Hauptstadt zum Emirat von Menteşe. 1402, nach der Niederlage Beyazıts I. bei Ankara, nahmen die Johanniter von Rhodos das Kastell ein und nannten den Ort *Mesy*. 1522, nachdem unter Süleyman Rhodos osmanisch geworden war, kam auch Mesy in türkischen Besitz und wurde nun *Bodrum* genannt.

Das Mausoleum

Das *Mausoleum*, Grabmal des Mausolos, wurde von seiner Gemahlin und Schwester vollendet. Nach Plinius d. Ä., der es beschrieben hat, zählte man es zu den Sieben Weltwundern. Es lag im Zentrum der antiken Stadt, oberhalb des Hafens. Ausgrabungen fanden 1846 unter *Lord Stratford*, 1857 unter *Newton* und in jüngster Zeit durch die dänische Expedition unter *Jeppesen* statt. Auf einem hohen, rechteckigen Sockel erhob sich eine Ringhalle mit 36 dorischen Säulen, darüber ein Pyramidendach von 24 Stufen, als Abschluß eine Quadrige. Die Höhe betrug insgesamt 42 m. Plinius nennt als Architekten Pythios, der auch den Athena-Tempel in Priene erbaut hat. Die berühmten Bildhauer Leochares, Bryaxis, Skopas, Timotheos waren für die Reliefs und Plastik verantwortlich. Im Britischen Museum kann man die Köpfe der Pferde der Quadriga und zwei Statuen bewundern, die vermutlich Mausolos und Artemisia darstellen. Das Grabmal stürzte wohl durch ein Erdbeben ein und wurde von den Johannitern als Steinbruch für ihre Festung verwendet.
In einem kleinen neuen Museum findet man Ausgrabungsfunde, ein Modell des Mausoleums (einer der vielen Rekonstruktionsversuche) und Abgüsse der Figuren, die im Britischen Museum stehen.
(Eine Bronzebüste, vermutlich Demeter darstellend, befindet sich im Museum von Izmir.)

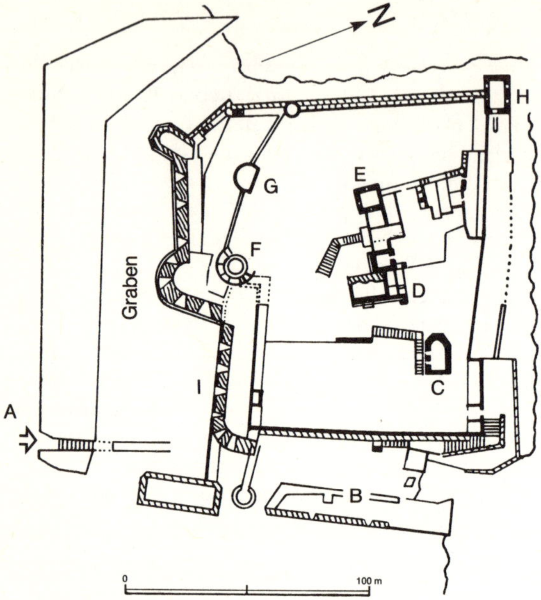

Bodrum, Kreuzritterburg

A Eingang
B Westliches Vorwerk
C Kapelle
D Italienischer Turm
E Französischer Turm
F Schlangenturm
G Deutscher Turm
H Englischer Turm
I Nord-Bastion

Einige Reste der antiken Stadtmauer sind im westlichen Teil des Ortes und zum Berg hin zu erkennen, ebenso das westliche Stadttor aus dem 4. Jh. v. Chr. Am Berg oberhalb des Ortes liegt das antike Theater (wahrscheinlich 3. Jh. v. Chr.). Man sieht dort die unteren, zum Teil restaurierten Sitzbänke aus Marmor; der Bühnenbau ist zerstört. Rechts davon, noch weiter oberhalb, sind Grabkammern in den Felsen gehauen. Ob es sich wirklich um Gräber handelt und wann sie entstanden sind, ist nicht zu bestimmen. Von hier oben hat man den berühmten Blick auf Bodrum mit Kastell und Küstenlandschaft, der von der türkischen Touristenwerbung immer wieder abgebildet wird und der auf Briefmarken wie auf Titelbildern von Fotobänden zu finden ist.

Kastell St. Peter

Besichtigung täglich 9–12 und 14–18 Uhr, Eintrittsgebühr. Es steht an der Stelle einer dorischen Siedlung, die ehemals auf einer Insel erbaut worden war; später wurde sie mit dem Land verbunden. Die Johanniter fanden eine türkische Festung (14. Jh.) vor und bauten sie unter Verwendung der Trümmer des Mausoleums zu einem Stützpunkt für ihre Handelsunternehmungen, der die an Tamerlan verlorenen Besitzungen in Izmir ersetzen sollte. Der erste Mauerring geht auf den Deutschen Heinrich Schlegelholt zurück. Unter dem Großmeister Pierre d'Aubusson (1476–1503) wurden die Mauern verstärkt.

Vom Englischen Turm und den Außenbastionen schöner Blick auf die Stadt. Unter den Osmanen wurde das Kastell Verbannungsort und die Kapelle Moschee.

Die Burg enthält das bedeutende *Museum* von Bodrum, das in drei Räumen installiert ist. Zahlreiche Objekte aus Marmor sind im Freien aufgestellt.

1. Raum (ehemalige Kapelle von 1520)
   Das einzige Relief vom Fries des Mausoleums, das noch in Bodrum ist: Kampf zwischen einem Griechen und einer schon am Boden liegenden Amazone. Keramik und Vasen von der mykenischen Zeit (15.–12. Jh. v. Chr.) bis zum 8. Jh. v. Chr. aus örtlichen Grabungen.
2. Raum (»Karien-Raum«)
   Funde aus der Umgebung (vorgeschichtliche bis byzantinische Zeit): Keramik, Bronze, Silbermünzen, Glas, Terrakotten, Porträtköpfe. Abguß der Bronzebüste (vermutlich Demeter darstellend), die man aus dem Meer geborgen hat (Original im Museum von Izmir).
3. Raum (Raum der Unterwasserarchäologie)
   Funde von Teilen und von der Ladung verschiedener Schiffe, die zu unterschiedlichen Zeiten in der Nähe untergingen, zuerst von Schwammtauchern, später durch die Forscher der Pennsylvania Universität geborgen: Weinamphoren, Steinanker, Keramik, Lagerfässer eines sehr alten Schiffes (3. Jh. v. Chr.). Besonders zu beachten die Bonzestatue eines Negerknaben und eine kleine Figur, die die ägyptische Göttin Isis darstellt, außerdem Bronzebarren (wie ausgespannte Tierhäute aussehend) und Bronzetäfelchen, die wohl als Geld verwendet wurden.

Im Freien, vor der Westmauer und auf der Terrasse: Architekturteile, Rundaltäre, eine Sphinx vom Tempelgiebel in Labranda, Grabreliefs und einige römische Statuen.

Ausflüge

Fischerdorf *Gümüşlük*, 25 km westlich. In der Nähe der antike Hafen von Myndos, Reste der Stadtmauer, Ruinen einer byzantinischen Kirche. Fischerdorf *Turgut Reis* (Karatoprak), 20 km westlich.

Insel Kara Ada (schwarze Insel), 8 km vor der Küste, mit einem Boot in 15 Minuten erreichbar. Warme Schwefelquelle in einer Grotte.

Stratonikeia

Anfahrt: Von Milas 36 km auf der Straße 330 in Richtung Yatağan zum Dorf Eskihisar.
Eskihisar (Alte Burg) wurde 1958 durch ein Erdbeben zerstört; man baute es bis 1979 an etwas anderer Stelle wieder auf, aber da es am Rande eines Braunkohlen-Tagebaugebietes liegt, besteht weiter die Gefahr, daß es aufgegeben werden muß. Da die Kohleförderung auch die Ruinen von Stratonikeia gefährdet, untersucht die Universität von Konya die antiken Reste. Es wird erwogen, die bedeutendsten Stücke zu transferieren.
An Ort und Stelle sieht man die kleinen Häuser des aufgegebenen Dorfes und Gärten zwischen den Ruinen unter hohen Bäumen. Zu erkennen sind eigentlich nur die Mauern des »Tempels« und des Stadttors im Norden.

Geschichte

Der Seleukide Antiochos I. Soter (281–262 v. Chr.) gründete hier eine Stadt, die er nach seiner Stiefmutter und späteren Gemahlin Stratonike benannte. Mehrere antike Schriftsteller berichten zwar von einem älteren Ort und auch von einem Versammlungsort der karischen »Chrysaorischen Liga«, der in der Nähe gelegen haben muß, aber eine genaue Lokalisierung dieses Heiligtums war noch nicht möglich. Stratonikeia gehörte dann von 279–268 v. Chr. zur Peraia (Festlandbesitz) von Rhodos, zeitweilig dem König Philipp V. von Makedonien, wurde 88 v. Chr. von Mithridates VI. von Pontos eingenommen, konnte aber den Parther Labienus 40 v. Chr. abwehren, der dafür das Heiligtum von Lagina plünderte. In der römischen Zeit war es wohlhabend, unter den Byzantinern Bischofssitz.

Besichtigung

In der Mitte des ehemaligen Stadtgebietes sind die Mauern eines Gebäudes zu sehen, das an seiner Nordwand Inschriften in griechischer und lateinischer Sprache trägt. Eine davon an der Innenseite erwähnt neben anderen den ägyptischen Gott Serapis, dessen Kult in der Kaiserzeit sehr verbreitet war. Man nahm daher an, daß es sich um einen Serapistempel handelte; später fand man an der Außenseite der gleichen Wand ein Preisedikt des Kaisers Diokletian, was mehr auf ein Rathaus (Buleuterion) schließen ließ. Westlich davon ist noch die Schwelle eines Tores zum »Tempelbezirk« erhalten, etwas südlich wurde ein Bezirk (85 × 50 m) ausgegraben, der als Gymnasion gedeutet wird. An seiner Nordseite drei Räume, einer mit halbkreisförmigem Grundriß, ein

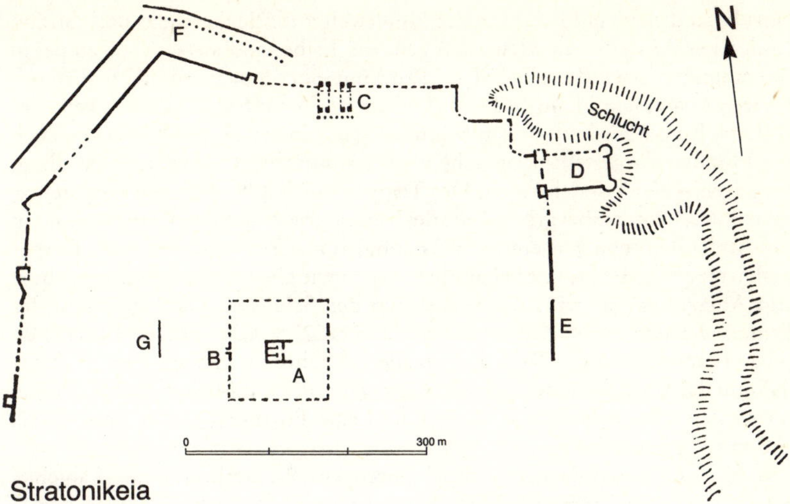

Stratonikeia

A Serapis-Tempel
B Tor zum Tempelbezirk
C Stadttor
D Kastell
E Stadtmauer
F Säulenstraße
G Gebiet der Agora

anderer mit kanellierten Halbsäulen, die eine Wand gliedern. Am Nordrand des Ortes steht noch ein Teil des Stadttors mit zwei gewölbten Durchgängen; im Inneren bezeichnet eine aufrechtstehende Säule ein ehemaliges Nymphäum. 300 m östlich die Quadermauer einer Burg. Im Süden liegt das Theater, von dem man nur undeutlich Cavea und ein paar Sitzreihen erkennen kann, dabei die Reste des Bühnenbaus.

Im Dorf gegenüber der Schule ist ein kleines Museum eingerichtet. Bemerkenswert ist hier der Grabstein eines Mannes, der in Halbfigur mit maskenhaftem, fast gorgoähnlichem Gesicht dargestellt ist.

Mit Stratonikeia waren die beiden Heiligtümer von Lagina und Panamara durch Straßen verbunden:

Lagina

Der fast 10 km lange, ganz gerade Weg von Stratonikeia nach Lagina ist heute natürlich nicht befahrbar. Man fährt von Eskihisar auf der Straße 330 in Richtung Yatağan etwa 10 km weiter und zweigt dann links ab nach Turgut (9 km gute Straße).

Dort befand sich ein Heiligtum der Unterweltgöttin Hekate, das nach Strabo zu den berühmtesten in Kleinasien gehörte. Es bestand aus einem Tempel in einem ummauerten Bezirk (150 × 120 m) mit einer Stoa, vermutlich auch mit Altären und einem Heiligen Hain. Hekate ist die Göttin an der Schwelle der Unterwelt und wird mit einem Schlüssel (zur Unterwelt), einer Fackel, auch mit Hunden dargestellt; wahrscheinlich stammt ihre Gestalt aus sehr alten, vorgriechischen Vorstellungen. Der Tempel wurde 1891/92 noch unsystematisch untersucht, wobei große Teile des Tempelfrieses gefunden wurden und in das Archäologische Museum von Istanbul transferiert worden sind. Dargestellt ist jeweils Hekate mit bekannten Szenen wie Gigantenkampf, Zeusgeburt und Amazonen; sie trägt die Fackel und den Schlüssel. Die Friese und der Tempel wurden in die Zeit zwischen 125 und 27 v. Chr. datiert. Inschriften geben Hinweise auf den Kult: Es gab alle vier Jahre ein Hekate-Fest (Hekatesia) und das jährliche Fest des Schlüsseltragens, das mit Mysterien und Orakel verbunden war, sieben Tage dauerte und eine Prozession nach Stratonikeia und zurück einschloß.
Um 40 v. Chr. wurde der Tempel durch ein Partherheer unter Labienus geplündert, wobei vermutlich das Kultbild der Hekate verlorenging.
Heute ist an dieser früher so bedeutsamen Stätte außer einem aufrechtstehenden Tor nur wenig zu sehen.

Panamara

Der Zeustempel von Panamara liegt etwa 11 km südöstlich von Stratonikeia und war mit diesem durch eine gepflasterte Straße verbunden. Man kann den Ort nur durch einen Fußmarsch von etwa 3–4 Stunden erreichen; die sehr geringen Ruinen liegen auf einem Hügel bei dem Dorf Bağyaka. Hier haben noch keine Ausgrabungen stattgefunden. Im Tempel des Zeus Panamaros (»sanft, voller Tageslicht«) und seiner Gemahlin Hera fanden Feste mit Mysterien statt. Außer den Resten einer Mauer (ca. 80 m), die den Tempelbezirk umgab, sind nur ungeordnete Steine zu sehen. Vielleicht wird einmal eine Grabung den Tempel erschließen; da er nicht wie Lagina von Labienus eingenommen werden konnte, sind Ergebnisse zu erwarten.

Alabanda, Alinda, Gerga

Drei karische Ruinenstädte, in denen bisher noch keine nennenswerten archäologischen Grabungen stattgefunden haben; bei allen beeindruckt die eigenartige Landschaft.

Myra. Felsengräber ▷

Alabanda

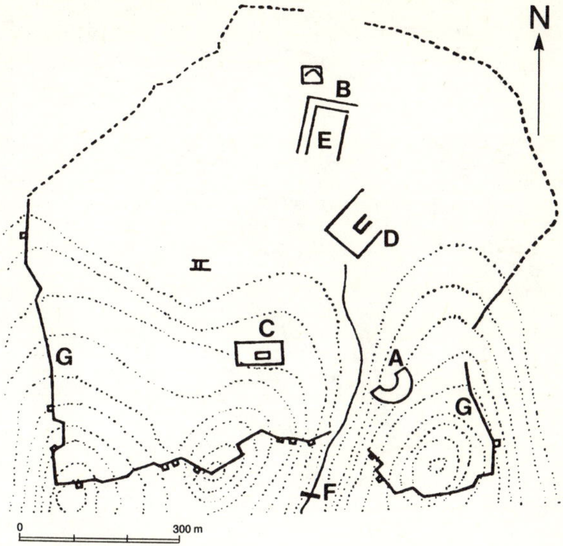

Alabanda

A Theater
B Buleuterion
C Dorischer Tempel
D Apollon-Tempel
E Gebiet der Agora
F Aquädukt
G Stadtmauer

Anfahrt: Von Aydın auf der Straße 550 in Richtung Muğla 30 km, rechts ab in Richtung Karpuzlu; nach ca. 8 km das Dorf Araphisar mit den Ruinen von Alabanda.

Die ehemals wohlhabende römische Freie Stadt war nach Vitruv der Geburtsort des berühmten Architekten Hermogenes (2. Jh. v. Chr.). Er erbaute bzw. entwarf unter anderem den Dionysostempel in Teos und den Artemistempel in Magnesia am Mäander.

Man sieht heute in der Hügellandschaft Reste der Stadtmauer aus hellenistischer Zeit. Auch das Buleuterion ist hellenistisch, mit Mauern aus großen Granitquadern und einer langen Reihe kleiner, fensterartiger Öffnungen im Zwischengeschoß des ehemals dreigeschossigen Baus; innen kann man noch die halbkreisförmige Sitzanlage andeutungsweise erkennen. Auf einem großen Platz davor dürfte sich eine Agora mit Säulenhallen befunden haben, 250 m weiter nach Süden stand der Apollontempel, der wahrscheinlich von Hermogenes gebaut wurde; von beidem ist heute praktisch nichts mehr zu sehen. Das Theater ist noch einmal 600 m weiter südlich in den Hang gebaut; es hat einen Durchmesser von 35 m. Auf der Höhe des Hügels stand ein kleiner dorischer Tempel mit 6 × 11 Säulen; von dem nicht bedeutenden Bau sind einige Säulentrommeln noch zu sehen. Hier wurde einmal von türkischer Seite gegraben.

◁ *Fethiye. Lykische Felsengräber*

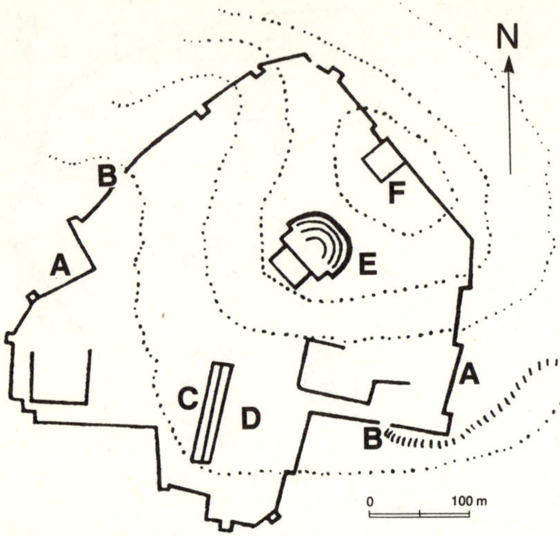

Alinda

A Stadtmauer
B Tore
C Markthalle
D Gebiet der Agora
E Theater
F Turm

Alinda

Man fährt von Alabanda ca. 20 km weiter in Richtung Karpuzlu.

342 v. Chr. fand hier die Schwester des Mausolos von Halikarnass, Ada, Zuflucht vor der Verfolgung durch ihren jüngeren Bruder Pixodaros. Sie bot Alexander dem Großen an, ihn zu adoptieren, worauf er tatsächlich mit seinen Truppen nach Alinda zog und annahm. Er nannte sie Mama und übertrug ihr als Königin die Verwaltung von Karien, während sie ihm half, die Perser aus Halikarnassos zu vertreiben. Damals begann die Bedeutung der kleinen Stadt, die zeitweilig »Alexandria am Latmos« hieß. Später war sie unter Antiochos III. seleukidische Garnisonsstadt.

Alinda besteht aus einer Unter- und Oberstadt am Berghang hinter den kleinen Häusern des Dorfes Karpuzlu; beide waren befestigt. Man sieht Reste der Stadtmauer (hellenistisch und römisch) mit Türmen, zahlreiche Mauerreste und auf einer Hügelkuppe im Nordwesten eine Festung, die zweifellos Zufluchtsort war. In der Oberstadt, deren Bauten meist aus hellenistischer Zeit stammen, ist ein Theater gut erhalten (in römischer Zeit ausgebaut; großartige Aussicht in die Landschaft). Die bedeutendste Ruine ist die einer dreigeschossigen Markthalle, von der die 100 m lange Mauerfront in voller Höhe noch fast unbeschädigt aufrecht steht, dahinter eine Pfeilerreihe. Sie ist das besterhaltene Bauwerk dieser Art in ganz Kleinasien. Es gibt ferner die Reste einer Nekropole mit karischen Nischengräbern und Monolith-Sarkophagen und, jenseits der Burg, einen primitiven Aquädukt.

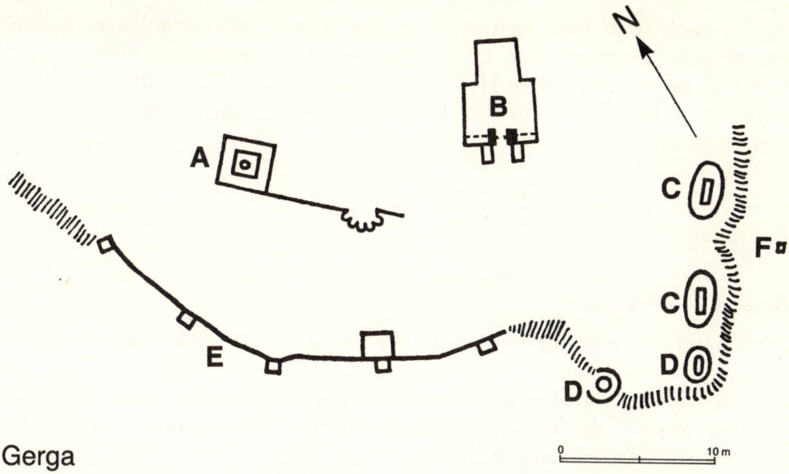

Gerga

A Basis mit umgestürztem Fragment einer Statue
B sog. Tempel
C Stelen
D Blöcke mit vertiefter Oberfläche
E Stützmauer der Terrasse
F gestürztes Statuenfragment

Gerga

Gerga fällt insofern aus dem Rahmen der beschriebenen Ziele, als sein Besuch einen mehrstündigen Fußmarsch erfordert und ein Führer gebraucht wird, aber die Denkmäler sind sehr eigenartig und interessant.

Fahrt von Aydın über Çine nach Eskiçine, 44 km. Dort oder in Çine nimmt man einen Führer. Gerga liegt wenige Kilometer im Osten von Eskiçine, man fährt aber auf der Straße nach Muğla weiter, bis links antike Brückenbögen über ein Flußbett führen; von dort zu Fuß in nördlicher Richtung etwa 1½ Stunden.

In Eskiçine gibt es eine nicht uninteressante seldschukische Moschee und die Türbe eines Feldherrn Ahmed Gazi.

Wenn man an den Felsen die griechischen Inschriften ΓΕΡΓΑΣ (Gergas) erkennt, ist das Ziel bald erreicht. Das Hauptdenkmal ist ein Bau aus mächtigen Granitquadern, vielleicht ein Grabtempel oder ein Tempel (4 × 6,5 m). Man erkennt die Seitenwände einer Vorhalle. Unter dem intakten Giebel ist wieder das Wort »GERGAS« eingehauen. Die Art der Schrift und die viereckige Apsis weisen in die römische Kaiserzeit. Auch ein Brunnenhaus trägt die Inschrift sowie mehrere Steine. Einzigartig ist die Form zweier flacher menschlicher Figuren aus Stein, die als Torso erhalten sind und 3,40 bzw.

3,50 m hoch sind. Eine weitere Figur liegt etwas entfernt auf dem Boden. Ferner gibt es menhirartige aufrechtstehende Steine mit Inschriften.
Der Kult dieses rätselhaften Heiligtums ist unbekannt. Vielleicht bestand hier schon im 1. Jh. v. Chr. ein alter karischer Kultort, auch an ein Priestergrab wurde gedacht.

Konya

Anfahrt von Ankara

259 km auf der asphaltierten Straße 715, vor Konya als Schnellstraße ausgebaut.
109 km Kulu, ein großes Dorf von 9000 Einwohnern, dann am Tuz Gölü (Salzsee) entlang, der je nach der Jahreszeit seine Ausdehnung ändert und im Sommer ein riesiges Sumpfgebiet ist.
Mit dem *Bus:* Tägliche Verbindung von Istanbul nach Konya; von Ankara nach Konya, von Izmir wie von Adana nach Konya.
Mit dem *Zug:* Täglich fährt ein D-Zug von Istanbul (Haydarpaşa) nach Konya. Abfahrt 8.05 – Ankunft 20.43 Uhr.

871 000 Einwohner, 1027 m, Provinzhauptstadt
Konya liegt mit seinen hübschen Sommerwohnorten und Gärten wie eine Oase inmitten einer steppenartigen Landschaft. Dieser Eindruck wird natürlich durch das Anwachsen der Einwohnerzahl immer mehr verdeckt, es hat sich zum Handwerk (Teppiche) und Handel (Getreide, Baumwolle, Schafzuchtprodukte) auch Industrie angesiedelt (Zuckerraffinerie, Zementwerke, Lebensmittelfabriken, auch eine Andenkenindustrie), aber der Charakter der Stadt wird immer noch weitgehend von ihrer ruhmreichen Vergangenheit bestimmt. Nach wie vor herrscht bei den Einwohnern die konservative, religiöse und nationalistische Einstellung vor.
Die Provinz Konya umfaßt als größte Provinzialeinheit des Landes die abflußlosen und daher vielfach versalzten Hochbecken des südlichen Inneranatolien bis zum Tuz Gölü, dem größten Salzsee der Türkei, sowie die nördlichen Randketten des mittleren Taurus. Da hier unmittelbar am Gebirgsrand durch die zahlreich herabkommenden Flüßchen trotz des typisch zentralanatolischen Klimas in 1000 m Höhe ü. d. M. genügend Wasser zum Aufstau und zu künstlicher Bewässerung zur Verfügung steht, schalten sich zwischen Strecken mit steppenhaftem Charakter oder großflächigem Getreideanbau (»Kornkammer der Türkei«) immer wieder oasenartige Gebiete mit üppigen Frucht- und Gemüsegärten, wie die Gegend von Çumra ein.

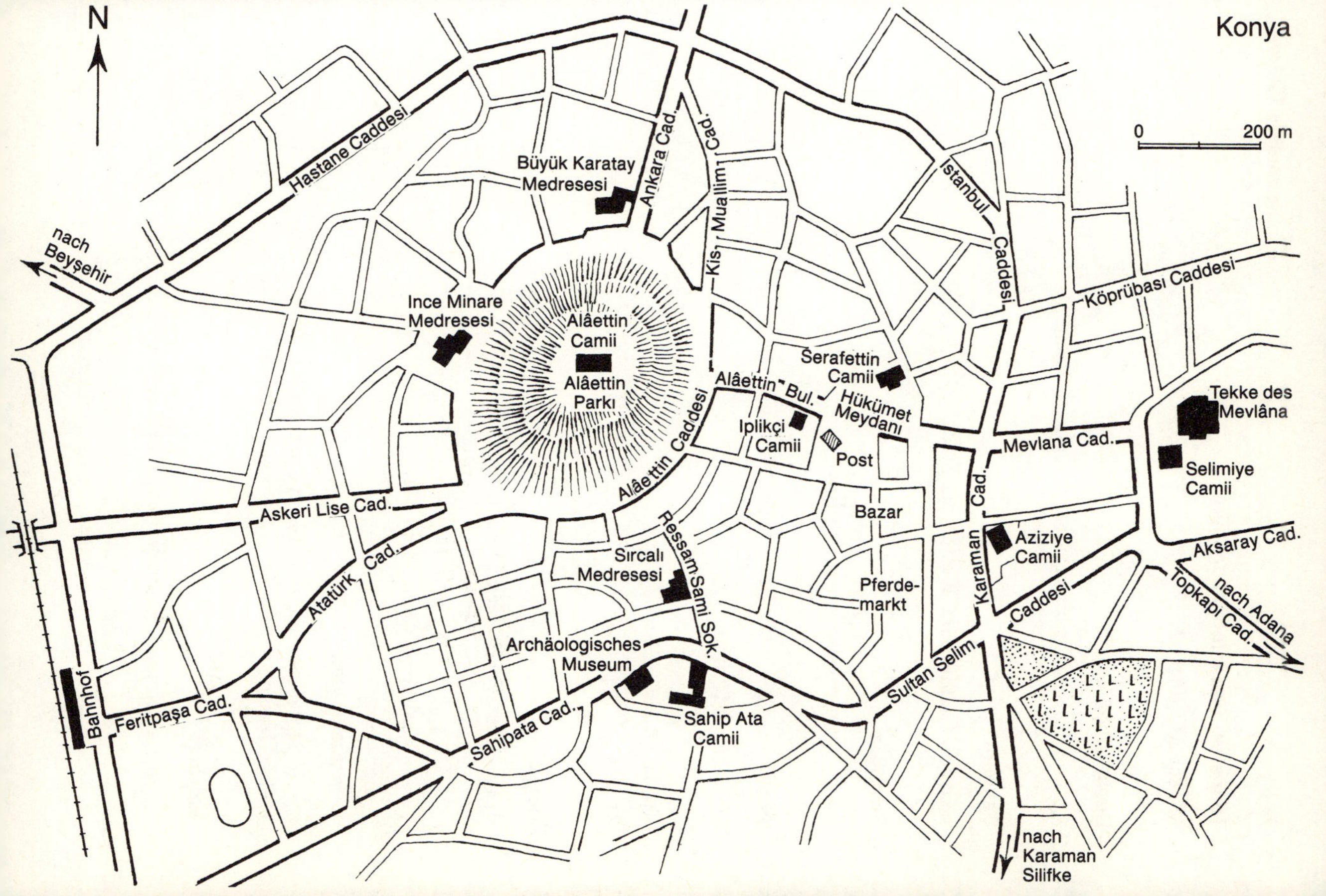
Konya
N
0
200 m
Hastane Caddesi
nach Beyşehir
Büyük Karatay Medresesi
Ankara Cad.
Kis Muallim Cad.
Istanbul Caddesi
Köprübası Caddesi
Ince Minare Medresesi
Alâettin Camii
Alâettin Parkı
Alâettin Caddesi
Alâettin Bul.
Şerafettin Camii
Hükümet Meydanı
Iplikçi Camii
Post
Tekke des Mevlâna
Selimiye Camii
Mevlana Cad.
Bazar
Askeri Lise Cad.
Atatürk Cad.
Sırcalı Medresesi
Ressam Sami Sok.
Karaman Cad.
Aziziye Camii
Aksaray Cad.
Topkapı Cad.
nach Adana
Pferdemarkt
Caddesi
Sultan Selim
Archäologisches Museum
Sahip Ata Camii
Sahipata Cad.
Feritpaşa Cad.
Bahnhof
nach Karaman Silifke

Touristen- und Informationsbüro

Mevlâna Caddesi 21.

Busbahnhof

Außerhalb von Konya, an der Straße nach Istanbul.

Bahnhof

Istasyon Caddesi, im Westen der Stadt.

Flugplatz

Sille, 10 km nordwestlich von Konya.

Post

Hükümet Meydanı.

Krankenhaus

Hastahane Caddesi.

Hotels

3. Kl. Özkaymak Park Oteli, Otogar Kaşısı
Şahin Oteli, Hükümet Alanı 6
Başak Palas Oteli, Hükümet Meydanı 3
Yeni Sema Oteli, Yeni Meram Yolu

Veranstaltungen

9.–10. September Wettkampf im Speerwerfen auf Pferden
2.–17. Dezember Fest der Tanzenden Derwische

Einkäufe

Teppiche, Kelims, Kupferwaren, Mevlâna-Souvenirs (Schallplatte)

Geschichte

Konya, das alte *Iconium,* ist eine der ältesten Städte der Türkei; Funde weisen auf eine Besiedlung im 3. Jt. v. Chr. hin. In römischer Zeit gehörte die Stadt zur Provinz Asia; sie nahm zu Ehren des Kaisers Claudius den Namen *Claudiconium* an, später nannte sie sich, um Hadrian zu gefallen, *Colonia Aelia Hadriana.* Schon sehr früh nahm die Bevölkerung den christlichen Glauben an: Nach der Apostelgeschichte haben sich Paulus und Barnabas hier aufgehalten (vgl. Apostelgeschichte 14, »Paulus zu Ikonion«). Bereits im 2. Jh. war sie ein wichtiges religiöses Zentrum der Christen. – Politische und wirtschaftliche Bedeutung erlangte Konya, als es 1097 die Hauptstadt der Seldschuken wurde. Dieser Turkstamm war im 11. Jh. unter seinem Führer Seldschuk vom Aralsee aus aufgebrochen, um in ganz kurzer Zeit den größten Teil Kleinasiens zu erobern. Die ersten drei Kreuzzüge brachten ihrem Reich heftige Kämpfe und Unruhen. Im dritten Kreuzzug besiegte Kaiser Friedrich I. Barbarossa am 18.–26. Mai 1190 ihr Heer vor den Mauern von Konya; die Stadt selbst konnte er nicht einnehmen.

Die größte Blüte erlebte das Seldschukenreich unter Sultan Alâettin Keykobat (1219–1236), der 11 Jahre in der Verbannung am Hof von Byzanz gelebt und dort die europäische Kultur kennengelernt hatte. Er umgab die Stadt mit gewaltigen Mauern und 108 Türmen und ließ zahlreiche Bauten errichten, die noch heute das Stadtbild Konyas bestimmen und seine kunsthistorische Bedeutung ausmachen. Keykobats Hof entwickelte sich zu einem bedeutenden Kulturzentrum: zahlreiche Künstler und Wissenschaftler wurden dorthin berufen, z. B. im Jahre 1228 der Philosoph Mevlâna Celâlettin Rumi, der Begründer des Ordens der Tanzenden Derwische. – Auch die Wirtschaft blühte unter seiner Herrschaft auf, nicht zuletzt dadurch, daß er Handelsbeziehungen zu Venedig und Genua aufnahm. Auf das Betreiben seines Sohnes hin wurde dieser Sultan ermordet; damit begann der Niedergang des Seldschukenreiches. Schon im 13. Jh. fielen die Mongolen ein und verwüsteten weite Gebiete. Der letzte Seldschukenherrscher wurde 1307 erwürgt. Im Jahre 1327 kam die Stadt an die Herren von Karaman; 1466 gliederte sie Mehmet II., der Eroberer Konstantinopels, dem Osmanischen Reiche ein.

Sehenswürdigkeiten (Rundgang)

Als Orientierungspunkt dient der niedrige Hügel in der Mitte der Stadt; hier befand sich die älteste Siedlung, später die Zitadelle. Heute ist der Hügel in einen Park verwandelt; auf seiner Kuppe stehen noch die *Alâettin Camii* und die Reste des Alâettin-Palastes. Die Alâettin Camii wurde unter Sultan Masud I. (1107–1156) begonnen und 1219–1236 von Alâettin vollendet. Eine Inschrift erwähnt den Architekten: Mohammed ben Khaulān aus Damaskus;

Konya, Alâettin Camii

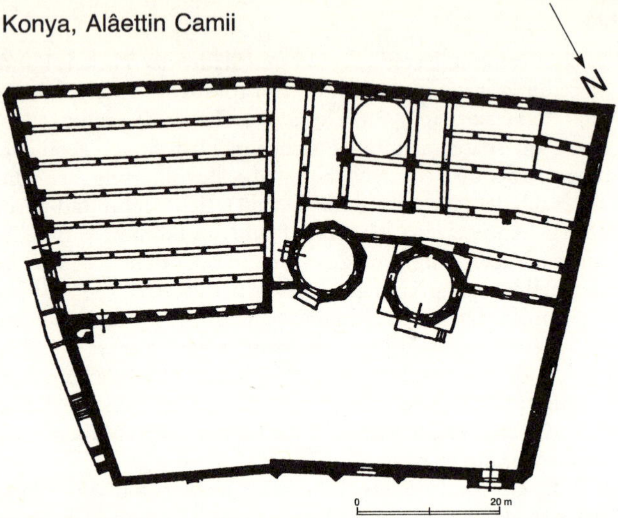

die Moschee ist im syrisch-arabischen Stil als Hofmoschee gebaut. Im sog. Sanktuarium tragen 42 antike Säulen mit typischen byzantinischen Kapitellen die Holzdecke. Der hölzerne Mimbar stammt aus dem Jahre 1156, desgleichen ein schöner Mihrab aus Marmor und Stuck. Im Hof zwei Türben; die eine ließ Alâettin als Grablege für seine Ahnen errichten (Masud, Kılıç Arslan III., Keyhusroe I. u. a.). Unterhalb der Moschee der *Palast des Alâettin;* nur sein Marmorportal mit Inschriften und der Jahreszahl 1220/21 sowie Mauerreste sind erhalten und von einer Art Betonbaldachin überdacht. Nach älteren Berichten konnte man noch 1850 Räume mit bunten Holzdecken sehen.
Nördlich des Hügels die *Büyük Karatay Medresesi.* Öffnungszeit: 9–12, 13.30–17 Uhr, außer montags. Ehemals eine theologische Schule, 1251 von dem Emir Karatay gestiftet. Heute ist darin ein Fayence-Museum untergebracht, Ausstellungsstücke von der seldschukischen bis zur heutigen Zeit. Von besonderem Interesse die emaillierten Fliesen, die bei den Ausgrabungen des 1227 erbauten Palastes von Kubadabad am Westufer des Beyşehir-Sees gefunden wurden. Die Wände des Gebetsraumes sind mit blauen Fayencen geschmückt; unter dem Saum der blauen Kuppel in kufischen Buchstaben eine friesartige Inschrift aus dem Koran. Links ein Raum mit dem Grab des Karatay († 1254).

Im Osten des Hügels die *Ince Minare Medresesi.* Öffnungszeit: 9–12, 13.30–17 Uhr. Heute Museum für Holz- und Steinplastik. Sie wurde 1265–69 von dem

Architekten Haluk ben Abdullah für den Wezir Fahrettin Ali als Hochschule gebaut; ein besonders schönes Beispiel für den ornamentreichen Seldschukenstil. Über dem Portal wieder zwei senkrechte, ineinander verschlungene Inschriftenfriese mit Koransprüchen in der Neßchi-Schrift. Große Teile des mit Fayencen verkleideten Minaretts wurden 1901 durch Blitzschlag zerstört; den noch erhaltenen Rest zieren geometrische Ornamente. – Im Museum seldschukische Stein- und Holzarbeiten. Von besonderem Interesse die Reste des figuralen Schmucks von der Zitadelle in Konya: Löwenplastiken; Reliefs, darauf unter anderem ein Doppeladler, ein Mann auf einem Klappstuhl mit einer kleineren vor ihm stehenden Figur – vielleicht ist damit ein Sultan mit seinem Günstling gemeint –, ein sitzender Mann mit untergeschlagenen Beinen, geflügelte Siegesgötter; ein Fries mit Fabelwesen und Elefanten u. a.

Im Südwesten des Hügels die *Sırçalı Medresesi* (Kristall-Medrese), 1242 von dem Wesir Bedrettin Muslih gebaut; ein Portal, reich mit geometrischen Oranamenten geschmückt, im Inneren schöne Fayencen und seit 1963 eine Sammlung türkischer Grabsteine.

Von hier in südlicher Richtung zur *Sahip Ata Camii,* darin ein Oratorium (Hanıkah) und eine Türbe, 1269–83 von dem Wesir Fahrettin gebaut, mit reich verziertem Portal und einem fayencegeschmückten Mihrab. Rechts daneben das 1962 erbaute *Archäologische Museum.* Öffnungszeiten: 9.30–12, 13–17 Uhr, außer montags und Dienstag vormittags. In dem einzigen Saal (25 × 12 m) schöner Sidamara-Sarkophag mit Reliefszenen der 12 Arbeiten des Herkules (3. Jh.). Römische Plastik und Gläser, Statuetten aus Bronze und Ton. – Dann in östlicher Richtung die Sultan Selim Caddesi entlang bis zur *Selimiye Camii,* dem schönsten Denkmal der osmanischen Kunst in Konya, unter Sultan Selim II. 1512–20 errichtet. In unmittelbarer Nähe die *Tekke des Mevlâna,* das Kloster der Tanzenden Derwische, mit dem Mausoleum des Gründers Mevlâna (d. h. »unser Herr«) Celâlettin Rumi (geb. um 1207 zu Balch in Chorassan; gest. 1273 in Konya), des bedeutendsten mystischen Dichters der Perser, der mit seiner Lehre die Gesamtheit der religiösen Konfessionen ansprechen wollte. Das Oberhaupt des Ordens hatte das Recht, jeden neuen Sultan in Eyüp (Istanbul) mit dem Schwerte Osmans zu gürten, ein Zeremoniell, dessen Symbolik und Bedeutsamkeit vergleichbar ist mit der Krönung der deutschen Könige und Kaiser des Mittelalters durch die Erzbischöfe von Mainz oder Köln. Das Kloster wurde im 13. Jh. gegründet und bestand bis 1925. Seit 1926 ist in seinen Gebäuden das *Islamische Museum* eingerichtet, das zu den interessantesten Museen der Türkei zählt. (Öffnungszeiten: täglich außer montags 9.30–12.00 Uhr, 13.30–17.00 Uhr.) Die Legende berichtet, daß an der Stelle des Klosters sich einst ein Garten befand, den Alâettin Keykobat dem Vater Mevlânas schenkte, der auch an diesem Ort bestattet wurde. Die Türbe, die Grüne Kuppel, wurde über dem Grab

Mevlânas, seines Sohnes Veled und seines Vaters 1295 errichtet. Alle anderen noch heute stehenden Bauten stammen aus dem 16. Jh. oder sind Erneuerungen späterer Zeit.

Besichtigung des Mevlâna-Museums

Durch das *Derwisch-Tor* (1) in den Hof – links das Löwenbassin, rechts der Şadırvan (Reinigungsbrunnen) – Zum *Mausoleumsportal* (2). Auf dem hölzernen Gitterwerk eine Platte mit der persischen Inschrift: »Diese Stätte wurde die Kaaba der Verliebten. Hier hat man die Vollendung erlangt.« Es folgt der *Raum für Kalligraphie* (3); durch die silberne Tür (1599) in den Saal des *Mausoleums* (4), rechts und links Derwischgräber. In den Vitrinen Werke Mevlânas (Divân-i Kebir), seines Sohnes Sultan Veled (Divân Sultan Veled), das Aprilgefäß, ein mit Gold und Silber tauschiertes Bronzegefäß aus Mossul, 14. Jh. Silberne Stufen und ein silbernes Gitter (1597) führen hinauf und versperren den Zugang zur *Grünen Kuppel* (5), unter der sich die Marmorgräber für Mevlâna und Sultan Veled und der Holzkenotaph für den Sultan der Gelehrten (Vater Mevlânas) befinden. Der Kenotaph Mevlânas ist mit einem kostbaren Brokattuch bedeckt, das Sultan Abdülhamit II. (1876–1909) stiftete. 4 Säulen tragen die Bögen, auf denen sich ein Stalaktitengewölbe bis zu einer Höhe von 25 m hochzieht. Anschließend im Osten die *Gräber von 65 Familienmitgliedern* (6) – die der Männer sind durch eine Derwischmütze gekennzeichnet. Nach Norden der *Kultübungssaal* (7) (Semahane), der unter Süleyman dem Prächtigen erbaut wurde. An der Ostseite die Loge der Honoratioren, an der Nordseite die der Musiker. An den Wänden Teppiche von Kula, Gördes, Uşak u. a. In den Vitrinen: Musikinstrumente, Kleidungsstücke von Mevlâna, Veled, Şems, Holzarbeiten, Geschenke von den Mamlukenherrschern und von den Osmanen. Nach Westen anschließend das *Bethaus* (8) (Mesçit). In Vitrinen: Gebetteppiche, darunter der des Mevlâna (?), religiöse Handschriften vom 12.–19. Jh., Rosenkränze, ein Perlmutterkästchen mit einem Barthaar Mohammeds. An der Nord-, Ost-, Südseite des Heiligtums Friedhöfe. Beim Rückweg zum Derwisch-Tor links der *Küchenpavillon* (9), in dem gekocht wurde und die Novizen 1001 Tage lang zum Ordenseintritt vorbereitet wurden. Rechts die *Derwisch-Zellen* (10); die beiden ersten Zellen sind wie in alter Zeit eingerichtet. Im anschließenden *Teppichmuseum* ist eine vorzügliche Sammlung von anatolischen Teppichen ausgestellt. Im Textilmuseum sieht man Samt und Brokat aus Bursa, klassische türkische Stoffmuster (Granatapfel, Tulpe, Nelke, Zypresse).

Aziziye Camii, Karaman Caddesi, 1872 zu Ehren des Sultans Abdülaziz anstelle der abgebrannten Moschee aus dem 17. Jh. erbaut.

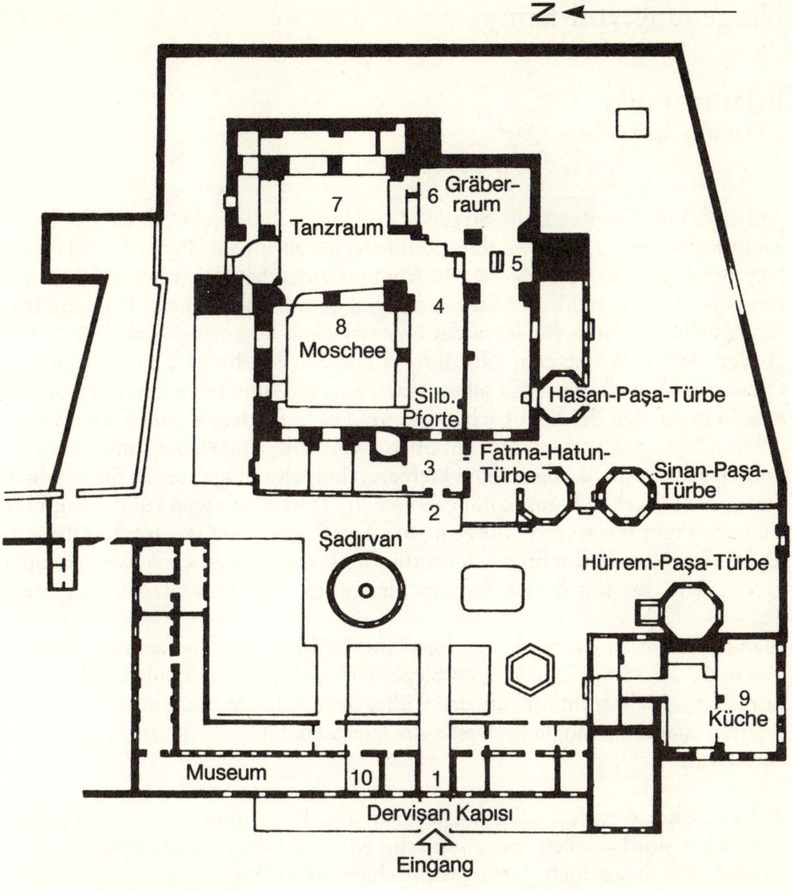

Konya, Mevlana Tekke

1 Derwischtor
2 Mausoleumsportal
3 Raum für Kalligraphie
4 Saal des Mausoleums
5 Grüne Kuppel
6 Gräber der Familienmitglieder
7 Kultübungssaal (Tanzraum)
8 Bethaus (Moschee)
9 Küchenpavillon
10 Derwischzellen

Iplikçi Camii, Alâettin Bulvarı, 1182 oder 1202 erbaut. Von 1938–1962 Archäologisches Museum.

Umgebung von Konya

Eflâtun Pınar
(»Platon-« bzw. »lila« Quelle)

Anfahrt: Von Konya auf der Straße 330 92 km nach Beyşehir, dann 17,5 km in Richtung Isparta. 200 m vor einer Mühle rechts ab auf eine Piste, die mit einem Jeep befahrbar ist; zu Fuß etwa 40 Minuten (man halte sich immer rechts).
Eine Quelle mit reichlicher Schüttung und dem merkwürdigen Namen »Platon-Quelle« (Eflâtun Pınar) bildet hier vor einer Staumauer einen 30 × 35 m großen Teich. An seinem Nordufer steht ein 7 m breiter, podium-artiger Quaderbau mit einer reliefgeschmückten Fassade zum Teich hin. Die Formen weisen in die Zeit des hethitischen Großreichs unter dem König Tuthaliya IV. (1250–1220 v. Chr.). Man erkennt oben zwei große Flügel, die Sonnendarstellung der Hethiter, darunter eine kleinere, doppelte Flügelsonne. Sie scheinen von 6 menschlichen Figuren mit erhobenen Händen getragen zu werden. Eine sitzende Figur mit spitzer Mütze kann einen Berg- oder Gewittergott darstellen, vielleicht auch die Erde schlechthin im Gegensatz zu einer Wasser- oder Quellgöttin, die mit dem »Hathorschleier« und ebenfalls sitzend dargestellt ist.
Man hat in der Anlage wohl den Rest eines hethitischen Quellenheiligtums zu sehen, das auch den Zweck eines Siegesdenkmals für den König erfüllte. Der Forscher J. Mellaart nimmt an, daß früher oben auf dem Podium vollplastische Figuren standen, möglicherweise die gleichen Götter wie auf dem Relief darstellend.

Meram, 8 km westlich, schöne Gartenanlage, Restaurant.
Sille, 8 km nordwestlich, byzantinische Klosterkirche, Katakomben.
Aladağ, 50 km westlich, Gebirgslandschaft bis 2305 m.

Çatal Hüyük, 35 km auf der Straße nach Karaman, Abzweigung links bis Çumra 12 km, von dort auf der Straße nach Küçükköy, 11 km in nördlicher Richtung. Der östliche Hügel (500 × 300 m, Höhe 17,50 m) wurde 1961/63 von *James Mellaart* angegraben. Man fand hier eine stadtähnliche Siedlung aus der jüngeren Steinzeit, 7. Jt. v. Chr. (Die bedeutenden Ausgrabungsfunde im Archäologischen Museum in Ankara, s. S. 263.) Der westliche Hügel war seit der Kupferzeit besiedelt.

Antalya
(Attaleia)

398 000 Einwohner, Provinzhauptstadt
Anfahrt von Konya 383 km:
Nach 104 km *Beyşehir,* Städtchen mit etwa 6500 Einwohnern, Neugründung des Seldschukensultans Alâettin II. an der Stelle des byzantinischen Karallia. Sehenswert die kleine seldschukische Moschee Eşrefoğlu Camii (1298). Am See von Beyşehir entlang, prachtvolle Aussicht auf den Taurus. 212 km Akseki, Dorf mit etwa 3500 Einwohnern, 303 km Manavgat (s. unten), Abzweigung zu den Wasserfällen von Şelâlesi; vorbei an den Ruinenbezirken von Side, Aspendos und Perge nach Antalya.
Anfahrt von Ankara mit Eisenbahn und Autobus bzw. Taxi.
Antalya hat keine Bahnverbindung, die nächste Station ist das 125 km entfernte Burdur.
Dieseltriebwagen von Ankara nach Burdur fahren jeden Mittwoch und Samstag um 8.05 Uhr ab, Ankunft um 19.00 Uhr. Ein Zug fährt täglich um 14.00 Uhr ab und kommt am nächsten Tag um 10.22 Uhr an (Schlafwagen vorhanden).
Von Burdur (99 000 Einwohner, 930 m), dem alten Arcania Limnae, kann man mit dem Autobus bzw. Taxi oder Dolmuş nach Antalya weiterfahren (127 km, ca. 2¼ Stunden).

Anfahrt von Izmir

Mit der Eisenbahn und dem Autobus (Taxi bzw. Dolmuş): Von Izmir fährt täglich um 6.50 Uhr ein Zug nach Burdur ab. In Burdur warten Autobusse und Taxis auf die Ankunft des Zuges.

Anfahrt von Istanbul

Von Istanbul fährt ein direkter Omnibus in etwa 15 Stunden nach Antalya.

Flugverkehr

Während des Sommers tägliche Flugverbindung mit Istanbul, wöchentlich mehrmals mit Izmir, Ankara und Afyon.

Schiff

Regelmäßige Schiffsverbindung durch die TML (Turkish Maritime Lines) von Istanbul-Izmir entlang der Küste. Am Hafen Verleih von Motorbooten und Yachten.

Antalya, ehemals Hauptstadt des antiken Pamphyliens, heute der gleichnamigen Provinz, ist ein Seehafen an einer malerischen kleinen Hafenbucht der »Türkischen Riviera«. Vor dem Hintergrund von bis über 2500 m hohen Bergen liegt die Altstadt wie ein Amphitheater.
Obwohl Antalya keine Bahnverbindung hat, – es ist geplant, die Bahn von Isparta bis hierher weiterzubauen, – ist es wegen der Schönheit ihrer landschaftlichen Lage, des idealen Klimas, der Sandstrände im Osten und im Westen und der Nähe zahlreicher antiker Ruinenstädte zu einem bevorzugten Reiseziel des Tourismus geworden (das Stadtgebiet selbst ist wegen des enormen Wachstums der Einwohnerzahl zwar kaum noch zur Erholung geeignet, dafür sind viele gute Hotels, auch außerhalb, entstanden).
Die Türkische Riviera hat ihre Anziehungskraft noch nicht verloren: in der weiten Ebene gedeihen Palmen, Maulbeerbäume, Aprikosen, Apfelsinen, Bananen, Melonen, Zuckerrohr, Mais und anderes mehr. Der arabische Weltreisende Ibn Battuta (1304–77) schreibt in seinen Reiseerinnerungen, er habe nirgends so köstliche Aprikosen gegessen wie in Antalya. Im Altertum war diese Gegend für ihre auserlesenen Weine berühmt. Diese Quelle versiegte aber, als durch die Autorität des Korans der Alkoholgenuß zu einem religiösen Vergehen wurde: den gläubigen Moslems ist ja strengste Abstinenz auferlegt. Auch die Olivenanpflanzungen sind verkümmert. Die Blumenfülle ist zu allen Jahreszeiten verschwenderisch; ganz besonders pfleglich und sorgfältig wird hier seit eh und je die Rosenzucht betrieben. Wie im Altertum ist auch heute noch immer das Rosenöl eines der begehrtesten und teuersten Parfüms. In den nahen Bergen wachsen Eichen, Eschen, Tannen, Buchsbäume, und man sieht sogar größere Zedernhaine, eine Seltenheit, die man immer mehr suchen muß. Auch der Tierliebhaber bzw. Jagdfreund wird hier auf seine Kosten kommen: in den Bergen leben Füchse, Wölfe, Marder, wilde Ziegen, Bären, vereinzelt sogar Panther. In der Ebene findet man Rehwild, Wachteln, Rebhühner. Die Bäche sind reich an Forellen und anderen Fischen; im Meer lebt ein buntes Durcheinander von Seefisch-Arten.

Hotels

Luxuskl.	Talya Oteli, Fevzi Çakmak Caddesi (1 km vom Zentrum)
1. Kl.	Turban Adalya Oteli, Kaleiçi Yat Limani

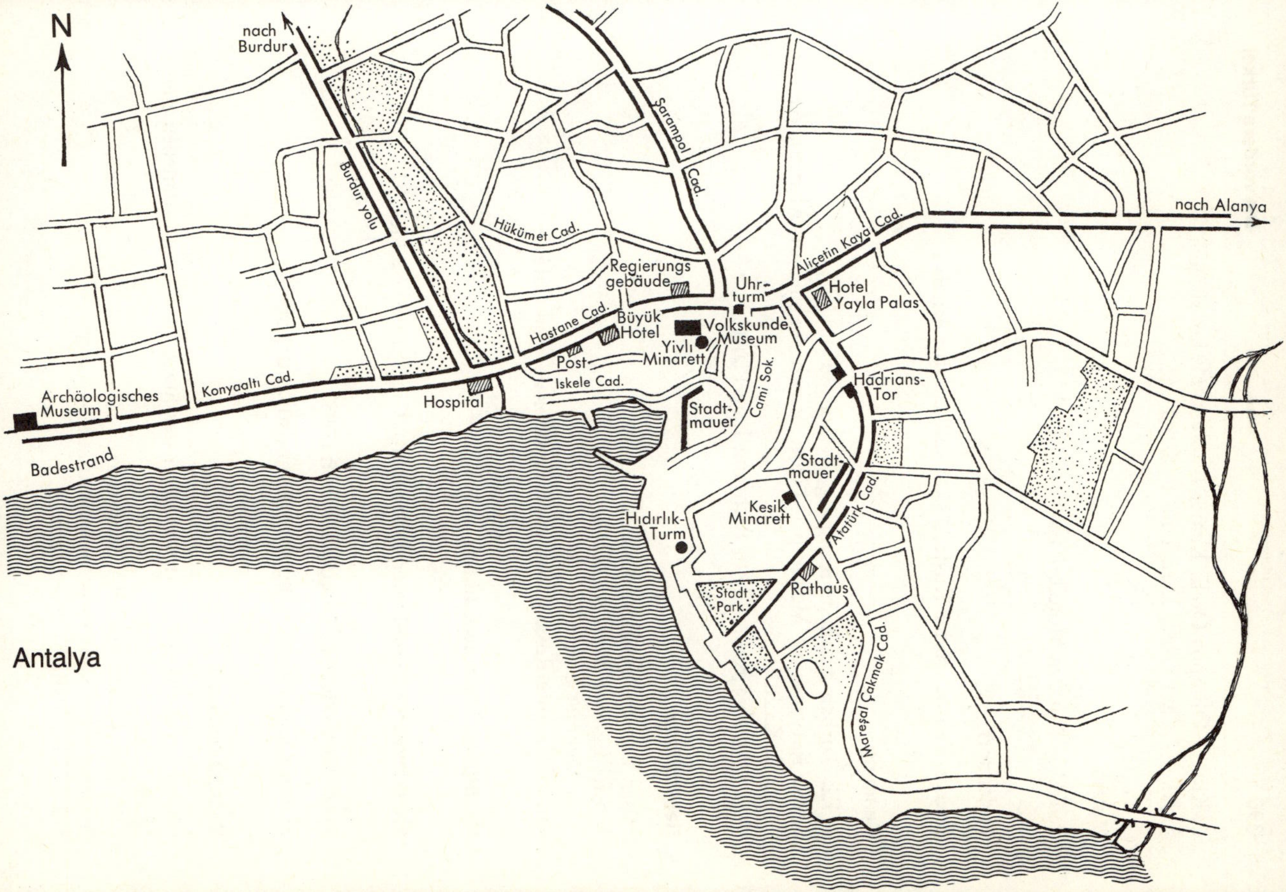
N
nach Burdur
nach Alanya
Burdur yolu
Şarampol Cad.
Hükümet Cad.
Regierungs gebäude
Uhr-turm
Aliçetin Kaya Cad.
Hotel Yayla Palas
Hastane Cad.
Büyük Hotel
Volkskunde Museum
Yivli Minarett
Post
Iskele Cad.
Konyaaltı Cad.
Archäologisches Museum
Hospital
Badestrand
Stadt-mauer
Cami Sok.
Hadrians-Tor
Stadt-mauer
Atatürk Cad.
Kesik Minarett
Hıdırlık-Turm
Rathaus
Stadt Park
Mareşal Çakmak Cad.
Antalya

2. Kl. Olimpos Oteli, Kemer Nahiyesi (39 km südlich)
3. Kl. Lara Oteli, Lara Yolu P. K. 404

Motels

2. Kl. Antalya Motell, Lara Yolu 84

Feriendorf

Kemer-Valtur, an der Küste, 39 km südlich von Antalya

Camping

1. Kl. Turban Kızıltepe Kamping, Kemer (39 km)
3. Kl. Kervansaray Mokamp (117 km östlich, 22 km vor Alanya), Alanya P. K. 28
Antalya Kamp (3 km Richtung Lara Plajı)

Restaurants

Hisar Turistik Tesısleri, Kaleiçi
Kaleiçi Eğlence Merkezi, Kaleiçi
Kara Mehmet Lokantası
zahlreiche gute Restaurants, auch Fischlokale, und Cafés

Hauptpost: Hastane Caddesi

Fremdenverkehr- und Informationsbüro: Cumhuriyet Caddesi 91

Büro der türkischen Fluggesellschaft (THY):

Hastane Caddesi 66. Flugplatz: 8 km östlich der Stadt.

Bademöglichkeit

Strandbad Konyaaltı, 2 km westlich der Stadt (Kiesstrand, daneben neuer Hafen)
Lara Plajı (12 km südlich), Sandstrand
Kemer (40 km südwestlich), Sandstrand
Side (77 km östlich), Sandstrand

Geschichte

Die heutige Provinz Antalya umfaßt das Gebiet des antiken Pamphylien, Teile von Pisidien und Kilikien; darin 83 gut erhaltene Ruinenstädte, die während ihrer Hoch-Zeit im 2. und 3. Jh. n. Chr. zum Teil bedeutende Städte gewesen sind. Die berühmtesten unter ihnen sind Perge, Side und Aspendos; sie wurden bereits im 13./12. Jh. v. Chr. von griechischen Einwanderern und Kolonisatoren, den Achäern, erobert; ihr Ursprung liegt also vor dieser Zeit. Im 7. vorchristlichen Jh. überspülte eine neue Kolonisationswelle aus dem griechischen Äolien und Ionien das Land; Zeiten lydischer und persischer Herrschaft folgten, bis im Jahre 334 v. Chr. Alexander der Große ganz Kleinasien für sein Weltreich eroberte. Die Überlieferung berichtet, daß die Stadt Antalya dem Mazedonier 4000 gleiche Pferde als Beisteuer zu einem Feldzug gegen Persien gegeben habe. – Unter König Attalos II. von Pergamon (159–138 v. Chr.) wurde sie neu gegründet; aus »Attaleia« entstand später »Antalya«. – Im Jahre 36 v. Chr. wurde sie römisch. Die Heiligen Paulus und Barnabas haben sich hier während der ersten Missionsreise nach Zypern aufgehalten (vgl. Apostelgeschichte XIV, 24 und 25: »Und zogen durch Pisidien und kamen nach Pamphylien und redeten das Wort zu Perge und zogen hinab gen Attalien.«) – Unter Kaiser Hadrian (117–138) wurde Pamphylien mit der Hauptstadt Attaleia senatorische Provinz, 135 ließ er die Stadt durch eine Ringmauer befestigen. Die byzantinischen Kaiser Leon VI. (genannt »der Philosoph«, 886–912 und Konstantin VII. Porphyrogennetos, 913–959) ließen diese Mauer verdoppeln zum Schutz gegen die seit dem 8. Jh. wiederholten Angriffe der Araber. – Zur Zeit der Kreuzzüge (11.–13. Jh.) war *»Satalia«* – so nannten die Kreuzfahrer die Stadt – eine Art Militär-Umschlaghafen: wer von den Kreuzrittern den mühsamen und gefahrvollen Zug entlang der Küste durch das feindliche Seldschukenreich ins Heilige Land vermeiden wollte und Vermögen genug hatte, der schiffte sich hier wieder ein, um auf dem Wasserweg bequemer und sicherer ans Ziel zu gelangen. – 1207 nahm Giyasettin Keyhusrev I., Sultan von Ikonium (der Hauptstadt des Seldschukenreiches), die Stadt ein und machte sie – vermutlich des milden Klimas wegen – zu seiner Winterresidenz; der von ihm gebaute Palast existiert nicht mehr. – Nach dem Zerfall des Seldschukenreiches und der Gründung des Osmanischen Reiches im Jahre 1288 geriet sie zunächst in den Besitz des Fürstenhauses Hamidoğulları und wurde schließlich 1391 von Beyazıt I. (1389–1403) in das Reich der Osmanen eingegliedert.

Sehenswürdigkeiten

Vom Hafen führt eine Straße hinauf durch die Stadt direkt vor das weithin sichtbare sog. »gefurchte Minarett«: *Yivli Minare*, zusammen mit der (zerstör-

ten) Moschee in den Jahren 1219–39 von Sultan Alâettin Keykobat errichtet. Auf einem Sockel – viereckige Basis, darauf eine achteckige Plattform – erhebt sich, geschmückt mit blauen Fayencemosaiken, wie ein riesiges Liktorenbündel der eigentliche Turm. Den oberen Abschluß bildet über einem Stalaktitenkranz mit einem kleinen zylinderförmigen Aufbau das Kegeldach. In der zugehörigen Moschee (Yivli Cami oder Alâettin Camii) ist seit 1974 das Volkskunde-Museum untergebracht: Zelte der Taurus-Nomaden, Webstühle, Kleidung, Geräte, Stickerei, Teppiche sowie eine Bibliothek. Der Bau ist vermutlich im 7. Jh. (byzantinische Zeit) als Kirche entstanden; verwandt wurde Spolienmaterial aus dem 2. Jh. Sultan Alâettin ließ im 13. Jh. die Kirche in eine Moschee umbauen und das Minarett hinzufügen. Später wurden eine Medrese, ein Kloster, ein Bad, die Türbe des Mehmed Bey hinzugefügt.
Hadrians-Tor, das östliche Tor der antiken Stadtmauer, wahrscheinlich früher das Tor von Perge genannt, wurde zu Ehren Hadrians in die Mauer gebaut, als er im Jahre 130 die Stadt besuchte. Zwei in das Mauersystem eingefügte viereckige Türme mit Zinnenabschluß, etwa 14 m hoch, flankieren 3 gleichgroße rundbogige Durchlässe. Das Tor ist früher ganz mit weißem Marmor verkleidet gewesen; es haben sich noch reiche plastische Dekorationen (Löwenköpfe, Akanthusranken, Eierstäbe u. a.) und die Kassettendecken der Durchgänge erhalten. Heute ist der untere Teil des Tores im Erdboden versunken; das Ganze ragte ursprünglich 8 m in die Höhe. Der linke Turm – von außerhalb der Mauer gesehen – stammt aus römischer Zeit; auf einer Inschrift ist der Stifter erwähnt: Julia Sancta, eine reiche Bürgerin von Antalya. Der rechte Turm ist nur in den unteren Steinlagen antik; der Aufbau dürfte ein Werk der Restaurations- und Erweiterungsarbeiten aus dem 10. Jh. sein. Von der Plattform auf der Höhe des Turmes kann man weithin die Stadt überblicken.
An der *Atatürk Camii* im Osten der Stadt kann man noch ein gutes Stück der Mauer verfolgen; nach den byzantinischen Kaisern des 10. Jhs. verstärkten noch andere Herren der Stadt diese Mauer: die Genuesen, später die Türken, zuletzt im 19. Jh. bei einer Revolte gegen Sultan Selim III.
Karatay Camii, 1250 von dem seldschukischen Wesir Karatay gebaut. Bemerkenswert sind die typisch seldschukischen Ornamente am Portal und am Mihrab.
Inmitten der Altstadt, zwischen Hadrians-Tor und Hıdırlık-Turm das *Kesik Minare* (gestutztes Minarett), das zu der verfallenen Ulu Cami gehört, die ein Umbau der ehemaligen byzantinischen Marien-Kirche ist. Von der Kirche kann man noch die vorspringende Apsis erkennen.
Im Süden der Stadt der schöne *Denerigi Parkı* (Stadtpark) mit einer breiten Promenade; üppige subtropische Flora. Blick auf das Meer und die Berge mit ihren oft schneeglänzenden Gipfeln. Am Ende der Allee rechts zum *Turm von*

Hıdırlık, der wohl zur römischen Zitadelle gehörte und als Leuchtturm gedient hat. Auf viereckiger Basis der 17 m hohe runde Turm; gute Steinsetzung. Von der Höhe ein schöner Blick auf die Stadt, den Hafen und die Berge. – Die Bedeutung der weiteren zahlreichen Moscheen aus seldschukischer und osmanischer Zeit ist mit der der erwähnten Bauten nicht vergleichbar.

Archäologisches Museum

Das 1972 eröffnete Museum enthält 12 Räume, ein Ausstellungsgebiet im Freien und ein kleines Café. Es gilt als eins der bedeutendsten Provinzmuseen der Türkei; besonders reich ist der Bestand an römischer Großplastik. Die Objekte sind grob chronologisch geordnet.

1. bis 3.: Naturgeschichte, älteste Funde aus Höhlen der Umgebung, Neolithikum bis zu frühen Bronzen aus Hacılar.

4. Tonfiguren, darunter eine bedeutende Apollo-Statuette in einer Vitrine, Trinkschalen, Vasen aus verschiedenen Zeiten, römische Plastik.

5. Statuen aus Perge. Mythologische Figuren aus römischer Zeit (2.–3. Jh.). Römische Kopie eines Aphrodite-Kopfes (um 150) aus Perge, nach griechischem Original (Stil des Praxitiles), Fragmente vom Nereiden-Denkmal in Xanthos.

6. Kleinobjekte: Lampen, Glas (römisch bis byzantinisch), Weihrauchfässer (6. Jh.)

7. Römische Kaiserstatuen aus Perge, darunter die des Hadrian und Septimius Severus; Statue der Plancia Magna (reiche Bürgerin von Perge; Grab siehe Plan von Perge).

8. Sarkophage aus Pamphylien und Sidemara. Die bedeutendsten: der mit der Darstellung der 12 Arbeiten des Herkules und der Domitias-Sarkophag.

9. Mosaiken aus Xanthos (byzantinisch), Nikolaus-Reliquiar aus Demre.

10. Münzen (Gold, Silber, Elektron, Kupfer, von der hellenistischen bis zur ottomanischen Zeit).

11. und 12.: Türkische Fayencen, Teppiche, Bücher und Volkskundliche Sammlung.

Von Antalya nach Osten

(Antalya–Mersin 484 km)

Perge
(Murtuna)

16 km auf der Straße von Antalya nach Alanya bis Aksu, dann links eine 2 km lange Straße bis *Murtuna* (Perge); man läßt den Wagen am besten vor dem Theater stehen. Eintrittsgeld und Photogebühr für den Ruinenbezirk.

Geschichte

Perge zählte einst zu den bedeutendsten Städten Pamphyliens; sein Wachstum und seine Glanzzeit erlebte es in der hellenistischen Epoche und in den darauffolgenden Jahrhunderten römischer Herrschaft; es wurde berühmt durch die von den Römern angelegten prunkvollen Säulenstraßen. Die Stadt lag sehr günstig: im Schutze des Akropolis-Hügels und in der Nähe des Aksu-Flusses, der von seiner Mündung aufwärts bis zur Stadt hin schiffbar war. Zur Gründung Perges sind keine genauen Daten überliefert. Schon um 1000 v. Chr. dürfte der Hügel – der spätere Akropolis-Hügel – besiedelt gewesen sein. Nach dem Dialekt dieser Gegend scheint sich auf dem Gebiet der Stadt schon in sehr früher Zeit eine Siedlung von Griechen aus Argolis und Lakedaimon befunden zu haben, die im 7. Jh. v. Chr. unter lydische Herrschaft geriet; während der Perserzeit wuchs sie so weit am Südabhang des Hügels herunter, daß die Unterstadt bald größer war als der Teil oben auf dem Hügelrücken. Im Jahre 333 v. Chr. eroberte Alexander der Große die Stadt und unterwarf von hier aus die Nachbarn Aspendos und Side. Die folgenden Jahre waren eine Zeit des Aufstiegs. Die Seleukidischen Könige (Diadochendynastie 312–64 v. Chr., seit 305/304 Könige), deren Herrschaft über Perge zumindest für das Jahr 218 v. Chr. durch Urkunden belegt ist, stellten hier eine Garnison auf und umgaben die Unterstadt mit Mauern, die noch heute in bedeutenden Ruinen erhalten sind. Zur Zeit der Seleukidenherrschaft soll in Perge auch das berühmte Heiligtum der Artemis Pergaia – ursprünglich eine uralte Gottheit der Einheimischen, die sich später in der griechischen Artemis reinkarnierte – entstanden sein, vermutlich auf einem der umliegenden Berge; alle Suchgrabungen und Lokalisierungsversuche sind allerdings bisher erfolglos gewesen. Aus Perge stammte der Mathematiker *Apollonios,* nach seinem Heimatort auch

»Pergasos« genannt. Er lebte um 262–190 v. Chr. in Alexandria; sein Hauptwerk »Der große Geometer« (heute im Britischen Museum in London) behandelt in 9 Bänden die Kegelschnitte. Mit Euklid und Archimedes – beide wie er Griechen – zählt er zu den Begründern der wissenschaftlichen Mathematik; sein Werk gehörte bis ins Mittelalter zu den grundlegenden Lehrbüchern der Mathematik.
Im Jahre 188 v. Chr. wurde Perge von den Römern belagert, die seleukidische Garnison mußte die Stadt aufgeben. Sie wurde zunächst in das pergamenische Reich eingegliedert, später, 133 v. Chr., wurde sie, zusammen mit Pergamon, römische Provinzstadt. Unter den Römern blühte Perge wieder auf: eine neue größere Schutzmauer und Prachtbauten veränderten von Grund auf das Stadtbild. – In den Jahren 80/79 v. Chr. wurde der Artemis-Tempel geplündert, eine der historischen Schandtaten des römischen Prokonsuls Gaius *Verres*, den seine Bestechlichkeit, seine Plünderungen in Sizilien und schließlich Ciceros 7 Anklagereden, die sog. »Verrines«, berühmt gemacht haben; sein Komplize war hier der pergische Arzt Artemidoros. – Perge war eine der ältesten Christengemeinden; Paulus und Barnabas haben hier missioniert (vgl. Apostelgeschichte XIII, 13; XIV, 25). In der Spätantike erlebte Perge noch eine späte Blüte und stritt mit Side, »erste Stadt in Pamphylien« zu sein. Es war Sitz eines Erzbischofs, und die Ruinen dreier Basiliken stammen aus dieser Zeit. Im 7. Jh. verfiel es nach Arabereinfällen, vielleicht auch Erdbeben, und war im Mittelalter ein unbedeutendes Dorf.

Rundgang

Das *Theater* wurde in der Zeit des Kaisers Trajan im Südwesten der Stadt gebaut. Seine Gesamtanlage ist noch gut erkennbar, wenn sie auch wie das Opfer eines Erdbebens erscheint. Als Texier 1835/36 die Stadt besuchte, waren noch alle Steine vorhanden; im Jahre 1922 erlitt es ein Schicksal, das zu verschiedenen Zeiten vielen anderen großen Bauten der Antike widerfahren ist: es wurde als Steinbruch benutzt. – Die halbtrichterförmige Zuschauertribüne mit etwa 15 000 Plätzen ist in einen Berghang hineingebaut; 13 durch Treppen markierte Sektoren zählt die untere Stufe, 25 Sektoren die obere; den oberen Abschluß bildete eine gedeckte Galerie. Das Bühnenhaus ist 56 m lang, 4,40 m breit und bis in beträchtliche Höhe erhalten. Die Steine des oberen Teils liegen als Trümmerhaufen in der Orchestra. 1965 begann man mit Freilegungsarbeiten. Die Bühnenwand, die mehrere Etagen hatte, war reich verziert, das Podium mit Reliefs geschmückt, die u. a. das Leben des Dionysos beschrieben; einige Platten sind erhalten.
Nordöstlich der Theaterruine die des *Stadions*, 234 m lang, 34 m breit, ehemals etwa 11 500 Sitzplätze. Da es auf ebenem Terrain gebaut wurde, waren für die

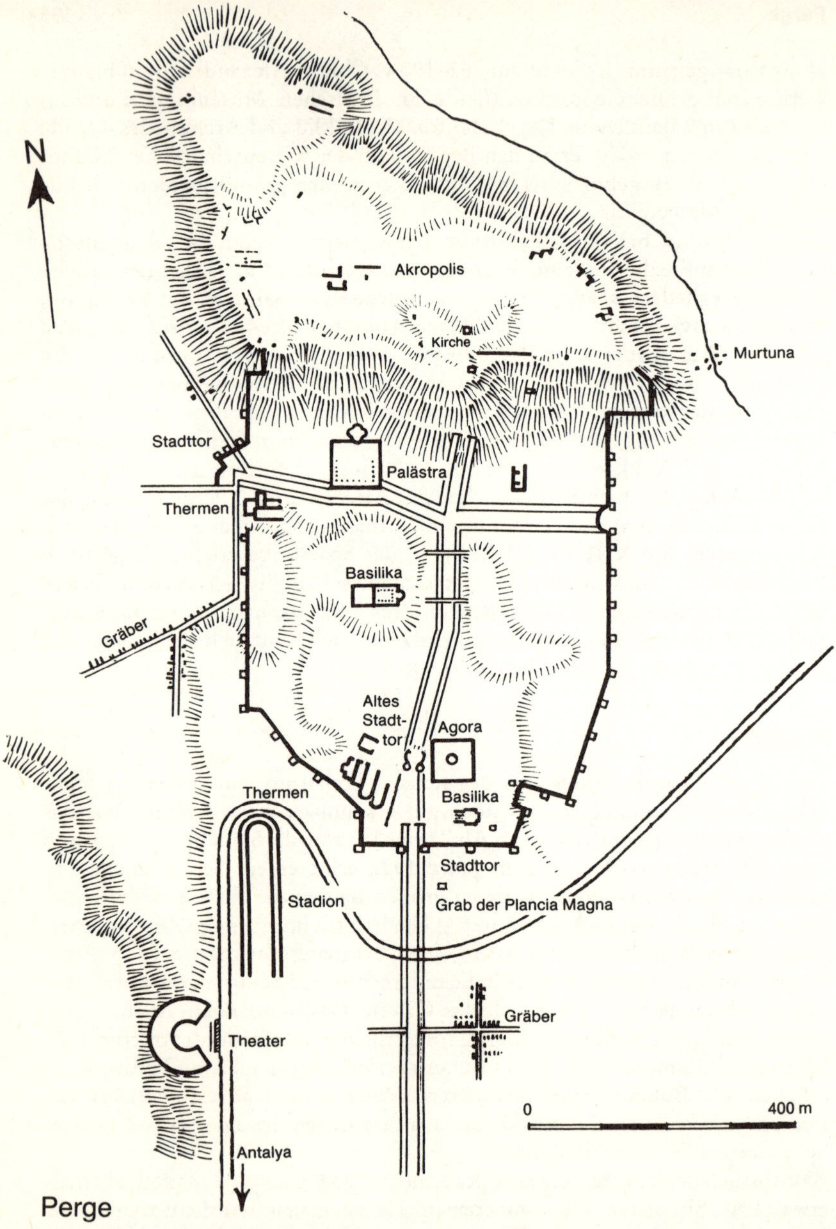
N
Akropolis
Kirche
Murtuna
Stadttor
Palästra
Thermen
Basilika
Gräber
Altes
Stadt-
tor
Agora
Basilika
Thermen
Stadttor
Stadion
Grab der Plancia Magna
Gräber
Theater
0
400 m
Antalya

Perge

ansteigende Sitzreihentribüne gewaltige Substruktionen erforderlich. Diese Substruktionen bilden ein System von gewölbten Kammern, die untereinander verbunden und gegen die Außenseite des Stadions offen sind. Nach Inschriften zu schließen, dienten sie als Verkaufslokale; von einigen dieser Lädchen führten auch Türen ins Innere des Stadions. Die äußere Nordseite ist ein geschlossener Halbkreis, an der geradlinigen Südseite befand sich ehemals der Eingangsbau, der heute verschwunden ist. Aus den Reiseberichten Fellows geht aber hervor, daß auch dieser Bau sich 1838 noch in gutem Zustand befunden hat. Parallel zur Ostseite des Stadions lief die Hauptstraße der Unterstadt, die ungefähr auf der Höhe des halbkreisförmigen Nordabschlusses die Stadtmauer durchstieß. Im Stadtinnern, das durch sie halbiert wurde, war sie in römischer Zeit von Säulenhallen gerahmt.
Die Unterstadt ist in der hellenistischen Zeit angelegt worden; in ihrem klaren Grundriß sind sogar die Anlagen von der Stadtmauer axial mit einbezogen, jedenfalls das Stadion und die Nekropolis. Die beiden Hauptstraßen wurden in römischer Zeit gelegt; die kurvige Führung dürfte bei beiden durch noch ältere Bauten bedingt gewesen sein. Die Westmauer ist wahrscheinlich ein Rest der seleukidischen Festungsbauten, die Südwest- und Südmauer stammen aus römischer Zeit; die Ostmauer mit den spät eingesetzten Türmen (Höhe 13–14 m) ist von allem am besten erhalten. Hinter dem *römischen Südtor* gleich rechter Hand stehen die Ruinen einer *Basilika;* die links gegenüber sind vermutlich Reste einer *römischen Thermenanlage.* Die Straße führt dann ins Innere der Stadt weiter zum alten *hellenistischen Südtor,* der eindrucksvollsten Ruine von Perge: beidseitig der Straße je ein runder Turm, dahinter, stadteinwärts offen, ein apsidenförmiger Bau, den nebeneinander gereihte rundbogige Nischen in zwei Etagen aufgliedern. In römischer Zeit schloß diesen Bau von barockem Aussehen ein Triumphbogen mit drei Durchlässen ab; heute steht davon nur noch der Stylobat. Unter mächtigen architektonischen Bruchstükken – Säulentrommeln und Architravtrümmern – ist noch das teilweise gut erhaltene marmorne Straßenpflaster sichtbar. Seitlich des hellenistischen Stadttors – heute kaum noch identifizierbar – lag rechter Hand, umgeben von Säulengängen und -hallen, eine *römische Agora,* in der Nähe Reste von Tempelbauten. Linker Hand der Straße, mehr zum Stadtzentrum hin, Ruinen einer *byzantinischen Kirche.* Nicht weit vom Fuße des Akropolis-Hügels kreuzt eine kleinere Straße die Hauptachse; man biegt links ein und stößt nach etwa 100 m rechter Hand der Straße auf einen großen, rechteckigen, einst von Säulenhallen umstandenen Hof: es handelt sich, nach Inschriftenfunden, um eine *Palästra,* gebaut von Julius Cornutus und seiner Gemahlin zu Ehren des Kaisers Claudius. Am linken Wegrand, unweit des alten Westtores, die Überreste einer Thermenanlage. – Zurück auf die Nordsüdachse, die in nördlicher Richtung weiterführte – etwa 200 m nördlich der Kreuzung –

zum einzigen Eingang auf die Akropolis. Auf dem weiten Plateau eine Anzahl unbedeutender Ruinen, darunter die einer dreischiffigen *byzantinischen Kirche,* die aus Spolienmaterial gebaut war. Drei Wasserleitungen führten von Südosten in die Stadt. Die Ausgrabungsfunde des Archäologen Prof. Arif Müfid Mansel sind heute im Museum von Antalya zu besichtigen.

Sillyon
(Asar Tepe)

Von Antalya 29 km auf der E 24 Richtung Alanya, links ab über Eski Yürük nach Asar Köyü bzw. Kocahisar (zuletzt Fußweg ca. 4 km zum Hügel Asar Tepe).

»Nach Perge«, so berichtet der antike Geograph Strabo, »folgt gegen Osten 40 Stadien über dem Meer die hochgelegene Stadt Sillyon«. Ebenso auf Grund anderer alter Quellen mit besonderem Hinweis auf ihre natürliche Festigkeit zwischen Perge und dem östlicheren Aspendos lokalisiert, ist sie auch durch Inschriften mit der Ruinenstätte von Asar Köyü, nahe dem Flüßchen Aksu Çayı, identifiziert. Hier erhebt sich ca. 7 km östlich Perges weithin sichtbar der Burgberg der alten, wohl auch bereits von mykenischen Griechen bewohnten Siedlung als ein massiger und allseitig steilwandiger Tafelberg 200 m über die Ebene. Seine Oberfläche ist ein leicht gegen West geneigtes, im übrigen aber fast ebenes Plateau von etwa 10 ha Größe, das lediglich an der Westseite, wo auch zwei heute noch fließende Quellen der Wasserversorgung gedient haben, durch einen natürlichen Aufgang erreichbar ist. Wie die zahlreichen, auch hier stark überwucherten und verfallenden hellenistischen, römischen und späteren Baureste andeuten, ist die Siedlung von Sillyum zu allen Zeiten ihres Bestehens auf diese Schutz bietende Burgfläche beschränkt gewesen.

Unterhalb des weithin sichtbaren Burgbergs ein zum Teil erhaltener Palast, geringe Reste des Stadions und des Gymnasions (2. Jh.) und ein zweistöckiger Torturm, der zur unteren Stadtmauer gehörte. Der Aufgang auf den Hügel liegt im Westen: ein befestigter Weg führt über eine Rampe mit großen, gut erhaltenen Substruktionen zum oberen Torbau, der wie in Perge hufeisenförmigen Grundriß hat. In der Mitte der ehemaligen Stadt sieht man heute die Ruine einer Festung aus seldschukischer Zeit, etwas nordöstlich ein dazugehöriger zweistöckiger Palast. Theater und Buleuterion (im Süden) sind bei einem Bergrutsch 1969 zum Teil abgestürzt. Weiter östlich sind Reste von Häusern und Tempeln erhalten. Eine kleine Moschee nahe dem Westtor steht vermutlich auf antiken Tempelmauern.

Aspendos

40 km auf der Straße Antalya – Alanya bis Serik. nach weiteren 6 km erreicht man den Fluß Köprüçay (Brückenfluß); an der Brücke (die aus der Seldschukenzeit stammt) fährt man links in nördlicher Richtung vorüber und weiter bis zum Dorf *Belkis.* Günstigste Parkgelegenheit vor dem Theater (Eintrittsgeld, Photogebühr).
Festspiele und Folkloreaufführungen im Theater von Aspendos im Mai.

Geschichte

Zur Gründung der Stadt gibt es keine dokumentarisch zuverlässigen Überlieferungen; ausgedehnte Grabungen wurden bisher nicht durchgeführt. Als Quellen können daher nur Erwähnungen in der antiken Literatur gelten. Ihre reichste Blüte entfaltete die Stadt im 5. Jh. v. Chr. und in der Zeit des römischen Kaiserreichs. Erste Besiedlung wahrscheinlich auf dem Hügel, dem späteren Akropolis-Hügel. Ihm gegenüber ein kleinerer Hügel; an beiden entlang fließt der Köprüçay, mit seinem antiken Namen *Eurymedon.* Im Altertum wurde er vom Meer bis zur Stadt hin auch von größeren Schiffen befahren; heute ist seine Mündung versumpft.
Aspendos war in der Antike eine der bedeutendsten Städte Pamphyliens; ihr Reichtum waren eine ergiebige Saline, fruchtbare Kornfelder, Ölbäume, Schafherden und schließlich ihre günstige Lage als Handelszentrum. Eine große Konkurrentin war die Nachbarstadt Side.
Nach griechischer Überlieferung wurde die Stadt um 1000 v. Chr. von Einwanderern aus der peloponnesischen Stadt Argos (am Golf von Nauplia) gegründet; ein Name gilt als der des Gründers: Mopsos. Aus Münzinschriften hat man erschließen können, daß vor dem 4. Jh. v. Chr. die Stadt *»Estwedia«* geheißen haben muß. Dieser Name hat wahrscheinlich die folgende Geschichte: die Inschriften von Karatepe (gefunden 1946, in der Nähe von Maraş) nennen den Namen des Fürsten Azitawadda, des Herrschers von Kilikien um 715 v. Chr., der behauptete, ein direkter Nachkomme des Mopsos zu sein und Gründer der Stadt *Azitawaddia,* – ein Name, der eine frühere Form des Namens Estwedia zu sein scheint. *Thukydides* (griechischer Historiker, ungefähr 460–404 v. Chr.) erwähnt in seinem Werk über den Peloponnesischen

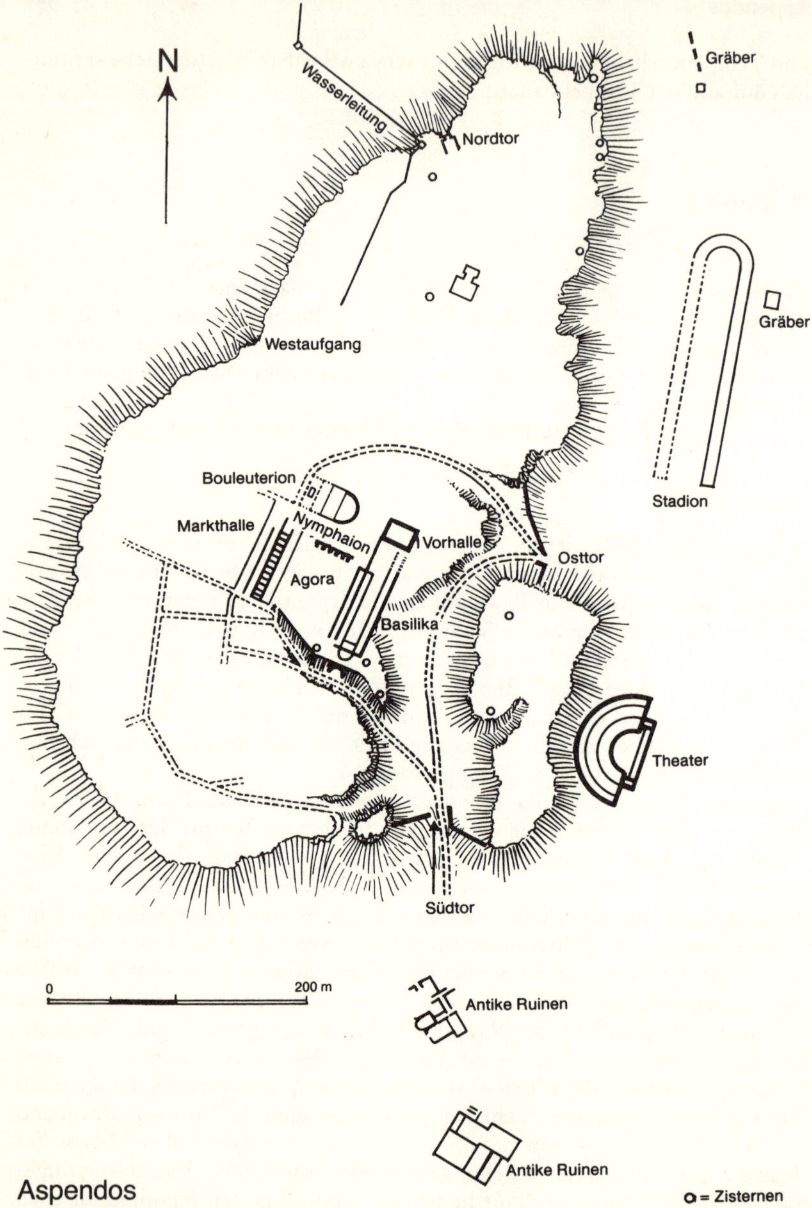
N
Wasserleitung
Nordtor
Gräber
Gräber
Westaufgang
Stadion
Bouleuterion
Markthalle
Nymphaion
Vorhalle
Osttor
Agora
Basilika
Theater
Südtor
0
200 m
Antike Ruinen
Antike Ruinen
o = Zisternen

Aspendos

Krieg (431–404 v. Chr.), daß im Eurymedon 147 Trieren ankerten (nach Isokrates waren es nur 90).
Xenophon (griechischer Historiker, Philosoph und General von Athen; etwa 427–355 v. Chr.) schreibt in der »Anabasis« (1, 2, 12), im Heere des Kyros d. Jüngeren (424–401 v. Chr.) hätten Söldner aus Aspendos gedient. – Beim Durchzug Alexanders des Großen bot die Stadt freiwillig ihre Unterwerfung an; Bedingung: sie sollte nicht Garnisonsstadt werden. Alexander war noch nicht in Side, da brach Aspendos die Verträge; er kehrte um und bestrafte sie, indem er die Auflagen bedeutend erschwerte. – Im Jahre 190 v. Chr. erkannte die Stadt die römische Oberherrschaft an; sie wurde als freie Stadt dem pergamenischen Reich angegliedert, das im Jahre 133 v. Chr. römische Provinz wurde. – Wie Perge wurde auch Aspendos von Verres geplündert: *Cicero* klagt ihn in seinen »Verrines« (70 v. Chr.) des Raubes von Kunstwerken an. – *Strabo* (griechischer Geograph, um 65 v.–20 n. Chr.) sagt in seiner »Geographika«, die Stadt sei eine Kolonie der Argiver. – In der Zeit der römischen Herrschaft, einer Hoch-Zeit für die Stadt Aspendos, entstanden glanzvolle Bauten, – heute berühmte Ruinen. Ihre gewebten Seidenstoffe und goldumrahmten Teppiche waren in der damaligen Welt sehr begehrt.
Wie Perge verfiel auch Aspendos als ein Glied des untergehenden römischen Reiches. Im 5. Jh. nahm es den Namen *Primupolis* an.

Rundgang

Das Theater (Eintrittsgeld) ist das am besten erhaltene seiner Art in Kleinasien. Inschriften über den Portalen nennen den Architekten Zenon aus Aspendos; er erbaute es in der zweiten Hälfte des 2. Jhs., dem die meisten der erhaltenen Bauten in Aspendos entstammen. Es war die Zeit der Kaiser Antonius Pius (138–161) und Marc Aurels bzw. seines Adoptivsohnes und römischen Cäsaren Lucius Verus (161–169). Die monumentale, rechteckige Fassade des Bühnenhauses hat eine untere Zone mit relativ kleinen Türöffnungen (ursprünglich für die Schauspieler) und darüber 4 Fensterzonen; nur der abschließende Karnies hat sich nicht erhalten. Die Strebepfeiler stammen aus der Seldschukenzeit. Seitlich schließen Treppenhäuser mit 7 Fenstern übereinander an. Das Bühnenhaus wird von zwei zurückspringenden Flügelbauten flankiert – hier waren die Eingänge für die Zuschauer –, an die innen der überzogene Halbkreis der Cavea anschließt. Sie ist in den Osthang eines Berges hineingebaut, der östlich vor dem Akropolishügel liegt und hat einen Durchmesser von 95,48 m. Das untere Maenianum zählt 20 Sitzreihen und 10 Treppen, das obere 19 Reihen und 21 Treppen. Den oberen Abschluß bildet ein gedeckter rundbogiger Pfeilergang. Hier konnten etwa 15 000 Zuschauer Platz finden.

Die innere Fassade des Bühnenhauses läßt heute kaum noch ihren ursprünglichen Zustand erkennen. Zwei Geschosse mit mannigfach gegliederten Säulenreihen, unten ionisch, darüber dorisch, das Gebälk reich ornamentiert; in der Mitte ein Fronton und drei Balkons. Alles war mit Marmorplatten verkleidet (im Gegensatz zur äußeren Fassade, die aus Kalkstein besteht) und war zweifellos mit Statuen besetzt. Diese »barocke« römische Innenfassade nimmt hellenistische Züge aus der Zeit der Diadochen wieder auf. Sie ist später selbst Vorbild geworden für die Theaterbauten im europäischen Raum. In der Seldschukenzeit wurde das Theater restauriert und die Bühnenhauswand mit bunten Fayencen verkleidet. Heute finden jedes Jahr im Mai Festspiele statt. Neben folkloristischen Darbietungen werden auch altgriechische Dramen in türkischer Sprache aufgeführt.

Vom Theater weiter in nördlicher Richtung am Osthang des Akropolis-Hügels entlang: zur Rechten die Ruinen des *Stadions;* an seiner Ostseite einige kleine Grabanlagen aus der Antike. Weiter in nördlicher Richtung, am Ende des Bergzuges westwärts an seiner Nordseite entlang, bis die großen Ruinen eines *Aquädukts* auftauchen: er leitete früher Wasser von einem weiter nördlich gelegenen Hügel auf die Akropolis. An den beiden Eingängen des Tales steht je ein hydraulischer Turm. Beide Türme – ursprünglich etwa 30 m hoch – verband ein 924 m langer eingeschossiger Rundbogen-Aquädukt, der als Druckleitung (durchhängend wie in Pergamon) das Wasser von dem höher zum tiefer gelegenen Turm führte. Die *Akropolis* lag auf zwei einander benachbarten Hügeln: das Theater eingebaut in den kleineren, auf dem größeren die Burg, von der noch bedeutende Ruinen vorhanden sind. Vier Wege führten einst auf den Haupthügel; man hat alle Tore im Osten, Westen, Süden und Norden wiederfinden können. Der Hauptzugang ist das Südtor gewesen; es lassen sich hier noch in den Fels gehauene Stufen erkennen. Ein Mauerring ist nie angelegt worden: die steilen Hänge um Aspendos waren ein natürlicher Schutz, der nur an wenigen Stellen künstlich ausgebaut oder verstärkt werden mußte.

Seit kurzem führt ein neu angelegter Weg – etwa von der Stelle des ehemaligen Osttors – hinauf zum Haupthügel: vom Plateau aus sieht man auf das Land ringsum und ins Tal des Köprüçayı hinab. – Etwa in der Mitte des Haupthügels lag die *Agora,* – heute ein weites Feld, bewachsen mit Gras und Gesträuch; an seiner Westseite Überreste von Ladenbauten und einer vorspringenden *Säulenhalle.* – An der Nordseite die Ruinen des *Nymphäums* (2. Jh. n. Chr.); seine Fassade (32,50 m lang und 15 m hoch) wurde einst abgeschlossen durch ein Doppelgeschoß zweier Kolonnaden, deren Säulen abwechselnd Segment- und Dreiecksgiebel trugen. (Ganz ähnliche Bauformen sieht man an der Bibliothek in Ephesos und am Nymphäum in Milet.) Im Nordosten dieser Fassade die hochragende Ruine der *Vorhalle der Basilika* (Markthalle), ein Quaderbau mit einem Grundriß von 26 × 20 Metern. An der Nordseite der große rundbogige Eingang. An der Südseite führten einst drei Rundbogen-Portale in die Basilika. Ost- und Westmauern hatten keine Durchbrüche; sie waren im Inneren in Nischen gegliedert und verkleidet mit buntgeädertem Marmor. Die Restauration der Mauern durch Bruchsteine weist darauf hin, daß dieser Bau auch in nachrömischer Zeit noch verwendet wurde. Von den Schiffen der Basilika finden sich nur noch die Fundamente auf einer Fläche von 105,50 × 30 Metern, im Mittelschiff 11,15 m breit. An der Westseite eine vorhallenartige Erweiterung, die Südseite durch eine halbkreisförmige Exedra abgeschlossen. Im Westen der Vorhalle die Ruine des *Buleuterions* (Rathaus).

Side
(Alt-Antalya)

Auf der Straße Antalya – Alanya zweigt nach 75 km (vor Manavgat) ein Weg nach Süden ab; 3 km bis Side.
In einförmiger Küstenlinie zieht sich von der Mündung des Köprü Çayı ein weitgeschwungener Sandstrand mit schmaler Dünenkette 23 km weiter nach Osten hin, nur an wenigen Stellen von kleinen mündenden Gewässern durchbrochen, bis unvermittelt und schon weithin sichtbar eine 300–400 m breite Landzunge 800 m weit ins Meer vorspringt. Jenseits setzt sich der Strand in gleicher Form bis über die Mündung des wasserreichen Manavgat Çayı hinaus fort.
Dies ist der Siedlungsplatz von Side, ein leicht welliges Felsenkap von durchschnittlich 15 m Höhe über dem umgebenden Meer, aber mit felsigen Rändern und ohne Naturbuchten. Die »Entdeckung« der weiten Sandstrände zu beiden Seiten ist die Ursache, daß aus dem unbedeutenden Fischerdörfchen Selimiye ein Zentrum des Urlaubs-Tourismus geworden ist. Hier und da an der Küste sind zahlreiche, meist luxuriöse Hotels entstanden – das Betreten ihres jeweiligen Strandabschnittes kostet Eintritt –, und das Dorf ist vollständig auf Tourismus eingestellt. Im Sommer besteht der weitaus größte Teil der Gäste aus türkischen Urlaubern. In Selimiye dürfen keine Kraftfahrzeuge fahren.

Hotels

2. Kl. Defne Oteli

Motels

1. Kl. Cennet Moteli
Turtel Moteli, Selimiye Köyü

Camping

Kervansaray Mokamp (56 km östlich)
Zahlreiche Pensionen, private Campingplätze, Cafés, Restaurants, Andenkenläden.

Geschichte

Nach alten Überlieferungen soll die Stadt eine Gründung der Kymaier sein. Ihr altanatolischer Name bedeutet »Granatapfel«; er ist ein Hinweis darauf, daß schon vor dem Einfall der Achäer in Pamphylien eine Siedlung bestand. Um 1000 und noch einmal im 7. Jh. v. Chr. scheinen griechische Kolonisten aus Äolien hier haltgemacht zu haben; sie bauten einen Hafen, obwohl die Küste an dieser Stelle eigentlich nicht dafür geschaffen war. – 333 v. Chr. belegte Alexander die Stadt mit einer Garnison – zur Strafe, wie es heißt, dafür, daß sie ihr Griechentum vernachlässigt und vergessen hatte. Im Antiochischen Krieg fand 190 v. Chr. an der Mündung des Eurymedon die »Schlacht von Side« statt. *Polybios* (griechischer Historiker um 200–120 v. Chr.) erwähnt in seiner »Weltgeschichte«, daß der rechte Flügel der Seleukidenflotte unter Antiochos III. aus Schiffen der Stadt Side bestanden habe. Ihr siegreicher Gegner war eine rhodisch-römische Flotte. – Seine Glanzzeit erlebte der Seehafen Side im 2. und 3. Jh. unter der Herrschaft der Römer; eine bedeutende Handelsflotte, die Tüchtigkeit seiner Seeleute und – ihre Kühnheit als Piraten machten ihn in der Antike berühmt. Sides Sklavenmarkt lockte von weither Besucher an. Prächtige Bauten entstanden damals, heute als bedeutende Ruinen erhalten.
Mit der Teilung des Römischen Reiches begann auch hier ein langsamer Verfall, der im 5. Jh. noch einmal aufgehalten wurde von einer zweiten späten Blüte unter der byzantinischen Herrschaft. Die Stadt dehnte sich über ihre Mauern aus hellenistischer Zeit aus; sie wurde bischöfliche Residenz und galt eigentlich seit Beginn der byzantinischen Herrschaft als Hauptstadt Pamphyliens (Perge bezeichnete sich allerdings ebenfalls als Hauptstadt; das Land war kirchlich in »Pamphylia Sidensis« und »Pamphylia Pergensis« geteilt). – In der Zeit vom 7. bis 9. Jh., offenbar im Zusammenhang mit den Arabereinfällen, verlor Side seine Bedeutung; heute liegt nur ein kleines Dorf (Selimiye Köyü) innerhalb der weitgespannten Mauerruinen. Seit 1947 arbeiten türkische Archäologen in Side.

Rundgang

Am *Osttor,* dem einstigen Haupteingang zur Stadt, kann man günstig parken. Das Tor, flankiert von zwei viereckigen Türmen, gehörte zum System der Stadtmauer, die, ähnlich wie in Istanbul, die ganze Stadt umgab und sie auch an der Seeseite schützte. Die Ostmauer, der Landseite zugewandt, ist in byzantinischer Zeit durch Festungstürme verstärkt worden. Den Verlauf der Mauer kann man – trotz aller Zerstörungen – noch heute genau verfolgen. Gegenüber dem Osttor, außerhalb der Mauer, steht eine immer noch sehr eindrucksvolle Ruine: das *Nymphäum.* Drei Rundbogennischen, ursprünglich mit Säulen und Architraven geschmückt, gliedern die Fassade (50,20 m lang). In ein Bassin mündeten 9 Wasserrohre. Die Brunnenanlage dürfte aus der antoninischen Kaiserzeit (138–192) stammen. Die aufgefundenen Statuen und Reliefs befinden sich im Museum. – Hinter dem Stadttor ein breiter gepflasterter Platz mit zwei Straßenmündungen, die eine im Süden, die andere im Südwesten. Von den Säulenhallen auf beiden Seiten der 9 bis 11 m breiten Straßen sind heute nur noch Reste erhalten. Die Südweststraße hinauf: etwa 25 m vor der Agora an der linken Straßenseite die Ruinen zweier großer Gebäude (ausgegraben 1948 von einer türkischen Expedition); man hat ihnen die Namen *»Konsolenhaus«* und *»Peristylhaus«* gegeben. Diese weiträumigen, ehemals mindestens zweigeschossigen Häuser stammen vermutlich aus der hellenistischen Epoche (2. oder 1. Jh. v. Chr.): in ihrer Anlage sind sie mit den hellenistischen Räumen in Delos vergleichbar. Sie sind die ganze Kaiserzeit hindurch benutzt worden; ihre heute erkennbare Form ist das Ergebnis einer Restauration im 5. Jh. Besonders bemerkenswert sind drei erhaltene Mosaikfußböden im sog. Konsolenhaus.

Von der Südweststraße führt ein Monumentaleingang in die *Agora.* Der annähernd quadratische Platz (65,70 × 65,50 m) war von Säulenhallen eingefaßt, dahinter Läden, Gewölbe, zwei Exedren, eine Latrine mit Brunnenanlage. In der Mitte dieser Kaufagora, auch als Sklavenmarkt benutzt, ein ehemals außen mit Marmor verkleideter *Rundbau:* auf dem Rund des Podiums, im Kranz von 12 Säulen, die Cella, gekrönt von einem pyramidenförmigen Dach. An der Südseite führten ehemals 9 Stufen einer Freitreppe hinauf; 5 davon sind noch erhalten. Der Bau, wohl zur Zeit Hadrians entstanden (117–138), ist wahrscheinlich Tyche, der Stadtgöttin, geweiht gewesen. An der Nordwestecke der Agora eine Toilettenanlage mit 24 Sitzen. Die Nordseite ist in byzantinischer Zeit umgestaltet worden. An der Westseite das *Theater:* anders als in Perge und Aspendos (und ähnlich wie das Stadion in Perge) ist die Cavea nicht in einen Berghang hineingebaut, sondern mittels mächtiger Stützbauten aufgeführt worden; sie hat wieder die typisch kleinasiatische Form, ein über das Halbkreismaß hinausgezogenes Rund. Das untere Maenianum hatte 26

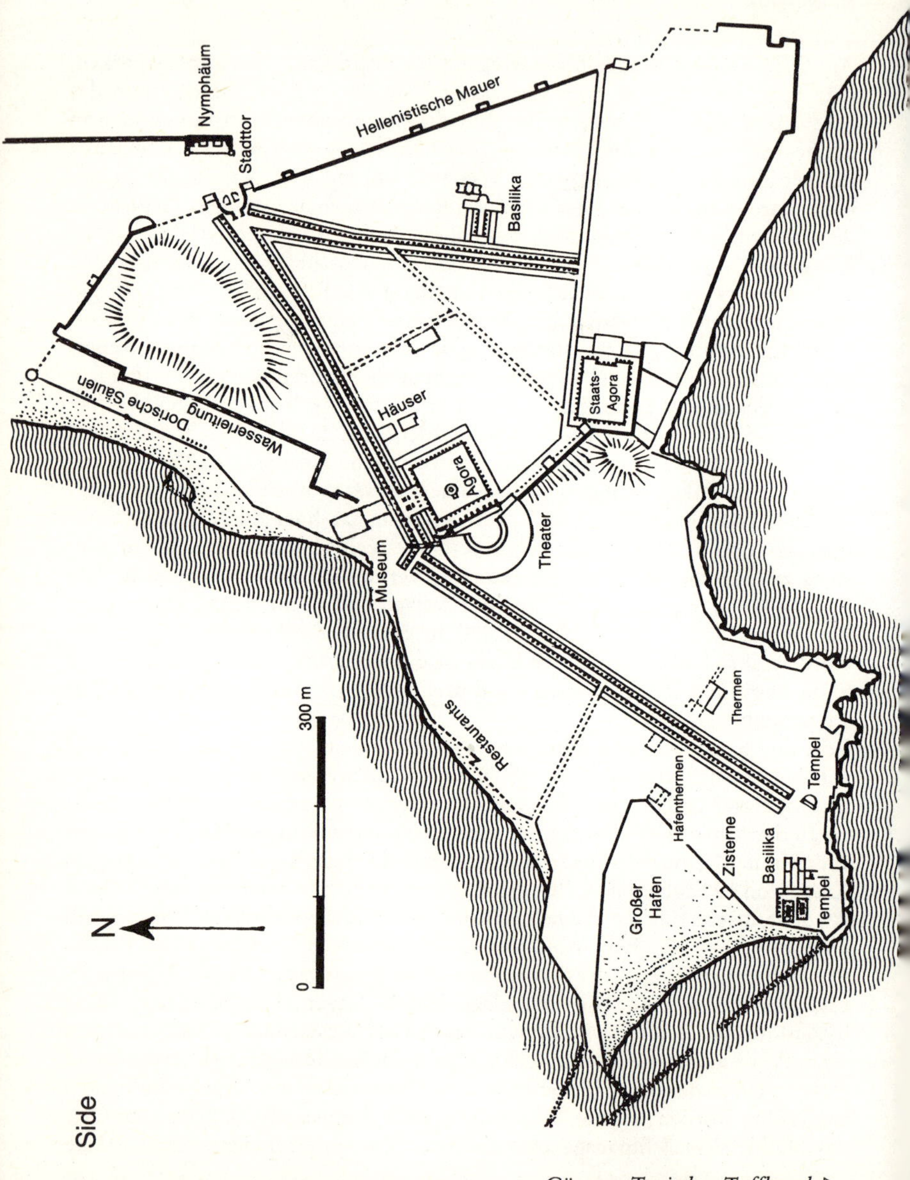

Göreme. Typischer Tuffkegel ▷

Sitzreihen und 10 Treppen, das obere 22 Sitzreihen und 24 Treppen. Der Bogengang am oberen Rand ist nicht erhalten. Das Bühnenhaus ist ganz zusammengestürzt. Durch neue Ausgrabungen hat man ein in der Orchestra eingelassenes Wasserbassin für Naumachien finden können. Das Theater, das größte in Pamphylien, faßte etwa 20 000 Zuschauer. Nach einer Inschrift kann man schließen, daß es seit dem 5. oder 6. Jh. als Freiluftkirche benutzt wurde.

Am Anfang des mehr nach Süden gerichteten zweiten Teils der Hauptstraße steht ein Bogentor. Es ist vermutlich im 4. Jh. beim Bau einer zweiten hier vorbeigeführten Stadtmauer mit Spolienmaterial zugemauert worden, bis auf eine 4 m hohe und 2,65 m breite Durchfahrt im großen Torbogen. Offenbar hat in römischer Zeit oben auf dem Bogen eine Quadriga gestanden, nach der das umliegende Stadtviertel seinen Namen erhielt: »die Leute vom Vierpferdegespann«. An das Theater lehnt sich das Vespasiansmonument an, das aus dem 1. Jh. stammt, aber erst im 4. Jh. an dieser Stelle neu aufgeführt worden ist. – Weiter auf der Straße in Richtung Südsüdwest: in der Nähe der Seemauer stößt man auf die Fundamente eines *halbkreisförmigen Tempels* mit Portikus. Nach einer Giebelfigur nimmt man an, daß er für den anatolischen Mondgott Men bestimmt war und Anfang des 3. Jhs. erbaut wurde. Unweit westlich davon die Reste *zweier Peripteraltempel,* der eine Apollo, der andere Athena geweiht. Der Athena-Tempel – man hat nur seine Fundamente und marmorne Säulen gefunden – dürfte aus der 2. Hälfte des 2. Jhs. stammen. Er war das bedeutendste Heiligtum der Stadt, Schauplatz ritueller Spiele zu Ehren Athenas und Apolls. In den Tempelruinen und am Strand Skulpturentrümmer, besonders bemerkenswert ein Friesfragment mit 3 Medusenhäuptern. – Östlich der beiden Tempel die Ruine einer großen dreischiffigen *byzantinischen Basilika* (5. Jh.); im 8. oder 9. Jh. wurde die heutige Kirche im Mittelschiff der alten Anlage erbaut.

Im Südwesten der Halbinsel liegt der Große Hafen, durch wuchtige Steinmolen gegen das Meer gesichert; heute ist er versandet. Am nordöstlichen Ende sieht man einige Ruinen, die als Reste von Badeanlagen identifiziert worden sind und seitdem als »Hafenthermen« bezeichnet werden.

Zurück zur Kaufagora. Die 10 m breite Straße nach Südosten, an der im 4. Jh. die byzantinische Stadtmauer entlanglief, führte zur zweiten peristalen Anlage der Stadt (nach ca. 200 m): offenbar haben sich hier niemals Läden befunden, der Platz wird wohl eine *Staatsagora* gewesen sein. Er ist 69,20 × 88,50 m groß und war von 7 m breiten ionischen Säulengängen umgeben. An der Ostseite 3 Räume, von denen der mittlere und größte reich mit Marmor, Säulen und Statuen geschmückt war. Hier fand man über 20 römische Kopien griechischer Statuen: der Kaiser Antoninus Pius, umgeben von zahlreichen Göttern. Man hat deshalb den Saal auch *»Kaisersaal«* genannt. Man kann diese Agora auch erreichen, indem man vom Tempelbezirk aus der Küstenlinie folgt. – Weiter

◁ *Heimarbeit am Teppich-Knüpfstuhl*

entlang der West-Oststraße nördlich der Staatsagora; etwa nach 80 m (östlich) mündet auf der linken Seite die große Portikusstraße, die in nördlicher Richtung zum Osttor zurückführt. Nach etwa 100 m auf der rechten Straßenseite die zweite große *christliche Basilika* mit Querschiff; sie wird z. T. aus Spolien, wie auch aus dem Material des Rundbaus auf der Kaufagora gebaut worden sein, 5. oder 6. Jh.
In einer restaurierten römischen Thermenanlage aus dem 5. Jh. ist das Museum untergebracht, dessen Besuch sehr lohnend ist.

Museum

Im ehemaligen Apodyterium (Auskleideraum): Eine Reihe von Reliefplatten mit der Darstellung von Trophäen, vielleicht früher als Siegeszeichen am Osttor der Stadt angebracht.
Im Frigidarium und Sudatorium mit Schwimm- und Badebecken: In den Nischen Statuen aus dem »Kaisersaal« und vom Nymphäum (also nicht die ursprüngliche Ausstattung; Zeus, Apollo, Hermes, Tyche, Herakles, Aphrodite u. a.), ferner Statuetten, Keramik, Reliefs (Bestrafung Ixions, Geburt der Venus, Aeskulap u. a.).
Das Tepidarium enthält als größte Halle die meisten Exponate: Erotensarkophag aus einem Gräberfeld westlich von Side, Kindersarkophage, Othostaten, eine Nike-Statue, Stierköpfe und das älteste Objekt, ein Basaltkessel mit Relieffries, vermutlich späthethitisch (8.–7. Jh. v. Chr.). Der Marmorfußboden ist erhalten.
Im Garten: Architekturfragmente, Nereidenfries aus den Hafenthermen (beidseitig bearbeitete Reliefplatten, auf der Vorderseite Meerestiere, auf der Rückseite Eroten), Wandmalerei, Sarkophage.

Manavgat

Von dem großen Dorf Manavgat führt eine gute Straße nach Norden (ca. 6 km) zu den berühmten Wasserfällen des Manavgat Çayı (Manavgat Şelâlesi). Modernes, sehr hübsches Café unmittelbar am Wasser.

Unterkunft

Motel 1. Klasse: Tusan Akdeniz Moteli, Akseki Kavşaği
Weitere siehe bei Side

Von Manavgat ostwärts

Auf der Fahrt von Manavgat nach Osten bemerkt man bald jenseits des Manavgat Çayı, wie die bogenförmig das Küstentiefland umschließenden Hochgebirgsketten des Taurus wieder dicht ans Meer herantreten, nur noch gerade Raum lassend für die Straße, wie weiter nach Alanya führt.
Hier endet das alte Pamphylien, das nie eine politische Rolle als selbständiger Staat gespielt hat, sondern eine landschaftliche Einheit bezeichnete. Die fünf großen Städte, von West nach Ost: Attaleia (Antalya), Perge (Aksu Nahiyesi oder Murtana), Sillyum (Yanköy Hisarı), Aspendos (Belkis) und Side (Selemiye oder Eski Antalya) lebten als autonome politische Gemeinwesen und gewannen ihren Lebensunterhalt aus Ackerbau und Viehzucht, aus der Seefahrt und dem Handel.

Alanya
(Korakesion)

135 km auf direkter, guter Straße von Antalya nach Alanya. Regelmäßiger Schiffsverkehr Antalya – Alanya. Alanya streitet mit Antalya, die schönste Stadt der ganzen türkischen Südküste zu sein. Jedenfalls hat Alanya den Vorteil eines ganz vorzüglichen Badestrandes und sehr gepflegter Hotels. Aus einer kleinen Küstenebene, die heute eines der Zentren des türkischen Bananen- und Citrusanbaues ist, ragt weit ins Meer vorspringend eine mächtige felsige Halbinsel 117 m hoch auf.
Alanya (1984: ca. 32 000 Einwohner) gehört zu den Orten der Türkischen Riviera, die sich in den letzten Jahren zu Ferienzentren entwickelt haben und ganz auf Tourismus eingestellt sind. Es wurden viele Hotels gebaut, die meisten am Strand; mehrere sind ganzjährig geöffnet. Einer der Gründe dieser Entwicklung ist die Wärme des Meerwassers: die durchschnittliche Temperatur beträgt schon im Mai 20,9 und noch im November 21,7 Grad (im August 29,3!).

Hotels

1. Kl. Alantur Oteli, Çamyolu Köyü (5 km östlich)
Bayırlı Oteli (am Hafen)
2. Kl. Alaaddin Oteli, Saray Mahallesi
3. Kl. Banana Oteli, Cikcikli Köyü (1 km vom Zentrum)
Alanya Büyük Oteli, Güller Pınar Mahallesi

Motels

1. Kl. Alara Moteli, Yeşilköy (38 km westlich)
Alantur Moteli, Çamyolu Köyü (5 km östlich)
Banana Moteli, Gazipaşa Caddesi
Turtaş Moteli, Serapsu Mevkii, Konaklı Köyü
Selam Moteli, Keykubat Caddesi
2. Kl. Merhaba Moteli, Keykubat Caddesi
Panorama Moteli, Güller Pınar Mah., Gazi Paşa Caddesi
Yeni Motel Enternasyonal, Keykubat Caddesi
Riviera Moteli

In *Incekum* (»Feiner Sand«, 30 km westl.)
Motels
1. Kl. Aspendos Moteli, Avsallar Köyü (26 km von Antalya)
Incekum Moteli, Avsallar Köyü
Yalihan Moteli, Avsallar Köyü
(außerdem zahlreiche einfachere Hotels und viele Pensionen)

Camping

Kervansaray Mokamp (mit Feriendorf, 23 km westlich)
Fremdenverkehrs- und Informationsbüro
Iskele Caddesi 56/6

Einkäufe

Handgewebte Seidenschals

Geschichte

Die frühesten Nachrichten über das antike *Korakesion* stammen aus der Mitte des 2. Jhs. v. Chr.: ein Seeräuber namens Diodor Tryphon hatte auf der schwer zugänglichen Halbinsel eine Seefestung gebaut; Pompeius ließe sie im Krieg gegen die Piraten (78–67 v. Chr.) schleifen. An der Stadtmauer läßt sich ablesen, daß die Siedlung aus der hellenistischen Epoche auch unter Rom und Byzanz weiterbestand. Im Jahre 1225 eroberte der seldschukische Sultan Alâettin Keykobat die Stadt und machte sie zu einer seiner Winterresidenzen. Später ließ er hier einen Seestützpunkt ausbauen; die Werftanlagen sind noch erhalten. Im Jahre 1333 besuchte der arabische Geograph Ibn Battuta die Stadt; seinen Berichten nach gehörte sie damals zum Hoheitsgebiet des Sultans von

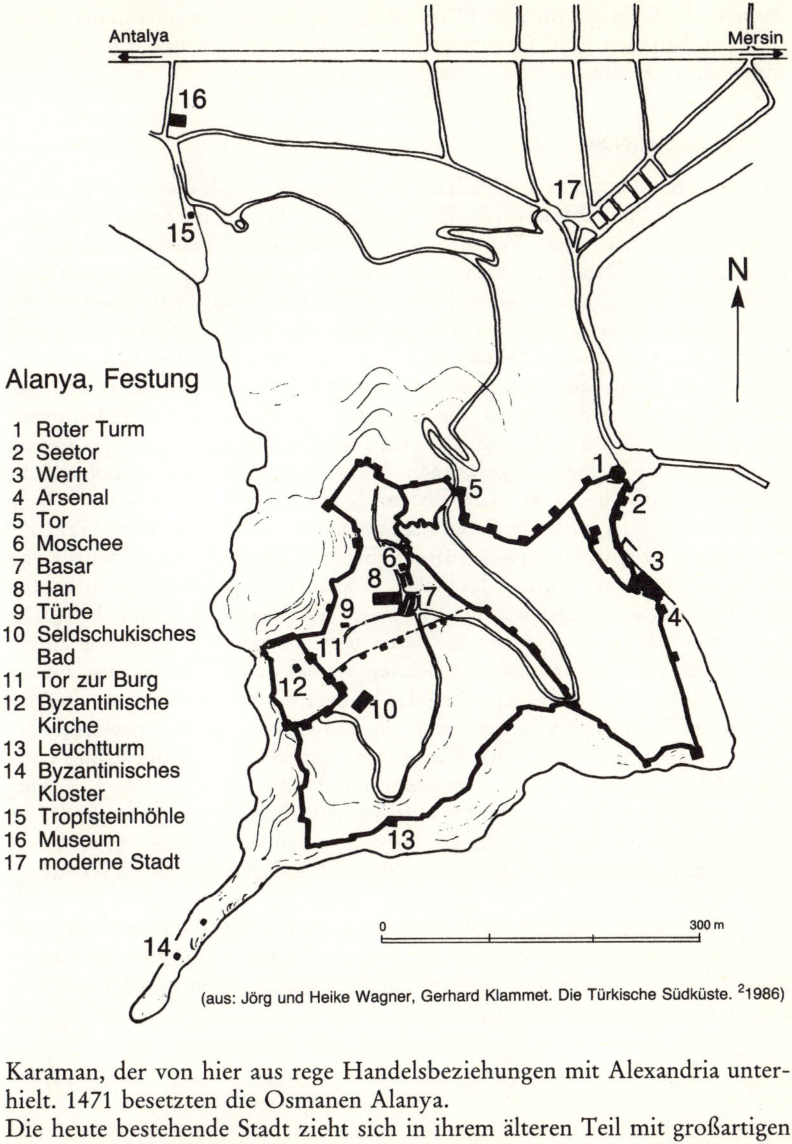

(aus: Jörg und Heike Wagner, Gerhard Klammet. Die Türkische Südküste. [2]1986)

Karaman, der von hier aus rege Handelsbeziehungen mit Alexandria unterhielt. 1471 besetzten die Osmanen Alanya.

Die heute bestehende Stadt zieht sich in ihrem älteren Teil mit großartigen alten Holz- und Steinhäuschen in engen, winkligen Gassen malerisch an der

Ostseite des Gebirges hin; der Großteil der Bevölkerung ist aber in die Ebene zu ihren Bananen- und Orangenhainen hinuntergezogen und hat hier eine ungemein reizvolle, saubere Gartenstadt entstehen lassen.

Sehenswürdigkeiten

Die kleine Stadt bedeckt den Osthang des Halbinselberges; die steile Felsenküste im Westen ist nicht besiedelt. Den schönsten Blick auf die Stadt, den besten Überblick hat man vom Westufer der Ostbucht aus: Oberstadt und Unterstadt, mitten hindurch geht die Quermauer mit einem Verbindungstor. Oberhalb der Mauer wohnen nur noch wenige Menschen; unterhalb drängen sich die Häuser dicht aneinander. Gleich am Hafen der *Kızıl Kule* (roter Turm), ein achteckiger, von Zinnen gekrönter Turm; seine Seiten sind je 12 m lang. Er steht genau am Zusammenschluß der östlichen Seemauer und der nördlichen Landmauer, die den Isthmus abriegelt. Eine Inschrift an der Südwestseite besagt, daß der Turm 1225 von Abu Ali, Sohn des Kettani aus Aleppo, gebaut wurde, also von einem angesehenen Architekten, der viele seldschukische Schlösser gebaut hat, z. B. auch das von Sinop am Schwarzen Meer. – Vom Turm aus am Ufer entlang gelangt man zu der gut erhaltenen *Werft* (Tersane) mit ihren fünf spitzbogigen Schiffseinfahrten. – Die *Stadtmauer* wurde von den Seldschuken neu gebaut, das heißt, die Ruinen aus griechischer, römischer und byzantinischer Zeit wurden mit neuen Stücken zusammengeflickt. Die Inschriften an den Toren der mittleren und inneren Mauer, wie auch die zahlreichen als Verstärkung eingesetzten viereckigen Türme weisen auf die verschiedenen Entstehungsepochen der Mauerstücke hin. Der Mauerring, für die frühere Stadt gebaut, ist dem heutigen Städtchen viel zu weit geworden. Im Stadtinneren findet man noch osmanische Moscheen und die Ruine einer kleinen *byzantinischen Kirche* mit dem durch äußere Archivoltengliederung gekennzeichneten Kuppeltyp. Auf dem höchsten Punkt über der Stadt (117 m) die große seldschukische Zitadelle. Die kleine Mühe des Aufstiegs lohnt ein prächtiges Panorama über das Meer, die Stadt und den Taurus im Norden.

Damlataş-Höhle, Tropfsteinhöhle am Meerufer nordwestlich der Stadt, 1948 bei Sprengarbeiten entdeckt. Fläche: 200 m², Höhe: 15 m, 80–100% Luftfeuchtigkeit, 23° konstante Wärme. Die Kur gegen Asthma und Bronchitis dauert 20 Tage, 4 Stunden pro Tag.

Kilikien

Von Alanya bis in die Gegend von Soloi (Jetzt Mezitli) reicht das Küstenland des Rauhen Kilikien, wo das Gebirge dicht ans Meer herantritt und auf der ganzen Strecke eine vielfältig in Vorgebirge, kleine Buchten und Küsteninselchen aufgelöste Abrasionsküste bildet, in die nur ganz vereinzelt von Gebirgsflüßchen eingeschwemmte kultivierbare Trichterebenen eingelagert sind. Einzige etwas größere Anbaufläche in ihrem Verlauf ist das trapezförmige Mündungsdelta des wasser- und sedimentreichen Göksu-Flusses (*Kalykadnos* der Antike).

Das 76 km lange Straßenstück zwischen Gazipaşa und Anamur war lange Zeit das schwierigste und stellenweise gefährlich. Auch die neue Straße hat viele Steigungen und führt oft an der hohen Steilküste entlang; dafür entschädigt die Aussicht aufs Meer und der wilde Reiz der Landschaft.

Anamur
(Anamurion)

Anfahrt

Von Alanya auf der asphaltierten Straße 6 (E 24) 130 km: Abzweigung rechts nach der antiken Ruinenstadt Anamurion (Anemurium, Eski Anamur), 3 km.

Auf der Hauptstraße 5 km weiter: Abzweigung links nach der türkischen Kleinstadt Anamur, 1 km.

Weiter 8 km: Burg Anamur (Mamuriye Kalesi).

Nochmals 10 km weiter: Burg Softa Kalesi.

Hotel

Karan Motel, Bozdoğan Köyü

Anamur, ein vielbesuchtes sauberes Städtchen mit kleinen Hotels und empfehlenswerten Restaurants liegt malerisch im Hintergrund einer kleinen Küstenniederung, die von mehreren Flüssen bewässert wird und eine hervorragende Ackerflur im Schutze des halbkreisförmig umrahmenden Gebirges darstellt (besonders Bananen-, Erdnuß-, Mais- und Sesamanbau).

Ab 1966 Ausgrabungskampagnen unter E. Alföldi-Rosenbaum und seit 1970 unter James Russell. *Anamurion* (»windiger Ort«) liegt am südlichsten Punkt Kleinasiens, nur 65 km von Zypern entfernt. Die Anfänge der Siedlung dürften in die hellenistische Zeit zurückreichen, vom 1.–3. Jh. zeigt sie sich als aufstrebende Landstadt. Nach einer Zerstörung durch eine Rebellion (?) wurden 382 die Landmauern wieder aufgebaut. Sie wurde Bischofssitz und um 650 durch arabische Invasionen zerstört. Im 12. und 13. Jh. wurden Teile des Stadtgebietes durch Ritter des kleinarmenischen Reiches neu besiedelt. Auf der Felsenhöhe des Kap Anamur erhebt sich eine *Burg* mit Zinnen und Türmen (mittelalterlich). Eine äußere *Mauer* ohne Türme verläuft den ganzen Bergrükken hinab bis ans Meer; die Längsausdehnung der Unterstadt beträgt 1560 m. Innerhalb des ummauerten Bereiches haben sich ein *Theater,* ein Odeon und 3 umfangreiche *Thermenanlagen,* eine davon mit intakten Gewölben (3. Jh.) erhalten. Alle Bauten sind aus grauem Kalkstein errichtet; die zahlreichen aufgedeckten Mosaikfußböden stammen aus dem 3./4. Jh. Sehenswert die große *Nekropole,* die sich am Hang ausbreitet, mit über 350 individuellen Grabbauten. Fußboden- und Wandmosaik, Freskenreste und Stuck zeugen von dem Reichtum der Bewohner. 3 Kirchenruinen.
8 km nach Anamur liegt außerdem vorn am Strand der Ebene *Mamuriye Kalesi,* die berühmte Burg von Anamur. Sie ist eine der schönsten und besterhaltenen alten Burgen der ganzen Türkei und wurde etwa um 1230 von kleinarmenischen Königen erbaut, wahrscheinlich auf den Mauern einer alten Anlage aus dem 3. Jh. Nach den Armeniern gehörte sie den Königen von Zypern, den Seldschuken, den Emiren von Ķaraman, zuletzt den Osmanen. Nach 12 km, links der Straße, auf einer Anhöhe, die Ruinen der mittelalterlichen Burg *Softa Kalesi,* die den westlichen Zugang zu Anamur schützte. Sie ist wie die Mamuriye Kalesi eine kleinarmenische Anlage und hat fast die gleiche Geschichte.

Silifke

Auf einer Asphaltstraße entlang der Küste und in herrlicher landschaftlicher Umgebung erreicht man nach ca. 130 km die Bauern- und Geschäftsstadt Silifke. Sie liegt in seit jeher bedeutungsvoller Verkehrslage am Straßenkreuz der Strecken Mersin – Konya – Ankara und Mersin – Anamur – Antalya. Ihre Wohnviertel aus weißen, fast fensterlosen, flachgedeckten Lehmkastenhäusern, die sich eng verschachtelt an sanften Hängen hinaufziehen, machen sie zu einer besonders orientalisch wirkenden Stadt.

Motel

Taştur Motel, Taşucu

Camping

Kervansaray Kızkalesi Mokampı. An der Straße Silifke – Mersin, 30 km nach Silifke.

Das heutige Silifke liegt genau an der Stelle der alten Stadt *Seleukeia,* von der es seinen Namen hat, am Austritt des Göksu *(Kalykadnos)* aus dem Gebirge und an dem weiten fruchtbaren Deltaschwemmland dieses einst schiffbaren Flusses, in dem 1190 Kaiser Barbarossa auf seinem Marsch nach Seleukeia ertrunken ist.
Die Stadt, eine Gründung des Seleukos I. Nikator (312–281 v. Chr.), muß einst einer der glanzvollsten Plätze des Orients gewesen sein und hatte auch im Mittelalter noch beträchtliche Bedeutung.
Die immer mehr der Zerstörung unterliegenden Ruinen der alten Stadt ziehen sich vom rechten Flußufer hinauf zu einer *mittelalterlichen Festung,* die sich, noch gut erhalten, mit 23 Türmchen und Zinnen auf einem isolierten Bergkegel 180 m über die Niederung erhebt. In der Mitte dieser Burg findet sich noch ein großes, in den Felsen gehauenes Kellerverlies. Reiche Nekropolen, ein kleines Theater, Säulen eines Tempels mit korinthischen Kapitellen (2. Jh.) und eine Zisterne am Fuß des Burgberges sind weitere noch sichtbare Reste aus alter Zeit.

Umgebung von Silifke

Meriamlik, 1 km südlich, Ruinen der dreischiffigen Thekla-Kirche, um 476 unter Kaiser Zeno erbaut; gewölbte Zisterne um 550; 150 m nördlich Ruinen einer Kuppelkirche, um 450. In der benachbarten Nekropolis von Kaya soll, der Legende nach, die in Konya geborene Märtyrerin Thekla, Schülerin des Apostels Paulus, begraben worden sein.
Uzuncaburç (Olba, Diocaesarea), 30 km nördlich, gut erhaltener *Tempel des Zeus Olbios* (Peripteros in korinthischer Ordnung, 3. Jh. v. Chr.), in byzantinischer Zeit in eine Kirche umgebaut. Ruinen des *Tychaeums* (Tempel für die Göttin der Stadt) 1. Jh.; eines *Theaters* 2. Hälfte 2. Jh.; eine Säulenstraße, die vom nordwestlichen Stadttor auf die Hauptstraße führt, die ihrerseits das Tychaeum mit dem Theater verbindet. Der 5stöckige *Wehrturm* (22,50 m, hellenistische Zeit) an der Stadtmauer, nördlich des Theaters, hat dem Dorf Uzuncaburç (hoher Turm) seinen Namen gegeben.

Ura, 4 km entfernt, vielleicht die Wohnstadt des antiken Olba: Ruinen eines Nymphäums, eines Aquäduktes, Gräber, Ruinen frühchristlicher Kirchen.

Von Silifke nach Karaman (149 km)

Von Silifke (siehe oben) auf der Straße 715 in Richtung Konya 76 km:

Mut

(Claudiopolis)
Auf einem Hügel oberhalb des kleinen Ortes liegen die Ruinen einer Festung aus dem 14. Jh., überragt von einem hohen, runden Bergfried. Aus diesem Jahrhundert, der Zeit der Karamaniden, stammt auch die Lal Ağa Camii. Ein Café unter fünf großen Platanen hat eine gewisse Berühmtheit.

Abstecher nach Ermenek

2 km nach Mut links ab, 89 km asphaltierte, aber sehr kurvenreiche Straße. Man kann Ermenek auch von Karaman aus auf einer Erdstraße über Bucakkışla (122 km) erreichen.

Ermenek

Der abgelegene Ort, vielleicht mit dem antiken Germanikopolis identisch, bietet noch ein altertümliches Stadtbild und enthält bedeutende Bauwerke aus der Karamanidenzeit:
Ulu Cami, älteste Moschee, von 1302; sehenswert eine schöne Tür aus Nußbaumholz,
Sipas Camii von 1343, ebenfalls mit reich dekorierten Türen,
Tol Medrese, 1339 von dem Emir Musa Bey erbaut; sie hat einen quadratischen Hof mit Säulenumgang.
In dem benachbarten Dorf Balkaşon steht die Grabstätte der Karamaniden (Karamanoğullari). Die Türbe enthält das Grab des Kerimuddin Karaman (13. Jh.), unter dem die Stadt Larenda zur Hauptstadt Karaman wurde, sowie die des Mahmut Bey und seines Sohnes Mehmet Bey, ebenfalls aus dem 13. Jh. Mehmet Bey eroberte Konya.

Alahan

Ruine eines christlichen Klosters mit zwei Kirchen.
Von Mut in Richtung Karaman 41 km; kurz vor dem Paß Sertavul Geçidi und gegenüber einem kleinen Restaurant, führt rechts ein Weg (Auffahrt möglich) 2 km in Windungen hinauf zu einer hochgelegenen Terrasse vor einer Felswand des Taurus-Gebirges.
Ausgrabungen 1961/62 durch den Direktor des Britischen Archäologischen Instituts von Ankara, M. Gough.

Kirche der Evangelisten
Dreischiffige Kirche vom Ende des 5. Jhs. mit Säulen und korinthischen Kapitellen; sie wurde später durch einen Umbau verkleinert und besaß dann nur noch ein Schiff. Das Westportal ist mit Reliefs geschmückt: Am Türsturz sieht man Christus zwischen zwei Engeln und mehrere Tiere, wahrscheinlich Evangelistensymbole und andere auf die Apokalypse bezogene Darstellungen; am rechten Türpfosten (schlecht zu erkennen) der heilige Michael über zwei Frauen mit phrygischen Mützen, am linken Gabriel auf einem Stier. M. Gough führt diese Deutungen noch weiter, indem er in den Frauen einen Hinweis auf Kybele und in dem Stierreiter eine Parallele zu Mithras zu erkennen glaubt, womit das Bildprogramm den Sieg des Christentums über das Heidentum manifestiert. Der Altar ist erhalten: zwei kurze Säulen tragen einen Bogen mit Ornamentband und umrahmen eine Muschelnische mit einem griechischen Kreuz.
Hinter der Choranlage weiter nach Osten: links ein Baptisterium in Form eines griechischen Kreuzes, in das der Täufling vollständig eingetaucht werden konnte, rechts die Reste einer Kapelle. Darauf folgt die Ostkirche, deren Chor zum Teil in den Felsen eingehauen ist (Anfang des 6. Jhs.). Von dem (nicht mehr erhaltenen) Narthex führen drei Türen in die ebenfalls dreischiffige Kirche. Das Langhaus mit den Fenstern ist erhalten, ebenso die Vierung und die kurzen Querschiffe, allerdings ohne Dach. Über dem Chor ist die Wölbung vom Triumphbogen an erhalten.

Al Oda (Roter Saal)

Im Restaurant an der Hauptstraße, gegenüber der Stelle, an der der Weg zum Alahan führt, besorge man sich einen Führer. Es gibt keinen eigentlichen Weg, man muß Steinfelder überwinden und durch eine Felsspalte absteigen. Nach 40 Minuten erreicht man das Felsheiligtum. Es besteht aus einer Grotte, deren Wände geglättet sind und einer abschließenden Mauer. Der Weg zum Eingang ist sehr schmal und führt am Steilhang entlang, aber man kann schon vorher durch eine fensterartige Öffnung ins Innere gelangen. Die ornamentalen Bilder aus der Ikonoklastenzeit wurden im 10. Jh. übermalt. Es gibt geringe Reste von Mosaiken (um 800) und einen Steinsarkophag. Man hat einen überwältigenden Blick zurück in das Göksu-Tal.

Karaman

Von Silifke 149 km, von Konya 102 km.
Karaman war eine bedeutende Festung an dem nach der Kilikischen Pforte wichtigsten Übergang über den Taurus, dem Tal des Göksu, wie Konya und Ereğli Raststätte auf Pilgerstraßen nach Mekka und im 14./15. Jh. Hauptstadt des Emirats der Karamaniden, der damals der mächtigste Staat Mittelanatoliens war.

Geschichte

Vielleicht hat der Ort schon in der Zeit des althethitischen Reiches existiert; man bringt die inschriftliche Erwähnung einer Stadt Landa mit ihm in Verbindung. Ebenso unsicher ist die Nachricht von einem Laranda, das von einem Heer Alexanders eingenommen wurde. Genaue Darstellungen gibt es dagegen beim Auftritt der Seldschuken, die es einnahmen, dann den türkischen Danişmendiden (die damals unter der Herrschaft von Byzanz standen) überlassen mußten und es schließlich unter Kılıç Arslan II. 1164 wieder gewannen; dieser besiegte danach auch zwei Heere des byzantinischen Kaisers Manuel. Ende des 12. Jhs. mußten sie die Kreuzfahrer mit Friedrich Barbarossa durch ihr Land ziehen lassen.
Nach Kämpfen mit den Armeniern (Leon II. besetzte Larenda, wie es damals hieß, 1210 schon zum zweiten Mal), übergaben die Seldschuken die Stadt dem turkmenischen Stamm der Karamaniden (türk. Karamanoğullari, von oğul = Sohn), die Larenda unter dem Namen Karaman zu ihrer Hauptstadt machten. 1277 eroberte ihr Führer Mehmet Bey Konya.
Mit der wachsenden politischen Macht wurde der Hof auch ein kulturelles Zentrum. Mehmet Bey setzte schon 1277 Türkisch als Staatssprache anstelle des bisherigen Persisch ein. Wissenschaftler und Dichter wohnten am Hof. Mevlâna Celâlettin Rûmi, der Gründer des Mevlana-Ordens, verlebte hier seine Jugend, und Yunus Emre (gest. 1322) war einer der ersten Dichter, die in türkischer Sprache schrieben.
Im 14. Jh. war das Emirat von Karaman so mächtig, daß es den Osmanen Konkurrenz machte. Nach Kämpfen mit Mongolen und den ägyptischen

Mameluken verbündete es sich zu seinem Vorteil mit Tamerlan, konnte aber doch nicht verhindern, daß es 1466/67 in die Hand der Osmanen fiel.
»Karamanier« hießen die griechischen Christen, die noch in jüngerer Zeit im Gebiet von Karaman lebten; sie sprachen türkisch, schrieben das Türkische aber mit griechischen Buchstaben.

Sehenswürdigkeiten

Die Stadt besitzt zahlreiche, meist religiöse Bauwerke; leider sind die meisten in schlechtem Zustand.

Zitadelle

Die mit großen Mauern und Türmen ausgestattete Festung wurde im 12. Jh. von den Seldschuken erbaut und 1356 unter den Karamaniden erneuert.

Tekke

(Derwischkloster) des Karamanoğlu Ala ed-Din Bey (1370). Hier ist auch die Mutter des Celâlettin Rûmi begraben, dazu sein Bruder und einige Derwische. Das Innere ist ein rechteckiger Saal mit einer Kuppel auf rechteckigem Tambour. Das Grab steht in einer Ecke hinter einem modernen Holzgitter. In dem zugehörigen Hof sieht man die Wohnzellen der Derwische.
Daneben ein Hamam des Suleiman Bey von 1385.

Hatuniye Medresesi

oder Medrese der Nefise Sultane, Tochter des osmanischen Sultans Murat I. und Gemahlin des Karamaniden Ala ed-Din Bey (1382). Der Hof hat einen Säulenumgang und Zellen für die Studenten. Bemerkenswert sind die reich ornamentierten Holztüren an der Medrese und an der Türbe der Nefise Sultane. Der Erhaltungszustand ist schlecht.

Hacıbeyler Camii

von 1358; 1958 restauriert, heute Bibliothek.

Imaret Camii

oder Minare Ibrahim Bey (1432). Die Moschee hat ein hohes Minarett, was in der Karamanidenzeit sehr selten ist, und ein reich ornamentiertes Portal. Der

Mihrab aus Fayencen und eine schöne, geschnitzte Holztür befinden sich heute im Çinili Köşk in Istanbul. Man kennt den Namen des Holzschnitzers: Omar ibn Ilyas aus Karaman. Die achteckige Türbe trägt ein Pyramidendach. Im Hof ein großer Brunnen, dessen Einfassung mit einem Blumenmuster dekoriert ist.

Çeşmeli Kilise

Eine nicht sehr bedeutende Kirche aus byzantinischer Zeit.

Museum

Südlich der Hatuniye Medrese. Bemerkenswertes Ortsmuseum mit Objekten vom Paläolithikum, auch solchen aus der steinzeitlichen Siedlung Can Hasan, 12 km im Norden der Stadt, über römische und byzantinische bis zu Kunsthandwerk der Zeit der Karamaniden und der Osmanen; kleine volkskundliche Sammlung.

Bin Bir Kilise

»Tausend und eine Kirche« ist der Name einer Gruppe von Kirchenruinen nördlich der Stadt Karaman, südöstlich von Konya. Die gleiche Bezeichnung wird für die Reste vieler Kirchen in der Nähe der russischen Grenze (»Türkisch-Georgien«) verwendet, dort besser erhalten als bei Karaman.

Anfahrt: Von Karaman nach Norden über Kılbasan nach Dınek, dort links ab nach Madenşehir, 50 km, am Fuße des Kara Dağ (2288 m). Hier befindet sich die größte Gruppe der Kirchenruinen. Eine zweite liegt bei dem 9 km weiter entfernten Ort Değler.
Auf einem der Gipfel des Kara Dağ wurde ein Fernsehturm errichtet, dazu eine für Lastwagen befahrbare Straße. Von diesem Turm aus kann man auf den höchsten (Ost-)Gipfel, den Mahaliç, steigen (etwa ½ Stunde). Im Krater des schon lange erloschenen Vulkans hat sich kein See gebildet, man sieht heute Felder. Unmittelbar unterhalb des Gipfels steht die Ruine einer großen Klosterkirche (2271 m). Etwas östlich davon stößt man auf eine hethitische Felsinschrift, an diesem Ort ein besonderer Eindruck.
Um auf den etwas niedrigeren Westgipfel (Kızıl Dağ) zu gelangen, kann man auch von Norden anfahren und nimmt am besten in dem Ort Süleyman Hacı

einen Führer. Vor der Gipfelhöhe finden sich neben einer Treppe hethitische Zeichen. Weiter oben stand ein Felsturm, der in Verbindung mit Reliefresten auf eine Thronanlage des Königs Hartapu zu weisen scheint; der Felsen ist leider gesprengt worden.

Maden Şehir

liegt im Zentrum des »Tals der 1001 Kirchen«, wo man Ruinen von etwa 50 byzantinischen Basiliken gefunden hat. Der Franzose Laborde stieß 1837 zum erstenmal darauf und berichtete darüber. 1905 fanden Gertrude Bell und William Ramsey bei Maden Şehir vorhellenische Topfscherben. Eine genaue Untersuchung des Gebietes steht noch aus.
Die Kirchen stammen im wesentlichen aus der Zeit von etwa 800 bis ins 12. Jh., aber schon vorher war der Kara Dağ eine Zufluchtsstätte der Christen, etwa mit den Höhlen von Göreme vergleichbar. Das erste Klosterzentrum von Maden Şehir wurde im 7. Jh. beim Einbruch der Araber aufgegeben, und die Bevölkerung zog sich weiter ins Gebirge nach Değler zurück. Um 850, als die Zeiten wieder sicherer waren, kehrte sie zurück, baute die zerstörten Kirchen wieder auf und errichtete neue. Bei der Invasion der Türken im 12. Jh. wurden die Dörfer endgültig zerstört.

Değler war wie Maden Şehir schon ein antiker Ort, aber man kennt die alten Namen nicht. Es war im Gegensatz zu Maden Şehir befestigt. Man kennt etwa 15 Kirchen- und Klosterruinen, eine davon mit Außenarkaden. Als einziger antiker Rest haben sich Grundmauern eines Mausoleums aus dem 4. Jh. erhalten.
Die Ruinen der Kirchen sind schlecht erhalten und als Bauwerke nicht sehr eindrucksvoll, die Landschaft dagegen bietet großartige Ausblicke, so z. B. vom Kızıl Dağ auf den versumpften See von Hotamış (Bataklık Gölü).

Die Küste zwischen Silifke und Mersin

Auf gut asphaltierter Straße fährt man von Silifke bis Mersin. Felsig, unwegsam und durchweg von dichter Macchia, verwilderten Öl- und prächtigen Johannisbrotbäumen bewachsen, zieht sich östlich des Göksu-Deltas reich gegliedert die Küste hin, in allen Zeiten der Antike berühmt und berüchtigt als Küste der Piraten. Zahlreiche Bauten, Gräber und Inschriften, die bis ins 3. und 4. Jh. v. Chr. zurückgehen, städtische Anlagen aus römischer Zeit und vieles aus christlicher Epoche zeugen für die einst recht dichte Besiedlung.

20 km östlich führt links ein Weg (2 km) zu 2 großen Karstschluchten. Die erste und größere *Cennet deresi* (Tal des Paradieses) ist begehbar. Unten die Ruine einer armenischen Kapelle und eine Quelle. 500 m nördl. *Cehennem deresi* (Tal der Hölle), nicht begehbar.
Eine der wesentlichen Ruinenstätten ist die von *Korykos* (25 km östlich Silifke) mit einer gewaltigen mittelalterlichen, größtenteils aus alten Steinen erbauten Landfestung und Seeburg Kız Kalesi, einer antiken Mole, der prächtigen Stadtmauer, den zum Teil aus den anstehenden Felsen herausgearbeiteten Wohnungen mit Wasserleitungen und großen Nekropolen. Die Seefeste liegt wenige hundert Meter draußen im Meer auf einer winzigen Insel. Sie wurde im 14. Jh. erbaut, um die Hauptburg Korykos, die im 12. Jh. von einem armenischen König errichtet wurde, gegen die See hin zu sichern.
Unmittelbar an dieser sehenswürdigen Stätte des alten Korykos, durch die die Straße mitten hindurchführt, ist übrigens eine kleine Sandbucht als einmalig schöner Badeplatz mit einigen mietbaren Bungalows hergerichtet.
Fast ununterbrochen begleiten Ruinen die Küste von hier bis in die Gegend von Ayas, wo die große städtische Ansiedlung von *Elaiussa Sebaste* gelegen und einst floriert hat. Dichter Sand bedeckt die alten Stadtanlagen. Eine Hallenstraße, Reste eines Tempels, ein sehr zerstörtes Theater, mehrere Grabstätten und Teile der Wasserleitung sind die einzigen noch sichtbaren Zeugnisse aus vergangener Zeit. Von Lamas an tritt das Gebirge von der Küste zurück, und ein 1,5–2,5 km breiter Flachlandstreifen erstreckt sich bis Mersin, um dort in die weite Ebene der Çukurova überzugehen.
10 km vor Mersin auf der rechten Straßenseite die Abzweigung nach dem Ruinenbezirk von Pompeiopolis (siehe Umgebung von Mersin); hübsches Lokal am Meer, guter Badestrand.

Von Antalya nach Norden

Hacılar

Anfahrt von Antalya nach Burdur auf der Straße 650, 124 km; vor Burdur (siehe S. unten) weiter auf der Straße 330 nach Südwesten am Burdur-See entlang. Nach 23 km, 1,6 km vor dem Dorf Hacılar links der vorgeschichtliche Kulturschutthügel (Tell).

Man kann den Hügel besichtigen, der heute 5 m hoch ist und einen Durchmesser von 150 m hat. Die bedeutenden Funde sind allerdings im Archäologischen Museum in Ankara. Nur eine Reihe kleinerer Objekte (Kultfigürchen) und etwas Keramik ist im Museum von Burdur zu sehen.

Der Tell ist eine der wichtigsten vorgeschichtlichen Fundstätten Kleinasiens. 1957–1960 wurden vom British Institute of Ankara unter der Leitung von James Mellaart, dem Entdecker von Çatal Hüyük, Grabungen durchgeführt, die Reste dreier Besiedlungsperioden erkennen ließen (die Schichten werden von oben nach unten gezählt):

Neolithikum (7000 v. Chr.): Dörfliche Siedlung (Luftziegel, rote verputzte Fußböden, keinerlei Keramik), danach eine lange Besiedlungslücke.

Spätneolithikum (etwa 5750–5600 v. Chr.): Hacılar IX–VI. Die Schicht VI ist die interessanteste: Hochkultivierte Siedlung, große Häuser aus Lehmziegeln, einfache, bemalte Keramik, feine Tonfigürchen, Steingefäße, poliertes Werkzeug aus Silex und Obsidian. In kleinen »Kult«-räumen bei jedem Haus fand man zahlreiche Darstellungen von Augenpaaren. Die Schicht geht ohne Bruch in die nächste über:

Frühchalkolithikum: Hacılar V–I. Festung mit 2 m dicken Mauern, wohl Sitz eines lokalen Fürsten. Im Inneren eng aneinanderstehende Häuser, die wie in Çatal Hüyük mit Hilfe einer Treppe vom Dach her zugänglich waren. In Schicht V-III nur geringe Architekturreste. Hauptmerkmal ist eine bemalte Keramik mit geometrischen Mustern, Metallwerkzeuge. Die Figuren sind weniger naturalistisch. Die Veränderung der Technik und der Formen läßt auf einen Wechsel der Einwohnerschaft schließen.

Um 5000 v. Chr.: Ende der Besiedlung.

Als besonders bedeutend der Fund von über 20 Figurinen aus Stein oder gebranntem Ton, die füllige Frauengestalten darstellen und als Fruchtbarkeits- oder Muttergöttinen gedeutet werden. Sie befinden sich mit den anderen Funden in Ankara.

Burdur

100 000 Einwohner, Provinzhauptstadt am gleichnamigen See.
Hotel
4. Kl.: Burdur Oteli, Gazi Caddesi 37/A

Burdur besitzt keine hervorragenden Denkmäler. Die Ulu Cami wurde im 14. Jh. von einem Dünder Bey erbaut. Sehenswert ist das Museum, das 1969

eröffnet worden ist; es besteht aus 2 Räumen: Im ersten Saal zahlreiche Statuen aus Stein bzw. Marmor und eine römische Apollofigur aus Bronze, im zweiten Kleinfunde vom Neolithikum an, darunter Kultfigürchen und Schalen aus Hacılar, Keramik aus phrygischer Zeit, Glas, römischer Schmuck bis zu byzantinischen Lampen aus verschiedenem Metall. Im Garten römische Steinplastik, Stelen, Sarkophage.
Von Burdur aus kann man außer dem schwefelhaltigen Burdur Gölü noch 14 weitere Seen aufsuchen, ferner den Tell von Hacılar und im Osten (47 km) bei dem Dorf Ağlasun die Ruinen der pisidischen Stadt Sagalassos (Felsgräber, römisches Theater, Tempel u. a.).

Von Antalya nach Westen

Termessos

Güllük, wie Termessos heute heißt, liegt in der Luftlinie etwa 30 km nordwestlich von Antalya in den Vorgebirgen des Taurus, am Südwestfuß der Felskuppe des Güldere Dağı. Es gehörte in der Antike zu Pisidien, einer schwer zugänglichen Gebirgslandschaft. Die Ruinenstadt liegt zwischen hohen Bergen (mittlere Höhe etwa 1050 m) auf der oberen Stufe eines Bachtals.

Anfahrt

Von Antalya 11 km auf asphaltierter Straße in Richtung Burdur; bei der Abzweigung links (nordwestlich) abbiegen; 15 km weiter auf guter Straße in Richtung Korkuteli. Dann links bei einer Häusergruppe Abzweigung nach Termessos (Wegweiser). 5 km schmale, steile, aber befahrbare Straße bis zu einem Parkplatz bei einer großen Eiche. Hier sollte man sich einem Führer anvertrauen, denn die Besichtigung des Ruinenbezirks ist sehr beschwerlich und für fußbehinderte Personen streckenweise unmöglich. Aber die großartige Landschaftsszenerie, das Theater und die Totenstadt lohnen die Mühe.

Geschichte

Die Termessier waren ein Zweigvolk der Pisidier, die, nach Strabo, eine eigene Sprache besaßen, aber schon frühzeitig die hellenistische Kultur angenommen hatten. Xenophon hat als erster Land und Volk der Pisidier erwähnt.

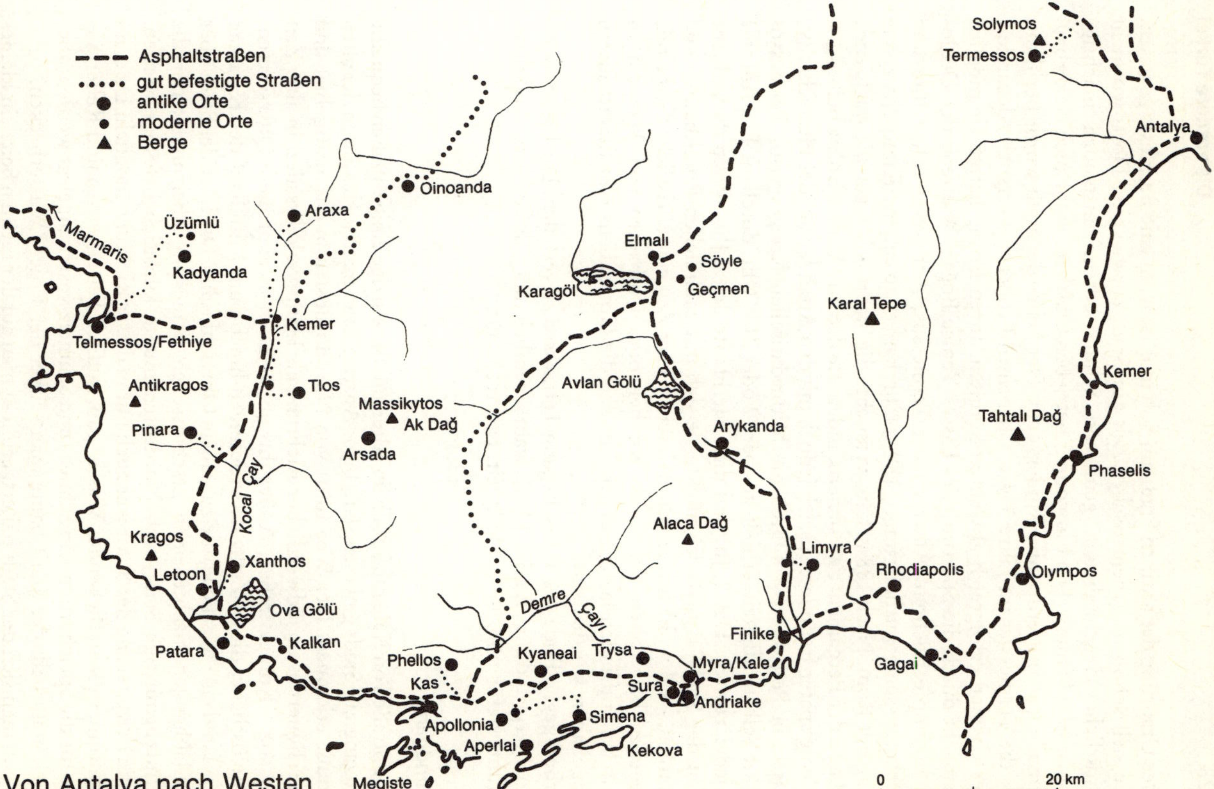

Von Antalya nach Westen
(aus: Jörg und Heike Wagner, Gerhard Klammet. Die Türkische Südküste. [2]1986)

Der Ursprung der antiken Stadt am Solymos ist wohl eine Bergfeste gewesen, die sich schon in hellenistischer Zeit zur Stadt entwickelte. Dort, wo nicht natürliche Gegebenheiten genügend Schutz boten, entstanden mächtige künstliche Mauern. Die Einwohner betrieben Obstbau, wohl auch Ackerbau, vor allem aber Pferde- und Rinderzucht. Der Name der Stadt wurde berühmt, als die Termessier im Jahre 334 v. Chr. einen Eroberungsversuch Alexanders des Großen erfolgreich abwehren konnten. Ihren Erfolg hatten sie möglich gemacht durch die Sperrung des Passes Yenice Boğaz. Während der Diadochenkämpfe flüchtete Alketas nach Termessos; Antigonos folgte ihm und verlangte seine Auslieferung. – 189 v. Chr. kam es zu einem Freundschaftsvertrag mit Rom. Nach 188 v. Chr. versuchte die Stadt, sich gegen die wachsende Macht der Pergamener zu sichern, indem sie den Paß Yenice Boğaz befestigte. Wenig später freundete sie sich jedoch mit den Attaliden an, der Herrscherdynastie in Pergamon. – Durch die Mithridatischen Kriege verlor Termessos seine Selbständigkeit, erhielt sie aber 72 oder 71 v. Chr. durch die Lex Antonia wieder zurück. Das 2. Jh. und die erste Hälfte des 3. Jhs. waren die goldene Zeit der Stadt; damals schmückte sie sich mit zahlreichen Prunkbauten und Statuen. – Obwohl es hier schon in sehr früher Zeit eine christliche Gemeinde gegeben hat, haben sich keine Kirchen oder Umbauten von Tempeln zu Kirchen auffinden lassen; es scheint, daß die Gottesdienste in Privathäusern abgehalten worden sind.
Schon gegen Ende des 3. Jhs. begann Termessos zu verfallen. Die benachbarte Tochtergründung Ewdir Han, wahrscheinlich der Bischofssitz Eudokias, blühte dafür nun, in der Spätzeit, erst recht auf.

Rundgang

Die Straße von Kale muß auch im Altertum der einzige einigermaßen bequeme Zugang zur Stadt gewesen sein; beim Anstieg kann man noch Spuren der alten Straße erkennen. Der Weg führt von Nordnordosten in das Stadtgebiet und durchquert es in südwestlicher Richtung als Hauptverkehrsader, in alter Zeit die sog. »Königsstraße«. Außer ihr gibt es noch zwei größere Querstraßen: eine östliche, die in Zickzackwindungen hinab zum Mittellauf des Karaman Çayı und eine westliche, die zu seinem Oberlauf führt. Die Lage der Stadt über Steilabhängen machte einen geschlossenen Mauerring überflüssig; nur die schutzbedürftige Seite nach Nordosten mußte künstlich befestigt werden. Eine Erweiterung der Stadt war auch nur in dieser Richtung möglich. Da es im Stadtinnern kein fließendes Wasser gab, mußten Felszisternen und Kellerräume für die Speicherung von Schnee- und Schmelzwasser angelegt werden; aber auch außerhalb der Stadt baute man – über der Erde – Wasserbecken.
Wenn man sich der Stadt nähert, erblickt man auf der rechten Seite ein kleines

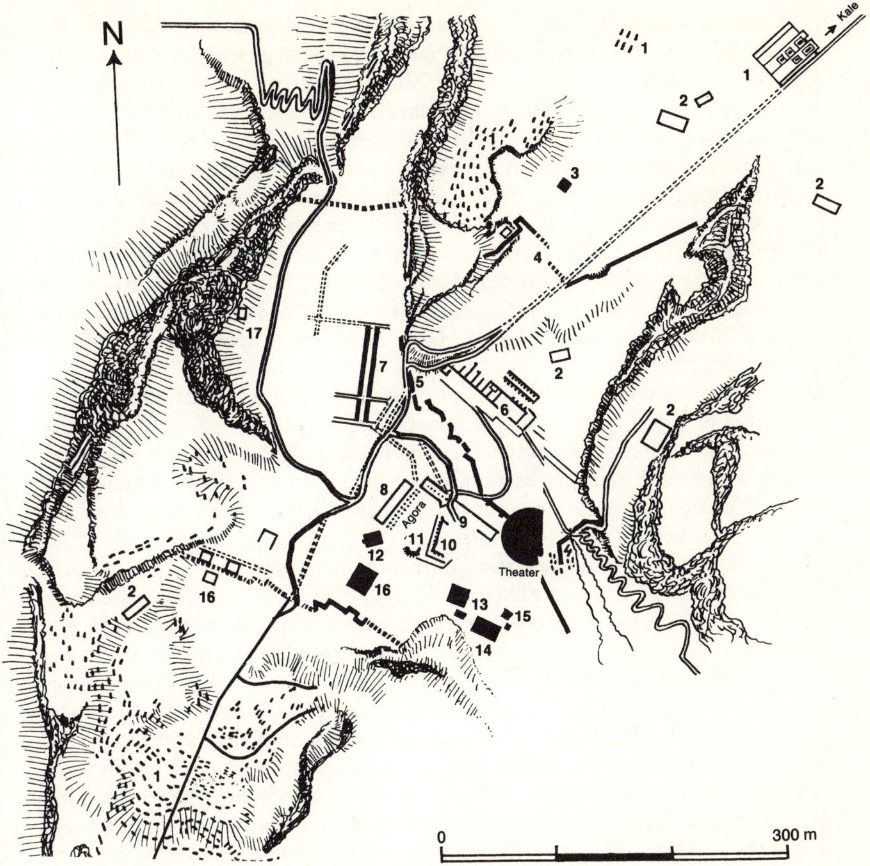

Termessos

1 Gräberfelder
2 Wasserreservoire
3 Propyläon des Hadrian
4 Jüngere Befestigungslinie
5 Ältere Befestigungslinie
6 Gymnasion
7 Kaufhalle
8 Stoa des Attalos
9 Stoa des Osbaras
10 Gymnasion
11 Zeus-Tempel
12 Kleiner Tempel
13 Odeon
14 Peripteraltempel
15 Antentempel
16 Häuser
17 Grab des Alketas

Feld von *Gräbern* (1); die ältesten stammen aus dem 2. Jh. 100 m auf der rechten Seite ein *Wasserreservoir* (2). Nach etwa 150 m passiert man die untere, d. h. die *jüngere Befestigungslinie* (4). Man geht weiter bis zur oberen, d. h. *älteren Befestigungslinie* (5). Einige Mauerstücke nördlich und südlich der Toranlage schreibt man der vorhellenistischen Zeit zu; das Tor ist jünger, es wurde an die Stelle eines älteren gebaut. Links führt ein Weg ins Tal; dort, inmitten üppiger Vegetation, die Ruinen eines *Gymnasions* (6) (nach Inschriftenfunden als solches identifiziert). Der am besten erhaltene Teil ist die Fassade aus Kalksteinquadern, die durch eine dorische Pilasterordnung und Nischen gegliedert war; Entstehungszeit: zwischen 220 und 230. Zum Tor zurück und die Hauptstraße weiter: an der rechten Seite die Ruinen einer großen *Säulenstraße* (7) mit Läden aus der ersten Hälfte des 2. Jhs. v. Chr.; vor den Säulen standen einst Statuen.

Das Stadtzentrum lag im Südosten der Altstadt; von der Hauptstraße führt ein Weg hinauf zur *Agora,* etwa 200 m südlich des Stadttors, 80 m von der Hauptstraße entfernt. Der trapezförmige Platz ist in den Abhang gegraben; früher war er mit Platten parkettiert, Reste davon sind erhalten. An drei Seiten haben Säulenhallen gestanden, nur die Südseite war in voller Breite offen. An der Westseite befand sich die *Stoa des Attalos* (8), die zwischen 159–138 v. Chr. Attalos II. von Pergamon gestiftet hat. Ihre südliche Schmalseite, 6–8 m hoch, steht noch. An der Nordseite ehemals die *Stoa des Osbaras* (9), deren Gebäude sich bis zum Theater hinzogen. Sie wurde zwischen 120 und 150 gebaut, war über 100 m lang und etwa 11 m breit. Eine Säulenstellung gliederte sie in zwei Schiffe, jedes 4,40 m breit. An der Ostseite ein von Säulenhallen umstandenes *Gymnasion* (10), jetzt arg zerstört, wahrscheinlich aus dem 1. Jh. – An der Südseite, von der Höhe einer Terrasse die Umgebung beherrschend, lag der dem Zeus Solymeos(?) geweihte *Tempel* (11) der Stadt, gebaut etwa im 2. Jh. v. Chr.; ein Trümmerhaufen bezeichnet heute die Stelle, aber man kann erkennen, daß die Cella noch eine Höhe von 4 m aufweist. Westlich davon ein *kleinerer Tempel* (12), vermutlich Asklepios und Hygieia geweiht.

Das *Theater,* über einen Teil der älteren Stadtbefestigung gebaut, östlich an die Stoa des Osbaras anschließend, lehnt mit der Cavea am Hang über der Südostschlucht. Von Cavea und Skene steht noch ein großer Teil. Die Orchestra, heute mit den Trümmern des Bühnenhauses bedeckt, hat einen Durchmesser von 19,80 m. Die Cavea hat insgesamt 26 Sitzstufen, im oberen Maenianum 8 mit 10 Treppen, im unteren 18 mit 6 Treppen. An zahlreichen Sitzplätzen finden sich Inschriften und Monogramme. Oben säumte die Cavea ein ehemals nach außen geschlossener Pfeilergang. Das Theater faßte 4200 Zuschauer. Da der Zuschauerraum über den Halbkreis hinausgeht und die Unterbauten keine Gewölbe aufweisen, dürfte das Theater in die hellenistische Zeit zurückreichen. Das Bühnenhaus wurde in römischer Zeit umgebaut. –

Vom Theater führte eine Säulenhalle zum *Odeon* (13), einem gedeckten Theater oder Buleuterion, um 200 gebaut. Es ist die am besten erhaltene Ruine der Stadt; ihre Mauern ragen gegen 10 m hoch aus dem Ruinenfeld. Der quadratische Raum, 24,40 × 24,50 m, ist mit Schutt angefüllt; 3 Sitzreihen sind noch sichtbar. Wahrscheinlich besaß es 18 treppenlose Sitzstufen, die sich in einem Bogen übereinanderschichteten. Platz war für etwa 600 Personen. An der Ostseite des Odeons ehemals *3 Tempel:* ein kleiner mit einer Säulenvorhalle aus dem Anfang des 3. Jhs., östlich davon ein größerer ionischer Peripteraltempel (14), wahrscheinlich der Artemis geweiht und der Haupttempel der Stadt. Er wurde zwischen 138 und 192 erbaut. Unter den Trümmern hat man Reliefs mit Szenen aus dem Iphigenie-Mythos gefunden. Nordöstlich davon auf einer künstlichen Terrasse, zu der eine mehrstufige Treppe hinabführt, ein kleiner Antentempel (15) aus dem 3. Jh.
Den Tempelbezirk in nordwestlicher Richtung verlassend, erreicht man die *Ruinen eines großen römischen Wohnhauses* (16); im Zentrum, mit Säulenstellung und Zisterne, ein Atrium, dessen Pflaster noch teilweise erhalten ist. Es war von Gebäuden umgeben, deren Wände in den Fundamenten und an anderen Stellen in mehreren Schichten sichtbar sind. In westlicher Richtung erreicht man wieder die Hauptstraße; weiter bis zur *Nekropolis* im Südwesten der Stadt. Ein weites Gebiet, übersät mit umgestürzten und aufgebrochenen Sarkophagen; dazwischen erheben sich die Reste großer säulengeschmückter, tempelartiger Grabdenkmale. Diese Totenstadt bedeckt Felshänge und Höhen und reichte früher bis dicht an die Wohnstadt. Das *Grab des Alketas,* General Alexanders, der sich im Kampf gegen Antigonos das Leben nahm, ist ein Felsgrab, westlich der großen Säulenstraße, in der Form des lykischen Hauses. Reliefs: links ein Reiter zu Pferd, rechts Totenlager, darüber ein Adler. Heute stark zerstört.

Von Antalya nach Fethiye (265 km)

Lykien

Die Küstenstraße führt in die früher schwer zugängliche antike Landschaft Lykien mit ihrer Steilküste, den hohen Bergen (Beydağları 3070 m, Akdağ 3024 m) und ihren Nadelwäldern; auch heute gibt es hier noch Küstenstreifen, die dem Tourismus nicht »erschlossen« sind. Das Berggebiet etwa 40 km

südwestlich Antalya ist zum Nationalpark erklärt worden (Olimpos Beydağları Sahil Milli Parkı).
Erst seit wenigen Jahren ist der ehemalige Schotterweg an der Küste zu einer Autostraße ausgebaut worden, aber auch diese ist kurvenreich und hat Steilstrecken, besonders wo sie an der Steilküste entlangführt.
Lykien besitzt eine besonders große Zahl von Resten antiker Siedlungen; manche sind noch nicht ausgegraben, manche nur durch Fußmärsche zu erreichen, manche nur noch für Spezialisten interessant. Hier können nur die beschrieben werden, die in der Nähe der Straße liegen, aber Wander- und Entdeckungsreisen in Lykien können nur empfohlen werden.

Phaselis
(Faselis)

42 km von Antalya
Die früher bedeutende Hafenstadt am Fuß des Tahtali Daği (2375 m) ist heute ein überwachsenes, nicht ausgegrabenes Ruinenfeld mit nur geringen sichtbaren Bauresten. Sie wurde um 700 v. Chr. von Bewohnern der Insel Rhodos gegründet, war Haupthafen der lykischen Ostküste und Mitglied des Lykischen Bundes; viele Städte, darunter z. B. Ephesos, waren ihr tributpflichtig. In der Zeit der Römer, die sie von den Seeräubern befreiten, hatte sie eine Blüte, wie die Reste von Gebäuden und Häfen beweisen, verfiel dann aber und wurde nur bis zur byzantinischen Zeit bewohnt.
Phaselis hatte drei Häfen, deren Molen jetzt aber unter Wasser liegen. Die beiden südlichen waren durch eine Hauptstraße (1.–2. Jh.) verbunden, an der Läden und die öffentlichen Gebäude (Theater auf einer kleinen Höhe; Aussicht) lagen; es gab eine Agora und eine Nekropole. In einem (nicht erhaltenen) Athenatempel bewahrte man die »Lanze des Achilles« auf. Nördlich ist noch der Rest eines Aquädukts zu sehen; von einem etwa 70 m hohen Plateau gute Übersicht.

Olympos

10 km nach Phaselis links ab, etwa noch 15 km.
Olympos wurde vermutlich im 3. Jh. v. Chr. gegründet und war wie Phaselis eine bedeutende Hafenstadt und Mitglied des Lykischen Bundes. Heute sind

nur geringe Reste sichtbar, aber die Lage ist malerisch. Ein Tor, das vermutlich zu einem Tempel gehörte, steht noch aufrecht, auch ein kleines Theater ist zum Teil erhalten, dazu die Nekropole.
Etwas besonderes sind hier die Sagen vom ewigen Feuer und von dem Ungeheuer Chimaira, das den Helden Bellerophon verschlang. Dieses feuerspeiende Wesen mit dem Kopf eines Löwen, dem Rücken einer Ziege und dem Schwanz eines Drachens ist auf Vasen und in der Plastik oft dargestellt worden und soll hier in den Bergen gewohnt haben. Tatsächlich besteht heute noch eine geheimnisvolle Naturerscheinung: Brennendes Erdgas, das aus Spalten austritt; am besten ist dieses Feuer nachts vom Meer her zu beobachten.

Finike

98 km von Antalya
Das alte *Phoinikos,* ein kleiner Hafen mit regelmäßigem Schiffsverkehr der Denizcilik Bankası, ist ein reizvoller Ort an der äußersten Westecke der schmalen Küstenebene. Seine Einwohner sind Kaufleute und Bauern, die aber in der Mehrzahl gar nicht ständig hier wohnen, sondern in der heißen Jahreszeit hinaufziehen ins Gebirge nach Elmalı und erst im Winter zur Zeit des Anbaus zurückkehren. Ihr fruchtbares Ackerland trägt beste Orangen, Baumwolle und etwas Reis.

Myra
(Demre)

129 km von Antalya
Von dem Dorf Kale bis zum Meer (etwa 5 km) erstreckt sich ein Gebiet, das in hellenistischer Zeit durch eine Kette von Wachttürmen gesichert war und die Stadt Myra, den Ort Sura und den Hafen Anriake enthielt. Myra liegt auf einem nach Osten abfallenden Hang, und seine Akropolis ragt dort auf, wo der Fluß Demre Çayı aus seinem Engtal in ein kleines Mündungsdelta hinaustritt.

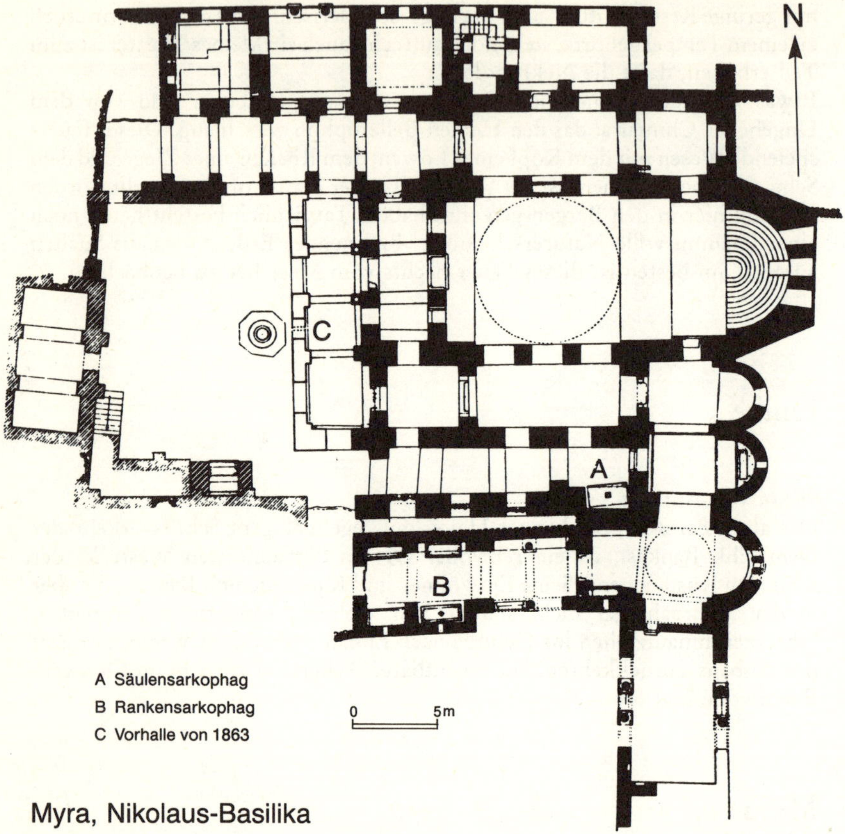

Myra, Nikolaus-Basilika

Geschichte

Nach archäologischen Funden wird auf einen frühen Ursprung der Stadt geschlossen. Plinius erwähnt einen Apollo-Tempel von Myra. Der Apostel Paulus machte auf seiner Fahrt nach Rom hier halt (vgl. Apostelgeschichte 27,5–6). Unter Theodosius II. wurde Myra zeitweilig Hauptstadt von Lykien; besondere Bedeutung für die christliche Welt bekam es als Bischofssitz des Heiligen Nikolaus. Dieser ist noch heute einer der beliebtesten Volksheiligen in der abend- und morgenländischen Kirche. Sein Todesjahr muß zwischen 345 und 352 liegen, als seinen Todestag feiert man überall den 6. Dezember, den »St.-Nikolaus-Tag«; das Datum ist nicht historisch belegt. Nach der

Legende wurde der Bischof Nikolaus während der Christenverfolgungen unter Kaiser Diokletian eingekerkert, soll aber später wieder am Konzil in Nikäa teilgenommen haben. Die Historie dieser Persönlichkeit verschmilzt mit der des Abtes Nikolaus von Sion, einem Kloster in den Bergen, der 564 als Bischof von Pinara starb. Während des 6. Jhs. wurde ein St. Nikolaus nur in Myra verehrt. Seit dem 9. Jh. wuchs das Ansehen des Heiligen im byzantinischen Reich; im 10. Jh. machte ihn Kaiserin Theophano, die Gemahlin Ottos II. (973–983), auch in Deutschland populär. Er ist der Schutzpatron der Kinder, der armen Jungfrauen, der Seeleute, der Seeräuber und des zaristischen Rußlands. Im späteren Mittelalter wurde er als Bischof mit Mitra, Krummstab, Buch und drei goldenen Kugeln dargestellt (nach einer bekannten Legende schenkte er heimlich den drei Töchtern eines verarmten Mannes drei goldene Kugeln als Aussteuer – in dieser Legende wurzelt der Brauch, am St.-Nikolaus-Tag die Kinder zu beschenken). Als sich an seinem Grab Wunder ereigneten und die Heiligsprechung folgte, entstand eine lebhafte Wallfahrt. Man baute, vermutlich im 6. Jh., eine erste Kirche, nach einem Erdbeben im 8. Jh. eine neue. Im Jahr 1087 wurden die Gebeine von italienischen Kaufleuten gestohlen (bzw. »gerettet«) und nach Bari gebracht, wo man für sie die berühmte Kirche San Nicola baute, die noch heute neben dem Monte Sant' Angelo das wichtigste Wallfahrtsziel Süditaliens ist. Die Reliquien schwitzen eine heilkräftige Flüssigkeit aus, die »Mana di San Nicola«.
In Myra wurde eine neuer Sarkophag aufgestellt, und nach der Versicherung, er enthalte einen Teil der Gebeine, kam die Wallfahrt wieder in Gang. Ähnlich wie in Bari wurde den Pilgern eine Flüssigkeit verkauft, die entstand, indem man durch kleine Löcher im Deckel Öl goß und es unten wieder auffing. Die Frage nach der »Echtheit« der Reliquien, – ein weiterer Teil der Gebeine wird im Museum von Antalya gezeigt, – muß, wie oft in solchen Fällen, offen bleiben.
Als Myra im 13. Jh. türkisch wurde, verlor es seine Bedeutung; dazu verlandete der Hafen, und die Kirche wurde durch Sand halb verschüttet. 1862 kaufte aber der Zar Alexander I. das Gebiet und ließ sie zum Teil restaurieren (Gewölbe und Exonarthex). 1963 begannen türkische Restaurierungen, die inzwischen abgeschlossen sind.

Sehenswürdigkeiten

Die *Nikolaus-Kirche* wurde nach der Zerstörung 1034 durch eine arabische Flotte auf Kosten von Konstantin IX. Monomachos und Kaiserin Zoë wieder aufgebaut und von einer Mauer umgeben. Über ein Atrium, einen Exonarthex, einen Narthex betritt man die Kirche, deren Chor mit den 3 Apsiden zur älteren Kirche gehören. An der östlichen Kuppel kann man Fresken (Apostel) erkennen. Im südlichen Seitenschiff das sog. *Grab des Nikolaus;* ein frühchristlicher Sarkophag mit einem römischen Deckel. Reste des vielfarbigen Marmorfußbodens.

Das *römische Theater* hat 47 Sitzreihen; sein Bühnenhaus ist zusammengebrochen. – In der *Nekropole* Felsengräber mit architektonischem und plastischem Schmuck sowie Sarkophage lykischer Prägung. Die Felsengräber sind die bedeutendste Sehenswürdigkeit Myras, über- und nebeneinander in die Felswände eingehauen. Die Fassadensteine beeindrucken durch ihre effektvolle Patinierung. Die Lykier errichteten ursprünglich freistehende Totenhäuser; seit dem 5. Jh. v. Chr. erscheinen in den Grabbauten griechische Ornamente, und seit dem 4. Jh. v. Chr. verwendete man nur noch Tempelfassaden als Abschluß.

Zu Myra gehört auch der kleinere, westlich gelegene Ort *Sura* (erhalten sind ein Grabtempel, geringe Reste der Agora und zahlreiche, teils monumentale Sarkophage in seiner Nekropole); interessant ist die Überlieferung eines Fischorakels: nach der Art der Fische, die in einem Wasserwirbel erschienen, wurde geweissagt.

An der Mündung des Flüßchens Andrakos, etwa 5 km von Myra entfernt, befand sich ein Hafen, der in römischer Zeit zu einer Stadt ausgebaut worden ist, *Andriake.* Bemerkenswert ist dort ein römischer Getreidespeicher (Granarium), der relativ gut erhalten ist. Über die ganze Breite läuft eine Bauinschrift, die besagt, daß er im Auftrag Hadrians (117–138) errichtet worden ist; über dem Westtor sieht man Büsten des Kaisers und seiner Frau Sabina, außerdem gibt es einige Reliefs.

Einige Kilometer weiter westlich (zu Schiff oder auf schlechter Straße vom Land zu erreichen) liegt der kleine Hafenort *Simena,* dessen Ansicht vom Meer her (halb im Wasser ein Sarkophag, dahinter am Hang das Dorf, darüber die Ruinen einer Johanniterburg mit Zinnen) immer wieder in der Touristenwerbung abgebildet ist. Gegenüber die Insel Kerkova (Kerkov Ada) mit teilweise freigelegten Ruinen einer kleinen antiken Stadt und einer byzantinischen Kirche.

Kaş

179 km von Antalya

Die kleine Hafenstadt Kaş ist der Ort des antiken Antiphellos. Einige Forscher vermuten, daß Antiphellos mit Apašaš identisch ist, der Hauptstadt des Arzawa-Staates, der als Rivale des Hethiterreichs bekannt ist. Oberhalb des

Ortes eine nicht sehr bedeutende Ruinenstätte und am Hang eine weitläufige Nekropole mit zahlreichen Grabmälern, darunter ein monolithisches in Würfelform aus dem 4. Jh. v. Chr., in dem noch ein Relieffries mit tanzenden Frauengestalten zu erkennen ist. In der Ortsmitte antike Fragmente und ein großer Deckelsarkophag auf einem Unterbau mit einer zweiten Grabkammer (Hyposorion), daran eine lykische Inschrift. In der Nähe des Meeres liegt das kleine hellenistische Theater; es hat jetzt kein Bühnenhaus mehr, ist aber sonst recht gut erhalten.

Über Kalkan (27 km), einem kleinen Fischerhafen, erreicht man am Ova Gölü die Abzweigung nach dem Dorf Gelemiş (8 km); in der Nähe die Ruinen von

Patara

215 km von Antalya
Patara, an der Mündung des Xanthos-Flusses (Koca Çayı), war in der Römerzeit eine bedeutende Hafenstadt. Die Apostelgeschichte erwähnt es als Station des Paulus auf seiner dritten Missionsreise (Apostelgeschichte 21,1), und der heilige Nikolaos soll hier geboren sein. Auch in der byzantinischen Zeit war die Stadt noch wohlhabend, aber dann versandete der Hafen. Sehenswert sind die Ruinen eines hellenistischen Theaters von 70 m Durchmesser, heute halb im Sand begraben, eines sehr gut erhaltenen Stadttors mit drei Durchgängen (Ende 1. Jh.), eines Tempels korinthischer Ordnung und eines großen Getreidespeichers aus der Zeit Hadrians (dem von Andriake/Myra vergleichbar). Verstreut stehen zahlreiche lykische Sarkophage.
Da bis heute in Patara noch keine wissenschaftlichen Ausgrabungen stattgefunden haben, hat man die Stelle des berühmten Orakel-Tempels des lykischen Apolls (Apollon Patareus, Patroos) noch nicht sicher bestimmen können.

Nach 16 km Fahrt kommt man zu dem Dorf Kınık und damit zu den Ruinen des antiken

Xanthos

222 km von Antalya
Ein ausgedehntes Trümmerfeld – ringsum sehr reizvolle Landschaft – zeugt noch heute von der Stadt Xanthos, der im Altertum bedeutendsten Stadt Lykiens. Sie lag am Fuße eines Hügels, auf dem linken Ufer des gleichnamigen Flusses, der heute Eşen Çayı oder Koca Çayı heißt; er mündet 13 km südlich der Stadt ins Meer.

Geschichte

Xanthos war im 7. Jh. v. Chr. unter die Oberherrschaft der Könige von Lydien gekommen. 545 v. Chr. zerstörten es die Perser unter Harpagos, bauten es aber während ihrer Herrschaft neu auf. Die berühmten Totenpfeiler stammen aus dieser Zeit. Ende des 5. Jhs. v. Chr. konnte sich Lykien von der persischen Herrschaft wieder freimachen, wurde aber als Verbündeter der Gegner Athens in den Peloponnesischen Krieg verwickelt. – Im Jahre 333 v. Chr. nahm Alexander der Große die Stadt ein; im 3. Jh. v. Chr. kam sie unter die Herrschaft der Seleukiden, einer syrischen Dynastie, die bis zum Tode Seleukos' I., 280 v. Chr., ganz Vorderasien und die Länder bis hinunter zum Indus in ihren Besitz gebracht hatte. Schließlich stritten Seleukiden und Ptolemäer um die Stadt, bis sie im Vertrag von Apamea (188 v. Chr.) an Rhodos gegeben wurde. Im Kampfe gegen Rhodos, 167 v. Chr., wurden die Xanther von Rom unterstützt; dafür hielten sie während der Mithridatischen Kriege treu zu Rom und wurden dafür wiederum, als später die Römer die Herren Kleinasiens geworden waren, mit zahlreichen Privilegien belohnt. Damals entstanden in der Stadt viele Bauten, die auf eine gewisse Wohlhabenheit schließen lassen. 43 v. Chr., im römischen Bürgerkrieg, wurde Xanthos zerstört. Nach dem Wiederaufbau kam es nicht wieder zu seiner früheren Bedeutung, wenn auch die Ruinen eines Klosters und zweier Kirchen sowie die Reste der Stadtmauer bezeugen, daß sie auch in byzantinischer Zeit noch bestand.
Die bedeutendsten Denkmäler von Xanthos sind die Totenpfeiler und das Theater. Die Totenpfeiler haben weder in der griechischen noch in der orientalischen Kunst ihresgleichen. Sie kommen im 6. Jh. v. Chr. in Lykien auf und verschwinden etwa Mitte des 4. Jhs. v. Chr. wieder aus den Grabmalformen.
Im Jahre 1838 entdeckte der Engländer *Sir Charles Fellows* die Ruinenstadt. Er weilte später noch dreimal in Xanthos; von seiner letzten Reise brachte er u. a. die Reliefs vom sog. Harpyien-Pfeiler (um 480 v. Chr.) und vom sog. Nerei-

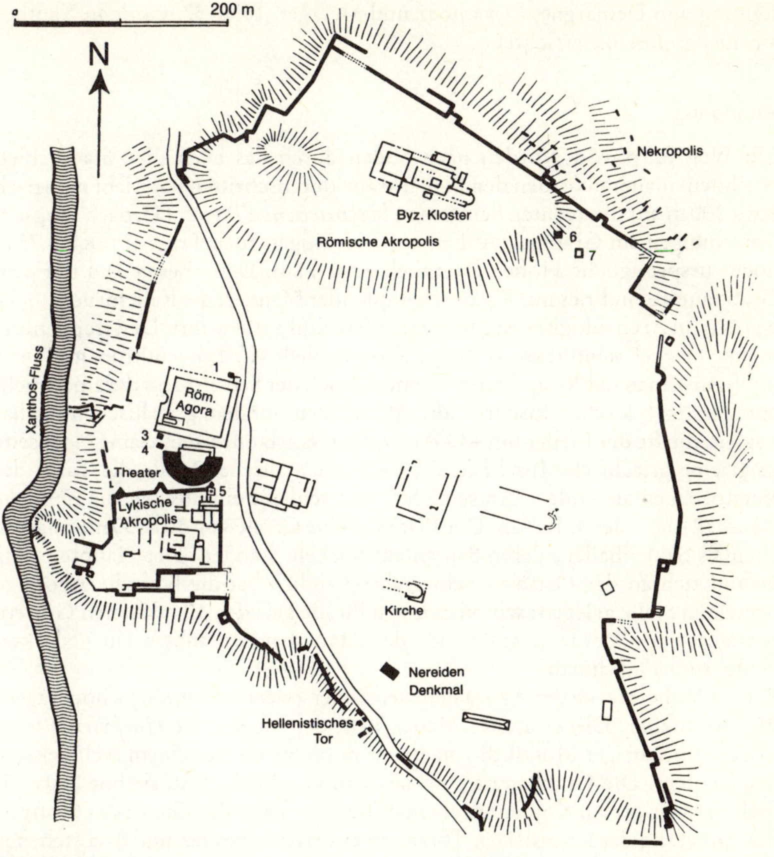

Xanthos

1 Beschriebener Pfeiler
2 Römische Agora
3 Harpyienpfeiler
4 Pfeiler
5 Theaterpfeiler
6 Akropolispfeiler
7 Sarkophag der Payava

den-Denkmal (um 400 v. Chr.) nach London und schenkte sie später dem Britischen Museum (Das Nereidendenkmal war bei einem Erdbeben in kleine Stücke zerfallen, konnte aber in London zusammengesetzt werden). In den Jahren 1881–1901 wurden die Ausgrabungen von österreichischen Archäologen fortgeführt und seit 1951 in 8 Kampagnen von den Franzosen unter der

Leitung von Demargne, Devambez und Metzger. 1956–57 wurde in Xanthos ein *Depotmuseum* errichtet.

Rundgang

Ein Weg führt von Norden nach Süden durch das ehemalige Stadtgebiet. Nachdem man im Norden den Mauerkranz durchschritten hat, sieht man nach etwa 200 m auf der rechten Seite einen *beschriebenen Pfeiler* (1), nach jüngsten Forschungen ein Grabmal. Auf einem dreistufigen Sockel ragt er noch 5,75 m hoch; ursprüngliche Höhe vermutlich etwa 11 m. Den oberen Teil mit dem Grab säumte ein Fries mit Figuren kämpfender Männer; die Reliefbruchstücke werden im Archäologischen Museum in Istanbul aufbewahrt. Den treppenförmigen Deckel schmückte früher wahrscheinlich ein Löwenthron mit einer Sitzfigur – man hat Reste finden können. Nach der Schriftform der noch nicht entzifferten lykischen Inschrift, die Ähnlichkeit mit dem griechischen Alphabet hat, dürfte der Pfeiler um 430–410 v. Chr. entstanden sein. Seine Nordseite zeigt eine griechische Inschrift, die nach orientalischer Mode die Taten des Verstorbenen aufzählt. – An seine Südseite schließt unmittelbar die *römische Agora* (2), (2. oder 3. Jh.) an. Der Platz hat eine Größe von 50 × 50 m; ringsum ehemals Säulenhallen, deren Säulen auf Sockeln standen. Der Haupteingang befand sich an der Ostseite. Sehr wahrscheinlich hat die lykische Agora an derselben Stelle gelegen; wir wissen von ihr, daß sie den 12 lykischen Göttern geweiht war. Westlich, außerhalb des Mauerbandes, führte ein gedeckter Gang zum Fluß hinab.

An der Südwestecke der Agora nebeneinander zwei eigentümliche hochragende Grabpfeiler. Direkt an der Mauer steht der sogenannte *Harpyien-Pfeiler* (3), ein turmartiger Monolith von etwa 5 m Höhe, der auf einem rechteckigen Sockel steht. Die Grabkammer befand sich im oberen Teil, sie bot Platz für mehrere Urnen; am Kopfstück ehemals Reliefs (heute Repliken): das Motiv ist die Anbetung der heroisierten Toten; zwei sitzende Frauen und drei stehende Männer werden von ihren Verwandten geehrt. Harpyien tragen ihre Seelen fort: die Lykier glaubten, daß ihre Toten von Vogeldämonen in den Himmel getragen würden. Der Künstler wird ein Grieche aus dem ionisch-milesischen Kunstkreis gewesen sein, der in seiner Arbeit griechische und lykische Motive und Stilelemente gemischt hat. Kunsthistorisch bedeutsam ist die gleiche Größe der Figuren, der Verzicht auf die vorher übliche »Bedeutungsperspektive«, in der der Rang der Personen durch ihre Größe bezeichnet wurde. Trotz der archaisierenden, feingefältelten Gewänder und des altertümlichen Gesichtstyps werden die Reliefs heute auf 480 v. Chr. datiert. – der *zweite Pfeiler* (4), der südlichere, trägt einen hausförmigen Sarkophag mit Giebeldach; entstanden vermutlich im 4. Jh. v. Chr. Im Inneren fand man ein archaisches

Relief (um 540–530 v. Chr.) mit der Darstellung von Ringern, – heute im Archäologischen Museum in Istanbul. Beide Pfeiler standen ehemals auf einem hellenistischen Friedhof.

An die Südseite der Agora grenzt das *Theater*, das während der jüngsten Grabungskampagnen freigelegt wurde. Die beiden seitlichen Zugänge und der Zuschauerraum sind verhältnismäßig gut erhalten; das Szenengebäude liegt, wie bei vielen kleinasiatischen Theaterruinen, als Trümmerhaufen auf der Bühne. Die heute sichtbaren Reste stammen zwar aus römischer Zeit, aber 1957 konnten Teile eines hellenistischen Baues nachgewiesen werden. Rechts über dem Fußweg sieht man den *Theaterpfeiler* (5), der 1951–1952 freigelegt wurde. Es handelt sich um einen etwa 4,30 m hohen Kalksteinmonolithen aus der Mitte des 4. Jhs. v. Chr. An der Nordfassade eine Inschrift, die von den Taten eines lykischen Prinzen berichtet. Auf der Ostseite befand sich eine griechische Inschrift, von der noch 2 Wörter in situ erhalten sind; Fragmente wurden bei den Ausgrabungen gefunden. Keine der beiden Inschriften nennt ein Datum. Die griechische Inschrift erwähnt die Versetzung des Pfeilers, wohl anläßlich des Theaterneubaus, der nach E. Kalinka in das Jahr 149 fällt. Damals wurde er in die Befestigung der Akropolis einbezogen und stand rechts neben einem byzantinischen Tor.

Südlich des Theaters liegt die *Lykische Akropolis*, auch die der archaischen, der klassischen wie der byzantinischen Stadt. Sie war durch Mauern geschützt; ihr höchster Punkt liegt 83 m hoch. Der Weg entfernt sich in südöstlicher Richtung; nach etwa 260 m auf der linken Seite das sog. *Grabmal der Nereiden:* auf einem Sockel stand ein ionischer Tempel mit reichem plastischem Schmuck. Die Reliefs, heute im Britischen Museum in London, zeigen den thronenden Fürsten mit seiner Gemahlin und die Erinnerung ihrer ruhmvollen Taten. Sie sind vermutlich das Werk zweier Meister aus dem letzten Viertel des 5. Jhs. v. Chr. – Auf der rechten Seite der Straße das *hellenistische Stadttor.* Die über weite Strecken noch gut erkennbare Stadtmauer dürfte im 3. Jh. v. Chr. gebaut sein; in römischer Zeit, als man die römische Akropolis mit einbezog, wurde sie – zum Teil unter Verwendung von Spolienmaterial – erneuert, ein zweites Mal dann in byzantinischer Zeit.

Geht man vom Nereiden-Denkmal nach Norden, so gelangt man zu den Ruinen einer *byzantinischen Kirche.* Etwa 50 m weiter nördlich kann man die Reste einer zweiten Agora erkennen, östlich davon die spärlichen Ruinen einer zweiten byzantinischen Kirche. Im nördlichen Teil der Stadt die *römische Akropolis:* auf der Kuppe des 148 m hohen Hügels die Ruinen eines großen byzantinischen Klosters, das an der Stelle eines römischen Tempels gebaut wurde. Bruchstücke dieses Tempels finden sich im Kloster und am Berghang. Am nordöstlichen Hang auf einem Felsvorsprung der gut erhaltene *Akropolis-Pfeiler* (6), aus der Mitte des 4. Jhs. v. Chr. Ursprünglich stand er auf einem

Friedhof vor der Stadtmauer. Der Kalkstein-Monolith – auf seiner Höhe von 4,75 m ein dreistufiger Deckel – steht auf einem dreistufigen Sockel. Das Kopfstück des Pfeilers ist von einem 1,13 m hohen Marmorband umschlossen; darunter die 2,28 m hohe Totenkammer, die etwa zur Hälfte in den Monolithen hineingemeißelt ist. Unterhalb des Grabpfeilers 3 Felsengräber mit einer fensterartigen, getreppten Fassadengestaltung. Man darf annehmen, daß hier eine Totenstadt wie in Myra oder Telmessos entstehen sollte. In der Nähe (südöstlich) befand sich der *Sarkophag der Payava* (7) – 4. Jh. v. Chr. – (seit 1843 in London). Man geht wieder bergab zur Talsohle, dann an der Akropolis vorüber hinaus aus dem Stadtgebiet. Jenseits der Stadtmauer kleine Felsengräber, schöne lykische Sarkophage, deren hohe Deckel oft mit Reliefs verziert sind.

Letoon

5,5 km von Kınık (Xanthos), 222 km von Antalya, in der Nähe des Xanthos-Flusses (Eşen Cayı). Man kann das Ausgrabungsgelände mit dem Auto erreichen.

Der Name Letoon bezieht sich auf einen Kult der Leto. Seit 1962 finden Ausgrabungen durch das Französische Archäologische Institut in Istanbul statt. Große Schwierigkeiten macht der extrem hohe Grundwasserspiegel.

Die ältesten Funde gehen bis ins 8. Jh. v. Chr. zurück; seit dem 6. Jh. v. Chr. ist der Leto-Kult nachweisbar, da man kleine weibliche Votivfigürchen fand, die aus Rhodos stammen.

Die Legende (nach den »Metamorphosen« Ovids) berichtet: Leto, die Tochter der Giganten Koinos und Phoibe erwartete von Zeus ein Kind. Die eifersüchtige Hera bestimmte, daß dieses Kind nicht unter der Sonne geboren werden dürfte und ließ Leto durch die Schlange Python verfolgen. Leto floh durch das Land, wurde dann aber vom Südwind auf die Insel Delos getragen, wohin ihr die Schlange nicht folgen konnte und gebar dort die Zwillinge Apollon und Artemis. Auf Ihrer weiteren Flucht kam sie nach Lykien und gab ihren Kindern von einer Quelle, – dem Nymphaion von Letoon, – zu trinken. Als die Einwohner ihr das verbieten wollten, verwandelte sie sie in Frösche.

Von einer etwas höher gelegenen Siedlung aus kann man das Ausgrabungsfeld überblicken. Man erkennt die Fundamente von drei nebeneinanderliegenden Tempeln: Der Artemistempel, in ionischem Stil, stammt aus dem 4. Jh. v. Chr., der Apollontempel, dorisch, aus dem 2. Jh. v. Chr. Besonders schön ist hier das farbige Fußbodenmosaik mit dem Köcher der Artemis und der

Kithara Apollons. Der dritte, der Leto-Tempel, ein ionischer Peripteros aus der Zeit des Trajan (98–117) ist die bedeutendste Anlage.
In der Nähe des Artemistempels wurde die berühmte Trilingue gefunden, eine 1,35 m hohe, dreiseitige Kalksteinstele. Auf einer Seite trägt sie einen Text in aramäischer Sprache (das war die offizielle Sprache am persischen Königshof), auf der anderen in griechischer, auf der dritten in lykischer. Der Inhalt ist ein Dekret des Satrapen von Karien und Lykien, Pixodares, eines Bruders des Mausolos, das auf den neuen Kult für die karischen Götter Basileos Kaunios und Arkesimas hinweist. Die Trilingue, die besonders für die Entzifferung der lykischen Sprache von großer Bedeutung ist, wurde in ein kleines Lokalmuseum gebracht.
Eine freigelegte Stoa und eine Inschrift deuten darauf hin, daß in Letoon kultische und musische Spiele abgehalten wurden. Das Stadion ist aber noch nicht aufgefunden worden. Das Nymphaion ist ein monumentales Brunnenhaus, das sein Wasser durch eine Quelle erhält (heute mit Grundwasser gefüllt). Unter Kaiser Hadrian (117–138) entstand ein Neubau; später wurde über einen Teil der Anlage ein christliches Kloster gebaut. Das Theater stammt aus hellenistischer Zeit; es ist gut erhalten, aber noch nicht ausgegraben. Von der Ost- und der Westseite kann man durch unversehrte Tunnels in das Innere gelangen.

Fethiye
(Telmessos)

265 km von Antalya
61 km von Kınık (Xanthos)
Hotels
Likya (24 Zimmer) am Strand
Letoon (16 Bungalows) am Strand
Motels
1. Kl.: Meri Moteli, Ölüdeniz 1
Seketur Moteli, Çalış Güllükbaşı
Pension
1. Kl.: Dostlar Pansiyon, Dolgu Sahası
Camping
Deniz Kamp, Ölüdeniz
Flughafen
Dalaman (47 km entfernt)

Schiff
Station der Linie Istanbul-Iskenderun
Informationsbüro
Iskele Meydanı 1

Fethiye, zur Römerzeit Telmessos, der Sage nach von einem Sohn Apolls gegründet, ist heute eine kleine Hafenstadt am gleichnamigen Golf (Fethiye Körfezi, in der Antike Golf von Glaukos) und breitet sich auf einem Hügel aus, der von den Ruinen einer Johanniterfestung mit Mauern und Türmen bekrönt wird. Berühmt war das Heiligtum des lykischen Gottes Kakatos, der später mit Herakles gleichgesetzt wurde, und es gab eine Seherschule; einer der Propheten aus Telmessos, Aristander, wurde Freund und Begleiter von Alexander dem Großen.
1957 wurde durch ein Erdbeben der größte Teil der alten Häuser zerstört. Da aber der Hafen wirtschaftliche Bedeutung hat (Verschiffung von Chromerz aus dem Kızıl Dağ) wurden Stadt und Hafenanlagen inzwischen neu aufgebaut. Gleichzeitig stieg die Bedeutung von Fethiye als Ferienort sprunghaft an. Der feine Sandstrand des 10 km südlich gelegenen Ortes Ölü Deniz (»Dünung«) ist allerdings noch beliebter.
Die bedeutendsten Sehenswürdigkeiten sind die lykischen Felsengräber an einer steilen Bergwand oberhalb des Ortes. Hier werden die damaligen Holzhäuser in Stein nachgeahmt, so daß man diese danach genau rekonstruieren kann. Man erkennt die Balkenköpfe, Türen und Fenster. Ein anderer Typ ahmt die Fassaden griechischer Antentempel nach, mit Säulen, Giebeldach und einer Tür zur »Cella«, dem Grabraum. Diese Türen sind oft steinerne Schiebetüren, und die Details wie Beschläge und Nägel sind ebenfalls in Stein nachgebildet (ca. 400 v. Chr.). Das schönste Grab dieses Typs ist das durch eine Inschrift bezeichnete »Amyntasgrab«. Man kann auf einer Treppe hinaufsteigen und hat von dort auch eine großartige Aussicht.
1850 wurde von Charles Texier ein Apollontempel und ein Theater beschrieben; beides wurde sechs Jahre danach durch ein Erdbeben zerstört. Leider wurden die Steine zum Neubau des Hafens und der Häuser verwendet, so daß nichts mehr erhalten ist. Auf einer kleinen bebauten Insel finden sich viele antike Fragmente und auf anderen Inseln auch byzantinische Ruinen.
Beim Bürgermeisteramt (Belediye) ist ein kleines Museum untergebracht, das aber über einen reichen Bestand verfügt, von der lykischen (Sarkophage) bis zur türkischen Zeit. Er wird in jüngster Zeit durch bedeutende Fundstücke aus zahlreichen antiken Orten der Umgegend noch vergrößert. Neben der Belediye ein schöner lykischer Sarkophag (er stand früher im Wasser, aber der Boden hat sich in der letzten Zeit gehoben).

Kaunos

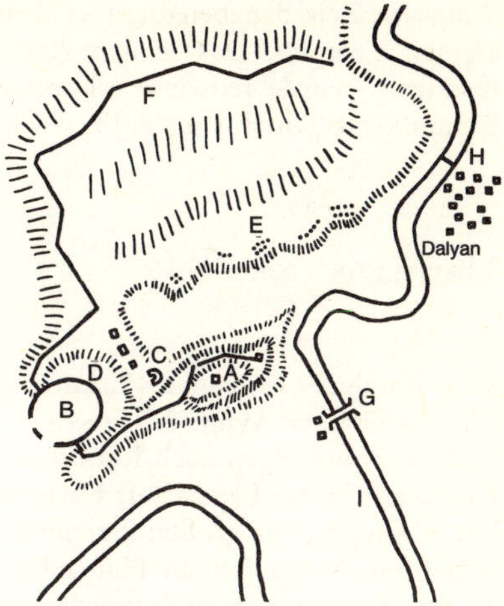

Kaunos

A Akropolis
B antiker Hafen
C Theater
D Neues Grabungsgebiet
E Felsgräber
F Mauer
G Neue Fischerei
H Alte Fischerei
I Dalyan Çayı, der antike Fluß Kalbis

Anfahrt: Von Marmaris auf der Straße 400 in Richtung Fethiye, um den See von Köyceğiz herum; nach 77 km rechts ab, noch 12 km bis zu dem Dorf Dalyan (»Fischnetz«). Dort setzt man mit einer Fähre über den Abfluß des Köyceğiz Gölü und erreicht die Ruinenstadt; der Fährmann führt.

1842 wurde eine Inschrift gefunden, durch die diese Ruinen als die der antiken Stadt Kaunos identifiziert werden konnten. Sie lag früher am Meer; die Küste rückte durch Anschwemmung bis heute 3 km vor. Seit 1967 finden Ausgrabungen durch türkische Wissenschaftler (zuerst Baki Öğün) statt.

Das Klima in Kaunos galt im Altertum als ungesund. Man glaubte, die gelbe Gesichtsfarbe der Bewohner und das Fieber wären durch die Hitze und den Verzehr vieler Früchte bedingt. Heute weiß man, daß die großen Sümpfe die Quelle von Malaria waren (nach dem letzten Krieg wurde sie erfolgreich bekämpft). Trotzdem war die Stadt ein bedeutender Handelshafen, der Früchte, getrocknete Seefische, Salz, Baumharz und Sklaven exportierte. Sie hatte eine wechselvolle Geschichte, wurde besonders als römische freie Stadt wohlhabend, aber die Verschlammung des Hafens bedeutete ihren Untergang.

Besonders sehenswert sind 150 Felsengräber an der nördlichen Felswand, die in zwei Zonen angelegt sind. Die obere hat Tempelfassaden im lykischen Stil, die aus dem 4. Jh. v. Chr. stammen, die untere besteht aus einfachen Kammergräbern mit Scheintüren. Gegenüber erhebt sich der spitze Kegel des Akropolis-Hügels; an seinem Nordhang sind Mauern und Türme aus dem Mittelalter erhalten. Die am besten erhaltene Ruine ist die des Theaters, das am Sülüklu Gölü (Blutegelsee) liegt. Der See ist der vom Meer getrennte Rest des alten Hafenbeckens, das einst mit einer Kette abgesperrt werden konnte.

Nördlich vom Theater sieht man die Reste einer großen Thermenanlage aus römischer Zeit, daneben die einer christlichen dreischiffigen Basilika und eines kleinen Tempels. Das in den 70er Jahren ausgegrabene Nymphäum, ein Rundbau, wurde teilweise rekonstruiert. In einer tiefen Grube fand man Keramikreste, die bis ins 9. Jh. v. Chr. zurückgehen.

Marmaris

Vom Flughafen Dalaman 100 km
Von Izmir über Aydın 279 km
Schiffsverbindungen nach Rhodos, mit kleinen Booten auch nach Knidos
Kleinstadt in der Landschaft Karien, das antike Physkos, an einer reizvollen Bucht gelegen, von großen Pinienwäldern umgeben. Es hat eine Altstadt, aber auch breite Boulevards am Hafen. Ein großer Teil der Einwohner sind Türken, die aus Kreta ausgesiedelt worden sind.
Die Lage und das milde Klima machten Marmaris als Sommerfrische und Badeort beliebt. In den letzten Jahren ist es durch moderne Hotels und Feriendörfer zu einem touristischen Zentrum ausgebaut worden.
Als historische Sehenswürdigkeiten sind nur die Ibrahim Ağa Camii aus dem 18. Jh., eine kleine Festung (im 16. Jh. ausgebaut) und geringe Reste der hellenistischen Stadtmauer auf dem Asar Tepe, nördlich der jetzigen Stadt, zu nennen.
Hotels
3. Kl.: Atlantik Oteli, Atatürk Caddesi 34
Lidya Oteli, Siteler Mahallesi 130
Orkide Oteli, Siteler Mahallesi
Otel 47, Atatürk Caddesi 10
Yavuz Oteli, Atatürk Cad.
Motels
1. Kl.: Poseidon Moteli, Kemeraltı Mahallesi, Uzunyalı 134
2. Kl.: Halıcı Moteli, Çam Sokağı 1
Camping: Aktur Kamping Tatilsitesi, Emecik Köyü
Freizeitdörfer
Kl. A.: Martı Tatil Köyü, Içmeler Köyü
Kl. B.: Turban Marmaris Tatil Köyü (7 km)
Informationsbüro
Iskele Meydanı 39
Von Marmaris können, auch mit Boot oder Bus, eine ganze Reihe kleinerer antiker Orte aufgesucht werden; so Amos (Kumlu Bükü) am Ausgang der

Bucht (Reste eines Tempels und Theaters), Loryma an der Südspitze der Halbinsel von Bozburun, auf der außerdem noch über ein halbes Dutzend wenig bedeutender Ruinenstätten liegen, und Cedrae auf der kleinen Insel Şehir Adası (Theater, Stadtmauer).
(Ausflüge nach Datça-Knidos und Kaunos siehe dort).

Knidos

Anfahrt: Von Marmaris 74 km auf der Asphaltstraße 440 bis Reşadiye; links ab 4,5 km nach *Datça,* einem kleinen Hafen (1800 Einwohner, Motel 1. Kl.: Dorya, Esenada Iskele) mit antiken Resten.
Zurück nach Reşadiye, dann 30 km bis Knidos (schlechte Erdstraße; bei gutem Wetter empfiehlt es sich, in Bodrum oder Marmaris ein Boot zu mieten).
Einige Archäologen (so Cook und E. Bean) unterscheiden zwischen einem Alt-Knidos, das in der Nähe des jetzigen Ortes Datça lag und Neu-Knidos an der Westspitze der Reşadiye-Halbinsel; die Umsiedlung dürfte im 4. Jh. v. Chr. erfolgt sein, und der Grund war vermutlich die günstige Lage des neuen Hafens: wegen der dortigen Windverhältnisse mußten die meisten Schiffe beim Umsegeln des Kaps Schutz suchen, zum Vorteil der Einwohner. An der Stelle von Neu-Knidos lag auch früher schon eine Siedlung. Man besichtigt nur »Neu-Knidos«. Heute gehört viel Phantasie dazu, sich an den schlecht erhaltenen Ruinen der im Altertum so berühmten Handels- und Kunststadt zu orientieren, aber die großartige Landschaft mit den beiden Hafenbuchten lohnt allein schon den mühevollen Besuch.

Ausgrabungen

1857	durch den Engländer Ch. Th. Newton; er fand u. a. die Sitzstatue der Demeter, die ins Britische Museum kam
1927	durch den Deutschen K. Sudhoff
1930	durch den Deutschen A. v. Gerkan
ab 1967/69	durch die amerikanische Long Island University unter der Leitung von Prof. Iris Cornelia Love; sie entdeckte u. a. den Rundbau des Aphrodite-Heiligtums.

Geschichte

Die Ausgrabungen von Love brachten neue Erkenntnisse zur Geschichte von Knidos. Zuerst war das Kap Triopion bewohnt, damals noch eine Insel.

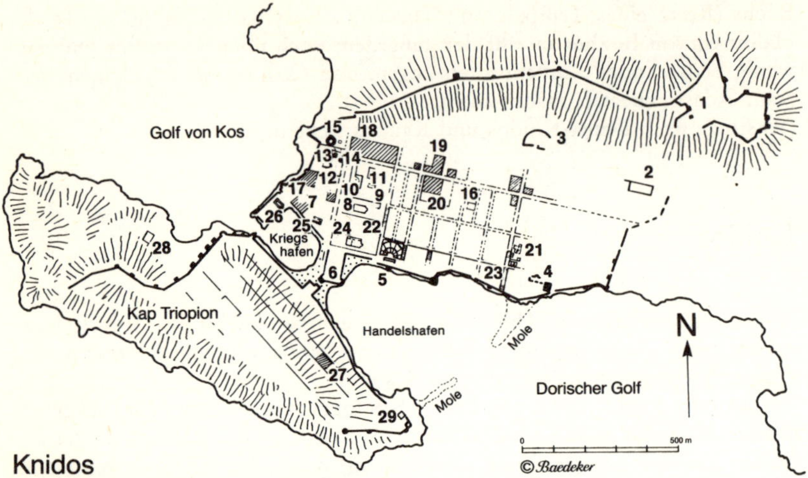

Knidos
(aus: Türkei. Baedekers Autoführer-Verlag [3]1973)

1 Akropolis
2 Demeterheiligtum
3 oberes Theater
4 Buleuterion
5 unteres Theater
6 Brückenpfeiler
7 Agora
8 Dionysos-Tempel (Basilika)
9 Stoa
10 Odeion
11 korinthischer Tempel
12 Apollo-Tempel
13 Großer Altar
14 Zisterne
15 Rundtempel der Aphrodite
16 Tempel der Musen
17, 18, 19 römische Gebäude
20 Terrasse
21 Wohnhäuser
22, 23 Treppenstraße
24, 25, 26 Kirchen
27 Terrassenhaus
28 römisches Grab
29 Leuchtturm

Spuren weisen auf das 2. Jt. v. Chr. (Bronzezeit); auch in der geometrischen Epoche (900–750 v. Chr.) und in der archaischen (750–550 v. Chr.) ist eine Besiedlung nachzuweisen. Nach einer legendenhaften Überlieferung kamen Emigranten aus Thessalien unter einem Führer Triopas. Herodot berichtet, daß die Stadt von Lakedämoniern unter Hippotas gegründet wurde, also vielleicht nach einer Zerstörung zum zweiten Mal.
Seit dem 7. Jh. v. Chr. hatte Knidos schon so große Bedeutung, daß es Mitglied des dorischen Sechsstädtebundes (Hexapolis) wurde, der noch Halikarnassos, Kos, Lindos, Kamiros und Ialysos umfaßte. Der Bund hatte ein Heiligtum, einen Apollotempel, der aber noch nicht eindeutig lokalisiert werden konnte; Vielleicht stand er auf dem Triopion.
Das Kap Triopion, eine steil ins Meer abfallende Insel, wurde schon im

Altertum durch Molen mit dem Festland verbunden; durch Anschwemmung bildete sich ein fester Isthmus, und es entstanden zwei Häfen, die dann wieder durch einen Kanal verbunden wurden. Der kleinere Nordwesthafen wurde als Kriegshafen verwendet, in dem nach Strabo 20 Triremen (Schiffe mit drei Ruderbänken übereinander) Platz fanden, der größere Südosthafen war für die Handelsschiffahrt da. Von der nördlichen Stadtmauer (die Akropolis im Nordosten erhebt sich 284 m hoch) erstreckt sich die Festlandstadt mit Terrassen bis zum Meer hinunter. Sie ist im hippodamischen Schema angelegt mit rechtwinklig kreuzenden Straßen von Ost nach West und von Süd nach Nord.

Knidos führte Wein und Tonwaren aus, hatte eine Kolonie auf den Liparischen Inseln und eine Handelsniederlassung in Naukratis (Ägypten). Wie Kos besaß es eine berühmte Ärzteschule, und der Astronom und Mathematiker Eudoxos (409–356 v. Chr.) ist hier geboren. Er erarbeitete Grundlagen für die griechische Geometrie, die u. a. von Euklid übernommen wurden, schrieb über den Goldenen Schnitt, die Kegelschnitte und die Stereometrie. Besonders interessant sind seine Beobachtungen über die Erdkrümmung, wenn er auch daraus noch nicht auf die Kugelgestalt der Erde zu schließen wagte. Ebenso berühmt ist der Architekt Sostratos, der im 3. Jh. v. Chr. den Leuchtturm von Alexandria erbaute, eines der »Sieben Weltwunder«. Die Knider errichteten in Delphi ein besonders reich ausgestattetes Schatzhaus, das von dem Maler Polyglot ausgeschmückt wurde. Auch Werke der Bildhauerkunst sind berühmt: Im Demeterheiligtum wurde eine Sitzstatue der Göttin gefunden, die um 350 v. Chr., vielleicht von dem auch anderwärts bekannten Leochares geschaffen wurde (heute im Britischen Museum in London). Das weltweit bekannteste Werk war die »Aphrodite von Knidos« von Praxitiles (ebenfalls etwa um 350 v. Chr.). Das Original ist nach abenteuerlichen Reisen verlorengegangen und nur in zahlreichen Repliken erhalten, auch auf einer knidischen Münze ist der Kopf dargestellt.

Knidos wurde von den Persern nicht zerstört und nahm wahrscheinlich mit einigen Schiffen an dem Zug von Xerxes gegen Griechenland teil. Auch von Alexander wurde es ohne Kampf eingenommen, später stellte es sich auf die Seite der Römer. Es war im 7. und 8. Jh. noch bewohnt, wie mehrere byzantinische Kirchenruinen beweisen, verlor dann aber alle Bedeutung.

Der Osten der Mittelmeerküste
Mersin-Antakya, 255 km

Mersin
Hauptstadt der Provinz Içel

583 000 Einwohner
Hotels
1. Kl.: Mersin Oteli, Camii Şerif Mah., 10 Sok. 2
3. Kl.: Toros Oteli, Atatürk Caddesi 33
Türkmen Oteli, Inönü Mah., Pozcu
Camping
Kervansaray, Kızkalesi Mokamp (56 km Richtung Silifke)
Flugplatz
Adana (74 km)
Informationsamt
Inönü Bulvarı, Liman Girişi

Die heutige Stadt Mersin, seit 1933 Hauptstadt der Provinz Içel, ist kaum 100 Jahre alt, obwohl eine sehr alte Siedlung in der Nähe liegt. Sie besitzt den größten Hafen der Südküste und seit einiger Zeit ein ausgedehntes Industrieviertel. Hier werden Getreide und Baumwolle der Çukurova, dazu die reichen Obst- und Gemüseerträge des Hinterlandes verarbeitet und verladen. Die Einwohnerzahl stieg nach dem Krieg von etwa 85 000 (1950) auf 583 000 (Okt. 1985). Durch eine Stichbahn hat die Stadt Verbindung mit Tarsus und Adana und damit Anschluß an die noch immer wichtige Bagdad-Bahn.
Um das alte Geschäftsviertel entlang der Küste legen sich zur Landseite Wohnviertel, die zum Teil noch ihre kleinen Gärten mit Palmen, Orangen und Eukalyptusbäumen behalten haben und der Stadt einen gewissen Reiz geben. Ihr allgemeines Gepräge ist das einer modernen, sauberen mediterranen Stadt, die auch dem europäischen Besucher allen gewünschten Komfort bieten kann. Konsulate Belgiens, Finnlands, Italiens, der Schweiz und Syriens (wichtig für die Reisenden, die nach Syrien weiterfahren wollen, da weder in Adana noch in Antakya syrische Konsulate sind). In Mersin gibt es einen Bahnanschluß nach Adana und weiter nach Syrien.

Geschichte

Die Neilson-Expedition, die seit 1937 den Hügel Yümüktepe (3 km nördlich) untersucht hat, konnte 12 Besiedlungsschichten nachweisen. Die Funde lassen darauf schließen, daß hier seit dem 4. Jt. v. Chr. Menschen gelebt haben; die Siedlung hatte Handelsbeziehungen zu Zypern, stand im 2. Jt. v. Chr. unter hethitischem Einfluß und unterhielt im 1. Jt. v. Chr. auch Handelsverbindungen im gesamten ägäischen Raum. Die Gründung und das Heranwachsen der benachbarten Stadt Soloi scheinen den Untergang dieser Stadt bewirkt zu haben. Im 8. Jh. n. Chr. entstand eine neue Siedlung, die Keimzelle der heutigen Stadt. Funde im Museum von Adana.

Umgebung von Mersin

Pompeiopolis
(Soloi)

10 km auf der Straße Mersin – Silifke, dann links einen schmalen Weg 2 km zur Küste bis zu einer Reihe von hohen Säulen; diese Rundsäulen mit korinthischen Kapitellen, teilweise mit Statuensockeln am Schaft, sind der Rest einer langen Portikusstraße zwischen Soloi und der Küste. Auch von der Hafenmole haben sich Reste erhalten, ein Theater, Tempel, Mauern und ein Aquädukt ließen sich nachweisen.

Geschichte

Soloi, im Altertum ein bedeutender Hafen Kilikiens, um 700 v. Chr. von Rhodos gegründet, wurde später athenische Kolonie. 333 v. Chr. bestrafte Alexander der Große die Stadt für ihre Treulosigkeit und ihren Verrat am griechischen Mutterland, indem er sie mit einer Garnison belegte und sie zu hohen Abgaben zwang. Wahrscheinlich hat er die Einwohner sogar züchtigen lassen für ihre fast freundschaftlichen Beziehungen zu den Persern. Der Dialekt, der damals hier in dieser ursprünglich griechischen Kolonie gesprochen wurde, war ein sehr »heruntergekommenes« Griechisch, für die Ohren eines Atheners damals wahrscheinlich ein barbarisches Kauderwelsch, »Solözismus« genannt; das Wort bezeichnet heute allgemein einen groben Sprachschnitzer. – Nach der Einnahme der Seefestung von Halikarnass brachte Alexander hier dem Gott Asklepios Opfer dar und ließ Wettkämpfe und musische Spiele veranstalten. – Im Jahre 91 v. Chr. zerstörte Tigranes von Armenien die Stadt; Mitte des 1. Jhs. v. Chr. wurde sie von Pompejus als *Solupolis,* später *Pompeiopolis,* wieder aufgebaut. – Soloi ist die Heimat des

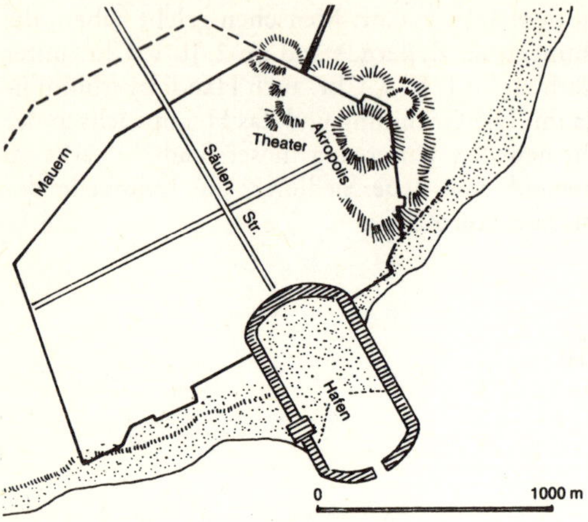

Pompeiopolis (Soloi)

Dichters und Gelehrten *Arat,* der im 3. Jh. v. Chr. an den Höfen des Antigonos Gonates von Mazedonien und des Antiochos I. von Syrien lebte. Von seinen Werken haben sich die Bearbeitungen des astronomischen Systems des Eudoxos von Knidos in lateinischen Übersetzungen von Cicero, Germanicus und Avienus erhalten. Auch der griechische Stoiker *Chrysippos,* um 280–209 v. Chr., stammt aus Soloi. Er war lange Jahre der Leiter der Stoischen Schule von Athen; in 700 Schriften, von denen nur wenig erhalten ist, hat er die Lehren der stoischen Schule niedergelegt. Neben Zenon von Kition (336–264 v. Chr.) war er der bedeutendste stoische Denker.

Tarsus

27 km von Mersin (Schnellstraße)
Landstadt, heute mit viel Industrie (ca. 120 000 Einwohner), in einer fruchtbaren Ebene am Tarsus-Fluß (Tarsus Çayı, dem antiken Kydnos) gelegen. Von der bewegten Geschichte des Ortes zeugen nur wenige Denkmale:
Römisches Stadttor in der Stadtmitte, auch »Kleopatra-Tor« genannt in Erinnerung an das Treffen von Kleopatra und Antonius; Dönik Taş, vermutlich Unterbau eines Tempels, am rechten Flußufer;
Eski Cami, eine Moschee, die durch den Umbau einer armenischen Kirche entstand; Ulu Cami, 1579 von den Ramanzanoğulları erbaut.
Seit 1934 wurden in dem Tumulus *Gözlükule,* südöstlich der Stadt, durch das Bryn Mawr College Grabungen durchgeführt. Man fand hethitische Befestigungsanlagen, Reste von hellenistischen Thermen und einer Stoa, sowie römische Mauern, wahrscheinlich von einem Theater. Funde im Museum von Antakya (Orpheus-Mosaik) und Adana (Achilles-Sarkophag).

Sehenswert sind auch die Wasserfälle des Tarsus Çayı (etwa 20 Minuten nördlich); es gibt ein ländliches Café.

Geschichte

Das heutige Tarsus liegt an derselben Stelle wie das alte; wir haben hier also eine der wenigen Städte des Mittelmeergebietes, die auf eine fast 3000jährige ununterbrochene Existenz zurückblicken können und die auch sogar ihren alten Namen bewahrt haben.

Es scheint das uralte Zentrum Kilikiens zu sein, das schon zur Zeit der Hethiter bestand. Über seine Gründung gibt es nur unbestimmte und sehr verschiedenartige Überlieferungen. Im 14. Jh. v. Chr. gehörte die Siedlung zu dem hethitischen Staat Kizzuwatna, den Mopsos, der legendäre Anführer der griechischen Einwanderer aus Argos (siehe auch bei Aspendos) gegründet haben soll. Um 1200 v. Chr. brachte die Dorische Wanderung eine Gruppe Dorer nach Kilikien, um 696 verwüstete Sanherib den Ort.

Alexander der Große, der 333 v. Chr. die Stadt einnahm, wäre nach einem Bad im Kydnos fast an einem heimtückischen Fieber gestorben. Unter der Seleukidenherrschaft erlangte Tarsus Berühmtheit durch eine Philosophenschule der Stoiker. 91 v. Chr. wurde es wie Soloi von Tigranes von Armenien zerstört und kam 64 v. Chr. unter römische Herrschaft. In dieser Zeit entwickelte es sich, durch einen Kanal mit dem Meer verbunden, zu einer wohlhabenden und bedeutenden Hafenstadt. Sehr früh bestand hier, am Geburtsort des Apostels Paulus, eine christliche Gemeinde.

Im Jahr 260 zerstörten die Perser die Stadt, danach die Palmyrer und noch einmal der Perser, diesmal unter den Sassaniden. Trotzdem wird sie im 4. Jh. als Bischofsstadt erwähnt.

Auch die nächsten Jahrhunderte brachten neue Kriegsschäden: Nach Belagerungen durch die Araber im 8./9. Jh. wurde Tarsus 965 von dem byzantinischen Kaiser Nikephoros II. Phokas eingenommen, im 11. Jh. von den Seldschuken und 1097 während des Ersten Kreuzzugs von Balduin I. und Tankred von Lecce; damals wurde es byzantinische Garnison. 1132 fiel es schließlich in die Hände der Armenier, die trotz einer zeitweiligen Rückeroberung durch die Byzantiner und in dauerndem Kampf mit den Arabern ihr Königreich Kilikien bis 1375 halten konnten. 1515 nahm der türkische Sultan Selim I. Tarsus ein, das fortan zum Osmanischen Reich gehörte.

Vielgerühmt war im Altertum die einzigartige Lage von Tarsus als Vermittlerin der strategisch wie handelspolitisch so eminent wichtigen Straße aus Mesopotamien und Syrien über den alten Taurus-Paß der *»Kilikischen Pforten«*, den auch heute noch einzigen Straßenübergang des östlichen Gebirgsabschnittes;

allerdings ist seine heutige Bedeutung für den Handel und sonstigen Verkehr nicht mehr so groß wie einst, seitdem wenig entfernt in kühner Trassenführung die Eisenbahn das Gebirge überquert. Die jetzt Gülek Boğazı genannten Kilikischen Tore liegen hinter dem Gavurharman Han in der Schlucht des Yeşiloluk Deresi 1160 m über NN. Es ist die Passage des Çakitsu, der die einzige Tiefenfurche bildet, die das Innere der Halbinsel Kleinasien mit der östlichen Mittelmeerküste verbindet. Hier haben wir den mit Toren versehenen und durch die Angaben der antiken Schriftsteller festgelegten Grenzpunkt des alten Kilikien im Norden gegen das Land Kappadokien. An der engsten Stelle betrug die Breite des Passes nur knapp 5 m. Alexander der Große wie auch die Heerscharen der Kreuzritter passierten ihn.
Neben dieser wichtigen Position als Beherrscherin der Paßstraße hatte Tarsus im Altertum durch den ehemals schiffbaren Tarsus Çayı (*Kydnos* der Antike), der sogar durch die Stadt selbst floß, aber wegen verheerender Überschwemmungen von Justinian umgeleitet wurde, auch unmittelbare Verbindung zum Meer, ohne gefährdet an der Küste zu liegen. Wenn es auch später, vor allem unter türkischer Herrschaft, stark an Bedeutung verloren hat, so ist es doch noch bis zum Anfang des 20. Jhs. der wichtigste Handelsplatz der Çukurova geblieben, bis nun in den letzten Jahrzehnten Mersin im Westen und Adana im Osten die Stadt immer mehr in die Rolle einer ruhigen Landstadt zurückgedrängt haben.

Abzweigung nach Norden

Tarsus-Kayseri 298 km
(Die Entfernungen ändern sich mit der Eröffnung von Teilstrecken der Schnellstraße geringfügig)
Nach 32 km Damlana (1050 m), 64 km Gülek Boğazı (Paß der Kilikischen Pforten, 1050 m; die alte Straße überwindet danach noch einen zweiten Paß von 1268 m), 75 km Pozantı (900 m), das alte Podandos, ehemals Festung zum Schutz der Paßstraße, 114 km Abzweigung nach Niğde, 121 km Çaykavak Geçidi (Paß, 1584 m), 152 km Abzweigung: alternativer Umweg über Bor (schöner Bedesten um 1500 und Hamam aus dem 15./16. Jh.), 165 km Niğde, 298 km Kayseri.

Adana
(Hauptstadt der Provinz Seyhan)

66 km von Mersin
1 170 000 Einwohner

Hotels

Luxuskl.:	Büyük Stürmeli Oteli, Kuruköprü Özler Caddesi
	Divan Oteli, Inönü Caddesi 142
3. Kl.:	Ipek Palas Oteli, Inönü Caddesi 103
	Inci Oteli, Kurtuluş, Caddesi
	Koza Oteli, Özler Caddesi 103
	Set Oteli, Inönü Caddesi 40

Motels

1. Kl.: Raşit Ener Tur Tesisleri, Iskenderun Yolu Üzeri, Girne Bulvarı

Camping

Raşit Ener Kampı, Iskenderun Yolu Üzeri, Girne Bulvarı

Bahn

Nach Ankara, Istanbul, Izmir, Ostanatolien, Aleppo, Bagdad

Flughafen

3 km südwestlich

Informationsbüro

Atatürk Caddesi 13

Adana, heute der zentrale Markt für die Produkte des reichen Hinterlandes und zugleich Hauptstadt der Provinz Seyhan, liegt 39 km östlich von Tarsus in Brückenposition am Seyhan-Fluß (*Saros* der Antike). Schon den Römern hatte es als Rastort auf der großen Heeresstraße nach Osten gedient. Eine mächtige, auf 16 Pfeilern ruhende 310 m lange Brücke Taşköprü über den früher schiffbaren Fluß, die von Kaiser Hadrian erbaut und von dem byzantinischen Kaiser Justinian restauriert wurde, zeugt noch von dieser alten Bedeutung der Stadt. Heute haben sich hier verschiedene Industrien angesiedelt, hat sich die Baumwollbörse hier niedergelassen und konnte das gesamte Geschäfts- und Verkehrsleben Anschluß an die moderne Entwicklung finden. Adana ist durch seine Produkte einer der wesentlichsten Zentralpunkte der ganzen Türkei geworden und durch Straßen, Schiene und Fluglinien mit dem Lande bestens verbunden. Auch dem Tourismus wird mit Hotels aller Güteklassen sowie einigen vorzüglichen Restaurants vollauf Genüge getan. Nur ist es ratsam, die Stadt wegen der unerträglichen Hitze bei hoher Luftfeuchtigkeit nicht in den Sommermonaten Juni bis September aufzusuchen, wo auch die Einheimischen in großen Scharen in die Berge zu ihren Sommerhäuschen fliehen.

Wenn wir heute in der Çukurova allenthalben eine ungewöhnliche Intensivierung der Wirtschaft vorfinden und durchaus eine Blüte der Städte erleben, dann ist das vor allem auch auf die energischen Sanierungsmaßnahmen nach dem letzten Krieg zurückzuführen, vor allem aber auf die Beseitigung der Malaria. Um 1900 gab es hier noch keinen fieberfreien Bewohner, und auch vor 40 Jahren war die Zahl der Malariafälle noch ungeheuer hoch. Heute kann man gefahrlos ohne Netz im Freien schlafen.

Neben der Trockenlegung großer Sumpfflächen war nicht zuletzt die Regulierung des Seyhan durch einen jüngst fertiggewordenen Staudamm 9 km nördlich von Adana Grundlage dieser Sanierungserfolge. Der entstandene Stausee von 87,5 km^2 Fläche mit 1,6 Milliarden m^3 Wasser schafft einen malerischen Aspekt in der Landschaft und dient als Reservoir zur Bewässerung ausgedehnter Baumwollflächen in den trockenen Monaten der heißen Jahreszeit. Ein angeschlossenes Kraftwerk stellt außerdem die Energieversorgung der ganzen Stadt sicher. Ein Ausflug zum Stausee und den modernen Anlagen ist unbedingt lohnend.

Geschichte

Nach einer Erwähnung durch Stephanos von Byzanz (6. Jh.) wurde Adana im 1. Jt. v. Chr. von den griechischen Brüdern Saros und Adanos gegründet, nach anderen Überlieferungen schon um die Mitte des 14. Jhs. v. Chr. von den Hethitern. Die Assyrer eroberten den Ort 715 v. Chr. und siedelten die Bevölkerung um. Später wurde es persisch: die Archämeniden stellten die Kilikier als gabenbringende Vasallen auf den Reliefs der Apadana in Persepolis dar. Alexander nahm Adana 334/333 v. Chr. auf seinem Weg nach Persien ein; unter den Seleukiden hieß es Antiochia ad Sarum (der Fluß Seyhan), unter den Römern kam (wieder) der Name Adana auf. Es hatte Bedeutung als Straßenknotenpunkt, stand aber immer im Schatten der Hauptstadt Tarsus. Die

Araber waren von 640 bis 964 die Herren und hatten hier ihre Basis für die zahlreichen Einfälle in Kleinasien. Dann wurde die Stadt von den Byzantinern genommen, die das Gebiet mit Christen besiedelten. Nach einer seldschukischen Periode kam sie in den Besitz der Armenier, die ihr Kleinarmenisches Reich errichtet hatten, zwischendurch (nach dem Tod Leons V.) einige Jahre an die Lusignans von Zypern. Nach einer Zeit der Mamelukenherrschaft (1359–1515) wurde Adana von Selim I. eingenommen und dem Osmanischen Reich einverleibt. Von 1919–1922 war es von einer französischen Armee besetzt.

Sehenswürdigkeiten

Seyhan-Brücke, 310 m lang, 14 Bögen (ursprünglich 21), erbaut im 2. Jh., unter dem byzantinischen Herrscher Justinian im 6. Jh. erneuert.
Die *Ulu Cami* aus schwarz-weißem Marmor und die *Kethüda Camii* stammen aus dem 16. Jh.; die *Akça Cami* und die *Eski Cami* wurden im 15. Jh. begonnen. Der *Irmak Hamam* (Bad) wurde 1594 erbaut; der gedeckte Basar und der Uhrenturm entstanden im 19. Jh. Das *Museum,* 1919 begründet, enthält im wesentlichen Funde aus Kilikien vom Neolithikum bis zur römischen Zeit. Von besonderem Interesse sind die Funde aus Gözlükule (bei Mersin), Yümüktepe, Karatepe und Domuztepe, ferner eine Münz- und eine ethnographische Sammlung.
Im einzelnen sind eine kleine hethitische Figur, wahrscheinlich einen Gott darstellend, aus Bergkristall zu erwähnen, ferner römische Marmorsarkophage, darunter einer mit Reliefs zur Achilles-Sage (2. Jh.) und ein bedeutendes Bodenmosaik (Orpheus mit Tieren) aus Tarsus.

Umgebung von Adana

Von Adana aus ist ein Ausflug über Kozan nach Karatepe zu empfehlen; Rückfahrt über Anavarza.

Karatepe

Ruinen der Hethiterstadt (Freilichtmuseum)
128 km von Adana
Von Adana in nordöstlicher Richtung, 71 km *Kozan.* Die byzantinische Festung kam am Anfang des 12. Jhs. in armenischen Besitz und wurde 1162 unter dem Namen Sis armenische Haupt- und Handelsstadt. Leon VI., der letzte armenische König von Kilikien, wurde hier 1375 gekrönt, aber ein Jahr später eroberten die Mameluken die Stadt. Die Hoş Kadem Camii stammt von 1448. 107 km Kadirli (Ala Cami, ursprünglich eine Kirche), 128 km *Karatepe.*

Auf dem Arsantaş Tepe (400 m) fanden ab 1946 Ausgrabungen statt, die bei Beginn unter der Leitung von *H. Bossert* und *B. Alkim* standen. Die Funde zeigten, daß die Stätte seit dem 12. Jh. v. Chr. bewohnt war und daß die gewaltigen Ruinen aus der Zeit um 800 v. Chr., der sog. neuhethitischen Epoche, stammen. Die Stadtmauer aus mächtigen Steinblöcken hatte einen Umfang von etwa 1000 m und besaß Tore im Nordosten und Südosten. Auf etlichen Orthostaten fand man Reliefschmuck in kleinem Maßstab und mäßiger Qualität, aber mit interessanten und seltenen Darstellungen aus dem Lebensbereich der Bewohner. Von großer Bedeutung ist der Fund einer Bilingue-Inschrift in phönizischer und hieroglyphisch-hethitischer Sprache, nach der H. Bossert die hethitische Hieroglyphenschrift entziffern konnte. Der Text berichtet von den Unternehmungen des örtlichen Königs Asitawada (8. Jh. v. Chr.). Neben den Orthostaten steht auch eine Reihe von Basaltreliefs an der inneren Mauer noch am ursprünglichen Platz (lebendige Szenen, Sturmgott, Mann, der einen Stier führt, Mutter mit Kind u. a.). Der ganze ummauerte Bezirk (430 m in nord-südlicher, 190 m in ost-westlicher Richtung) ist jetzt Freilichtmuseum.
Gegenüber, auf dem Hügel Domuztepe, haben türkische Archäologen eine zweite hethitische Burganlage ausgegraben und festgestellt, daß dieser Ort bis in die römische Zeit besiedelt war.
Das Freiluftmuseum Karatepe ist von Sonnenaufgang bis Sonnenuntergang geöffnet, Eintrittsgeld, Rasthaus.
Zurück nach Kadirli – Çukurköprü, dort links ab Richtung Ceyhan, nach 4 km wieder links ab, 4 km befestigter Weg bis zum Dorf Anavarza, am Rande der Ruinen der Unterstadt von Anazarbus.

Anazarbus

Geschichte

Der Ort wurde im 1. Jh. v. Chr. von den Römern gegründet und erhielt zu Ehren von Augustus den Namen *Caesarea ad Anazarbus;* die Stadt entwickelte sich schnell und konkurrierte schließlich mit Tarsus. Bei der Neuordnung der Provinzen unter Diokletian wurde sie Hauptstadt von Cilicia Secunda. Die Byzantiner nannten sie *Justinopolis,* die Araber, die sie einnehmen konnten, *Aïn Zarba.* Der Armenier Toros I. machte Anazarbus 1100 zu seiner Hauptstadt und errichtete hier die Grablege seines Geschlechts. Die wohlhabende Handelsstadt kam 1375 in die Hände der ägyptischen Mameluken.
In der Unterstadt haben sich ein dreitoriger *Triumphbogen* und ein *Mosaikfußboden* (im Garten eines Dorfhauses) gut erhalten, zu identifizieren sind ein Stadion, Thermen, ein *Aquädukt,* ein *Theater* aus römischer Zeit. Aus byzantinischer Zeit stammen ein Aquädukt, die *Stadtmauer,* die Ruinen der Apostelkirche.
Nördlich vom Theater führt eine steile *Felsentreppe,* vorbei an einer byzantinischen Kapelle, in die Oberstadt. Sehenswert die Ruinen der dreischiffigen *Grabkirche der armenischen Könige*; in der Apsis ein Fresko: Christus als Pantokrator. Ein Wehrturm mit 3 Etagen, 1188. Von Anazarbus aus führte eine römische Straße nach Misis; das Anfangsstück hat sich in Anazarbus erhalten.

Misis

27 km von Adana
93 km von Mersin
1956 wurde hier bei einer Ausgrabung ein Mosaikfußboden aus dem 3./4. Jh. gefunden, den man mit einer Glaskonstruktion schützte und 1959 als Museum zugänglich machte. (Am Dorfende, täglich von 9 bis 17 Uhr geöffnet). Dargestellt ist die Arche Noah mit vielen Tieren. Misis war im 13./14. Jh. ein bedeutender Handelsplatz der Genuesen.

108 km von Mersin (42 km nach Adana) Abzweigung nach Ceyhan (3 km). Von dort etwa 3 km in Richtung Misis, nach einer Brücke rechts abzweigen, dann 5 Min. Fußweg: *Hethitisches Felsrelief* des Königs Mutawalli (13. Jh.

v. Chr.), weiter die armenische Burg *Yılanlikale* (Schlangenburg), eine Festung Leons II. von Kleinarmenien (12./13. Jh.), verhältnismäßig gut erhalten.
135 km rechts abzweigen (geradeaus nach Gaziantep); links nach ca. 7 km *Toprakkale* (Erdburg), die Ruine einer armenischen Burganlage, wohl auf byzantinischen Mauern, auf einem Basalthügel.
167 km Abzweigung nach Dörtyol (2 km). Man nimmt an, daß in der Ebene vor Dörtyol das *Schlachtfeld von Issos* liegt, wo Alexander der Große mit 40 000 Mann im Jahr 333 v. Chr. den persischen König Dareios III. Kodomanus mit 500 000 (so die Überlieferung) Kriegern besiegte und damit den entscheidenden Machtwechsel im Nahen Osten einleitete.
Es folgen mehrere kleine Pässe, die lange wegen Straßenräubern verrufen waren.
176 km Das Dorf *Yakacık*, früher Payas, das seleukidische Baiae. Baiae war eine wichtige Hafenstadt, Endstation eine Karawanenroute und noch um die Mitte des 18. Jhs. wohlhabend. Man sieht noch die Ruinen einer Burg, ein paar hundert Meter vom Meer entfernt, wahrscheinlich von Genuesen oder Venezianern erbaut (meist als »Kreuzfahrerburg« bezeichnet); schöne Aussicht. Von der Stadt haben sich die Reste einer Külliye Sokullu Mehmet Paşas erhalten, der 1564–1569 unter drei Sultanen Großwesir war (siehe Istanbul): eine große Karawanserei mit Arkadenhof, Moschee, Medrese und Hamam.

131 km *Iskenderun* (Alexandrette), nach Istanbul und Izmir bedeutendster Hafen der Türkei, der immer noch ausgebaut wird. Flughafen (Verbindung mit Istanbul und Ankara), Konsulate. Trotz der früheren Bedeutung der Stadt und ihrer auf Alexander (Iskender) bezogenen Gründung bietet sie heute praktische keine sehenswerten Denkmäler.
Nach Iskenderun Abzweigung der Uferstraße: nach 32 km *Uluçınar* (Arsuz), ein Fischerdorf mit Fremdenverkehr, vermutlich an der Stelle der Seleukidenstadt Rhosos. Aus der byzantinischen Zeit, in der der Ort Bischofssitz war, stammen vermutlich die Reste einer Stadtmauer. 10 km am Kap Hınzır Ruine einer mittelalterlichen Burg.
144 km Belen (Moschee und Han, 16. Jh., geringer Rest eines Aquäduktes), der *Belen-Paß*, früher Pylae Syriae (Topboğazi Geçidi, 750 m); rechts das Amanos-Gebirge (Nur Dağları, 1795 m).
Rechts (3 km; besserer Weg 8 km ca. 6 km weiter) die Reste der Festung Pagrae (Bağras Kalesi), die den Paß schützte und in der Kreuzfahrerzeit heftig umkämpft wurde.

Antakya
(Hauptstadt der Provinz Hatay)

460 000 Einwohner
255 km von Mersin
Hotels
2. Kl.: Alahan Oteli, Hürriyet Caddesi 28
3. Kl.: Divan Oteli, Istiklâl Caddesi 62
Hidro Oteli, Karyer Mah. (in Harbiye, 8 km südl.)
Flughafen
In Iskenderun (59 km)
Informationsbüro
Vali Ürgen Alanı 41

Geschichte

Im Jahre 307 v. Chr. gründete Antigonos, ein Feldherr Alexanders des Großen, die Stadt *Antigonia.* Aber schon 300 v. Chr. ließ Seleukos Nikator (305–280 v. Chr.) daneben die Stadt *Antiochia* erbauen, die schnell durch Handel und die berühmten Apollo-Feste einen gewaltigen Aufschwung nahm. Schon im 2. Jh. v. Chr. soll sie 500 000 Einwohner besessen haben. 64 v. Chr. machte Pompeius Antiochia zur römischen Provinzstadt. Im Jahre 37 und 115 zerstörten Erdbeben weite Gebiete. Der sassanidische König Schapur I. eroberte sie 260 und ließ einen großen Teil der Bevölkerung in die Susiana in Persien umsiedeln, denn die Seidenweber waren weithin berühmt, und man exportierte Gläser, Seife und kunstvolle Metallarbeiten. Eine große jüdische Kolonie wird frühzeitig erwähnt. Paulus und Barnabas besuchten die Stadt, und Petrus soll mehrere Jahre hier gelebt haben. 341 fand in dem Bischofssitz ein Konzil statt, bei dem die Lehre des Arius angenommen wurde. Bei dem Erdbeben von 526 sollen 250 000 Menschen umgekommen sein, und 540 ließ der Sassanidenherrscher Chosroes I. die Bevölkerung nach Mesopotamien umsiedeln. Nachdem Justinian die Stadt wieder aufgebaut hatte, erhielt sie den Namen *Theoupolis.* 1098 wurde sie von den Kreuzfahrern eingenommen und blieb für 170 Jahre in ihrem Besitz, bis sie 1268 von dem Mamelukenherrscher Baibar erobert und wieder einmal zerstört wurde. Nach dem Sieg Selims I. über die Ägypter kam sie 1516 unter osmanische Hoheit. Mohammed Ali konnte sie von 1831–40 zwar wieder in ägyptischen Besitz bringen, mußte sich aber unter dem Druck der Westmächte wieder zurückziehen. Von 1920–39 war sie unter französischer Mandatsregierung. Antiochia am Orontes heißt heute *Antakya.*

Besichtigung

Grottenkirche St. Peter
2 km östlich der Stadt, an der Straße nach Reyhanlı. Die große Felsengrotte war schon Zufluchtsort der frühen Christen; es sind Reste von Mosaiken erhalten. Im 12. oder 13. Jh. wurde eine Fassade vorgesetzt, die dann ein vereinfachtes gotisches Dekor erhielt. Jedes Jahr, am 29. Juni, wird hier eine Messe gefeiert.
Archäologisches Museum
1975 neu eröffnet. Öffnungszeiten: 9–12 und 13–18 Uhr; sonntags 14–18 Uhr. Mittwochs geschlossen.
Die Sammlung von Mosaiken ist die bedeutendste der Türkei. In 7 Sälen sind Mosaikfußböden aus Antiochia, Daphne, Seleukia Pieria, Alexandrette, Tarsus, Samandağ u. a. ausgestellt, nach Fundorten geordnet. Die berühmtesten Darstellungen: Trunkener Dionysos, Orpheus, Tänzerinnen und Bacchanten, Ariadne. Fast alle stammen aus dem 2.–3. Jh., einige aus dem 5. Jh. Die Sammlung wird durch andere Objekte ergänzt: Siegel von Tell Halaf bis in die assyrische Zeit, Stücke von Tell Açana, Tell Tainat und Al Mina, Grabstelen, Architekturfragmente, ferner eine Münzsammlung, Goldschmuck, römische Sarkophage (im Garten).
Die *Brücke über den Orontes* (heute Asi) wurde unter Diokletian (284–305) erbaut, des öfteren grundlegend restauriert. Der *Aquädukt des Trajan* liegt in Trümmern, das Theater ist abgetragen. Aus den Überresten der hellenistischen Stadtmauer kann man schließen, daß der Mauerring etwa 30 km lang war.

Daphne (heute Harbiye),

8 km südlich, war in der Antike ein sehr berühmter Ort. In einem Hain von Lorbeerbäumen glaubte man die Stelle zu finden, wo Daphne, von Apoll verfolgt, auf ihre Bitte von Zeus in einen Lorbeerbaum verwandelt worden war. Seleukos I. Nikator baute schon einen Tempel, der eine Statue des kitharaspielenden Apolls (von dem Bildhauer Bryaxis) enthielt, später vergrößerten Pompeius und Titus die Anlage und statteten sie reich aus. Es gab eine Grotte, eine Orakel-Quelle und viele Tempel. An den musischen Darbietungen nahm auch der König teil.
Heute sieht man üppige Gartenanlagen, Wasserbecken, Kaskaden und Restaurants. Von dem berühmten Tempel des Apollon, den Tempeln der Aphrodite, Artemis, Zeus, Isis, Hekate, dem Stadion und dem Theater, die für die Festspiele bestimmt waren, hat sich nichts erhalten. Als das Christentum Staatsreligion geworden war, wurde das Heiligtum zerstört. Der Kaiser Julian Apostata ließ 361–363 die Anlagen wieder aufbauen, aber ein Feuer sorgte bald danach für die endgültige Vernichtung.

Seleukia Pieria

26 km Samandağ, dann rechts 7 km, die sehr geringen Reste der einmal 30 000 Einwohner zählenden Stadt Seleukia. Sie war von Seleukos Nikator als Hafen für Antiochia gegründet worden, verfiel aber nach einem Erdbeben (526) und der arabischen Eroberung (643). Man erkennt Reste von Stadtmauern, eines Nymphäums, einer Nekropole (im NW), dazu einen jetzt trockenen Felskanal (an einem der beiden Tunnel des begehbaren Kanals eine auf Vespasian und Titus bezogene Inschrift).

Niğde

Provinzhauptstadt
169 000 Einwohner
Niğde liegt in 1300 m Höhe am Fuß eines Hügels. Von besonderem Interesse sind die zahlreichen Bauten aus dem 13. und 14. Jh. Die Moscheen auf basilikalem Grundriß sind eine Form, die es nur in Kleinasien gibt.
Hotels
1. Kl.: Ihlara Oteli, Kılıçaslan Mah.
Motels
1. Kl.: Orhan Ağaçlı Tur Tesisleri, Ankara-Adana Asfalti, Nevşehir Kavsağı
Bahn
Verbindung nach Kayseri, Adana, Ankara, Konya
Informationsamt
Vakıf Iş Hanı 1

Geschichte

Der Name der antiken Siedlung, die sich einst hier befand, ist nicht überliefert. Ende des 11. Jhs. wurde die Stadt von den Seldschuken erobert und dem Sultanat von Rûm unterstellt. Als der in Tanger geborene arabische Geograph Ibn Battuta sie 1333 besuchte, lag sie in Trümmern. – 1335 Überfall der Mongolen. Später gehörte die Stadt zum türkischen Emirat der Karamanoğlu, bis sie 1467 in osmanischen Besitz überging.

Sehenswürdigkeiten

Zitadelle auf dem Berg, gebaut Ende des 1. Jhs. von seldschukischen Herrschern, erneuert um 1470. Heute eine Ruine.

Alâettin Camii, nach der Inschrift über dem Portal 620 H (= 1223) von Beşare, Sohn des Gouverneurs von Niğde errichtet, von Alâettin restauriert. Dreischiffiger Gebetsraum, heute nicht mehr in Benützung. Der Außenbau wurde vor kurzem restauriert.
Sungur Bey Camii, von einem Mongolenfürsten in der ersten Hälfte des 14. Jhs. gebaut, das Innere nach einem Brand im 18. Jh. erneuert. Daneben der *Bedesten* (gedeckter Markt), gewölbte Straße von 80 m Länge, 16./17. Jh.
Ak Medrese, theologische Schule, 1409 unter der Herrschaft der Emire von Karaman errichtet; darin ist heute ein kleines archäologisches Museum mit Altertümern aus der Umgebung von Niğde untergebracht. Es enthält auch eine Abteilung für Volkskunst, darin ein schwarzes Ziegenhaarzelt der turkmenischen Nomaden. Im Garten Steinobjekte. Ein Neubau ist seit langem geplant.
Diş Cami, kleine Moschee aus dem 16. Jh. mit dem schönen Mimbar (Holz mit Elfenbeininkrustation, 14. Jh.) aus der Sungur Bey Camii. In der Nähe des Konak-Platzes drei Türben. Die schönste dieser Grabkapellen ist die *Hüdavent Türbesi,* 712 H (= 1312), von der Prinzessin Hüdavent Hatun gebaut, die hier 1331 beigesetzt wurde. Der achteckige Unterbau geht oben in ein Sechzehneck über, darauf ein Pyramidendach (innen eine Trompenkuppel). Das Mausoleum ist mit Arabesken reich geschmückt; über den Fenstern seltene figurale Reliefs (Tiere und Fabelwesen). In der Nähe eine weitere gut erhaltene Türbe, die *Gündoğdu Türbe* von 1344; auch die verfallene Türbe stammt aus dem Jahre 725 H (1325).

Eskigümüş

Nach 1 km Richtung Kayseri rechts ab, 8 km das byzantinische Felsenkloster Eskigümüş, das den Höhlenklöstern von Göreme vergleichbar ist. Es enthält relativ gut erhaltene Wandmalereien (Maria, Geburt Christi, Pantokrator u. a.) aus dem 11. Jh.

Von Ankara über Balâ – Kırşehir nach Kayseri (326 km)
Bahn über Kırıkale (380 km), etwa 7 Stunden

Kırşehir

Provinzhauptstadt
107 000 Einwohner
Nur kleinere Hotels
Informationsbüro: Aşık Paşa Caddesi, Cumhuriyet Meydanı
An der Stelle des byzantinischen Städtchens *Justinianopolis Mokissus*, bekannt durch die islamische Sekte der *Ahibalar*, so genannt nach ihrem Gründer Ahi, einem ehemaligen Gerber aus Kırşehir. Diese Sekte war vom 14.–18. Jh. gewissermaßen eine politische Macht, hatte sogar Einfluß auf die Herrscher dieses Gebiets. Eine schöne *Moschee* und einige Türben *(Açık Paşa Veli Türbesi, Melik Gazi Türbesi)* aus seldschukischer Zeit sind sehenswert. In Kırşehir werden heute Teppiche und Nußbaummöbel hergestellt.

214 km Mucur, 217 km Abzweigung rechts, Richtung Nevşehir, 8 km:

Hacıbektaş

Der kleine Ort hat seinen Namen von dem Gründer des Bektaschi-Ordens Hacı Bektaş Veli erhalten. Sehenswert sind die *Tekke* (Andachtsraum) und die *Türbe des Gründers.*
Der *Bektaschi-Orden* besteht seit 1357. Er war stets eng mit der Janitscharentruppe verbunden: Hacı Bektaş soll diese Schöpfung dem Sultan Orhan (1326–1360) geweiht haben; nach der Vernichtung der Janitscharen durch den Sultan Mahmut II. 1826, wurde der Orden aufgelöst; 1925 wurden sämtliche Derwisch-Orden in der Türkei streng verboten. Ihnen gehörten Klosterbrüder und frei Angegliederte an, die sich zu gemeinsamen Andachtsübungen zusammenfanden und eine gemeinsame Tracht (weiße Mütze) trugen. Nach dem Ableben des Ordensgründers lag die Leitung in den Händen eines Scheichs. Im Gegensatz zu den christlichen Mönchsorden kannten die Derwische nicht die Zölibatspflicht. Die Bektaschi-Brüder blieben immer den Grundsätzen der islamischen Religion treu; es gab und gibt aber auch Orden, die sich davon frei gemacht haben, sie werden die »Gesetzlosen« genannt. Die Begegnung mit persischem, indischem und christlichem Gedankengut förderte innerhalb des Islams schon frühzeitig die Gründung von Derwisch-Orden. Der älteste war der Alwanija-Orden, gegründet 766.
312 km rechts Abzweigung nach Niğde; 326 km Kayseri.

Kayseri

Provinzhauptstadt
497 000 Einwohner
Kayseri liegt in 1070 m Höhe am Fuße des *Erciyes Dağı* (3916 m). Dieser gewaltige Vulkankegel hieß im Altertum *Argäus* und war noch in historischer Zeit tätig; seine Gletscher reichen bis auf etwa 3100 m herab. Die Stadt ist Knotenpunkt der sich nunmehr nach Nordwesten (Ankara – Istanbul) und Nordosten (Sivas) verzweigenden Verkehrswege.
An eine sehr reizvolle enge Altstadt gliedern sich zunächst ein industrielles Zentrum mit bedeutenden Textilwerken und dann im äußersten Norden ein sehr junger Teil der Wohnstadt. Neben der Baumwollindustrie spielen hier die Viehmärkte und die Fleischverarbeitung über die eigenen Grenzen hinaus eine wichtige wirtschaftliche Rolle; die traditionelle Teppichknüpferei ist international bekannt.
Hotels
2. Kl.: Turan Oteli, Turan Caddesi 8
3. Kl.: Hattat Oteli, Istanbul Caddesi 1
4. Kl.: Terminal Oteli, Istanbul Caddesi 76
Flughafen
Im NW der Stadt
Bahn
Verbindung nach Ankara-Istanbul, Mersin, Konya, Izmir, Sivas
Informationsbüro
Kağnı Pazan 61

Sport

Besteigung des Erciyes Dağı (3916 m), Hotel, Berghütte. Wintersport.

Einkäufe

Teppiche.

Geschichte

Kayseri, an der Stelle des alten *Caesarea* weiterbestehend, ist eine der größten und bedeutendsten historischen Städte von Anatolien und gleichzeitig eine der reichsten an gut erhaltenen Denkmälern türkisch-seldschukischer Baukunst. Die älteste Stadt, die etwa 500 m südwestlich der jetzigen lag, war unter dem

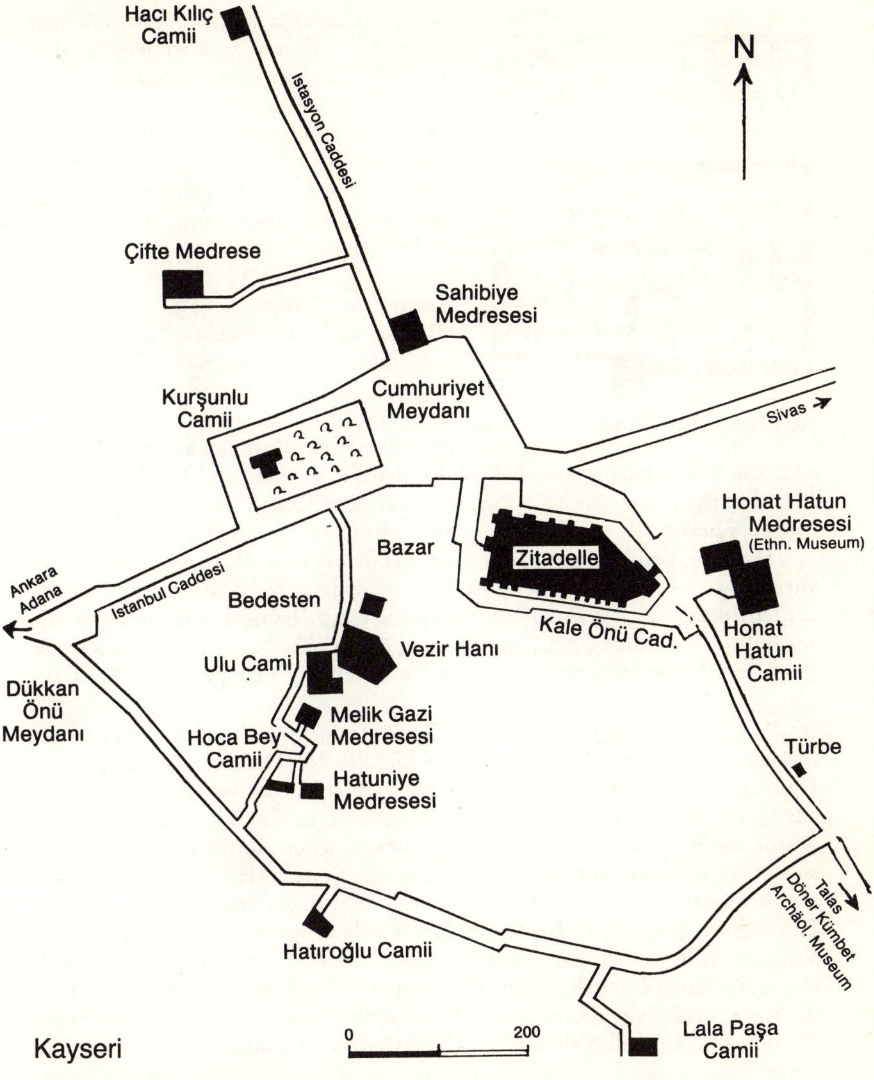

Kayseri

Namen *Mazaca* oder *Eusebia* Hauptstadt von Kappadokien. Über ihre Entstehung ist nichts bekannt. Der römische Kaiser Tiberius eroberte im Jahre 17 Kappadokien, unter seiner Herrschaft oder unter der Trajans soll die Stadt den

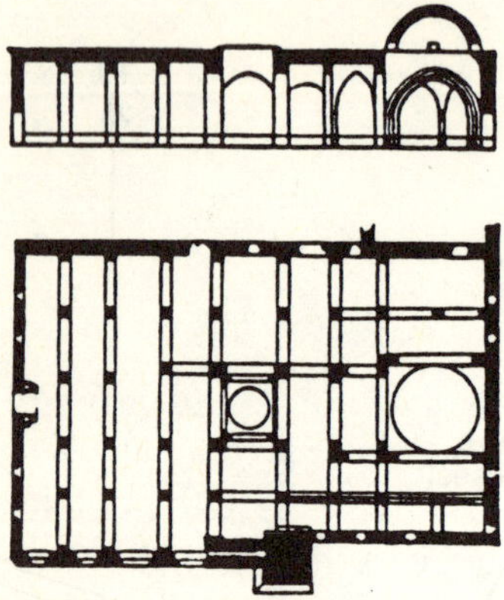

Kayseri, Ulu Cami

Namen *Caesarea Cappadociae* erhalten haben. Im 3. Jh. war sie vorübergehend in den Händen der Perser. – Schon in sehr früher Zeit wurde hier eine Christengemeinde gegründet; sie hatte sehr zu leiden unter den Verfolgungen der Kaiser Diokletian (284–305) und Julianus Apostata (361–363). Armenien wurde von hier aus christianisiert.

Basilius der Große
Heiliger und Kirchenlehrer, geb. um 330 in Caesarea in Pontus (Kayseri), 364 dort Priester, 370 Bischof und Metropolit; er starb am Neujahrstag 379.
Er baute auf der Basis der antiken Philosophie die Trinitätslehre aus, bekämpfte den Arianismus und bereitete so die Beendigung des »arianischen Streites« auf dem Konzil von Konstantinopel (381) vor, das er selbst nicht mehr erlebte. Mit seinem Bruder Gregor von Nyssa und seinem Freund Gregor von Nazianz gehörte er zum »theologischen Dreigestirn der großen Kappadokier«. Außerdem förderte er das Mönchstum, stellte Ordensregeln auf (Basilianer) und gilt als der Vater der griechisch-morgenländischen Mönche. Nach einer Überlieferung soll er nahe bei Caesarea ein Kloster gegründet haben, wahrscheinlich die Keimzelle der heutigen Stadt Kayseri.

Im 6. Jh. ließ Kaiser Justinian eine Zitadelle bauen und umgab die Stadt mit Mauern. Vom 7. bis 9. Jh. wiederholt Einfälle der Araber. – In der zweiten Hälfte des 11. Jhs. gründete Gagik II. von Armenien, der vor den Seldschuken aus seinem Land geflohen war, hier eine armenische Kolonie, aber schon 1082 wurde die Stadt von den Seldschuken besetzt; neben Konya und Sivas wurde sie ein hauptstädtisches Zentrum des Landes. Sultan Alâettin Keykobat residierte längere Zeit in Kayseri; es war die Glanzzeit der Stadt und ihre reichste Bauperiode. Freilich, auch in dieser Zeit wurde sie immer wieder von fremden Völkern erobert: 1097 kamen die Ritter des ersten Kreuzzuges, konnten sich aber nicht lange Zeit behaupten; 1272 eroberte der Mameluken-Sultan Baibars die Stadt, 1402 die seldschukische Dynastie der Karamanoğlu, 1419 wieder die Mameluken, bis Selim sie schließlich 1515 dem Osmanischen Reich eingliederte.

Sehenswürdigkeiten

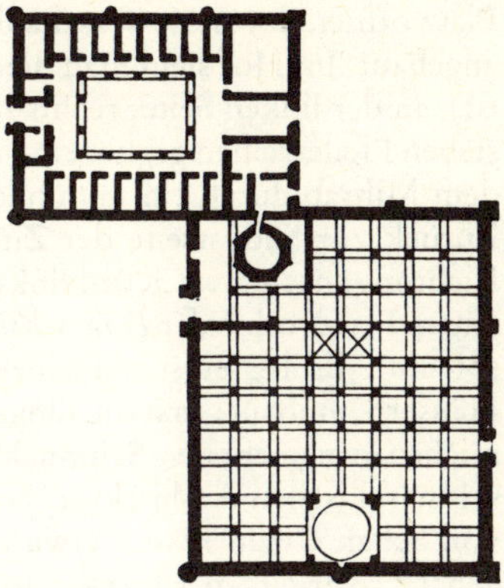

Külliye der Honat Hatun

Ausgangsort: die *Zitadelle* im Zentrum der Altstadt am Cumhuriyet Meydanı. Im 6. Jh. unter der Herrschaft des byzantinischen Kaisers Justinian (527–565) gebaut, 1212 von dem Seldschukenherrscher Izzettin Keykavus von Grund auf erneuert; aus dieser Zeit stammt der *Yoğun Burç* (dicker Turm). Die innere Burg und das Pfeildepot (Ok Deposu) gehören zu den Bauänderungen des Alâettin Keykobat (1224). 1465 errichtete Mehmet II. den Hasan-Bece-Turm. Der viereckige Grundriß ist an der Westseite abgeschrägt. Die Mauern bestehen aus Lavablöcken, sie sind durch 19 rechteckige und 2 runde Türme verstärkt. Heute führt noch ein Tor an der Südseite von der Kale Önü Caddesi aus ins Innere der Zitadelle. Links und rechts der Tür *Löwenreliefs;* ein geknickter Gang führt zum zweiten, inneren Tor, darüber eine Inschrift von 870 H (1465). In der Nähe des Tores die kleine *Fâtih-Moschee* aus der Zeit Mehmets II., vielleicht an die Stelle einer älteren aus der Karamanidenzeit gebaut. Das Innere der Zitadelle dient heute als Marktplatz. Unmittelbar im Westen steht die *Honat Hatun Medresesi.* Sie gehört zu einem Baukomplex (Külliye), die die Gemahlin des Sultans Keykobat I. und Mutter von Gıyasettin Keyhusrev II., Mahperi oder Honat Hatun (auch Huand Hatun) errichten ließ; sie entstanden 635 H (1237) und zählen zu den schönsten Bauten Kayseris. Der Komplex besteht aus der Moschee, der Medrese (Koranschule), Hamam (Warmbad), Hospital und der Türbe der Stifterin.

Durch ein spitzbogiges Portal gelangt man in das Vestibül der Medrese, dann in einen Hof mit Säulenhallen an drei Seiten. Gegenüber dem Eingang steht der Liwan, der »Hörsaal«. Durch den Saal rechts davon erreicht man die Türbe; in einem achteckigen, überwölbten Raum steht der Sarkophag der Honat Hatun und zweier unbekannter Prinzessinnen. Auf dem Mausoleum ein achteckiges Pyramidendach.

Die Medrese enthält heute das 1969 neu geordnete *Museum für Türkische und Islamische Kunst.* Ausgestellt sind kunsthandwerkliche Objekte aus seldschukischer und osmanischer Zeit (Manuskripte, Teppiche, Kelims, Gebrauchs- und Kultgegenstände aus Holz und Metall, Kleidung und Schmuck).

Auch die Moschee betritt man durch ein spitzbogiges Portal mit Stalaktitenschmuck. Davor, etwas gedreht, der Hamam, der sich mit einem Portikus zum

Platz öffnet, davor die Waschanlage für die Gläubigen; rechts ist das Minarett angebaut. Im Hof sieht man die Türbe (die auch von der Medrese zu betreten ist), an der linken Seite; rechts liegt der Gebetsraum der Moschee. Die durch sieben Pfeilerreihen gegliederte, achtschiffige Anlage wird in der Mitte und vor dem Mihrab durch ein raumbildendes Gewölbe ergänzt.

Zurück zur Südostseite der Zitadelle, weiter auf der Straße in südöstlicher Richtung; nach etwa 300 m links eine kleine Türbe; weiter – etwa 600 m – auf einem Platz rechts der *Döner Kümbet* (das kreisende oder sich drehende Mausoleum). Es lag einst auf einem alten Friedhof und war später ganz von Häusern umbaut; erst in jüngster Zeit wurde es freigelegt. Wegen seines reichen ornamentalen Schmuckes zählt es zu den schönsten Beispielen der seldschukischen Architektur. Nach einer Inschrift über dem Portal wurde es von Schah Cihan Hatun etwa im Jahr 1276 für eine unbekannte Prinzessin gebaut. Auf einem viereckigen Sockel erhebt sich der zwölfeckige Bau mit einem Kegeldach; diese Form gab der Türbe ihren Namen. Die Wände sind durch Blendarkaturen gegliedert, von Stalaktitenfriesen aufgelockert, mit Arabesken und Palmetten geschmückt. Über der Eingangstür Reliefs mit Fabelwesen.

Von hier in südwestlicher Richtung (s. Stadtplan) zur *Lala Paşa Camii,* einer Moschee aus dem 14. Jh. Vorbei an der *Hatiroğlu Camii,* rechts einbiegend nach Norden zur *Hatuniye Medresesi,* die 835 H (1431) von Melik en-Nasir Mohammed gebaut wurde. Durch ein spitzbogiges Portal gelangt man in einen Säulenhof mit antiken ionischen und korinthischen Kapitellen. Der Liwan ist von zwei Kuppelsälen flankiert. Vorbei an der *Melik Gazi Medresesi* zur *Ulu Cami* (große Moschee), in der ersten Hälfte des 13. Jhs. unter den Danişmendiden entstanden. Der Gebetssaal ist durch Pfeiler – einige antik – in drei Schiffe geteilt. Über dem mittleren Teil des Mittelschiffes und dem Platz vor dem Mihrab eine Kuppelwölbung. Das hohe zylindrische Minarett besteht aus Ziegelstein; der Teil über dem Stalaktitenbalkon stammt aus osmanischer Zeit. Schöner hölzerner Mimbar. Westlich der Moschee der Vezir Hanı, eine große Karawanserei aus Lavablöcken. Weiter nördlich der Bedesten und das Basarviertel bis hin zur Zitadelle.

Über die Istanbul Caddesi zum Atatürk-Park und der *Kurşunlu Camii,* 994 H (1585) für Ahmet Paşa gebaut, angeblich von Sinan, dem berühmten osmanischen Architekten. Da Sinan 1585 aber bereits über 90 Jahre alt war (geboren 1492), ist es wenig wahrscheinlich, daß er den Bau selbst noch geleitet hat; möglicherweise ist er nach einem seiner früheren Pläne entstanden. Durch einen Portikus betritt man die Moschee, die mit einer Pendentifkuppel überwölbt ist.

Die Istasyon Caddesi entlang, zum Bahnhof; zunächst rechts die *Sahibiye Medresesi,* 1276 von dem seldschukischen Wesir Sahip Ata erbaut. Portal mit schönem geometrischem Reliefornament. Dahinter gut erhaltenes *römisches Hypogäum.* Nach etwa 150 m links eine Straße zur *Çifte Medrese* (Gıyasiye Şifahiye Medresesi), 1305 eröffnet als eine der ersten medizinischen Schulen, heute in Ruinen. Die Istasyon Caddesi weiter zur *Hacı Kılıç Camii* und Medrese, 1249 von dem seldschukischen Wesir Abdulkasım Ali Tosil erbaut; schöne Portale.

Archäologisches Museum

Im Südosten der Stadt, 1969 eröffnet.
Großer Saal: Prähistorische Grabungsfunde, Stein- und Knochengeräte, Funde aus Kültepe, hethitische Kleinobjekte, Stelen, Inschriften. Im Verbindungsraum ebenfalls hethitische Stücke.
Kleiner Saal: Keramik von der phrygischen über die römische bis zur byzantinischen Zeit, Glas, Metall, Statuen, Stelen und Kleinfunde in chronologischer Anordnung.
Im Garten: Steinbildwerke, Sarkophage.

Umgebung von Kayseri

Kültepe – Karatay Hanı – Sultan Hanı

Hin und zurück etwa 160 km. Die direkte Straße von Kayseri nach Sultan Hanı ist asphaltiert.
Man verläßt Kayseri in Richtung Sivas, 6 km rechts an der Straße die Türbe *Çifte Kümbet* (zwei Kuppeln), ein hoher viereckiger Unterbau mit den Grabkammern, zugänglich durch eine Tür an der Nordwestseite. Eine Treppe führt in den achteckigen Oberbau, in dem der Kenotaph der Melike Adiliye, der Gemahlin des Sultans Alâettin Keykobat, aufgestellt war. Über dem Portal das Datum 645 H (1248). Den Namen »Zwei Kuppeln« erhielt das Mausoleum, weil früher nebenan eine zweite Türbe stand. – 10 km; rechts der Straße ist eine etwa 100 m lange in den Felsen eingehauene Straße sichtbar, von der man in der Gegend sagt, sie sei von den Hethitern angelegt worden. 17 km links ein schmaler Weg, der zum 2 km entfernten Hügel von Kültepe führt. Der Stadt-Tumulus (Höhe 20 m, Durchmesser 500 m) liegt links am Weg, auf der rechten Seite befand sich die Niederlassung der Assyrer (1500 m lang, 1000 m breit).

Kültepe
(Kanesh, Kaniş)

Erste Grabungen durch den Franzosen Ernst Chantre (1893/94), dann durch H. Winkler (1906) und 1925 durch den tschechischen Gelehrten Bedřich Hrozný, der einen großen Beitrag zur Entzifferung der beiden hethitischen Schriften geleistet hatte. Er fand auf der dem Kültepe vorgelagerten Fläche u. a. assyrische Spuren und 930 meist frühhethitische Tontafeln. Seit 1948 übernahmen türkische Institutionen unter Leitung von Tahsin Özgüç die Forschungsarbeit, die noch nicht abgeschlossen ist.
Der Hügel von Kültepe war schon im 4. Jt. v. Chr. bewohnt; wahrscheinlich wurde die Stadt in der Mitte des 3. Jts. v. Chr. gegründet und kam in der ersten Hälfte des 24. Jhs. v. Chr. unter die Herrschaft des Königs Sargon von Akkad. In einem späteren hethitischen Text wird erwähnt, daß sich um 2320–2284 v. Chr. 17 Stadtkönige, darunter der von Kanesh, gegen Naram Sin von Akkad empörten. Man nimmt an, durch den Wechsel der Tonwaren bestärkt, daß um 2300 die Hethiter in diesem Gebiet seßhaft wurden. Es ist bis heute ungeklärt, woher sie gekommen sind; sicher ist nur, daß sie zur Sprachgruppe der Indogermanen gehörten. Hrozný unterschied anhand der Tontafeln drei verschiedene Bevölkerungsgruppen; es wird sich bei der Besiedlung also um eine friedliche Infiltration gehandelt haben. Um 2200 v. Chr. siedelten sich assyrische Händler, die aus Assur am Tigris (Zweistromland) kamen, in Kanesh an, angelockt durch den Metallreichtum Kappadokiens. Sie lebten in einem besonderen Viertel außerhalb der Stadtmauer, besaßen Wohnhäuser, Läden, Lagerräume, sogar ein Archiv mit Tontafeln (Briefe, Quittungen, Schuldscheine, Verträge), die in altassyrischer Keilschrift beschrieben waren. Auch die einheimischen Könige bedienten sich dieser Schrift. Die assyrische Siedlung bestand etwa 200 Jahre, dann wurde sie durch Brand zerstört – vielleicht im Zusammenhang mit den Rivalitätskämpfen der hethitischen Prinzen; daß die Siedlung nicht wieder aufgebaut wurde, dürfte seine Ursache in dem Niedergang des altassyrischen Reiches haben. Es verschwand in Kanesh auch die Keilschrift. An ihrer Stelle erschienen zuerst in zweisprachigen Texten Hieroglyphen, die man als Schriftzeichen einer selbständigen hethitischen Sprache entziffern konnte; sie wurden, im Unterschied zu den Zeichen der Keilschrift, von rechts nach links gelesen. Die Gefäße, die man in großer Anzahl im Hügel von Kültepe fand, beweisen, daß in dieser Zeit schon die Töpferscheibe gebräuchlich war.
Um 1200 v. Chr. wurde die hethitische Siedlung von den Phrygiern zerstört, die eine neue Stadt aufbauten; man unterscheidet hier zwei besondere Besiedlungsschichten: eine vom 9.–8. Jh., die andere vom 7.–5. Jh. v. Chr. Vermut-

lich hat diese Stadt in scharfem Konkurrenzkampf mit Mazaka gelegen. In hellenistischer Zeit, als Caesarea die Hauptstadt Kappadokiens geworden war, war Kanesh nur noch ein ganz kleiner Ort; in römischer Zeit ging es dann ganz ein.
Von dem alten Kanesh haben sich an Ort und Stelle nur noch geringe Spuren erhalten: Reste einer Ziegelmauer, in den Boden eingelassene große irdene Vorratsgefäße, viele Tonscherben. Alle bedeutenden Funde liegen in den Museen von Ankara und Kayseri. Die türkischen Ausgrabungen von 1965 haben hethitische Fundamente auf der Akropolis sowie eng verschachtelte Hausgrundrisse in der assyrischen Siedlung Karum freigelegt; hier konnte man u. a. Herdanlagen erkennen sowie zahlreiche und vielgestaltige Tongefäße in situ sehen. Ein kleines Museum wurde 1969 am Grabungsgelände eröffnet; es enthält Kleinfunde in chronologischer Anordnung und, für den Besucher fast wichtiger, eine Dokumentation mit Fotos und graphischen Darstellungen.
Zurück zur Hauptstraße. Bei 24 km Abzweigung rechts in Richtung Malatya. Von hier kann man einen Abstecher zum Karatay Hanı machen (Umweg ca. 82 km, über Bünyan, Elbaşı, Karadayı und zurück). Bei Zeitmangel fährt man weiter zum Sultan Hanı.

Karatay Hanı

Die großartige Ruine einer Karawanserei, die laut Inschrift um 638 H (1240) von Sultan Keyhusrev II. (1237–1240) vollendet, aber wahrscheinlich schon unter Alâettin Keykobat begonnen wurde. Ihren Namen erhielt sie von dem Wesir Celaleddin Karatay, der den Bau durchführen ließ.
Der Karatay Hanı gehört mit dem Sultan Hanı bei Kayseri und dem Sultan Hanı an der Straße nach Aksaray (beide an der alten Karawanenstraße von Konya nach Sivas) zu einer Gruppe, die etwa zu gleicher Zeit, von den gleichen Herrschern und mit fast gleichem Grundriß erbaut worden sind. Er ist relativ gut erhalten und zeichnet sich durch besonders schöne Steinsetzung und einen Turm über seiner Halle aus.
Die Hanbauten sind die bedeutendsten Denkmäler der seldschukischen Baukunst des 13. Jhs. in Anatolien. Man errichtete sie an Karawanenstraßen oder an größeren Umschlagplätzen; die Bauherren waren Sultane, Wesire, Standespersonen, auch oft reiche Privatleute. Ihr architektonisches Vorbild ist das rûmseldschukische Haus, das aus Wohngebäude und Hof besteht. Der Hof ist an allen Seiten von Ställen und anderen Räumen umgeben, das Wohnhaus liegt dem Hoftor gegenüber. Beim Han tritt an die Stelle des Wohnhauses eine große Halle, die Unterkunft für die Karawanen; sie war das wichtigste Bauglied und am sorgfältigsten ausgeführt. In der heißen Jahreszeit übernachteten die Menschen auf den flachen Dächern, die vom Hof über Treppen zu

erreichen waren. Eine große Mauer mit Stützpfeilern oder Ecktürmen umschloß den ganzen Komplex. Aus der Ferne erinnern diese Bauten an eine Festung, aus der Nähe an eine Hofmoschee. Alles war mit Ornament geschmückt; die Tore besaßen abgetreppte Spitzbogen, die ähnlich auch in Europa auftreten.
Zurück zur Straße nach Sivas, nach 8 km das Dorf Sultanhanı und die Ruine des

Sultan Hanı (bei Kayseri)

Die Inschrift über dem Portal, die etwas über die Entstehungszeit aussagen könnte, ist vernichtet, aber die Ähnlichkeit mit dem anderen Sultan Hanı läßt den Schluß zu, daß der Bau etwa aus der gleichen Zeit, um 1232/36 stammt und auch unter Alâettin Keykobat gebaut wurde. Durch das stark zerstörte (aber restaurierte) Portal im Nordosten betritt man den rechteckigen Innenhof. In

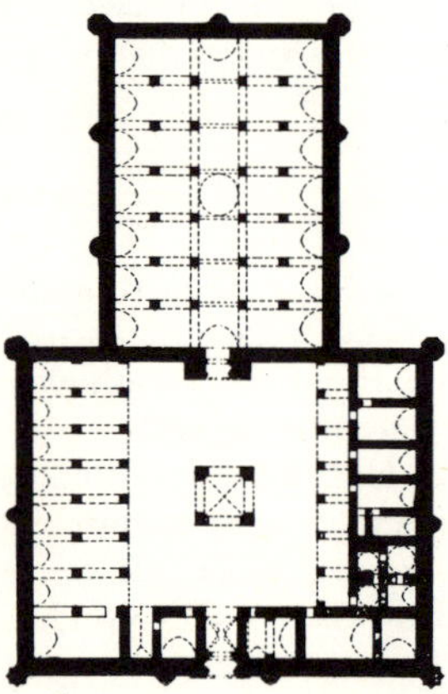

Sultan Hanı bei Kayseri

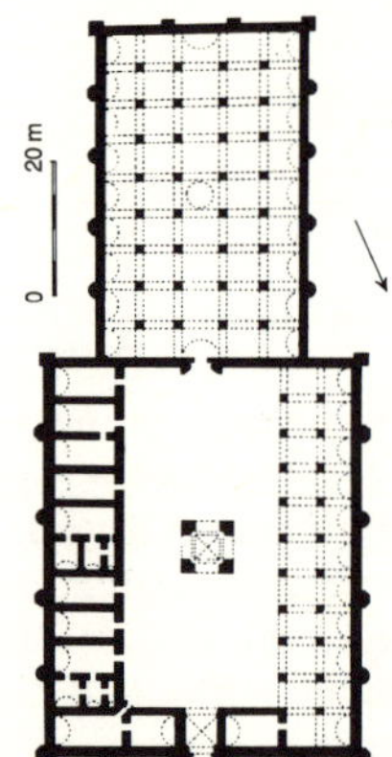

Sultan Hanı bei Aksaray

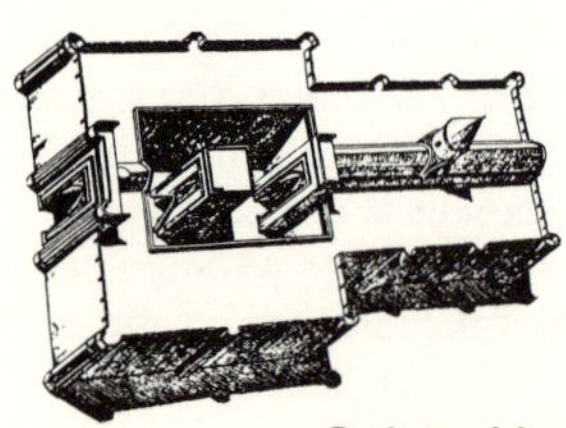

Sultan Hanı bei Kayseri (Aufriß)

(aus: Freely, John und Sumner-Boyd, Hilary. Istanbul. © Prestel-Verlag 1984) seiner Mitte erhebt sich die Ruine einer eigentümlichen, kioskartigen Moschee (eine solche Anlage findet sich nur bei 4 Karawansereien in Anatolien). Auf vier mächtigen Pfeilern, durch Spitzbögen verbunden, ruht der Gebetsraum, den man über eine Doppeltreppe erreicht. Bögen, Kanten und Türumrahmung sind mit Ornamentbändern verziert, die ein einziges Motiv immer wiederholen. Die Räume des rechten Seitentraktes waren von gebrochenen Quertonnen überwölbt und untereinander durch spitzbogige Durchgänge verbunden. In der westlichen Ecke des Hofes lagen die vier Räume des Bades (Hamam). An der linken Seite zog sich eine laubenartige offene Halle mit doppelter Säulenreihe hin. Durch ein Stalaktitenportal betrat man den großen Saal gegenüber der Eingangsseite, der durch 24 Pfeiler in 5 Schiffe mit Tonnengewölbe unterteilt war (im Sultan Hanı bei Aksaray sind es 32 Pfeiler), das Mittelschiff etwas breiter und höher. Licht spendete eine Laterne in der Pendentifkuppel des Mittelschiffs. Die hohen Umfassungsmauern verstärken Streben verschiedener Gestalt. Man versäume nicht, auf das Dach zu steigen. Nach dem Erdbeben von 1950 wurden die Hane, besonders der bei Aksaray, beschädigt, so daß Restaurierungen nötig wurden. Auf der anderen Seite der Straße, neben einer kleinen, sehr einfachen Moschee, findet sich noch eine alte Kameltränke, daneben ein kleines Wasserbecken für die Menschen. Zurück nach Kayseri.

Develi

37 km auf der Straße nach Niğde Incesu. Am Dorfausgang rechts der Kara Mustafa Paşa Kervansarayı, eine Karawanserei, die 1650 mit Moschee, Bad und Basar von Merzifonlu Kara Mustafa Paşa erbaut wurde. Nach 17 km links ab, noch 31 km bis Develi am Fuß des Erciyes Dağı (3916 m)

Erciyes Dağı

Der Gipfel des 3916 m hohen Berges, etwa 10 km südlich von Kayseri, trägt ewigen Schnee und ist eins der schon lange bekannten Wintersportgebiete der Türkei. Zu einer Besteigung des Gipfels (Berghütte Kayak Evi in 2250 m Höhe) ist ein Führer erforderlich sowie eine gute Bergausrüstung. Am Fuße liegen mehrere Wintersportorte (Tekir Yaylası u. a.).

Das Tal von Göreme

Dieser Name bezeichnet im engeren Sinne einen Talkessel bei dem kleinen Ort Göreme in Kappadokien, von dem ein Teil als Freilichtmuseum eingezäunt ist (Eintrittsgebühr, Fotografieren nicht mit Blitz erlaubt), im weiteren Sinn das 300 km² große Gebiet der Umgebung mit mehreren Tälern und verschiedenen Landschaftsformen, international als eine der Hauptsehenswürdigkeiten der Türkei bekannt. Einerseits sind es die eigenartigen, oft bizarren Formen von Felsen und Schluchten, andererseits die christlichen Fluchthöhlen und Höhlenkirchen mit ihrem Schmuck durch Wandmalerei, die diese Landschaft zu einem einzigartigen Erlebnis machen. Das Zentrum ist heute »dem Tourismus erschlossen«, aber man kann immer noch viele einsame Gegenden finden.

Die größte Stadt in der Nähe ist die Provinzhauptstadt *Nevşehir* mit 95 000 Einwohnern. Sie besitzt außer einer osmanischen Burgruine keine nennenswerten Denkmäler. In der ehemaligen Armenküche der Damat Ibrahim Paşa Külliye (um 1720) ist ein Museum eingerichtet, das in drei Räumen Fundmaterial aus prähistorischer und hethitischer Zeit, Keramik, byzantinischen Schmuck und Objekte der Volkskunde bis zum 18. Jh. bietet.

Das Gebiet um Ürgüp ist wohl die merkwürdigste Landschaft in der Türkei: »einem Wildpark versteinerter Ungetüme ähnlich, einem Zaubergarten erstarrter, alptraumhafter Fratzen« gleicht dieses Stück junger vulkanischer Erde. Die Ausbrüche des Vulkans Erciyes Dağı (Argäus der Antike), mit 3916 m der höchste Berg Inneranatoliens, haben das Hochplateau mit einer starken Tuffschicht überzogen, die durch Erosion – besonders dort, wo härtere Gesteinsschichten den Tuff überlagerten oder den Untergrund bilden – zu diesen bizarren Formen zernagt wurde. In dieses schwer zugängliche Gebiet flüchteten die Christen Anatoliens vor ihren verschiedenen Verfolgern und bauten sich in dem weichen Tuff Häuser, Kirchen und Klöster. Allein im Tal von Göreme kennen wir heute etwa 365 Kirchen. Viele sind schwer, manche gar nicht zugänglich. Ihre architektonischen Formen wie die oft gut erhaltenen Wandmalereien sind für Besucher und Kunsthistoriker von größtem Interesse.

Hotels und Motels

Nevşehir
2. Kl.: Göreme Oteli, Hükümet Caddesi 16
3. Kl.: Orsan Kapadokya Oteli, Kayseri Caddesi
Avanos

3. Kl.: Venessa Oteli, Orta Mahallesi
Tusan Kızılırmak Oteli, Bahçelievler Mahallesi

Ortahisar

2. Kl.: Paris Moteli, Asarkaya Mevkii

Ürgüp

1. Kl.: Turban Ürgüp Moteli
3. Kl.: Büyük Otel, Kayseri Caddesi

Gülşehir

2. Kl.: Gülşehir Belediye Moteli, Kızılırmak Köprüsü üstü

Camping

1. Kl.: Koru Mokamp, Uçhisar
2. Kl.: Paris Kamp, Ortahisar (13 km von Nevşehir, 1 km vom Göreme)
3. Kl.: Kervansaray Göreme Mokamp (etwa in der Mitte der Straße Nevşehir-Ürgüp)

außerdem zahlreiche kleinere, private Plätze.

Informationsbüro

Nevşehir: Lale Caddesi 22
Ürgüp: Kayseri Caddesi 37

Rundfahrt von Kayseri aus

Heute gibt es im Gebiet von Göreme und Nevşehir zahlreiche gute Hotels und Motels, so daß man diese als Ausgangsort für Sternfahrten oder Wanderungen nehmen kann. Von Ürgüp aus gibt es z. B. tägliche Rundfahrten mit Dolmuş-Kleinbussen. Bei Türkei-Rundfahrten dagegen ist meist noch Kayseri, das auch über einen Flugplatz verfügt, der Übernachtungsort.
Der interessante Ausflug ist mit dem eigenen Wagen oder einem Taxi (das man für einen ganzen Tag mietet), an einem Tag möglich. Man fährt um 6 Uhr ab, nimmt Verpflegung und eine Taschenlampe mit (die Fotografen hochempfindlichen Film, da man in den Kirchen des Göreme-Freilichtmuseums nicht blitzen darf). Wenn man auch die Täler von Uçhisar, Davuşlu und Kurtköy besuchen will, muß man übernachten. In den kleinen Ortschaften findet man überall Führer, die auch die Schlüssel für die Kirchen besorgen. Vor dem Eingang des Freilichtmuseums von Göreme steht ein Wärterhaus (Eintrittsgebühr, Führungen).
Fahrtstrecke: Von Kayseri Richtung Niğde 31 km Schnellstraße bis Incesu, dort rechts ab, 30 km Ürgüp, die alte byzantinische Stadt Prokopion, im

10. Jh. ein bedeutender Bischofssitz. Von dort über Avcılar (Maçan) nach Avanos (20 km). Rückfahrt über Himmetdede nach Kayseri (85 km).

Geschichte

Vereinzelte Funde haben gezeigt, daß das Gebiet schon in hethitischer Zeit besiedelt gewesen ist. Die Entstehungszeit der *Felsenkirchen* hat man noch nicht ausmachen können; man kennt keine, die vor dem 5. Jh. entstanden wäre. Es muß angenommen werden, daß die ersten Siedler der jüngeren Zeit christliche Anachoreten gewesen sind.
Das geistige Leben der frühen Zeit in Kappadokien ist noch heute durch die Nachrichten von Leben und Wirken eines berühmten griechischen Kirchenlehrers bekannt, *Gregor von Nazianz* (wahrscheinlich das heutige Nenezi bei Güzelyurt, ca. 50 km südwestlich von Nevşehir). Er wird »der Theologe« genannt, wird als Kirchenlehrer und Heiliger verehrt und ist auch als Rhetor und Dichter hervorgetreten (geboren um 330 in Nazianz, 390 ebenda gestorben). Mit seinem Freund Basilius dem Großen (siehe S. 468) bekämpfte er den Arianismus und vertrat die »jungnicäische Rechtgläubigkeit«. 381 wurde er Patriarch, zog sich aber gleich danach auf sein Landgut Arianz bei Nazianz zurück, wo er in Askese lebte und theologische Werke schrieb (pastorale Reden, Briefe, Gedichte).
Erst im 7./8. Jh. – eine Folge der Arabereinfälle in Anatolien– bevölkerten größere Einwandererscharen das karge Land. Damals dürften sich auch die Eremiten, um sich zu schützen, zu Bruderschaften zusammengeschlossen haben. In der Zeit des Bilderstreits (726–843) flohen die bilderfreundlichen Mönche hierher. Die Täler waren Orte der Askese, der Weltflucht und der Meditation. Als während des 9. Jhs. im Byzantinischen Reich die Menschen von einer »epidemischen« Weltflucht ergriffen wurden – ganze Familien und Sippen traten in Klöster ein –, entstanden in diesem Gebiet zahlreiche Männer- und Frauenklöster. Vergeblich versuchte Kaiser Nikephorus II. Phokas (963–969), diese Krankheit aufzuhalten; die Einfälle des Turkstammes der Seldschuken trieben seit 1060 weitere Christenscharen in diese entlegenen Täler. Im Jahrc 1071 wurden die Seldschuken Herren von Kappadokien; eines ihrer politischen Prinzipien war die Toleranz gegenüber religiösen Anschauungen. Im 13.–14. Jh. gelangte eine letzte Flüchtlingswelle hierher, hergeweht vom Sturm der Mongolenheere. In der Mehrzahl waren es diesmal Armenier, die seit dem 11. Jh. in Kayseri ansässig waren; das erklärt auch die armenischen Einflüsse in der Architektur und Malerei. In der osmanischen Zeit wurden die Klöster aufgelöst; ihre Gebäude – kühl im Sommer, warm im Winter – wurden zum Teil in Wohnungen und Ställe verwandelt. Im 19. Jh. wurden hier noch einmal von Griechen Kirchen gebaut. Die letzten Christen mußten 1923 beim

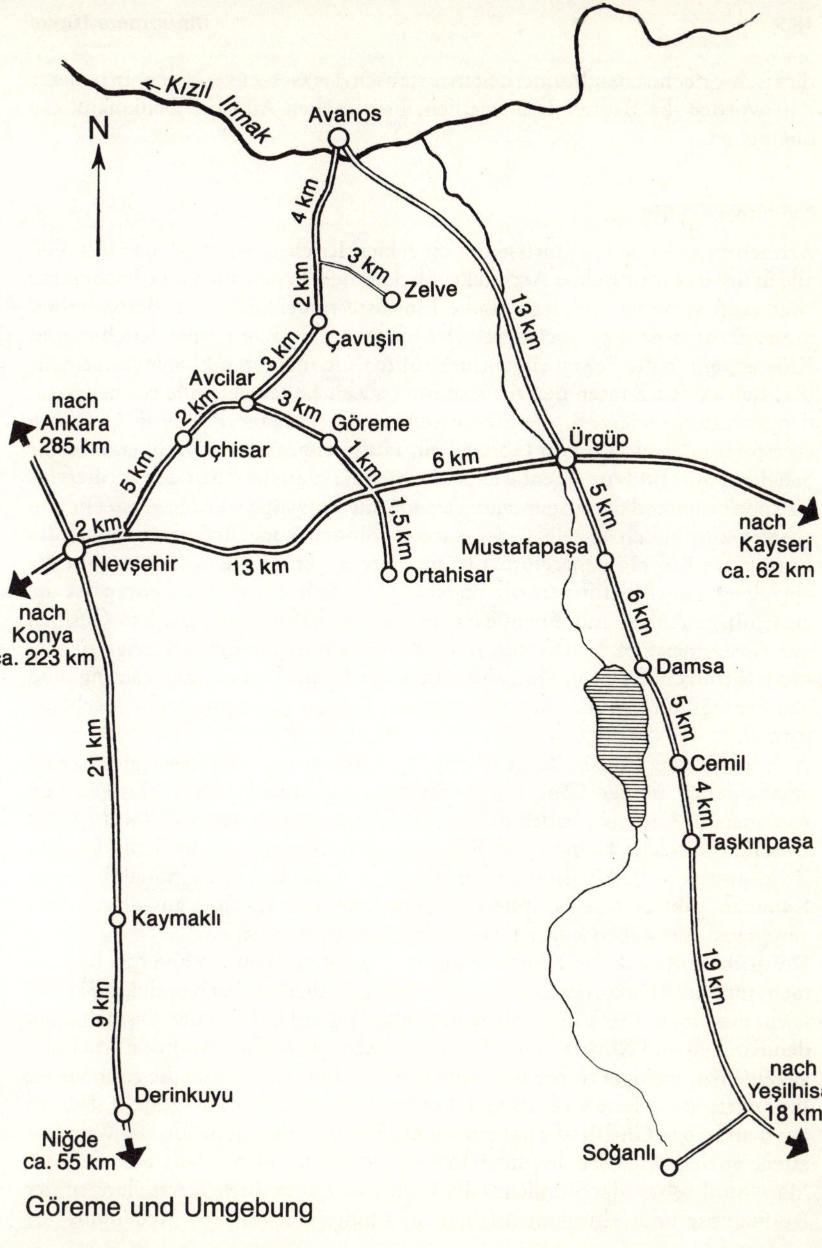

Göreme und Umgebung

türkisch-griechischen Minderheitenaustausch das Gebiet verlassen. In neuerer Zeit wurden die Bauten dem staatlichen türkischen Amt für Denkmalpflege übergeben.

Kunstgeschichte

Betrachtet man die Grundrisse der einzelnen Kirchen, so stellt man fest, daß alle in der byzantinischen Architektur bekannten Typen auch hier erscheinen; aber auch syrische und armenische Einflüsse finden sich. Die Besonderheit dieser Bauten ist ihre *»negative« Architektur:* Die Räume der Kirchen und Klöster sind in die Felsen eingehauen, oftmals in mehreren Etagen übereinander, nur an den Bauten der vorislamischen Zeit findet sich eine reiche Fassadengestaltung, wie z. B. die Säulenstellung der Johanneskirche in Çavuşlun (zerstört) oder im Tal von Göreme ein Hufeisenportal mit darübergestellter Scheinarkatur und ornamental angebrachten Kreuzreliefs. Seit den Arabereinfällen verschwand die ausgeprägte Fassade, die Eingänge wurden versteckt und schwer zugänglich angelegt, der karge Schmuck konzentrierte sich auf das Portal. Da die Höhlenarchitektur eine strenge Statik nicht kennt, sind die einzelnen Gewölbeformen oft unexakt. Der beliebteste Kirchentyp ist die einschiffige Anlage mit einem Tonnengewölbe auf vorspringendem Gesims; die Apsis meist in Hufeisenform. Der byzantinische Einfluß zeigt sich in kreuzförmigen Kirchen mit einer Pendentifkuppel über die Vierung und Tonnenwölbungen über den Querarmen; hier ist die Apsis meist kleeblattförmig.

Aufschlußreich ist ein Vergleich dieser Kirchen mit den etwa gleichzeitig entstandenen in der Umgebung von Karaman. Etwa 16 km nördlich von Karaman, in *Kılbasan,* haben sich im »Tal der tausend Kirchen« *(Bin Bir Kilise Deresi)* zahlreiche Ruinen von Klöstern und Kirchen aus der Zeit vor dem 7. Jh. und vom 9.–10. Jh. erhalten. Auch in *Koca Kalesı*, 30 km südlich von Karaman, gibt es eine Gruppe von byzantinischen Kirchen aus dieser Zeit; verglichen mit denen von Kılbasan sind sie besser erhalten.

Der frühere Zweck der Klosterräume in Göreme ist heute schwer zu bestimmen; nur das Refektorium läßt sich an dem gemauerten Tisch und den Bänken leicht erkennen. Dank der Entlegenheit der Gegend hat sich die Ausmalung in den Kirchen und Klöstern zum Teil ausgezeichnet erhalten. Sie beeindruckt im allgemeinen weniger durch ihre künstlerische Form als durch die reichhaltige Ikonographie. Meist werden Geschehnisse aus der Bibel dargestellt, Szenen aus dem Leben Christi, darunter auch die Kindheit des Heilands, die Wundertaten, auch Ereignisse aus dem Leben der Maria. Dabei fällt auf, daß der Marientod selten dargestellt ist. Es finden sich aber auch Darstellungen der Apokalypse und Alttestamentliches. In runden oder ovalen Medaillons vor allem solche Heilige, die in Kappadokien besonders beliebt gewesen sind: der hl. Georg, Michael, Christophorus, Eustachius, Basilius und Katharina von Alexandria.

Der Strom der verschiedenen Siedlergruppen hat in der Architektur wie in der Malerei unterschiedliche Stilmerkmale hinterlassen. Oftmals stammen Architektur und Fresken einer Kirche aus verschiedenen Perioden.

Keine der bisher bekannten Kirchen reicht in das 5. Jh. zurück. Pfeiler- oder Säulenbasiliken und Wandfresken mit geometrischen Ornamenten stammen meist aus dem 7. Jh. Das geometrische Ornament herrscht auch während der Zeit des Bilderstreits vor (unter der Regierung Leons III., 717–41, bis zu der Michaels III., 842–67). Neben dem gemalten Kreuz tritt das Kreuzrelief auf, ferner Zickzackbänder, Rosetten und Rautenmuster. Unter den makedonischen Kaisern (2. Hälfte des 9. bis 2. Hälfte des 11. Jhs.), besonders unter Konstantin VII. Porphyrogennetos, Nikephoros II. Phokas erlebte das Byzantinische Reich eine friedliche Epoche, die bis zum Einbruch der Seldschuken um 1060 dauerte. Aus dieser Zeit stammen die schönsten Kirchen des Gebietes. Man kann sie nach Architektur und Stil der Ausmalung in zwei Gruppen einteilen. Die ältere, sog. archaische Gruppe wird datiert vom 9. Jh. bis in die erste Hälfte des 10. Jhs.; diese Kirchen haben 1. einen rechteckigen oder kreuzförmigen Grundriß, 2. eine oder mehrere Apsiden, 3. ist ihnen ein Narthex vorgelagert und 4. haben sie Flachdecke oder Tonnengewölbe. Die Bilderzyklen haben erzählenden Charakter, die Figuren sind in heftiger Bewegung dargestellt, ihre Körper untersetzt, der Faltenwurf ihrer Gewänder ist linear. Die jüngere Gruppe entstammt der Zeit von der ersten Hälfte des 10. Jhs. bis über die Mitte des 11. Jhs. Ende des 10. Jhs. machte sich ein byzantinischer Einfluß auf Architektur und Malerei bemerkbar, der im 11. Jh. stilprägend wird. Besonders beliebt war die Kreuzkuppelkirche mit einer auf vier Stützen ruhenden Kuppel; Szenen der Christgeburt, Kreuzigung und Auferstehung waren jetzt die Motive der Freskomalerei. Die Legenden der Kindheit des Heilands und die Wunderszenen werden seltener. Der Darstellungsstil ist im ganzen ruhig und feierlich, die Figuren schlanker und eleganter, entsprechend dem Stilwandel der europäischen Bildkunst. Eine dritte Gruppe der Kirchen glaubt man im 12. Jh. entstanden; die kleinste Gruppe dürfte aus dem 14. Jh. stammen.

Von Ürgüp nach Göreme

Ürgüp, kleines lebhaftes Städtchen, der mittelalterliche Bischofssitz *Hagios Prokopios;* kleines Heimatmuseum. Im September wird hier das Festival von Kappadokien abgehalten. Am Platz Restaurants, Cafés, Teppichgeschäfte, ein Verkehrsbüro, in dem man Führer und Taxis mieten kann. Von Ürgüp 6 km

Tal von Göreme

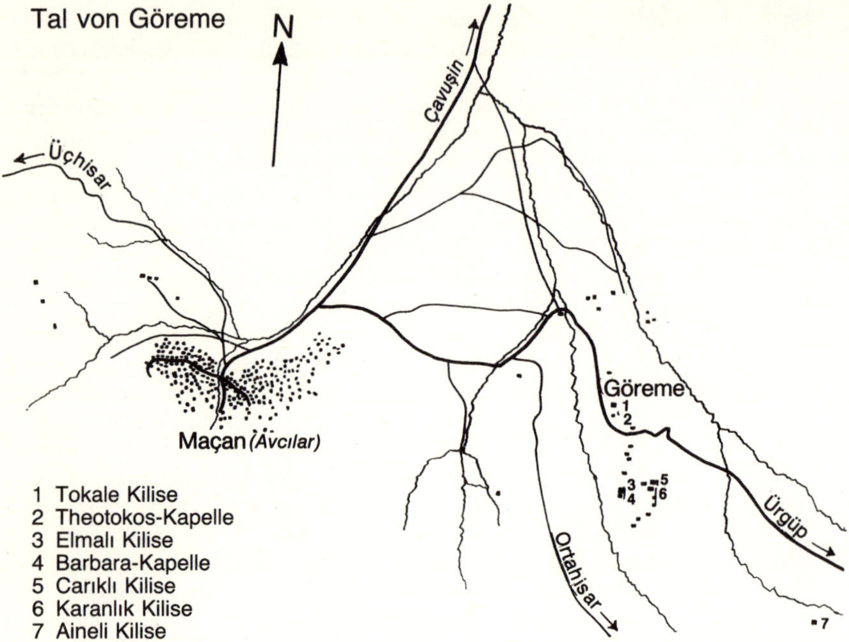

1 Tokale Kilise
2 Theotokos-Kapelle
3 Elmalı Kilise
4 Barbara-Kapelle
5 Carıklı Kilise
6 Karanlık Kilise
7 Aineli Kilise

auf der Straße nach Nevşehir, dann rechts eine kleine Straße weiter nach Göreme und Maçan (Avcılar). Nach 7 km (von Ürgüp) ein Panorama-Blick auf das Tal von *Göreme,* das sich bis Maçan hinzieht. Nach 8 km links das *Wächterhaus* (Eintrittskarten, Erfrischungen, Ansichtskarten) am Eingang in das Tal von Göreme. In der Nähe des Hauses die *Elmalı Kilise* (Apfelkirche), zwar eine der kleinsten des Tales, aber vollständig ausgemalt und deshalb von besonderem Interesse. Durch eine Art Schlucht gelangt man in das Innere, das durch eine Pendentifkuppel über vier Säulen eingewölbt ist. Vor der Apsis eine Ikonostasis aus Tuff. Auf den Fresken der Hauptapsis das Motiv der Deïsis (Christus, Maria und Johannes der Täufer). Die anderen Fresken zeigen Szenen aus dem Leben Christi, von der Geburt bis zur Auferstehung; ferner Engel, Propheten, Heilige und Szenen aus dem Alten Testament. Bemerkenswert sind die lichten Farbtöne und die Feinheit der Pinselführung; leider sind die Malereien durch Besuchermonogramme und andere Spuren mutwilliger Zerstörung übel zugerichtet. Die Kirche ist Anfang des 11. Jhs. entstanden, die Fresken in der Zeit kurz vor 1060.
In der Nähe die *Karanlık Kilise* (Dunkle Kirche), einstmals eine Klosterkirche.

Da sie lange Zeit als Stall benutzt wurde, sind die Säulen, die die Kuppel trugen, weggebrochen; der Raum hat drei Apsiden. Die Fresken zeigen wiederum Szenen aus dem Leben Christi, darunter die eindrucksvollen genrehaften Darstellungen der Geburt des Heilandes, Szenen wie zum Beispiel die Waschung des Kindes, die Auferweckung des Lazarus, die Taufe Christi, das Abendmahl (mit dem typisch byzantinischen Motiv des Fisches), der Verrat des Judas, Christi Höllenfahrt (Anastasis). Sie dürften Mitte des 11. Jhs. entstanden sein.

In der Nähe des Wächterhauses die *Tokale Kilise*, durch ihre Größe und die gut erhaltene Ausmalung die interessanteste der Göreme-Kirchen. Durch einen stark zerstörten Vorhof betritt man einen Vorraum, ein unregelmäßiges Viereck mit Tonnengewölbe; es ist der erste Kirchenbau des 9. Jhs. Um die Mitte des 10. Jhs. wurde ein quer gelagerter Raum von 10 × 5,5 m an die Stelle der ehemaligen Apsis gebaut. Er erhielt eine Tonnenwölbung und 3 Apsiden, ihnen vorgelagert ein schmaler Gang. Nördlich des Hauptschiffes wurde hinter einer Arkatur eine einschiffige Kapelle mit apsidialem Schluß angefügt. Die figuralen Fresken in der 1. Tokale-Kirche stammen aus dem 9. Jh. Die zweite wurde zuerst mit einem linearen Ornament ausgemalt, wie es sich noch in der Seitenkapelle erhalten hat, später, in der Regierungszeit des Nikephoros Phokas (963–969), mit figuralen Fresken. Sie stellen Szenen aus dem Leben Christi und Mariä dar. Oberhalb der Tokale-Kirche hat man jüngst die *St.-Eustachius-Kapelle* freigelegt – lange Zeit als Taubenstall verwendet. Sie ist derzeit nur schwer, nur mit Hilfe von Leitern, zugänglich. Ihre Fresken sind leider stark beschädigt, sie weisen armenische Einflüsse auf und gehören vermutlich zu der sog. archaischen Gruppe. Unterhalb der Tokale-Kirche (hinter dem Eisengitter links die Stufen hinunter) ist eine *Gräberkirche* gefunden worden, deren lineare, ornamentale Ausmalung aus der 2. Hälfte des 10. Jhs. stammen dürfte. Im Jahre 1957 entdeckte man die sog. *Johannes-Kirche*, die, ihrem Freskenschmuck nach zu urteilen, um das Jahr 1000 entstanden sein wird. Die Ausmalung hat sich besonders gut erhalten, weil die Kirche bald nach ihrer Fertigstellung wegen Einsturzgefahr aufgegeben werden mußte. Der fast quadratische Grundriß ist durch einen Pfeilerbogen in zwei Räume aufgeteilt, der eine flach gedeckt, der andere von einer Tonne überwölbt, die heute eingestürzt ist. Den Abschluß bilden drei Apsiden mit betonter Mittelapsis. Unter den Fresken ist der hier selten dargestellte Marientod von besonderem Interesse. In jüngster Zeit wurde ferner die *Marien-Kirche* wieder freigelegt, die ebenfalls lange als Taubenstall verwendet worden ist; auch in ihr findet sich das Motiv Marientod; ihre Fresken werden der ersten Hälfte des 11. Jhs. zugeschrieben.

Die heutigen Bewohner des Gebietes leben zum Teil noch in den Höhlen, die sie mit Fassaden oder Vorbauten aus Steinen geschlossen haben. Andere wohnen in kleinen kubischen Steinhäusern, deren Form und Schmuck nach Syrien und Armenien weisen. Die Bauernhäuser im übrigen Anatolien sind teils aus Holz, teils aus Ziegelstein oder aus Lehm mit Fachwerk, unterscheiden sich also wesentlich von diesen Behausungen.

Nördlich von Göreme

Göreme – Avcılar (Maçan) – Çavuşin – Güllüdere – Zelve (11 km).
In der Umgebung von Avcılar (Maçan) stehen ganze Felder von phantastisch geformten Felspyramiden, etwa 10 bis 15 m hoch; daneben eine isolierte Dreiergruppe. Man erreicht 400 m vor dem Dorf *Çavuşin* die Kirche gleichen Namens, zu der eine Eisentreppe hinaufführt. Die Fresken im Inneren stellen Szenen aus dem Christus-Leben dar, von der Verkündigung bis zur Himmelfahrt. Das Dorf Çavuşin lehnt sich an eine hohe Felswand, im oberen Teil die *Kirche Johannes des Täufers.* Vor der Fassade haben sich Teile eines Säulenganges erhalten. Fresken zum Leben des Heiligen, in der Apsis eine Rundbank und ein Thron. Weiter nördlich, in einem Felsen, die Kirche mit dem eigenartigen Namen *Taubenschlag von Çavuşin.* Von besonderem Interesse das Fresko an der linken Seite des Schiffes: Melias, der Magister, zu Pferd. Er war ein berühmter Heerführer der Armenier im Kampf gegen die Byzantiner. Da auch der Kaiser Nikephoros II. Phokas dargestellt ist, wird diese Kirche gegen 965 entstanden sein. In *Güllüdere* (Tal der Rosen) eine Kirche mit Reliefverzierungen (Kreuz, Kreis, Weinranken) an der Decke, 11. Jh. In Zelve lebten einst Einsiedler und Säulenheilige; Einsiedlerklause des Mönchs Simeon.

Südlich von Ürgüp

Ürgüp – Mustafapaşa (Sinasos) – Cemil – Taşkınpaşa – Soğanlı (44 km).
Mustafapaşa war bis ins 20. Jh. von Griechen bewohnt; in einigen Kirchen haben sich Wandmalereien aus dem 17. und 18. Jh. erhalten, die den Einfluß von italienischen Vorbildern nicht verleugnen können. In *Cemil* wird heute noch griechisch gesprochen, aber diese Familien haben die islamische Religion und türkische Sitten angenommen. Die Kirche mit einer Bogengliederung am Langhaus ist aufgegeben. *Taşkınpaşa* besitzt eine seldschukische Moschee und Türbe aus dem 12. Jh., ferner die Ruine einer Karawanserei. In *Soğanlı* finden sich Felsenkirchen in der Art wie in Göreme.

Ortahisar (die Burg in der Mitte)

Straße von Ürgüp bis zur Abzweigung nach Göreme, dann aber 1,5 km nach Süden.

Die Häuser des Dorfes gruppieren sich um einen hoch aufragenden Felsen, der von Höhlenwohnungen (mittelbyzantinisch) durchlöchert ist. 5 km weiter südlich Tavşanlı, vom Dorf 200–300 m zu Fuß (man nehme sich einen Führer): In der *Tavşanlı Kilise* (Hasenkirche) Reste der roten ornamentalen Ausmalung aus der Ikonoklastenzeit (9. Jh.), reliefiertes Kreuzmedaillon. Gut erhaltene Fresken: Verkündigung, Geburt, Flucht nach Ägypten, Kreuzigung u. a. Heiligendarstellungen in Medaillons.

Die unterirdischen Städte Kaymaklı und Derinkuyu

Von Nevşehir in Richtung Niğde, 21 km Kaymaklı, nach weiteren 9 km Derinkuyu.

Kaymaklı

Die unterirdische Stadt wurde 1963 entdeckt und 1966 zum Teil für Besucher geöffnet. Eintrittsgeld, elektrisches Licht.
Die Zufluchtsstätte war für Menschen und Tiere in Zeiten von Krieg und Verfolgung bestimmt. Schmale Gänge und Treppen verbinden Höhlen, die sich auf 10 Stockwerke verteilen; 7 davon sind erforscht. Jedes Stockwerk ist etwa 3 m hoch, die Anlage reicht bis in eine Tiefe von 75 m. Sie konnte über 15 000 Menschen aufnehmen. Es ist unvorstellbar, wie die Fragen der Lüftung und der Abwasser gelöst wurden (Lüftungsschächte sind vorhanden, aber wie man ihre obere Öffnung verteidigen konnte, ist nicht bekannt), aber offenbar haben die Systeme funktioniert. Möglicherweise bestanden Teile der Fluchthöhlen schon im 1. oder 2. Jh. als Schutz vor den Römern, sicher aber beim Einbruch der Araber im 8.–10. Jh.

Derinkuyu

Die unterirdische Stadt wurde wie Kaymaklı 1963 entdeckt und ist seit 1965 für die Öffentlichkeit zugänglich. Eintrittsgeld.
Ähnliche Anlage wie in Kaymaklı mit 7 Etagen. ein 10 m langer Raum mit einem Kreuzzeichen an den Stützen wird als Kirche gedeutet. Mit einem großen Stein in der Form eines Mühlrads konnte der Eingang verschlossen werden.
Es gibt eine unterirdische Verbindung zwischen den beiden unterirdischen Städten; sie kann allerdings nicht betreten werden.

Auch an anderen Orten sind unterirdische Stadtanlagen bekannt, so in Özkonak (10 km nordöstlich von Avanos; hier sollen bis zu 60 000 Menschen Zuflucht gefunden haben) und in Çardak (ca. 10 km südöstlich von Nevşehir).
Im Dorf eine Kreuzkuppelkirche, deren Längsseiten mit Spitzbogen und Halbsäulen gegliedert sind – heute Getreidemühle. Eine andere Kirche (15. Jh.?) wird als Moschee benutzt. Die Kuppelmalerei zeigt Christus von einem Engel- und Apostelkranz umgeben.

Das Tal von Peristrema (Ihlara-Tal)

Das Ihlara-Tal gehört nicht mehr zum Göreme-Gebiet, ist ihm aber durch seine Höhlenkirchen ähnlich und von dort gut zu erreichen.
Von Nevşehir 62 km in Richtung Aksaray, Abzweigung links, vorbei am Mamasun-Stausee nach Selime (Beginn des Tals), bei 97 km Ihlara.
Das 13 km lange Tal von Selime bis Ihlara ist durch ein Erdbeben entstanden. Am Grund des malerischen, stellenweise sehr engen Cañons fließt das Flüßchen Melendiz Suyu, das auch im Sommer nicht austrocknet. Die steilen, bis zu 170 m hohen Wände sind aus Tuffstein. In diesem Cañon befinden sich zahlreiche Eremitagen, Kirchen und Klöster, die wie in Göreme in den Felsen gehauen sind, vielfach schlecht erhalten. Die Malerei der nördlichen Kirchen ist am byzantinischen Stil orientiert, die der südlichen zeigt syrisch-koptischen Einfluß.
Wer gut zu Fuß ist, kann die 13 km in etwa drei Stunden durchwandern. Bei dem Ort Belisırama sind die Ala Kilise (bunte Kirche) und die Direkli Kilise (Säulenkirche, um 1000; 3 Apsiden, Portraits von Heiligen und Märtyrern) zu sehen, darauf folgen nach Süden die Bahattin Samanlığı Kilise (Bahattins Speicher), dann die Kırk Dam Altı Kilisesi oder Georgskirche. Hier ist neben relativ später Malerei ein Stiftungsbild von Interesse: Der hl. Georg neben dem Stifter, einem Emir Basileios, der als Christ im Dienst des seldschukischen Sultans stand und seiner Frau, der georgischen Prinzessin Thamar. Die Inschriften weisen außerdem auf den seldschukischen Herrscher Masud II. (1283–1304) hin, der später von den Mongolen getötet wurde und den byzantinischen Kaiser Andronikos II. (1282–1295). Damit ist nicht nur die Entstehungszeit dokumentiert, sondern auch ein Hinweis auf das damalige Zusammenleben von Christen und Moslems gegeben.
Hat man wenig Zeit, wird man nur die bedeutenden Kirchen im südlichen Teil der Schlucht besichtigen. (Von der Straße nach Ihlara etwa 3 km vor dem Ort

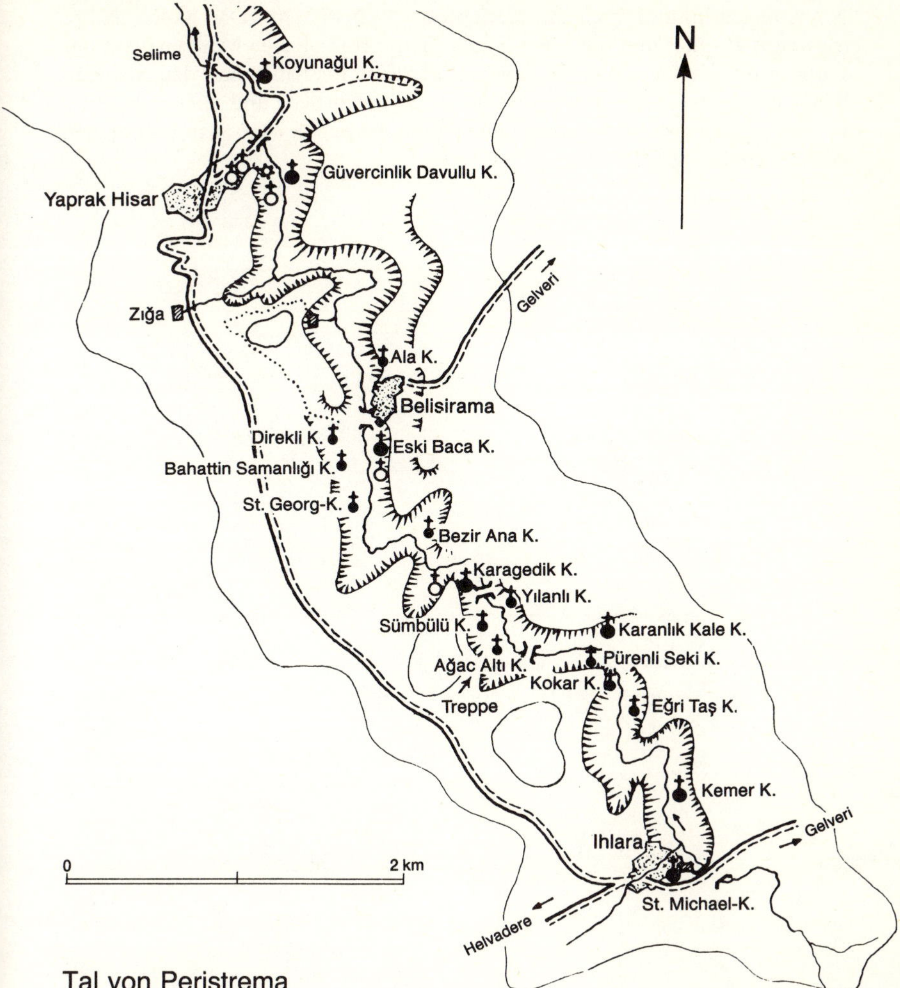

Tal von Peristrema

links abbiegen; man findet eine Eisentreppe, die hinunterführt). Neben der Treppe links die Agaç Altı Kilisesi (Kirche unter dem Baum), nördlich weiter die Sümbülü Kilise (Hyazinthen-Kirche), gegenüber die Yılanlı Kilise (Schlangenkirche) mit interessanten Wandmalereien: Christus als Weltenrichter, darunter die 40 Märtyrer von Sebaste, die Seelenwage, die dreiköpfige Schlange, Konstantin und Helena, Marientod. Nach Süden: Die Kokar Kilise (duftende Kirche) und die Pürenli Seki Kilise; beide haben Malereien aus der vorikonoklastischen Zeit. Noch weiter die Eğri Taş Kilise (mit dem schiefen Stein) mit Malerei aus älterer und jüngerer Zeit neben- und übereinander. In dem großen Dorf Ihlara (mit einer Michaelskirche), kann man leicht einen Führer finden.

Reisehinweise

Türkische Fremdenverkehrsämter in Deutschland

Baseler Str. 37, 6000 Frankfurt/M. 1, Tel. 0 69/23 30 81–2
Karlsplatz 3/1, 8000 München 2, Tel. 0 89/59 49 02 und 59 43 17

Reisezeit

Für Istanbul und die Küsten: Mai, Juni, September und Oktober. Juli und August sind die idealen Bademonate, aber für Besichtigungen nicht günstig. Die regenreiche Zeit dauert von November bis Anfang April.
Für die Reise ins Innere Anatoliens: Mitte April bis Ende Mai oder September und Oktober. (Erzurum ist für seine frühen, kalten und schneereichen Winter bekannt, Diyarbakır für seine sehr heißen Sommer).

Anreise

Die schnellste Straßenverbindung von Deutschland aus: München – Salzburg – Klagenfurt – Zagreb – Belgrad – Niš – Sofia – Edirne – Istanbul. Etwas weiter ist es über Griechenland: Niš – Thessaloniki – Keşan – Istanbul.
Über die notwendigen Formalitäten und den Straßenzustand erkundigt man sich bei den Geschäftsstellen des ADAC oder AvD. Wer nach Anatolien fahren will, bekommt ausführliche Auskunft durch den Türkischen Automobil- und Touring-Club:
Türkiye Turing ve Otomobil Kurumu (TTOK): Istanbul, Halaskargazi Caddesi, Şişli, Tel.: 1 46 70 90–93.
Läßt man sich ein Hotelzimmer reservieren, sollte man auch eine Garage dazu bestellen.

Einreisebestimmungen

Der Stempel im Paß berechtigt zu einem Aufenthalt in der Türkei von drei Monaten, deshalb muß der Paß mindestens drei Monate gültig sein. Kinder unter 16 Jahren sollen im Paß der Eltern eingetragen sein, sofern sie nicht einen eigenen Ausweis besitzen (ab 10 Jahren mit Lichtbild). Autofahrer brauchen außerdem den Kfz.-Schein und eine ausdrücklich für die Türkei gültige Grüne

Versicherungskarte. Es ist zu empfehlen, eine kurzfristige Kaskoversicherung abzuschließen, wenn man nicht schon entsprechend versichert ist (die Grüne Karte deckt nur Schäden bis zu etwa DM 200,–). Notfalls kann man an der Grenze eine Grüne Karte kaufen bzw. eine Haftpflichtversicherung abschließen.
Für die Türkei und Griechenland braucht man keine Visa (dagegen Transitvisa für Jugoslawien und Bulgarien).
Besondere Impfungen sind nicht vorgeschrieben.

Zoll

Fahrzeug und Kameras werden in den Paß eingetragen. Bei der Ausreise sollte man sich vergewissern, daß der Eintrag gelöscht ist. Beim ADAC und beim Türkischen Touring- und Automobilclub erhält man Merkblätter mit den gerade gültigen Bestimmungen über zollfreie Einfuhr von Lebensmitteln, Geräten und Apparaten.

Geldwechsel, Devisen

Türkisches Geld kauft man am besten in der Türkei. Travellerschecks werden von den meisten Banken und einigen Hotels entgegengenommen, Euroschecks dagegen nur von wenigen Banken in großen Städten, nicht am Flughafen. Währungseinheit ist das Türkische Pfund (Türkische Lira, TL). 1 TL = 100 Kuruş. Der jeweilige Kurs ist bei allen Banken und Informationsstellen zu erfahren.
(Mai 1987) In Deutschland: 1 DM = ca. 323 TL
in der Türkei: 1 DM = ca. 458 TL)
Man darf den Gegenwert von 100 US-Dollar in TL ein- und ausführen.

Verkehrsbestimmungen

Höchstgeschwindigkeit für Autos und Motorräder in Ortschaften 50 km/h (mit Anhänger 40 km/h), auf der Landstraße 90 km/h (mit Anhänger 70 km/h), für Motorräder 70 km/h. Für Fahrer ist jeder Alkoholgenuß strikt verboten.
Man muß zwei Warndreiecke mitnehmen, die ggf. vor und hinter dem Fahrzeug aufzustellen sind.
Bei Nacht sollte man am besten überhaupt nicht fahren.

Foto, Film, Video

Der Zoll erlaubt, zwei (verschiedene) Kameras und 10 Filme mitzubringen, außerdem 1 Film- bzw. Videokamera mit 10 8 mm-Filmen oder Kassetten. Frisches Filmmaterial kann man heute wenigstens in den großen Städten bekommen, allerdings bleibt immer noch ein kleines Risiko, und die Preise sind höher als in Deutschland. Die Apparate werden in den Paß eingetragen. Militärische Anlagen dürfen auf keinen Fall aufgenommen werden, auch wenn es dem Fotografen nicht bewußt ist, daß es sich um solche handelt. In Grenzgebieten läßt man die Kamera am besten in der Tasche.
In vielen Museen und Ausgrabungsstätten wird eine Fotogebühr erhoben.

Kraftstoff

Normalbenzin (81 Oktan) kostet pro Liter (1987) DM 0,76
Super (94 Oktan) DM 0,82
Diesel DM 0,54
Außerhalb der Städte ist der Preis meist etwas höher.

Türkischer Touring- und Automobilklub

Der TTOK (Türkiye Turing ve Otomobil Kurumu) übernimmt auch Information und Hotelreservierung.
In Istanbaul: Halaskârgazi Cad. 364, Şişli Meydanı, Tel. 1 46 70 90–3; Nebenstellen an den Grenzübergängen nach Bulgarien und Griechenland.
In Ankara: Adakale Sok. 4/11, Yenişehir, Tel. 31 76 49 (18 65 78)
In Izmir: Atatürk Bulvarı 370, Alsancak, Tel. 12 20 92 (21 71 49)

Camping

Von dem Campen außerhalb von Campingplätzen (Kamplar) ist abzuraten, ganz besonders im Osten der Türkei, obwohl es (noch) nicht verboten ist. Es gibt die staatlich anerkannten Plätze, technisch und hygienisch gut ausgestattet, daneben viele private, die billiger sind (aber auch entsprechend einfacher) und nicht kontrolliert werden. Ein Verzeichnis der geprüften Plätze ist in der kostenlosen Broschüre der Türkischen Fremdenverkehrsämter in Deutschland (s. S. 489) enthalten, die jedes Jahr neu herausgegeben werden.
Campingplätze bei Istanbul (alle in der Nähe des Flughafens Yeşilköy), der Klasse nach:

1 Ataköy Mokamp, Sahil Yolu, Tel. 5 72 49 61
2 Yeşilyurt Kamping, Sahil Yolu 2, Yeşilköy, Tel. 5 73 84 08 und 5 73 55 82
3 Kervansaray Kartaltepe Mokamp, Çobançesme Mevkii, Tel. 5 75 19 91

Unfall

Alle Beteiligten müssen bis zum Eintreffen der Polizei am Fahrzeug bleiben. Wenn es Verletzte gegeben hat, darf man die Türkei bis zur Klärung der Schuldfrage nicht verlassen; in diesem Fall sollte man sofort das Deutsche Konsulat anrufen. Muß ein Fahrzeug länger als drei Monate in der Türkei verbleiben, etwa weil es nicht fahrbereit ist, muß es einem Zollamt vorgeführt werden, damit ein entsprechender Vermerk in den Paß des Inhabers gemacht werden kann.

Zeit, Ortszeit

Die Sonne geht in der Türkei früher auf als bei uns; man muß eine Stunde zur Mitteleuropäischen Zeit MEZ zuzählen (gegenüber der Weltzeit MZG, die z. B. in England gilt, sind es 2 Stunden). Die Türkei hat wie die Bundesrepublik Deutschland eine Sommerzeit, die allerdings nicht unbedingt zum gleichen Termin beginnt und endet.

Zeitrechnung

Die in der Türkei bis 1924 gültige islamische Zeitrechnung beginnt 622, dem Jahr der Auswanderung Mohammeds von Mekka nach Medina (Hedschra). Da nach Mondjahren gezählt wird, die etwas kürzer sind als die Sonnenjahre, ist zur Umrechnung eine Formel nötig:

$$\text{Christl. Jahr} = \text{Hedschrajahr} - \frac{3}{100}\,\text{Hedschraj.} + 622$$

$$\text{Hedschrajahr} = (\text{christl. Jahr} - 622) \times \frac{100}{97}$$

Die Formeln haben nur eine Genauigkeit von 1 Jahr.

Feiertage

Allgemeine Feiertage:

23. April: Tag der nationalen Unabhängigkeit (und Fest der Kinder)
1. Mai: Frühlingsfest
19. Mai: Jugend- und Sportfest
27. Mai: Tag der Verfassung
30. Aug.: Tag des Sieges (Sieg über die Griechen am 30. 8. 1922 bei Dumlupınar, die Rumelien und Teile Anatoliens annektieren wollten)
29. Okt.: Tag der Republik (Proklamation am 29. 10. 1923)
31. Dez.–1. Jan.: Neujahrsfest

Religiöse Feiertage:
Şeker Bayramı (Zuckerfest)
Kurban Bayramı (Opferfest)
beide sind bewegliche Feiertage und dauern je drei Tage. Der Şeker Bayramı beschließt den Fastenmonat Ramadan und verschiebt sich deshalb wie dieses pro Jahr um 13 Tage. Der Kurban Bayramı wird 65 Tage danach gefeiert; er bedeutet das Ende der Mekka-Wallfahrt.

Fremdenverkehrsämter

Es gibt derzeit in der Türkei etwa 80 Fremdenverkehrs- und Informationsämter. Die vollständige Adressenliste enthält eine Broschüre »Türkei, Information und Reisetips«, die man kostenlos bei den beiden türkischen Ämtern in Deutschland (siehe oben) erhält. Hier nur zwölf der wichtigsten in der vorderen Türkei.

Ankara:	Gazi Mustafa Kemal Bulvarı 26, Tel. 29 29 30
Antakya:	Vali Ürgen Alanı 41, Tel. 1 26 36
Antalya:	Cumhuriyet Cad. 19, Tel. 1 17 47
Bergama:	Izmir Cad., Tel. 862
Bodrum:	Eylül Meydanı 12, Tel. 10 91
Bursa:	Atatürk Cad. 82, Tel. 1 23 59
Çeşme:	Iskele Meydanı 8, Tel. 16 53
Edirne:	Londra Asfaltı 48, Tel. 14 90
Istanbul:	1. Meşrutiyet Cad. 57/B, Galatasaray, Tel. 1 45 63 93, 1 45 68 75–6, 1 49 27 82
	2. In der Eingangshalle des Hilton-Hotels, Tel. 1 40 63 00
	3. Karaköy-Büro (Yolcu Salonu), Karaköy, Tel. 1 49 57 76
	4. Am Flughafen Yeşilköy, Tel. 5 73 73 99
	5. Sultanahmet, Divanyolu Cad., Tel. 5 22 49 03
Izmir:	1. Akdeniz Cad. 1352, Sok. 6/2, Tel. 13 89 10, 14 26 99
	2. Cumhuriyet Meydanı, Merkez PTT Girişi, Tel. 14 21 47
Kayseri:	Kağnı Pazan 61, Tel. 1 11 90, 1 92 95
Konya:	Mevlana Cad. 21, Tel. 2 09 26, 1 10 74

Hotels

Genaue Auskunft gibt der Hotelführer des Türkischen Ministeriums für Kultur und Fremdenverkehr, den man auf Anforderung kostenlos von den beiden Türkischen Fremdenverkehrs- und Informationsämtern in Deutschland zugesandt bekommt. In diesem Führer nur eine Auswahl.
(Für Istanbul siehe auch S. 63.)

Taxi und Dolmuş

Taxis sind an einem gelb-schwarz karierten Streifen zu erkennen. Mehrmals hat die Regierung bestimmt, daß nur derjenige Fahrpreis zu bezahlen ist, den der Taxameter angibt, aber Taxameter gibt es nur in den großen Städten, und es kommt gelegentlich vor, daß sie nicht in Ordnung sind; man wird also am besten wie früher vorher nach dem Preis fragen.
Ein Dolmuş ist ein Sammeltaxi, das bestimmte »Linien« fährt und an bestimmten Stellen hält; es nimmt auch unterwegs Fahrgäste mit. Der Fahrpreis ist nach Entfernungen festgelegt und geringer als beim Taxi; allerdings ist das Risiko in Bezug auf Bequemlichkeit erheblich höher; die Wagen sind meist überfüllt. Sie haben ebenfalls gelb-schwarze Streifen, aber kein Leuchtschild »Taksi« auf dem Dach.

Bus

Mit dem Omnibus sind praktisch alle Städte der Türkei zu erreichen, und der Fahrpreis (TL 2,– pro km) ist niedrig. Abfahrt ist in größeren Städten beim Busbahnhof (Otogar), in kleineren beim Ortszentrum.

Öffnungszeiten

Geschäfte: 9–13 und 14–19 Uhr, samstags und sonntags geschlossen.
Banken: 8.30–12 und 13.30–17 Uhr, samstags und sonntags geschlossen.
Museen: 8.30 (9)–12 und 13–17 Uhr, montags geschlossen. Nur das Topkapı-Museum in Istanbul ist dienstags geschlossen und das Militärmuseum (Askeri Müzesi) sowohl montags wie dienstags. Das Parekklesion der Fethiye Camii (siehe unter Kirchen) ist nur sonnabends und sonntags geöffnet.
Moscheen: Die großen Moscheen (Blaue Moschee u. a.) sind immer geöffnet, die kleinen dagegen fast immer geschlossen und werden nur zu den Gebetszeiten (z. B. 13 Uhr) für die Zeit des Gebets geöffnet, also für etwa eine Stunde. Das gilt besonders im Ramadan, da die Kirchendiener dann fast die ganze Nacht wachen und am Tage schlafen. Will man also kleine Moscheen besichtigen, sollte man einen türkischen Führer mitnehmen, den das Hotel vermittelt.

Reiseandenken

Im Basar kann man, wenn man etwas Zeit aufwendet, immer noch schöne Kupfer- und Messingarbeiten erwerben, ebenso auch Stickereien. Relativ preisgünstig sind Silberarbeiten, Meerschaumpfeifen, Lederkleidung und

Teppiche verschiedener Konvenienz und Qualität. Man unterscheidet Knüpf- und Webteppiche (Kelim); Seidenteppiche (meist aus Hereke) sind sehr teuer (nicht mit der hochglänzenden mercerisierten Baumwolle verwechseln!).

Antiquitäten

Man darf antike Gegenstände zwar kaufen, aber auf keinen Fall ausführen. Allerdings ist die Definition der Antiquität manchmal schwierig (die Teppichhändler bezeichnen z. B. einen Teppich nach 40 Jahren als antik).

Deutsche Botschaft, Konsulate

Ankara: Deutsche Botschaft, Atatürk Bulvarı 114. Tel.: 26 54 65–7
Istanbul: Deutsches Konsulat, Inönü Caddesi 16/18, P. K. 355, Beyoğlu. Tel.: 1 45 07 05–8
Izmir: Deutsches Konsulat, Atatürk Caddesi 260. Tel. 25 59 48

Türkische Küche

Die Türken gelten von jeher als die Feinschmecker des Orients. Ihre Küche zeichnet sich durch Vielfalt und Phantasie aus, sie ist reich an Obst und Gemüse, an interessanten Fisch- und Fleischgerichten und ungewohnten Süßspeisen. Vieles stammt zweifellos nicht aus der asiatischen Urheimat, sondern aus dem genußfreudigeren Byzanz.

Das türkische Frühstück

Tee (Çay)
Weißbrot (Ekmek)
Marmelade, z. B. Rosenmarmelade (Reçel)
Schafskäse (Beyaz Peynir)
Butter (Tereyağı)
Oliven (Zeytin)

Typische Gerichte

Dolma	gefüllte Gurken, Tomaten, Paprikaschoten
Börek	Blätterteig, gefüllt mit Käse oder gehacktem Fleisch
Pilâv	Reisgericht mit Gewürzen, auch Rosinen und Nüssen
Kebap	Röstfleisch
Döner (»Dreh-«) Kebap	Von einem großen Fleischstück, das sich an einem senkrechten Spieß über dem Feuer dreht, werden dünne Scheiben abgeschnitten

Şiş Kebabı	kleine Fleischstücke am Spieß
Kadayıf	geröstete Fadennudeln mit Zucker, Honig, Nüssen, Mandeln und Sahne
Mahallebi	Milchreis-Gericht, Reismehlpudding
Lokum	Süßigkeit aus Zucker, Stärke und Gummiarabikum
Simit	Brezeln mit Sesamkörnern
Halva	türkischer Honig
Rakı	Anisaperitif, der mit Wasser verdünnt getrunken wird und zu dem verschiedene Vorspeisen (Meze) gereicht werden.

Wer kein Leitungswasser trinken will, kann Quellwasser in Flaschen kaufen.

Türkische Sprache

Das Türkische gehört zu einer Sprachgruppe, deren Heimat in Mittelasien liegt und die die Sprachwissenschaftler noch vor viele Probleme stellt. Die Schriftsprache hat sich aus einem Dialekt der Ogusen entwickelt, die sich seit dem 11. Jh. in Kleinasien angesiedelt haben. 1928 wurde in der Türkei das lateinische Alphabet eingeführt; man schreibt jetzt also wie man spricht.
Türkisches Alphabet:
A B C Ç D E F G ğ H I İ J K L M N O Ö P R S Ş T U Ü V Y Z
(Die deutschen Buchstaben Ä, Q, W, X kommen nicht vor, ğ nicht als Anfangsbuchstabe). Das große İ (i) müßte bei korrekter Schreibweise eigentlich immer einen Punkt haben, um es vom I (ı) zu unterscheiden. Das große I ohne Punkt kommt allerdings nur selten vor.

Abweichende Aussprache:

â	langes a
c	dsch
ç	tsch
ğ	in Verbindung mit hellen Vokalen wie j, mit dunklen Vokalen ein gehauchtes, kaum hörbares g
ı	(»i ohne Punkt«) klingt wie ein kurzes, dumpfes e (in heute)
ş	sch
v	w
y	j
z	weiches s (in Vase)

In den Hotels der großen Städte und in vielen Geschäften kann man sich mit Französisch und Englisch verständigen, oft wird auch Deutsch gesprochen. Letzteres gilt auch in der Provinz, wo sich meist ein Dometscher findet. Bei Verhandlungen mit Behörden ist es in jedem Fall gut, einen Dolmetscher mitzunehmen.

Ein paar türkische Wörter

evet	ja	cami	Moschee
hayır	nein	müze	Museum
yok	nein (streng)	cadde	Straße
lütfen, lûtfen	bitte	sokak	Straße, Gasse
teşekkür ederim	danke	meydan	Platz
Kaç para?	was kostet ...?	karakol	Polizeistation
hesap lütfen	bitte zahlen	köy	Dorf
ben alman	ich bin Deutscher	kale	Festung
		kule	Turm
pek pahalıdır	zu teuer	harabe	Ruine
sola	links	dağ	Berg
sağa	rechts	tepe	Hügel
ileriye doğru	geradeaus	göl	See
nerededir?	wo ist ...?	deniz	Meer
erkekler	Männer (z. B. an Toiletten)	ırmak	Fluß
		yemek	essen
kadınlar	Frauen	içmek	trinken
bayar	Herren	balık	Fisch
bayanlar	Damen	et	Fleisch
kuaför	Frisör	bira	Bier
		şarap	Wein

Zahlen

1	bir	7	yedi
2	iki	8	sekiz
3	üç	9	dokuz
4	dört	10	on
5	beş	100	yüz
6	altı	1000	bin

Sperrgebiete

Nach den Kriegen hatte die türkische Regierung große Landesteile, besonders im Osten, zu militärischen Sperrgebieten erklärt, die nicht von Touristen betreten werden durften. Sie sind 1963 aufgehoben worden, aber natürlich gibt es an der gesamten Ost- und Südostgrenze noch kleinere gesperrte Militärzonen, in denen auch einige historische Denkmäler liegen wie z. B. Ani, Soradır, Karkamiş u. a. Wer solche speziellen Orte besuchen will, kümmert sich am

besten schon vor der Reise um die Genehmigungen (Auskunft bei den türkischen Verkehrsämtern in Deutschland). Im Westen gibt es wenige Einschränkungen (z. B. soll man Troja vor Einbruch der Dunkelheit verlassen, wenn man keine entsprechende Genehmigung hat).
Unzugänglich sind natürlich alle Anlagen der Nato.

Fremdwörter und Fachausdrücke

Adyton	Das Allerheiligste in Tempeln und Kirchen
Agora	Marktplatz, Hauptplatz der antiken griechischen Stadt
Akropolis	Altgriechische Bezeichnung für die meist befestigte Burg der Stadt; häufig der Ort der Haupttempel
Ambo	Kanzelartige Bühne an oder vor den Chorschranken in den altchristlichen Basiliken
Amphora	Großes Gefäß mit zwei Henkeln aus gebranntem Ton bei Griechen und Römern
Anastasis	Höllenfahrt Christi
Anathem	Verfluchung, Verfluchungsformel; ursprünglich Bezeichnung für Weihgeschenk an die Götter
Ante	Kanten- oder Türpfeiler
Antentempel	Einfacher Tempel mit Vorhalle
anthropoïd	Menschenähnlich
Apsis	Runder oder eckiger, nischenartiger Abschluß einer Kirche
Arabeske	Rankenwerk, das in hellenistischer Zeit entstand
Architrav	Steinbalken über den Säulen dorischer Tempel
Archivolte	Bogen über Säulen
Arkade	Säulenreihe mit Bogenabschluß
Arkatur	Auf Säulen oder Pfeilern ruhende Bogenreihe
Atrium	In der Antike: Offener, hofartiger Raum im Haus Im Mittelalter: Vorhof einer Basilika
Atys	1. Kleinasiatische Gottheit 2. Sohn des Lyderkönigs Krösus
Baptisterium	Taufkirche
Bedesten	Basar, bedeckter Markt
Bend	Staubecken
Buleuterion	Altgriechisches Rathaus mit theaterförmigem, gedecktem Ratssaal
C 14	Altersbestimmung durch die Radiokarbonmethode
Caesar	Beiname der Julier, seit Augustus der römischen Kaiser, auch nach der Zeit der Julier; seit Hadrian ist »Caesar« die Bezeichnung der Thronfolger
Cami	Moschee, in der das Freitagsgebet abgehalten wird
Cavea	Der halbtrichterförmige Zuschauerraum eines Amphittheaters
Cella	Der innerste Raum in antiken Tempeln

Çeşme	Türkische Brunnenanlage, an der man früher das Wasser mit Eimern holte
Deïsis	Darstellung von Christus, Maria und Johannes dem Täufer
Diadochen	Die Feldherren Alexanders des Großen, die sich nach dessen Tode (323 v. Chr.) in sein Weltreich teilten
Dipteros	Griechischer Tempel mit doppeltem Säulenumgang
Ephebe	Jüngling
Epitaph	Gedenktafel für Verstorbene
Exedra	1. Halbrunder oder eckiger Raum in antiken Gymnasien und Häusern 2. Im Freien aufgestellte halbrunde Sitzbank 3. Auch Apsis im mittelalterlichen Kirchenbau
Exonarthex	(»außerhalb des Narthex«), äußere Vorhalle der altchristlichen Basilika
Fayence	Tonware, die mit einer wasserundurchlässigen und undurchsichtigen Glasur versehen ist
Ferman	Verordnung bzw. Urkunde des Staatsoberhauptes in islamischen Ländern
Fries	Gebälk über dem Architrav in antiken Tempeln
Gemme	Geschnittener Stein
Genien	Gattungsname für männliche und weibliche Flügelwesen
Graffito	(Sgraffito) Kratzmalerei, besondere Art der Wandmalerei
Großlogothet	Titel, der etwa dem eines Oberrechnungsführers entspricht
Gudea	Fürst der altsumerischen Stadt Lagasch (um 2400 v. Chr.)
Han	Lagerhaus und Übernachtungsstätte
Hamam	Bad
Haram	Vorhof der Moschee, der aber auch »avlu« genannt wird
Harpyien	In der griechischen Mythologie weibliche Unheilsdämonen mit Flügeln und Krallen; sie entführten Menschen; nicht mit Sicherheit zu unterscheiden von den Sirenen
Heroon	Kultstätte eines Heroen oder eines als Heros verehrten Menschen an dessen Grabe. In Phrygien auch für Martyrion gebraucht
Hippodamischer Stadtplan	Rechtwinklige Stadtanlage, so genannt nach dem Stadtbaumeister Hippodamos von Milet (5. Jh. v. Chr.)
Hydria	Kannenartiges Gefäß mit 3 Henkeln, meist als Wasserkrug verwendet
Idol	Götterbild oder religiöses Gemälde, welches verehrt wurde
Ikonostasis	Bilderwand
Imam	Arab.: Führer, Vorbild; Vorbeter in der Moschee
Imaret	Armenküche, ursprünglich einer Moschee zugehörig
in situ	(lat.) in der ursprünglichen Lage
Kaaba	Arabischer Ausdruck für Würfel, Hauptheiligtum der Moslems in Mekka, in dem der schwarze Stein eingemauert ist
Kayık	Türkisch: Boot, Kahn
Kalligraph	Schönschreiber, Schreibkünstler
Kanneluren	Senkrechte, halbrunde Vertiefung an Säulen und Pfeilern
Kapitell	Besonders herausgearbeitetes Kopfstück einer Säule
Karnies	Profilglied als oberer Abschluß an Gesims oder Sockel von S-förmigem Querschnitt
Karyatide	Gebälktragende weibliche Figur

Kenotaph	Denkmal für einen verschollenen Toten oder einen Heroen
Kiosk	Türkisch »köşk«, im Orient ein meist auf Säulen ruhendes Gartenhaus mit vorgezogenem Dach
Klazomenisch	Gruppe von bemalten Tonsarkophagen (6.–5. Jh. v. Chr.), nach dem Hauptfundort Klazomenai
Konche	Halbrunder Raum, der sich in einen größeren öffnet
Kufische Schrift	Die eckige Monumentalform der arabischen Schrift
Kyklop	Gestalt in der griechischen Mythologie: einäugiger, wilder Riese
Laibung	Form der Öffnung an Fenstern, Türen, Bögen, Brücken
Lekythos	Schlanke Vase für Salböl, die man auf die Gräber stellte
Libationsgefäß	Gefäß für eine Trankspende für Tote oder zu Ehren der Götter
Maenianum	Von den Schaubalkonen zweistöckiger Säulenhallen an römischen Plätzen übernommene Bezeichnung für die Ränge des Amphitheaters
Medrese	Rechtsschule, oft in Verbindung mit einer Moschee
Megaron	Altgriechische Hausform
Mesçit	Kleine, kapellenartige Moschee
Mihrab	Gebetsnische in der Moschee, die nach Mekka orientiert ist
Mimbar	Kanzel in der Moschee, von der das Freitagsgebet gesprochen wird
Monolith	Säule, Pfeiler, Obelisk aus einem einzigen Steinblock. Als Menhir auch von kultischer Bedeutung
Muezzin	Gebetsausrufer
Naïskos	Kleiner Tempel, Miniaturtempel
Naos	Raum des Tempels, in dem das Götterbild steht
Narthex	Westliche Vorhalle in altchristlichen Basiliken
Naumachia	(griech.: Seeschlacht) Im antiken Rom Aufführung einer Seeschlacht auf künstlichen Bassins im Circus oder Amphitheater; auch Bezeichnung für das Bassin
Nekropole	Totenstadt, Friedhof
Neßchi, Naskhi	Die übliche, runde Form der arabischen Schrift
Nimbus	Heiligenschein
Nymphäum (Nymphaion)	Quellenhaus
Odeum (Odeion)	Gebäude für musikalische oder deklamatorische Aufführungen
Oktogon	Achteck
Omphalos	griech. Nabel, eiförmiger heiliger Stein in Delphi, der den Griechen als Mittelpunkt der Welt galt (später auch an anderen Orten gebraucht)
Opisthodom	Rückwand des Tempels, meist durch Eckpfeiler und Säulen gegliedert
Orant	lat. Betender, mit zum Himmel erhobenen Händen (Darstellung in der altchristlichen Kunst)
Orchestra	Bei den Griechen der kreisförmige Tanzplatz für lyrische Choraufführungen, auch der hufeisenförmige Tanzplatz zwischen Skene und Cavea im Amphitheater; im spätgriechischen und römischen Theater die Bühne
Palestra	In der Antike ein öffentlicher Sport- und Gymnastikplatz
Palimpsest	(von griech. psestos: »abgekratzt«). Handschrift, bei der die ursprüngliche Schrift beseitigt und durch eine jüngere ersetzt wurde; auch zweimal neubeschriebene Blätter kommen vor.

	Untersuchung mit Fluoreszenzphotographie, z. B. in dem 1912 gegründeten Palimpsest-Institut in Kloster Beuron
Pammakaristos	z. B. Maria Pammakaristos = Maria, die vollkommen Glückliche
Pantokrator	griech. der Allmächtige, der Allherrscher, in den byzantinischen Kirchen häufig in der Apsis oder im Kuppelraum dargestellt
Parekklesion	Nebenkirche
Pendentif	Zwickel (Kuppelausschnitt), der zwischen der Kuppel und dem quadratischen Raum entsteht
Perambulatorium	Wandelgang
Peripteros	Antiker, von einer Säulenstellung (Ringhalle) umgebener Tempel
Peristasis	Ringhalle des Peripteros-Tempels
Peristyl	Säulenhof, Säulengang
Pietra dura	(ital.: harter Stein) Fugenloses Steinmosaik, oft mit Korallen, Perlmutter und Halbedelsteinen zusammengesetzt und poliert
Pilaster	Wandpfeiler, mit Basis und Kapitell versehen
Polygonal	Vieleckig
Portikus	Säulenhalle oder auf Säulen ruhender Vorbau
Poterne	Tunnelartiger Durchgang durch eine Festungsmauer
Prodomos	Vorraum
Prodromos	Vorläufer (vor der Truppe); übertragen Johannes der Täufer
Pronaos	Vorhalle in der Cella (siehe dort)
Propylon	Eingangsportal zu monumentalen Anlagen (Akropolis, Tempelbezirk)
Prytaneum (Prytaneion)	Altgriechisches Rat- und Gemeindehaus
Pseudodipteros	Tempel mit einfacher Ringhalle, bei dem durch großen Abstand der Säulen vom Kernbau oder durch Halbsäulen eine doppelte Säulenhalle vorgetäuscht wird
Ramadan	Der heilige Monat der Moslems (9. Monat des islamischen Jahres)
Rocaille	Muschelartige Verzierung
Rustika	Mauerwerk mit hervorgehobenen Quadern
Şadırvan	Reinigungsbrunnen im Vorhof der Moschee
Sanktuarium	Heiligtum, Allerheiligstes
Satrap	Statthalter im altpersischen Reich
Scheria	Islamisches Recht
Sebil	Brunnen, an dem die Vorübergehenden sich mit dort befindlichen Bechern laben konnten
Selamlık	(wörtlich Begrüßung) Die ehemals jeden Freitag stattfindende Ausfahrt des Sultans vom Saray zur Moschee und das dort stattfindende Gebet
Sidamara-Sarkophag	Sarkophagtyp, bei dem die Seitenwände durch Säulen in Felder für Figuren aufgeteilt sind, genannt nach dem Fundort Sidamara (Ambar Köyü) bei Konya, wo das bekannteste Stück (heute im Arch. Mus. Istanbul) gefunden wurde
Silen	Gleich dem Satyrn in der griechischen Mythologie, Wald- und Quelldämon, der häufig im Gefolge des Dionysos erscheint
Skene	Im altgriechischen Theater ein Holzbau im Hintergrund der Orchestra; seine Fassade diente jeweils als Kulissenhintergrund, im Inneren befanden sich Bühnen- und Ankleideräume für die Schauspieler
Sphendone	Halbrunder Abschluß eines antiken Circus

Spiegelgewölbe	Waagerechte Deckenfläche über einer gewölbten Zone an den Seiten (Muldengewölbe)
Spina	(griech. Rückgrat) erhöhte Mittelachse im antiken Circus
Spolienbau	Gebäude, in dem bearbeitete Bruchstücke älterer Bauten verwendet wurden
Stalaktitennische, Stalaktitengewölbe	Gewölbeform der islamischen Baukunst, die nach den zapfenförmigen Verzierungen ihren Namen erhalten hat
Stele	Antikes Pfeilerdenkmal, meist durch Giebel oder Palmette gekrönt
Stoa	1. Von Zenon aus Kition um 300 v. Chr. begründete Richtung oder Schule der griechischen Philosophie 2. Bezeichnung einer Säulenhalle; Zenon lehrte in Athen in der sog. »Stoa poikíle« (daher der Name der philosophischen Richtung)
Stylobat	Der sockelartige Unterbau des antiken Tempels (gewöhnlich dreistufig)
Substruktion	Unterbau
Sykomore	Feigen-, Maulbeerbaum
Synthronos	Halbrunde, ansteigende Sitzstufen für Priester
Tambour	Zylinderförmiges Bauglied zwischen Kuppel und Kuppelträger
Temenos	Begrenztes Stück Land, das den Göttern gehört
Templon	Abgrenzung des Altarraumes, etwa durch kleine Säulen oder durch Plattenschranken
Thermen	Die öffentlichen Bäder im römischen Altertum
Travée	Raumabschnitt, der durch die Architektur hervorgehoben ist
Triere	Antikes Kriegsschiff: Galeere mit drei übereinanderliegenden Riemenreihen
Trompe	Halbtrichterförmige Abrundung von Winkeln rechteckiger Räume, Übergang in den runden oder polygonalen Kuppelraum
Trophaeum	Siegeszeichen, Siegesdenkmal
Türbe	Grabkapelle
Tuğra	ornamentaler Namenszug des Sultans
Tumulus	Grabhügel, Hügelgrab
Tyche	1. Griechische Göttin des Glücks und Zufalls 2. Das verkörperte Geschick einer Stadt oder eines Menschen
Tympanon	(wörtl.: Trommel) Bogen- bzw. Giebelfeld über einem Portal
Valide	(arab.) Sultansmutter
Verde antico	(ital.) grüner Marmor mit eingelagertem Serpentin
Vestibül	(wörtlich Kleiderablage) Vorraum
Volute	Spiralenförmiges Ornament
Votivtafel	Infolge eines Gelübdes geweihte Tafel
Yalı	Sommervilla am Bosporus
Zisterne	Gedeckter Wasserspeicher

Register

Istanbul

Aetios-Zisterne 180
Ägyptischer Basar 185
Ahmet Paşa Camii 115
Alexander der Große 26
Alexander-Sarkophag 73
Amykos 210
Anadolu Fenerı 209
Anadolu Hisarı 159, 210
Anadolu Kavağı 209
Andreas en krisei 139
Anemas- und Isaak Angelos-Türme 163
Antike Landschaften Kleinasiens 35
Antiochos-Palast 162
Antiquitäten 495
Aquädukte 179, 205
Arap Camii 199
Arasta Mozaik Müzesi 96
Archäologisches Museum 72
Arkadios-Säule 173
Armeemuseum 78
Arnavut Köy 207
Askeri Müze 78
Aspar-Zisterne 180
Atatürk 29
Atatürk-Brücke 188
Atatürk-Museum 78
Atik Ali Paşa Camii 138
Atik Valide Camii (Üsküdar) 212
Atmeydanı 191
Augusta Antonina 52
Aya Irini Müzesi 79
Ayasofya Meydanı 190
Ayasofya Müzesi 79
Aykapı 200
Ayvansaray 201
Azap Kapı Camii 115

Bäder 182
Bahçeköy 208
Balat 201
Balıklı Rum Kilisesi 159
Balkapan Hanı 186
Basare 184
Basar, Großer 184
Basilika-Zisterne 181
Bebek 206
Belediye Müzesi 87
Belgrader Wald 208
Belgrat Kapı 177
Beşiktaş 206
Bevölkerung 18
Beyazıt II. Camii 125
Beyazıt-Platz 189
Beyazıt-Turm 174
Beykoz 210
Beylerbey 211
Beylerbey-Palast 165
Beyoğlu 195f.
Bilderstreit 53
Binbirdirek-Zisterne 181
Bithynien 36
Blachernen-Palast 163
Blaue Moschee 124
Bodrum Camii 151
Boğaziçi 51, 206f.
Bosporus 51, 206f.
Bosporus-Brücke 189
Bozdoğan Kemeri 179
Brücken 188
Brunnen 183
  Ahmets III. (beim Serail) 183
  Ahmets III. (Üsküdar) 183, 212
  von Azapkapı 184
  von Tophane 183
  Wilhelms II. 184
Burgaz Ada 215
Burgen 159
Büyük Ada 216
Büyük Cami (Üsküdar) 212
Büyük Çarşı 185
Büyük Çamlıca 214
Büyükdere 208
Büyük Yeni Han 186
Byzantion 51
Byzanz 51f.

Camping 491
Chalkitis 215
Chelae 206
Chora-Kloster 91
Christos Pantepoptes 140
Christos Pantokrator 141
Christuskloster (auf Büyük Ada) 217
Christus-Tor 122
Chrysokeramos 211
Chrysopolis 212
Cibali 200

Çamlica 214
Çemberlitaş 171
Çemberlitaş Hamami 137
Çengel Köy 211
Çiçek-Passage 65
Çinili Cami (Üsküdar) 212
Çinili Köşk 90
Çirağan-Palast 165
Çorlulu Ali Paşa Külliyesi 138
Çubuklu 210

Defterdar 202
Deniz Müzesi 88
Deutsche Botschaft (Ankara) 495
Deutsches Konsulat 495
Divan Yolu 133
Dolmabahçe Camii 115
Dolmabahçe-Palast 166
Dolmabahçe-Platz 194
Dolmuş 494
Dreieinigkeitskloster 215

Edirne Kapı 178
Eğri Kapı 178
Einreisebestimmungen 489
Eminönü-Platz 192
Emirğan 208
Erlöserkirche in Chora 91
Eski Imaret Camii 140
Eski Şark Eserleri Müzesi 89
Euphemia-Kirche 126
Evliya Çelebi 114
Eyüp 202

Fachausdrücke 489
Fâtih Camii 118
Fâtih-Brücke 188
Fâtih Müzesi 90
Fayencenmuseum 90

Feiertage 492
Fenarı Isa Camii 147
Fener 201
Festspiele 65
Fethiye Camii 157
Firuz Ağa Camii 157
Flora 17
Forum des Theodosius 189
Forum Tauri 189
Foto, Film, Video 491

Galata 193, 195
Galata-Brücke 188
Galata-Turm 174
Galatien 37
Gazi Mustafa Kemal Paşa 29
Gedik Ahmet Paşa Hamamı 138
Geldwechsel 490
Georgios-Kirche 144
Georgskloster (auf Büyük Ada) 217
Geschichte der Türkei 22
Geschichte Istanbuls 51
Geschichtszahlen 30
Glarus 210
Goldenes Horn 200
Goldenes Tor 110
Goten-Säule 172
Griechisch-orthodoxe Patriarchatskirche 144
Gül Camii 154

Hagia Sophia 81
Hagios Georgios 144
Haliç 200
Haliç-Brücke 188
Halicioğlu 202
Hane 168
Hasköy 201
Haydarpaşa 213
Hethiter 23f.
Heybeli Ada 215
Hippodrom 191
Hırka-i Şarif Camii 116
Hünkâr Iskelesi 210

Ibrahim Paşa Köşk 210
Imrahor Camii 145
Informationen zu Istanbul 62
Ionien 37
Irenaion 210
Irenenkirche 79
Isa Tepe 217
Iskele Camii (Üsküdar) 212
Islam 113
Istanbul Hauptstadt 56
Istiklâl Caddesi 187
Istiniye 208
Ivaz Efendi Camii 116

Johanneskirche des Studios-Klosters 145

Kadıköy 214
Kalenderhane Camii 149
Kaiser 57
Kaiserpaläste am Meer 162
Kandilli 211
Kanlıça 210
Kanlı Kilise 150
Kappadokien 38
Karaca Ahmet-Friedhof 213
Kara Mustafa Paşa Külliyesi 138
Karaköy-Platz 193
Karien 38
Kariye Camii 91
Kariye Müzesi 91
Kasımpaşa 200
Kaşık Ada 215
Kılıç Ali Paşa Camii 166
Kınalı Ada 215
Kızıl Adalar 215
Kilikien 38
Kilise Camii (Molla Zeyrek Camii) 141
Kilise Camii (Theodor-Kirche) 155
Kilyos 209
Kirchen 139
Klima 17
Koca Mustafa Paşa Camii 139
Koca Sinan Paşa Külliyesi 138
Koloß Konstantins VII. 171
Konstantinopel 49, 52
Konstantinssäule 171
Köprülü Külliyesi 137
Kreuzfahrer 54
Kulebahçe 211
Kunst der Osmanenzeit 45
Kunst der Seldschukenzeit 42
Kuzguncuk 211
Küçük Ayasofya Camii 152
Küçük Yeni Han 186

Lâleli Camii 117
Landeskunde 11
Lateinisches Kaiserreich 54
Lausos-Palast 162
Loti 205
Lydien 39
Lykien 39

Mağlova Kemeri 206
Mahmut Paşa Camii 117
Manganen-Palast 164
Manganen-Turm 175
Maria Kyriotissa-Kirche 149
Maria der Mongolen 150
Maria Muchliotissa-Kirche 150
Marinemuseum 88
Marineschule 216
Markianos-Säule 172
Marmorturm 112
Mauern 175
Mehmet II. 55, 118
Mehmet II. Fâtih Camii 118
Mevlevıhane Kapı 177
Mese 133
Mihrimah Camii 119
Militärmuseum 78
Mokios-Zisterne 180
Molla Fenarı Isa Camii 147
Molla Zeyrek Camii 141
Mosaiken-Museum 96
Moschee des Heiligen Mantels 116
Moscheen 112
Mozaik Müzesi 96
Murat Paşa Camii 120
Museen, Übersicht 69
Museum Atatürks 78
Museum der Hagia Sophia 81
Museum der Kahriye Camii 91
Museum für Malerei und Skulptur 97
Museum für Türkische und Islamische Kunst 109
Myrelaion-Kirche 151
Mysien 40

Neapolis 205
Neu-Rom 52
Nika-Aufstand 53
Nuru Osmaniye Camii 120
Nusretiye Camii 121

Obelisken 167
Obelisk, gemauerter 171
Obelisk des Theodosius 168
Ortaköy 206
Ortodoks Patrikhanesi 144

Paläste 169
Palast, der Große 160
Palast des Ibrahim Paşa 165
Palastviertel 161
Pammakaristos-Kloster 157
Pamphylien 40
Panachrantos-Kirche 147
Pantokrator-Kirche 141
Paşabahçe 210
Peter- und Pauls-Kloster 199
Pera 49, 195

Perriron 211
Perser 25
Pharmakeios 208
Philoxenes-Zisterne 181
Phrygien 40
Pierre Loti 205
Pisidien 41
Plätze 189
Platz vor der Hagia Sophia 190
Polonez Köy 210
Pontos 41
Präsidenten 60
Prinkipo-Kloster 217
Prinzeninseln 215
Prinzenmoschee 129

Reisehinweise 489
Reisezeit 489
Republik 29
Resim ve Heykel Müzesi 97
Rosenmoschee 154
Roxelane 129
Rumeli Fenerı 209
Rumeli Kavağı 209
Rumeli Hisarı 160, 208
Rum Mehmet Paşa Camii 212
Rüstem Paşa Camii 122
Rüstem Paşa Hanı 187
Rüstem Paşa Medresesi 122

Säule Konstantins 171
Säulen 171
Sarıyer 209
Schlangensäule 173
Schloß der Sieben Türme 110
Seepaläste 162
Seldschuken 27
Selim III. Camii 213
Selim III. Kaserne 213
Selimiye Camii 126
Selim-Moschee 126
Semistra 51
Seraskierturm 175
Sergios und Bakchos-Kirche 152
Sieben Hügel 49
Silivri Kapı 177
Simas 209
Simkeş Hanı 187
Sinan 114
Sivri Ada 215
Skutari 212
Sokullu Şehit Mehmet Paşa Camii 123
Sophianae 211
Sotiropolis 217
Sperrgebiete 497
Stadtmauern 175
Stadtmuseum 87
Stambul 49
Stavros 211
Stenia 208
Studios-Kloster 145
Sultan Ahmet Camii 124
Sultan Ahmet Köşkü 97
Sultan Beyazıt Camii 125
Sultane 60
Sultan Mehmet II. Fâtih Camii 118
Sultan Selim I. Camii 126
Süleyman II. Camii 127
Süleyman der Prächtige 127
Süße Wasser Asiens 211
Süße Wasser Europas 205

Şehzade Camii 129
Şemsi Ahmet Paşa Camii 212
Şile 214

Takkeci Ibrahim Ağa Camii 131
Taksim-Platz 194
Tarabya 208
Tavşan Ada 215
Tekfur-Palast 164
Teppichmuseum an der Blauen Moschee 87
Theodor-Kirche 155
Theodosia-Kirche 154
Theotokos Pammakaristos 157
Thermalbad Yalova 66, 217
Thermen Justinians (in Yalova) 218
Thrakien 41
Topkapı (Stadttor) 177
Topkapı-Museum 100
Topkapı Sarayı Müzesi 100
Tophane 187, 193
Tophane-Platz 193
Türk ve Islam Eserleri Müzesi 109
Türkische Fremdenverkehrsämter in Deutschland 489
Türkische Küche 495
Türkische Paläste 165
Türkischer Touring- und Automobilklub 491
Türkische Sprache 496
Türme 174
Türme des Anemas und Isaak Angelos 175

Untergang von Byzanz 55
Unterirdischer Palast 122
Uzunkemer 206

Üsküdar 49, 212

Valens-Aquädukt 179
Valide Camii 131
Valide Hamamı (in Yalova) 218
Valide Hanı 187
Vaniköy 211
Verbrannte Säule 171
Verkehr 19
Verkehrsbestimmungen 490
Vezir Hanı 137

Wirtschaft 20

Yağkapanı 200
Yalı Köy 209
Yalova 66, 217
Yassı Ada 215
Yedikule Müzesi 110
Yemiş 200
Yeni Cami 131
Yeniköy 208
Yeni Mahalle 209
Yeni Valide Camii (Üsküdar) 212
Yeni Valide Camii (Yeni Cami) 131
Yerebatan Sarayı 181
Yıldız-Paläste 167
Yuşatepesi 209
Yücetepe 217

Zeit, Ortszeit 492
Zeitrechnung 492
Zeyrek Camii 141
Zisterne Basilika 181
Zisternen 179
Zoll 490
Zoodochos Pege 159

Vordere Türkei

Adana 455
Adrianopel 219
Aezani 242
Ahibalar-Sekte 465
Aizanoi 242
Akpınar 307
Alaca Hüyük 273
Alabanda 372
Alahan 419
Alanya 411
Alexander der Große 26, 460
Alexandreia Troas 251
Alexandrette 460
Alinda 372, 376
Al Oda 419
Alt-Antalya 403
Alt-Smyrna 297
Anamur 415
Anamurion 415
Anaximander 350
Anaximenes 350
Anazarbus 459
Andriake 436
Angora 255
Ankara 255
  Geschichte 259
  Zitadelle 260
  Tempel des Augustus und der Roma 261
  Triumphsäule des Julian Apostata 261
  Thermen 261
  Archäologisches Museum 262
  Ethnographisches Museum 265
  Umgebung 265
Antakya 461
  Geschichte 461
  Archäologisches Museum 462
Antalya 387
  Geschichte 391
  Sehenswürdigkeiten 391
  Archäologisches Museum 393
Antiochia am Orontes 461
Antiphellos 436
Antiquitäten 495
Aphrodisias in Karien 336
  Geschichte 337
  Besichtigung 338
  Museum 341
Arbeitslose 22
Arsuz 460
Arzawa-Staat 436
Asar Tepe 398
Aspendos 399
  Geschichte 399
  Rundgang 401
Assos 252
Attaleia 387
Avcılar 484

Bafa-See 349, 361
Baiae 460
Balat (Milet) 353
Barbarossa 417
Basilius der Große 468
Bayraklı 297
Bektaşi-Orden 465
Belen-Paß 460
Bergama 276, 289f.
Beyşehir 386
Bin Bir Kilise 422
Birgi 311
Bithynien 36
Bodrum 364
  Geschichte 367
  Mausoleum 367
  Kastell 368
Boğazkale 266
Boğazköy 266
  Geschichte 266
  Rundgang 267
  Museum 270
  Yazılıkaya 269
Brussa 230
Burdur 425
Bursa 230
  Geschichte 232
  Yıldırim Beyazıt I. Camii 233
  Yeşil Cami 233
  Archäologisches Museum 235
  Museum für Türkische und Islamische Kunst 235
  Ulu Cami 235
  Murat II. Camii 236
  Zitadelle 236
  Basar 239
  Thermalbäder 239

Caesarea in Pontus (Kayseri) 466
Camping 491
Castro Palation 253
Cennet ve Cehennem deresi 424
Claudiopolis 418

Çanakkale 246
Çatal Hüyük 386
Çavuşin 484
Çukurova 16

Damlataş-Höhle 414
Daphne 462
Değler 423
Demre 433
Derinkuyu 485
Deutsche Botschaft, Konsulate 495
Develi 475
Didyma 357
  Geschichte 358
  Apollo-Tempel 359
Diocaesarea 417
Dolmuş 494

Edirne 219
  Geschichte 219
  Rundgang 221
  Selim II. Camii 221
  Beyazıt I. Camii 222
  Beyazıt II. Camii 222
  Üçşerefeli Camii 222
  Saray-Insel 222
  Murat II. Camii 223
  Archäologisches Museum 224
Eflâtun Pınar 386
Ephesos 315
  Geschichte 317
  Schatz der Artemis 323
  Führung 319
  Archäologisches Museum 324
  Marienkirche 326
  Celsus-Bibliothek 327
  Scholastika-Thermen 328
  Siebenschläfer-Bezirk 330
  Haus der Maria 330
Erciyes Dağı 474, 476
Ermenek 418
Eski Foça 301
Eskigümüş 464
Euromos 365

Fachausdrücke 489
Faselis 432

Feiertage, Feste 492
Finike 433
Flora 18
Foça 301

Galatien 37
Gastarbeiter 22
Geldwechsel 490
Geographische Übersicht 14, 15
Gerga 377
Geschichte der Türkei 22
  Frühzeit 22
  Hethiter 23
  Perser 25
  Alexander 26
  Römische Provinz 26
  Byzantinisches Kaiserreich 27
  Seldschuken, Osmanen 27
  19. Jahrhundert 29
  Republik 29
Geyre (Aphrodisias) 336
Gregor von Nazianz 468, 478
Gregor von Nyssa 468
Göreme 476
  Rundfahrt 477
  Geschichte 478
  Kunstgeschichte 480
Gordion 274
  Museum 276

Hacıbektaş 465
Hacılar 424
Hadrianopolis 219
Halikarnassos 364
Han-Bauten 473
Harbiye 462
Hatay 461
Hekataios von Milet 351
Herakleia am Latmos 361
Hierapolis 332
Hippodamos 351
Hotels 493

Ihlara-Tal 486
Iskenderun 460
Ionien 37
Ionischer Städtebund 449
Issos 460
Izmir 290
  Geschichte 294
  Agora 296
  Archäologisches Museum 296
  Umgebung 297
Izmit 224
Iznik 225
  Geschichte 225
  Rundgang 227
  Yeşil Cami 228
  Nilûfer Imaret (Museum) 228
  Hagia Sophia 229

Justinopolis 459

Kanesh 472
Kappadokien 38
Karabel 308
Karafoça 301
Kara Dağ 422
Karaman 420
Karamaniden 418
Karatay Hanı 473
Karatepe 458
Karien 38
Kaş 436
Kaunos 445
Kaymaklı 485
Kayseri 466
  Geschichte 466
  Sehenswürdigkeiten 469
  Museum für Türkische und Islamische Kunst 469
  Archäologisches Museum 471
Kilikische Pforten 453, 454
Kırşehir 465
Kilikien 38, 415
Klima 17
Knidos 447
Koca Kalesi 480
Konstantinopel 52
Konya 378
  Geschichte 381
  Rundgang 381
  Archäologisches Museum 383
  Islamisches Museum 383
  Mevlâna-Museum 384
Korakesion 411
Korykos 424
Kunst der Osmanenzeit 45
Kunst der Seldschukenzeit 42
Kuşadası 316

Labranda 365
Ladik 331
Lagina 371
Landeskunde 11
Laodikeia 331
Larisa am Hermos 299
Latmos 361, 363
Letoon 442
Lydien 39
Lykien 39, 431

Maçan 484
Maden Şehir 423
Magnesia am Mäander 308
Magnesia am Sipylos 303
  Felsen der Niobe 307
  Akpınar 307
  Karabel 308
Manavgat 410
Manisa 303
Marmaris 446
Meriamlik 417
Mersin 450
Milas 366
Milet 347
  Ausgrabungen 347
  Geschichte 348
  Rundgang 354
  Museum 356
  Heilige Straße 357
Misis 459
Murtuna 394
Mut 418
Mylasa 366
Myra 433
  Nikolaus-Basilika 435
Mysien 40

Nevşehir 478
Nicaea 225
Niğde 463
Nikaia 225
Niobe-Felsen 307
Nysa in Karien 335

Olba 417
Olympos 432
Ortahisar 484

Öffnungszeiten 494
Özkonak 486

Pamphylien 40
Pamukkale 332
Panamara 372
Panionion 346
Patara 437
Payas 460
Pergamon 276
  Geschichte und Lage 278
  Geschichte der Ausgrabungen 279
  Rundgang 280
  Asklepieion 281
  Burgberg 284
  Rote Halle 289
  Archäologisches Museum 289
Perge 394
  Geschichte 394
  Rundgang 395
Phaselis 432

Phokaia 301
Phrygien 40
Pisidien 41
Pompeiopolis 451
Pontos 41
Priene 342
Pylae Syriae 460
Pyrgion 311

Reisehinweise 489
Reisezeit 489

Sardes 312
Sart 312
Schliemann 247, 248
Sechsstädtebund 448
Seleukia Pieria 463
Side 403
  Geschichte 404
  Rundgang 405
  Museum 410
Silifke 416
Sillyon 398
Smyrna 290
Soloi 451
Soma 290
Sögüt 240
Sperrgebiete 497
Stratonikeia 370
Sultan Hanı bei Aksaray 475
Sultan Hanı bei Kayseri 475

Tamerlan 260
Tarsus 452
Telmessos 443
Teos 299
Termessos 426
  Geschichte 426
  Rundgang 428
Thales 350
Thrakien 41
Timur Lenk 260
Troja 245
  Schichten 248
  Rundgang 250
Truva 245
Türkische Fremdenverkehrsämter in Deutschland 489
Türkische Küche 495
Türkische Sprache 496
Türkischer Touring- und Automobilklub 491

Ulucınar 460
Uzuncaburç 417

Ürgüp 481

Wirtschaft 20

Xanthos 438
  Geschichte 438
  Rundgang 440
Xenophon 401

Yakacık 460
Yasılıkaya 269
Yeni Foça 303

Zeit, Ortszeit 492
Zeitrechnung 492
Zoll 490

SCHWAR
MARMARAMEER
MITTELM
Edirne
Kirklareli
Iğneada
Karacaköy
Lüleburgaz
Çorlu
Kumköy
Şile
Kefken
Kandira
Karasu
Istanbul
Silivri
Üsküdar
Yeşilköy Flughafen
Keşan
Tekirdağ
Şarköy
Gelibolu
Muric
Izmit
Adapazarı
Düzce
Bolu
Yalova
Iznik-See
Gemlik
Iznik
Geyve
Göynük
Nallıhan
Beypazar
Zonguldak
Ereğli
Amasra
Kuruça
Kara
Erdek
Bandırma
Lapseki
Eceabat
Çanakkale
Gönen
Kuş-See
Ulubat-See
Bursa
Inegöl
Bilecik
Söğüt
Sakarya N.
Susurluk
Orhaneli
Troja
Alexandreia Troas
Ayvaçık
Havran
Balıkesir
Dursunbey
Eskişehir
Yassihüyük (Gordion)
Polat
Sivrihisar
Kütahya
Aizanoi in Phrygien
Kırka
Ayvalık
Lesbos
Bergama
Soma
Sındırgı
Gediz
Emirdağ
Akhisar
Yunak
Yeni Foça
Foça
Larisa am Hermos
Uşak
Afyon
Akşehir-See
Karaburun
Manisa (Magnesia am Sipylos)
Salihli
Turgutlu
Sardes
Çeşme
Urla
Izmir
Akşehir
Kadınhan
Birgi
Eğridir-See
Dinar
Beyşehir-See
Eflâtûn Pınar
Ephesos
Selçuk
Sultanhisar
Nazilli
Pamukkale
Kuşadası
Aydın
Nysa
Laodikeia
Denizli
Isparta
Beyşehir
Panionion
Magnesia am Mäander
Menderes N.
Samos
Söke
Priene
Alabanda
Geyre (Aphrodisias)
Hacılar
Burdur
Herakleia am Latmos
Milet
Alinda
Gerga
Selimiye
Labranda
Kemer-See
Didyma
Milas
Stratonikeia
Tefenni
Muğla
Bodrum
Köyceğiz
Belkıs (Aspendos)
Perge
Manavgat
Termessos
Antalya
Side
Kos
Marmaris
Elmalı
Knidos
Datca
Fethiye
Kemer
Alanya
Tilos
Rhodos
Finike
Gazip
Kaş
Karpathos

Kohlhammer
Kunst- und
Reiseführer

zur Festung
Rumeli Hisarı
Yeni Çevre Yolu
Mücellim Naci Caddesi
Lido Plajı
Barbaros Bulvarı
Yıldız-Palast
Bosporus-
Brücke
50
Çırağan Cad.
Beşiktaş
49
Beşiktaş Cad.
Dolmabahçe Cad.
Marine-Museum
17
Dolmabahçe
Palast
48
BOSPORUS
Yalıboyu Cad.
Beylerbeyi
Abdullahağa Cad.
Paşalimanı Cad.
52
Bülbüldere Bağlarbaşı Cad.
53
51
Selamsız Cad.
54
18
Salacak
Üsküdar
nach Şile
Halk C.
Gündoğumu Cad.
Tunusbağı Cad.
Yeni Çevre Yolu
Harem
Großer
Friedhof
55
Karacaahmet
56
nach
Izmit
Selim-
Kaserne
Ankara Cad.
KURBALI
İbrahimağa Yolu
Tıbbiye Cad.
Bhf.
Haydarpaşa
nach
Ankara
ca. 440 km
MEER
Kasrı Ali Caddesi
Söğütlü
Kuşdili Cad.
Mühürdar Cad.
Kadıköy

Stadtplan Istanbul

1 Hagia Sophia
2 Irenen-Kirche
3 Topkapı Sarayı
4 Archäologisches Museum
5 Goten-Säule
6 Atatürk-Denkmal
7 Bahnhof Sirkeci
8 Yeni Cami
9 Ägyptischer Basar
10 Sultan Ahmed Camii (Blaue Moschee) und Hippodrom (At Meydanı)
11 Universität und Seraskier-Turm
12 Süleyman I. Camii
13 Valens-Aquädukt
14 Mihrimah Camii
15 Mehmet II. Fatih Camii
16 Galata-Turm
17 Palast Dolmabahçe
18 Leander-Turm
19 Yerebatan Sarayı
20 Mosaiken-Museum
21 Sergios- und Bakchos-Kirche
22 Sokullu Mehmet Paşa Camii
23 Zisterne Binbirdirek
24 Konstantin-Säule
25 Großer (gedeckter) Basar
26 Beyazıt II. Camii
27 Rüstem Paşa Camii
28 Kilise Camii
29 Şehzade Camii
30 Lâleli Camii
31 Arkadios-Säule
32 Marmor-Turm
33 Kariye Camii (Chora-Kloster)
34 Fethiye Camii (Pammakaristos-Kloster)
35 Blachernen-Palast
36 Selim I. Camii
37 Aspar-Zisterne
38 Gül Camii
39 Davut Paşa Camii
40 Hekimoğlu Ali Paşa Camii
41 Koca Mustafa Paşa Camii
42 Imrahor Camii (Ruine der Johannes-Kirche vom Studios-Kloster)
43 Eyüp Sultan Camii
44 Sokullu Mehmet Paşa Camii
45 Arap Camii
46 Schiffsanlegestelle und Zoll
47 Taksim-Platz
48 Dolmabahçe Camii
49 Sinan Paşa Camii
50 Ortaköy Camii

In Üsküdar:

51 Yeni Valide Camii
52 Iskele Camii mit Brunnen Ahmets III.
53 Şemsi Ahmet Paşa Camii
54 Rumi Mehmet Paşa Camii
55 Friedhof von Karacaahmet
56 Selim III. Camii